国家级优秀教学成果奖
“十二五”普通高等教育本科国家级规划教材
教育部普通高等教育精品教材
教育部推荐教材

中国人民大学会计系列教材

第六版

Accounting

财务管理学

Financial Management

主编　荆新　王化成　刘俊彦

中国人民大学出版社
·北京·

第六版总序

中国人民大学会计系列教材（以下简称系列教材）自1993年推出第一版至今，已有近20个年头了。这期间我国经济实现了高速发展，会计制度与会计准则也发生了巨大变化，大学会计教育无论从规模还是质量来看都有了长足的进步。回顾十几年的发展历程，从系列教材的第一版到现在呈现在读者面前的第六版，我们都在努力适应会计环境和教育环境的变化，尽可能满足高校会计教学的需要。

系列教材第一版是由我国当时的重大会计改革催生的。那次会计改革的“一个显著特点是国家会计管理部门改变了新中国成立以来一直沿用的通过制定和审定分部门、分所有者的统一会计制度来规范各基层单位会计工作的模式，代之以制定所有企业均适用的会计准则来指导会计核算工作的模式”（阎达五，系列教材第一版总序）。我们在编写时关注两个重点：一是适应我国会计制度从苏联模式向以美国为代表的西方模式的转变，教材的编写遵循1992年颁布的“两则两制”（“两则”是指《企业会计准则》与《企业财务通则》，“两制”是指行业会计制度与行业财务制度）的要求；二是教材之间尽可能避免重复。第一版包括9本教材，即《初级会计学》、《财务会计学》、《成本会计学》、《经营决策会计学》、《责任会计学》、《高级会计学》、《财务管理学》、《审计学》、《计算机会计学》。

系列教材第二版从1997年10月起陆续出版。为适应各院校的课程开设需要，将《经营决策会计学》与《责任会计学》合并为《管理会计学》。

系列教材第三版从2001年11月起陆续出版。“第三版修订工作除了因国家修订《会计法》、国务院颁布《企业财务会计报告条例》、财政部修订和颁布《企业具体会计准则》以及颁布新的《企业会计制度》等法律、法规需要进一步协调原教材与现行规章制度不够衔接之处外，还尽可能吸收了国内外财会理论界所取得的一些新的理论研究成果”（阎达五，系列教材第三版总序）。

系列教材第四版从2006年7月起陆续出版。第四版进一步修订了教材与2007年1月1日开始实施的新《企业会计准则》和《注册会计师审计准则》之间的不协调之处，并将《计算机会计学》变更为《会计信息系统》。

系列教材第五版从2009年6月起陆续出版。第五版对《高级会计学》、《财务管理学》、《财务会计学》等书的框架结构做了较大调整，同时，新增《会计学》（非专业用）一书。

2012年起陆续出版的系列教材第六版，新增“财务报表分析”课程的配套教材；

针对一些学校强化实务性、应用性的教学要求，新增“简明”和“模拟实训”两个子系列；原有《初级会计学》和《成本会计学》课程随书配套实训资料。同时，第六版还提供更加完善的教辅资源，包括教学用 PPT、学习指导书、教材习题解答、辅助阅读资料等。

当今社会，大学生的就业压力很大，就业市场对大学教育的影响日益增大。具体到会计学专业，一个突出的表现是，注册会计师考试对大学会计教育的影响在迅速增大。如何处理好大学会计教育与注册会计师考试的关系，成为必须面对的一个比较突出的问题。我们认为，不能无视学生参加注册会计师考试的需要，更不能削弱对学生实际能力的培养。

一方面，在教材内容和知识点的安排上尽可能满足注册会计师考试的需要，特别是《财务会计学》、《高级会计学》、《审计学》等教材的安排，我们在这方面做了较大的改进。《财务会计学》和《高级会计学》的各章基本上对应于相关的企业会计准则，在内容上尽可能与注册会计师考试用书的相关部分保持一致。

另一方面，我们在关注学生参加注册会计师考试这一客观需要的同时，更加重视学生的长远发展，更加重视学生基本素质和能力的培养。注册会计师考试注重现行法律、法规等规定是理所当然的，但我们的大学会计教育不能局限于对现行法律、法规的介绍与解释，而应当更加重视培养学生发现问题、分析问题和解决问题的能力。究其原因，一是社会经济环境日趋复杂，对会计专业人才的要求日益提高。随着信息技术的快速发展，很多技能性的会计核算工作逐渐由计算机替代，会计工作的重点由核算转向管理是一种必然的趋势。这就要求我们将人才培养的重点由核算型人才的培养转向管理型人才的培养。二是会计规范形式已经由会计制度转向会计准则，这也要求会计专业人士具有更强的职业判断能力。为了培养学生处理复杂业务和适应环境变化的能力，在教材的编写和使用中重视“以问题为导向”，可能是一种有效的方法。为此，系列教材第六版更多地注重引导学生积极思考，更好地将对会计准则等法规的介绍和解释融入到对会计基本理论的阐释和对解决问题的探索之中。

此外，我们在教材编写和使用过程中，更加重视同一门课程内容的前后联系以及各门课程之间的内在关联，以更好地帮助学生把握相关专业知识的系统性和整体性，努力避免局部知识之间相互隔离、彼此割裂的状况。

中国人民大学会计系列教材是在我国著名会计学家阎达五教授等老一辈会计学者的精心呵护下诞生，在广大兄弟院校的大力支持下逐渐成长的。我们衷心希望系列教材第六版能够继续得到大家的认可，也诚恳地希望大家多提改进建议，以便我们在今后的修订中不断完善。

中国人民大学会计系

第六版前言

《财务管理学》作为中国人民大学会计系列教材之一，自1993年初版以来，至今已经推出第六版。在近20年的时间里，本书深受全国众多高等院校师生及广大读者的认可和厚爱，许多大学将其作为财务管理学课程的首选教材。本书也是教育部推荐教材，并被评为普通高等教育“十五”和“十一五”国家级规划教材，在2005年获得国家级优秀教学成果奖，在2011年被评为教育部普通高等教育精品教材。在教材的使用过程中，我们收到了不少师生的宝贵修改建议，如陈平（南京审计学院）、钟琮和李巧丽（杭州师范大学钱江学院）、吴皖平（北京城市学院）、郭爱军（河北经贸大学）等。值此第六版问世之际，谨向选用本书和提出宝贵修改建议的广大师生和读者朋友，致以衷心的感谢！

本次修订在保持第五版内容体系和体例的基础上，对部分内容进行了修订。第六版的框架结构仍然保持第五版时的6篇，即财务管理基础、筹资管理、投资管理、营运资本管理、股利政策、并购与重组。与第五版相比，第六版主要做了以下修订：

1. 删除了个别内容。如删除了第3章财务分析中不常用的财务比率“到期债务本息偿付比率”，第6章资本结构决策的每股收益分析法中，删除了例题中的优先股内容。

2. 更新了一些内容。第六版对部分内容和数据进行了补充或更新，如第11章中补充了我国沪深A股上市公司行业平均股利支付率和平均股利报酬率的数据。

3. 修订了部分练习题的内容。第六版对一些章节的练习题进行了修订或更新，更便于学生加深对教材中相关理论和方法的理解。

4. 规范了一些术语。长期以来，我国财务管理学的术语用法不统一，不规范，如贴现率与折现率、收益率与报酬率、筹资与融资等术语经常混用。经过作者的多次讨论，并征求一些教师的意见，第六章对一些术语进行了规范和统一。如收益（income）与报酬（return），一般我们主张用报酬，又如，用投资报酬率，而不用投资收益率；用期望报酬率，而不用预期收益率。但是，在会计报表中，为了与会计学的术语一致，我们还是用了每股收益、投资收益等术语。第六版与第五版一些术语的变化如下表所示：

术语对照表

第六版	第五版
报酬	收益
期望报酬率	预期收益率
投资报酬率	投资收益率
留用利润	留存收益
筹资	融资
折现率	贴现率
营运资本	营运资金
股权资本	权益资本
资本成本	资金成本
离散系数	变异系数

本书适合选作高等院校会计学、财务管理、金融学、企业管理、市场营销、财政、税务等经济管理专业的的本科教材，以及相关专业硕士研究生入学考试的参考教材，也可作为对学习财务管理有兴趣的读者的学习参考书。

本次修订由中国人民大学荆新教授、王化成教授、刘俊彦副教授担任主编，各章的修订分工为：第 1、第 2、第 7～第 10 章由王化成执笔，第 4～第 6 章由荆新执笔，第 3、第 11～第 13 章由刘俊彦执笔。由于编者水平和时间有限，本书可能存在不足之处，恭请广大师生和读者批评指正。

在本次修订过程中，中国人民大学出版社编辑陈永凤和戴萍收集整理了读者的意见和建议，认真负责地完成了编辑工作，谨向她们表示衷心的感谢！

荆新　王化成　刘俊彦

目　　录

第1章 总 论

Chapter 1

学习目标

1. 理解财务管理的概念。
2. 掌握财务管理目标的主要观点。
3. 了解企业的组织形式以及财务经理的职责。
4. 了解财务管理的环境。
5. 了解利息率的构成及其测算。

1.1 财务管理的概念

财务管理（financial management），是组织企业财务活动、处理财务关系的一项经济管理工作。因此，要了解什么是财务管理，必须先分析企业的财务活动和财务关系。

1.1.1 企业财务活动

企业财务活动是以现金收支为主的企业资金收支活动的总称。在市场经济条件下，一切物资都具有一定的价值，它体现了耗费于物资中的社会必要劳动量，社会再生产过程中物资价值的货币表现就是资金。在市场经济条件下，资金是进行生产经营活动的必要条件。企业的生产经营过程，一方面表现为物资的不断购进和售出；另一方面则表现为资金的支出和收回。企业的经营活动不断进行，也就会不断产生资金的收支。企业资金的收支，构成了企业经济活动的一个独立方面，这便是企业的财务活动。

企业财务活动可分为以下四个方面。

1. 企业筹资引起的财务活动

企业从事经营活动，首先必须解决的是通过什么方式、在什么时间筹集多少资金。在筹资过程中，企业通过发行股票、发行债券、吸收直接投资等方式筹集资金，表现为企业资金的收入；而企业偿还借款，支付利息和股利以及付出各种筹资费用等，则表现为企业资金的支出。这种因为资金筹集而产生的资金收支，便是由企业筹资引起的财务活动。

在进行筹资活动时，财务人员首先要预测企业需要多少资金，是通过发行股票取得资金还是向债权人借入资金，两种方式筹集的资金占总资金的比重应各为多少等。假设公司决定借入资金，那么是发行债券好，还是从银行借入资金好呢？资金应该是长期的还是短期的？资金的偿付是固定的还是可变的？等等。财务人员面对这些问题时，一方面要保证筹集的资金能满足企业经营与投资的需要；另一方面还要使筹资风险在企业的掌控之中，一旦外部环境发生变化，企业不至于由于无法偿还债务而陷入破产。

2. 企业投资引起的财务活动

企业筹集资金的目的是把资金用于生产经营活动以取得盈利，不断增加企业价值。企业把筹集到的资金用于购置自身经营所需的固定资产、无形资产等，便形成企业的对内投资；企业把筹集到的资金投资于其他企业的股票、债券，与其他企业联营进行投资以及收购另一个企业等，便形成企业的对外投资。企业无论是购买内部所需的各种资产，还是购买各种证券，都需要支出资金。当企业变卖其对内投资的各种资产或收回其对外投资时，会产生资金的收入。这种因企业投资而产生的资金的收支，便是由投资引起的财务活动。

在进行投资活动时，由于企业的资金是有限的，因此应尽可能将资金投放在能带给企业最大报酬的项目上。由于投资通常在未来才能获得回报，因此，财务人员在分析投资方案时，不仅要分析投资方案的资金流入与资金流出，而且要分析公司为获得相应的报酬还需要等待多久。当然，获得回报越早的投资项目越好。另外，投资项目几乎都是有风险的，一个新的投资项目可能成功，也可能失败，因此，财务人员需要找到一种方法对这种风险因素加以计量，从而判断选择哪个方案，放弃哪个方案，或者将哪些方案进行组合。

3. 企业经营引起的财务活动

企业在正常的经营过程中，会发生一系列的资金收支。首先，企业要采购材料或商品，以便从事生产和销售活动，同时，还要支付工资和其他营业费用；其次，当企业将产品或商品售出后，便可取得收入，收回资金；再次，如果企业现有资金不能满足企业经营的需要，还要采取短期借款方式来筹集所需资金。上述各方面都会产生资金的收支，属于企业经营引起的财务活动。

在企业经营引起的财务活动中，主要涉及的是流动资产与流动负债的管理问题，其中关键是加速资金的周转。流动资金的周转与生产经营周期具有一致性，在一定时期内，资金周转快，就可以利用相同数量的资金生产出更多的产品，取得更多的收入，获得更多的报酬。因此，如何加速资金的周转、提高资金的利用效率，是财务人员在这类财务活动中需要考虑的主要问题。

4. 企业分配引起的财务活动

企业在经营过程中会产生利润，也可能会因对外投资而分得利润，这表明企业有了资金的增值或取得了投资报酬。企业的利润要按规定的程序进行分配。首先要依法纳税；其次要用来弥补亏损，提取盈余公积；最后要向投资者分配股利。这种因利润分配而产生的资金收支便属于由利润分配引起的财务活动。

在分配活动中，财务人员需要确定股利支付率的高低，即将多大比例的税后利润用来支付给投资人。过高的股利支付率，会使较多的资金流出企业，从而影响企业再投资的能力，一旦企业遇到较好的投资项目，将有可能因为缺少资金而错失良机；而过低的股利支付率，又有可能引起投资人的不满，对于上市公司而言，这种情况可能导致股价的下跌，从而使公司价值下降。因此，财务人员要根据公司自身的具体情况确定最佳的分配政策。

上述财务活动的四个方面不是相互割裂、互不相关的，而是相互联系、互相依存的。正是上述四个方面构成了完整的企业财务活动，这四个方面也正是财务管理的基本内容：企业筹资管理、企业投资管理、营运资本管理、利润及其分配的管理。

1.1.2 企业财务关系

企业财务关系是指企业在组织财务活动过程中与各有关方面发生的经济关系。企业的筹资活动、投资活动、经营活动、利润及其分配活动与企业内部和外部的方方面面有着广泛的联系。企业的财务关系可概括为以下几个方面。

1. 企业同其所有者之间的财务关系

这主要是指企业的所有者向企业投入资金，企业向其所有者支付投资报酬所形成的经济关系。企业所有者主要有四类：(1) 国家；(2) 法人单位；(3) 个人；(4) 外商。企业的所有者要按照投资合同、协议、章程的约定履行出资义务，以便及时形成企业的资本金。企业利用资本金进行经营，实现利润后，应按出资比例或合同、章程的规定，向其所有者分配利润。企业同其所有者之间的财务关系体现着所有权的性质，反映着经营权和所有权的关系。

2. 企业同其债权人之间的财务关系

这主要是指企业向债权人借入资金，并按借款合同的规定按时支付利息和归还本金所形成的经济关系。企业除利用资本金进行经营活动外，还要借入一定数量的资金，以降低企业资本成本，扩大企业经营规模。企业的债权人主要有：(1) 债券持有人；(2) 贷款机构；(3) 商业信用提供者；(4) 其他出借资金给企业的单位或个人。企业利用债权人的资金后，要按约定的利息率及时向债权人支付利息。债务到期时，要合理调度资金，按时向债权人归还本金。企业同其债权人之间的关系体现的是债务与债权关系。

3. 企业同其被投资单位之间的财务关系

这主要是指企业将其闲置资金以购买股票或直接投资的形式向其他企业投资所形成的经济关系。企业向其他单位投资，应按约定履行出资义务，参与被投资单位的利润分配。企业同被投资单位之间的关系体现的是所有权性质的投资与受资的关系。

4. 企业同其债务人之间的财务关系

这主要是指企业将其资金以购买债券、提供借款或商业信用等形式出借给其他单位所形成的经济关系。企业将资金借出后，有权要求其债务人按约定的条件支付利息和归还本金。企业同其债务人的关系体现的是债权与债务关系。

5. 企业内部各单位之间的财务关系

这主要是指企业内部各单位之间在生产经营各环节相互提供产品或劳务所形成的经济关系。在实行内部经济核算制度的条件下，企业供、产、销各部门以及各生产单位之间，相互提供产品和劳务要进行计价结算。这种在企业内部形成的资金结算关系，体现了企业内部各单位之间的利益关系。

6. 企业与职工之间的财务关系

这主要是指企业在向职工支付劳动报酬的过程中形成的经济关系。企业要用自身的产品销售收入，向职工支付工资、津贴、奖金等，按照提供的劳动数量和质量支付职工的劳动报酬。这种企业与职工之间的财务关系，体现了职工和企业在劳动成果上的分配关系。

7. 企业与税务机关之间的财务关系

这主要是指企业要按税法的规定依法纳税而与国家税务机关之间形成的经济关系。任何企业都要按照国家税法的规定缴纳各种税款，以保证国家财政收入的实现，满足社会各方面的需要。及时、足额地纳税是企业对国家的贡献，也是对社会应尽的义务。因此，企业与税务机关之间的关系反映的是依法纳税和依法征税的权利义务关系。

1.1.3 企业财务管理的特点

企业生产经营活动的复杂性，决定了企业管理必须包括多方面的内容，如生产管理、技术管理、劳动人事管理、设备管理、销售管理、财务管理等。各项工作是互相联系、紧密配合的，同时又有科学的分工，具有各自的特点，其中财务管理的特点是：

1. 财务管理是一项综合性管理工作

企业在实行分工、分权的过程中形成了一系列专业管理，有的侧重于使用价值的管理，有的侧重于价值的管理，有的侧重于劳动要素的管理，有的侧重于信息的管理。社会经济的发展，要求财务管理主要运用价值形式对经营活动实施管理。通过价值形式，把企业的一切物质条件、经营过程和经营结果都合理地加以规划和控制，达到企业效益不断提高、财富不断增加的目的。因此，财务管理既是企业管理的一个独立方面，又是一项综合性的管理工作。

2. 财务管理与企业各方面有着广泛联系

在企业的日常经营活动中，一切涉及资金的收支活动，都与财务管理有关。事实上，企业内部各部门与资金不发生联系的情况是很少见的。因此，财务管理的触角常常伸向企业经营的各个角落。

每一个部门都会通过资金的使用与财务部门发生联系，每一个部门也都要在合理使用资金、节约资金支出等方面接受财务部门的指导，受到财务制度的约束，以此来保证企业经济效益的提高。

3. 财务管理能迅速反映企业生产经营状况

在企业管理中，决策是否恰当、经营是否合理、技术是否先进、产销是否顺畅，都可迅速地在企业财务指标中得到反映。例如，如果企业生产的产品适销对路，质量优良可靠，则可带动生产发展，实现产销两旺，资金周转加快，盈利能力增强，这一切都可以通过各种财务指标迅速地反映出来。这也说明，财务管理工作既有其独立性，又受整个企业管理工作的制约。财务部门应通过自己的工作，向企业领导及时通报有关财务指标的变化情况，以便把各部门的工作都纳入提高经济效益的轨道，努力实现财务管理的目标。

综上所述，财务管理的概念可以概括为：企业财务管理是企业管理的一个组成部分，它是根据财经法规制度，按照财务管理的原则，组织企业财务活动，处理财务关系的一项经济管理工作。

1.2 财务管理的目标

由系统论可知，正确的目标是系统良性循环的前提，企业财务管理的目标对企业财务管理系统的运行也具有同样的意义。为此，应首先明确财务管理的目标。

1.2.1 财务管理的目标概述

目标是系统希望实现的结果，根据不同的系统所研究和解决的问题，可以确定不同的目标。**财务管理的目标**（financial management objective），是企业理财活动希望实现的结果，是评价企业理财活动是否合理的基本标准。为了完善财务管理理论，有效指导财务管理实践，必须对财务管理目标进行认真研究。因为财务管理目标直接反映理财环境的变化，并根据环境的变化做适当调整，它是财务管理理论体系中的基本要素和行为导向，是在财务管理实践中进行财务决策的出发点和归宿。财务管理目标制约着财务运行的基本特征和发展方向，是财务运行的一种驱动力。不同的财务管理目标会产生不同的财务管理运行机制，科学地设置财务管理目标，对优化理财行为，实现财务管理的良性循环具有重要意义。财务管理目标作为企业财务运行的导向力量，其设置若有偏差，财务管理的运行机制就很难合理。因此，研究财务管理目标问题，既是建立科学的财务管理理论结构的需要，也是优化我国财务管理行为的需要，在理论和实践上都具有重要意义。

明确财务管理的目标，是搞好财务工作的前提。企业财务管理是企业管理的一个组成部分，企业财务管理的整体目标应该和企业的总体目标保持一致。从根本上讲，企业的目标是通过生产经营活动创造更多的财富，不断增加企业价值。但是，不同国家的企业面临的财务管理环境不同，同一国家的企业公司治理结构不同，发展战略不同，财务管理的目标在体现上述根本目标的同时又有其不同的表现形式，主要有利润最大化目标和股东财富最大化目标两种。

1. 以利润最大化为目标

利润最大化是西方微观经济学的理论基础。西方经济学家以往都是以利润最大化这一标准来分析和评价企业的行为和业绩的。持利润最大化观点的学者认为：利润代表了企业新创造的财富，利润越多则企业的财富增加得越多，越接近企业的目标。其观点可表述为：利润额是企业在一定期间经营收入和经营费用的差额，是按照收入费用配比原则加以计算的，反映了当期正常经营活动中投入与产出对比的结果。股东权益是股东对企业净资产的所有权，包括股本、资本公积、盈余公积和未分配利润四个方面。其中股本是投资人已经投入企业的资本，如果不增发，它不可能再增大；资本公积则来自股本溢价、资产重估增值等，一般来说，它数额再大也不是由企业当期自身的经营业绩所致；只有盈余公积和未分配利润的增加，才是当期企业经营效益的体现，而这两部分又来源于利润最大化的实现，是企业从净利润中扣除股利分配后的剩余。因此，从会计的角度来看，利润是股东价值的来源，也是企业财富增长的来源（如图1—1所示）。

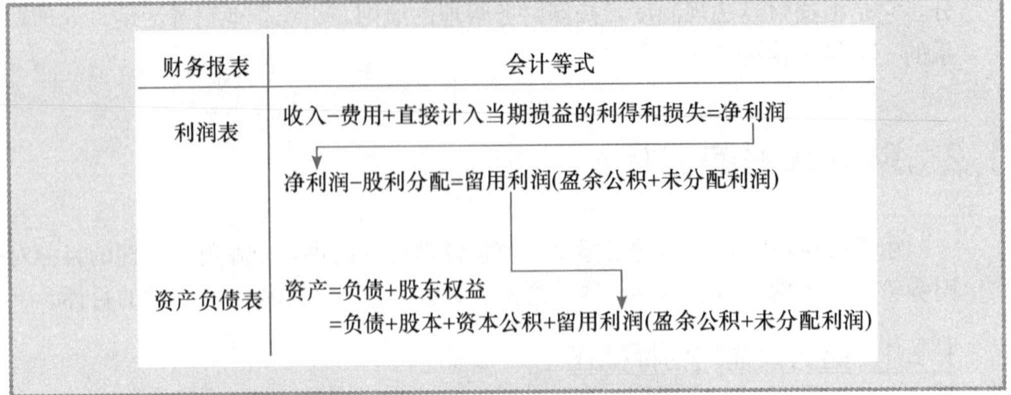

图 1—1 财务报表之间的勾稽关系

目前，我国在许多情况下评判企业的业绩还是以利润为基础。如在企业增资扩股时，要考察企业最近三年的盈利情况；在考核国有企业经理人员的业绩时，也以利润为主。但是，在长期的实践中，利润最大化目标暴露出许多缺点：

（1）利润最大化没有考虑利润实现的时间，没有考虑项目报酬的时间价值。例如有 A、B 两个投资项目，其利润都是 100 万元，如果不考虑资金的时间价值，则无法判断哪一个更符合企业的目标。但如果说 A 项目的 100 万元是去年已赚取的，而 B 项目的 100 万元是今年赚取的，显然，对于相同的现金流入来说，A 项目的获利时间较早，也更具有价值。

（2）利润最大化没能有效地考虑风险问题。高风险往往伴随着高利润，如果为了利润最大化而选择高风险的投资项目，或进行过度的借贷，企业的经营风险和财务风险就会大大提高。仍以上面两个企业为例。假设 A、B 两个投资项目在今年都赚取了 100 万元利润，但 A 项目的利润全部为现金收入，而 B 项目的 100 万元全部是应收账款，显然，B 项目的应收账款存在不能收回的风险，因此，A 项目的目标实现得更好一些。

（3）利润最大化没有考虑利润和投入资本的关系。假设 A、B 两个项目都于今年获得了 100 万元利润，并且取得的都是现金收入。但是，如果 A 项目只需投资 100 万元，而 B 项目需要投资 300 万元，显然 A 项目更好一些，而如果单看利润指标却反映不出这样的问题。

（4）利润最大化是基于历史的角度，反映的是企业过去某一期间的盈利水平，并不能反映企业未来的盈利能力。在图 1—1 中，虽然净利润带来了股东权益和企业财富的增加，但并不意味着企业持续经营和持久盈利能力的增强、股东在未来能够获得报酬。

（5）利润最大化往往会使企业财务决策带有短期行为的倾向。利润最大化往往会诱使企业只顾实现目前的最大利润，而不顾企业的长远发展。比如企业可能通过减少产品开发、人员培训、技术装备水平方面的支出来提高当年的利润，但这显然对企业的长期发展不利。

（6）利润是企业经营成果的会计度量，而对同一经济问题的会计处理方法的多样性和灵活性可以使利润并不反映企业的真实情况。例如，有些企业通过出售资产增加现金收入，表面上利润增加了，但实际上企业财富并没有增加。其他会计政策的选择也可能影响企业的利润。

可见，利润最大化目标只是对经济效益浅层次的认识，存在一定的片面性。所以，现代财务管理理论认为，利润最大化并不是财务管理的最优目标。

2. 以股东财富最大化为目标

股东财富最大化（maximum of shareholders wealth），是指通过财务上的合理运营，为股东创造最多的财富。在股份公司中，股东财富由其所拥有的股票数量和股票市场价格两方面来决定。如果股票数量一定，当股票价格达到最高时，股东财富也达到最大。所以，股东财富最大化又演变为股票价格最大化。尽管理论界存在"股东财富最大化能否转化为股票价格最大化"的争论，但是当我们作出资本市场有效假设以后，可以认为股票价格是衡量股东财富的最佳指标。资本市场有效假设最早是由法马（Fama）提出的①，他根据历史信息、全部公开信息和内幕信息对股票价格的不同影响，将市场效率分为弱式有效市场、半强式有效市场和强式有效市场。在有效的资本市场上，证券价格能迅速、全面地反映所有有关价格的信息，证券价格就是其价值的最好反映，此时，股东财富最大化目标可以用股票价格最大化来替代。虽然对资本市场有效性还存在争论，但从严格意义上来说，不能否定效率市场的存在。而且，随着市场的逐渐成熟和监管措施的加强，市场也在逐渐趋向有效。

从理论上说，股东财富的表现形式是在未来获得更多的净现金流量，对上市公司而言，股东财富可以表现为股票价值，股票价值一方面取决于企业未来获取现金流量的能力，另一方面也取决于现金流入的时间和风险。因此，与利润最大化目标相比，股东财富最大化目标体现出以下优点：(1) 股东财富最大化目标考虑了现金流量的时间价值和风险因素，因为现金流量获得时间的早晚和风险的高低，会对股票价格产生重要影响。(2) 股东财富最大化在一定程度上能够克服企业在追求利润方面的短期行为，因为股票的价格很大程度上取决于企业未来获取现金流量的能力。(3) 股东财富最大化反映了资本与报酬之间的关系。因为股票价格是对每股股份的一个标价，反映的是单位投入资本的市场价格。

此外，股东财富最大化目标也是判断企业财务决策是否正确的标准，因为股票的市场价格是企业投资、筹资和资产管理决策效率的反映。这可以用企业的投资工具模型②来分析（如图1—2所示）。

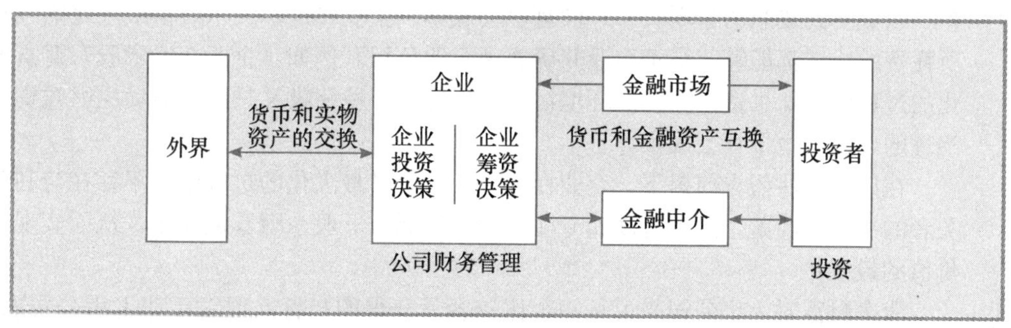

图1—2 企业的投资工具模型

① Eugene F. Fama, "Efficient Markets: A Review of Theory and Empirical Work", *Journal of Finance*, May 1970, pp. 383-417.

② 道格拉斯·R·爱默瑞：《公司财务管理》，12页，北京，中国人民大学出版社，2008。

投资工具模型是对企业最基本的认识，模型中的投资者是股东，是委托人，通过金融市场或金融中介向企业提供资金，委托经营者管理企业。企业的经营者是代理人，他们将资金用于投资，与外界（包括市场、竞争对手、政府等）进行货币和实物资产的交换，并将收益分配给投资者。同时，企业的投资、筹资决策和股利政策要受到外界和金融市场的影响，这些财务决策将决定企业的规模、资产和收益的增长，最终将影响企业未来的现金流量，现金流量将影响股票的市场价格。因此，企业的投资、筹资决策和股利政策的好坏将通过股票的市场价格表现出来，企业在作出财务决策时就要综合考虑多种因素，以符合股东的最大利益。

虽然股东财富最大化的观点已得到普遍认可，但是，随着债权人、雇员、供应商等利益相关者在企业运营中的作用越来越重要，有人提出了相关者利益最大化的观点。持相关者利益最大化观点的学者认为，企业不能单纯以实现股东利益为目标，而应把股东利益置于与利益相关者（如借款人、政府、管理者、员工、供应商等）相同的位置上，即要实现包括股东在内的所有利益相关者的利益。

但是，持股东财富最大化观点的学者提出，追求股东财富最大化实际上并不损害其他相关者的利益，恰恰相反，它是以保证其他相关者利益为前提的。因为企业达到股东财富最大化目标的结果，也增加了企业的整体财富，其他相关者的利益也会得到更有效的满足。如果企业不追求股东财富最大化，相关者的利益也会受损。另外，根据法律规定，股东所持有的投资报酬要求权是“剩余要求权”，是在其他相关者利益得到满足之后的剩余权益，企业只有在向供应商支付了货款，向员工支付了工资，向债权人支付了利息，向政府支付了税金之后，才能够向股东支付回报。

从契约经济学的角度看，企业是各种利益相关者之间契约的组合。通过书面契约，管理者、员工、供应商等可以保护自己的利益免受股东的侵害；即使没有与某些利益相关者（如社会、政府和环境）订立书面契约，企业仍然受到法律和道德的约束。而且，如果企业违反了契约的规定，利益相关者就会中断与企业的交易，企业最终会遭受损失。

基于以上几点可以认为，在对股东财富最大化进行一定约束后，股东财富最大化成为财务管理的最佳目标。这些约束条件是：(1) 利益相关者的利益受到了完全的保护，以免受到股东的盘剥。(2) 没有社会成本。企业在追求股东财富最大化的过程中所耗费的成本都能够归结于企业并确实由企业负担。例如，企业在追求股东财富最大化的过程中，如果造成严重的环境污染，而这种环境污染又是由政府动用财政资金来治理的，就产生了社会成本。

在以上这些假设前提下，企业在追求股东财富最大化的过程中将不存在与利益相关者的冲突。因此，经营者就能专注于一个目标——股东财富最大化，从而实现公司价值的最大化。

股东财富对上市公司来说是一个比较容易获得的指标，但对于非上市公司而言，该如何运用股东财富最大化这一原则呢？从理论上说，这些公司的价值等于公司在市场上出售的价格，或者投资人转让其出资而取得的现金。对一个正常经营中的企业而言，很难用这种整体出售的价格来衡量。因此从实践上看，可以通过资产评估来确定非上市公司价值的大小，或者根据公司未来可取得的现金流入量来进行估值。

1.2.2 财务管理目标与利益冲突

1. 委托—代理问题与利益冲突

与委托—代理问题有关的利益冲突是财务管理目标更深层次的问题，委托—代理问题的存在及其利益冲突的有效协调直接关系到财务管理目标实现的程度。

传统的委托—代理问题是指由于企业所有权与经营权的分离产生的股东与管理层之间、股东与债权人之间的代理问题，美国学者迈克尔·詹森（Michael Jensen）和威廉·梅克林（William Meckling）在其论文中对这两种委托—代理关系有系统的阐述。[①] 随着公司治理情况的变化，目前大股东与中小股东之间的关系也成为一种主要的代理问题。委托—代理问题的存在必然带来相应的委托人与代理人之间的利益冲突。

（1）代理关系与利益冲突之一：股东与管理层。股东作为企业的所有者，委托管理层经营管理企业，但是管理层努力工作创造的财富不能由其单独享有，而是由全体股东分享，因此，管理层希望在提高股东财富的同时获得更多的利益（如增加报酬、休闲时间和在职消费等）。但是，所有者则希望以最小的管理成本获得最大的股东财富报酬，由此便产生了管理层个人目标与股东目标的冲突。这种冲突可以通过一套激励、约束和惩罚机制来协调解决。

1）激励。激励是把管理层的报酬同其绩效挂钩，以使管理层更加自觉地采取追求股东财富最大化的措施。激励有两种基本方式：一是绩效股方式，即企业运用一定的业绩评价指标评价管理层的业绩，视其业绩好坏给予管理者数量不等的股票作为报酬。二是管理层股票期权计划，即允许管理层在未来某一时期内以预先确定的价格购买股票。显然，假设管理层拥有在 5 年后以每股 10 元的价格购买 20 000 股股票的权利，那么他就有动力将股票价值提升到每股 10 元以上。同样，每股股价高于 10 元也更符合股东的利益。

2）干预。如今，企业的股票主要由机构投资者所持有，它们对大多数企业的经营产生相当大的影响。它们能够与管理层进行协商，对企业的经营提出建议，事实上，机构投资者也成了分散股东的代言人。在《中华人民共和国公司法》（以下简称《公司法》）中也逐渐加入了保护中小股东直接干预企业决策的条款。比如，新《公司法》规定“单独或者合计持有公司 3% 以上股份的股东，可以在股东大会召开 10 日前提出临时提案并书面提交董事会；董事会应当在收到提案后 2 日内通知其他股东，并将该临时提案提交股东大会审议。”对于股东的临时提案，董事会只有及时通知和提交审议的义务，无权对提案进行实质审查并裁量是否提交股东大会。这些规定都大大强化了对中小股东权益的保护。

3）解聘。如果管理层的工作出现严重失误，或有严重违反法律、法规的情况，可能会被股东大会解聘。

（2）代理关系与利益冲突之二：大股东与中小股东。大股东通常是指控股股东，他们持有企业大多数股份，能够左右股东大会和董事会的决议，往往还委派企业的最

---

① Michael C. Jensen and William H. Meckling, “Theory of The Firm: Managerial Behavior, Agency Costs, and Ownership Structure”, *Journal of Financial Economics*, October 1976, pp. 305-360.

高管理者，从而掌握企业的重大经营决策，拥有对企业的控制权。人数众多但持有股份数量很少的中小股东基本没有机会接触到企业的经营管理，尽管他们按照各自的持股比例对企业的利润具有索取权，但由于与控股股东之间存在严重的信息不对称，因此他们的权利很容易被控股股东以各种形式侵害。在这种情况下，所有者和经营者之间的委托—代理问题实际上就演变成了中小股东和大股东之间的代理冲突。大股东侵害中小股东利益的主要表现形式有：1）利用关联交易转移上市公司的利润，如大股东向上市公司高价出售劣质资产，或大股东低价购买上市公司的优质资产。2）非法占用上市公司巨额资金，或以上市公司的名义进行各种担保和恶意筹资。3）发布虚假信息，操纵股价，欺骗中小投资者。4）为大股东派出的高级管理者支付过高的报酬和特殊津贴。5）利用不合理的股利政策，掠夺中小股东的既得利益。

（3）代理关系与利益冲突之三：股东与债权人。当企业向债权人借入资金后，两者就形成了委托—代理关系。但是，股东在获得债权人的资金后，在实施其财富最大化目标时会在一定程度上损害债权人的利益。

比如，股东不征得债权人的同意，投资于比债权人期望风险更高的项目。如果项目成功，大部分盈利将归股东所有，因为债权人的报酬被固定在初始的低风险利率上；如果项目失败，债权人也将遭受损失。对债权人来说，这时的风险与报酬是不对等的。

又如，股东不征得债权人同意而发行新债，致使企业负债比重上升，企业破产的可能性增加。如果企业破产，原债权人和新债权人要共同分配破产财产，致使原债权人的风险增加，蒙受损失。

那么，股东能否毫无顾虑地通过其代理人掠夺债权人的财富呢？通常情况下，答案是否定的。债权人的对策通常有两种：第一，债权人会在债务协议中设定限定性条款来保护其利益免受侵害。第二，债权人一旦发现企业管理层企图利用他们，便会拒绝与该企业有进一步的业务往来，或者要求较高的利率以补偿可能遭受的损失。这些措施将限制股东的掠夺行为。

在我国，由于特殊的制度背景，大股东侵害中小股东利益的情况尤其突出，如何完善中小股东的利益保护成为亟待解决的问题。目前，主要有如下保护机制：1）完善上市公司的治理结构，使股东大会、董事会和监事会三者有效运作，形成相互制约的机制。具体来说，首先，采取法律措施增强中小股东的投票权、知情权和裁决权。比如，《公司法》第 106 条规定，股东大会选举董事、监事，可以依照公司章程的规定或者股东大会的决议，实行累计投票制。实行累计投票制的直接目的在于防止大股东利用表决权优势控制董事、监事的选举，弥补“一股一票”表决制度的弊端。又如，第 34 条规定了股东查阅、复制公司有关决议、财务报告和会计账簿的权利。其次，提高董事会中独立董事的比重，独立董事可以代表中小股东的利益，在董事会中行使表决权。另外，建立健全的监事会，真正实现监事会对董事会和管理层的监督，保证监事会在实质上的独立性，并赋予监事会更大的监督和起诉权。2）规范上市公司的信息披露制度，保证信息的完整性、真实性和及时性。信息的完整性是指所有影响投资者做出进入或退出决定的信息均应得到披露；真实性是指公开的信息应该如实反映上市公司运营的客观状况；及时性是指公开的信息传递速度要快，以利于投资者能够迅速做出决策。同时应完善会计准则体系和信息披露规则，加大对信息披露违规行为的处罚力度，对信息披露的监管也要有所加强。

2. 社会责任与利益冲突

企业在实现股东财富最大化目标时，需要承担必要的社会责任。然而，承担社会责任需要花费一定的成本，为了补偿成本，企业就要提高产品的价格，这必然使企业在与同行业其他企业的竞争中处于不利地位。而且，如果企业将大量的资源贡献给社会公益活动，也会受到来自资本市场的压力。因为在资本市场上，投资者更青睐那些专注于利润和股价上升的企业，而不是那些将大量的资源贡献给社会公益活动的企业。

这是否意味着股东利益与承担社会责任之间存在矛盾，企业就不要承担社会责任了呢？实际上，实现股东财富最大化与其承担的社会责任是息息相关的。企业要为员工提供合理的薪金和安全的工作环境，否则员工就没有积极性，劳动生产率就会下降，影响企业的盈利，最终将损害股东的利益；企业要为顾客提供合格的产品和优质的服务，否则就会面临失去顾客和遭遇诉讼的危险，这必然会提高企业的成本，最终也将损害股东的利益；企业在满足自身利益的同时，也要维护供应商的利益，否则供应商将会提高供货价格，或者取消对企业的赊销；企业还要承担必要的社会公益责任，因为良好的社会形象有利于企业长远的发展，许多消费者也更愿意从对社会负责的企业那里购买产品。

在要求企业自觉承担大部分社会责任的同时，也要通过法律等强制命令规范企业的社会责任，并让所有企业均衡地分担社会责任的成本，以维护那些自觉承担社会责任的企业的利益。强制命令包括劳动合同、产品安全、消费者权益保护、污染防治等方面的法规，另外还有道德评判促使企业维护社会的利益。

1.3 企业组织形式与财务经理

1.3.1 企业组织形式

企业组织的形式有很多，按照不同标准可以作不同的分类。这里主要介绍按照国际惯例划分的三种企业组织形式。

1. 个人独资企业

个人独资企业是指由一个自然人投资兴办的企业，其业主享有全部的经营所得，同时对债务负完全责任。个人独资企业的优点是：(1) 企业开办、转让、关闭的手续简便；(2) 企业主自负盈亏，对企业的债务承担无限责任，因而企业主会竭力把企业经营好；(3) 企业税负较轻，只需要缴纳个人所得税；(4) 企业在经营管理上制约因素较少，经营方式灵活，决策效率高；(5) 没有信息披露的限制，企业的技术和财务信息容易保密。

个人独资企业也存在无法克服的缺点：(1) 风险巨大。企业主对企业承担无限责任，在硬化企业预算约束的同时，也带来了企业主承担风险过大的问题，从而限制了企业主向风险较大的部门或领域进行投资，这对新兴产业的形成和发展极为不利。(2) 筹资困难。因为个人资金有限，在借款时往往会因信用不足而遭到拒绝，因此，限制了企业的发展和大规模经营。(3) 企业寿命有限。企业所有权和经营权高度统一的产权结构意味着企业主的死亡、破产、犯罪都有可能导致企业不复存在。

基于以上特点，个人独资企业的理财活动相对来说比较简单。

2. 合伙企业

合伙企业是指由两个以上的自然人订立合伙协议，共同出资、合伙经营、共享收益、共担风险，并对合伙企业债务承担无限连带责任的企业。为了避免经济纠纷，在合伙企业成立时，合伙人须订立合伙协议，明确每个合伙人的权利和义务。与个人独资企业相比，合伙企业资信条件较好，容易筹措资金和扩大规模，经营管理能力也较强。

按照合伙人的责任不同，合伙企业可分为普通合伙企业和有限合伙企业。普通合伙企业的合伙人均为普通合伙人，对合伙企业的债务承担无限连带责任。有限合伙企业由普通合伙人和有限合伙人组成，有限合伙人以其出资额为限对债务承担有限责任。但是，有限合伙制要求至少有一人是普通合伙人，而且有限合伙人不直接参与企业经营管理活动。

合伙企业具有设立程序简单、设立费用低等优点，但也存在责任无限、权力分散、产权转让困难等缺点。

由于合伙企业的资金来源和信用能力比独资企业有所增加，盈余分配也更加复杂，因此合伙企业的财务管理比独资企业要复杂得多。

3. 公司制企业

公司制企业是指依照国家相关法律集资创建的，实行自主经营、自负盈亏，由法定出资人（股东）组成的，具有法人资格的独立经济组织。公司制企业的主要特点包括以下几个方面。

(1) 独立的法人实体。公司一经宣告成立，法律即赋予其独立的法人地位，具有法人资格，能够以公司的名义从事经营活动，享有权利，承担义务，从而使公司在市场上成为竞争主体。

(2) 具有无限的存续期。股东投入的资本长期归公司支配，股东无权从公司财产中抽回投资，只能通过转让其拥有的股份收回投资。这种资本的长期稳定性决定了公司只要不解散、不破产，就能够独立于股东而持续、无限期地存在下去，这种情况有利于企业实行战略管理。

(3) 股东承担有限责任。这是指公司一旦出现债务，这种债务仅是公司的债务，股东仅以其出资额为限对公司债务承担有限责任，这就为股东分散了投资风险，从而有利于吸引社会游资，扩大企业规模。

(4) 所有权和经营权分离。公司的所有权属于全体股东，经营权委托专业的经营者负责管理，管理的专门化有利于提高公司的经营能力。

(5) 筹资渠道多元化。股份公司可以通过资本市场发行股票或发行债券募集资金，有利于企业的资本扩张和规模扩大。

一般来说，公司分为有限责任公司与股份有限公司。有限责任公司与股份有限公司的不同点在于：(1) 股东的数量不同。有限责任公司的股东人数有最高和最低的要求，而股份有限公司的股东人数只有最低要求，没有最高限制。(2) 成立条件和募集资金的方式不同。有限责任公司的成立条件相对来说比较宽松，股份有限公司的成立条件比较严格；有限责任公司只能由发起人集资，不能向社会公开募集资金，股份有限公司可以向社会公开募集资金。(3) 股权转让的条件限制不同。有限责任公司的股东转让自己的出资要经股东会讨论通过；股份有限公司的股票可以自由转让，具有充分的流动性。

在上述三种企业组织形式中，公司制企业最具优势，成为企业普遍采取的组织形式，因此，现代财务管理学的分析与研究以公司制企业这种组织形式为基本研究对象。本书所讲的财务管理也主要是指公司的财务管理。

1.3.2 财务经理

在大型企业中，理财活动通常与企业高层领导人有关，如副总裁、财务经理及其他经理。图 1—3 描绘了企业内部的组织结构，并突出了财务活动。

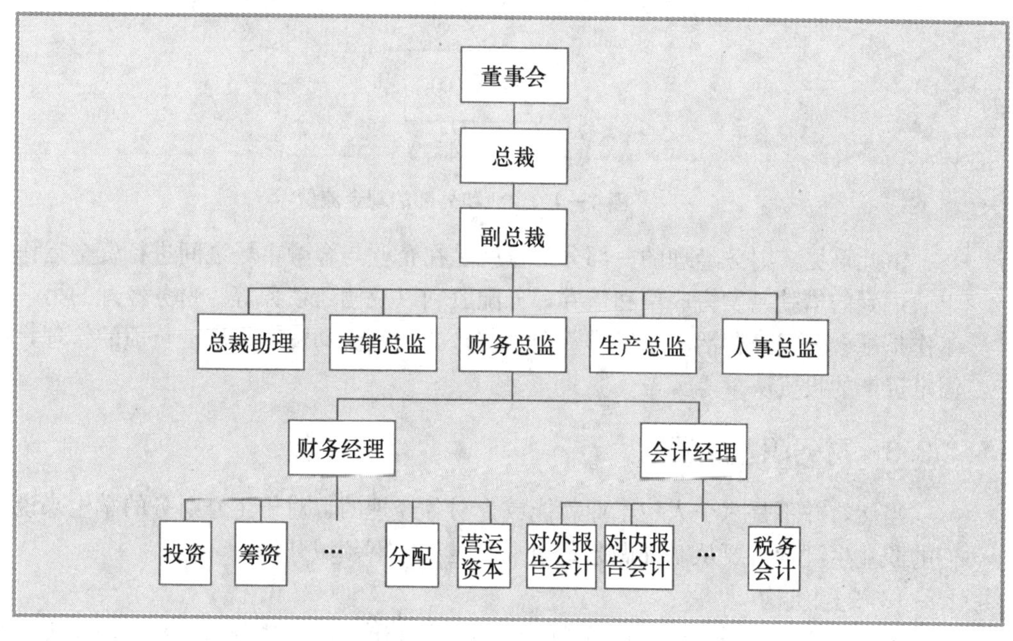

图 1—3 企业组织结构图

在图 1—3 中，总裁是企业的首席执行官，直接负责管理企业的生产经营。总裁下面设副总裁（总监），负责不同部门的经营与管理。负责向财务总监报告的是财务经理和会计经理。财务经理负责投资、筹资、分配和营运资本的管理，并且通过这些工作为公司创造价值。

企业财务经理的工作可用图 1—4 来说明。图 1—4 中的箭头表明现金流量在企业与金融市场以及政府之间流动的方向。假设我们开始进行企业的筹资活动，财务经理为了筹集资金而在金融市场向投资者发售债券和股票，现金从金融市场流向企业（A)，财务经理将现金用于投资（B)，企业在生产经营过程中创造现金（C)，然后，企业将现金支付给债权人、股东（F）和政府（D)。股东以现金股利的方式得到投资回报；债权人因出借资金而获得了利息，并且收回了本金；政府也获得了税收收入。

需要注意的是，企业并不是将所有的投资回报都用于支付，还将留存一部分用于再投资（E）。但是，从长期来看，只要企业支付给债权人和股东的现金（F）大于从金融市场上筹集到的资金（A），企业价值就得到了提升。

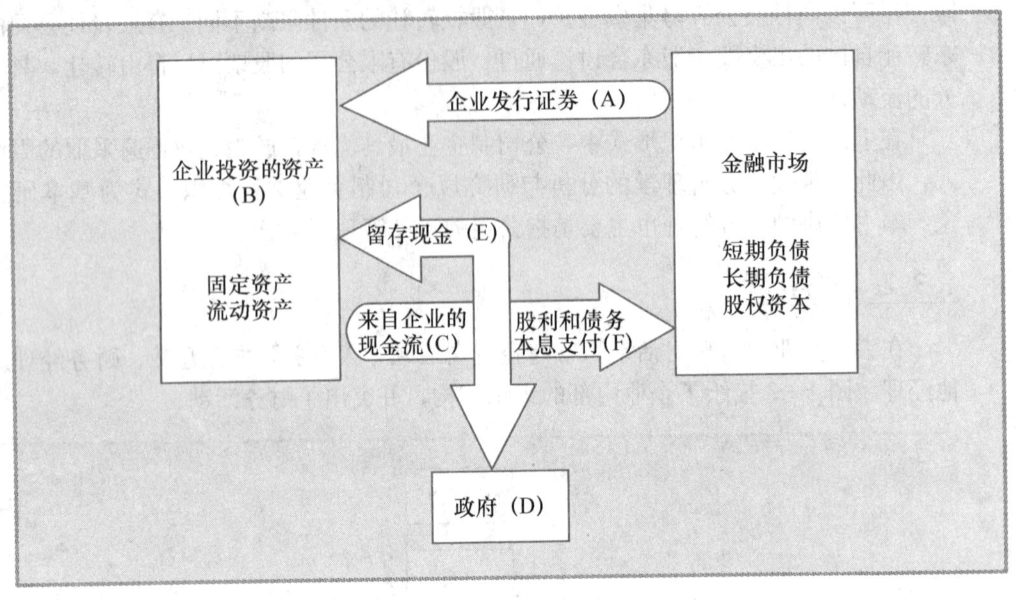

图 1—4　企业和外部的现金流量

由此可见，财务经理的一部分工作就是在企业与金融市场之间进行资金运作，如上面讲到的借款、发售股票和债券，分配股利以及偿还债务等。财务经理的另一部分工作是配合公司经营活动，安排资金收支，如进行流动资产、流动负债的管理，进行固定资产的投资决策等。

1.3.3　财务职业生涯

当然，并不是每个人一毕业就能成为财务经理的，对于主修财务的学生来说，他们的职业生涯常常要从基础做起，通常可能从以下领域开始。

1. 金融机构

金融机构指专门从事与货币信用相关的中介组织，大致分为银行类金融机构和非银行类金融机构，其中银行类金融机构主要指商业银行；非银行金融机构则包括保险公司、基金管理公司、投资银行等。

商业银行是最大的财务人才需求机构，它要吸收存款，将贷款投向公司或个人。如果加入银行，通常要经历银行的整套运作程序以了解银行的业务，随后会被安排从事个人和小型公司的存款和贷款工作，也可能帮助分析对大型公司大笔贷款的业务。除此之外，银行还提供比其他金融机构更多的职位，比如个人及公司之间通过银行的付款结算。如果在现金管理部门，则要帮助公司电子划转大笔金额的现金，像工资、税金、货款等。当然，也可能在银行的外汇部门工作，或者从事期货或期权等金融衍生工具的业务。

保险公司也需要大量的财务人员。保险公司通常要将投保人的保险金投资于金融债券、投资基金或者中长期贷款。因此，财务人员要负责评价企业的经营能力、调查企业的信用、决定投资于哪家公司的股票或者如何设计投资组合，减少投资风险。

基金管理公司是从个人投资者手中筹集资金，投资于多种股票或债券投资组合，谋求所管理的基金资产不断增值，使基金持有人获取尽可能多的报酬的机构。在基金管理公司工作，主要负责分析证券的发展走势，决定何时买入或卖出何种证券。基金收益的好坏取决于基金管理人管理运用基金资产的水平，因此对基金管理人的任职资格有严格的限定。

投资银行是指经营资本市场业务的金融机构，业务包括帮助公司出售证券，为企业筹资，协助公司完成兼并和收购，提供咨询服务、资产管理、自有资金的操作交易等。在投资银行工作会有很大的压力，工作繁忙，经常加班，但是薪水非常高。在我国，投资银行的业务主要由证券公司承担。

2. 财务管理

财务管理是财务职业领域中最广泛的领域，同时也拥有最多的工作机会。财务管理在所有商业机构中都非常重要，包括银行、其他金融机构，工业企业和商业企业。财务管理在政府机关及非营利组织中也同样重要，包括学校、医院等。财务管理人员的工作是帮助其所在单位评估投资项目，或者帮助筹集项目所需要的资金，也可能是与银行谈判贷款，或者是协商租赁厂房和设备。财务分析人员也可以参与监督和控制风险，如为企业的厂房和设备投保，或者协助购买和出售期权、期货以及其他风险管理工具。

不管是哪个具体的职业领域，财务人员对这几个领域都必须有所了解。例如，银行负责贷款的人员如果不了解财务管理的知识，就不能有效地判断企业的经营状况，银行的贷款资金就会面临巨大的风险；同样，证券分析师必须掌握一般财务原理以向客户提供合理的建议；企业的财务经理必须明白银行是如何思考问题的，也应明白投资者是如何判断一个企业的经营状况的，进而决定其投资决策。

1.4 财务管理的环境

任何事物总是与一定的环境相联系而产生、存在和发展的，财务管理也不例外。财务管理的环境又称理财环境，是指对企业财务活动和财务管理产生影响的企业外部条件的总和。不同时期、不同国家、不同领域的财务管理需要面对不同的理财环境。企业在许多方面如同生物体一样，如果不能适应周围的环境，也就不能生存。环境的变化可能会给企业理财带来困难，但企业的财务人员若能合理预测其发展状况，就会使理财效果更加理想。

财务管理的环境涉及的范围很广，比如国家的政治、经济形势，国家经济法规的完善程度，企业所面临的市场状况，企业的生产条件等。本节主要讨论企业难以控制的几种重要的环境，即经济环境、法律环境、金融市场环境和社会文化环境。

1.4.1 经济环境

财务管理的经济环境是影响企业财务管理的各种经济因素，如经济周期、经济发展水平、通货膨胀状况、政府的经济政策等。

1. 经济周期

在市场经济条件下，经济发展通常带有一定的波动性，大体上经历复苏、繁荣、衰退、萧条几个阶段的循环，这种循环叫经济周期。

我国的经济发展与运行也呈现出特有的周期特征，存在一定的经济波动。过去曾多次出现经济超高速增长，发展过快，而不得不进行治理整顿或宏观调控的情况。鉴于经济周期影响的严重性，财务学者探讨了企业在经济周期中的经营理财策略（如图1—5所示）。

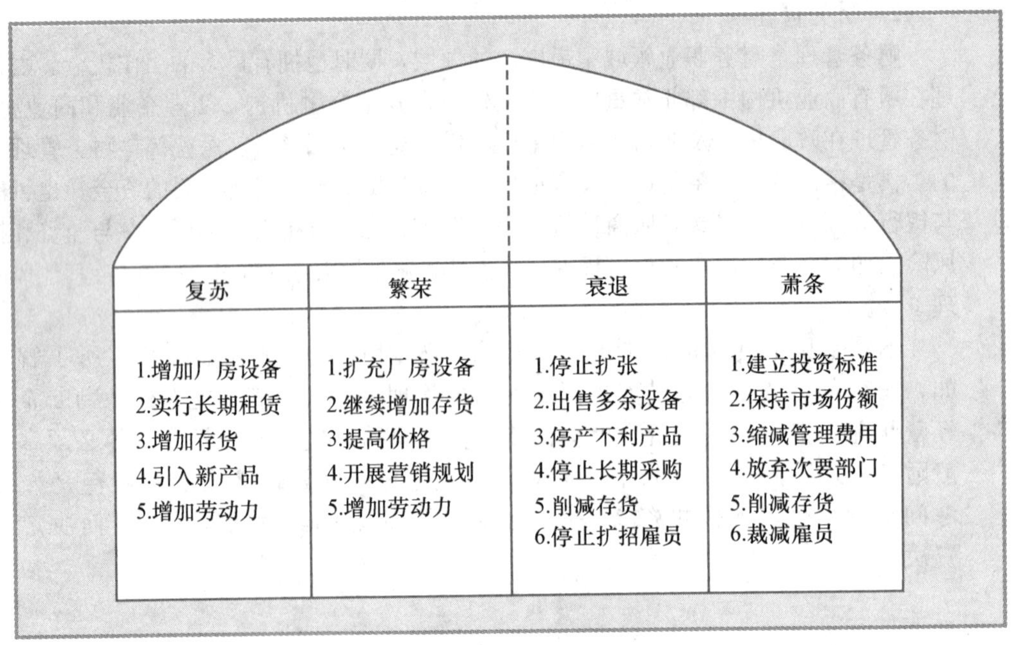

图1—5 经济周期中的理财策略

一般而言，在经济复苏阶段，社会购买力逐步提高，企业应及时确定合适的投资机会，开发新产品，采取增加存货和放宽信用条件的应收账款管理政策等理财策略，为企业今后的发展奠定基础。在经济繁荣阶段，市场需求旺盛，企业应采取扩张的策略，如扩大生产规模，增加投资，增添机器设备、存货和劳动力，这就要求财务人员迅速筹集所需要的资金。在衰退阶段，企业应收缩规模，减少风险投资，投资无风险资产，以获得稳定的报酬。在萧条阶段，企业应维持现有的规模，并设置新的投资标准，适当考虑一些低风险的投资机会。总之，面对周期性的经济波动，财务人员必须预测经济变化情况，适当调整财务政策。

2. 经济发展水平

经济发展水平是一个相对的概念，在世界范围内说明各个国家所处的经济发展阶段及其目前的经济发展水平，是一件困难的事情。所以，我们只能按照通常的标准把不同的国家划为发达国家、发展中国家和不发达国家三大群组，并以此来说明经济发展水平对财务管理的影响。

发达国家经历了较长时间的经济发展历程，资本的集中和垄断已达到了相当的程度，经济发展水平在世界上处于领先地位，这些国家的财务管理水平比较高。这是因为：(1) 高度发达的经济水平必然要求进行完善的、科学的财务管理，这就决定了随着经济发展水平的提高，必然要创造出越来越先进的理财方法；(2) 经济生活中许多新的内容、更复杂的经济关系以及更完善的生产方式，也往往首先出现于这些国家，这就决定了发达国家的财务管理内容要不断创新；(3) 随着经济的发展，更新的计算机、通信设备的不断涌现，为财务管理采用更复杂的数学方法创造了条件。

发展中国家的经济发展水平不高，其经济状况一般呈现以下特点：经济基础较薄弱但发展速度比较快、经济政策变更频繁、国际交往日益增多。这些特点决定了发展中国家的财务管理具有以下特征：(1) 财务管理的总体发展水平在世界上处于中间地位，但发展比较快；(2) 与财务管理有关的法规政策频繁变更，给企业理财造成了许多困难；(3) 在财务管理实践中还存在财务目标不明确、财务管理方法过于简单等不尽如人意之处。

不发达国家的经济发展水平很低，这些国家的共同特征一般表现为以农业为主要经济部门，工业特别是加工工业不发达，企业规模小，组织结构简单，这就决定了这些国家的财务管理呈现水平低、发展慢等特征。

3. 通货膨胀状况

通货膨胀不仅降低了消费者的购买力，也给企业理财带来了很大困难。通货膨胀对企业财务活动的影响通常表现在以下几个方面：(1) 引起资金占用的大量增加，从而增加企业的资金需求；(2) 引起企业的利润虚增；(3) 引起利率上升，加大企业的资本成本；(4) 引起有价证券价格下降；(5) 引起资金供应紧张，增加企业的筹资难度。

企业对通货膨胀本身无能为力，只有政府才能控制通货膨胀。鉴于上述因素，财务人员需要分析通货膨胀对资本成本的影响以及对投资报酬率的影响。为了实现预期的报酬率，企业应该调整收入和成本。同时，使用套期保值等办法尽量减少损失，如买进现货、卖出期货或进行相反的操作等。

4. 经济政策

一个国家的经济政策，如经济的发展计划、国家的产业政策、财税政策、金融政策、外汇政策、外贸政策、货币政策以及政府的行政法规等，对企业的理财活动都有重大影响。顺应经济政策的导向，会给企业带来一些经济利益，因此财务人员应该认真研究政府的经济政策，按照政策导向行事，这样就能趋利除弊。当然，由于政府的经济政策可能会因经济状况的变化而变化，因此企业在进行财务决策时，也要为这种变化留有余地，甚至预见到政策的变化趋势，这样会更好地实现企业的理财目标。

1.4.2 法律环境

财务管理的法律环境是指影响企业财务活动的各种法律、法规和规章。

前面讨论企业的理财目标时，曾经提到企业的目标有时与其利益相关者的目标存在矛盾，这时政府将通过法律手段来规范企业的行为，如政府通过制定环境保护法与税法来约束企业由于生产而污染环境的行为。当然，企业财务活动作为一种社会行为，即使不是由于上述原因，也会在很多方面受到法律规范的约束和保护。影响企业财务管理的法律环境主要有企业组织法规、财务会计法规以及税法等。

1. 企业组织法规

企业组织必须依法成立，不同类型的企业在组建过程中适用不同的法律。在我国，这些法律包括《公司法》、《中华人民共和国个人独资企业法》、《中华人民共和国合伙企业法》、《中华人民共和国中外合资经营企业法》、《中华人民共和国中外合作经营企业法》、《中华人民共和国外资企业法》等。这些法规详细规定了不同类型的企业组织设立的条件、设立的程序、组织机构、组织变更及终止的条件和程序等。例如，公司的组建要遵循《公司法》中规定的条件和程序，公司成立后，其经营活动包括财务活动，都要按照《公司法》的规定来进行。因此，《公司法》是约束公司财务管理最重要的法规，公司的财务活动不能违反该法律。

从财务管理的角度来看，非公司制企业与公司制企业有很大的不同。例如，个人独资企业和合伙企业都属于非公司制的企业，企业主承担的是无限责任，也就是说，一旦企业经营失败，其个人的财产也将纳入偿债范围。而公司制企业的股东承担的则是有限责任，公司经营失败时，仅以股东的出资额为限来偿债。

2. 财务会计法规

财务会计法规主要包括《企业财务通则》、《企业会计准则》、《企业会计制度》。《企业财务通则》是各类企业进行财务活动、实施财务管理的基本规范。我国第一个《企业财务通则》于 1994 年 7 月 1 日起施行。随着经济环境的不断发展，2005 年我国重新修订了财务通则，新的《企业财务通则》于 2007 年 1 月 1 日开始实施。新通则围绕企业财务管理环节，明确了资金筹集、资产营运、成本控制、收益分配、信息管理、财务监督等六大财务管理要素，并结合不同财务管理要素，对财务管理方法和政策要求做出了规范。

《企业会计准则》是针对所有企业制定的会计核算规则，分为基本准则和具体准则，实施范围是大中型企业，自 2007 年 1 月 1 日起在上市公司中实施，2008 年 1 月 1 日起在国有大中型企业实施。为规范小企业的会计行为，财政部颁布了《小企业会计制度》，自 2005 年 1 月 1 日起在全国小企业范围内实施。

除了上述法规之外，与企业财务管理有关的经济法规还包括证券法规、结算法规等。财务人员要在守法的前提下完成财务管理的职能，实现企业的理财目标。

3. 税法

税法是国家制定的用以调整国家与纳税人之间在征纳税方面权利与义务的法律规范的总称。税法是国家法律的重要组成部分，是保障国家和纳税人合法权益的法律规范。税法按征收对象的不同可以分为：（1）对流转额课税的税法，以企业的销售所得为征税对象。主要包括增值税、消费税、营业税和进出口关税。（2）对所得额课税的税法，包括企业所得税、个人所得税。其中，企业所得税适用于在中华人民共和国境内的企业和其他取得收入的组织（不包括个人独资企业和合伙企业），上述企业在我国境内和境外的生产、经营所得和其他所得为应纳税所得额，一般按 25%的税率计算缴纳税款。（3）对自然资源课税的税法，目前主要以矿产资源和土地资源为征税对象，包括资源税、城镇土地使用税等。(4) 对财产课税的税法，以纳税人所有的财产为征税对象，主要有房产税。(5) 对行为课税的税法，以纳税人的某种特定行为为征税对象，主要有印花税、城市维护建设税等。

企业在经营过程中有依法纳税的义务。税负是企业的一种支出，因此企业都希望在不违反税法的前提下减少税负。税负的减少只能靠财务人员在理财活动中精心安排、仔细筹划，而不能通过逃避缴纳税款的方式来实现，这就要求财务人员熟悉并精通税法，为理财目标服务。

1.4.3 金融市场环境

金融市场是资金融通的场所。企业资金的取得与投放都与金融市场密不可分，金融市场发挥着金融中介、调节资金余缺的功能。熟悉金融市场的各种类型以及管理规则，可以让企业财务人员有效地组织资金的筹措和资本投资活动。

金融市场可以根据不同的标准来进行分类，常见的分类方法如图 1—6 所示。

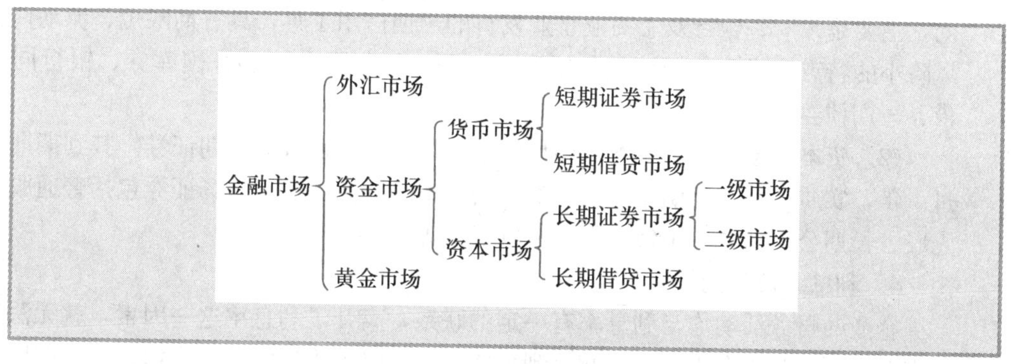

图 1—6 金融市场的基本类型

1. 金融市场与公司理财

金融市场对公司财务活动的影响主要体现在：(1) 为公司筹资和投资提供场所。金融市场上存在多种多样方便灵活的筹资方式，公司需要资金时，可以到金融市场上选择合适的筹资方式筹集所需资金，以保证生产经营的顺利进行；当公司有多余的资金时，又可以到金融市场选择灵活多样的投资方式，为资金的使用寻找出路。(2) 公司可通过金融市场实现长短期资金的互相转化。当公司持有的是长期债券和股票等长期资产时，可以在金融市场转手变现，成为短期资金，而远期票据也可以通过贴现变为现金；与此相反，短期资金也可以在金融市场上转变为股票和长期债券等长期资产。(3) 金融市场为公司理财提供相关信息。金融市场的利率变动和各种金融资产的价格变动，都反映了资金的供求状况、宏观经济状况甚至发行股票及债券公司的经营状况和盈利水平。这些信息是公司进行财务管理的重要依据，财务人员应随时关注。

2. 金融市场的构成

金融市场由主体、客体和参加人组成。主体是指银行和非银行金融机构，它们是连接投资人和筹资人的桥梁。客体是指金融市场上的交易对象，如股票、债券、商业票据等。参加人是指客体的供应者和需求者，如企业、政府部门和个人等。

金融机构主要包括商业银行、投资银行、证券公司、保险公司和各类基金管理公司。

商业银行的主要作用是资金的存贷，它们从广大居民手中吸收存款，再以借款的形式将这些资金提供给企业等资金需要者。

投资银行在现代公司筹资活动中处于非常重要的地位，任何公司发行债券或股票，都要借助投资银行的帮助。目前在我国，投资银行的业务主要由各类证券公司来承担。

保险公司和各类基金管理公司是金融市场上主要的机构投资者，它们从广大投保人和基金投资者手中聚集了大量资金，同时，又投资于证券市场，成为公司资金的一项重要来源。目前，我国已经存在多家保险公司和基金管理公司，这些机构投资者在金融市场上的作用将越来越重要。

3. 金融工具

财务管理人员了解金融市场，必须熟悉各种金融工具。金融工具按发行和流通的场所，划分为货币市场证券和资本市场证券。

(1) 货币市场证券。货币市场证券属于短期债务，到期日通常为一年或更短的时间，主要是政府、银行及工商业企业发行的短期信用工具，具有期限短、流动性强和风险小的特点。货币市场证券包括商业本票、银行承兑汇票、国库券、银行同业拆借、短期债券等。

(2) 资本市场证券。资本市场证券是公司或政府发行的长期证券。其到期期限超过1年，实质上是1年期以上的中长期资本市场证券。资本市场证券包括普通股、优先股、长期公司债券、国债、衍生金融工具等。

4. 利息率及其测算

企业的财务活动均与利息率有一定的联系，离开了利息率这一因素，就无法正确作出筹资决策和投资决策。因此，利息率是进行财务决策的基本依据，利息率原理是财务管理中的一项基本原理。

利息率简称利率，是衡量资金增值量的基本单位，即资金的增值同投入资金的价值之比。从资金流通的借贷关系来看，利率是特定时期运用资金这一资源的交易价格。也就是说，资金作为一种特殊商品，其在资金市场上的买卖，是以利率作为价格标准的，资金的融通实质上是资金资源通过利率这个价格体系在市场机制作用下进行再分配。因此，利率在资金的分配及个人和企业作出财务决策的过程中起着重要作用。例如，一个企业拥有投资利润率很高的投资机会，就可以发行较高利率的证券以吸引资金，投资者把过去投资的利率较低的证券卖掉，来购买这种利率较高的证券，这样，资金将从低利率的投资项目不断向高利率的投资项目转移。因此，在发达的市场经济条件下，资金从高报酬项目到低报酬项目的依次分配，是由市场机制通过资金的价格——利率的差异来决定的。

综上所述，利率在企业财务决策和资金分配方面非常重要。那么，究竟应该怎样测算特定条件下未来的利率水平呢？这就必须分析利率的构成。一般而言，资金的利率由三部分构成：(1) 纯利率；(2) 通货膨胀补偿（或称通货膨胀贴水）；(3) 风险报酬。其中，风险报酬又分为违约风险报酬、流动性风险报酬和期限风险报酬三种。这样，利率的一般计算公式就变为：

$$K=K_0+IP+DP+LP+MP \tag{1—1}$$

式中，K 表示利率（指名义利率）；K_0 表示纯利率；IP 表示通货膨胀补偿；DP 表示违约风险报酬；LP 表示流动性风险报酬；MP 表示期限风险报酬。

（1）纯利率。纯利率是指没有风险和没有通货膨胀情况下的均衡利率。影响纯利率的基本因素是资金供应量和需求量，因而纯利率不是一成不变的，它随资金供求的变化而不断变化。精确测定纯利率是非常困难的，在实际工作中，通常以无通货膨胀情况下的无风险证券的利率来代表纯利率。

（2）通货膨胀补偿。通货膨胀已成为世界上大多数国家经济发展过程中难以医治的“病症”。持续的通货膨胀会不断降低货币的实际购买力，对投资项目的投资报酬率也会产生影响。资金的供应者在通货膨胀的情况下，必然要求提高利率水平以补偿其购买力损失，所以，无风险证券的利率，除纯利率之外还应加上通货膨胀因素，以补偿通货膨胀所遭受的损失。例如，政府发行的短期无风险证券（如国库券）的利率就是由这两部分内容组成的。其表达式为：

短期无风险证券利率＝纯利率＋通货膨胀补偿

即 $$R_F=K_0+IP \quad (1—2)$$ ①

例如，假设纯利率 K_0 为3%，预计下一年度的通货膨胀率是7%，则1年期无风险证券的利率应为10%。计入利率的通货膨胀率不是过去实际达到的通货膨胀水平，而是对未来通货膨胀的预期，当然，这是未来时期内的平均数。

（3）违约风险报酬。违约风险是指借款人无法按时支付利息或偿还本金而给投资人带来的风险。违约风险反映了借款人按期支付本金、利息的信用程度。借款人如经常不能按期支付本息，则说明该借款人的违约风险高。为了弥补违约风险，必须提高利率，否则，借款人就无法借到资金，投资人也不会进行投资。国库券等证券由政府发行，可以视为没有违约风险，其利率一般较低。企业债券的违约风险则要根据企业的信用程度来定，企业的信用程度可分若干等级。等级越高，信用越好，违约风险越小，利率水平也越低；信誉不好，违约风险大，利率水平自然也高。表1—1是美国2007年8月各种不同信用等级债券的利率。

表1—1

	国库券 (1)	Aaa级公司债券 (2)	Baa级公司债券 (3)	违约风险报酬率	
				Aaa (4)=(2)−(1)	Baa (5)=(3)−(1)
2007年8月	4.11%	5.79%	6.54%	1.68%	2.43%

资料来源：Federal Reserve Statistical Release，Selected Interest Rates，Historical Data，Aug 2007：http://www.federalreserve.gov/releases.

在到期日和流动性等条件相同的情况下，各信用等级债券的利率水平同国库券利率之间的差额，便是违约风险报酬率。在表1—1中，Aaa级公司债券违约风险报酬率 $DP_{Aaa}=1.68\%$，Baa级公司债券违约风险报酬率 $DP_{Baa}=2.43\%$。

（4）流动性风险报酬。流动性是指某项资产迅速转化为现金的可能性。如果一项

① 精确的公式应是 $R_F=K_0+IP+K_0 \cdot IP$，由于最后一项（$K_0 \cdot IP$）数字很小，故忽略不计。

资产能迅速转化为现金，则说明其变现能力强，流动性好，流动性风险小；反之，则说明其变现能力弱，流动性不好，流动性风险大。政府债券、大公司的股票与债券，由于信用好、变现能力强，因此流动性风险小，而一些不知名的中小企业发行的证券，则流动性风险较大。一般而言，在其他因素均相同的情况下，流动性风险小和流动性风险大的证券利率差距介于1～2个百分点之间，这就是所说的流动性风险报酬。

(5) 期限风险报酬。一项负债到期日越长，债权人承受的不确定因素就越多，承担的风险也越大。为弥补这种风险而增加的利率水平就叫期限风险报酬。例如，同时发行的国库券，5年期的利率就比3年期的利率高，银行存贷款利率也一样。因此，长期利率一般要高于短期利率，这便是期限风险报酬。当然，在利率剧烈波动的情况下，也会出现短期利率高于长期利率的情况，但这种偶然情况并不影响上述结论。

综上所述，可以看到，影响某一特定借款或投资的利率主要有以上五大因素，只要能合理预测上述因素，便能比较合理地测定利率水平。

1.4.4 社会文化环境

社会文化环境包括教育、科学、文学、艺术、新闻出版、广播电视、卫生体育、世界观、理想、信念、道德、习俗，以及同社会制度相适应的权利义务观念、道德观念、组织纪律观念、价值观念、劳动态度等。企业的财务活动不可避免地受到社会文化的影响。但是，社会文化的各方面对财务管理的影响程度不尽相同，有的具有直接影响，有的只有间接影响，有的影响比较明显，有的影响微乎其微。

例如，随着财务管理工作的内容越来越丰富，社会整体的教育水平将越来越重要。事实表明，在教育落后的情况下，为提高财务管理水平所作的努力往往收效甚微。又如，科学的发展对财务管理理论的完善也起着至关重要的作用。经济学、数学、统计学、计算机科学等诸多学科的发展，都在一定程度上促进了财务管理理论的发展。另外，诸如社会的资信程度等因素，也在一定程度上影响着财务管理活动。当社会资信程度较高时，企业间的信用往来会加强，会促进彼此之间的合作，并减少企业的坏账损失。

同时，在不同的文化环境中经营的公司，需要对现有员工进行文化差异方面的培训，并且在可能的情况下雇用文化方面的专家。忽视社会文化对公司财务活动的影响，将给公司的财务管理带来意想不到的问题。

思考题

1. 为什么说财务管理的首要目标是股东财富最大化而不是企业利润最大化？
2. 请讨论“委托—代理问题”的主要表现形式。
3. 企业利益相关者的利益与股东利益是否存在矛盾，如何解决？
4. 财务经理的主要工作是什么？
5. 金融市场环境对企业财务管理产生怎样的影响？
6. 利息率由哪些因素构成，如何测算？

练习题

假设你毕业于财务专业，在一家咨询公司上班。张伶是你的一个客户，她正打算创立一家生产健身器材的公司。由于近几年这一行业的前景被市场看好，因此已有多位出资者表示愿意对张伶的新公司出资。鉴于采用发行股票方式设立公司的手续复杂，张伶打算采用有限责任公司的组织形式，她想通过你来了解有关公司理财方面的问题。你的老板设计了下面这些问题，让你通过对这些问题的询问与回答来帮助张伶了解相关知识。

(1) 公司内部的组织结构可以如何设置?

(2) 作为公司的财务人员，财务管理的目标是什么？在实施这一目标的过程中，可能遇到的问题有哪些，应如何解决?

(3) 企业的财务活动有哪些内容？财务人员在进行这些活动时需要注意的问题是什么?

(4) 企业财务人员可以通过金融市场实现什么理财目标？金融机构有哪些?

(5) 市场利率的构成因素包括哪些内容？这些构成因素产生的原因是什么?

案例题

宏伟公司财务管理目标与利益冲突案例

宏伟公司是一家从事IT产品开发的企业，由三位志同道合的朋友共同出资100万元，三人平分股权比例共同创立。企业发展初期，创始股东都以企业的长远发展为目标，关注企业的持续增长能力，所以，他们注重加大研发投入，不断开发新产品，这些措施有力地提高了企业的竞争力，使企业实现了营业收入的高速增长。在开始的几年间，销售业绩以年均60%的速度提升。然而，随着利润的不断快速增长，三位创始股东开始在收益分配上产生了分歧。股东王力、张伟倾向于分红，股东赵勇则认为应将企业取得的利益用于扩大再生产，以提高企业的持续发展能力，实现长远利益的最大化。由此产生的矛盾不断升级，最终导致坚持企业长期发展的赵勇被迫出让其持有的1/3股份而离开企业。

但是，此结果引起了与企业有密切联系的广大供应商和分销商的不满，因为他们中许多人的业务发展壮大都与宏伟公司密切相关，深信宏伟公司的持续增长将给他们带来更多的机会。于是他们声称，如果赵勇离开企业，将断绝与企业的业务往来。面对这一情况，其他两位股东提出他们可以离开，条件是赵勇必须收购他们的股份。赵勇的长期发展战略需要较多的投资，这样做将导致企业陷入没有资金维持生产的困境。这时，众多供应商和分销商伸出了援助之手，他们或者主动延长应收账款的期限，或者预付货款，最终使赵勇重新回到企业，成为公司的掌门人。

经历了股权变更的风波后，宏伟公司在赵勇的领导下不断加大投入，实现了企业规模化发展，在同行业中处于领先地位，企业的竞争力和价值不断提升。

思考题：

1. 赵勇坚持企业长远发展，而其他股东要求更多分红，你认为赵勇的目标是否与股东财富最大化的目标相矛盾？

2. 拥有控制权的大股东与供应商和客户等利益相关者之间的利益是否矛盾，如何协调？

3. 像宏伟这样的公司，其所有权与经营权是合二为一的，这对企业的发展有什么利弊？

4. 重要利益相关者能否对企业的控制权产生影响？

第2章 Chapter 2 财务管理的价值观念

学习目标

1. 掌握货币时间价值的概念和相关计算方法。
2. 掌握风险报酬的概念、计算及资本资产定价模型。
3. 理解证券投资的种类、特点，掌握不同证券的价值评估方法。

2.1 货币时间价值

2.1.1 时间价值的概念

任何企业的财务活动都是在特定的时空中进行的。离开了时间价值因素，就无法正确计算不同时期的财务收支，也无法正确评价企业盈亏。货币的时间价值原理正确地揭示了在不同时点上资金之间的换算关系，是财务决策的基本依据。

关于时间价值的概念和成因，人们的认识并不完全一致。国外传统的定义是：即使在没有风险、没有通货膨胀的条件下，今天1元钱的价值也大于1年以后1元钱的价值。股东投资1元钱，就失去了当时使用或消费这1元钱的机会或权利，按时间计算的这种付出的代价或投资报酬，就叫作**时间价值**（time value）。

上述定义只说明了时间价值的现象，并没有说明时间价值的本质。试想，如果资金所有者把钱埋入地下保存能否得到报酬呢？显然不能。因此，并不是所有货币都有时间价值，只有把货币作为资本投入生产经营过程才能产生时间价值。也就是说，资金被投入生产经营以后，劳动者会生产出新的产品，创造出新的价值，产品销售以后得到的收入要大于原来投入的资金额，形成资金的增值，即时间价值是在生产经营中产生的。在一定时期内，资金从投放到回收形成一次周转循环。每次资金周转需要的时间越少，在特定时期之内，资金的增值就越大，投资者获得的报酬也就越多。因此，随着时间的推移，资金总量在循环周转中不断增长，使得资金具有时间价值。

需要注意的是，将货币作为资本投入生产过程所获得的价值增加并不全是货币的时间价值。这是因为，所有的生产经营都不可避免地具有风险，而投资者承担风险也要获得相应的报酬（本章第 2 节将对此进行详述），此外，通货膨胀也会影响货币的实际购买力。因此，对所投资项目的报酬率也会产生影响。资金的供应者在通货膨胀的情况下，必然要求索取更高的报酬以补偿其购买力损失，这部分补偿称为通货膨胀贴水。可见，货币在生产经营过程中产生的报酬不仅包括时间价值，还包括货币资金提供者要求的风险报酬和通货膨胀贴水。因此，本书认为，时间价值是扣除风险报酬和通货膨胀贴水后的真实报酬率。

货币的时间价值有两种表现形式：相对数形式和绝对数形式。相对数形式，即时间价值率，是指扣除风险报酬和通货膨胀贴水后的平均资金利润率或平均报酬率；绝对数形式，即时间价值额，是指资金与时间价值率的乘积。时间价值虽有两种表示方法，但在实际工作中并不进行严格的区分。因此，在述及货币时间价值的时候，有时用绝对数，有时用相对数。

银行存款利率、贷款利率、各种债券利率、股票的股利率都可以看作投资报酬率，它们与时间价值都是有区别的，只有在没有风险和通货膨胀的情况下，时间价值才与上述各报酬率相等。

为了分层次地、由简到难地研究问题，在论述货币时间价值时采用抽象分析法，一般假定没有风险、没有通货膨胀，以利率代表时间价值，本章也是以此假设为基础的。

2.1.2 现金流量时间线

计算货币资金的时间价值，首先要清楚资金运动发生的时间和方向，即每笔资金在哪个时点上发生，资金流向是流入还是流出。现金流量时间线提供了一个重要的计算货币资金时间价值的工具，它可以直观、便捷地反映资金运动发生的时间和方向。典型的现金流量时间线如图 2—1 所示。

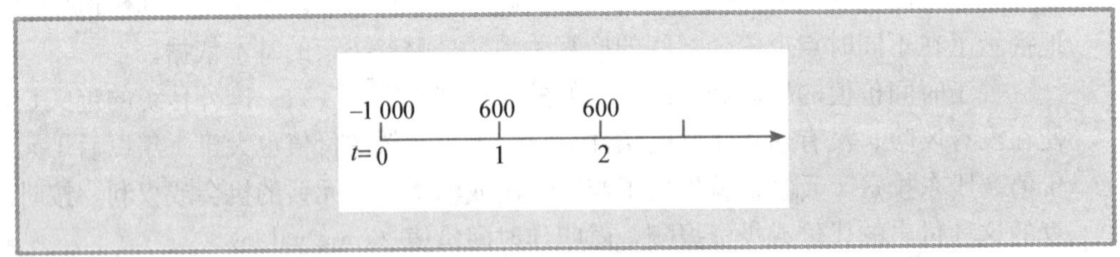

图 2—1 现金流量时间线

图中横轴为时间轴，箭头所指的方向表示时间的增加。横轴上的坐标代表各个时点，$t=0$ 表示现在，$t=1$，2，…，分别表示从现在开始的第 1 期期末、从现在开始的第 2 期期末，依此类推。如果每期的时间间隔为 1 年，则 $t=1$ 表示从现在起第 1 年年末，$t=2$ 表示从现在起第 2 年年末。换句话说，$t=1$ 也表示第 2 年年初。

图 2—1 的现金流量时间线表示在 $t=0$ 时刻有 1 000 单位的现金流出，在 $t=1$ 及 $t=2$ 时刻各有 600 单位的现金流入。

现金流量时间线对于更好地理解和计算货币时间价值很有帮助，本书将在后面的章节中多次运用这一工具来解决许多复杂的问题。

2.1.3　复利终值和复利现值

利息的计算有单利和复利两种方法。单利是指一定期间内只根据本金计算利息，当期产生的利息在下一期不作为本金，不重复计算利息。例如，本金为 1 000 元、年利率为 3.6%的 5 年期单利定期存款，到期时的利息收入为 180 元，每年的利息收入为 36 元（1 000×3.6%）。而复利则是不仅本金要计算利息，利息也要计算利息，即通常所说的"利滚利"。复利的概念充分体现了资金时间价值的含义，因为资金可以再投资，而且理性的投资者总是尽可能快地将资金投入合适的方向，以赚取报酬。在讨论资金的时间价值时，一般都按复利计算。

1. 复利终值

终值（future value，FV）是指当前的一笔资金在若干期后所具有的价值。复利终值的计算公式为：

$$FV_n=PV(1+i)^n \tag{2—1}$$

式中，FV_n表示复利终值；PV 表示复利现值（资金当前的价值）；i 表示利息率；n 表示计息期数。

式（2—1）中的（$1+i)^n$ 称为**复利终值系数**（future value interest factor，FVIF），可以写成 $FVIF_{i,n}$，也可以写成（F/P，i，n），则复利终值的计算公式也可以表示为：

$$FV_n=PV(1+i)^n=PV\cdot FVIF_{i,n}=PV\cdot(F/P,i,n) \tag{2—2}$$

式中符号含义同前。

利用复利终值系数表（见本书附录）可以使上述计算变得更加方便，表 2—1 是其中的一部分。

表 2—1　复利终值系数表

利息率 i / 时间 n	5.00%	6.00%	7.00%	8.00%	9.00%	10.00%
1	1.050	1.060	1.070	1.080	1.090	1.100
2	1.103	1.124	1.145	1.166	1.188	1.210
3	1.158	1.191	1.225	1.260	1.295	1.331
4	1.216	1.262	1.311	1.360	1.412	1.464
5	1.276	1.338	1.403	1.469	1.539	1.611
6	1.340	1.419	1.501	1.587	1.667	1.772
7	1.407	1.504	1.606	1.714	1.828	1.949
8	1.477	1.594	1.718	1.851	1.993	2.144
9	1.551	1.689	1.838	1.999	2.172	2.385
10	1.629	1.791	1.967	2.159	2.367	2.594

例 2—1

将 1 000 元钱存入银行，年利息率为 7%，按复利计算，5 年后终值应为：

$$FV_5=PV\cdot(1+i)^5=1\,000\times(1+7\%)^5=1\,403(\text{元})$$①

或可查表计算如下：

$$FV_5=1\,000\times(1+7\%)^5=1\,000\times FVIF_{7\%,5}=1\,000\times1.403=1\,403(\text{元})$$

2. 复利现值

现值（present value，PV）是指未来年份收到或支付的现金在当前的价值。由终值求现值，称为折现，折现时使用的利息率称为折现率。

复制现值的计算公式可由终值的计算公式导出。

由公式 $FV_n=PV(1+i)^n$ 可以得到

$$PV=\frac{FV_n}{(1+i)^n}=FV_n\cdot\frac{1}{(1+i)^n} \tag{2—3}$$

式（2—3）中的 $\frac{1}{(1+i)^n}$ 称为**复利现值系数**（present value interest factor，PVIF）或折现系数，可以写成 $PVIF_{i,n}$，也可以写成（P/F，i，n），PV 表示复利现值，其他符号含义同前。因此复利现值的计算公式也可表示为：

$$PV=FV_n\cdot PVIF_{i,n}=FV_n\cdot(P/F,i,n) \tag{2—4}$$

式中符号含义同前。

为了简化计算，也可利用复利现值系数表（见本书附录），表 2—2 是其中的一部分。

表 2—2 复利现值系数表

时间 n \ 折现率 i	5.00%	6.00%	7.00%	8.00%	9.00%	10.00%
1	0.952	0.943	0.935	0.926	0.917	0.909
2	0.907	0.890	0.873	0.857	0.842	0.826
3	0.864	0.840	0.816	0.794	0.772	0.751
4	0.823	0.792	0.763	0.735	0.708	0.683
5	0.784	0.747	0.713	0.681	0.650	0.621
6	0.746	0.705	0.666	0.630	0.596	0.564
7	0.711	0.665	0.623	0.583	0.547	0.513
8	0.677	0.627	0.582	0.540	0.502	0.467
9	0.645	0.592	0.544	0.500	0.460	0.424
10	0.614	0.558	0.508	0.463	0.422	0.386

例 2—2

若计划在 3 年以后得到 2 000 元，年利息率为 8%，复利计息，则现在应存金额可计算如下：

$$PV=FV_n\cdot\frac{1}{(1+i)^n}=2\,000\times\frac{1}{(1+8\%)^3}=1\,588(\text{元})$$

① 结果四舍五入，全书同。

或查复利现值系数表计算如下：

$$PV = FV_n \times PVIF_{8\%,3} = 2\,000 \times 0.794 = 1\,588(\text{元})$$

2.1.4　年金终值和现值

年金（annuity）是指一定时期内每期相等金额的收付款项。折旧、利息、租金、保险费等均表现为年金的形式。年金按付款方式，可分为后付年金（普通年金）、先付年金（即付年金）、延期年金和永续年金。

1. 后付年金终值和现值

后付年金（ordinary annuity）是指每期期末有等额收付款项的年金。在现实经济生活中这种年金最为常见，故也称为普通年金。

（1）后付年金终值。后付年金终值犹如零存整取的本利和，它是一定时期内每期期末等额收付款项的复利终值之和。

假设：A 代表年金数额；i 代表利息率；n 代表计息期数；FVA_n 代表年金终值。则后付年金终值的计算可用图 2—2 来说明。

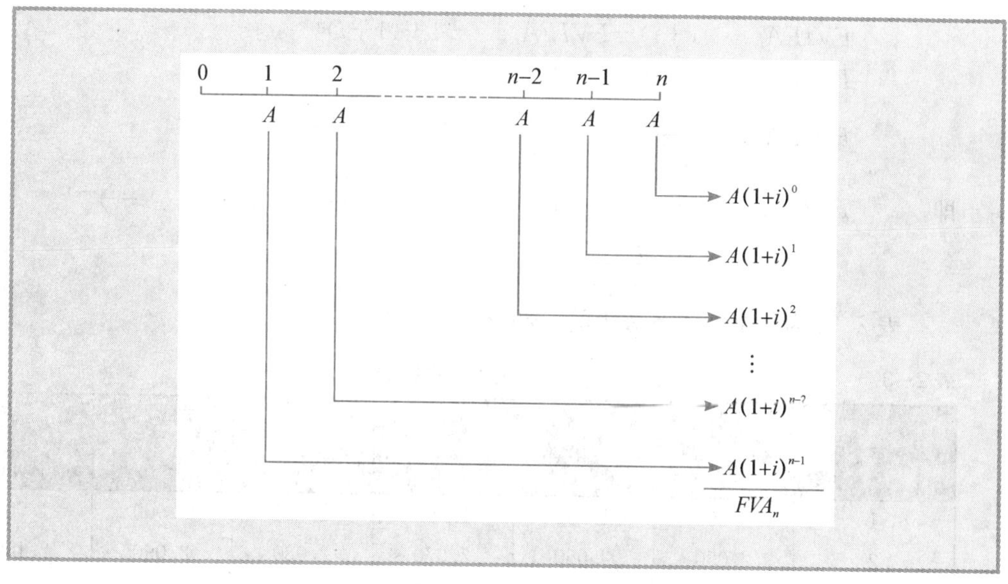

图 2—2　后付年金终值计算示意图

由图 2—2 可知，后付年金终值的计算公式为：

$$\begin{aligned} FVA_n &= A(1+i)^0 + A(1+i)^1 + A(1+i)^2 + \cdots + A(1+i)^{n-2} + A(1+i)^{n-1} \\ &= A[(1+i)^0 + (1+i)^1 + (1+i)^2 + \cdots + (1+i)^{n-2} + (1+i)^{n-1}] \\ &= A\sum_{t=1}^{n}(1+i)^{t-1} \end{aligned} \tag{2—5}$$

式中，$\sum_{t=1}^{n}(1+i)^{t-1}$ 称为年金终值系数或年金复利系数，通常写作 $FVIFA_{i,n}$ 或 $(F/A, i, n)$，其他符号含义同前。因此，后付年金终值的计算公式也可表示为：

$$FVA_n = A \cdot FVIFA_{i,n} = A \cdot (F/A, i, n) \tag{2—6}$$

式中符号含义同前。

为了简化计算，也可利用年金终值系数表（简称 *FVIFA* 系数表，见本书附录），表中各期年金终值系数可按下列公式计算：

$$FVIFA_{i,n}=\frac{(1+i)^n-1}{i} \tag{2—7}$$

式中，$FVIFA_{i,n}$表示各期年金终值系数，其他符号含义同前。

公式推导过程如下：

$$FVIFA_{i,n}=(1+i)^0+(1+i)^1+(1+i)^2+\cdots+(1+i)^{n-2}+(1+i)^{n-1} \tag{1}$$

将（1）式两边同乘以（1+i），得

$$FVIFA_{i,n}\cdot(1+i)=(1+i)^1+(1+i)^2+(1+i)^3+\cdots+(1+i)^{n-1}+(1+i)^n \tag{2}$$

(2)－(1) 得

$$FVIFA_{i,n}\cdot(1+i)-FVIFA_{i,n}=-1+(1+i)^n$$

$$FVIFA_{i,n}\cdot i=(1+i)^n-1$$

$$FVIFA_{i,n}=\frac{(1+i)^n-1}{i}$$

即
$$FVIFA_{i,n}=(1+i)^0+(1+i)^1+(1+i)^2+\cdots+(1+i)^{n-2}+(1+i)^{n-1}=\frac{(1+i)^n-1}{i}$$

表 2—3 为年金终值系数表的一部分。

表 2—3　　年金终值系数表

利息率 i / 时间 n	5.00%	6.00%	7.00%	8.00%	9.00%	10.00%
1	1.000	1.000	1.000	1.000	1.000	1.000
2	2.050	2.060	2.070	2.080	2.090	2.100
3	3.153	3.184	3.215	3.246	3.278	3.310
4	4.310	4.375	4.440	4.506	4.573	4.641
5	5.526	5.637	5.751	5.867	5.985	6.105
6	6.802	6.975	7.153	7.336	7.523	7.716
7	8.142	8.394	8.654	8.923	9.200	9.487
8	9.549	9.897	10.260	10.637	11.028	11.436
9	11.027	11.491	11.978	12.488	13.021	13.579
10	12.578	13.181	13.816	14.487	15.193	15.937

例 2—3

某人在 5 年中每年年底存入银行 1 000 元，年存款利率为 8%，复利计息，则第 5 年年末年金终值为：

$$FVA_5 = A \cdot FVIFA_{8\%,5} = 1\,000 \times 5.867 = 5\,867(\text{元})$$

(2) 后付年金现值。一定期间每期期末等额的系列收付款项的现值之和，叫后付年金现值。年金现值的符号为 PVA_n，后付年金现值的计算过程可用图 2—3 加以说明。

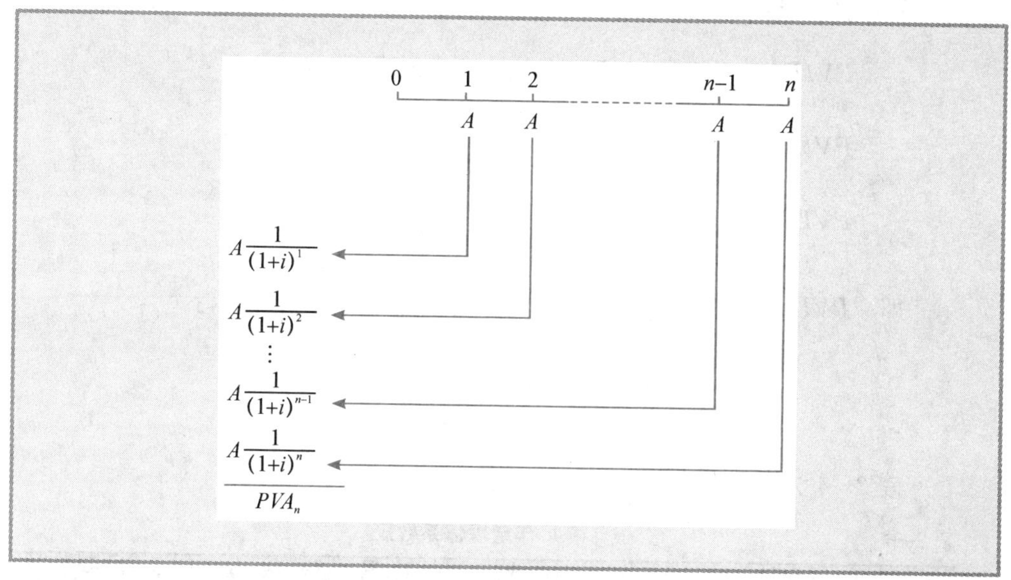

图 2—3　后付年金现值计算示意图

由图 2—3 可知，后付年金现值的计算公式为：

$$PVA_n = A\frac{1}{(1+i)^1} + A\frac{1}{(1+i)^2} + \cdots + A\frac{1}{(1+i)^{n-1}} + A\frac{1}{(1+i)^n}$$

$$= A\sum_{t=1}^{n}\frac{1}{(1+i)^t} \qquad (2\text{—}8)$$

式中，$\sum_{t=1}^{n}\frac{1}{(1+i)^t}$ 称为年金现值系数，可简写为 $PVIFA_{i,n}$ 或 $(P/A, i, n)$，其他符号含义同前。因此，后付年金现值的计算公式也可表示为：

$$PVA_n = A \cdot PVIFA_{i,n} = A \cdot (P/A, i, n) \qquad (2\text{—}9)$$

式中，$PVIFA_{i,n}$ 表示各期年金现值系数，其他符号含义同前。

也可利用年金现值系数表（简称 PVIFA 系数表，见本书附录），表中各期年金现值系数可按下列公式计算：

$$PVIFA_{i,n} = \frac{(1+i)^n - 1}{i(1+i)^n} \qquad (2\text{—}10)$$

式中符号含义同前。

此公式的推导过程为：

$$PVIFA_{i,n} = \frac{1}{(1+i)^1} + \frac{1}{(1+i)^2} + \frac{1}{(1+i)^3} + \cdots + \frac{1}{(1+i)^{n-1}} + \frac{1}{(1+i)^n} \qquad (1)$$

(1) 式两边同乘以 $(1+i)$，得

$$PVIFA_{i,n}\cdot(1+i)=1+\frac{1}{(1+i)^1}+\frac{1}{(1+i)^2}+\cdots+\frac{1}{(1+i)^{n-2}}+\frac{1}{(1+i)^{n-1}} \quad (2)$$

(2)−(1) 得

$$PVIFA_{i,n}\cdot(1+i)-PVIFA_{i,n}=1-\frac{1}{(1+i)^n}$$

$$PVIFA_{i,n}\cdot i=1-\frac{1}{(1+i)^n}$$

$$PVIFA_{i,n}=\frac{(1+i)^n-1}{i(1+i)^n}$$

即 $$PVIFA_{i,n}=\frac{1}{(1+i)^1}+\frac{1}{(1+i)^2}+\frac{1}{(1+i)^3}+\cdots+\frac{1}{(1+i)^{n-1}}+\frac{1}{(1+i)^n}$$

$$=\frac{1-\frac{1}{(1+i)^n}}{i}=\frac{(1+i)^n-1}{i\ (1+i)^n}$$

表 2—4 为年金现值系数表的一部分。

表 2—4 年金现值系数表

时间 n \ 利息率 i	5.00%	6.00%	7.00%	8.00%	9.00%	10.00%
1	0.952	0.943	0.935	0.926	0.917	0.909
2	1.859	1.833	1.808	1.783	1.759	1.736
3	2.723	2.673	2.624	2.577	2.531	2.487
4	3.546	3.465	3.387	3.312	3.240	3.170
5	4.329	4.212	4.100	3.993	3.890	3.791
6	5.076	4.917	4.767	4.623	4.486	4.355
7	5.786	5.582	5.389	5.206	5.033	4.868
8	6.463	6.210	5.971	5.747	5.535	5.335
9	7.108	6.802	6.515	6.247	5.995	5.759
10	7.722	7.360	7.024	6.710	6.418	6.145

例 2—4

某人准备在今后 5 年中每年年末从银行取 1 000 元，如果利息率为 10%，则现在应存入多少元?

$$PVA_5=A\cdot PVIFA_{10\%,5}=1\ 000\times3.791=3\ 791(\text{元})$$

2. 先付年金终值和现值

先付年金（annuity due）是指在一定时期内，各期期初等额的系列收付款项。先付年金与后付年金的区别仅在于付款时间的不同。由于后付年金是最常用的，因此，年金终值和现值的系数表是按后付年金编制的，为了便于计算和查表，必须根据后付年金的计算公式，推导出先付年金的计算公式。

（1）先付年金终值。n 期先付年金终值和 n 期后付年金终值的关系可用图 2—4 加以说明。

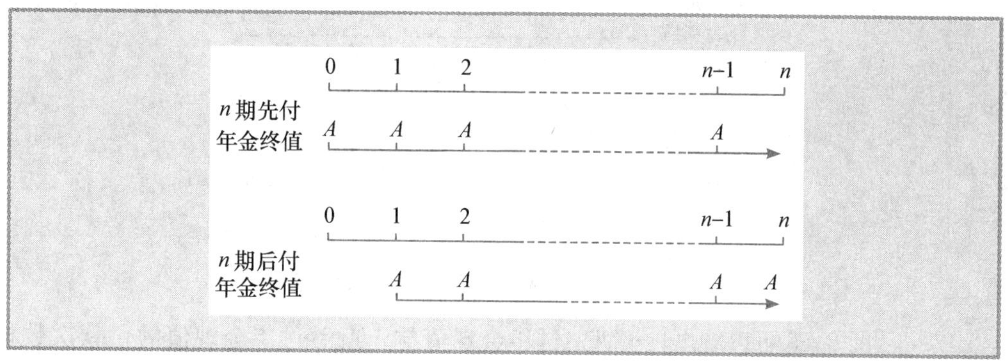

图 2—4　先付年金终值的计算示意图

从图 2—4 可以看出，n 期先付年金与 n 期后付年金的付款次数相同，但由于付款时间的不同，n 期先付年金终值比 n 期后付年金终值多计算一期利息。因此，可先求出 n 期后付年金的终值，然后再乘以（$1+i$），便可求出 n 期先付年金的终值。其计算公式为：

$$XFVA_n = A \cdot FVIFA_{i,n} \cdot (1+i) \tag{2—11}$$

式中，$XFVA_n$ 表示 n 期先付年金的终值，其他符号含义同前。

此外，还可根据 n 期先付年金终值与 $n+1$ 期后付年金终值的关系推导出另一计算公式。n 期先付年金与 $n+1$ 期后付年金的计息期数相同，但比 $n+1$ 期后付年金少付一次款，因此，只要将 $n+1$ 期后付年金的终值减去一期付款额 A，便可求出 n 期先付年金终值，其计算公式为：

$$XFVA_n - A \cdot FVIFA_{i,n+1} - A = A(FVIFA_{i,n+1} - 1) \tag{2—12}$$

式中符号含义同前。

例 2—5

某人每年年初存入银行 1 000 元，银行年存款利率为 8%，则第 10 年年末的本利和应为多少？

$$XFVA_{10} = 1\,000 \cdot FVIFA_{8\%,10} \cdot (1+8\%)$$
$$= 1\,000 \times 14.487 \times 1.08 = 15\,646(\text{元})$$

或

$$XFVA_{10} = 1\,000 \times (FVIFA_{8\%,11} - 1)$$
$$= 1\,000 \times (16.645 - 1) = 15\,645(\text{元})$$①

（2）先付年金现值。n 期先付年金现值与 n 期后付年金现值的关系，可以用图 2—5 加以说明。

---

① 两种结果略有差异，系四舍五入所致，下同。

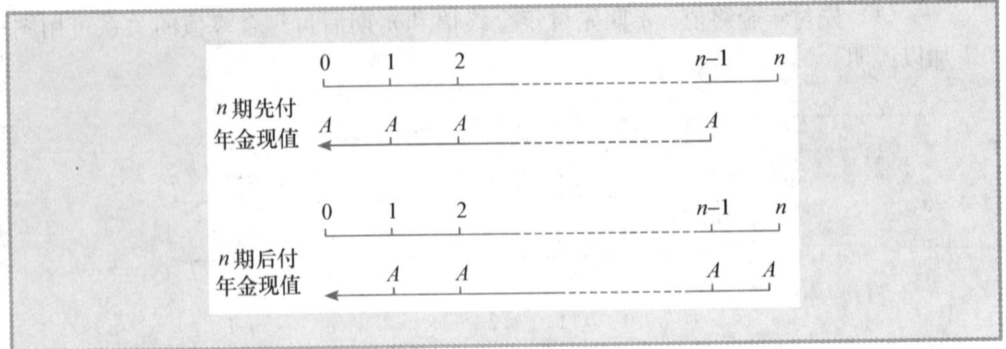

图 2—5 先付年金现值的计算示意图

从图 2—5 可以看出，n 期先付年金现值与 n 期后付年金现值的付款次数相同，但由于付款时间的不同，在计算现值时，n 期后付年金比 n 期先付年金多折现一期。因此，可先求出 n 期后付年金的现值，然后再乘以（$1+i$），便可求出 n 期先付年金的现值。其计算公式为：

$$XPVA_n = A \cdot PVIFA_{i,n} \cdot (1+i) \tag{2—13}$$

式中，$XPVA_n$ 表示 n 期先付年金的现值，其他符号含义同前。

此外，还可根据 n 期先付年金现值与 $n-1$ 期后付年金的关系推导出另一计算公式。n 期先付年金现值与 $n-1$ 期后付年金现值的折现期数相同，但比 $n-1$ 期后付年金多一期不用折现的付款额 A，因此，只要将 $n-1$ 期后付年金的现值加上一期不用折现的付款额 A，便可求出 n 期先付年金现值，其计算公式为：

$$XPVA_n = A \cdot PVIFA_{i,n-1} + A = A(PVIFA_{i,n-1} + 1) \tag{2—14}$$

式中符号含义同前。

例 2—6

某企业租用一套设备，在 10 年中每年年初要支付租金 5 000 元，年利息率为 8%，则这些租金的现值为：

$$\begin{aligned} XPVA_{10} &= 5\,000 \cdot PVIFA_{8\%,10} \cdot (1+8\%) \\ &= 5\,000 \times 6.71 \times 1.08 \\ &= 36\,234(\text{元}) \end{aligned}$$

或 $$XPVA_{10} = 5\,000 \cdot (PVIFA_{8\%,9} + 1) = 5\,000 \times (6.247+1) = 36\,235(\text{元})$$

3. 延期年金现值的计算

延期年金（deferred annuity）又称递延年金，是指在最初若干期没有收付款项的情况下，后面若干期有等额的系列收付款项的年金。假定最初有 m 期没有收付款项，后面 n 期每年有等额的系列收付款项，则此延期年金的现值即为后 n 期年金先折现至 m 期期初，再折现至第一期期初的现值。可以用图 2—6 加以说明。

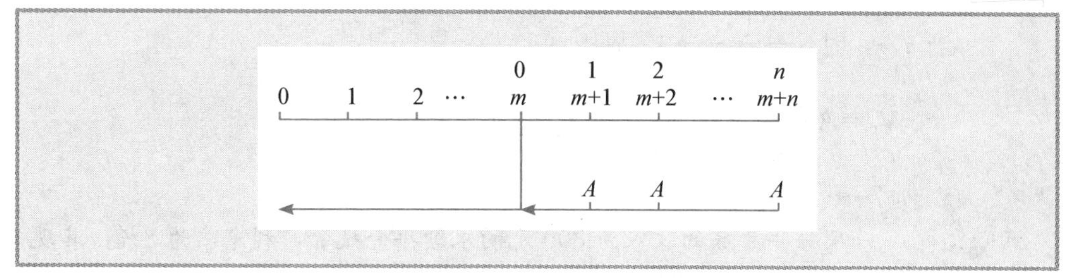

图 2—6　延期年金现值的计算示意图

从图 2—6 中可以看出，先求出延期年金在 n 期期初（m 期期末）的现值，再将其作为终值折现至 m 期的第一期期初，便可求出延期年金的现值。其计算公式为：

$$V_0 = A \cdot PVIFA_{i,n} \cdot PVIF_{i,m} \tag{2—15}$$

式中，V_0 表示延期年金的现值，其他符号含义同前。

延期年金现值还可用另外一种方法计算，先求出 $m+n$ 期后付年金现值，减去没有付款的前 m 期后付年金现值，二者之差便是延期 m 期的 n 期后付年金现值。其计算公式为：

$$V_0 = A \cdot PVIFA_{i,m+n} - A \cdot PVIFA_{i,m} \tag{2—16}$$

或　$$V_0 = A \cdot (PVIFA_{i,m+n} - PVIFA_{i,m})$$

式中符号含义同前。

例 2—7

某企业向银行借入一笔款项，银行贷款的年利息率为 8%，银行规定前 10 年不需还本付息，但第 11～第 20 年每年年末偿还本息 1 000 元，则这笔款项的现值应是：

$$V_0 = 1\,000 \cdot PVIFA_{8\%,10} \cdot PVIF_{8\%,10} = 1\,000 \times 6.710 \times 0.463 = 3\,107(\text{元})$$

或　$$V_0 = 1\,000 \cdot (PVIFA_{8\%,20} \quad PVIFA_{8\%,10})$$
$$= 1\,000 \times (9.818 - 6.710)$$
$$= 3\,108(\text{元})$$

4. 永续年金现值的计算

永续年金（perpetual annuity）是指期限为无穷的年金。英国和加拿大有一种国债就是没有到期日的债券，这种债券的利息可以视为永续年金。绝大多数优先股因为有固定的股利但无到期日，因而其股利也可以视为永续年金。另外，期限长、利率高的年金现值，可以按永续年金现值的计算公式计算其近似值。

永续年金现值的计算公式为：

$$V_0 = A \cdot \frac{1}{i} \tag{2—17}$$

式中 V_0 表示永续年金的现值，其他符号含义同前。

式（2—17）的推导过程为：

根据年金现值系数的计算公式：$PVIFA_{i,n} = \dfrac{1 - \dfrac{1}{(1+i)^n}}{i}$

当 $n\to\infty$ 时，$\frac{1}{(1+i)^n}\to 0$，故

$$V_0=A\cdot\frac{1}{i}$$

例 2—8

一项每年年底的收入为 800 元的永续年金投资，利息率为 8%，其现值为：

$$V_0=800\times\frac{1}{8\%}=10\ 000(\text{元})$$

2.1.5 时间价值计算中的几个特殊问题

以上介绍的都是时间价值中的几个基本原理，现对时间价值计算中的几个特殊问题加以说明。

1. 不等额现金流量现值的计算

前面讲的年金每次收入或付出的款项都是相等的，但在财务管理实践中，更多的情况是每次收入或付出的款项并不相等，而且经常需要计算这些不等额现金流入量或流出量的现值之和。

假设：A_0 代表第 0 年年末的付款；

A_1 代表第 1 年年末的付款；

A_2 代表第 2 年年末的付款；

⋮

A_n 代表第 n 年年末的付款。

则其现值计算公式可用图 2—7 加以说明。

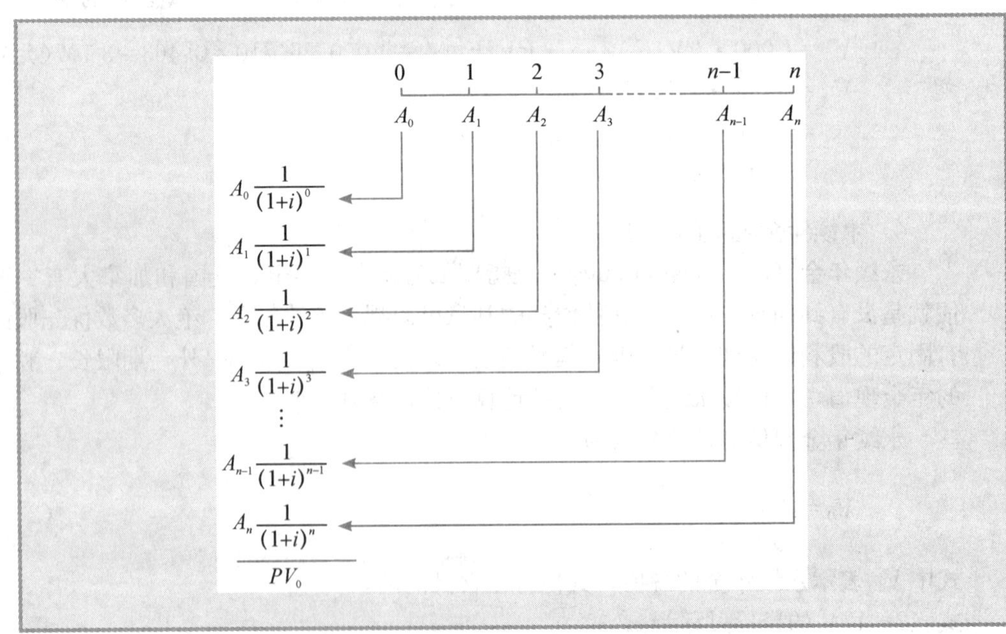

图 2—7 不等额现金流量现值的计算示意图

由图 2—7 可知：

$$
\begin{aligned}
PV_0 &= A_0 \frac{1}{(1+i)^0} + A_1 \frac{1}{(1+i)^1} + A_2 \frac{1}{(1+i)^2} + \cdots \\
&\quad + A_{n-1} \frac{1}{(1+i)^{n-1}} + A_n \frac{1}{(1+i)^n} \\
&= \sum_{t=0}^{n} A_t \frac{1}{(1+i)^t} \qquad (2\text{—}18)
\end{aligned}
$$

式中符号含义同前。

例 2—9

某人每年年末都将节省下来的工资存入银行，其存款额如表 2—5 所示，折现率为 5%，求这笔不等额存款的现值。

表 2—5　某不等额存款

项目	第 0 年	第 1 年	第 2 年	第 3 年	第 4 年
现金流量（元）	1 000	2 000	100	3 000	4 000

$$
\begin{aligned}
PV_0 &= A_0 \cdot \frac{1}{(1+i)^0} + A_1 \cdot \frac{1}{(1+i)^1} + A_2 \frac{1}{(1+i)^2} + A_3 \cdot \frac{1}{(1+i)^3} + A_4 \cdot \frac{1}{(1+i)^4} \\
&= 1\,000 \times PVIF_{5\%,0} + 2\,000 \times PVIF_{5\%,1} + 100 \times PVIF_{5\%,2} \\
&\quad + 3\,000 \times PVIF_{5\%,3} + 4\,000 \times PVIF_{5\%,4} \\
&= 1\,000 \times 1.000 + 2\,000 \times 0.952 + 100 \times 0.907 + 3\,000 \times 0.864 + 4\,000 \times 0.823 \\
&= 8\,878.7(\text{元})
\end{aligned}
$$

2. 年金和不等额现金流量混合情况下的现值

在年金和不等额现金流量混合的情况下，不能用年金计算的部分，则用复利公式计算，然后与用年金计算的部分加总，便得出年金和不等额现金流量混合情况下的现值。

例 2—10

某公司投资了一个新项目，新项目投产后每年获得的现金流入量如表 2—6 所示，折现率为 9%，求这一系列现金流入量的现值。

表 2—6　项目现金流量表　单位：元

年次（t）	现金流量	年次（t）	现金流量
1	1 000	6	2 000
2	1 000	7	2 000
3	1 000	8	2 000
4	1 000	9	2 000
5	2 000	10	3 000

在这一实例中，第 1～第 4 年的现金流量相等，可以看作求 4 年期的年金现值，第 5～第 9 年的现金流量也相等，也可以看作一种年金，但必须先设法求出这笔第 5～第 9 年年金的现值系数。

$$
\begin{aligned}
PVIFA_{9\%,5\sim9} &= PVIF_{9\%,5} + PVIF_{9\%,6} + PVIF_{9\%,7} + PVIF_{9\%,8} + PVIF_{9\%,9} \\
&= 0.650 + 0.596 + 0.547 + 0.502 + 0.460 = 2.755
\end{aligned}
$$

或 $$PVIFA_{9\%,5\sim9} = PVIFA_{9\%,9} - PVIFA_{9\%,4} = 5.995 - 3.240 = 2.755$$

因此，这笔现金流量的现值可计算如下：

$$PV_0 = 1\,000 \times PVIFA_{9\%,4} + 2\,000 \times PVIFA_{9\%,5\sim9} + 3\,000 \times PVIF_{9\%,10}$$
$$= 1\,000 \times 3.240 + 2\,000 \times 2.755 + 3\,000 \times 0.422 = 10\,016(\text{元})$$

3. 折现率的计算

在前面计算现值和终值时，都假定利率是给定的，但在财务管理中，经常会遇到已知计息期数、终值和现值，求折现率的问题。一般来说，求折现率可以分为两步：第一步求出换算系数，第二步根据换算系数和有关系数表求折现率。根据前述有关公式，复利终值、复利现值、年金终值和年金现值的换算系数分别用下列公式计算：

$$FVIF_{i,n} = \frac{FV_n}{PV}$$

$$PVIF_{i,n} = \frac{PV}{FV_n}$$

$$FVIFA_{i,n} = \frac{FVA_n}{A}$$

$$PVIFA_{i,n} = \frac{PVA_n}{A}$$

例 2—11

将 100 元存入银行，10 年后可获本利和 259.4 元，问银行存款的利率为多少?

$$PVIF_{i,10} = \frac{100}{259.4} = 0.386$$

查复利现值系数表，与 10 年相对应的折现率中，10%的系数为 0.386，因此，利息率应为 10%。

例 2—12

现在向银行存入 5 000 元，在利率为多少时，才能保证在今后 10 年中每年得到 750 元?

$$PVIFA_{i,10} = \frac{5\,000}{750} = 6.667$$

查年金现值系数表，当利率为 8%时，系数为 6.710；当利率为 9%时，系数为 6.418。所以利率应在 8%～9%之间，假设 x 为超过 8%的利息率，用插值法计算 x 的值如下：

利率	年金现值系数
8%	6.710
?	6.667
9%	6.418

（8%～?：x%；8%～9%：1%；6.710～6.667：0.043；6.710～6.418：0.292）

$$\frac{x}{1} = \frac{0.043}{0.292}$$

$$x = 0.147$$

则　　$i=8\%+0.147\%=8.147\%$

4. 计息期短于一年的时间价值的计算

终值和现值通常是按年来计算的，但在有些时候，也会遇到计息期短于一年的情况。例如，债券利息一般每半年支付一次，股利有时每季度支付一次，这就出现了以半年、1 个季度、1 个月甚至以天为期间的计息期。与计息期对应的一个概念是复利计息频数，即利息在一年中累计复利多少次。

前面探讨的都是以年为单位的计息期，即复利计息频数为一次，当计息期短于 1 年，而利率又是年利率时，计息期数和计息利率均应按下式进行换算：

$$R=\frac{i}{m}$$

$$t=m\cdot n$$

式中，R 表示期利率；i 表示年利率；m 表示每年的复利计息频数；n 表示年数；t 表示换算后的计息期数。

例 2—13

某人准备在第 5 年年末获得 1 000 元，年利息率为 10%。试计算：(1) 如果每年计息一次，则现在应存入多少钱？(2) 如果每半年计息一次，则现在应存入多少钱？

如果每年计息一次，即 $n=5$，$i=10\%$，$FV_5=1\,000$，则

$$PV=FV_5\cdot PVIF_{i,n}=1\,000\cdot PVIF_{10\%,5}=1\,000\times 0.621=621(\text{元})$$

如果每半年计息一次，即 $m=2$，则

$$R=\frac{i}{m}=\frac{10\%}{2}=5\%$$

$$t=m\cdot n=2\times 5=10$$

$$PV=FV_{10}\cdot PVIF_{5\%,10}=1\,000\times 0.614=614(\text{元})$$

2.2 风险与报酬

2.2.1 风险与报酬的概念

对于大多数投资者而言，个人或企业当前投入资金是因为期望在未来会赚取更多的资金。**报酬**（return），为投资者提供了一种恰当地描述投资项目财务绩效的方式。报酬的大小可以通过报酬率来衡量。假设某投资者购入 10 万元的短期国库券，利率为 10%，一年后获得 11 万元，那么这一年的投资报酬率为 10%，即

$$\text{投资报酬率}=\frac{\text{投资所得}-\text{初始投资}}{\text{初始投资}}=\frac{11-10}{10}\times 100\%=10\% \qquad (2—19)$$

事实上，投资者获得的投资报酬率就是国库券的票面利率，一般认为该投资是无风险的。然而，如果将这 10 万元投资于一家刚成立的高科技公司，该投资的报酬就无法明确估计，即投资面临**风险**（risk）。

公司的财务决策几乎都是在包含风险和不确定的情况下做出的。离开了风险，就无法正确评价公司投资报酬的高低。风险是客观存在的，按风险的程度，可以把公司的财务决策分为三种类型。

1. 确定性决策

决策者对未来的情况是完全确定的或已知的决策，称为确定性决策。例如，前述投资者将 10 万元投资于利息率为 10%的短期国库券，由于国家实力雄厚，到期得到 10%的报酬几乎是肯定的，因此，一般认为这种决策为确定性决策。

2. 风险性决策

决策者对未来的情况不能完全确定，但不确定性出现的可能性——概率的具体分布是已知的或可以估计的，这种情况下的决策称为风险性决策。

3. 不确定性决策

决策者不仅对未来的情况不能完全确定，而且对不确定性可能出现的概率也不清楚，这种情况下的决策称为不确定性决策。

从理论上讲，不确定性是无法计量的，但在财务管理中，通常为不确定性规定了一些主观概率，以便进行定量分析。不确定性在被规定了主观概率以后，就与风险十分近似了。因此，在公司财务管理中，对风险与不确定性并不作严格区分，当谈到风险时，可能是风险，更可能是不确定性。

投资者之所以愿意投资风险高的项目，是因为其要求的报酬率足够高，能够补偿其可察觉的投资风险。很明显，在上述例子中，如果投资高科技公司的期望报酬率与短期国库券一样，那么几乎没有投资者愿意投资。

2.2.2 单项资产的风险与报酬

如前所述，对投资活动而言，风险是与投资报酬的可能性相联系的，因此，对风险的衡量就要从投资报酬的可能性入手。

1. 确定概率分布

概率是度量随机事件发生可能性的一个数学概念。例如，掷一次硬币，正面向上的概率为 50%。如果将所有可能的事件或结果都列示出来，并对每个事件都赋予一个概率，则得到事件或结果的**概率分布**（probability distribution）。对于掷硬币一例，可以建立如下的概率分布表，如表 2—7 所示。

表 2—7　概率分布表

事件结果 (1)	概率 (2)
正面向上	50%
反面向上	50%
合计	100%

第 1 列列示了可能的事件结果，第 2 列列示了不同事件结果的概率。请注意，概率分布必须符合以下两个要求：(1) 出现每种结果的概率都在 0～1 之间；(2) 所有结果的概率之和应等于 1。

同样，也可以为投资的可能结果（即报酬）赋予概率。假设有两家公司西京公司和东方公司，其公司股票报酬率的概率分布如表 2—8 所示。从表中可以看出，市场需求旺盛的概率为 30%，此时两家公司的股东都将获得很高的报酬率；市场需求正常的概率为 40%，此时股票报酬率适中；而市场需求低迷的概率为 30%，此时东方公司的股东只能获得低报酬率，西京公司的股东甚至会遭受损失。

表 2—8　西京公司及东方公司的概率分布

市场需求类型	各类需求发生概率	各类需求状况下股票报酬率	
		西京	东方
旺盛	0.3	100%	20%
正常	0.4	15%	15%
低迷	0.3	−70%	10%
合计	1.0		

2. 计算期望报酬率

如表 2—9 所示，将各种可能结果与其所对应的发生概率相乘，并将乘积相加，则得到各种结果的加权平均数。此处权重系数为各种结果发生的概率，加权平均数则为**期望报酬率**（expected rate of return）$\bar{R}$。表中显示西京公司及东方公司的期望报酬率均为 15%。

表 2—9　期望报酬率的计算

市场需求类型 (1)	各类需求发生概率 (2)	西京公司		东方公司	
		各类需求下的报酬率 (3)	乘积 (2)×(3)=(4)	各类需求下的报酬率 (5)	乘积 (2)×(5)=(6)
旺盛	0.3	100%	30%	20%	6%
正常	0.4	15%	6%	15%	6%
低迷	0.3	−70%	−21%	10%	3%
合计	1.0		$\bar{R}$=15%		$\bar{R}$=15%

期望报酬率的计算过程如下：

$$\text{期望报酬率}\ \bar{R} = P_1R_1 + P_2R_2 + \cdots + P_nR_n = \sum_{i=1}^{n} P_iR_i \qquad (2\text{—}20)$$

式中，R_i 表示第 i 种可能结果；P_i 表示第 i 种结果的概率；n 表示所有可能结果的数目；$\bar{R}$ 表示各种可能结果（即 R_i 值）的加权平均数，各结果的权重即为其发生的概率。

西京公司的期望报酬率计算过程如下：

$$\begin{aligned}\bar{R} &= P_1 \cdot R_1 + P_2 \cdot R_2 + P_3 \cdot R_3 \\ &= 0.3\times100\% + 0.4\times15\% + 0.3\times(-70\%) = 15\%\end{aligned}$$

东方公司的期望报酬率计算过程如下：

$$\bar{R} = 0.3\times20\% + 0.4\times15\% + 0.3\times10\% = 15\%$$

将报酬率用图表示，可以了解到各种可能结果的变动情况（如图 2—8 所示）。各条形柱的高度表示给定结果发生的可能性。西京公司各种可能报酬率的范围在−70%～100%之间，期望报酬率为 15%。东方公司的期望报酬率同样为 15%，但其波动范围则狭窄得多。

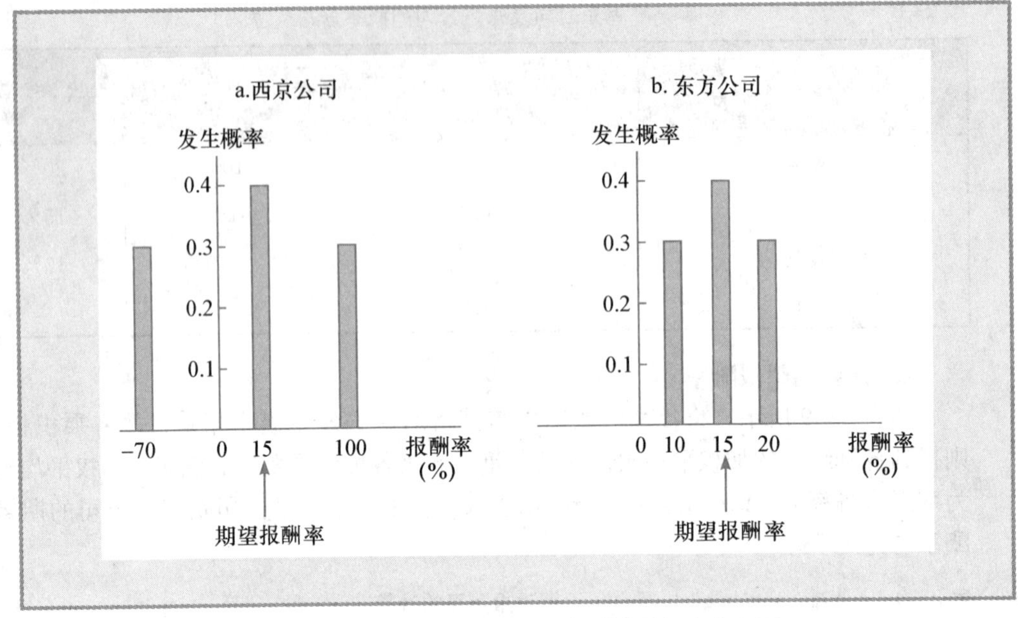

图 2—8　西京公司及东方公司报酬率的概率分布图

本例仅假设可能出现三种情况：旺盛、正常、低迷。事实上，需求量可以分布在极度低迷与极度旺盛之间，且有无数种可能。如果时间与精力允许找出每种可能的需求水平对应的概率（概率之和应当等于 1.0），并找到每种需求水平下的股票报酬率，那么同样也能够得到一个类似于表 2—8 的表格，只不过各列将包括更多条目。如前例一样，该表同样也能计算出期望报酬率，且能够得到一条描绘概率与结果近似关系的连续性曲线（如图 2—9 所示）。

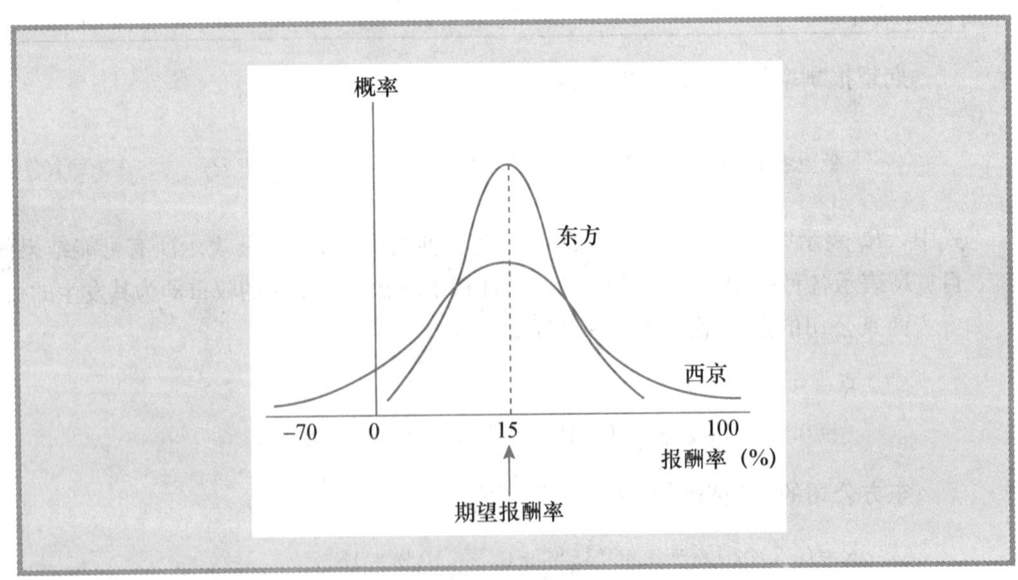

图 2—9　西京公司及东方公司报酬率的连续概率分布图

概率分布图越集中，那么实际结果接近期望值的可能性越大，其背离期望报酬的可能性则越小。由此，概率分布越集中，股票对应的风险越小。与西京公司相比，东方公司股票报酬的概率分布相对更为集中，因此其实际报酬率将更接近 15%的期望报酬率。

3. 计算标准差

利用概率分布的概念能够对风险进行衡量，即期望未来报酬的概率分布越集中，则该投资的风险越小。据此定义可知，东方公司的风险比西京公司更小，因为其实际报酬背离其期望报酬的可能性更小。

为了准确度量风险的大小，我们引入**标准差**（standard deviation，SD）这一度量概率分布密度的指标。标准差越小，概率分布越集中，同时，相应的风险也就越小。标准差的具体计算过程如下。

（1）计算期望报酬率。

$$\text{期望报酬率} = \bar{R} = \sum_{i=1}^{n} P_i R_i$$

（2）每个可能的报酬率（R_i）减去期望报酬率（$\bar{R}$）得到一组相对于 $\bar{R}$ 的离差。

$$\text{离差}_i = R_i - \bar{R} \tag{2—21}$$

式中符号含义同前。

（3）求各离差的平方，并将结果与该结果对应的发生概率相乘，然后将这些乘积相加，得到概率分布的**方差**（variance）。

$$\text{方差} = \sigma^2 = \sum_{i=1}^{n} (R_i - \bar{R})^2 P_i \tag{2—22}$$

式中符号含义同前。

（4）最后，求出方差的平方根，即得到标准差。

$$\text{标准差} = \sigma = \sqrt{\sum_{i=1}^{n} (R_i - \bar{R})^2 P_i} \tag{2—23}$$

式中符号含义同前。

可见，标准差实际上是偏离期望值的离差的加权平均值，它度量的是实际值偏离期望值的程度。

前例中，西京公司的标准差为：

$$\begin{aligned}\sigma &= \sqrt{(100\% - 15\%)^2 \times 0.30 + (15\% - 15\%)^2 \times 0.40 + (-70\% - 15\%)^2 \times 0.30} \\ &= 65.84\%\end{aligned}$$

东方公司的标准差为：

$$\begin{aligned}\sigma &= \sqrt{(20\% - 15\%)^2 \times 0.30 + (15\% - 15\%)^2 \times 0.40 + (10\% - 15\%)^2 \times 0.30} \\ &= 3.87\%\end{aligned}$$

西京公司的标准差更大，说明其报酬的离差程度更大，即无法实现期望报酬的可能性更大。由此可以判断，当单独持有时，西京公司的股票比东方公司的股票风险更大。

如果报酬的概率服从正态分布①，那么实际报酬落在以期望报酬为中心、±1 个

---

① 正态分布（normal distribution）又名高斯分布（Gaussian distribution），是一种非常重要的概率分布，在统计学的许多方面有着重大的影响力。若随机变量 X 服从一个数学期望为 μ，方差为 σ^2 的高斯分布，记为：$X \sim N(\mu, \sigma^2)$。正态分布的期望值 μ 决定了其位置，其标准差 σ 决定了分布的幅度，因其曲线呈钟形，因此又被称为钟形曲线，通常所说的标准正态分布是 $\mu = 0$，$\sigma = 1$ 的正态分布。

标准差区间内的概率大约为 68.26%（如图 2—10 所示）。图中还列示了$\pm 2\sigma$，$\pm 3\sigma$的情况。对于西京公司，$\bar{R}=15\%$，$\sigma=65.84\%$；而对于东方公司，$\bar{R}=15\%$，$\sigma=3.87\%$。倘若两个分布皆为正态分布，那么西京公司的实际报酬将有 68.26%的概率落在 15%±65.84%，即−50.84%～80.84%的范围内。对于东方公司而言，实际报酬将有 68.26%的概率落在 15%±3.87%，即 11.13%～18.87%的范围内。由于σ较小，东方公司报酬显著低于期望报酬的概率也较小，因此其股票风险也较小。

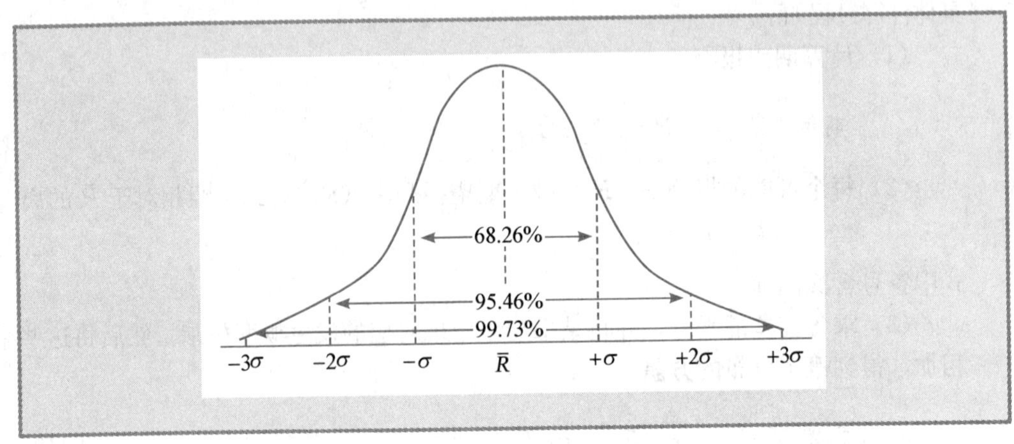

图 2—10 正态分布的概率区间

4. 利用历史数据度量风险

前例描述了利用已知概率分布的数据计算均值与标准差的过程，但在实际决策中，更普遍的情况是已知过去一段时期内的报酬数据，即历史数据，此时报酬率的标准差可利用如下公式估算。

$$\text{估计}\ \sigma=\sqrt{\frac{\sum_{t=1}^{n}(R_t-\bar{R})^2}{n-1}} \tag{2—24}$$

式中，估计σ表示估算的标准差，R_t 表示第t期所实现的报酬率；$\bar{R}$表示过去n年内获得的平均年度报酬率。

 例 2—14

某项目过去三年的报酬状况如表 2—10 所示。试估计该项目的风险。

表 2—10 过去三年的报酬状况

年度	R_t
2001	15%
2002	−5%
2003	20%

$$\bar{R}=\frac{15\%-5\%+20\%}{3}=10\%$$

$$\text{估计}\ \sigma=\sqrt{\frac{(15\%-10\%)^2+(-5\%-10\%)^2+(20\%-10\%)^2}{3-1}}$$

$$=13.2\%$$

历史的σ通常用作对未来σ的一种估计，由此，我们可以通过历史报酬数据来估计投资风险。

5. 计算离散系数

如果两个项目期望报酬率相同、标准差不同，理性投资者会选择标准差较小，即风险较小的那个。类似地，如果两项目具有相同风险（标准差）、但期望报酬率不同，投资者通常会选择期望报酬率较高的项目。因为投资者都希望冒尽可能小的风险，而获得尽可能高的报酬。但是，如果有两项投资：一项期望报酬率较高而另一项标准差较低，投资者该如何抉择呢？此时另一个风险度量指标——**离散系数**（coefficient of variation，CV，也称变异系数）可以较好地解决这一问题。其计算公式为：

$$CV=\frac{\sigma}{\bar{R}} \tag{2—25}$$

式中符号含义同前。

离散系数度量了单位报酬的风险，为项目的选择提供了更有意义的比较基础。由于西京公司与东方公司的期望报酬率相同，故前例中并无必要计算离散系数。当期望报酬率相等时，标准差较大的西京公司的离散系数应当较大。事实上，西京公司的离散系数为 4.39（即 65.84/15），东方公司的离散系数则为 0.26（即 3.87/15）。可见，依此标准，西京公司的风险约是东方公司的 17 倍。

例 2—15

项目 A 的期望报酬率为 60%，标准差为 15%；项目 B 的期望报酬率为 8%，而标准差仅为 3%，则投资者应该选择哪个项目进行投资？

项目 A 的离散系数为：$CV=15/60=0.25$

项目 B 的离散系数为：$CV=3/8=0.375$

因此，投资者应该选择项目 A。

事实上，项目 B 具有较小的标准差，因此其概率分布更集中。但从图 2—11 中可以很清楚地发现，项目 B 实际获得低报酬率的可能性大于项目 A，因为项目 A 的期望报酬率要高得多。由于离散系数同时反映了风险与报酬，故在处理两个或多个具有显著不同期望报酬率的投资项目时，它是一个更好的风险度量指标。

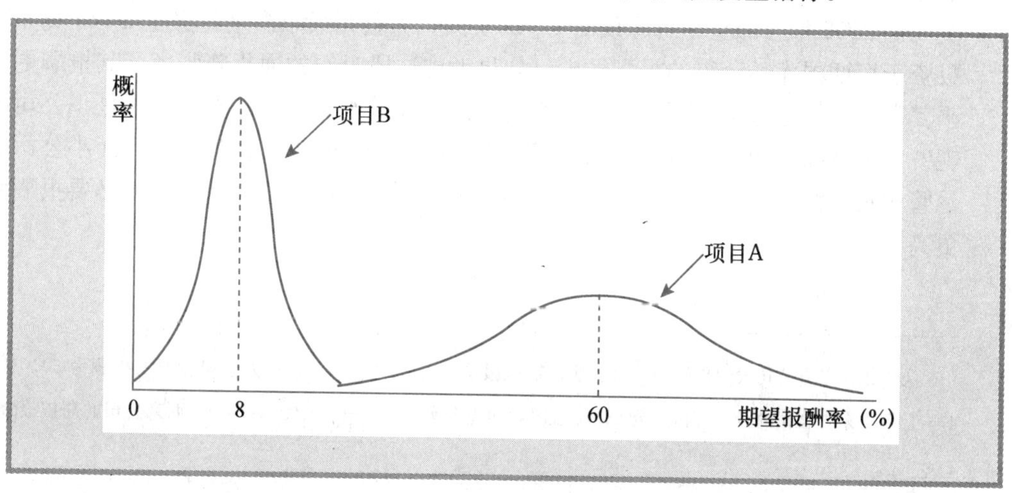

图 2—11 项目 A，B 的概率分布与期望报酬率比较

6. 风险规避与必要报酬

假设通过辛勤工作你积攒了10万元，有两个项目可以投资，第一个项目是购买利率为5%的短期国库券，第一年年末将能够获得确定的0.5万元报酬；第二个项目是购买A公司的股票。如果A公司的研发计划进展顺利，则你投入的10万元将增值到21万元，而如果公司研发失败，股票价值将跌至0元，你将血本无归。如果预测A公司研发成功与失败的概率各占50%，则股票投资的期望价值为0.5×0+0.5×21=10.5（万元），扣除10万元的初始投资成本，期望报酬为0.5万元，即期望报酬率为5%。

两个项目的期望报酬率一样，你会选择哪一个呢？相信只要你是理性投资者，就会选择第一个项目。此时，你表现出风险规避。多数投资者都是风险规避投资者，且毫无疑问，普通投资者用自己辛辛苦苦赚来的钱去投资时都持风险规避态度。

对于证券价格与报酬率，风险规避意味着什么呢？答案是，在其他条件不变时，证券的风险越高，其价格便越低，从而必要报酬率越高。为了说明风险规避是如何影响证券价格的，再次考虑前例中东方公司与西京公司的股票。假设每只股票的售价均为每股30元，且期望报酬率均为15%。由于投资者都是风险规避者，在此条件下投资者通常更偏好东方公司的股票。由此判断，西京公司的股东将会出售所持股份并将资金投入东方公司。买方压力将抬高东方公司的股价，卖方压力则会相应导致西京公司股价下跌。

这些价格变化将导致两只股票期望报酬率的变动。例如，使东方公司的股价从30元/股升至45元/股，而西京公司的股价由30元/股跌至15元/股。这将导致东方公司的期望报酬率降为10%，西京公司的期望报酬率则会升到30%①，两者报酬率之差（30%−10%= 20%）是投资者对西京公司股票较东方公司股票的额外风险而要求的额外补偿，即风险溢价。

图2—12显示了在1926年年初投资1美元于不同类型证券，至2005年所获得的报酬。② 从图中可以看出，投资于小公司股票获得的报酬最多，1926年年初的1美元到2005年会涨至不可思议的9 549美元，大公司股票次之，涨至2 049美元。而投资于短期国库券获得的报酬最少，如果考虑这段时间的通货膨胀率，其报酬更是微乎其微。有了这些历史记录，为什么还有人会投资于短期国库券，而不是小公司股票呢？原因就在于两者的风险不同。很显然，国库券报酬增长更为稳固，而小公司股票尽管增长很快，但是其报酬的波动明显，风险更大，因此投资者要求的必要报酬率也更高。

---

① 由于东方公司股票价格为30元/股，期望报酬率为15%，因此，东方公司股票的报酬为30×15%=4.5（元），东方公司的股票价格升至45元/股时，期望报酬率变为$\frac{4.5}{45}$=10%；同理，西京公司的期望报酬率升至$\frac{4.5}{15}$=30%。

② Stocks, Bonds, Bills, and Inflation 2008 Yearbook, Ibbotson Associates, Inc., Chicago.

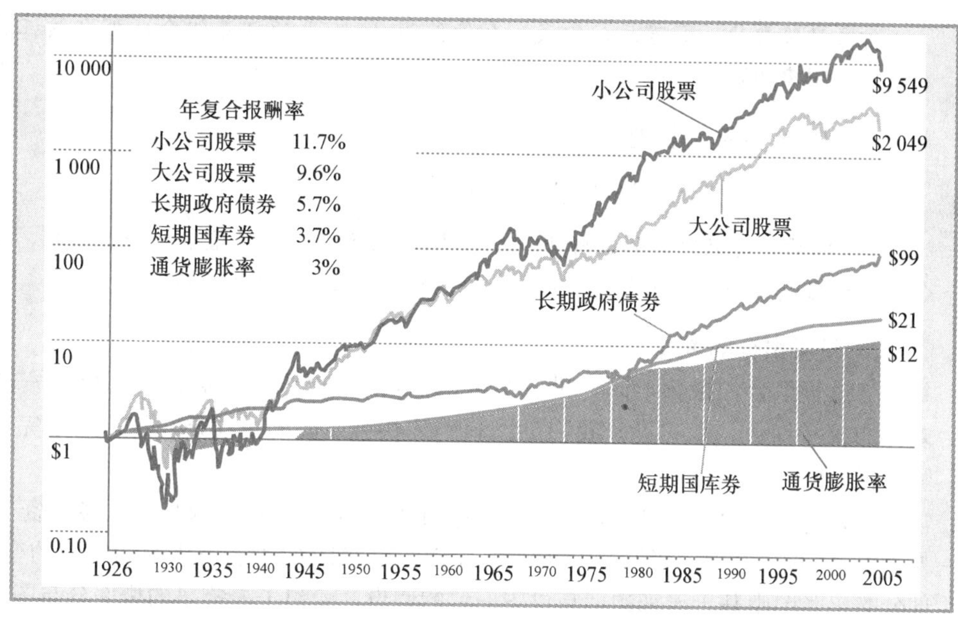

图2—12 1926—2005年间1美元投资于不同类型证券所获得的报酬

2.2.3 证券组合的风险与报酬

投资者在进行证券投资时，一般并不把所有资金投资于一种证券，而是同时持有多种证券。这种同时投资于多种证券的方式，称为证券的**投资组合**（portfolio），又称证券组合或投资组合。由多种证券构成的投资组合，会减少风险，报酬率高的证券会抵消报酬率低的证券带来的负面影响。因此，绝大多数法人投资者如工商业企业、信托投资公司、投资基金公司等都同时投资于多种证券，即使是个人投资者，一般也是持有证券的投资组合而不只是投资于某一个公司的股票或债券。所以，了解证券投资组合的风险与报酬对于公司财务人员来说非常重要。

1. 证券组合的报酬

证券组合的期望报酬，是指组合中单项证券期望报酬的加权平均值，权重为整个组合中投入各项证券的资金占总投资额的比重。其计算公式为：

$$\bar{R}_p = w_1\bar{R}_1 + w_2\bar{R}_2 + \cdots + w_n\bar{R}_n = \sum_{i=1}^{n} w_i\bar{R}_i \qquad (2—26)$$

式中，$\bar{R}_p$ 表示投资组合的期望报酬率；$\bar{R}_i$ 表示单只证券的期望报酬率；证券组合中有 n 项证券，w_i 表示第 i 只证券所占的比重。

例2—16

2007年9月，某证券分析师预测四只股票的期望报酬率如表2—11所示。

表2—11 单只股票的期望报酬率

股票代码及名称	期望报酬率	股票代码及名称	期望报酬率
600540 新赛股份	24%	600887 伊利股份	12%
600871 仪征化纤	18%	600900 长江电力	6%

对每只股票投入 5 万元，组成一个价值为 20 万元的证券组合，那么该证券组合的期望报酬率为：

$$\begin{aligned}\bar{R}_p &= w_1\bar{R}_1 + w_2\bar{R}_2 + \cdots + w_n\bar{R}_n \\ &= 24\% \times 25\% + 18\% \times 25\% + 12\% \times 25\% + 6\% \times 25\% = 15\%\end{aligned}$$

1 年以后，各只股票的实际报酬率为 R_i，很可能与期望值不相等，因此，投资组合的实际报酬率很可能不等于 15%。也就是说，证券组合同样存在风险。

2. 证券组合的风险

与投资组合的报酬不同，投资组合的风险 σ_p 通常并非组合内部单项资产标准差的加权平均数。事实上，我们可以利用某些有风险的单项资产组成一个完全无风险的投资组合。

表 2—12 列示了股票 W、M 各自的报酬率数据，以及对两只股票各投资 50%时投资组合的相关数据。图 2—13 中，a 部分的三张图描述了报酬率随时间的变化，b 部分的三张图则基于未来预期与过去一致的假设，给出了报酬率的概率分布图，从图中可以看出，两只股票在单独持有时都具有相当的风险，但构成投资组合 WM 时却不再具有风险。

表 2—12 股票 W、M 及组合 WM 的报酬率

年度	股票 W(R_W)	股票 M(R_M)	组合 WM(R_P)
2004	40.0%	−10.0%	15.0%
2005	−10.0%	40.0%	15.0%
2006	35.0%	−5.0%	15.0%
2007	−5.0%	35.0%	15.0%
2008	15.0%	15.0%	15.0%
平均报酬率	15.0%	15.0%	15.0%
标准差	22.6%	22.6%	0.0%

之所以可以利用股票 W 与 M 构成一个无风险投资组合，是因为二者的报酬率相互呈反周期变动——当 W 的报酬率下降时 M 的报酬率上升，反之亦然。两个变量同时变动的趋势称为相关性，相关系数 ρ 度量了这种趋势。① 当 $\rho=-1.0$ 时，股票 W 与 M 的报酬率完全负相关。

完全负相关（$\rho=-1.0$）的反面即完全正相关（$\rho=+1.0$）。两只完全正相关的股票的报酬将会同时增减，由这样两只股票组成的投资组合与单只股票具有相同的风险，表 2—13 和图 2—14 说明了这一点。而且此时投资组合的标准差等于单只股票的标准差，即若投资组合由完全正相关的股票组成，则无法分散风险。

① 相关系数显示了两个随机变量之间线性关系的强度和方向，其计算公式为：

$$\rho_{XY} = \frac{\mathrm{Cov}(X,Y)}{\sigma_X \sigma_Y}$$

式中，$\mathrm{Cov}(X, Y)$ 为变量 X、Y 的协方差，用于衡量两个变量的总体误差。

如果 $E(X)=\bar{X}$，$E(Y)=\bar{Y}$，则

$$\mathrm{Cov}(X,Y)=E(X-\bar{X})(Y-\bar{Y})$$

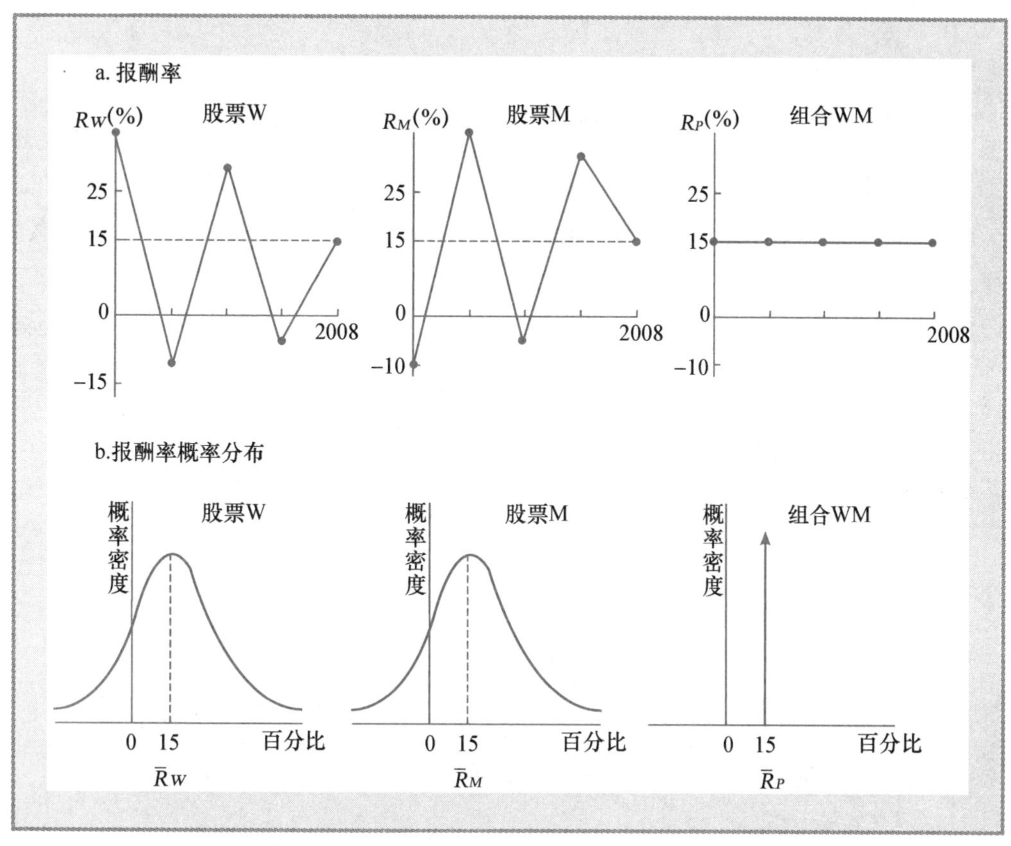

图 2—13 完全负相关股票（$\rho=-1.0$）及组合 WM 的报酬率分布情况

表 2—13 股票 M、M′及组合 MM′的报酬率

年度	股票 M(R_M)	股票 M′($R_{M'}$)	组合 MM′(R_P)
2004	−10.0%	−10.0%	−10.0%
2005	40.0%	40.0%	40.0%
2006	−5.0%	−5.0%	−5.0%
2007	35.0%	35.0%	35.0%
2008	15.0%	15.0%	15.0%
平均报酬率	15.0%	15.0%	15.0%
标准差	22.6%	22.6%	22.6%

图 2—13 与图 2—14 说明，当股票报酬完全负相关（$\rho=-1.0$）时，所有的风险都能被分散掉；而当股票报酬完全正相关（$\rho=+1.0$）时，则风险无法分散。事实上，多数股票的报酬都呈正相关关系，但并非完全正相关。平均而言，随机挑选两只股票，其报酬的相关系数大约等于+0.6，且对于多数股票来说，其报酬的两两相关系数 ρ 都在 +0.5～+0.7 之间。在此情况下，股票投资组合能够降低风险但不能完全消除风险。表 2—14 与图 2—15 通过报酬相关系数为 $\rho=+0.67$ 的两只股票举例说明了这一点。投资组合的平均报酬率为 15%，恰好等于两只股票各自的平均报酬率，但其标准差为 20.6%，小于其中任意一只股票的标准差。由此可见，分散化投资降低了风险。

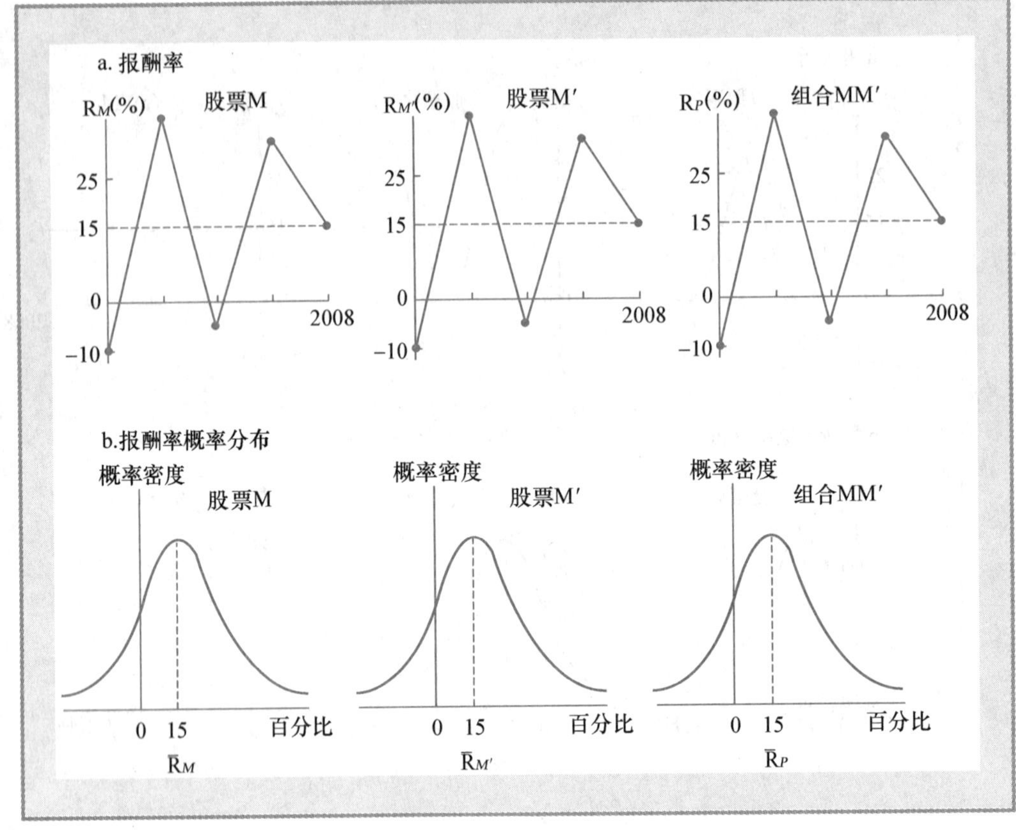

图 2—14 完全正相关股票（$\rho=+1.0$）及组合 MM′的报酬率分布情况

表 2—14 部分相关股票 W、Y 及组合 WY 的报酬率

年度	股票 W（R_W）	股票 Y（R_Y）	组合 WY（R_P）
2004	40.0%	28.0%	34.0%
2005	−10.0%	20.0%	5.0%
2006	35.0%	41.0%	38.0%
2007	−5.0%	−17.0%	−11.0%
2008	15.0%	3.0%	9.0%
平均报酬率	15.0%	15.0%	15.0%
标准差	22.6%	22.6%	20.6%

若投资组合包含的股票多于两只，通常情况下，投资组合的风险将随所包含股票数量的增加而降低。

想要找到期望报酬呈负相关的股票很困难。因为当经济繁荣时，多数股票都走势良好，而当经济低迷时，多数股票都表现不佳。因此，即使是非常大的投资组合，也仍然存在一些风险。

图 2—16 显示的是通过随机选取纽约证券交易所（NYSE）股票不断扩大投资组合规模而对投资组合风险产生的影响。图中标注了不同规模投资组合的标准差，从单只股票、两只股票组合，直到一个包含 2 000 余只普通股的组合。该曲线说明，投资组合的风险程度通常会随着投资组合规模的增加而降低，并逐渐趋于某个临界值，即图 2—16 所示的水平虚线。

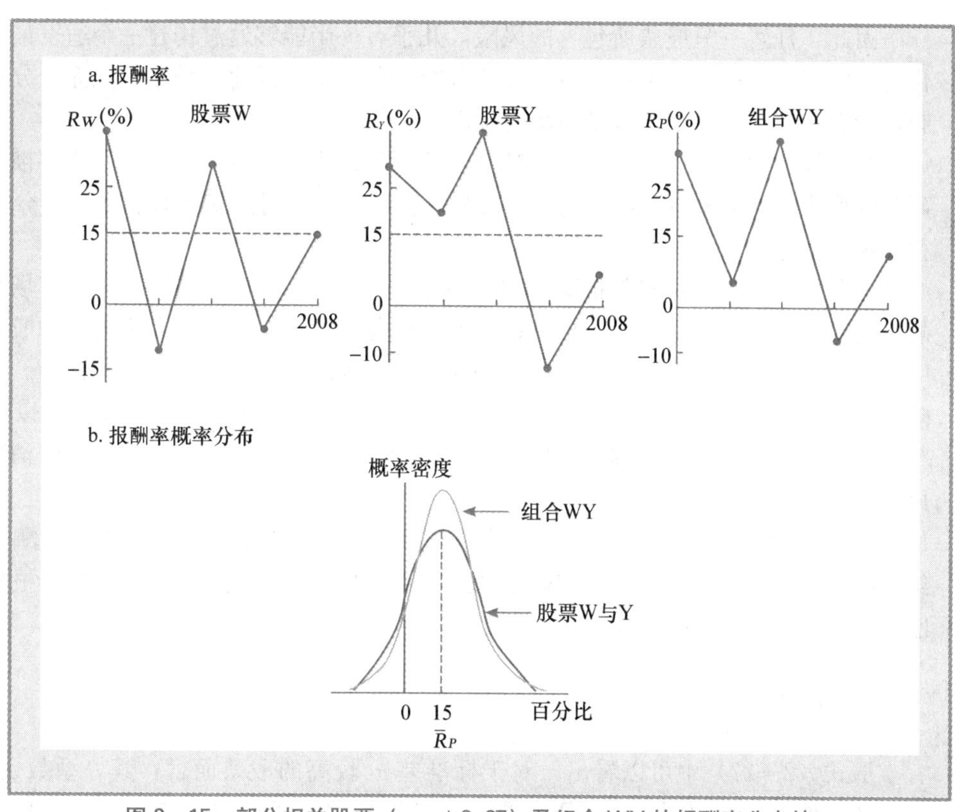

图 2—15　部分相关股票（$\rho = +0.67$）及组合 WY 的报酬率分布情况

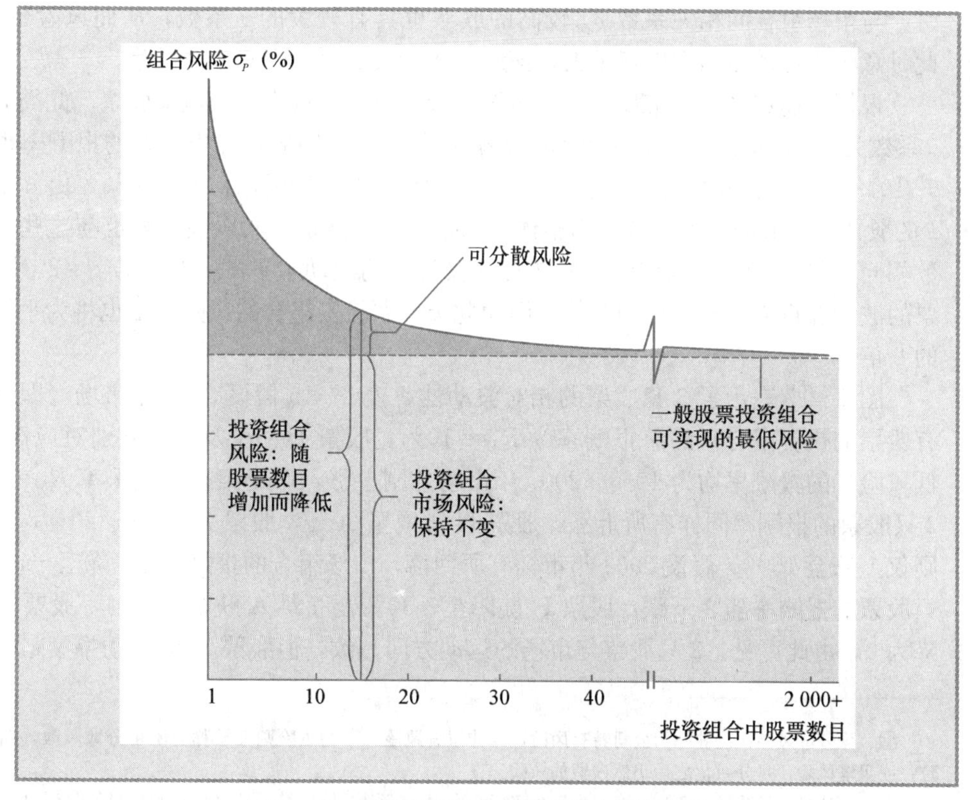

图 2—16　股票投资组合规模对组合风险的影响

因此，任意一只股票所包含的风险，几乎有一半能够通过构建一个适度最大分散化的投资组合而消除。不过，由于总会残留一些风险，因此几乎不可能完全分散那些影响所有股票报酬的整个股票市场的波动。

股票风险中通过投资组合能够被消除的部分称为可分散风险，而不能够被消除的部分则称为市场风险。① 如果组合中股票数量足够多，则任意单只股票的可分散风险都能够被消除。

可分散风险是由某些随机事件导致的，如个别公司遭受火灾，公司在市场竞争中的失败等。这种风险可以通过证券持有的多样化来抵消，即多买几家公司的股票，其中某些公司的股票报酬上升，另一些公司的股票报酬下降，从而将风险抵消。市场风险则产生于那些影响大多数公司的因素：经济危机、通货膨胀、经济衰退以及高利率。由于这些因素会对大多数股票产生负面影响，因此无法通过分散化投资消除市场风险。

市场风险的程度通常用β系数来衡量。如果以ρ_{iM}表示第i只股票的报酬与市场组合报酬的相关系数，σ_i表示第i只股票报酬的标准差，σ_M表示市场组合报酬的标准差，则股票i的β系数可由下式得出②：

$$\beta_i=\left(\frac{\sigma_i}{\sigma_M}\right)\rho_{iM} \tag{2—27}$$

从式（2—27）中可以看出，对于标准差σ_i较高的股票而言，其β系数也较大。因为在其他条件都相同的情况下，高风险的股票将为投资组合带来更多的风险。同时，与市场组合间相关系数ρ_{iM}较高的股票也具有较大的β系数，从而风险也更高，此时意味着分散化的作用将不大，该股票将给投资组合带来较多风险。

根据上述定义，与市场水平同步波动的股票可以视为平均风险股票。此类股票的β系数为1.0。这意味着如果市场报酬率上升10%，则通常此类股票的报酬率也将上升10%；如果市场报酬率下降10%，该股票报酬率也将同样下降10%。由β系数为1的股票所组成的投资组合将随整体市场指数上下波动，其风险程度也与这些市场指数相同。若$\beta=0.5$，则该股票的波动性仅为市场波动水平的一半；若$\beta=2$，则该股票的波动性将为平均股票的2倍，因而此类股票投资组合的风险程度也将为平均组合的2倍。

图2—17表示了3只股票的相对波动性。表2—15假设2006年市场（即包含所有股票的投资组合）的总报酬率为$R_M=10\%$，股票H、A及L（分别对应高、中、低风险）的报酬率均为10%。2007年市场急剧上涨，市场组合的报酬率$R_M=20\%$，3只股票的报酬率同样有所上涨：股票H激增至30%，股票A上涨至20%，股票L则仅上涨至15%。假设2008年市场有所回落，市场组合的报酬率R_M降至-10%，3只股票的报酬率随之下跌：股票H陡降至-30%，股票A跌至-10%，股票L则下降为0。由此可见，3只股票与市场的运动方向一致，但股票H的波动幅度最大，股

① 可分散风险，也被称为**公司特有风险**，或**非系统风险**。市场风险则又被称为**不可分散风险**，或**系统风险**，或**贝塔风险**，是分散化之后仍然残留的风险。

② 此公式为β系数的理论计算方法，在实际操作中，β系数可以通过将股票报酬对市场报酬做回归得到，拟合得到的回归线的斜率即为股票的β系数。

票A与市场波动幅度一致，股票L的波动幅度则最小。

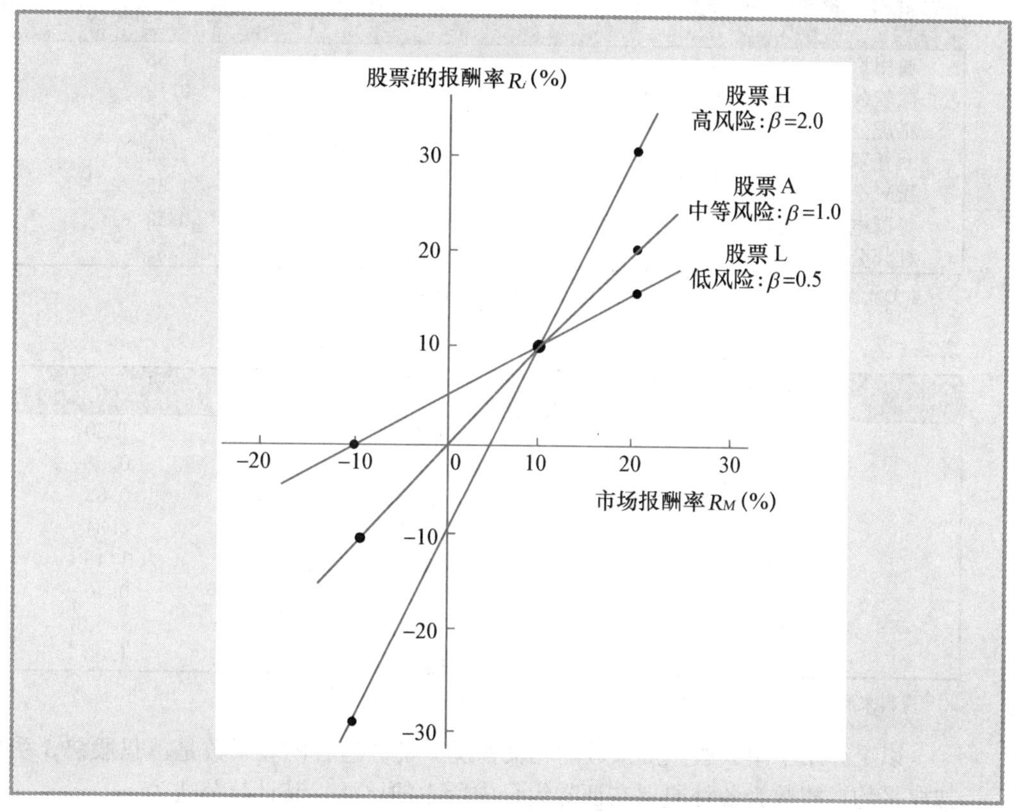

图2—17　股票H、A与L的相对波动性

表2—15　股票H、A与L及市场的年度报酬率

年度	R_H	R_A	R_L	R_M
2006	10%	10%	10%	10%
2007	30%	20%	15%	20%
2008	−30%	−10%	0	−10%

β值度量了股票相对于平均股票的波动程度，而根据定义，平均股票的β值为1.0。如前所述，股票的β值可以通过绘制类似于图2—17中的直线加以确定。该直线的斜率说明了各股票如何随整体市场波动——此类回归线的斜率系数即被定义为β值系数。大多数股票的β值都在0.50～1.50的范围内。

如果向一个β=1.0的投资组合中加入一只β值大于1.0的股票，那么投资组合的β值及其风险都将上升；反之，如果向一个β=1.0的投资组合中加入一只β值小于1.0的股票，那么投资组合的β值及其风险都将下降。由于股票β值衡量了其对投资组合风险的贡献程度，因此β值即为股票风险理论上的合理度量。

β系数一般不需投资者自己计算，而由一些投资服务机构定期计算并公布。如表2—16列示了美国几家公司的β系数，表2—17列示了我国几家上市公司的β系数。

表 2—16　美国几家公司 2006 年度的 β 系数

公司名称	β 系数
通用汽车公司	1.88
微软公司	0.79
雅虎公司	0.72
摩托罗拉公司	1.35
IBM 公司	1.65
美国电话电报公司	0.62
杜邦公司	1.33

资料来源：Yahoo Finance (http://finance.yahoo.com).

表 2—17　我国几家公司 2006 年度的 β 系数

股票代码	公司名称	β 系数
000037	深南电 A	1.20
000039	中集集团	0.56
000045	深纺织 A	0.86
000060	中金岭南	2.34
600637	广电信息	1.49
600641	万业企业	0.40
600644	乐山电力	1.53
600650	锦江投资	1.00

资料来源：Yahoo Finance (http://cn.finance.yahoo.com).

以上介绍了单只股票 β 系数的相关情况。证券组合的 β 系数是单只股票 β 系数的加权平均，权数为各种股票在证券组合中所占的比重。其计算公式为：

$$\beta_p=\sum_{i=1}^{n}w_i\beta_i \tag{2—28}$$

式中，β_p 表示证券组合的 β 系数；w_i 表示证券组合中第 i 种股票所占的比重；β_i 表示第 i 种股票的 β 系数；n 表示证券组合中包含的股票数量。

3. 证券组合的风险报酬率

投资者进行证券组合投资与进行单项投资一样，都要求对所承担的风险进行补偿，股票的风险越大，要求的报酬越高。但是，与单项投资不同，证券组合投资要求补偿的风险只是市场风险，而不要求对可分散风险进行补偿。如果可分散风险的补偿存在，善于科学地进行投资组合的投资者将会购买这部分股票，并抬高其价格，其最后的报酬率只反映市场风险。因此，证券组合的风险报酬率是投资者因承担不可分散风险而要求的，超过时间价值的那部分额外报酬率，可用下列公式计算：

$$R_p=\beta_p(R_M-R_F) \tag{2—29}$$

式中，R_p 表示证券组合的风险报酬率；β_p 表示证券组合的 β 系数；R_M 表示所有股票的平均报酬率，也就是由市场上所有股票组成的证券组合的报酬率，简称市场报酬率；R_F 表示无风险报酬率，一般用政府公债的利息率来衡量。

例 2—17

科林公司持有由甲、乙、丙三种股票构成的证券组合，它们的 β 系数分别是

2.0、1.0 和 0.5，它们在证券组合中所占的比重分别为 60%、30% 和 10%，股票市场的平均报酬率为 14%，无风险报酬率为 10%，试确定这种证券组合的风险报酬率。

（1）确定证券组合的 β 系数。

$$\beta_p=60\%\times2.0+30\%\times1.0+10\%\times0.5=1.55$$

（2）计算该证券组合的风险报酬率。

$$R_p=\beta_p(R_M-R_F)=1.55\times(14\%-10\%)=6.2\%$$

计算出风险报酬率后，便可根据投资额和风险报酬率计算出风险报酬额。

从以上计算可以看出，调整各种证券在证券组合中的比重，可以改变证券组合的风险、风险报酬率和风险报酬额。

同时还可以看出，在其他因素不变的情况下，风险报酬取决于证券组合的 β 系数，β 系数越大，风险报酬越大；反之亦然。或者说，β 系数反映了股票报酬对于系统性风险的反应程度。

4. 最优投资组合①

（1）有效投资组合的概念。根据风险报酬均衡原则，投资者希望报酬高、风险低，因此，投资者只希望投资于有效投资组合。有效投资组合是指在任何既定的风险程度上，提供的期望报酬率最高的投资组合；也可以是在任何既定的期望报酬率水平上，带来的风险最低的投资组合。

一个有效的证券投资组合中不会仅仅包括两项资产。当然，列示出所有可能的资产组合也是不可能的。只要先估计出各股票实际报酬率的数值，就能用图形表示出各组合的风险报酬率对应点的集合是什么形状。图 2—18 说明了所有可能投资组合的期望报酬率情况。

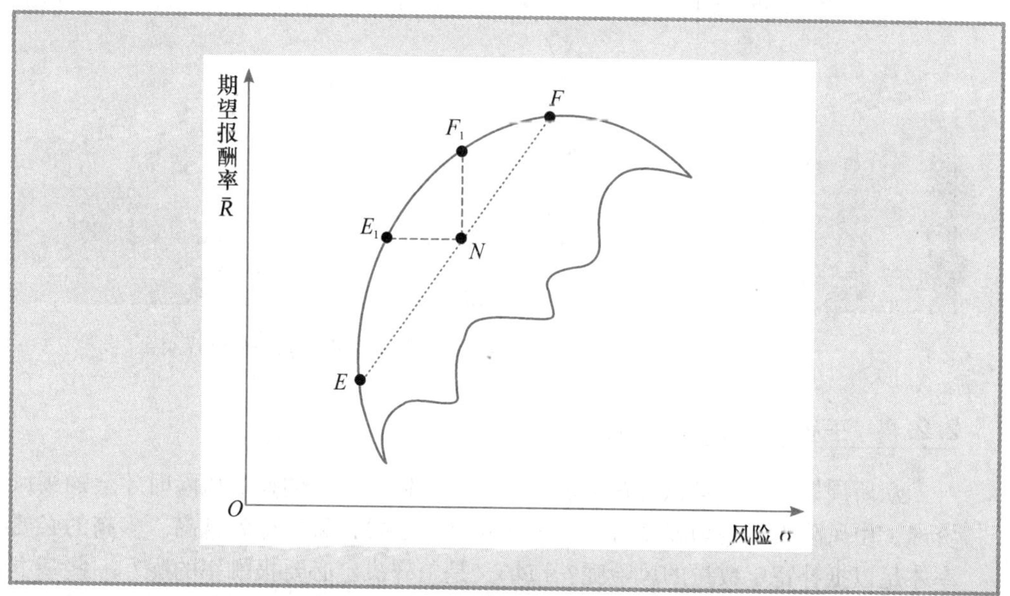

图 2—18　风险资产的所有可能组合的期望报酬率

① 面向非财务、会计专业的学生开设的相关课程可以不讲授本部分内容。

当投资者面对包含多种可选择投资方案时，该如何选择？如果选择投资组合 N，则可以发现，点 E_1 的期望报酬率与其相同，但风险更小；点 F_1 的风险与其相同，但期望报酬率更高。从点 E 到点 F 这条曲线上的各点才是更有意义的，它们或者在既定期望报酬率水平上风险更低，或者在既定风险水平上期望报酬率更高。所以，从点 E 到点 F 的这一段曲线就称为有效投资曲线。

(2) 最优投资组合的建立。要建立最优投资组合，还必须加入一个新的因素——无风险资产。一个投资组合不仅包括风险资产，还包括无风险资产。有了无风险资产，就能说明投资者是如何选择投资组合的。

简言之，无风险资产的标准差为零。也就是说，它的未来报酬率没有不确定性，实际报酬率永远等于期望报酬率。从严格意义上讲，完全没有风险的资产是不存在的。但一般情况下，一些标准差非常小（或者说风险非常小）的资产可以视为无风险资产，比如政府发行的国库券。

当能够以无风险利率借入资金时，可能的投资组合对应点所形成的连线就是**资本市场线**（capital market line，CML），资本市场线可以看作所有资产，包括风险资产和无风险资产的有效集，用图形表示就是图 2—19 中以 R_F 为起点的斜线。资本市场线在点 A 与有效投资组合曲线相切，点 A 就是最优投资组合，该切点代表了投资者所能获得的最高满意度。

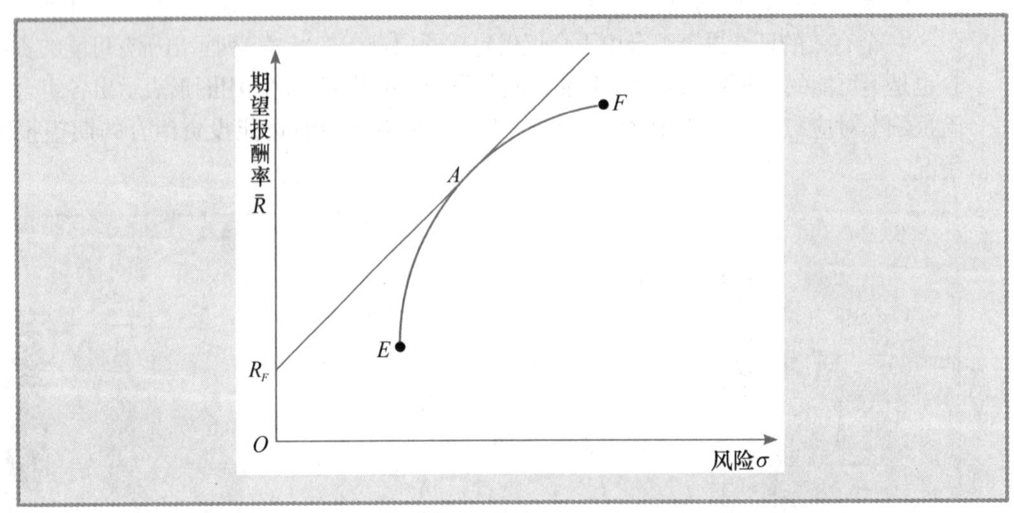

图 2—19　最佳风险性投资组合和无风险借贷构成的可选择组合

2.2.4　主要资产定价模型

众所周知，投资者只有在期望报酬足以补偿其承担的投资风险时才会购买风险性资产。由风险报酬均衡原则可知，风险越高，必要报酬率也就越高。多高的必要报酬率才足以抵补特定数量的风险呢？市场又是怎样决定必要报酬率的呢？一些基本的资产定价模型将风险与报酬率联系在一起，把报酬率表示成风险的函数，这些模型包括资本资产定价模型、多因素模型和套利定价模型。

1. 资本资产定价模型

市场的期望报酬率是无风险资产的报酬率加上因市场组合的内在风险所需的补

偿，用公式表示为：

$$R_M=R_F+R_P \tag{2—30}$$

式中，R_M 表示市场的期望报酬率；R_F 表示无风险资产的报酬率；R_P 表示投资者因持有市场组合而要求的风险溢价。

因为股票具有风险，所以期望报酬与实际报酬往往不同，某一时期市场的实际报酬可能低于无风险资产的报酬，甚至出现负值。但投资者要求风险与报酬均衡，所以风险溢价一般都假定为正值。这个值应该是多少呢？实际操作中通常用过去风险溢价的平均值作为未来风险溢价的最佳估计值。

在构造证券投资组合并计算它们的报酬率之后，**资本资产定价模型**（capital asset pricing model，CAPM）可以进一步测算投资组合中的每一种证券的报酬率。资本资产定价模型建立在一系列严格假设的基础之上①：

（1）所有投资者都关注单一持有期。通过基于每个投资组合的期望报酬率和标准差，在可选择的投资组合中选择，他们都寻求最终财富效用的最大化。

（2）所有投资者都可以给定的无风险利率无限制地借入或借出资金，卖空任何资产均没有限制。②

（3）投资者对期望报酬率、方差以及任何资产的协方差评价一致，即投资者有相同的期望。

（4）所有资产都是无限可分的，并有完美的流动性（即在任何价格均可交易）。

（5）没有交易费用。

（6）没有税收。

（7）所有投资者都是价格接受者（即假设单个投资者的买卖行为不会影响股价）。

（8）所有资产的数量都是确定的。

资本资产定价模型的一般形式为：

$$R_i=R_F+\beta_i(R_M-R_F) \tag{2—31}$$

式中，R_i 表示第 i 种股票或第 i 种证券组合的必要报酬率；R_F 表示无风险报酬率；β_i 表示第 i 种股票或第 i 种证券组合的 β 系数；R_M 表示所有股票或所有证券的平均报酬率。

例2—18

林纳公司股票的 β 系数为2.0，无风险利率为6%，市场上所有股票的平均报酬率为10%。那么，林纳公司股票的报酬率应为：

$$R_i=R_F+\beta_i(R_M-R_F)=6\%+2.0\times(10\%-6\%)=14\%$$

也就是说，只有在林纳公司股票的报酬率达到或超过14%时，投资者方肯进行投资，如果低于14%，则投资者不会购买林纳公司的股票。

---

① 关于CAPM的讨论，请参见 William F. Sharpe，“Capital Asset Prices：A Theory of Market Equilibrium under Conditions of Risk”，*Journal of Finance*，1964，9。威廉·F·夏普（William F. Sharpe）教授因其在资本资产定价方面的成就获得了诺贝尔经济学奖。关于夏普模型内在假设的讨论，请参见 Michael C. Jensen，“Capital Market：Theory and Evidence”，*Bell Journal of Economics and Management Science*，Autumn 1972，357-398。

② 在允许卖空的情况下，某人可以借入股票并卖出，期望在以后（以一个较低的价格）买入以偿还出借人。如果卖空后股价上涨，投资者将亏损。但如果股价下跌，投资者将获利。

资本资产定价模型通常可以用图形来表示，**证券市场线**（security market line，SML）用于说明必要报酬率 R 与不可分散风险 β 系数之间的关系（如图2—20所示）。

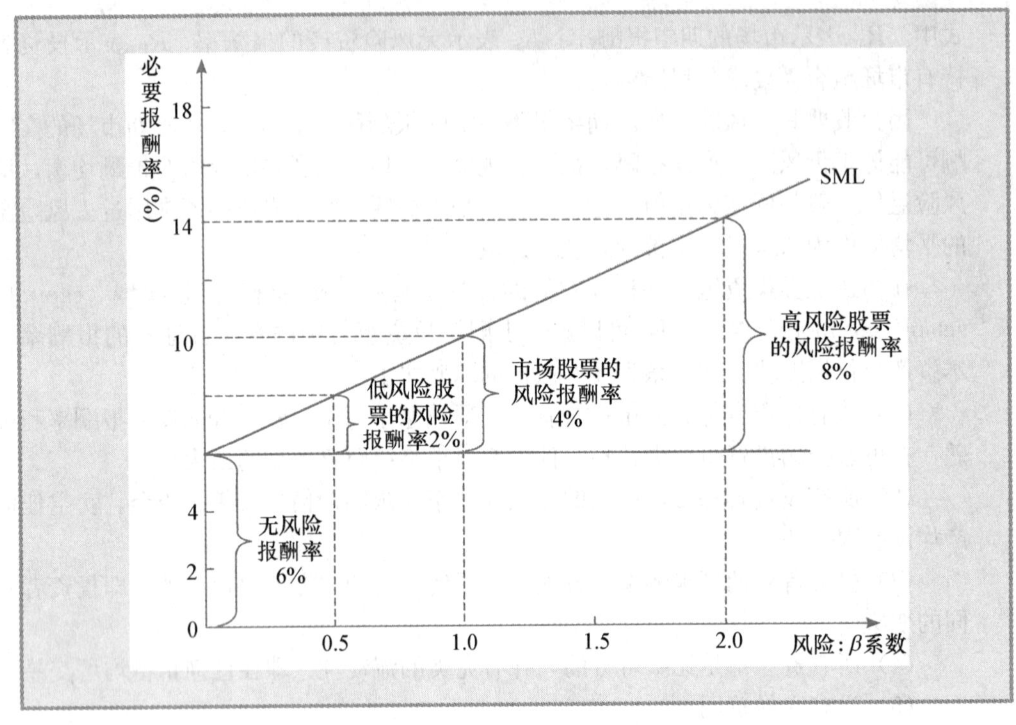

图 2—20　证券报酬与 β 系数的关系

由图 2—20 可见，无风险报酬率为 6%，β 系数不同的股票有不同的风险报酬率，当 $\beta=0.5$ 时，风险报酬率为 2%；当 $\beta=1.0$ 时，风险报酬率为 4%；当 $\beta=2.0$ 时，风险报酬率为 8%。也就是说，β 值越高，要求的风险报酬率越高，在无风险报酬率不变的情况下，必要报酬率也就越高。

从投资者的角度来看，无风险报酬率 R_F 是其投资的报酬率，但从筹资者的角度来看，则是其支出的无风险成本，或称无风险利率。现在市场上的无风险利率由两部分构成：一是无通货膨胀的报酬率 K_0，这是真正的时间价值部分；二是通货膨胀贴水 IP，它等于预期的通货膨胀率。这样，无风险报酬率 $R_F=K_0+IP$。在图 2—20 中，$R_F=6\%$，假设包括 3%的真实报酬率和 3%的通货膨胀贴水，则有 $R_F=K_0+IP=3\%+3\%=6\%$。

如果预期通货膨胀率上升 2%，增加到 5%，这将使 R_F 上升到 8%（如图 2—21 所示）。R_F 的增加也会引起所有股票报酬率的增加，例如，市场上股票的平均报酬率从 10%增加到 12%。

证券市场线（SML）反映了投资者规避风险的程度——直线越陡峭，投资者越规避风险。也就是说，在同样的风险水平上，要求的报酬更高；或者在同样的报酬水平上，要求的风险更小。如果投资者不规避风险，当 R_F 为 6%时，各种证券的报酬率也是 6%，这样，证券市场线将是水平的，当风险规避增加时，风险报酬率随之增加，证券市场线的斜率也变大。图 2—22 说明了风险规避增加的情况，市场风险报酬率从 4%上升到 6%，必要报酬率也从 10%上升到 12%。风险规避的程度对风险较大

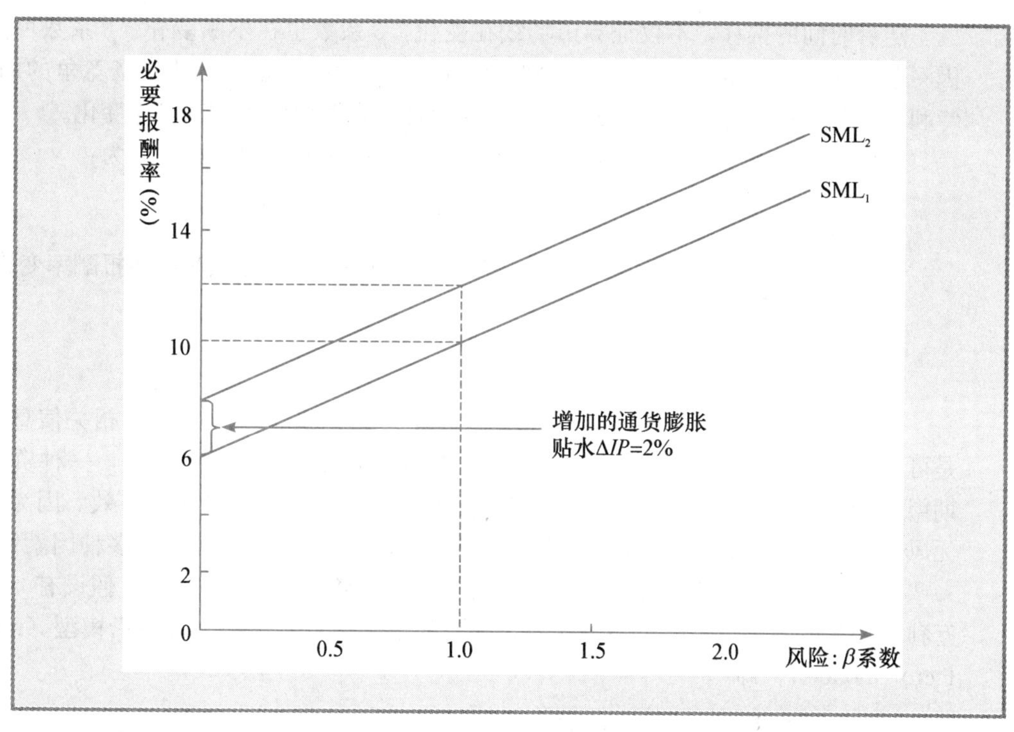

图 2—21 通货膨胀对证券报酬的影响

的证券影响更为明显。例如，一个 β 系数为 0.5 的股票的必要报酬率只增加了 1 个百分点，即从 8%增加到 9%；而一个 β 系数为 2.0 的股票的必要报酬率却增加了 4 个百分点，即从 14%上升到 18%。

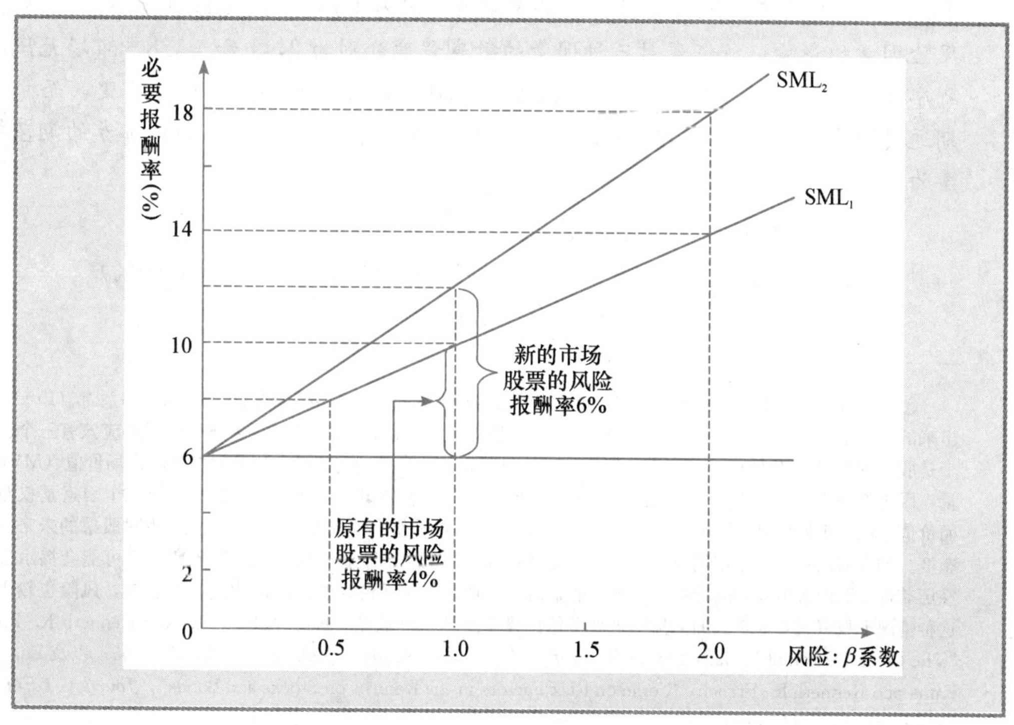

图 2—22 风险规避对证券报酬的影响

随着时间的推移，不仅证券市场线在变化，β系数也在不断变化。β系数可能会因一个企业的资产组合、负债结构等因素的变化而改变，也会因为市场竞争的加剧、专利权的到期等情况而改变。β系数的变化会使公司股票的报酬率发生变化。

假设林纳公司股票的β系数从2.0降为1.5，那么其必要报酬率变为：

$$R_i=R_F+\beta(R_M-R_F)=6\%+1.5\times(10\%-6\%)=12\%$$

反之，如果林纳公司股票的β系数从2.0上升到2.5，那么其必要报酬率变为：

$$R_i=R_F+\beta(R_M-R_F)=6\%+2.5\times(10\%-6\%)=16\%$$

2. 多因素模型①

CAPM的假设条件是均值和标准差包含了资产未来报酬率的所有相关信息。但是可能还有更多的因素影响资产的期望报酬率。原则上，CAPM认为，一种资产的期望报酬率决定于单一因素，但是在现实生活中多因素模型可能更加有效。因为即使无风险报酬率是相对稳定的，受风险影响的那部分风险溢价仍可能受多种因素影响。一些因素影响所有企业，另一些因素可能仅影响特定公司。更一般地，假设有n种相互独立因素影响不可分散风险，此时，股票的报酬率将会是一个**多因素模型**（multi-factor models），即

$$R_i=R_F+R(F_1,F_2,\cdots,F_n)+\varepsilon \tag{2—32}$$

式中，R_i表示股票报酬率；R_F表示无风险报酬率；F_n表示第n个影响因素；$R(F_1, F_2, \cdots, F_n)$是这些因素的某一函数；ε表示由于可分散风险而带来的递增报酬率。

例2—19

假设某证券的报酬率受通货膨胀、国内生产总值（GDP）和利率三种系统风险因素的影响，该证券对三种因素的敏感程度分别为2，1和−1.8，市场无风险报酬率为3%。假设年初通货膨胀率为5%，GDP增长率为8%，利率不变，而年末预期通货膨胀率为7%，GDP增长率为10%，利率增长率为2%，则该证券的期望报酬率为：

$$\begin{aligned}R_i&=R_F+\beta_1F_1+\beta_2F_2+\beta_3F_3\\&=3\%+2\times(7\%-5\%)+1\times(10\%-8\%)-1.8\times(2\%-0\%)\\&=3\%+4\%+2\%-3.6\%=5.4\%\end{aligned}$$

---

① 一种经典的多因素模型是由芝加哥大学的尤金·F·法马（Fama）和肯尼思·R·弗兰奇（French）提出来的三因素模型。在1992年的早期研究中，法马和弗兰奇认为影响资产未来报酬率的因素应该有三个：第一个是股票的CAPM贝塔值，用来衡量股票的市场风险；第二个是公司规模，用公司权益的市场价值（MVE）衡量，因为如果小公司的风险大于大公司，那么可能小公司比大公司有更高的股票报酬；第三个因素是权益的账面价值除以其市场价值，即账面市值比（B/M）。如果市场价值大于账面价值，那么投资者对股票的未来持乐观态度。如果账面价值大于市场价值，那么投资者对股票未来表示悲观。而且，通过比率分析可能会揭示公司正经历着低于账面价值运行的业绩，甚至可能是财务困境。换句话说，账面市值比较高的股票，风险也较大，在这种情况下投资者要求更高的回报率来吸引他们投资于这样的股票。Eugene F. Fama and Kenneth R. French, "The Cross-Section of Expected Stock Returns", *Journal of Finance*, Vol. 47, 1992, 427-465；以及Eugene F. Fama and Kenneth R. French, "Common Risk Factors in the Returns on Stocks and Bonds", *Journal of Financial Economics*, Vol. 33, 1993, 3-56.

对非财务专业的学生开设相关课程时，可以不讲授本部分内容。

3. **套利定价模型**①

套利定价模型基于**套利定价理论**（arbitrage pricing theory，APT），从多因素的角度考虑证券报酬，假设证券报酬是由一系列产业方面和市场方面的因素确定的。

套利定价模型与资本资产定价模型都建立在资本市场效率的原则之上，套利定价模型仅仅是在同一框架之下的另一种证券估值方式。套利定价模型把资产报酬率放在一个多变量的基础上，它并不试图规定一组特定的决定因素，反而认为资产的期望报酬率取决于一组因素的线性组合，这些因素必须经过实验来判别。

套利定价模型的一般形式为：

$$R_j = R_F + \beta_{j1}(\bar{R}_1 - R_F) + \beta_{j2}(\bar{R}_2 - R_F) + \cdots + \beta_{jn}(\bar{R}_n - R_F) \tag{2—33}$$

式中，R_j 表示资产报酬率；R_F 表示无风险报酬率；n 表示影响资产报酬率的因素的个数；$\bar{R}_1$，$\bar{R}_2$，…，$\bar{R}_n$表示因素 1～n 各自的期望报酬率；相应的 β 表示该资产对于不同因素的敏感程度。

例 2—20

某证券报酬率对两个广泛存在的不可分散风险因素 A 与 B 敏感，对风险因素 A 的敏感程度为 0.5，对风险因素 B 的敏感程度为 1.2，风险因素 A 的期望报酬率为 5%，风险因素 B 的期望报酬率为 6%，市场无风险报酬率 3%，则该证券报酬率为：

$$\begin{aligned} R_j &= R_F + \beta_{jA}(\bar{R}_A - R_F) + \beta_{jB}(\bar{R}_B - R_F) \\ &= 3\% + 0.5 \times (5\% - 3\%) + 1.2 \times (6\% - 3\%) \\ &= 3\% + 1\% + 3.6\% = 7.6\% \end{aligned}$$

2.3 证券估值

当公司决定扩大企业规模而又缺少必要的资金时，可以通过出售金融证券来筹集。债券和股票是两种最常见的金融证券。当企业发行债券或股票时，无论筹资者还是投资者都会对该种证券进行估值，以决定以何种价格发行或购买证券比较合理。因此，证券估值是财务管理中一个十分重要的基本理论问题。

2.3.1 债券的特征及估值

债券是由公司、金融机构或政府发行的，表明发行人对其承担还本付息义务的一种债务性证券，是公司对外进行债务筹资的主要方式之一。作为一种有价证券，其发行者和购买者之间的权利和义务是通过债券契约固定下来的。

1. **债券的主要特征**

尽管不同公司的债券往往在发行的时候订立了不同的债券契约，如有的债券到期

① 对非财务专业学生开设相关课程时，可以不讲授本部分内容。

可以转换成公司的普通股，有的债券在约定的条件下可能提前偿付，等等，但是典型的债券契约至少包括以下条款。

(1) 票面价值。债券票面价值又称面值，是指债券发行人借入并且承诺于债券到期时偿付持有人的金额，如美国公司发行的大多数债券面值是 1 000 美元，而我国公司发行的企业债券面值大多为 100 元。

(2) 票面利率。债券的票面利率是债券持有人定期获取的利息与债券面值的比率。例如，中国铝业公司 2009 年 5 月发行的 5 年期企业债券面值为 100 元，每年支付 3.8 元的利息，债券的票面利息是 3.8 元，债券的票面利率是 3.8%。3.8 元是 100 元借款的利息，该支付额在债券发行时就确定了，在债券的流通期限内固定不变。多数债券的票面利率在债券持有期间不会改变，也有一些债券在发行时不明确规定票面利率，而是规定利率水平根据某一标准（如银行存款利率）的变化而同方向调整，这种债券的利率一般称为浮动利率。

还有一些债券根本不支付利息，但是会以大大低于面值的折价方式发行，因而会提供资本利得而不是利息收入。这类债券称为零息债券。零息债券在美国应用较多，如 IBM、洛克希德·马丁公司，甚至美国财政部都发行过零息债券。我国的企业很少发行零息债券，2002 年 6 月，中国进出口银行发行的名为"02 进出 04"的金融债券是国内第一只真正意义上的零息债券。①

(3) 到期日。债券一般都有固定的偿还期限，到期日即指期限终止之时。债券期限有的短至 3 个月，有的则长达 30 年。往往到期时间越长，其风险越大，债券的票面利率也越高。

2. 债券的估值方法

任何金融资产的估值都是资产预期创造现金流的现值，债券也不例外。债券的现金流依赖于债券的主要特征。对于一只典型的公司债券而言，如中国铝业公司发行的企业债券，其现金流由 5 年的债券利息支付加上债券到期时需偿还的本金（100 元面值）组成。如果是浮动利率债券，利息支付随时间变化而变化。如果是零息债券，则没有利息支付，只在债券到期时按面额支付。对有固定票面利率的债券而言，其现金流量如图 2—23 所示。

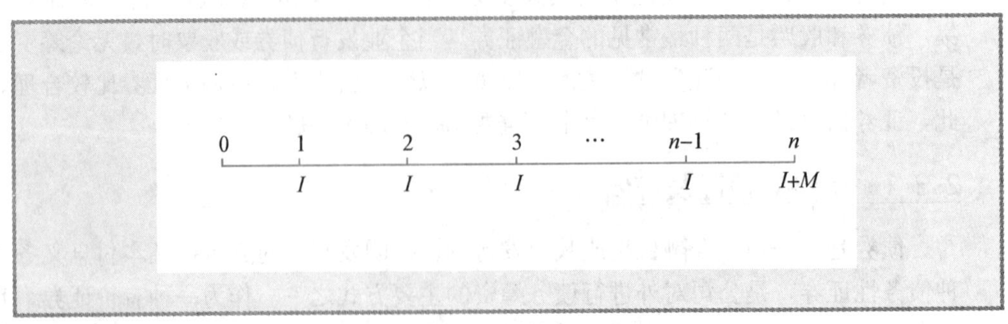

图 2—23 债券现金流量示意图

债券价值的计算公式表示为：

---

① 该债券期限为 2 年，面值为 100 元，发行价格为 96.24 元。

$$V_B=\frac{I}{(1+R_d)^1}+\frac{I}{(1+R_d)^2}+\cdots+\frac{I}{(1+R_d)^n}+\frac{M}{(1+R_d)^n}$$
$$=\sum_{t=1}^{n}\frac{I}{(1+R_d)^t}+\frac{M}{(1+R_d)^n}$$
$$=I\cdot PVIFA_{R_d,n}+M\cdot PVIF_{R_d,n} \qquad (2—34)$$

式中，R_d 表示债券的市场利率，这是计算债券现金流现值的折现率，亦即投资者投资债券所要求的必要报酬率。

n 为债券的到期期限。债券发行以后，n 逐年减少。如果债券按年支付利息，n 以年为单位来衡量，则发行到期年限为 15 年的债券（初始到期时间=15），一年以后 $n=14$，两年以后 $n=13$，依此类推。后面会提到半年付息债券，这些债券每 6 个月支付一次利息，则图 2—23 中的 n 以半年为单位来衡量。

I=每年的利息额=票面利率×面值。如果债券为半年付息债券，则 I 为年利息额的一半。如果公司发行的是零息债券，那么 I 为 0；如果是浮动利率债券，则 I 也是变动的。

M 为面值，该数额是到期时必须支付的。

式（2—34）可用于计算任何债券的价值。

例 2—21

A 公司拟购买另一家公司发行的公司债券，该债券面值为 100 元，期限 5 年，票面利率为 10%，按年计息，当前市场利率为 8%。求该债券市场价格为多少时，A 公司才能购买？

由式（2—34）可知：

$$V=100\times10\%\times PVIFA_{8\%,5}+100\times PVIF_{8\%,5}=107.99(\text{元})$$

即只有在债券价格低于 107.99 元时，公司才能购买。

例 2—22

B 公司计划发行一种两年期带息债券，面值为 100 元，票面利率为 6%，每半年付息一次，到期一次偿还本金，债券的市场利率为 7%。求该债券的价格为多少时，投资者才会购买？

该债券半年付息一次，利息为 3 元（100×6%÷2），半年期的市场利率为 3.5%（即 7%÷2）。

由式（2—34）可知：

$$V=100\times3\%\times PVIFA_{3.5\%,4}+100\times PVIF_{3.5\%,4}=98.16(\text{元})$$

即只有在该债券价格低于 98.16 元时，投资者才会购买。

例 2—23

面值为 100 元，期限为 5 年的零息债券，到期按面值偿还，当时市场利率为 8%。求其价格为多少时，投资者才会购买？

由式（2—34）可知：

$$V=100\times PVIF_{8\%,5}=100\times0.681=68.1(\text{元})$$

即只有在该债券的价格低于 68.1 元时，投资者才会购买。

3. **债券投资的优缺点**

（1）债券投资的优点。公司进行债券投资的优点主要表现在以下三个方面。

1）本金安全性高。与股票相比，债券投资风险比较小。政府发行的债券有国家财力作后盾，其本金的安全性非常高，通常视为无风险证券。公司债券的持有者拥有优先求偿权，即当公司破产时，优先于股东分得公司资产，因此，其本金损失的可能性小。

2）收入比较稳定。债券票面一般都标有固定利息率，债券的发行人有按时支付利息的法定义务，因此，在正常情况下，投资于债券都能获得比较稳定的收入。

3）许多债券都具有较好的流动性。政府及大公司发行的债券一般都可在金融市场上迅速出售，流动性很好。

（2）债券投资的缺点。公司进行债券投资的缺点主要表现在以下三个方面。

1）购买力风险比较大。债券的面值和利息率在发行时就已确定，如果投资期间的通货膨胀率比较高，则本金和利息的购买力将不同程度地受到侵蚀，在通货膨胀率非常高时，投资者虽然名义上有报酬，实际上却遭受了损失。

2）没有经营管理权。投资于债券只是获得报酬的一种手段，无权对债券发行单位施以影响和控制。

3）需要承受利率风险。市场利率随时间上下波动，市场利率的上升会导致流通在外的债券价格下降。由于市场利率上升导致的债券价格下降的风险称为利率风险。假如以 100 元的价格购买面值为 100 元的 A 公司债券，期限为 5 年，票面利率为 10%。第二年市场利率升至 15%，则债券的价格会下跌到 85.73 元①，因此每张债券将损失 14.27 元，上升的市场利率导致了债券持有者的损失。因此，投资债券的个人或公司承受着市场利率变化的风险。

2.3.2 股票的特征及估值

股票投资是公司进行证券投资的一个重要方面，随着我国股票市场的发展，股票投资已变得越来越重要。

1. **股票的构成要素**

为了更好地理解股票估值模型，我们有必要介绍股票的一些要素。

（1）股票价值。投资股票通常是为了在未来能够获得一定的现金流入。这种现金流入包括两部分：每期将要获得的股利以及出售股票时得到的价格收入。有时为了将股票的价值与价格相区别，也把股票的价值称为“股票内在价值”。

（2）股票价格。股票的价格是指其在市场上的交易价格，它分为开盘价、收盘价、最高价和最低价等。股票的价格会受到各种因素的影响而出现波动。

（3）股利。股利是股份有限公司以现金的形式从公司净利润中分配给股东的投资报酬，也称“红利”或“股息”。但也只是当公司有利润并且管理层愿意将利润分给股东而不是将其进行再投资时，股东才有可能获得股利。

---

① $P=100\times10\%\times PVIFA_{15\%,4}+100\times PVIF_{15\%,4}=85.73$(元)。

2. **股票的类别**

股票有两种基本类型：普通股和优先股。普通股股东是公司的所有者，他们可以参与选举公司的董事，但是当公司破产时，普通股股东只能最后得到偿付。普通股股东可以从公司分得股利，但是发放股利并不是公司必须履行的义务。因此，普通股股东与公司债权人相比，要承担更大的风险，其报酬也具有更大的不确定性。

优先股则是公司发行的求偿权介于债券和普通股之间的一种混合证券。优先股相对于普通股的优先权是指清算时的优先求偿权，但是这种优先权的获得使优先股股东通常丧失了与普通股股东一样的投票权，从而限制了其参与公司事务的能力。优先股的现金股利是固定的，且先于普通股股利发放，每期支付的股利类似于债券支付利息。不同的是，如果公司未能按时发放股利，优先股股东不能请求公司破产。当然，公司为保持良好的财务声誉，总是会想方设法满足优先股的股利支付要求。

3. **优先股的估值**

优先股的支付义务很像债券，每期支付的股利与债券每期支付利息类似，因此债券的估值方法也可用于优先股估值。如果优先股每年支付股利分别为 D，n 年后被公司以每股 P 元的价格回购，股东要求的必要报酬率为 R，则优先股的价值为：

$$V=D\cdot PVIFA_{R,n}+P\cdot PVIF_{R,n} \tag{2—35}$$

式中，V 表示优先股的价值，其他符号含义同前。

与债券不同的是，优先股有时按季度支付股利。此时，其价值计算如下：

$$V=D\cdot PVIFA_{(R/4),4n}+P\cdot PVIF_{(R/4),4n} \tag{2—36}$$

式中符号含义同前。

例 2—24

B 公司的优先股每季度分红每股 2 元，20 年后，B 公司必须以每股 100 元的价格回购这些优先股，股东要求的必要报酬率为 8%，则该优先股当前的市场价值应为：

$$V=2\times PVIFA_{(8\%/4),80}+100\times PVIF_{(8\%/4),80}=97.5(\text{元})$$

多数优先股永远不会到期，除非企业破产，因此这样的优先股估值可进一步简化为永续年金的估值，即

$$V=D/R$$

例 2—25

美洲航空公司对外流通的优先股每季度支付股利每股 0.60 美元，年必要报酬率为 12%，则该公司优先股的价值是：

$$V=0.60/(12\%\div 4)=20(\text{美元})$$

4. **普通股的估值**

普通股的估值与债券的估值本质上都是未来现金流的折现，但是由于普通股的未来现金流是不确定的，依赖于公司的股利政策，因此普通股的估值与债券的估值存在差异。

普通股股票持有者的现金收入由两部分构成：一部分是在股票持有期间收到的现金股利；另一部分是出售股票时得到的变现收入。以 D_1，D_2，…，D_n 表示各期股利收入，以 P_n 表示出售股票时得到的变现收入（即变现时的股票价格），必要报酬率为 R，则股票当前的价值为：

$$V=\frac{D_1}{1+R}+\frac{D_2}{(1+R)^2}+\cdots+\frac{D_n}{(1+R)^n}+\frac{P_n}{(1+R)^n}$$
$$=\sum_{t=1}^{n}\frac{D_t}{(1+R)^t}+\frac{P_n}{(1+R)^n} \tag{2—37}$$

例 2—26

一只股票预期未来 3 年每年每股可获现金股利 3 元，3 年后该只股票的预期售价为每股 20 元，要求的回报率为 18%，则该股票目前的价值为：

$$V=\frac{D_1}{1+R}+\frac{D_2}{(1+R)^2}+\frac{D_3}{(1+R)^3}+\frac{P_3}{(1+R)^3}$$
$$=\frac{3}{1+18\%}+\frac{3}{(1+18\%)^2}+\frac{3}{(1+18\%)^3}+\frac{20}{(1+18\%)^3}=18.7(\text{元})$$

如果投资者永久持有股票，股票的价值是未来股利的折现值。因此，普通股股票的价值为：

$$V=\frac{D_1}{1+R}+\frac{D_2}{(1+R)^2}+\frac{D_3}{(1+R)^3}+\cdots=\sum_{t=1}^{\infty}\frac{D_t}{(1+R)^t} \tag{2—38}$$

式中符号含义同前。

因此，要给一只股票估值，就需要预测未来无穷期的所有现金股利，这显然是不可能的，因此需要对未来的现金股利做一些假设，才能进行股票估值。

(1) 股利稳定不变。在每年股利稳定不变，投资者持有期间很长的情况下，股票的估值模型可简化为：

$$V=\frac{D}{1+R}+\frac{D}{(1+R)^2}+\frac{D}{(1+R)^3}+\cdots=D/R \tag{2—39}$$

式中符号含义同前。

例 2—27

某只股票采取固定股利政策，每年每股发放现金股利 2 元，必要报酬率为 10%，则该只股票的价值为：

$$V=D/R=2/10\%=20(\text{元})$$

(2) 股利固定增长。如果一只股票的现金股利在基期 D_0 的基础上以速度 g 不断增长，则

$$V=\frac{D_0(1+g)}{1+R}+\frac{D_0(1+g)^2}{(1+R)^2}+\cdots+\frac{D_0(1+g)^n}{(1+R)^n}+\cdots$$
$$=\sum_{t=1}^{\infty}\frac{D_0(1+g)^t}{(1+R)^t}=\frac{D_0(1+g)}{R-g} \tag{2—40}$$

或　　$V=\frac{D_1}{R-g}$　　(2—41)

式中符号含义同前。

例 2—28

时代公司准备投资购买东方信托投资股份有限公司的股票，该股票去年每股股利为 2 元，预计以后每年以 4%的增长率增长，时代公司经分析后，认为必须得到 10%的报酬率，才能购买东方信托投资股份有限公司的股票，求该种股票的价格应为多少时才可以购买？

$$V=\frac{2\times(1+4\%)}{10\%-4\%}=34.67(\text{元})$$

即只有东方信托投资股份有限公司的股票价格在 34.67 元/股以下时，时代公司才能购买。

5. 股票投资的优缺点

(1) 股票投资的优点。股票投资是一种最具挑战性的投资，其报酬和风险都比较高。股票投资的优点主要有：

1) 能获得比较高的报酬。普通股的价格虽然变动频繁，但从长期看，优质股票的价格总是上涨的居多，只要选择得当，一般都能获得优厚的投资报酬。

2) 能适当降低购买力风险。普通股的股利不固定，在通货膨胀率比较高时，由于物价普遍上涨，股份公司盈利增加，股利的支付也随之增加，因此，与固定报酬证券相比，普通股能有效地降低购买力风险。

3) 拥有一定的经营控制权。普通股股东属股份公司的所有者，有权监督和控制公司的生产经营情况，因此，欲控制一家公司，最好的途径就是收购这家公司的股票。

(2) 股票投资的缺点。股票投资的缺点主要是风险大，这是因为：

1) 普通股对公司资产和盈利的求偿权均居最后。公司破产时，股东原来的投资可能得不到全数补偿，甚至可能血本无归。

2) 普通股的价格受众多因素影响，很不稳定。政治因素、经济因素、投资人心理因素、企业的盈利情况、风险情况等，都会影响股票价格，这也使股票投资具有较高的风险。

3) 普通股的收入不稳定。普通股股利的多少，视企业经营状况和财务状况而定，其有无、多寡均无法律上的保证，其收入的风险也远远大于固定收益证券。

思考题

1. 如何理解货币的时间价值？
2. 复利和单利有何区别？
3. 年金是否一定是每年发生一次现金流量？请举例说明。
4. 如何理解风险与报酬的关系？

5. 什么是市场风险和可分散风险？二者有何区别？

6. 证券组合的作用是什么？如何计算证券组合的期望报酬率？

7. β系数的定义是什么？它用来衡量什么性质的风险？

8. 资本资产定价模型和套利定价模型在定价方法上有什么不同？

练习题

1. 某公司需用一台设备，买价为9 000元，可用8年。如果租用，则每年年初需付租金1 500元。假设利率为8%。

要求：试决定企业应租用还是购买该设备。

2. 某企业全部用银行贷款投资兴建一个工程项目，总投资额为5 000万元，假设银行借款利率为16%。该工程当年建成投产。

请回答：

(1) 该工程建成投产后，分8年等额归还银行借款，每年年末应还多少？

(2) 若该工程建成投产后，每年可获净利1 500万元，全部用来归还借款的本息，需多少年才能还清？

3. 银风汽车销售公司针对售价为25万元的A款汽车提供两种促销方案。a方案为延期付款业务，消费者付现款10万元，余款两年后付清。b方案为商业折扣，银风汽车销售公司为全款付现的客户提供3%的商业折扣。假设利率为10%，消费者选择哪种方案购买更为合算？

4. 李东今年30岁，距离退休还有30年。为使自己在退休后仍然享有现在的生活水平，李东认为退休当年年末他必须攒够至少70万元存款。假设利率为10%，为达成此目标，从现在起的每年年末李东需要存多少钱？

5. 张平于1月1日从银行贷款10万元，合同约定分4年还清，每年年末等额付款。

要求：

(1) 假设年利率为8%，计算每年年末分期付款额；

(2) 计算并填写下表（见表2—18）。

表2—18 还款明细表 单位：元

年次	分期付款额	本年利息	应还贷款减少额	应还贷款余额
0	—	—	—	100 000
1		8 000		
2				
3				
4				0
合计				—

6. 某项永久性债券，每年年末均可获得利息收入20 000元，债券现值为250 000，则该债券的年利率为多少？

7. 东方公司投资了一个新项目，项目投产后每年年末获得的现金流入量如表

2—19所示，折现率为10%，求这一系列现金流入量的现值。

表2—19 项目现金流入量 单位：元

年次	现金流入量	年次	现金流入量
1	0	6	4 500
2	0	7	4 500
3	2 500	8	4 500
4	2 500	9	4 500
5	4 500	10	3 500

8. 中原公司和南方公司股票的报酬率及其概率分布如表2—20所示。

表2—20 中原公司和南方公司股票的报酬率及其概率分布

经济情况	发生概率	报酬率	
		中原公司	南方公司
繁荣	0.30	40%	60%
一般	0.50	20%	20%
衰退	0.20	0%	−10%

要求：

(1) 分别计算中原公司和南方公司股票的期望报酬率、标准差及离散系数。

(2) 根据以上计算结果，试判断投资者应该投资于中原公司股票还是投资于南方公司股票。

9. 现有四种证券，资料如下：

证券	A	B	C	D
β系数	1.5	1.0	0.4	2.5

无风险报酬率为8%，市场上所有证券的组合报酬率为14%。

要求：计算上述四种证券各自的必要报酬率。

10. 国库券的利息率为5%，市场证券组合的报酬率为13%。

要求：计算市场风险报酬率，同时请回答：

(1) 当β值为1.5时，必要报酬率应为多少？

(2) 如果一项投资计划的β值为0.8，期望报酬率为11%，是否应当进行投资？

(3) 如果某种股票的必要报酬率为12.2%，其β值应为多少？

11. 某债券面值为1 000元，票面年利率为12%，期限为5年，某公司要对这种债券进行投资，要求获得15%的必要报酬率。

要求：计算该债券价格为多少时才能进行投资。

案例题

案例一 瑞士田纳西镇巨额账单案例

如果你突然收到一张事先不知道的1 260亿美元的账单，你一定会大吃一惊，但这样的事就发生在瑞士的田纳西镇的居民身上。纽约布鲁克林法院判决田纳西镇应向美国投资者支付这笔钱。最初，田纳西镇的居民以为这是一件小事，但当收到账单时，他们被这张巨额账单惊呆了。他们的律师指出，若高级法院支持这一判决，为偿还债务，所有田纳西镇的居民在余生中不得不靠吃麦当劳等廉价快餐度日。

田纳西镇的问题源于1966年的一笔存款。斯兰黑不动产公司在内部交换银行（田纳西镇的一个银行）存入一笔6亿美元的存款。存款协议要求银行按每周1%的利率（复利）付息。（难怪该银行第二年破产！）1994年，纽约布鲁克林法院做出判决：从存款日到田纳西镇对该银行进行清算的7年中，这笔存款应按每周1%的复利计息，而在银行清算后的21年中，每年按8.54%的复利计息。

思考题：

1. 请你用所学的知识说明1 260亿美元是如何计算出来的。

2. 如利率为每周1%，按复利计算，6亿美元增加到12亿美元需多长时间？增加到1 000亿美元需多长时间？

3. 本案例对你有何启示？

案例二　华特电子公司证券选择案例

假设你是华特电子公司的财务分析员，目前正在进行一项针对四个备选方案的投资分析工作。各方案的投资期都是一年，对应于三种不同经济状况的估计报酬率如表2—21所示。

表2—21　　不同经济条件下华特电子公司四种方案的估计报酬率

经济状态	概率	备选方案			
		A	B	C	D
衰退	0.20	10%	6%	22%	5%
一般	0.60	10%	11%	14%	15%
繁荣	0.20	10%	31%	−4%	25%

思考题：

1. 计算各方案的期望报酬率、标准差、离散系数。

2. 公司的财务主管要求你根据四个待选方案各自的标准差和期望报酬率来确定是否可以淘汰其中某一方案，应如何回复？

3. 上述分析思路存在哪些问题？

4. 假设项目D是一种经过高度分散的基金性资产，可以用来代表市场投资。试求各方案的β系数，并用资本资产定价模型来评价各方案。

第3章 财务分析

Chapter 3

学习目标

1. 了解企业财务分析的作用、目的、内容、方法、程序和基础。

2. 能够正确运用比率分析法对企业偿债能力、营运能力、盈利能力和发展能力进行分析。

3. 掌握企业财务趋势分析方法。

4. 理解企业财务综合分析方法。

3.1 财务分析概述

3.1.1 财务分析的作用

企业在生产经营过程中，应依据会计准则等会计规范进行会计核算，并编制财务报告。财务报告是企业向会计信息使用者提供信息的主要文件，它反映了企业财务状况、经营成果和现金流量等方面的会计信息，为会计信息使用者进行经济决策提供依据。企业在进行会计核算和编制财务报告时，必须遵循会计准则，以保证会计信息客观、公允地反映企业的财务状况和经营状况。企业在财务报告中提供的会计信息应当符合会计准则所要求的质量特征，如可靠性、相关性等。一般来说，为了保证会计信息的公允性，企业提供给外部会计信息使用者的财务报告应当经过注册会计师的审计。注册会计师对财务报告进行独立审计后出具审计报告，以说明财务报告的编制是否符合会计准则的要求，所提供的会计信息是否公允地反映了企业的财务状况、经营成果和现金流量状况。

由于财务报告主要通过分类的方法提供各种会计信息，还缺乏一定的综合性，无法深入地揭示企业各方面的财务能力，无法反映企业在一定时期内的发展变化趋势。因此，为了提高会计信息的利用程度，需要对这些会计信息做进一步的加工和处理，以便更深入、全面地反映企业的各种财务能力和发展趋势。财务分析就是完成这一任务的主要方法。**财务分析**（financial analysis）是以企业的财务报告等会计资料为基础，对企业的财务状况、经营成果和现金流量进行分析和评价的一种方法。财务分析是财务管理的重要方法之一，是对财务报告所提供的会计信息做进一步加工和处理，为股东、债权人和管理层等会计信息使用者进行财务预测和财务决策提供依据。在实务中，财务分析可以发挥以下重要作用：

（1）通过财务分析，可以全面评价企业在一定时期内的各种财务能力，包括偿债能力、营运能力、盈利能力和发展能力，从而分析企业经营活动中存在的问题，总结财务管理工作的经验教训，促进企业改进经营活动、提高管理水平。

（2）通过财务分析，可以为企业外部投资者、债权人和其他有关部门和人员提供更加系统的、完整的会计信息，便于他们更加深入地了解企业的财务状况、经营成果和现金流量情况，为其投资决策、信贷决策和其他经济决策提供依据。

（3）通过财务分析，可以检查企业内部各职能部门和单位完成经营计划的情况，考核各部门和单位的经营业绩，有利于企业建立和完善业绩评价体系，协调各种财务关系，保证企业财务目标的顺利实现。

财务分析的作用可以用图 3—1 表示。从图 3—1 中可以看出，财务分析是对财务报告所提供的会计信息的进一步加工和处理，其目的是为会计信息使用者提供更具相关性的会计信息，以提高其决策质量。

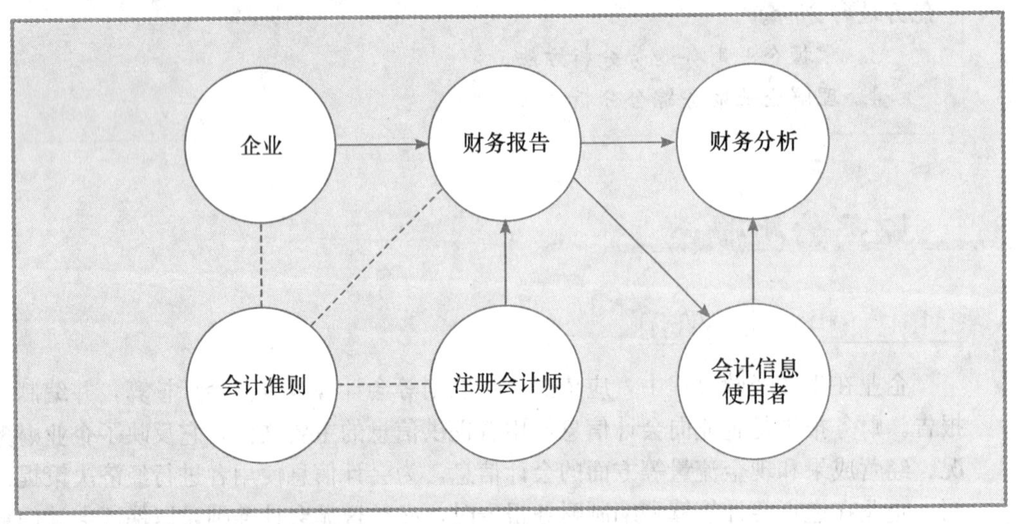

图 3—1　财务分析的作用

3.1.2　财务分析的目的

财务分析的目的取决于人们使用会计信息的目的。虽然财务分析所依据的资料是客观的，但是，不同的人所关心的问题不同，因此，他们进行财务分析的目的也各不相同。会计信息使用者主要包括：债权人、股权投资者、企业管理层、审计师、政府部门等。下面分别介绍不同的会计信息使用者进行财务分析的目的。

1. 债权人进行财务分析的目的

债权人按照借款给企业的方式不同可以分为贸易债权人和非贸易债权人。贸易债权人向企业出售商品或者提供服务的同时也为企业提供了商业信用。按照商业惯例，这种商业信用都是短期的，通常在 30～60 天之间，在信用期限内企业应当向债权人付款。有时为了鼓励客户尽早付款，贸易债权人也会提供一定的现金折扣，如果客户在折扣期限内付款，可以享受现金折扣。大多数的商业信用都不需要支付利息，因此，对于企业来说，这是一种成本极低的筹资方式。非贸易债权人向企业提供筹资服务，可以是直接与企业签订借款合同将资金贷给企业，也可以是通过购买企业发行的债券将资金借给企业。非贸易债权人与企业之间有正式的债务契约，明确约定还本付息的时间与方式，这种筹资方式可以是短期的，也可以是长期的。

债权人为企业提供资金所能获得的报酬是固定的，贸易债权人的报酬直接来自商业销售的毛利，非贸易债权人的报酬来自债务合同约定的利息。无论企业的业绩多么优秀，债权人的报酬只能限定为固定的利息或者商业销售的毛利。但是，如果企业发生亏损或者经营困难，没有足够的偿付能力，债权人就可能无法收回全部或部分本金。债权人风险与报酬的这种不对称性特征，决定了他们非常关注其贷款的安全性，这也是债权人进行财务分析的主要目的。

债权人为了保证其债权的安全，非常关注债务人的现有资源以及未来现金流量的可靠性、及时性和稳定性。在进行财务分析时，债权人对债务企业未来的预期更为稳健，要求债务企业的管理层对未来的预期应与企业现有资源具有确切的联系，同时有足够的能力实现预期。债权人的分析集中于评价企业控制现金流量的能力和在多变的经济环境下保持稳定的财务基础的能力。

由于债务的期限长短不同，债权人进行财务分析所关注的重点也有所不同。对于短期信用而言，债权人主要关心企业当前的财务状况、短期资产的流动性以及资金周转状况。而长期信用的债权人侧重于分析企业未来的现金流量和评价企业未来的盈利能力。从持续经营的角度看，企业未来的盈利能力是确保企业在各种情况下有能力履行债务合同的基本保障。因此，盈利能力分析对于长期债权人来说非常重要。此外，无论是短期信用还是长期信用，债权人都重视对企业资本结构的分析。资本结构决定了企业的财务风险，从而影响到债权人的债权安全性。

2. 股权投资者进行财务分析的目的

股权投资者将资金投入企业后，成为企业的所有者，对于股份公司来说就是普通股股东。股权投资者拥有对企业的剩余权益。剩余权益意味着，只有在企业的债权人和优先股股东等优先权享有者的求偿权得到满足之后，股权投资者才享有剩余财产的分配权。在企业持续经营情况下，企业只有在支付完债务利息和优先股股利后，才能给股权投资者分配利润；在企业清算时，企业在偿付债权人和优先股股东后，才能将剩余财产偿付给股权投资者。在企业繁荣时期，股权投资者可以比优先权享有者获得更多的收益；而在企业衰退时期，股权投资者要首先承担损失。因此，股权投资者要承担更大的风险。这种风险特征决定了他们对会计信息的要求更多，对企业的财务分析也更全面。

股权投资者进行财务分析的主要目的是分析企业的盈利能力和风险状况，以便据此评估企业价值或股票价值，进行有效的投资决策。企业价值是企业未来的预期收益以适当的折现率进行折现的现值。企业未来的预期收益取决于盈利能力，而折现率受风险大小的影响，风险越大折现率应当越高。由此可见，股权投资者的财务分析内容更加全面，包括对企业的盈利能力、资产管理水平、财务风险、竞争能力、发展前景等方面的分析与评价。

3. 企业管理层进行财务分析的目的

企业管理层主要是指企业的经理，他们受托于企业所有者，对企业进行有效的经营管理。管理层对企业现时的财务状况、盈利能力和未来持续发展能力非常关注，他们进行财务分析的主要目的在于通过财务分析所提供的信息来监控企业的经营活动和财务状况的变化，以便尽早发现问题，采取改进措施。由于他们能够经常地、不受限制地获取会计信息，因此能够更加全面和系统地进行财务分析。管理层往往不是孤立地看待某一事件，而是系统地分析产生这一事件的原因和结果之间的联系，通过财务分析提供有价值的信息，提醒他们企业的经济环境、经营状况和财务状况可能发生的重大变化，以便提前采取应对措施。

4. 审计师进行财务分析的目的

审计师对企业的财务报表进行审计，其目的是在某种程度上确保财务报表的编制符合公认会计准则，没有重大错误和不规范的会计处理。审计师需要依据其审计结果对财务报表的公允性发表审计意见。审计意见可以分为四种类型：无保留意见的审计报告、保留意见的审计报告、否定意见的审计报告和无法表示意见的审计报告。财务分析程序是审计师获取审计证据时运用的一种具体审计程序，是指审计师通过分析不同财务数据之间以及财务数据与非财务数据之间的内在关系，对财务信息作出评价。通过对企业进行财务分析可以尽快地发现会计核算中存在的薄弱环节，以便在审计时重点关注。因为错误和不规范的会计处理会对许多财务、经营和投资关系产生重大影响，所以对这些关系的分析有时能够揭示出其潜在内涵。《中国注册会计师审计准则第 1313 号——分析程序》对注册会计师运用分析程序进行了具体规范：注册会计师应当将分析程序用作风险评估程序，以了解被审计单位及其环境，并在审计结束时运用分析程序对财务报表进行总体复核。注册会计师也可将分析程序用作实质性程序。因此，审计师进行财务分析的主要目的是提高其审计的效率和质量，以便正确地发表审计意见，降低审计风险。

如果注册会计师在实施分析程序时识别出与其他相关信息不一致或与预期数据严重偏离的波动和关系，可能表明财务报表存在重大错报风险。注册会计师应结合其他审计程序，对异常项目作进一步调查，以获取对差异的合理解释或存在重大错报风险的佐证证据。因此，在审计过程中恰当地运用分析程序，可以有效地识别重大错报风险领域，确定审计的方向、范围，提高审计的效率和效果。在审计过程中，如果不运用或不重视运用分析程序，注册会计师就如同盲人摸象，无的放矢，陷入对大量凭证、账簿的检查之中，结果事倍功半，发现不了财务报表中的重大错报，导致出具不恰当的审计意见甚至出现审计失败。例如 2001 年银广夏的审计失败案例，其中一个很重要的原因就是在审计过程中，注册会计师未能按照审计准则的要求运用分析程序，没有发现财务报表中相关项目之间存在的异常关系。银广夏 2000 年度在主营业务收入大幅增长的情况下，生产用电费用反而降低，2000 年公司工业生产性的收入形成毛利 5.43 亿元，按 17%的增值税税率计算，公司应当缴纳的增值税至少为 9 231万元，但公司披露 2000 年年末应交增值税余额却为负数，这些财务数据之间明显存在矛盾。如果在审计过程中，注册会计师合理地运用财务分析程序，就能及时发现该公司在财务数据上存在不符合逻辑的问题，避免重大的审计过失。

5. **政府部门进行财务分析的目的**

许多政府部门都需要使用企业的会计信息，如财政部门、税务部门、统计部门以及监管机构等。政府部门进行财务分析的主要目的是更好地了解宏观经济的运行情况和企业的经营活动是否遵守法律法规，以便为其制定相关政策提供决策依据。如通过财务分析可以了解一个行业是否存在超额利润，为制定税法提供合理的依据。

3.1.3 财务分析的内容

1. **偿债能力分析**

偿债能力是指企业偿还到期债务的能力。通过对企业的财务报告等会计资料进行分析，可以了解企业资产的流动性、负债水平以及偿还债务的能力，从而评价企业的财务状况和财务风险，为管理者、投资者和债权人提供企业偿债能力的财务信息。

2. **营运能力分析**

营运能力反映了企业对资产的利用和管理能力。企业的生产经营过程就是利用资产取得收益的过程。资产是企业生产经营活动的经济资源，对资产的利用和管理能力直接影响到企业的收益，它体现了企业的经营能力。对营运能力进行分析，可以了解到企业资产的保值和增值情况，分析企业资产的利用效率、管理水平、资金周转状况、现金流量状况等，为评价企业的经营管理水平提供依据。

3. **盈利能力分析**

获取利润是企业的主要经营目标之一，它也反映了企业的综合素质。企业要生存和发展，必须争取获得较高的利润，这样才能在竞争中立于不败之地。投资者和债权人都十分关心企业的盈利能力，盈利能力强可以提高企业偿还债务的能力，提升企业的信誉。对企业盈利能力的分析不能仅看其获取利润的绝对数，还应分析其相对指标，这些都可以通过财务分析来实现。

4. **发展能力分析**

无论是企业的管理者还是投资者、债权人，都十分关注企业的发展能力，因为这关系到他们的切身利益。通过对企业发展能力进行分析，可以判断企业的发展潜力，预测企业的经营前景，从而为企业管理者和投资者进行经营决策和投资决策提供重要的依据，避免决策失误给其带来重大的经济损失。

5. **财务趋势分析**

财务趋势分析是指通过对企业连续若干期的会计信息和财务指标进行分析，判断企业未来发展趋势，了解企业的经营活动和财务活动存在的问题，为企业未来决策提供依据。

6. **财务综合分析**

财务综合分析是指全面分析和评价企业各方面的财务状况，对企业风险、收益、成本和现金流量等进行分析和判断，为提高企业财务管理水平，改善经营业绩提供信息。

3.1.4 财务分析的方法

财务分析的方法主要包括比率分析法和比较分析法。

1. **比率分析法**

比率分析法是将企业同一时期的财务报表中的相关项目进行对比，得出一系列财务比率，以此来揭示企业财务状况的分析方法。财务比率主要包括构成比率、效率比率和相关比率三大类。

（1）构成比率又称结构比率，是反映某项经济指标的各个组成部分与总体之间关系的财务比率，如流动资产与资产总额的比率、流动负债与负债总额的比率。

（2）效率比率，是反映某项经济活动投入与产出之间关系的财务比率，如资产报酬率、销售净利率等，利用效率比率可以考察经济活动的经济效益，揭示企业的盈利能力。

（3）相关比率，是反映经济活动中某两个或两个以上相关项目比值的财务比率，如流动比率、速动比率等，利用相关比率可以考察各项经济活动之间的相互关系，从而揭示企业的财务状况。

2. **比较分析法**

比较分析法是将同一企业不同时期的财务状况或不同企业之间的财务状况进行比较，从而揭示企业财务状况中所存在差异的分析方法。比较分析法可分为纵向比较分析法和横向比较分析法两种。

（1）纵向比较分析法又称趋势分析法，是将同一企业连续若干期的财务状况进行比较，确定其增减变动的方向、数额和幅度，以此来揭示企业财务状况的发展变化趋势的分析方法，如比较财务报表法、比较财务比率法等。

（2）横向比较分析法，是将本企业的财务状况与其他企业的同期财务状况进行比较，确定其存在的差异及其程度，以此来揭示企业财务状况中所存在问题的分析方法。

3.1.5 财务分析的程序

无论是企业的管理者，还是投资者、债权人，在做出财务评价和经济决策时，都必须进行充分的财务分析。为了保证财务分析的有效进行，必须遵循科学的程序。财务分析的程序一般包括以下几个步骤。

1. **确定财务分析的范围，搜集有关的经济资料**

财务分析的范围取决于财务分析的目的，它可以是企业经营活动的某一方面，也可以是企业经营活动的全过程。如债权人可能只关心企业偿还债务的能力，不必对企业经营活动的全过程进行分析，企业的经营管理者则需进行全面的财务分析。财务分析的范围决定了所要搜集的经济资料的数量，范围小，所需资料也少；全面的财务分析，则需要搜集企业各方面的经济资料。

2. **选择适当的分析方法，确定分析指标**

财务分析的目的和范围不同，所选用的分析方法和指标也不同。常用的财务分析方法有比率分析法、比较分析法等，这些方法各有特点，在进行财务分析时可以单独使用，也可以结合使用。局部的财务分析可以只选择其中的某一种方法，全面的财务分析则应该综合运用各种方法，以便进行对比，做出客观和全面的财务评价。选择分析方法之后，就要确定分析指标。分析指标是根据财务分析的目的而确定的，不同的分析目的所使用的分析指标也不同，如分析偿债能力应当采用流动比率、资产负债率等指标。

3. 进行因素分析，抓住主要矛盾

通过财务分析，可以找出影响企业经营活动和财务状况的各种因素。在诸多因素中，有的是有利因素，有的是不利因素；有的是外部因素，有的是内部因素。在进行因素分析时，必须抓住主要矛盾，即影响企业生产经营活动和财务状况的主要因素，然后才能有的放矢，提出相应的办法，做出正确的决策。

4. 为作出经济决策提供各种建议

财务分析的最终目的是为经济决策提供依据。通过上述的比较与分析，就可以提出各种方案，然后权衡各种方案的利弊与得失，从中选出最佳方案，做出经济决策。这个过程也是一个信息反馈过程，决策者可以通过财务分析总结经验，吸取教训，以改进工作。

3.1.6 财务分析的基础

财务分析是以企业的会计核算资料为基础，通过对会计所提供的核算资料进行加工整理，得出一系列科学的、系统的财务指标，以便进行比较、分析和评价。这些会计核算资料包括日常核算资料和财务报告，但财务分析主要是以财务报告为基础，日常核算资料只作为财务分析的一种补充资料。财务报告是企业向政府部门、投资者、债权人等与本企业有利害关系的组织或个人提供的，反映企业在一定时期内的财务状况、经营成果、现金流量以及影响企业未来经营发展的重要经济事项的书面文件。提供财务报告的目的在于为报告使用者提供财务信息，为他们进行财务分析、经济决策提供充足的依据。企业的财务报告主要包括资产负债表、利润表、现金流量表、所有者权益（或股东权益）变动表、财务报表附注以及其他反映企业重要事项的文字说明。这些财务报表及附注集中、概括地反映了企业的财务状况、经营成果和现金流量状况等财务信息，对其进行财务分析，可以更加系统地揭示企业的偿债能力、营运能力、盈利能力、发展能力等财务状况。

根据我国《企业会计准则》，财务报表的格式按照一般企业、商业银行、保险公司、证券公司等企业类型分别作出不同的规定。下面主要介绍一般企业的三张基本财务报表：资产负债表、利润表和现金流量表。

1. 资产负债表

资产负债表是反映企业在某一特定日期的财务状况的财务报表。它以“资产＝负债＋股东权益”这一会计等式为依据，按照一定的分类标准和次序，反映企业在某一特定日期资产、负债及股东权益的基本状况。表3—1为京海公司2008年度的资产负债表。

表3—1　京海公司资产负债表

2008年12月31日　单位：万元

资产	年初余额	年末余额	负债和股东权益	年初余额	年末余额
流动资产：			流动负债：		
货币资金	340	490	短期借款	400	420
交易性金融资产	30	80	交易性金融负债		
应收票据	20	15	应付票据	50	70
应收账款	643.5	683.1	应付账款	264	355
预付款项	14	14	预收款项	20	10
应收利息	3		应付职工薪酬	0.8	0.6

续前表

资产	年初余额	年末余额	负债和股东权益	年初余额	年末余额
应收股利	5		应交税费	40	50
其他应收款	13.5	4.9	应付利息	12	
存货	580	690	应付股利	8	
一年内到期的非流动资产	30		其他应付款	20.2	24.4
其他流动资产	31	3	一年内到期的非流动负债	80	62
流动资产合计	1 710	1 980	其他流动负债	5	8
非流动资产：			流动负债合计	900	1 000
可供出售金融资产	20	20	非流动负债：		
持有至到期投资	30	30	长期借款	500	400
长期应收款	10	10	应付债券	320	420
长期股权投资	30	90	长期应付款	90	150
投资性房地产	20	30	专项应付款	14	50
固定资产	1 800	2 150	预计负债		50
在建工程	100	80	递延所得税负债		
工程物资	30	50	其他非流动负债		
固定资产清理	11		非流动负债合计	924	1 070
生产性生物资产	9	20	负债合计	1 824	2 070
油气资产			股东权益：		
无形资产	20	32	股本	1 500	1 500
开发支出			资本公积	131	240
商誉			减：库存股		
长期待摊费用	10	8	盈余公积	220	459
递延所得税资产			未分配利润	125	231
其他非流动资产			股东权益合计	1976	2 430
非流动资产合计	2 090	2 520			
资产总计	3 800	4 500	负债和股东权益总计	3 800	4 500

从资产负债表的结构来看，它主要包括资产、负债与股东权益三大类项目。资产负债表的左方反映企业的资产状况，资产按流动性从大到小分项列示，上半部分列示了各项流动资产的金额，下半部分列示了各项非流动资产的金额。资产负债表的右方反映企业的负债与股东权益状况，它说明了企业资金的来源情况，即有多少来源于债权人，有多少来源于企业所有者的投资。

资产负债表是进行财务分析的一张重要财务报表，它提供了企业的资产结构、资产流动性、资金来源状况、负债水平以及负债结构等财务信息。分析者通过对资产负债表的分析，可以了解企业的偿债能力、营运能力等财务能力，为债权人、投资者以及企业管理者提供决策依据。

2. 利润表

利润表也称损益表，是反映企业在一定期间生产经营成果的财务报表。利润表以

“利润＝收入－费用”这一会计等式为依据编制而成。通过利润表可以考核企业利润计划的完成情况，分析企业的盈利能力以及利润增减变化的原因，预测企业利润的发展趋势，为投资者及企业管理者等提供决策有用的财务信息。在利润表中，通常按照利润的构成项目来分别列示。表 3—2 为京海公司 2008 年度的利润表。

表 3—2

京海公司利润表

2008 年度

单位：万元

项目	本期金额	上期金额
一、营业收入	9 371.40	8 257
减：营业成本	4 190.40	3 710
营业税金及附加	676	562
销售费用	1 370	1 255
管理费用	1 050	812
财务费用	325	308
资产减值损失		
加：公允价值变动收益		
投资收益	63	68
其中：对联营企业和合营企业的投资收益		
二、营业利润	1 823	1 678
加：营业外收入	8.5	9.80
减：营业外支出	15.5	5.40
其中：非流动资产处置损失		
三、利润总额	1 816	1 682.40
减：所得税费用	556	508.40
四、净利润	1 260	1 174
五、每股收益		
（一）基本每股收益（元）	0.84	0.78
（二）稀释每股收益（元）	0.84	0.78

企业的收入主要包括营业收入（销售收入）、公允价值变动收益、投资收益以及营业外收入。费用支出主要包括营业成本（销售成本）、销售费用、管理费用、财务费用、营业税金及附加、投资损失以及营业外支出等。总收入减去总费用就是利润总额。企业的利润因收入与费用的不同配比，可以分为三个层次：营业利润、利润总额（税前利润）和净利润。营业利润是营业收入减去营业成本，再扣除营业税金及附加、销售费用、管理费用、财务费用，加上公允价值变动收益和投资净收益等得到的利润，营业利润主要反映企业的经营所得；营业利润加上营业外收支净额后就是利润总额，是计算所得税的基础；利润总额扣除所得税费用后的余额就是企业的净利润，这是企业所有者可以得到的收益。

3. 现金流量表

现金流量表是以现金及现金等价物为基础编制的财务状况变动表，是企业对外报送的一张重要财务报表。它为财务报表使用者提供企业一定会计期间现金和现金等价物流入和流出的信息，以便于报表使用者了解和评价企业获取现金和现金等价物的能力，并据以预测企业未来现金流量。表 3—3 为京海公司 2008 年度的现金流量表。

表 3—3 京海公司现金流量表

2008 年度

单位：万元

项目	本期金额	上期金额
一、经营活动产生的现金流量		略
销售商品、提供劳务收到的现金	10 470	
收到的税费返还	450	
收到其他与经营活动有关的现金	300	
经营活动现金流入小计	11 220	
购买商品、接受劳务支付的现金	6 630	
支付给职工以及为职工支付的现金	258	
支付的各项税费	2 542	
支付其他与经营活动有关的现金	470	
经营活动现金流出小计	9 900	
经营活动产生的现金流量净额	1 320	
二、投资活动产生的现金流量		
收回投资收到的现金	105	
取得投资收益收到的现金	65	
处置固定资产、无形资产和其他长期资产收回的现金净额	5	
处置子公司及其他营业单位收到的现金净额	4	
收到其他与投资活动有关的现金	6	
投资活动现金流入小计	185	
购建固定资产、无形资产和其他长期资产支付的现金	855	
投资支付的现金	76	
取得子公司及其他营业单位支付的现金净额	10	
支付其他与投资活动有关的现金	4	
投资活动现金流出小计	945	
投资活动产生的现金流量净额	−760	
三、筹资活动产生的现金流量		
吸收投资收到的现金		
取得借款收到的现金	350	
收到其他与筹资活动有关的现金		
筹资活动现金流入小计	350	
偿还债务支付的现金	330	
分配股利、利润或偿付利息支付的现金	353	
支付其他与筹资活动有关的现金	27	
筹资活动现金流出小计	710	
筹资活动产生的现金流量净额	−360	
四、汇率变动对现金及现金等价物的影响		
五、现金及现金等价物净增加额	200	
加：期初现金及现金等价物余额	370	
六、期末现金及现金等价物余额	570	

现金流量表反映了企业在一定会计期间的现金流量状况，它将企业的现金流量划分为经营活动产生的现金流量、投资活动产生的现金流量和筹资活动产生的现金流量三类，按照收付实现制原则编制而成，将权责发生制下的盈利信息调整为收付实现制下的现金流量信息。为了正确地分析现金流量表，必须明确现金流量表中的几个重要

概念：现金、现金等价物、现金流量。

（1）现金。现金流量表中的现金是指企业的库存现金以及可以随时用于支付的存款，包括库存现金、银行存款和其他货币资金。但是，银行存款和其他货币资金中不能随时用于支付的存款不属于现金，如不能随时支取的定期存款等。

（2）现金等价物。现金等价物是指企业持有的期限短、流动性强、易于转换为已知金额现金、价值变动风险很小的投资。现金等价物虽然不是现金，但其支付能力与现金的差别不大，可以视为现金。一项投资被确认为现金等价物必须同时具备四个条件：期限短、流动性强、易于转换为已知金额现金、价值变动风险很小。其中，期限短一般是指从购买日起 3 个月内到期。现金等价物通常包括 3 个月内到期的债券投资等，股权投资变现的金额通常不确定，因而不属于现金等价物。

（3）现金流量。现金流量是企业一定时期内现金和现金等价物的流入和流出的数量，主要包括经营活动产生的现金流量、投资活动产生的现金流量和筹资活动产生的现金流量三类。经营活动是指企业投资活动和筹资活动以外的所有交易和事项，如销售商品、提供劳务、购买商品、接受劳务、支付税款等。投资活动是指企业长期资产的购建和不包括现金等价物范围内的投资及其处置活动，如购建或处置固定资产、对外长期投资或收回投资等。筹资活动是指导致企业资本及债务规模和结构发生变化的活动，如向银行借款或还款、发行债券、发行股票、支付利息或股利等。

3.2 财务能力分析

3.2.1 偿债能力分析

偿债能力是指企业偿还各种到期债务的能力。偿债能力分析是企业财务分析的一个重要方面，通过这种分析可以揭示企业的财务风险。企业管理者、债权人及股权投资者都十分重视企业的偿债能力分析。偿债能力分析主要分为短期偿债能力分析和长期偿债能力分析，现分述如下。

1. 短期偿债能力分析

短期偿债能力是指企业偿付流动负债的能力。流动负债是将在 1 年内或超过 1 年的一个营业周期内需要偿付的债务，这部分负债对企业的财务风险影响较大，如果不能及时偿还，就可能使企业陷入财务困境，面临破产倒闭的危险。在资产负债表中，流动负债与流动资产形成一种对应关系。一般来说，流动负债需要以现金直接偿还，而流动资产是在 1 年内或超过 1 年的一个营业周期内可变现的资产，因而流动资产就成为偿还流动负债的一个安全保障。因此，可以通过分析流动负债与流动资产之间的关系来判断企业短期偿债能力。通常，评价短期偿债能力的财务比率主要有：流动比率、速动比率、现金比率、现金流量比率等。

（1）流动比率。**流动比率**（liquidity ratio or current ratio）是企业流动资产与流动负债的比值。其计算公式为：

$$流动比率=\frac{流动资产}{流动负债} \tag{3—1}$$

流动资产主要包括货币资金、交易性金融资产、应收及预付款项、存货和1年内到期的非流动资产等，一般用资产负债表中的期末流动资产总额表示；流动负债主要包括短期借款、交易性金融负债、应付及预收款项、各种应交税费、1年内到期的非流动负债等，通常也用资产负债表中的期末流动负债总额表示。根据表3—1京海公司的流动资产和流动负债的年末数，该公司2008年末的流动比率为：

$$\text{流动比率}=\frac{1\,980}{1\,000}=1.98$$

这表明京海公司每有1元的流动负债，就有1.98元的流动资产作为安全保障。流动比率是衡量企业短期偿债能力的一个重要财务指标，这个比率越高，说明企业偿还流动负债的能力越强，流动负债得到偿还的保障越大。但是，过高的流动比率也并非好现象，因为流动比率过高，可能是企业滞留在流动资产上的资金过多，未能有效地加以利用，可能会影响企业的盈利能力。

根据西方的经验，流动比率在2左右比较合适，京海公司的流动比率为1.98，应属于正常范围。实际上，对流动比率的分析应该结合不同的行业特点、流动资产结构及各项流动资产的实际变现能力等因素。有的行业流动比率较高，有的行业较低，不可一概而论。但是，单凭这种经验判断也并不可靠，有时流动比率较高，但其短期偿债能力也未必很强，因为可能是存货积压或滞销的结果，而且，企业也很容易伪造这个比率，以掩饰其偿债能力的不足。如年终时故意将借款还清，下年初再借入，这样就可以人为地提高期末流动比率。假设某一公司拥有流动资产20万元、流动负债10万元，则流动比率为2，如果该公司在年终编制财务报表时，故意还清5万元短期借款，待下年初再借入，则该公司的流动资产就变成了15万元，流动负债变成了5万元，流动比率为3。这样就提高了期末流动比率，粉饰了短期偿债能力。因此，利用流动比率来评价企业短期偿债能力存在一定的局限性。

（2）速动比率。从前面的分析可知，流动比率在评价企业短期偿债能力时，存在一定局限性。如果流动比率较高，但流动资产的流动性较差，则企业的短期偿债能力仍然不强。在流动资产中，交易性金融资产、应收票据、应收账款的变现能力均比存货强，存货需经过销售才能转变为现金，如果存货滞销，则其变现就成问题，所以存货是流动资产中流动性相对较差的资产。一般来说，流动资产扣除存货后的资产称为速动资产，主要包括货币资金、交易性金融资产、应收票据、应收账款等。速动资产与流动负债的比值称为**速动比率**（quick ratio），也称**酸性测试比率**（acid-test ratio）。其计算公式为：

$$\text{速动比率}=\frac{\text{速动资产}}{\text{流动负债}}=\frac{\text{流动资产}-\text{存货}}{\text{流动负债}} \tag{3—2}$$

通过速动比率来判断企业短期偿债能力比用流动比率更进了一步，因为它撇开了变现能力较差的存货。速动比率越高，说明企业的短期偿债能力越强。根据表3—1中的有关数据，京海公司2008年末的速动比率为：

$$\text{速动比率}=\frac{1\,980-690}{1\,000}=1.29$$

根据西方经验，一般认为速动比率为1时比较合适，京海公司的速动比率为

1.29，应属于正常范围之内。但在实际分析时，应该根据企业性质和其他因素来综合判断，不可一概而论。通常影响速动比率可信度的重要因素是应收账款的变现能力，如果企业的应收账款中有较大部分不易收回，可能会成为坏账，那么速动比率就不能真实地反映企业的偿债能力。因此，在使用速动比率分析企业短期偿债能力时，应结合应收账款账龄结构进行分析。

需要说明的是，用流动资产扣除存货来计算速动资产只是一种粗略的计算，严格地讲，不仅要扣除存货，还应扣除预付账款、1 年内到期的非流动资产和其他流动资产等变现能力较差的项目。这样，速动资产就只包括货币资金、交易性金融资产、应收票据、应收账款、应收利息、应收股利和其他应收款。

(3) 现金比率。**现金比率**（cash ratio）是企业的现金类资产与流动负债的比值。现金类资产包括库存现金、随时可用于支付的存款和现金等价物，即现金流量表中所反映的现金及现金等价物。其计算公式为：

$$\text{现金比率}=\frac{\text{现金}+\text{现金等价物}}{\text{流动负债}} \tag{3—3}$$

根据表 3—1 中京海公司的有关数据（假定该公司的交易性金融资产均为现金等价物），该公司 2008 年末的现金比率为：

$$\text{现金比率}=\frac{490+80}{1\ 000}=0.57$$

现金比率可以反映企业的直接偿付能力，因为现金是企业偿还债务的最终手段，如果企业现金缺乏，就可能发生支付困难，面临财务危机。因而，现金比率高，说明企业有较好的支付能力，对偿付债务是有保障的。但是如果这个比率过高，可能意味着企业拥有过多的盈利能力较低的现金类资产，企业的资产未能得到有效的运用。

(4) 现金流量比率。**现金流量比率**（cash flow ratio）是企业经营活动产生的现金流量净额与流动负债的比值。其计算公式为：

$$\text{现金流量比率}=\frac{\text{经营活动产生的现金流量净额}}{\text{流动负债}} \tag{3—4}$$

前面介绍的流动比率、速动比率和现金比率都是反映短期偿债能力的静态指标，揭示了企业的现存资源对偿还到期债务的保障程度。现金流量比率则是从动态角度反映本期经营活动产生的现金流量净额偿付流动负债的能力。根据表 3—1 和表 3—3 的有关数据，京海公司 2008 年的现金流量比率为：

$$\text{现金流量比率}=\frac{1\ 320}{1\ 000}=1.32$$

需要说明的是，经营活动产生的现金流量是过去一个会计年度的经营结果，而流动负债则是未来一个会计年度需要偿还的债务，二者的会计期间不同。因此，这个指标是建立在以过去一年的现金流量来估计未来一年的现金流量的假设基础之上的。使用这一财务比率时，需要考虑未来一个会计年度影响经营活动的现金流量变动的因素。

2. 长期偿债能力分析

长期偿债能力是指企业偿还长期负债的能力，企业的长期负债主要有长期借款、应付债券、长期应付款、专项应付款、预计负债等。企业的长期债权人和所有者不仅关心企业短期偿债能力，更关心企业长期偿债能力。因此，在对企业进行短期偿债能力分析的同时，还需分析企业的长期偿债能力，以便于债权人和投资者全面了解企业的偿债能力及财务风险。反映企业长期偿债能力的财务比率主要有：资产负债率、股东权益比率、权益乘数、产权比率、有形净值债务率、偿债保障比率、利息保障倍数和现金利息保障倍数等。

(1) 资产负债率。**资产负债率** (total debt ratio) 也称负债比率或举债经营比率，是企业负债总额与资产总额的比率，它反映企业的资产总额中有多大比例是通过举债而得到的。其计算公式为：

$$\text{资产负债率}=\frac{\text{负债总额}}{\text{资产总额}}\times 100\% \qquad (3\text{—}5)$$

资产负债率反映企业偿还债务的综合能力，这个比率越高，企业偿还债务的能力越差，财务风险越大；反之，偿还债务的能力越强。根据表 3—1 的有关数据，京海公司 2008 年末的资产负债率为：

$$\text{资产负债率}=\frac{2\ 070}{4\ 500}\times 100\%=46\%$$

这表明，2008 年京海公司的资产有 46%来源于举债；或者说，京海公司每 46 元的债务，就有 100 元的资产作为偿还债务的保障。

对于资产负债率，企业的债权人、股东和管理者往往从不同的角度来评价。

从债权人角度来看，他们最关心的是其贷给企业资金的安全性。如果这个比率过高，说明在企业的全部资产中，股东提供的资本所占比重太低，这样，企业的财务风险就主要由债权人负担，其贷款的安全性也缺乏可靠的保障，所以，债权人总是希望企业的负债比率低一些。

从企业股东的角度来看，他们关心的主要是投资报酬的高低。企业借入的资金与股东投入的资金在生产经营中可以发挥同样的作用，如果企业负债所支付的利率低于资产报酬率，股东就可以利用举债经营取得更多的投资报酬。因此，股东所关心的往往是全部资产报酬率是否超过了借款的利率。企业股东可以通过举债经营的方式，以有限的资本、付出有限的代价而取得对企业的控制权，并且可以得到举债经营的杠杆利益。因此在财务分析中，资产负债率也被人们称为财务杠杆比率。

站在企业管理者的立场，他们既要考虑企业的盈利，也要顾及企业所承担的财务风险。资产负债率作为财务杠杆比率，不仅反映了企业的长期财务状况，也反映了企业管理层的进取精神。如果企业不利用举债经营或者负债比率很小，则说明企业管理者比较保守，对前途信心不足，利用债权人资本进行经营活动的能力较差。但是，负债也必须有一定限度，负债比率过高，企业的财务风险将增大，一旦资产负债率超过 100%，则说明企业资不抵债，有濒临倒闭的危险。

至于资产负债率为多少才是合理的，并没有一个确定的标准。不同行业、不同类型的企业的资产负债率会存在较大的差异。一般而言，处于高速成长时期的企业，其资产负债率可能会高一些，这样，所有者会得到更多的杠杆利益。但是，作为财务管理者，在确定企业的资产负债率时一定要审时度势，充分考虑企业内部各种因素和企业外部的市场环境，在风险与报酬之间权衡利弊与得失，然后才能作出正确的财务决策。

（2）股东权益比率与权益乘数。股东权益比率是股东权益总额与资产总额的比率，该比率反映资产总额中有多大比例是所有者投入的。其计算公式为：

$$股东权益比率=\frac{股东权益总额}{资产总额}\times 100\% \tag{3—6}$$

由式（3—6）可知，股东权益比率与负债比率之和等于1。因此，这两个比率是从不同的侧面来反映企业长期财务状况的，股东权益比率越大，负债比率就越小，企业的财务风险也越小，偿还长期债务的能力就越强。根据表3—1的有关数据，京海公司2008年末的股东权益比率为：

$$股东权益比率=\frac{2\,430}{4\,500}\times 100\%=54\%$$

股东权益比率的倒数称为权益乘数，即资产总额是股东权益总额的多少倍。权益乘数反映了企业财务杠杆的大小。权益乘数越大，说明股东投入的资本在资产中所占比重越小，财务杠杆越大。其计算公式为：

$$权益乘数=\frac{资产总额}{股东权益总额} \tag{3—7}$$

根据表3—1的有关数据，京海公司2008年末的权益乘数为：

$$权益乘数=\frac{4\,500}{2\,430}=1.85$$

也可以用资产平均总额除以股东权益平均总额计算平均权益乘数，2008年京海公司的平均权益乘数为：

$$平均权益乘数=\frac{(3\,800+4\,500)/2}{(1\,976+2\,430)/2}=1.883\,8$$

（3）产权比率与有形净值债务率。产权比率，也称负债股权比率，是负债总额与股东权益总额的比值。其计算公式为：

$$产权比率=\frac{负债总额}{股东权益总额} \tag{3—8}$$

从式（3—8）中可以看出，产权比率实际上是负债比率的另一种表现形式，它反映了债权人所提供资金与股东所提供资金的对比关系，因此可以揭示企业的财务风险以及股东权益对债务的保障程度。该比率越低，说明企业长期财务状况越好，债权人贷款的安全性越有保障，企业财务风险越小。根据表3—1的有关数据，京海公司2008年末的产权比率为：

$$产权比率=\frac{2\,070}{2\,430}=0.85$$

为了进一步分析股东权益对负债的保障程度，可以保守地认为无形资产不宜用来偿还债务（虽然实际上未必如此），故将其从上式的分母中扣除，这样计算出的财务比率称为有形净值债务率。其计算公式为：

$$有形净值债务率=\frac{负债总额}{股东权益总额-无形资产净值} \tag{3—9}$$

从式（3—9）中可以看出，有形净值债务率实际上是产权比率的延伸，它更为保守地反映了在企业清算时债权人投入的资本受到股东权益的保障程度。该比率越低，说明企业的财务风险越小。根据表3—1的有关数据，京海公司2008年末的有形净值债务率为：

$$有形净值债务率=\frac{2\,070}{2\,430-32}=0.86$$

（4）偿债保障比率。偿债保障比率也称债务偿还期，是负债总额与经营活动产生的现金流量净额的比值。其计算公式为：

$$偿债保障比率=\frac{负债总额}{经营活动产生的现金流量净额} \tag{3—10}$$

从式（3—10）中可以看出，偿债保障比率反映了用企业经营活动产生的现金流量净额偿还全部债务所需的时间，所以该比率也被称为债务偿还期。一般认为，经营活动产生的现金流量是企业长期资金的最主要来源，而投资活动和筹资活动所获得的现金流量虽然在必要时也可用于偿还债务，但不能将其视为经常性的现金流量。因此，用偿债保障比率可以衡量企业通过经营活动所获得的现金偿还债务的能力。该比率越低，说明企业偿还债务的能力越强。根据表3—1和表3—3的有关数据，京海公司2008年的偿债保障比率为：

$$偿债保障比率=\frac{2\,070}{1\,320}=1.57$$

（5）利息保障倍数与现金利息保障倍数。**利息保障倍数**（times interest earned ratio，TIE）也称利息所得倍数或已获利息倍数，是税前利润加利息费用之和与利息费用的比值。其计算公式为：

$$利息保障倍数=\frac{税前利润+利息费用}{利息费用} \tag{3—11}$$

根据表3—2的有关数据（假定京海公司的财务费用都是利息费用，并且固定资产成本中不含资本化利息），京海公司2008年的利息保障倍数为：

$$利息保障倍数=\frac{1\,816+325}{325}=6.59$$

式（3—11）中的税前利润是指缴纳所得税之前的利润总额；利息费用不仅包括财务费用中的利息费用，还包括计入固定资产成本的资本化利息。利息保障倍数反映了企业的经营所得支付债务利息的能力。如果这个比率太低，说明企业难以保证用经营所得来按时按量支付债务利息，这会引起债权人的担心。一般来说，企业的利息保障倍数至少要大于 1，否则，就难以偿付债务及利息，若长此以往，甚至会导致企业破产倒闭。

但是，在利用利息保障倍数这一指标时必须注意，因为会计采用权责发生制来核算费用，所以本期的利息费用不一定就是本期的实际利息支出，而本期发生的实际利息支出也并非全部是本期的利息费用；同时，本期的息税前利润也并非本期的经营活动所获得的现金。这样，利用上述财务指标来衡量经营所得支付债务利息的能力就存在一定的片面性，不能清楚地反映实际支付利息的能力。为此，可以进一步用现金利息保障倍数来分析经营所得现金偿付利息支出的能力。其计算公式为：

$$\text{现金利息保障倍数}=\frac{\text{经营活动产生的现金流量净额}+\text{现金利息支出}+\text{付现所得税}}{\text{现金利息支出}} \tag{3—12}$$

式（3—12）中的现金利息支出是指本期用现金支付的利息费用；付现所得税是指本期用现金支付的所得税。由式（3—12）可知，现金利息保障倍数反映了企业一定时期经营活动所取得的现金是现金利息支出的多少倍，它更明确地表明了企业用经营活动所取得的现金偿付债务利息的能力。根据表 3—2 和表 3—3 的有关数据（假设京海公司财务费用都是现金利息支出，并且所得税费用也都是付现所得税），京海公司 2008 年的现金利息保障倍数为：

$$\text{现金利息保障倍数}=\frac{1\,320+325+556}{325}=6.77$$

至于以上两个财务比率究竟是多少时才说明企业偿付利息的能力强，这一点并没有一个确定的标准，通常要根据历年的经验和行业特点来判断。

3. 影响企业偿债能力的其他因素

上述财务比率是分析企业偿债能力的主要指标，分析者可以比较最近几年的有关财务比率来判断企业偿债能力的变化趋势，也可以比较某一企业与同行业其他企业的财务比率，来判断该企业偿债能力的强弱。但是，在分析企业偿债能力时，除了使用上述指标以外，还应考虑以下因素对企业偿债能力的影响，这些因素既可影响企业的短期偿债能力，也可影响企业的长期偿债能力。

（1）或有负债。或有负债是企业过去的交易或者事项形成的潜在义务，其存在须通过未来不确定事项的发生或不发生予以证实。或有负债可能会转化为企业的债务，也可能不会转化为企业的债务，因此，其结果具有不确定性。例如，已贴现未到期的商业承兑汇票、销售的产品可能会发生的质量事故赔偿、诉讼案件和经济纠纷可能败诉导致需赔偿的金额等。这些或有负债在资产负债表编制日还不能确定未来的结果如何，不能作为负债在资产负债表的负债类项目中进行反映。但是，或有负债在将来一旦转化为企业现实的负债，就会对企业的财务状况产生影响，尤其是金额巨大的或有负债项目会增加企业的财务风险，影响到企业的偿债能力。因此，在进行偿债能力分析时不能不考虑这一影响因素。

（2）担保责任。在经济活动中，企业可能会发生以本企业的资产为其他企业的债务提供法律担保的情况，如为其他企业的银行借款担保、为其他企业履行有关经济合同提供法律担保等。如果被担保人不履行合同，这种担保责任就有可能会成为企业的负债，增加企业的财务风险。但是，这种担保责任在财务报表中并未得到反映，因此，在进行财务分析时，必须考虑到企业是否有巨额的法律担保责任。

（3）租赁活动。企业在生产经营活动中，可以通过财产租赁的方式解决急需的设备。财产租赁通常有两种形式：融资租赁和经营租赁。采用融资租赁方式，租入的固定资产作为企业的固定资产入账，租赁费用作为企业的长期负债入账，这在计算前面的有关财务比率时都已经包含在内。但是，当企业采用经营租赁时，其租赁费用并未包含在负债之中。如果经营租赁的业务量较大、期限较长或者具有经常性，则其租金虽然不包含在负债之中，但对企业的偿债能力也会产生较大的影响。在进行财务分析时，也应考虑这一因素。

（4）可用的银行授信额度。可用的银行授信额度是指银行授予企业的贷款指标，该项信用额度已经得到银行的批准，但企业尚未办理贷款手续。对于这种授信额度企业可以随时使用，从而能够方便、快捷地取得银行借款，可以提高企业的偿付能力，缓解财务困难。

3.2.2 营运能力分析

营运能力反映了企业资金周转状况，对此进行分析，可以了解企业的营业状况及经营管理水平。资金周转状况好，说明企业的经营管理水平高，资金利用效率高。企业的资金周转状况与供、产、销各个经营环节密切相关，任何一个环节出现问题，都会影响到企业资金的正常周转。资金只有顺利地通过各个经营环节，才能完成一次循环。在供、产、销各环节中，销售有着特殊的意义。因为产品只有销售出去，才能实现其价值，收回最初投入的资金，顺利地完成一次资金周转。这样，就可以通过产品销售情况与企业资金占用量来分析企业的资金周转状况，评价企业的营运能力。评价企业营运能力常用的财务比率有应收账款周转率、存货周转率、流动资产周转率、固定资产周转率、总资产周转率等。

1. 应收账款周转率

应收账款周转率（receivables turnover ratio）是企业一定时期赊销收入净额与应收账款平均余额的比率。应收账款周转率是评价应收账款流动性大小的一个重要财务比率，它反映了应收账款在一个会计年度内的周转次数，可以用来分析应收账款的变现速度和管理效率。应收账款周转率反映了企业应收账款的周转速度，该比率越高，说明应收账款的周转速度越快、流动性越强。其计算公式为：

$$\text{应收账款周转率}=\frac{\text{赊销收入净额}}{\text{应收账款平均余额}} \tag{3—13}$$

$$\text{应收账款平均余额}=\frac{\text{期初应收账款}+\text{期末应收账款}}{2} \tag{3—14}$$

式（3—13）中的赊销收入净额是指销售收入净额扣除现销收入之后的余额；销售收入净额是指销售收入扣除了销售退回、销售折扣及折让后的余额。在利润表中，营业收入就是销售收入。[①] 在这里，我们假设京海公司的营业收入全部都是赊销收入

---

① 营业收入是指企业从事经常性的经营活动所实现的收入，它适用于各种行业，对于制造业来说，营业收入就是销售收入。本章以制造业为例，故用销售收入和销售成本。

净额，根据表3—1和表3—2的有关数据，京海公司2008年的应收账款周转率为：

$$应收账款平均余额=\frac{643.5+683.1}{2}=663.3(万元)$$

$$应收账款周转率=\frac{9\ 371.4}{663.3}=14.13(次)$$

在市场经济条件下，由于商业信用的普遍应用，应收账款成为企业一项重要的流动资产，应收账款的变现能力直接影响到资产的流动性。应收账款周转率越高，说明企业回收应收账款的速度越快，可以减少坏账损失，提高资产的流动性，企业的短期偿债能力也会得到增强，这在一定程度上可以弥补流动比率低的不利影响。如果企业的应收账款周转率过低，则说明企业回收应收账款的效率低，或者信用政策过于宽松，这样的情况会导致应收账款占用资金数量过多，影响企业资金利用率和资金的正常周转。但是，如果应收账款周转率过高，则可能是因为企业奉行了比较严格的信用政策，制定的信用标准和信用条件过于苛刻的结果。这样会限制企业销售量的扩大，从而影响企业的盈利水平，这种情况往往表现为存货周转率同时偏低。

用应收账款周转率来反映应收账款的周转情况是比较常见的，如上面计算的京海公司应收账款周转率为14.13次，表明该公司一年内应收账款周转次数为14.13次。也可以用应收账款平均收账期来反映应收账款的周转情况。其计算公式为：

$$\begin{aligned}应收账款平均收账期&=\frac{360}{应收账款周转率}\\&=\frac{应收账款平均余额\times 360}{赊销收入净额}\end{aligned} \qquad (3—15)$$

应收账款平均收账期表示应收账款周转一次所需的天数。平均收账期越短，说明企业的应收账款周转速度越快。根据京海公司的应收账款周转率，计算出的应收账款平均收账期为：

$$应收账款平均收账期=\frac{360}{14.13}=25.48(天)$$

京海公司的应收账款平均收账期为25.48天，说明京海公司从赊销产品到收回应收账款的平均天数为25.48天。应收账款平均收账期与应收账款周转率成反比例变动，对该项指标的分析是制定企业信用政策的一个重要依据。

2. 存货周转率

存货周转率（inventory turnover ratio）也称存货利用率，是企业一定时期的销售成本与存货平均余额的比率。其计算公式为：

$$存货周转率=\frac{销售成本}{存货平均余额} \qquad (3—16)$$

$$存货平均余额=\frac{期初存货余额+期末存货余额}{2} \qquad (3—17)$$

式（3—16）中的销售成本可以从利润表中得知，假设营业成本全部为销售成本，存货平均余额是期初存货余额与期末存货余额的平均数，可以根据资产负债表计算得出。如果企业生产经营活动具有很强的季节性，则年度内各季度的销售成本与存货都会有较大幅度的波动。因此，存货平均余额应该按月份或季度余额来计算，先计算出各月或各季度的存货平均余额，然后再计算全年的存货平均余额。根据表 3—1 的有关数据，京海公司 2008 年的存货周转率为：

$$存货平均余额=\frac{580+690}{2}=635(万元)$$

$$存货周转率=\frac{4\,190.4}{635}=6.60(次)$$

存货周转率说明了一定时期内企业存货周转的次数，可以反映企业存货的变现速度，衡量企业的销售能力及存货是否过量。存货周转率反映了企业的销售效率和存货使用效率。在正常经营情况下，存货周转率越高，说明存货周转速度越快，企业的销售能力越强，营运资本占用在存货上的金额越少，表明企业的资产流动性较好，资金利用效率较高；反之，存货周转率过低，常常是库存管理不利，销售状况不好，造成存货积压，说明企业在产品销售方面存在一定的问题，应当采取积极的销售策略，提高存货的周转速度。但是，有时企业出于特殊的原因会增大存货储备量，如在通货膨胀比较严重的情况下，企业为了降低存货采购成本，可能会提高存货储备量，这种情况导致的存货周转率降低是一种正常现象。一般来说，存货周转率越高越好，但是，如果存货周转率过高，也可能说明企业存货管理方面存在一些问题，如存货水平太低，甚至经常缺货，或者采购次数过于频繁，批量太小等。因此，对存货周转率的分析，应当结合企业的实际情况，具体问题具体分析。

存货周转状况也可以用存货周转天数来表示。其计算公式为：

$$存货周转天数=\frac{360}{存货周转率}=\frac{存货平均余额\times 360}{销售成本} \tag{3—18}$$

存货周转天数表示存货周转一次所需要的时间，天数越短说明存货周转得越快。前面计算的存货周转率为 6.60 次，表明一年存货周转 6.60 次，因此，存货周转天数为：

$$存货周转天数=\frac{360}{6.60}=54.55(天)$$

3. 流动资产周转率

流动资产周转率（liquid assets turnover ratio）是销售收入与流动资产平均余额的比率，它反映了企业全部流动资产的利用效率。其计算公式为：

$$流动资产周转率=\frac{销售收入}{流动资产平均余额} \tag{3—19}$$

$$流动资产平均余额=\frac{期初流动资产余额+期末流动资产余额}{2} \tag{3—20}$$

式（3—19）中的销售收入即营业收入。流动资产周转率表明在一个会计年度内企业流动资产周转的次数，它反映了流动资产周转的速度。该指标越高，说明企业流动资产的利用效率越高。根据表 3—1 和表 3—2 的有关数据，京海公司 2008 年的流动资产周转率为：

$$流动资产平均余额=\frac{1\,710+1\,980}{2}=1\,845(万元)$$

$$流动资产周转率=\frac{9\,371.4}{1\,845}=5.08(次)$$

流动资产周转率是分析流动资产周转情况的一个综合指标，流动资产周转得快，可以节约流动资金，提高资金的利用效率。但是，究竟流动资产周转率为多少才算好，并没有一个确定的标准。通常分析流动资产周转率应比较企业历年的数据并结合行业特点。

4. 固定资产周转率

固定资产周转率（fixed assets turnover ratio）也称固定资产利用率，是企业销售收入与固定资产平均净值的比率。其计算公式为：

$$固定资产周转率=\frac{销售收入}{固定资产平均净值} \quad (3—21)$$

$$固定资产平均净值=\frac{期初固定资产净值+期末固定资产净值}{2} \quad (3—22)$$

式（3—21）中的销售收入即营业收入。固定资产周转率主要用于分析企业对厂房、设备等固定资产的利用效率，该比率越高，说明固定资产的利用率越高，管理水平越好。如果固定资产周转率与同行业平均水平相比偏低，说明企业的生产效率较低，可能会影响企业的盈利能力。根据表 3—1 和表 3—2 的有关数据，京海公司 2008 年的固定资产周转率为：

$$固定资产平均净值=\frac{1\,800+2\,150}{2}=1\,975(万元)$$

$$固定资产周转率=\frac{9\,371.4}{1\,975}=4.75(次)$$

5. 总资产周转率

总资产周转率（total assets turnover ratio），也称总资产利用率，是企业销售收入与资产平均总额的比率。其计算公式为：

$$总资产周转率=\frac{销售收入}{资产平均总额} \quad (3—23)$$

$$资产平均总额=\frac{期初资产总额+期末资产总额}{2} \quad (3—24)$$

式（3—23）中的销售收入一般用销售收入净额，即营业收入扣除销售退回、销售折扣和折让后的净额。总资产周转率可用来分析企业全部资产的使用效率。如果这个比率较低，说明企业利用其资产进行经营的效率较差，会影响企业的盈利能力，企业应该采取措施提高销售收入或处置资产，以提高总资产利用率。根据表 3—1 和表 3—2 的有关数据，京海公司 2008 年的总资产周转率为：

$$资产平均总额=\frac{3\,800+4\,500}{2}=4\,150(万元)$$

$$总资产周转率=\frac{9\,371.4}{4\,150}=2.26(次)$$

3.2.3 盈利能力分析

盈利能力是指企业获取利润的能力。盈利是企业的重要经营目标，是企业生存和发展的物质基础，它不仅关系到企业所有者的投资报酬，也是企业偿还债务的一个重要保障。因此，企业的债权人、所有者以及管理者都十分关心企业的盈利能力。盈利能力分析是企业财务分析的重要组成部分，也是评价企业经营管理水平的重要依据。企业的各项经营活动都会影响到盈利，如营业活动、对外投资活动、营业外收支活动等都会引起企业利润的变化。但是，在对企业盈利能力进行分析时，一般只分析企业正常经营活动的盈利能力，不涉及非正常的经营活动。这是因为，一些非正常的、特殊的经营活动虽然也会给企业带来收益，但它不是经常的和持续的，因此，不能将其作为企业的一种持续性的盈利能力加以评价。

评价企业盈利能力的财务比率主要有资产报酬率、股东权益报酬率、销售毛利率、销售净利率、成本费用净利率等，对于股份有限公司，还应分析每股利润、每股现金流量、每股股利、股利支付率、每股净资产、市盈率和市净率等。

1. 资产报酬率

资产报酬率（return on assets，ROA）也称资产收益率，是企业在一定时期内的利润额与资产平均总额的比率。资产报酬率主要用来衡量企业利用资产获取利润的能力。在实践中，根据财务分析的目的不同，利润额可以分为息税前利润、利润总额和净利润。按照所采用的利润额不同，资产报酬率可分为资产息税前利润率、资产利润率和资产净利率。

（1）资产息税前利润率，是指企业一定时期的息税前利润与资产平均总额的比率。其计算公式为：

$$\text{资产息税前利润率}=\frac{\text{息税前利润}}{\text{资产平均总额}}\times 100\% \qquad (3\text{—}25)$$

息税前利润是企业支付债务利息和所得税之前的利润总额。企业所实现的息税前利润首先要用于支付债务利息，然后才能缴纳所得税和向股东分配利润。因此，息税前利润可以看作企业为债权人、政府和股东所创造的报酬。资产息税前利润率不受企业资本结构变化的影响，通常用来评价企业利用全部经济资源获取报酬的能力，反映了企业利用全部资产进行经营活动的效率。债权人分析企业资产报酬率时可以采用资产息税前利润率。一般来说，只要企业的资产息税前利润率大于负债利息率，企业就有足够的收益用于支付债务利息。因此，该项比率不仅可以评价企业的盈利能力，而且可以评价企业的偿债能力。

（2）资产利润率，是指企业一定时期的税前利润总额与资产平均总额的比率。其计算公式为：

$$\text{资产利润率}=\frac{\text{利润总额}}{\text{资产平均总额}}\times 100\% \qquad (3\text{—}26)$$

式（3—26）中的利润总额直接可以从利润表中得到，它反映了企业在扣除所得税费用之前的全部收益。影响企业利润总额的因素主要有营业利润、投资收益或损失、营业外收支等，所得税政策的变化不会对利润总额产生影响。因此，资产利润率不仅能够综合地评价企业的资产盈利能力，而且可以反映企业管理者的资产配置能力。

（3）资产净利率，是指企业一定时期的净利润与资产平均总额的比率。其计算公式为：

$$资产净利率=\frac{净利润}{资产平均总额}\times 100\% \tag{3—27}$$

式（3—27）中的净利润可以直接从利润表中得到，它是企业所有者获得的剩余收益，企业的经营活动、投资活动、筹资活动以及国家税收政策的变化都会影响到净利润。因此，资产净利率通常用于评价企业对股权投资的回报能力。股东分析企业资产报酬率时通常采用资产净利率。根据表 3—1 和表 3—2 的有关数据，京海公司 2008 年的资产净利率为：

$$资产净利率=\frac{1\ 260}{(3\ 800+4\ 500)/2}\times 100\%=30.36\%$$

京海公司的资产净利率为 30.36%，说明京海公司每 100 元的资产可以为股东赚取 30.36 元的净利润。这一比率越高，说明企业的盈利能力越强。

资产报酬率的高低并没有一个绝对的评价标准。在分析企业的资产报酬率时，通常采用比较分析法，与该企业以前会计年度的资产报酬率作比较，可以判断企业资产盈利能力的变动趋势，或者与同行业平均资产报酬率作比较，可以判断企业在同行业中所处的地位。通过这种比较分析，可以评价企业的经营效率，发现其经营管理中存在的问题。如果企业的资产报酬率偏低，说明该企业经营效率较低，经营管理存在问题，应该调整经营方针，加强经营管理，提高资产的利用效率。

2. 股东权益报酬率

股东权益报酬率（return on equity，ROE）也称净资产收益率或所有者权益报酬率，是企业一定时期的净利润与股东权益平均总额的比率。其计算公式为：

$$股东权益报酬率=\frac{净利润}{股东权益平均总额}\times 100\% \tag{3—28}$$

$$股东权益平均总额=\frac{期初股东权益总额+期末股东权益总额}{2} \tag{3—29}$$

股东权益报酬率是评价企业盈利能力的一个重要财务比率，它反映了企业股东获取投资报酬的高低。该比率越高，说明企业的盈利能力越强。根据表 3—1 和表 3—2 的有关数据，京海公司 2008 年的股东权益报酬率为：

$$股东权益平均总额=\frac{1\ 976+2\ 430}{2}=2\ 203(万元)$$

$$股东权益报酬率=\frac{1\ 260}{2\ 203}\times 100\%=57.19\%$$

京海公司的股东权益报酬率为 57.19%，表明股东每投入 100 元资本，可以获得 57.19 元的净利润。需要明确的是，式（3—28）中的股东权益平均总额是用账面价值而不是市场价值计算的。在正常情况下，股份公司的股东权益市场价值都会高于其账面价值，因此，以股东权益的市场价值计算的股东权益报酬率可能会远低于净资产收益率。

股东权益报酬率可以进行如下分解：

$$股东权益报酬率=资产净利率\times 平均权益乘数 \tag{3—30}$$

由式（3—30）可知，股东权益报酬率取决于企业的资产净利率和权益乘数两个因素。因此，提高股东权益报酬率可以有两种途径：一是在财务杠杆不变的情况下，通过增收节支，提高资产利用效率来提高资产净利率，从而提高股东权益报酬率；二是在资产利润率大于负债利息率的情况下，可以通过增大权益乘数，即提高财务杠杆，来提高股东权益报酬率。但是，第一种途径不会增加企业的财务风险，第二种途径则会导致企业的财务风险增大。

3. 销售毛利率与销售净利率

（1）销售毛利率。销售毛利率也称毛利率，是企业的销售毛利与营业收入净额的比率。其计算公式为：

$$销售毛利率=\frac{销售毛利}{营业收入净额}\times 100\%=\frac{营业收入净额-营业成本}{营业收入净额}\times 100\% \tag{3—31}$$

式（3—31）中的销售毛利是企业营业收入净额与营业成本的差额，可以根据利润表计算得出。营业收入净额是指营业收入扣除销售退回、销售折扣与折让后的净额。销售毛利率反映了企业的营业成本与营业收入的比例关系，销售毛利率越大，说明在营业收入净额中营业成本所占比重越小，企业通过销售获取利润的能力越强。根据表 3—2 的有关数据，京海公司 2008 年的销售毛利率为：

$$销售毛利率=\frac{9\,371.4-4\,190.4}{9\,371.4}\times 100\%=55.29\%$$

从计算可知，京海公司 2008 年的销售毛利率为 55.29%，说明每 100 元的营业收入可以为公司创造 55.29 元的毛利。

（2）销售净利率。**销售净利率**（profit margin on sales）是企业净利润与营业收入净额的比率，其计算公式为：

$$销售净利率=\frac{净利润}{营业收入净额}\times 100\% \tag{3—32}$$

销售净利率说明了企业净利润占营业收入的比例，它可以评价企业通过销售赚取利润的能力。销售净利率表明企业每 100 元营业收入可实现的净利润是多少。该比率越高，说明企业通过扩大销售获取报酬的能力越强。根据表 3—2 的有关数据，京海公司 2008 年的销售净利率为：

$$销售净利率=\frac{1\,260}{9\,371.4}\times 100\%=13.45\%$$

由计算可知，京海公司的销售净利率为 13.45%，说明每 100 元的营业收入可为公司创造 13.45 元的净利润。评价企业的销售净利率时，应比较企业历年的指标，从而判断企业销售净利率的变化趋势。但是，销售净利率受行业特点影响较大，因此，还应该结合不同行业的具体情况进行分析。

前面介绍的资产净利率可以分解为总资产周转率与销售净利率的乘积，其计算公式为：

$$资产净利率=总资产周转率\times 销售净利率 \tag{3—33}$$

由式（3—33）可知，资产净利率主要取决于总资产周转率与销售净利率两个因素。企业的销售净利率越大，资产周转速度越快，资产净利率越高。因此，提高资产净利率可以从两个方面入手：一方面加强资产管理，提高资产利用率；另一方面加强营销管理，增加销售收入，节约成本费用，提高利润水平。

4. 成本费用净利率

成本费用净利率是企业净利润与成本费用总额的比率。它反映企业生产经营过程中发生的耗费与获得的报酬之间的关系。其计算公式为：

$$\text{成本费用净利率}=\frac{\text{净利润}}{\text{成本费用总额}}\times 100\% \tag{3—34}$$

式（3—34）中的成本费用是企业为了取得利润而付出的代价，主要包括营业成本、营业税金及附加、销售费用、管理费用、财务费用和所得税费用等。成本费用净利率越高，说明企业为获取报酬而付出的代价越小，企业的盈利能力越强。因此，通过这个比率不仅可以评价企业盈利能力的高低，也可以评价企业对成本费用的控制能力和经营管理水平。根据表3—2的有关数据，京海公司2008年的成本费用总额为8 167.40万元（4 190.40＋676＋1 370＋1 050＋325＋556），则京海公司2008年的成本费用净利率为：

$$\text{成本费用净利率}=\frac{1\,260}{8\,167.40}\times 100\%=15.43\%$$

京海公司的成本费用净利率为15.43%，说明该公司每耗费100元，可以获取15.43元的净利润。

5. 每股利润与每股现金流量

（1）每股利润。每股利润也称每股收益或每股盈余，是公司普通股每股所获得的净利润，它是股份公司税后利润分析的一个重要指标。每股利润等于净利润扣除优先股股利后的余额，除以发行在外的普通股平均股数。其计算公式为：

$$\text{每股利润}=\frac{\text{净利润}-\text{优先股股利}}{\text{发行在外的普通股平均股数}} \tag{3—35}$$

每股利润是股份公司发行在外的普通股每股所取得的利润，它可以反映公司盈利能力的大小。每股利润越高，说明公司的盈利能力越强。根据表3—1和表3—2的有关数据，京海公司发行在外的普通股平均股数为1 500万股，并且没有优先股，则京海公司2008年的普通股每股利润为：

$$\text{每股利润}=\frac{1\,260}{1\,500}=0.84(\text{元})$$

虽然每股利润可以很直观地反映股份公司的盈利能力以及股东的报酬，但它是一个绝对数指标，在分析每股利润时，还应结合流通在外的股数。如果某股份公司采用股本扩张的政策，大量配股或以股票股利的形式分配股利，这样必然摊薄每股利润，使每股利润减少。同时，分析者还应注意到每股股价的高低，如果甲乙两个公司的每股利润都是0.84元，但是乙公司股价为25元，而京海公司的股价为16元，则投资于甲乙两公司的风险和报酬显然是不同的。因此，投资者不能只片面地分析每股利润，最好结合股东权益报酬率来分析公司的盈利能力。

(2) 每股现金流量。每股现金流量是公司普通股每股所取得的经营活动的现金流量。每股现金流量等于经营活动产生的现金流量净额扣除优先股股利后的余额，除以发行在外的普通股平均股数。其计算公式为：

$$每股现金流量=\frac{经营活动产生的现金流量净额-优先股股利}{发行在外的普通股平均股数} \quad (3—36)$$

注重股利分配的投资者应当注意，每股利润的高低虽然与股利分配有密切的关系，但它不是决定股利分配的唯一因素。如果某公司的每股利润很高，但是缺乏现金，那么也无法分配现金股利。因此，还有必要分析公司的每股现金流量。每股现金流量越高，说明公司越有能力支付现金股利。根据表 3—1 和表 3—3 的有关数据，京海公司 2008 年的每股现金流量为：

$$每股现金流量=\frac{1\,320}{1\,500}=0.88(元)$$

在计算每股利润和每股现金流量时，式中的分母用公司发行在外的普通股平均股数。如果年度内普通股的股数未发生变化，则发行在外的普通股平均股数就是年末普通股总股份数；如果年度内普通股的股数发生了变化，则发行在外的普通股平均股数应当使用按月计算的加权平均发行在外的普通股股数。其计算公式为：

$$\begin{array}{c}加权平均发行在外的\\普通股股数\end{array}=\frac{\sum(发行在外的普通股股数\times发行在外的月份数)}{12} \quad (3—37)$$

6. 每股股利与股利支付率

(1) 每股股利。每股股利等于普通股分配的现金股利总额除以普通股总股份数，它反映了普通股每股分得的现金股利的多少。其计算公式为：

$$每股股利=\frac{现金股利总额-优先股股利}{普通股总股份数} \quad (3—38)$$

每股股利的高低，不仅取决于公司盈利能力的强弱，还取决于公司的股利政策和现金是否充裕。倾向于分配现金股利的投资者，应当比较分析公司历年的每股股利，从而了解公司的股利政策。

(2) 股利支付率。**股利支付率**（payout ratio）也称股利发放率，是普通股每股股利与每股利润的比率，它表明股份公司的净收益中有多少用于现金股利的分派。其计算公式为：

$$股利支付率=\frac{每股股利}{每股利润}\times100\% \quad (3—39)$$

与股利支付率相关的反映利润留存比例的指标是**留存比率**（plowback ratio），或称收益留存率。其计算公式为：

$$留存比率=\frac{每股利润-每股股利}{每股利润}\times100\% \quad (3—40)$$

或 $$留存比率=\frac{净利润-现金股利额}{净利润}\times100\% \tag{3—41}$$

$$=\frac{留用利润}{净利润}\times100\%$$

留存比率反映了企业净利润留存的百分比，因此，它与股利支付率之和等于1，即

$$股利支付率+留存比率=1 \tag{3—42}$$

假定京海公司2008年度分配的普通股每股股利为0.61元，则该公司的股利支付率和留存比率分别为：

$$股利支付率=\frac{0.61}{0.84}\times100\%=72.62\%$$

$$留存比率=1-72.62\%=27.38\%$$

京海公司的股利支付率为72.62%，说明京海公司将利润的72.62%用于支付普通股股利。股利支付率主要取决于公司的股利政策，没有一个具体的标准来判断股利支付率究竟是大好还是小好。一般而言，如果一个公司的现金量比较充裕，并且目前没有更好的投资项目，则可能会倾向于发放现金股利；如果公司有较好的投资项目，则可能会少发股利，而将资金用于投资。关于公司股利政策问题，本书第11章将会重点介绍。

7. 每股净资产

每股净资产也称每股账面价值，等于股东权益总额除以发行在外的普通股股数。其计算公式为：

$$每股净资产=\frac{股东权益总额}{发行在外的普通股股数} \tag{3—43}$$

严格地讲，每股净资产并不是衡量公司盈利能力的指标，但是，它会受公司盈利的影响。如果公司利润较高，每股净资产就会随之较快地增长。从这个角度来看，该指标与公司盈利能力有密切联系。投资者可以比较分析公司历年的每股净资产的变动趋势，来了解公司的发展趋势和盈利状况。根据表3—1的有关数据，京海公司2008年末的每股净资产为：

$$每股净资产=\frac{2\,430}{1\,500}=1.62(元)$$

8. 市盈率与市净率

市盈率和市净率是以企业盈利能力为基础的市场估值指标。这两个指标并不是直接用于分析企业盈利能力的，而是投资者以盈利能力分析为基础，对公司股票进行价值评估的工具。通过对市盈率和市净率的分析，可以判断股票的市场定价是否符合公司的基本面，为投资者的投资活动提供决策依据。

(1) **市盈率** (price/earnings ratio, P/E) 也称价格盈余比率或价格与收益比率，是指普通股每股市价与每股利润的比率。其计算公式为：

$$市盈率=\frac{每股市价}{每股利润} \tag{3—44}$$

市盈率是反映公司市场价值与盈利能力之间关系的一个重要财务比率，投资者对这个比率十分重视，将它作为作出投资决策的重要参考因素之一。资本市场上并不存在一个标准市盈率，对市盈率的分析要结合行业特点和企业的盈利前景。一般来说，市盈率高，说明投资者对该公司的发展前景看好，愿意出较高的价格购买该公司股票，所以，成长性好的公司股票市盈率通常要高一些，而盈利能力差、缺乏成长性的公司股票市盈率要低一些。但是，也应注意，如果某股票的市盈率过高，则也意味着这只股票具有较高的投资风险。

假定 2008 年末，京海公司的股票价格为每股 16 元，则其股票市盈率为：

$$市盈率=\frac{16}{0.84}=19.05$$

（2）**市净率**（price/book-value ratio，P/B），是指普通股每股市价与每股净资产的比率。其计算公式为：

$$市净率=\frac{每股市价}{每股净资产} \tag{3—45}$$

市净率反映了公司股票的市场价值与账面价值之间的关系，该比率越高，说明股票的市场价值越高。一般来说，资产质量好、盈利能力强的公司，其市净率会比较高；而风险较大、发展前景较差的公司，其市净率会比较低。在一个有效的资本市场中，如果公司股票的市净率小于 1，即股价低于每股净资产，则说明投资者对公司未来发展前景持悲观的看法。

在假定 2008 年末京海公司股票价格为 16 元的情况下，该公司的股票市净率为：

$$市净率=\frac{16}{1.62}=9.88$$

3.2.4　发展能力分析

发展能力也称成长能力，是指企业在从事经营活动过程中所表现出的增长能力，如规模的扩大、盈利的持续增长、市场竞争力的增强等。反映企业发展能力的主要财务比率有销售增长率、资产增长率、股权资本增长率、利润增长率等。

1. 销售增长率

销售增长率是企业本年营业收入增长额与上年营业收入总额的比率。其计算公式为：

$$销售增长率=\frac{本年营业收入增长额}{上年营业收入总额}\times 100\% \tag{3—46}$$

式（3—46）中的本年营业收入增长额是指本年营业收入总额与上年营业收入总额的差额。销售增长率反映了企业营业收入的变化情况，是评价企业成长性和市场竞争力的重要指标。该比率大于零，表示企业本年营业收入增加；反之，表示营业收入减少。该比率越高，说明企业营业收入的成长性越好，企业的发展能力越强。根据表 3—2 的有关数据，京海公司 2008 年的销售增长率为：

$$销售增长率=\frac{9\,371.4-8\,257}{8\,257}\times100\%=13.5\%$$

2. 资产增长率

资产增长率是企业本年总资产增长额与年初资产总额的比率。该比率反映了企业本年度资产规模的增长情况。其计算公式为：

$$资产增长率=\frac{本年总资产增长额}{年初资产总额}\times100\% \tag{3—47}$$

式（3—47）中的本年总资产增长额是指本年资产年末余额与年初余额的差额。资产增长率是从企业资产规模扩张方面来衡量企业的发展能力。企业资产总量对企业的发展具有重要的影响，一般来说，资产增长率越高，说明企业资产规模增长的速度越快，企业的竞争力会增强。但是，在分析企业资产数量增长的同时，也要注意分析企业资产的质量变化。根据表3—1的有关数据，京海公司2008年的资产增长率为：

$$资产增长率=\frac{4\,500-3\,800}{3\,800}\times100\%=18.42\%$$

3. 股权资本增长率

股权资本增长率，也称净资产增长率或资本积累率，是指企业本年股东权益增长额与年初股东权益总额的比率。其计算公式为：

$$股权资本增长率=\frac{本年股东权益增长额}{年初股东权益总额}\times100\% \tag{3—48}$$

式（3—48）中的本年股东权益增长额是指本年股东权益年末余额与年初余额的差额。股权资本增长率反映了企业当年股东权益的变化水平，体现了企业资本的积累能力，是评价企业发展潜力的重要财务指标。该比率越高，说明企业资本积累能力越强，企业的发展能力也越好。根据表3—1的有关数据，京海公司2008年的股权资本增长率为：

$$股权资本增长率=\frac{2\,430-1\,976}{1\,976}\times100\%=22.98\%$$

在企业不依靠外部筹资，仅通过自身的盈利积累实现增长的情况下，股东权益增长额仅来源于企业的留用利润，这种情况下的股权资本增长率被称为可持续增长率。可持续增长率可以看做企业的内生性成长能力，它主要取决于两个因素：股东权益报酬率和留存比率。其计算公式为：

$$\begin{aligned}可持续增长率&=\frac{净利润\times留存比率}{年初股东权益总额}\times100\%\\&=股东权益报酬率\times留存比率\\&=股东权益报酬率\times(1-股利支付率)\end{aligned} \tag{3—49}$$

需要说明的是，式（3—49）中的股东权益报酬率不是用全年平均股东权益总额，而是用期初股东权益总额计算的。根据表3—1和表3—2的有关数据，京海公司2008年的可持续增长率为：

$$可持续增长率=\frac{1\,260\times(1-72.62\%)}{1\,976}\times100\%=17.46\%$$

4. 利润增长率

利润增长率是指企业本年利润总额增长额与上年利润总额的比率。其计算公式为：

$$利润增长率=\frac{本年利润总额增长额}{上年利润总额}\times100\% \quad (3—50)$$

式（3—50）中的本年利润总额增长额是指本年利润总额与上年利润总额的差额。利润增长率反映了企业盈利能力的变化，该比率越高，说明企业的成长性越好，发展能力越强。根据表3—2的有关数据，京海公司2008年的利润增长率为：

$$利润增长率=\frac{1\,816-1\,682.4}{1\,682.4}\times100\%=7.94\%$$

分析者也可以根据分析的目的，计算净利润增长率，其计算方法与利润增长率相同，只需将式（3—50）中的利润总额换为净利润即可。根据表3—2的有关数据，京海公司2008年的净利润增长率为：

$$净利润增长率=\frac{1\,260-1\,174}{1\,174}\times100\%=7.33\%$$

上述四项财务比率分别从不同的角度反映了企业的发展能力。需要说明的是，在分析企业的发展能力时，仅用一年的财务比率是不能正确评价企业的发展能力的，而应当计算连续若干年的财务比率，这样才能正确地评价企业发展能力的持续性。

3.3 财务趋势分析

财务趋势分析是指通过比较企业连续几期的财务报表或财务比率，分析企业财务状况变化的趋势，并以此预测企业未来的财务状况和发展前景。财务趋势分析的主要方法有比较财务报表、比较百分比财务报表、比较财务比率、图解法等。

3.3.1 比较财务报表

比较财务报表是比较企业连续几期财务报表的数据，分析财务报表中各个项目的增减变化的幅度及其变化原因，来判断企业财务状况的发展趋势。由于比较财务报表分析法是将连续若干期的财务报表并列放在一起进行比较，因此，这种分析方法也称“水平分析法”。采用比较财务报表分析法时，选择的财务报表期数越多，分析结果的可靠性越高。但是，在比较财务报表时，必须考虑到各期数据的可比性。某些特殊原因（如会计政策的变化）会导致某一时期的某项财务数据变化较大，从而使各期数据缺乏可比性。因此，在分析过程中应排除非可比因素，使各期财务数据具有可比性。表3—4和表3—5是京海公司2006—2008年连续3年的比较资产负债表和比较利润表。

表 3—4 京海公司比较资产负债表

2006—2008 年度

单位：万元

项 目	2006 年末	2007 年末	2008 年末
资产			
流动资产：			
货币资金	350	340	490
交易性金融资产	40	30	80
应收票据	10	20	15
应收账款	584.1	643.5	683.1
预付款项	12	14	14
应收利息		3	
应收股利		5	
其他应收款	8.9	13.5	4.9
存货	550	580	690
一年内到期的非流动资产	10	30	
其他流动资产	15	31	3
流动资产合计	1 580	1 710	1 980
非流动资产：			
可供出售金融资产		20	20
持有至到期投资		30	30
长期应收款		10	10
长期股权投资	120	30	90
投资性房地产		20	30
固定资产	1 650	1 800	2 150
在建工程	58	100	80
工程物资		30	50
固定资产清理	20	11	
生产性生物资产		9	20
油气资产			
无形资产	15	20	32
开发支出			
商誉			
长期待摊费用	12	10	8
递延所得税资产			
其他非流动资产	2		
非流动资产合计	1 877	2 090	2 520
资产总计	3 457	3 800	4 500
负债及股东权益			
流动负债：			
短期借款	440	400	420
交易性金融负债			

续前表

项　目	2006 年末	2007 年末	2008 年末
应付票据	30	50	70
应付账款	225	264	355
预收款项	15	20	10
应付职工薪酬		0.8	0.6
应交税费	55	40	50
应付利息		12	
应付股利		8	
其他应付款	8	20.2	24.4
一年内到期的非流动负债	50	80	62
其他流动负债	4	5	8
流动负债合计	827	900	1 000
非流动负债：			
长期借款	520	500	400
应付债券	340	320	420
长期应付款	66	90	150
专项应付款		14	50
预计负债			50
递延所得税负债			
其他非流动负债			
非流动负债合计	926	924	1 070
负债合计	1 753	1 824	2 070
股东权益：			
股本	1 200	1 500	1 500
资本公积	102	131	240
减：库存股			
盈余公积	282	220	459
未分配利润	120	125	231
股东权益合计	1 704	1 976	2 430
负债及股东权益总计	3 457	3 800	4 500

表 3—5　京海公司比较利润表

2006—2008 年度

单位：万元

项　目	2006 年	2007 年	2008 年
一、营业收入	6 542	8 257	9 371.4
减：营业成本	3 028	3 710	4 190.40
营业税金及附加	365	562	676
销售费用	886	1 255	1 370
管理费用	622	812	1 050
财务费用	278	308	325

续前表

项目	2006年	2007年	2008年
资产减值损失			
加：公允价值变动收益（损失以“—”号填列）			
投资收益（损失以“—”号填列）	58	68	63
其中：对联营企业和合营企业的投资收益			
二、营业利润（亏损以“—”号填列）	1 421	1 678	1 823
加：营业外收入	11	9.80	8.5
减：营业外支出	9	5.40	15.5
其中：非流动资产处置损失			
三、利润总额（亏损以“—”号填列）	1 423	1 682.40	1 816
减：所得税费用	256	508.40	556
四、净利润（亏损以“—”号填列）	1 167	1 174	1 260
五、每股收益			
（一）基本每股收益（元）		0.78	0.84
（二）稀释每股收益（元）		0.78	0.84

1. 比较资产负债表分析

对京海公司2006—2008年度的比较资产负债表可进行以下分析：

（1）总资产变化分析。2007年的资产总额3 800万元，比2006年增加了343万元，增长9.92%；2008年的资产总额4 500万元，比2007年增加了700万元，增长18.42%。

（2）流动资产变化分析。2007年流动资产为1 710万元，比2006年增加了130万元，增长8.23%；2008年流动资产为1 980万元，比2007年增加了270万元，增长15.79%。

（3）固定资产变化分析。2007年固定资产为1 800万元，比2006年增加了150万元，增长9.09%，2008年固定资产为2 150万元，比2007年增加了350万元，增长19.44%。

以上分析说明，京海公司2008年资产增长的速度较快，其中固定资产增长速度比流动资产要快，这反映了京海公司资产规模的扩张速度。

（4）负债总额变化分析。2007年的负债总额为1 824万元，比2006年增加了71万元，增长4.05%，主要是因为流动负债增加了73万元，非流动负债不但没有增加，反而减少了2万元；2008年负债总额为2 070万元，比2007年增加了246万元，增长13.49%，其中，流动负债增加了100万元，增长11.11%，非流动负债增加了146万元，增长15.8%。可见，2008年的负债增长较快，尤其是非流动负债增加得较多，但其增长速度低于总资产增长速度，可以认为对企业的财务风险不会因负债总额的增加而带来重要影响。

（5）股东权益变化分析。2007 年股东权益为 1 976 万元，比 2006 年增加了 272 万元，增长 15.96%；2008 年股东权益为 2 430 万元，比 2007 年增加了 454 万元，增长 22.98%。由此可见，京海公司的股东权益呈高速增长，2007 年和 2008 年连续两年的增长速度均超过各年资产的增长速度，说明京海公司 2006—2008 年的财务状况比较稳定。

2. 比较利润表分析

对京海公司 2006—2008 年度的比较利润表可进行以下分析：

（1）营业收入变化分析。营业收入 2007 年为 8 257 万元，比 2006 年增加了 1 715 万元，增长 26.22%；2008 年为 9 371.4 万元，比 2007 年增加了 1 114.4 万元，增长 13.5%。

（2）成本费用变化分析。营业成本 2007 年为 3 710 万元，比 2006 年增加了 682 万元，增长 22.52%；2008 年为 4 190.4 万元，比 2007 年增加了 480.4 万元，增长 12.95%。营业税金及附加 2007 年为 562 万元，比 2006 年增加了 197 万元，增长 53.97%，2008 年为 676 万元，比 2007 年增加了 114 万元，增长 20.28%。销售费用、管理费用和财务费用三项费用之和 2007 年为 2 375 万元，比 2006 年三项费用之和增加了 589 万元，增长 32.98%；2008 年三项费用之和为 2 745 万元，比 2007 年增加了 370 万元，增长 15.58%。

（3）利润变化分析。营业利润 2007 年为 1 678 万元，比 2006 年增加了 257 万元，增长 18.09%；2008 年为 1 823 万元，比 2007 年增加了 145 万元，增长 8.64%。利润总额 2007 年为 1 682.40 万元，比 2006 年增加了 259.4 万元，增长 18.23%；2008 年为 1 816 万元，比 2007 年增加了 133.60 万元，增长 7.94%。京海公司的净利润 2007 年为 1 174 万元，仅比 2006 年增加了 7 万元，增长率只有 0.6%；2008 年的净利润为 1 260 万元，比 2007 年增加了 86 万元，增长 7.33%。

从以上的分析可知，虽然 2007 年的营业收入增长较快，比 2006 年增长了 26.22%，但是，2007 年的净利润增加得很少，这是由 2007 年的企业所得税税率增长所致，2006 年京海公司享受优惠的所得税税率，而从 2007 年开始将不再享受所得税的优惠。同时，2007 年成本费用增加得也较快，尤其是三项费用之和增长速度过快，达到 32.98%，这是造成 2007 年净利润增长缓慢的主要原因。2008 年的净利润增长速度也低于营业收入增长速度，主要是由成本费用增长较快所致。

总的来看，京海公司的财务状况比较稳定，财务风险没有增加的趋势，但是，公司的净利润增长速度并不是很快。所以，应当加强公司管理，努力做好增收节支的工作，尤其要加强主营业务，控制各种期间费用，这样才有可能使公司的净利润有较大幅度的增长。

3.3.2 比较百分比财务报表

比较百分比财务报表是在比较财务报表的基础上发展而来的。百分比财务报表是将财务报表中的各项数据用百分比来表示。比较财务报表是比较各期报表中的数据，比较百分比财务报表则是比较各项目百分比的变化，以此来判断企业财务状况的发展趋势。可见，这种方法比前者更加直观地反映了企业的发展趋势。比较百分比财务报表既可用于同一企业不同时期财务状况的纵向比较，也可用于不同企业之间或与同行业平均数之间的横向比较。表 3—6 和表 3—7 分别是京海公司简化比较百分比资产负债表和比较百分比利润表。

表 3—6 京海公司简化比较百分比资产负债表

2006—2008 年度

(%)

项　目	2006 年末	2007 年末	2008 年末
流动资产	45.70	45	44
非流动资产	54.30	55	56
资产总额	100	100	100
流动负债	23.92	23.68	22.22
非流动负债	26.79	24.32	23.78
负债总额	50.71	48	46
股东权益	49.29	52	54
负债及股东权益总额	100	100	100

表 3—7 京海公司比较百分比利润表

2006—2008 年度

(%)

项　目	2006 年	2007 年	2008 年
一、营业收入	100	100	100
减：营业成本	46.29	44.93	44.71
营业税金及附加	5.58	6.81	7.21
销售费用	13.54	15.20	14.62
管理费用	9.51	9.83	11.20
财务费用	4.25	3.73	3.47
资产减值损失			
加：公允价值变动收益（损失以“—”号填列）			
投资收益（损失以“—”号填列）	0.89	0.82	0.67
其中：对联营企业和合营企业的投资收益			
二、营业利润（亏损以“—”号填列）	21.72	20.32	19.45
加：营业外收入	0.17	0.12	0.09
减：营业外支出	0.14	0.07	0.17
其中：非流动资产处置损失			
三、利润总额（亏损以“—”号填列）	21.75	20.38	19.38
减：所得税费用	3.91	6.16	5.93
四、净利润（亏损以“—”号填列）	17.84	14.22	13.45
五、每股收益			
（一）基本每股收益			
（二）稀释每股收益			

从京海公司的比较百分比资产负债表可以看到，京海公司的流动资产在资产中的比重有下降的趋势，而非流动资产的比重则有上升的趋势；负债在资金来源中的比重也呈下降的趋势，从 2006 年的 50.71%降到 2008 年的 46%，股东权益在资金来源

的比重则有上升的趋势，从2006年的49.29%升到2008年的54%。这种趋势揭示了京海公司资本结构的变化，因为股东权益的比重上升，所以公司的财务风险有所减小。

从京海公司的比较百分比利润表可以看到，尽管公司营业成本在营业收入中的比重有所下降，但因为营业税金、销售费用和管理费用增长，所以营业利润并没有增长的趋势，从而使京海公司的营业利润、利润总额和净利润在营业收入中的比重都呈下降的趋势。

3.3.3 比较财务比率

比较财务比率就是将企业连续几期的财务比率进行对比，分析企业财务状况的发展趋势。这种方法实际上是比率分析法与比较分析法的结合。与前面两种方法相比，这种方法更加直观地反映了企业各方面财务状况的变动趋势。下面仍以京海公司为例，在表3—8中列示京海公司2006—2008年的几项主要财务比率，并进行比较。

表3—8　　京海公司2006—2008年几项财务比率

项　目	2006年	2007年	2008年
流动比率	1.91	1.90	1.98
速动比率	1.25	1.26	1.29
资产负债率	0.51	0.48	0.46
应收账款周转率	11.45	13.45	14.13
存货周转率	5.61	6.57	6.60
总资产周转率	2.25	2.28	2.26
资产净利率	33.89%	32.35%	30.36%
股东权益报酬率	64.85%	63.80%	57.19%
销售净利率	17.84%	14.22%	13.45%

从表3—8中可以看出，京海公司2006—2008年这三年中流动比率和速动比率略有增加，资产负债率则呈下降趋势，说明京海公司的偿债能力有所增强。应收账款周转率和存货周转率都有增长的趋势，说明该公司的销售情况具有良好的趋势，应收账款周转速度也在加快。但是，公司的总资产周转率并没有多大变化。值得注意的是，该公司的三项盈利能力指标都呈下降的趋势。根据上述分析，京海公司虽然偿债能力增强，但资产周转速度并没有加快，而且公司的盈利能力在下降。因此，应当加强销售工作，严格控制成本费用，以扭转公司盈利能力下降的趋势。

3.3.4 图解法

图解法是将企业连续几期的财务数据或财务比率绘制成图，并根据图形走势来判断企业财务状况的变动趋势。这种方法比较简单、直观地反映了企业财务状况的发展趋势，使分析者能够发现一些通过比较法所不易发现的问题。仍以京海公司为例来说明这种方法。京海公司2003—2008年的销售净利率分别为16.42%，16.87%，17.22%，17.84%，14.22%和13.45%。将京海公司2003—2008年的销售净利率绘制在坐标图中（如图3—2所示）。

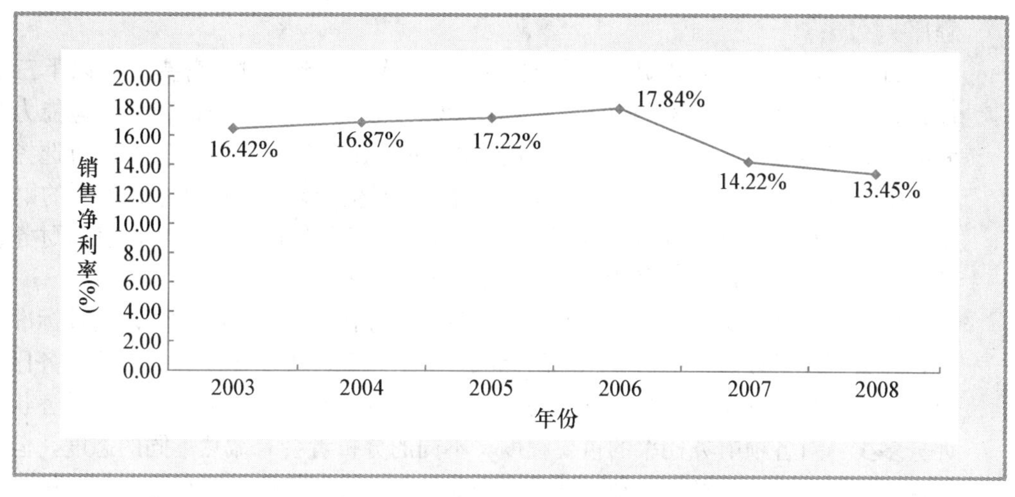

图 3—2 京海公司 2003—2008 年销售净利率示意图

从图 3—2 可以看出，该公司的销售净利率从 2003 至 2006 年一直呈上升趋势，2006 年达到高峰 17.84%，2007 年和 2008 年则呈下降的趋势，尤其是 2007 年下降很多，从 2006 年的 17.84%降到 2007 年的 14.22%，2008 年下降到 13.45%，虽然下降的趋势没有扭转，但下降的幅度明显减小。这说明 2006 年后，该公司的销售盈利能力呈现下降趋势。

3.4 财务综合分析

单独分析任何一类财务指标，都不足以全面地评价企业的财务状况和经营成果，只有对各种财务指标进行系统的、综合的分析，才能对企业的财务状况作出全面、合理的评价。因此，必须对企业进行综合的财务分析。下面介绍两种常用的综合分析法：财务比率综合评分法和杜邦分析法。

3.4.1 财务比率综合评分法

财务比率综合评分法也称沃尔评分法，是指通过对选定的几项财务比率进行评分，然后计算出综合得分，并据此评价企业的综合财务状况的方法。因为最早采用这种方法的是亚历山大·沃尔，故称沃尔评分法。1928 年亚历山大·沃尔在《信用晴雨表研究》和《财务报表比率分析》两本著作中采用评分方法对企业的信用状况进行综合评价，并提出了信用能力指数的概念。他选择了七个财务比率，包括流动比率、产权比率、固定资产比率、存货周转率、应收账款周转率、固定资产周转率和股权资本周转率，并且对各项财务比率分别给定不同的权重，然后以行业平均数为基础确定各项财务比率的标准值，将各项财务比率的实际值与标准值进行比较，得出一个关系比率，将此关系比率与各项财务比率的权重相乘得出总评分，以此来评价企业的信用状况。在沃尔之后，这种方法不断发展，成为对企业进行财务综合分析的一种重要方法。

采用财务比率综合评分法对企业财务状况进行综合分析，一般要遵循如下程序。

（1）选定评价财务状况的财务比率。在选择财务比率时，需要注意以下三个方面：1）财务比率要求具有全面性。一般来说，反映企业的偿债能力、营运能力和盈利能力的三类财务比率都应当包括在内。2）财务比率应当具有代表性。所选择的财务比率数量不一定很多，但应当具有代表性，要选择能够说明问题的重要的财务比率。3）各项财务比率要具有变化方向的一致性。当财务比率增大时，表示财务状况的改善；反之，当财务比率减小时，表示财务状况的恶化。

（2）确定财务比率标准评分值。根据各项财务比率的重要程度，确定其标准评分值，即重要性系数。各项财务比率的标准评分值之和应等于100分。各项财务比率评分值的确定是财务比率综合评分法的一个重要问题，它直接影响到对企业财务状况的评分多少。对各项财务比率的重要程度，不同的分析者会有截然不同的态度，但一般来说，应根据企业的经营活动的性质、企业的生产经营规模、市场形象和分析者的分析目的等因素来确定。

（3）确定财务比率评分值的上下限。规定各项财务比率评分值的上限和下限，即最高评分值和最低评分值。这主要是为了避免个别财务比率的异常给总分造成不合理的影响。

（4）确定财务比率的标准值。财务比率的标准值是指各项财务比率在本企业现时条件下最理想的数值，亦即最优值。财务比率的标准值，通常可以参照同行业的平均水平，并经过调整后确定。

（5）计算关系比率。计算企业在一定时期各项财务比率的实际值，然后，计算出各项财务比率实际值与标准值的比值，即关系比率。关系比率反映了企业某一财务比率的实际值偏离标准值的程度。

（6）计算出各项财务比率的实际得分。各项财务比率的实际得分是关系比率和标准评分值的乘积，每项财务比率的得分都不得超过上限或下限，所有各项财务比率实际得分的合计数就是企业财务状况的综合得分。企业财务状况的综合得分反映了企业综合财务状况是否良好。如果综合得分等于或接近100分，说明企业的财务状况是良好的，达到了预先确定的标准；如果综合得分远远低于100分，则说明企业的财务状况较差，应当采取适当的措施加以改善；如果综合得分远远超过100分，则说明企业的财务状况很理想。

下面采用财务比率综合评分法，对京海公司2008年的财务状况进行综合评价。（见表3—9）。

表3—9　　京海公司2008年财务比率综合评分表

财务比率	评分值 (1)	上/下限 (2)	标准值 (3)	实际值 (4)	关系比率 (5)=(4)/(3)	实际得分 (6)=(1)×(5)
流动比率	10	20/5	2	1.98	0.99	9.90
速动比率	10	20/5	1.2	1.29	1.08	10.80
资产/负债	12	20/5	2.10	2.17	1.03	12.36
存货周转率	10	20/5	6.50	6.60	1.02	10.20
应收账款周转率	8	20/4	13	14.13	1.09	8.72
总资产周转率	10	20/5	2.10	2.26	1.08	10.8

续前表

财务比率	评分值 (1)	上/下限 (2)	标准值 (3)	实际值 (4)	关系比率 (5)=(4)/(3)	实际得分 (6)=(1)×(5)
资产净利率	15	30/7	31.50%	30.36%	0.96	14.40
股东权益报酬率	15	30/7	58.33%	57.19%	0.98	14.70
销售净利率	10	20/5	15%	13.45%	0.90	9.00
合计	100					100.88

表3—9所选择的财务比率包括偿债能力比率、营运能力比率和盈利能力比率三类财务比率。由于发展能力比率需要观察多个会计年度的数据才有效，因此在评价一年的财务状况时没有选用这一比率。根据表3—9的综合评分，京海公司财务状况的综合得分为100.88分，非常接近100分，这说明该公司的财务状况是良好的，与选定的标准基本是一致的。

3.4.2 杜邦分析法

利用前面介绍的趋势分析法和财务比率综合评分法，虽然可以了解企业各方面的财务状况，但是不能反映企业各方面财务状况之间的关系。例如，通过财务比率综合评分法，可以比较全面地分析企业的综合财务状况，但无法揭示企业各种财务比率之间的相互关系。实际上，企业的财务状况是一个完整的系统，内部各种因素都是相互依存、相互作用的，任何一个因素的变动都会引起企业整体财务状况的改变。因此，财务分析者在进行财务状况综合分析时，必须深入了解企业财务状况内部的各项因素及其相互之间的关系，这样才能比较全面地揭示企业财务状况的全貌。杜邦分析法正是这样的一种分析方法，它利用几种主要的财务比率之间的关系来综合分析企业的财务状况。因这种分析法是由美国杜邦公司首先创造的，故称杜邦分析法。这种分析法一般用杜邦系统图来表示。图3—3就是京海公司2008年的杜邦分析系统图（金额单位：万元）。

杜邦系统主要反映了以下几种主要的财务比率关系。

（1）股东权益报酬率与资产报酬率及权益乘数之间的关系。

股东权益报酬率＝资产净利率×平均权益乘数　　　　(3—51)

（2）资产净利率与销售净利率及总资产周转率之间的关系。

资产净利率＝销售净利率×总资产周转率　　　　(3—52)

（3）销售净利率与净利润及销售收入之间的关系。

销售净利率＝净利润÷销售收入　　　　(3—53)

（4）总资产周转率与销售收入及资产总额之间的关系。

总资产周转率＝销售收入÷资产平均总额　　　　(3—54)

其中，式（3—52）“资产净利率＝销售净利率×总资产周转率”被称为杜邦等式。

杜邦系统在揭示上述几种关系之后，再将净利润、总资产进行层层分解，这样就可以全面、系统地揭示企业的财务状况以及财务状况这个系统内部各个因素之间的相互关系。

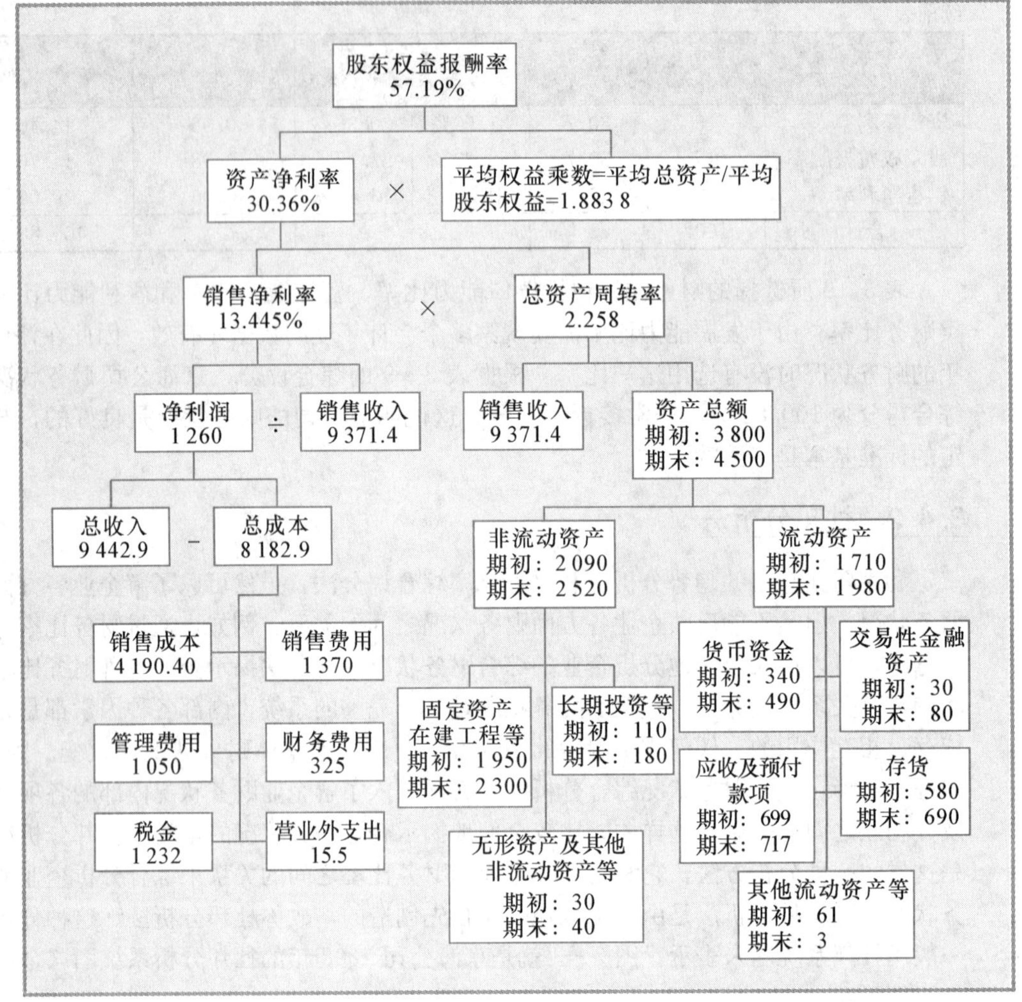

图 3—3 京海公司 2008 年杜邦分析系统图

说明：图中的总收入包括营业收入、投资收益和营业外收入；税金包括营业税金及附加、所得税费用。

杜邦分析是对企业财务状况进行的综合分析，它通过几种主要的财务指标之间的关系，直观、明了地反映出企业的财务状况。从杜邦分析系统可以了解到以下财务信息。

(1) 从杜邦系统图可以看出，股东权益报酬率是一个综合性极强、最有代表性的财务比率，它是杜邦系统的核心。企业财务管理的重要目标就是实现股东财富的最大化，股东权益报酬率恰恰反映了股东投入资金的盈利能力，反映了企业筹资、投资和生产运营等各方面经营活动的效率。股东权益报酬率取决于企业资产净利率和权益乘数。资产净利率主要反映企业运用资产进行生产经营活动的效率如何，权益乘数则主要反映企业的财务杠杆情况，即企业的资本结构。

(2) 资产净利率是反映企业盈利能力的一个重要财务比率，它揭示了企业生产经营活动的效率，综合性也极强。企业的销售收入、成本费用、资产结构、资产周转速度以及资金占用量等各种因素，都直接影响到资产净利率的高低。资产净利率是销售净利率与总资产周转率的乘积，因此，可以从企业的销售活动与资产管理两个方面来进行分析。

(3) 从企业的销售方面看，销售净利率反映了企业净利润与销售收入之间的关系。一般来说，销售收入增加，企业的净利润也会随之增加。但是，要想提高销售净利率，必须一方面提高销售收入，另一方面降低各种成本费用，这样才能使净利润的增长高于销售收入的增长，从而使销售净利率得到提高。由此可见，提高销售净利率必须在以下两个方面下工夫：

1) 开拓市场，增加销售收入。在市场经济中，企业必须深入调查研究市场情况，了解市场的供求关系，在战略上，从长远的利益出发，努力开发新产品；在策略上，保证产品的质量，加强营销手段，努力提高市场占有率。这些都是企业面向市场的外在能力。

2) 加强成本费用控制，降低耗费，增加利润。从杜邦系统中可以分析企业的成本费用结构是否合理，以便发现企业在成本费用管理方面存在的问题，为加强成本费用管理提供依据。企业要想在激烈的市场竞争中立于不败之地，不仅要在营销与产品质量上下工夫，还要尽可能降低产品的成本，这样才能增强产品在市场上的竞争力。同时，要严格控制企业的管理费用、财务费用等各种期间费用，降低耗费，增加利润。这里尤其要研究分析企业的利息费用与利润总额之间的关系，如果企业所承担的利息费用太多，就应当进一步分析企业的资本结构是否合理，负债比率是否过高，因为不合理的资本结构一定会影响到企业所有者的报酬。

(4) 在企业资产方面，主要应该分析以下两个方面：

1) 分析企业的资产结构是否合理，即流动资产与非流动资产的比例是否合理。资产结构实际上反映了企业资产的流动性，它不仅关系到企业的偿债能力，也会影响企业的盈利能力。一般来说，如果企业流动资产中货币资金占的比重过大，就应当分析企业现金持有量是否合理，有无现金闲置现象，因为过量的现金会影响企业的盈利能力；如果流动资产中的存货与应收账款过多，就会占用大量的资金，影响企业的资金周转。

2) 结合销售收入，分析企业的资产周转情况。资产周转速度直接影响到企业的盈利能力，如果企业资产周转较慢，就会占用大量资金，增加资本成本，减少企业的利润。在对资产周转情况进行分析时，不仅要分析企业总资产周转率，更要分析企业的存货周转率与应收账款周转率，并将其周转情况与资金占用情况结合分析。

从上述两方面的分析，可以发现企业资产管理方面存在的问题，以便加强管理，提高资产的利用效率。

总之，从杜邦分析系统可以看出，企业的盈利能力涉及生产经营活动的方方面面。股东权益报酬率与企业的资本结构、销售规模、成本水平、资产管理等因素密切相关，这些因素构成一个完整的系统，系统内部各因素之间相互作用，只有协调好系统内部各个因素之间的关系，才能使股东权益报酬率得到提高，从而实现企业股东财富最大化的目标。

思考题

1. 如果你是银行的信贷部门经理，在给企业发放贷款时，应当考虑哪些因素？

2. 企业资产负债率的高低对债权人和股东会产生什么影响?

3. 企业的应收账款周转率偏低可能是由什么原因造成的?会给企业带来什么影响?

4. 为什么说企业的营运能力可以反映出其经营管理水平?企业应当如何提高营运能力?

5. 你认为在评价股份有限公司的盈利能力时,哪个财务指标应当作为核心指标?为什么?

6. 你认为在评价企业的发展趋势时,应当注意哪些问题?

7. 为什么说股东权益报酬率是杜邦分析的核心?

8. 在应用杜邦分析法进行企业财务状况的综合分析时,应当如何分析各项因素对企业股东权益报酬率的影响程度?

9. 假如你是一家股份公司的董事,你的律师提醒你应当关注有关法律诉讼的风险,并要持续监督公司财务安全,你应当如何利用财务分析帮助你行使董事的职责?

10. 假如你是一个环保组织的成员,你应当如何利用财务分析来了解某企业对环境保护所承担的责任?

11. 假设你是一名财务咨询师,为一家商品流通企业做财务咨询,你的任务是通过合理的存货规划使存货成本降低。在考察了前期的销售情况和存货管理情况后,你提出了加强存货管理的建议。预计现有的存货周转率将从目前的 20 次提高到 25 次,节省下来的资金用于偿还银行短期借款,银行短期借款的利息率为 5%。假设预期销售收入为 2 亿元,预期销售成本为 1.6 亿元。请你测算该方案预计节约的成本。

12. 如果你是一家小公司的唯一股东。你的公司目前没有负债并且经营良好。最近一年资产利润率为 10%,资产规模为 50 万元。企业所得税税率为 25%。现在你正在考虑通过借债来扩大经营规模。请分析决定是否举债扩大经营规模的标准是什么。

13. 假如你是一家上市公司的独立董事,你正准备与公司的审计师进行第一次审计沟通。你收到了一位小股东的来信,信中表达了对公司盈利质量的关注。为了履行独立董事的职责,你应该向审计师提出哪些问题来表达对公司盈利质量的关注?

练习题

1. 华威公司 2008 年有关资料如表 3—10 所示。

表 3—10　　华威公司部分财务数据　　金额单位:万元

项　目	年初数	年末数	本年数或平均数
存货	7 200	9 600	
流动负债	6 000	8 000	
总资产	15 000	17 000	
流动比率		1.5	
速动比率	0.8		
权益乘数			1.5
流动资产周转率(次)			4
净利润			2 880

要求：

(1) 计算华威公司2008年流动资产的年初余额、年末余额和平均余额（假定流动资产由速动资产与存货组成）。

(2) 计算华威公司2008年销售收入净额和总资产周转率。

(3) 计算华威公司2008年的销售净利率和净资产收益率。

2. 某公司流动资产由速动资产和存货构成，年初存货为145万元，年初应收账款为125万元，年末流动比率为3，年末速动比率为1.5，存货周转率为4次，年末流动资产余额为270万元。一年按360天计算。

要求：

(1) 计算该公司流动负债年末余额。

(2) 计算该公司存货年末余额和年平均余额。

(3) 计算该公司本年销售成本。

(4) 假定本年赊销净额为960万元，应收账款以外的其他速动资产忽略不计，计算该公司应收账款平均收账期。

3. 某公司2008年度赊销收入净额为2 000万元，销售成本为1 600万元；年初、年末应收账款余额分别为200万元和400万元；年初、年末存货余额分别为200万元和600万元；年末速动比率为1.2，年末现金比率为0.7。假定该企业流动资产由速动资产和存货组成，速动资产由应收账款和现金类资产组成。一年按360天计算。

要求：

(1) 计算2008年应收账款平均收账期。

(2) 计算2008年存货周转天数。

(3) 计算2008年年末流动负债余额和速动资产余额。

(4) 计算2008年年末流动比率。

4. 已知某公司2008年会计报表的有关资料如表3—11所示。

表3—11　　单位：万元

资产负债表项目	年初数	年末数
资产	8 000	10 000
负债	4 500	6 000
所有者权益	3 500	4 000
利润表项目	**上年数**	**本年数**
营业收入净额	（略）	20 000
净利润	（略）	500

要求：

(1) 计算杜邦财务分析体系中的下列指标：1) 净资产收益率；2) 资产净利率；3) 销售净利率；4) 总资产周转率；5) 权益乘数。

(2) 分析该公司提高净资产收益率可以采取哪些措施。

案例题

海虹公司财务分析案例

海虹公司2008年的资产负债表和利润表如表3—12和表3—13所示。

表3—12 海虹公司资产负债表

2008年12月31日 单位：万元

资产	年初数	年末数	负债及股东权益	年初数	年末数
货币资金	110	116	短期借款	180	200
交易性金融资产	80	100	应付账款	182	285
应收账款	350	472	应付职工薪酬	60	65
存货	304	332	应交税费	48	60
流动资产合计	844	1 020	流动负债合计	470	610
			长期借款	280	440
固定资产	470	640	应付债券	140	260
长期股权投资	82	180	长期应付款	44	50
			非流动负债合计	464	750
无形资产	18	20	负债合计	934	1 360
非流动资产合计	570	840	股本	300	300
			资本公积	50	70
			减：库存股		
			盈余公积	84	92
			未分配利润	46	38
			股东权益合计	480	500
资产总计	1 414	1 860	负债及股东权益总计	1 414	1 860

表3—13 海虹公司利润表

2008年度 单位：万元

项　目	本年累计数
一、营业收入	5 800
减：营业成本	3 480
营业税金及附加	454
销售费用	486
管理费用	568
财务费用	82
资产减值损失	
加：公允价值变动收益（损失以“—”号填列）	
投资收益（损失以“—”号填列）	54
其中：对联营企业和合营企业的投资收益	
二、营业利润（亏损以“—”号填列）	784
加：营业外收入	32
减：营业外支出	48
其中：非流动资产处置损失	
三、利润总额（亏损以“—”号填列）	768
减：所得税费用	254
四、净利润（亏损以“—”号填列）	514
五、每股收益	
（一）基本每股收益（元）	
（二）稀释每股收益（元）	

其他资料：

(1) 该公司2008年末有一项未决诉讼，如果败诉预计要赔偿对方50万元。

(2) 2008年是该公司享受税收优惠政策的最后一年，从2009年起不再享受税收优惠政策，预计营业税金的综合税率将从现行的8%上升到同行业的平均税率12%。

(3) 该公司所处行业的财务比率平均值如表3—14所示。

表3—14 财务比率行业平均值

财务比率	行业均值	财务比率	行业均值
流动比率	2	总资产周转率（次）	2.65
速动比率	1.2	资产净利率	19.88%
资产负债率	0.42	销售净利率	7.5%
应收账款周转率（次）	16	净资产收益率	34.21%
存货周转率（次）	8.5		

思考题：

1. 计算该公司2008年年初与年末的流动比率、速动比率和资产负债率，并分析该公司的偿债能力。

2. 计算该公司2008年应收账款周转率、存货周转率和总资产周转率，并分析该公司的营运能力。

3. 计算该公司2008年的资产净利率、销售净利率和净资产收益率，并分析该公司的盈利能力。

4. 通过以上的计算分析，评价该公司财务状况存在的主要问题，并提出改进意见。

第4章 Chapter 4 财务战略与预算

学习目标

1. 理解财务战略的特征和类型。
2. 掌握SWOT分析法的原理及应用。
3. 理解财务战略选择依据和方式。
4. 理解全面预算的构成、作用和依据。
5. 掌握筹资数量预测的依据和方法。
6. 掌握利润预算的编制。
7. 掌握财务状况预算的编制。

4.1 财务战略

战略是涉及全局性、长期性和导向性的重大谋划，是一个重要而复杂的问题。鉴于战略问题的重要性和复杂性，越来越多的上市公司在董事会之下设立战略委员会，对公司战略议题进行分析研究，为公司战略决策提供参考方案。英国特许管理会计师协会（CIMA）和《首席财务官》杂志的研究显示，公司的首席财务官越来越重视公司的财务战略问题，正逐步实现由会计专家向财务战略家的转变。

4.1.1 财务战略的含义和特征

1. 财务战略的含义

战略源于军事领域，是对战争或重大战役的全局性谋划。企业战略是企业为实现整体价值，筹划企业所拥有的资源，对一系列长远或重大行动的动态统筹。

财务战略（financial strategy）是在企业总体战略目标的统筹下，以价值管理为基础，以实现企业财务管理目标为目的，以实现企业财务资源的优化配置为衡量标准，所采取的战略性思维方式、决策方式和管理方针。财务战略是企业总体战略的重要组成部分，企业战略需要财务战略来支撑。

2. **财务战略的特征**

财务战略具有战略的共性和财务特性，其特征有：

（1）财务战略属于全局性、长期性和导向性的重大谋划；

（2）财务战略涉及企业的外部环境和内部条件；

（3）财务战略是对企业财务资源的长期优化配置安排；

（4）财务战略与企业拥有的财务资源及其配置能力相关；

（5）财务战略受到企业文化和价值观的重要影响。

4.1.2 财务战略的分类

企业财务战略的类型可以从职能财务战略和综合财务战略两个角度来认识。

1. **财务战略的职能类型**

企业的财务战略涉及企业财务管理的职能。因此，财务战略按照财务管理的职能领域可分为投资战略、筹资战略、营运战略、股利战略。

（1）投资战略。**投资战略**（investment strategy）是涉及企业长期、重大投资方向的战略性筹划。企业重大的投资行业、投资企业、投资项目等筹划，属于投资战略问题。

（2）筹资战略。**筹资战略**（financing strategy）是涉及企业重大筹资方向的战略性筹划。企业重大的首次发行股票、增资发行股票、发行大笔债券、与银行建立长期合作关系等战略性筹划，属于筹资战略问题。

（3）营运战略。**营运战略**（operating strategy）是涉及企业营运资本的战略性筹划。企业重大的营运资本策略、与重要供应商和客户建立长期商业信用关系等战略性筹划，属于营运战略问题。

（4）股利战略。**股利战略**（dividend strategy）是涉及企业长期、重大分配方向的战略性筹划。企业重大的留用利润方案、股利政策的长期安排等战略性筹划，属于股利战略的问题。

2. **财务战略的综合类型**

企业的财务战略往往涉及企业财务资源的总体配置和长期筹划。根据企业的实际经验，财务战略的综合类型一般可以分为扩张型财务战略、稳健型财务战略、防御型财务战略和收缩型财务战略。

（1）扩张型财务战略。扩张型财务战略一般表现为长期内迅速扩大投资规模，全部或大部分保留利润，大量筹措外部资本。

（2）稳健型财务战略。稳健型财务战略一般表现为长期内稳定增长的投资规模，保留部分利润，内部留利与外部筹资相结合。

（3）防御型财务战略。防御型财务战略一般表现为保持现有投资规模和投资收益水平，保持或适当调整现有资产负债率和资本结构水平，维持现行的股利政策。

（4）收缩型财务战略。收缩型财务战略一般表现为维持或缩小现有投资规模，分发大量股利，减少对外筹资，甚至通过偿债和股份回购归还投资。

4.1.3 财务战略分析的方法

财务战略分析是通过对企业外部环境和内部条件的分析，全面评价与财务资源相关的企业外部的机会与威胁、企业内部的优势与劣势，形成企业财务战略决策的过程。财务战略分析的方法主要是 SWOT 分析法。

1. SWOT 分析法的含义

SWOT 分析法（SWOT analysis）是在对企业的外部财务环境和内部财务条件进行调查的基础上，对有关因素进行归纳分析，评价企业外部的财务机会与威胁、企业内部的财务优势与劣势，从而为财务战略的选择提供参考方案。

SWOT 分析法由麦肯锡咨询公司开发，主要分析研究企业内外的优势和劣势、机会和威胁，其英文分别为 strengths、weaknesses、opportunities 和 threats，取其首字母组合而得名。

2. SWOT 的因素分析

从财务战略的角度而言，SWOT 分析法涉及企业的外部财务环境和内部财务条件等众多的财务因素，需要经过分析判断，找出主要的财务因素，并将其区分为内部财务优势、内部财务劣势、外部财务机会和外部财务威胁。

(1) 企业外部财务环境的影响因素分析。关于企业外部的财务环境方面的因素，在第 1 章中已有基本介绍，这里仅将对财务战略具有重要影响的主要财务因素简要归纳分析如下。

1) 产业政策。譬如，产业发展的规划、产业结构的调整政策、鼓励或限制发展产业的政策。这些产业政策及其调整，往往会直接影响企业投资的方向、机会和程度，从而影响企业财务战略的选择。

2) 财税政策。譬如，积极或保守的财政政策、财政信用政策、财政贴息政策、税收的总体负担水平、行业和地区的税收优惠政策。这些产业政策及其调整，往往会直接或间接地影响企业投资和筹资的方向、机会及程度，从而影响企业财务战略的选择。

3) 金融政策。譬如，货币政策、汇率政策、利率政策、资本市场政策，以及比较紧缩或宽松的金融政策。这些金融政策及其调整，往往会直接或间接地影响企业投资和筹资的方向、机会及程度，从而影响企业财务战略的选择。

4) 宏观周期。譬如，宏观的经济周期、产业周期和金融周期所处的阶段。这需要企业加以科学的分析和判断，以选择和调整与宏观周期相匹配的财务战略。

(2) 企业内部财务条件的影响因素分析。关于企业内部的财务条件及状况方面的因素，在第 3 章中已有所涉及，这里仅将对财务战略具有重要影响的主要财务因素简要归纳如下：1) 企业生命周期和产品寿命周期所处的阶段；2) 企业的盈利水平；3) 企业的投资项目及其收益状况；4) 企业的资产负债规模；5) 企业的资本结构及财务杠杆利用条件；6) 企业的流动性状况；7) 企业的现金流量状况；8) 企业的筹资能力和潜力等。

上述企业内部财务条件的因素，将直接支撑或限制企业财务战略的决策选择。

(3) SWOT 的因素定性分析。运用 SWOT 分析法，需要经过定性判断，对 SWOT 因素进行定性分析，将企业内部的财务条件因素和企业外部财务环境因素，分别归为内部财务优势与劣势和外部财务机会与威胁。

1) 内部财务优势。例如，企业的盈利水平较高、资本结构比较合理、现金流量比较充足。这些因素属于企业内部的财务优势因素，为财务战略选择提供有利的条件。

2) 内部财务劣势。例如，企业的资产负债率过高、流动比率大幅下降、债务筹资能力受限。这些因素属于企业内部的财务劣势，将限制企业财务战略选择的余地。

3）外部财务机会。这些因素属于企业外部的财务机会或机遇，能为企业财务战略的选择提供更大的空间。

4）外部财务威胁。例如，企业发行债券筹资受到严格控制、竞争对手正在准备扩大筹资。这些因素属于企业外部的财务威胁或挑战，将制约企业财务战略的选择。

3. SWOT 分析法的运用

运用 SWOT 分析法，可以采用 SWOT 分析表和 SWOT 分析图来进行分析，从而为企业财务战略的选择提供依据。

(1) SWOT 分析表。运用 SWOT 分析法，可以采用 SWOT 分析表进行因素归纳和定性分析，为企业财务战略的选择提供依据。某企业 20×9 年的 SWOT 分析表如表 4—1 所示。

表 4—1　　SWOT 分析表

内部财务优势（S）	
主要财务因素	对财务战略的影响分析
1. 资本结构稳健： 长期资本结构稳定合理 2. 现金流量充足： 经营现金流量持续增长	1. 资本结构方面： 适当提升财务杠杆 2. 投资方面： 适宜追加投资
内部财务劣势（W）	
主要财务因素	对财务战略的影响分析
1. 资产负债率较高： 短期借款较多 流动比率较低 2. 股东要求提高回报： 全球金融危机影响	1. 营运资本方面： 考虑降低短期筹资 改善营运资本政策 2. 股东关系方面： 考虑适当增发股利
外部财务机会（O）	
主要财务因素	对财务战略的影响分析
1. 投资机会良好： 行业投资报酬率回升 2. 筹资环境趋于宽松： 积极的政府财政政策 适当宽松的货币政策	1. 投资方面： 考虑是否增加投资规模 2. 筹资方面： 研究是否增加筹资规模
外部财务威胁（T）	
主要财务因素	对财务战略的影响分析
1. 筹资控制严格： 发行债券筹资控制严格 2. 筹资竞争激烈： 不少企业准备扩大筹资	1. 筹资方式方面： 研究采取股权筹资方式 2. 筹资竞争方面： 研究设计有效的筹资方案

(2) SWOT 分析图。运用 SWOT 分析法，可在 SWOT 分析表的基础上，采用 SWOT 分析图对四种性质的因素进行组合分析，为企业财务战略的选择提供参考。某企业 20×9 年的 SWOT 分析图如图 4—1 所示。

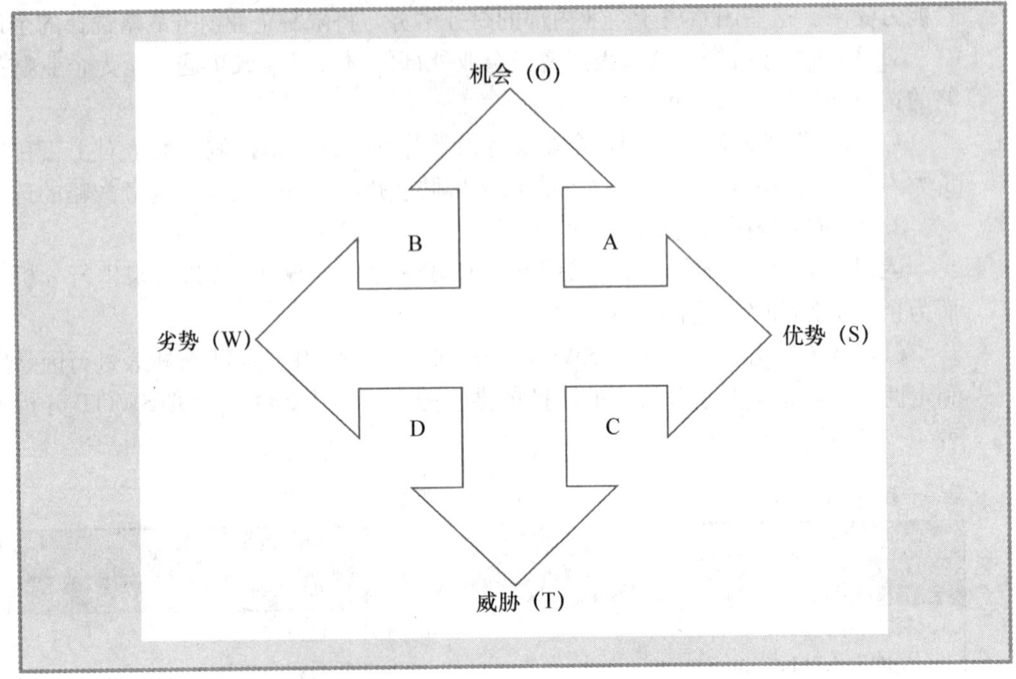

图 4—1 SWOT 分析示意图

一般而言，企业的内部财务优势与劣势和外部财务机会与威胁往往是同时存在的，因此，综合四类不同性质因素的组合，客观上可以构成四种综合财务战略的选择。

在图 4—1 中，企业内部的财务优势与劣势和外部的财务机会与威胁可以构成下列四种组合。

A 区为 SO 组合，即财务优势和财务机会的组合，这是最为理想的组合。企业的内部条件具有优势；同时，企业的外部环境提供机会。处于这种最为理想的组合下的企业，应当发挥优势和利用机会，适于采取积极扩张型的财务战略。

B 区为 WO 组合，即财务机会和财务劣势的组合，这是不尽理想的组合。一方面，企业的外部环境提供机会；但另一方面，企业的内部条件处于劣势。处于这种不尽理想的组合下的企业，可以利用机会、克服劣势，适于采取稳健增长型的财务战略。

C 区为 ST 组合，即财务优势和财务威胁的组合，这是不太理想的组合。一方面，企业的内部条件具有优势；但另一方面，企业的外部环境构成威胁或挑战。处于这种不太理想的组合下的企业，可以尽可能发挥优势、回避威胁，采取有效防御型的财务战略。

D 区为 WT 组合，即财务劣势和财务威胁的组合，这是最不理想的组合。一方面，企业的内部条件处于劣势；同时，企业的外部环境构成威胁或挑战。处于这种最不理想的组合下的企业，应当克服劣势、回避威胁，可以采取适当收缩型的财务战略。

4.1.4 财务战略的选择

在财务战略分析的基础上，选择财务战略还需要明确一些基本依据，采取一定的方式。

1．财务战略选择的依据

企业的财务战略要适应内外环境的变化，具有防范未来风险的意识，着眼于企业未来长期稳定的发展。企业财务战略选择必须考虑经济周期波动情况、企业发展阶段和企业增长方式，并及时进行调整，以保持其旺盛的生命力。

（1）财务战略的选择必须与宏观经济周期相适应。现代经济发展的周期性是以工商业为主体的经济总体发展过程中不可避免的现象，是经济系统存在和发展的重要特征。我国经济周期的直观表现是：周期长度不规则，发生频率高。有学者测算，过去我国经济周期的平均长度为4.6年；波动幅度大；经济周期的波动呈收敛趋势，周期长度在拉长，波动幅度在减小；经济周期的各个阶段呈现出不同的特征，在高涨阶段总需求迅速膨胀，在繁荣阶段过度繁荣，在衰退阶段进行紧缩性经济调整，严格控制总需求。①

从企业财务的角度看，经济的周期性波动要求企业顺应经济周期的过程和阶段，通过制定和选择富有弹性的财务战略，来抵御大起大落的经济震荡，以减轻经济震荡对财务活动的影响，特别是减少经济周期中上升和下降的波动对财务活动的消极影响。财务战略的选择和实施要与经济运行周期相配合。

1）在经济复苏阶段适宜采取扩张型财务战略。主要举措是：增加厂房设备、采用融资租赁、建立存货、开发新产品、增加劳动力等。

2）在经济繁荣阶段适宜先采取扩张型财务战略，再转为稳健型财务战略。主要举措是：扩充厂房设备、采用融资租赁、继续建立存货、提高产品价格、开展营销策划、增加劳动力。

3）在经济衰退阶段应采取防御型财务战略。主要举措是：停止扩张、出售多余的厂房设备、停产无利润的产品、停止长期采购、削减存货、减少雇员。

4）在经济萧条阶段，特别在经济处于低谷时期，应采取防御型和收缩型财务战略。主要举措是：建立投资标准、保持市场份额、压缩管理费用、放弃次要的财务利益、削减存货、减少临时性雇员。

（2）财务战略的选择必须与企业发展阶段相适应。每个企业的发展都要经过一定的发展阶段。典型的企业一般要经过初创期、扩张期、稳定期和衰退期四个阶段。不同的发展阶段应该有不同的财务战略与之相适应。企业应当分析自身所处的发展阶段，采取相应的财务战略。

在初创期，现金需求量大，需要大规模举债经营，因而存在很大的财务风险，一般采用股票股利政策。

在扩张期，虽然现金需求量也大，但它是以较低幅度增长的，财务风险仍然很高，一般采用低现金股利政策。因此，在初创期和扩张期，企业应采取扩张型财务战略。

在稳定期，现金需求量有所减少，一些企业可能有现金结余，财务风险降低，通常采用现金股利政策。在稳定期，企业一般采取稳健型财务战略。

在衰退期，现金需求量持续减少，最后遭受亏损，财务风险降低，一般采用高现金股利政策。在衰退期，企业应采取防御收缩型财务战略。

---

① 参见刘恒：《当代中国经济周期波动及形成机理研究》，成都，西南财经大学出版社，2003。

（3）财务战略的选择必须与企业经济增长方式相适应。长期以来，低水平重复建设与单纯数量扩张的经济增长，是我国经济增长的主要方式。这种增长方式在短期内容易见效，表现出短期高速增长的特征。但是，由于缺乏相应的技术水平和资源配置能力的配合，企业生产能力和真正的长期增长实际上受到了制约。因此，企业经济增长的方式客观上要求实现从粗放型增长向集约型增长的根本转变。为适应这种转变，财务战略需要从两个方面进行调整。

一方面，调整企业财务投资战略，加大基础项目的投资力度。企业经济真正的长期增长要求提高资源配置能力和效率，而资源配置能力和效率的提高取决于基础项目的发展。虽然基础项目在短期内难以带来较大的财务利益，但它为长期经济的发展提供了重要的基础。所以，企业在财务投资的规模和方向上，要实现基础项目相对于经济增长的超前发展。

另一方面，加大财务制度创新力度。通过建立与现代企业制度相适应的现代企业财务制度，既可以对追求短期数量增长的冲动形成约束，又可以强化集约经营与技术创新的行为取向；通过明晰产权，从企业内部抑制掠夺性经营的冲动；通过以效益最大化和本金扩大化为目标的财务资源配置，限制高投入、低产出对资源的耗用，使企业经营集约化、高效率得以实现。

2. 财务战略选择的方式

在企业发展的不同阶段，企业外部环境中的风险因素和企业内部拥有各项资源的情况不同，因此，企业需要根据自身的目标采取不同的财务战略。即便处于同一周期阶段，内外部条件不同的企业根据自身的目标也会采取不同类型的财务战略。根据企业发展周期的阶段特点，企业确定财务战略一般有如下几种方式。

（1）引入期财务战略的选择。这个阶段企业产品处于研发投入阶段，没有形成收入和利润能力，产品市场尚未形成，企业面临的经营风险很大。因此，财务战略的关键是吸纳股权资本，筹资战略是筹集股权资本，股利战略是不分红，投资战略是不断增加对产品开发推广的投资。

（2）成长期财务战略的选择。这个阶段企业产品成功推向市场，销售规模快速扩大，利润大幅增长，超额利润明显，产品市场快速增长并吸引了更多的竞争者，企业的经营风险略有降低。此阶段企业以促进销售增长、快速提高市场占有率为战略重点，与之相匹配的财务战略是积极扩张型财务战略，其关键是实现企业的高增长与资金的匹配，保持企业可持续发展。筹资战略是尽量利用资本市场大量增加股权资本，适度引入债务资本，股利战略仍旧是不分红或少量分红，投资战略是对核心业务大力追加投资。有些企业在股权资本不足以支撑高速发展的时候，更多地利用债务资本，这种筹资方式只能作为短期的财务政策，不能成为该阶段的财务战略，否则很可能引发企业的财务危机。

（3）成熟期财务战略的选择。这个阶段企业销售稳定增长，利润多且较为稳定；由于竞争的加剧，超额利润逐渐减少甚至消失，追加投资的需求减少，企业战略重心转为对盈利能力的关注。与之相匹配的财务战略是稳健发展型财务战略，其关键是处理好日益增加的现金流量。筹资战略可以调整为以更多低成本的债务资本替代高成本的股权资本；股利战略调整为实施较高的股利分配，将超过投资需求的现金返还给股东。投资战略上，企业可以利用充裕的现金流，围绕核心业务拓展新的产品或市场，进行相关产品或业务的并购，但需要防止由于盲目多元化造成的企业竞争力下降。

（4）衰退期财务战略的选择。这个阶段企业产品市场需求逐渐衰退，销售开始下滑，企业利润下滑甚至出现亏损，如果此时企业未进入新的产品市场或者实现转型，则不再需要更多的投资。此阶段企业的战略重心是收回投资，或通过并购扩大市场占有率，延缓衰退期的到来。企业财务战略是收缩型财务战略，其关键是收回现有投资并将退出的投资现金流返还给投资者。财务管理战略上采用的是不再进行筹资和投资，全额甚至超额发放股利，将股权资本退出企业，最终实现企业的正常终止。

4.2 全面预算体系

4.2.1 全面预算的含义及特点

1. 全面预算的含义

全面预算（overall budget）是企业根据战略规划、经营目标和资源状况，运用系统方法编制的企业经营、资本、财务等一系列业务管理标准和行动计划，据以进行控制、监督和考核、激励。

企业的全面预算一般包括营业预算、资本预算和财务预算三大类。其中，营业预算和财务预算主要为预算期在1年以内的短期预算，如年度预算、季度预算和月度预算；资本预算主要为预算期在1年以上的长期预算。

2. 全面预算的特点

全面预算是企业的总体计划，涉及企业的方方面面，具有如下特征。

（1）以战略规划和经营目标为导向。全面预算应体现企业长期发展的阶段性，围绕企业不同发展阶段的经营目标，设计资产、负债、收入、成本、费用、利润、投资、筹资等核心指标。

（2）以业务活动环节及部门为依托。全面预算必须结合企业的业务活动，落实到企业业务活动的各个环节和各个部门。

（3）以人、财、物等资源要素为基础。全面预算是对企业全部资源要素的合理有效的配置。

（4）与管理控制相衔接。全面预算实际上是系统的管理控制制度和过程。一方面，全面预算为管理控制制定行为标准；另一方面，全面预算的目标需要通过有效的管理控制来实现。

4.2.2 全面预算的构成

企业的全面预算主要由营业预算、资本预算和财务预算构成。

（1）营业预算的构成。营业预算又称经营预算，是企业日常经营业务的预算，属于短期预算。营业预算通常与企业经营业务环节相结合。营业预算一般包括营业收入预算、营业成本预算、期间费用预算等。

（2）资本预算的构成。资本预算是企业长期投资和长期筹资业务的预算，属于长期预算。资本预算包括长期投资预算和长期筹资预算。

（3）财务预算的构成。财务预算包括企业财务状况、经营成果和现金流量的预算，属于短期预算。财务预算是企业的综合预算。为便于与企业财务会计报表相比较，财务预算一般包括现金预算、利润预算、财务状况预算等。

总之，全面预算是由一系列预算构成的体系，各项预算之间相互联系，关系比较复杂。企业应根据长期市场预测和生产能力，编制长期销售预算，以此为基础，确定年度的销售预算，并根据企业财力确定资本支出预算。销售预算是年度预算的编制起点，按照以销定产的原则编制生产预算，同时编制销售费用预算。生产预算的编制，除考虑计划销售量外，还要考虑现有存货和年末存货。根据生产预算来确定直接材料费用、直接人工费用和制造费用预算以及材料采购预算。产品成本预算和现金流量预算（或现金预算）是有关预算的汇总。利润预算和财务状况预算是全面预算的综合。

4.2.3 全面预算的作用

全面预算是企业未来的系统规划，对企业的未来发展和业务工作具有重要的作用，主要表现在以下几个方面。

（1）落实企业长期战略目标规划。企业的全面预算要与长期战略目标及规划相衔接，企业长期战略目标规划需要通过各期的全面预算予以分期落实和分步实现。

（2）明确业务环节和部门的目标。全面预算是企业未来的总体计划。企业通过全面预算，分解落实企业的总体和综合目标，为其业务活动的各个环节和部门规定预期目标和责任，为各个业务环节和部门开展业务工作指明方向。

（3）协调业务环节和部门的行动。全面预算是企业未来的行动计划。企业通过全面预算，合理设计预算指标体系，注重预算指标之间的相互衔接，整合规划企业各种资源，协调业务活动的各个环节和部门的工作计划和职责，指导各个业务环节和部门开展业务工作的行动。

（4）控制业务环节和部门的业务。全面预算为企业各个业务环节和部门设定了一系列的管理标准，用于业务过程的实际结果与预算标准的比较分析。

（5）考核业务环节和部门的业绩。全面预算是企业各个业务环节和部门以及全体员工业绩考核的基本标准，也是实施激励的重要依据。

4.2.4 全面预算的依据

企业在全面预算的过程中，需要分析研究企业内部和外部的各种情况和因素，充分考虑全面预算的有效依据，主要有宏观经济周期、企业发展阶段、企业战略规划、企业经营目标、企业资源状况和企业组织结构。

（1）宏观经济周期。实践表明，宏观经济周期对企业具有重大的影响。宏观的周期包括经济周期、产业周期、消费周期、利率周期等，它们均有各种波动变化，企业必须研究各种周期的波动状态，在全面预算尤其是资本预算中采取有效的应对措施。

（2）企业发展阶段。一个企业往往要经历一定的发展历程，在一定时期处于一定的发展阶段。企业必须准确把握所处的具体发展阶段，在全面预算尤其是资本预算中密切结合本身的发展阶段，制定科学合理的全面预算。

（3）企业战略规划。全面预算应围绕企业战略规划，分期落实企业战略目标，逐步实现企业的长期发展。

（4）企业经营目标。全面预算必须以企业经营目标为直接和主要的指导依据，将企业预算期的总体经营目标予以具体化和系统化的分解和落实。

（5）企业资源状况。企业的资源状况是全面预算的客观依据。企业制定全面预算必须分析企业内部现有人、财、物等各种资源的规模及分布状况，研究企业从外部市场获取资源的潜力，保证全面预算具备可获得和可使用的资源支撑。

（6）企业组织结构。企业内部的组织结构是全面预算的基本依托，科学合理的组织结构是落实预算目标、明确管理责任、协调业务工作的重要保障。为有效实施全面预算，必要时，企业可以改进内部组织结构的设计。

4.2.5　全面预算的组织与程序

为有效编制和实施全面预算，企业需要设立预算委员会和预算管理部，赋予相应的职责，并设计预算工作程序。

1. 全面预算的组织

（1）预算委员会。企业应当设立预算委员会或预算领导小组，履行有关预算的职责，主要包括：1）拟定企业预算编制与管理的原则和目标；2）审议企业预算方案及其调整方案；3）协调解决企业全面预算编制和执行中的重大问题；4）根据预算执行结果提出考核和奖惩意见。

（2）预算管理部。企业应当设立预算管理部或计划财务部，负责组织全面预算的编制、报告、执行和日常监控工作。预算管理部应当履行以下主要职责：1）组织企业预算的编制、审核、汇总工作；2）组织下达预算，监督企业预算执行情况；3）制定企业预算调整方案；4）协调解决企业预算编制和执行中的有关问题；5）分析和考核企业内部各业务部门及所属子公司的预算完成情况。

2. 全面预算的程序

企业编制全面预算应当遵循以下基本工作程序：

1）企业预算委员会及预算管理部应于每年 9 月底以前提出下一年度本企业预算总体目标。

2）企业所属各级预算执行单位根据企业预算总体目标，结合本单位的实际情况，于每年第四季度上报本单位下一年度预算目标。

3）企业预算委员会及预算管理部对各级预算执行单位的预算目标进行审核汇总并提出调整意见，经董事会会议或总经理办公会议审议后下达各级预算执行单位。

4）企业所属各级预算执行单位应当按照下达的预算目标，于每年年底以前上报预算。

5）企业在对所属各级预算执行单位预算方案审核、调整的基础上，编制企业总体预算。

4.3　筹资数量的预测

4.3.1　筹资数量预测的依据

企业的经营和投资业务的资本需要额是筹资的数量依据，必须科学合理地进行预测。开展企业筹资数量预测的基本目的是：保证企业经营和投资业务的顺利进行，使筹集的资本既能保证满足经营和投资的需要，又不会有太多的闲置，从而促进企业财务管理目标的实现。

影响企业筹资数量的条件和因素有很多，譬如，法律规范方面的限定，企业经营和投资方面的因素等。归纳起来，企业筹资数量预测的基本依据主要有：

(1) 法律方面的限定。

1) 注册资本限额的规定。如《公司法》规定，股份有限公司注册资本的最低限额为人民币 500 万元，公司在考虑筹资数量时首先必须满足注册资本最低限额的要求。

2) 企业负债限额的规定。如《公司法》规定，公司累计债券总额不超过公司净资产额的 40%，这是为了保证公司的偿债能力，进而保障债权人的利益。

(2) 企业经营和投资的规模。一般而言，公司经营和投资规模越大，所需资本越多；反之，所需资本越少。在企业筹划重大投资项目时，需要进行专项的筹资预算。

(3) 其他因素。利息率的高低、对外投资规模的大小、企业资信等级的优劣等，都会对筹资数量产生一定的影响。

4.3.2 筹资数量的预测：因素分析法

因素分析法是筹资数量预测的一种比较简单的方法。下面主要说明因素分析法的原理、运用以及需要注意的问题。

1. 因素分析法的原理

因素分析法又称分析调整法，是以有关资本项目上年度的实际平均需要量为基础，根据预测年度的经营业务和加速资本周转的要求，进行分析调整，来预测资本需要量的一种方法。这种方法计算比较简单，容易掌握，但预测结果不太精确，因此通常用于匡算企业全部资本的需要额，也可以用于对品种繁多、规格复杂、用量较小、价格较低的资本占用项目的预测。采用这种方法时，首先应在上年度资本平均占用额的基础上，剔除其中呆滞积压等不合理占用部分；然后根据预测期的经营业务和加速资本周转的要求进行测算。因素分析法的基本模型是：

$$\text{资本需要额}=\left(\text{上年度资本实际平均占用额}-\text{不合理平均占用额}\right)\times\left(1\pm\text{预测年度销售增减的百分比}\right)\times\left(1\pm\text{预测期资本周转速度变动率}\right) \tag{4—1}$$

2. 因素分析法的运用

根据因素分析法的基本模型，收集有关资料，就可以对筹资数量进行预测。

例 4—1

某企业上年度资本实际平均占用额为 2 000 万元，其中不合理部分为 200 万元，预计本年度销售增长 5%，资本周转速度加快 2%，则预测年度资本需要额为：

$$(2\,000-200)\times(1+5\%)\times(1-2\%)=1\,852.2(\text{万元})$$

3. 运用因素分析法需要注意的问题

因素分析法比较简单，预测结果不太精确。因此，运用因素分析法预测筹资需要额，应当注意以下问题：

(1) 在运用因素分析法时，应当对决定资本需要额的众多因素进行充分的分析与研究，确定各种因素与资本需要额之间的关系，以提高预测的质量。

(2) 因素分析法限于对企业经营业务资本需要额的预测，当企业存在新的投资项目时，应根据新投资项目的具体情况单独预测其资本需要额。

(3) 运用因素分析法匡算企业全部资本的需要额，只是对资本需要额的一个基本估计。在进行筹资预算时，还需要采用其他预测方法对资本需要额作出具体的预测。

4.3.3　筹资数量的预测：回归分析法

回归分析法是筹资数量预测的一种较为复杂的方法。下面主要说明回归分析法的原理、运用以及需要注意的问题。

1. 回归分析法的原理

回归分析法是先基于资本需要量与营业业务量（如销售数量、销售收入）之间存在线性关系的假定建立数学模型，然后根据历史有关资料，用回归直线方程确定参数预测资金需要量的方法。其预测模型为：

$$Y=a+bX$$

式中，Y 表示资本需要总额；a 表示不变资本总额；b 表示单位业务量所需要的可变资本额；X 表示经营业务量。

不变资本是指在一定的营业规模内不随业务量变动的资本，主要包括为维持营业而需要的最低数额的现金、原材料的保险储备、必要的成品或商品储备，以及固定资产占用的资本。可变资本是指随营业业务量变动而同比例变动的资本，一般包括在最低储备以外的现金、存货、应收账款等所占用的资本。

2. 回归分析法的运用

运用上述预测模型，在利用历史资料确定 a、b 数值的条件下，即可预测一定业务量 X 所需要的资本总量 Y。

例 4—2

某企业 20×4—20×8 年的产销数量和资本需要总额如表 4—2 所示。假定 20×9年预计产销数量为 7.8 万件。试预测 20×9 年资本需要总额。

表 4—2　某企业产销量与资本需要总额的历史资料表

年度	产销量（X）（万件）	资本需要总额（Y）（万元）
20×4	6.0	500
20×5	5.5	475
20×6	5.0	450
20×7	6.5	520
20×8	7.0	550

运用回归分析法进行筹资数量预测的基本过程是：

（1）计算整理有关数据。根据表4—2的资料，计算整理出表4—3的数据。

表4—3 回归方程数据计算表

年度	产销量 X（万件）	资本需要总额 Y（万元）	XY	X^2
20×4	6.0	500	3 000	36
20×5	5.5	475	2 612.5	30.25
20×6	5.0	450	2 250	25
20×7	6.5	520	3 380	42.25
20×8	7.0	550	3 850	49
$n=5$	$\sum X=30$	$\sum Y=2\ 495$	$\sum XY=15\ 092.5$	$\sum X^2=182.5$

（2）计算不变资本总额和单位业务量所需要的可变资本额。将表4—3的数据代入下列联立方程组，即

$$\begin{cases}\sum Y=na+b\sum X\\ \sum XY=a\sum X+b\sum X^2\end{cases}$$

则有 $\begin{cases}2\ 495=5a+30b\\ 15\ 092.5=30a+182.5b\end{cases}$

求得 $\begin{cases}a=205\\ b=49\end{cases}$

即不变资本总额为205万元，单位业务量所需要的可变资本额为49万元。

（3）确定资本需要总额预测模型。将 $a=205$，$b=49$ 代入 $Y=a+bX$，得到预测模型为：

$$Y=205+49X$$

（4）计算资本需要总额。将20×9年预计产销量7.8万件代入上式，经计算，资本需要总额为：

$$205+49\times 7.8=587.2(\text{万元})$$

3. 运用回归分析法需要注意的问题

运用回归分析法预测筹资数量，应当注意以下问题。

（1）资本需要额与营业业务量之间的线性关系应符合历史实际情况，预期未来这种关系将保持下去。

（2）确定 a、b 两个参数的数值，应利用预测年度前连续若干年的历史资料，一般要有3年以上的资料，才能取得比较可靠的参数。

（3）应当考虑价格等因素的变动情况。在预期原材料、设备的价格和人工成本发生变动时，应相应调整有关预测参数，以取得比较准确的预测结果。

4.3.4 筹资数量的预测：营业收入比例法

营业收入比例法是筹资数量预测的一种最为复杂的方法。下面主要说明营业收入

比例法的原理和运用。

1. 营业收入比例法的原理

营业收入比例法是根据营业业务与资产负债表和利润表项目之间的比例关系，预测各项目资本需要额的方法。例如，某企业每年为销售100元货物，需有20元存货，存货与营业收入的比例是20%(20÷100)。若营业收入增至200元，那么，该企业需有40元（200×20%）存货。由此可见，在某项目与营业收入比例既定的前提下，便可预测未来一定销售额下该项目的资本需要额。

营业收入比例法的主要优点是能为财务管理提供短期预计的财务报表，以适应外部筹资的需要，且易于使用。但这种方法也有缺点，倘若有关项目与营业收入的比例跟实际不符，据以进行预测就会形成错误的结果。因此，在有关因素发生变动的情况下，必须相应地调整原有的销售百分比。

2. 营业收入比例法的运用

运用营业收入比例法，一般要借助预计利润表和预计资产负债表。通过预计利润表预测企业留用利润这种内部资本来源的增加额；通过预计资产负债表预测企业资本需要总额和外部筹资的增加额。

（1）编制预计利润表，预测留用利润。预计利润表是运用营业收入比例法的原理，预测留用利润的一种预计报表。预计利润表与实际利润表的内容、格式相同。通过提供预计利润表，可预测留用利润这种内部筹资的数额，也可为预计资产负债表预测外部筹资数额提供依据。

编制预计利润表的主要步骤如下。

第一步，收集基年实际利润表资料，计算确定利润表各项目与营业收入的比例。

第二步，取得预测年度营业收入预计数，以此预计营业收入和基年实际利润表各项目与实际营业收入的比例，计算预测年度预计利润表各项目的预计数，并编制预测年度预计利润表。

第三步，利用预测年度税后利润预计数和预定的留用比例，测算留用利润的数额。

例4—3

某企业20×8年实际利润表（简化）的主要项目与营业收入的比例如表4—4所示，企业所得税税率为25%。试编制该企业20×9年预计利润表，并预测留用利润。

表4—4 20×8年实际利润表（简化） 单位：万元

项目	金额	占营业收入的比例（%）
营业收入	15 000	100
减：营业成本	11 400	76.0
销售费用	900	6.0
管理费用	1 620	10.8
财务费用	600	4.0

续前表

项　目	金额	占营业收入的比例（%）
营业利润	480	3.2
加：营业外收入	50	—
减：营业外支出	80	—
利润总额	450	3.0
减：所得税费用	112.5	—
净利润	337.5	—

若该企业20×9年预计营业收入为18 000万元，则20×9年预计利润表经测算如表4—5所示。

表4—5　20×9年预计利润表（简化）　单位：万元

项目	20×8年实际数	占营业收入的比例（%）	20×9年预计数
营业收入	15 000	100	18 000
减：营业成本	11 400	76.0	13 680
销售费用	900	6.0	1 080
管理费用	1 620	10.8	1 944
财务费用	600	4.0	720
营业利润	480	3.2	576
加：营业外收入	50	—	60
减：营业外支出	80	—	96
利润总额	450	3.0	540
减：所得税费用	112.5	—	135
净利润	337.5	—	405

若该企业税后利润的留用比例为50%，则20×9年预测留用利润额为202.5万元（405×50%）。

（2）编制预计资产负债表，预测外部筹资额。预计资产负债表是运用营业收入比例法的原理预测外部筹资额的一种报表。预计资产负债表与实际资产负债表的内容、格式相同。通过提供预计资产负债表，可预测资产、负债及留用利润有关项目的数额，进而预测企业需要外部筹资的数额。

运用营业收入比例法要选定与营业收入保持基本不变比例关系的项目。这类项目可称为敏感项目，包括敏感资产项目和敏感负债项目。其中，敏感资产项目一般包括现金、应收账款、存货等项目；敏感负债项目一般包括应付账款、应交税费等项目。应收票据、固定资产、长期股权投资、递延所得税资产、短期借款、应付票据、非流动负债和股本（实收资本）通常不属于短期敏感项目，留用利润也不宜列为敏感项目，因其受到企业所得税税率和股利政策的影响。

例4—4

某企业20×8年实际营业收入15 000万元，资产负债表及其敏感项目与营业收入的比例如表4—6所示。20×9年预计营业收入为18 000万元。试编制该企业20×8年预计资产负债表（简化），并预测外部筹资额。

表4—6　　20×8年实际资产负债表　　单位：万元

项目	金额	占营业收入比例（%）
资产：		
现金	75	0.5
应收账款	2 400	16.0
存货	2 610	17.4
其他流动资产	10	—
固定资产	285	—
资产总计	5 380	33.9
负债及股东权益：		
应付票据	500	—
应付账款	2 640	17.6
其他流动负债	105	0.7
非流动负债	55	—
负债合计	3 300	18.3
股本	1 250	—
留用利润	830	—
股东权益合计	2 080	—
负债及股东权益总计	5 380	—

根据上述资料，编制该企业20×9年预计资产负债表（简化）如表4—7所示。

表4—7　　20×9年预计资产负债表（简化）　　单位：万元

项目	20×8年实际数（1）	20×8年销售百分比（%）（2）	20×9年预计数（3）
资产：			
现金	75	0.5	90
应收账款	2 400	16.0	2 880
存货	2 610	17.4	3 132
其他流动资产	10	—	10
固定资产	285	—	285
资产总计	5 380	33.9	6 397
负债及股东权益：			
应付票据	500	—	500
应付账款	2 640	17.6	3 168
其他流动负债	105	0.7	126
非流动负债	55	—	55
负债合计	3 300	18.3	3 849
股本	1 250	—	1 250
留用利润	830	—	1 032.5
股东权益合计	2 080	—	2 282.5
追加外部筹资额			265.5
负债及股东权益总计	5 380	—	6 397

该企业20×9年预计资产负债表的编制过程如下。

第一步，取得20×8资产负债表资料，并计算其敏感项目与营业收入的比例（见表4—6），列于表4—7的（1）、（2）栏中。

第（2）栏的比例表明，该企业营业收入每增长100元，资产将增加33.9元；每实现100元营业收入所需的资本额，可由敏感负债解决18.3元。这里增加的敏感负债是自动增加的，如应付账款会因存货增加而自动增加。

每100元营业收入需要资本与敏感负债的差额为15.6元（33.9−18.3），表示营业收入每增长100元而需追加的资本净额，须从企业内部和外部来筹措。在本例中，营业收入增长3 000万元（18 000−15 000），需净增资本468万元（3 000×0.156）。

第二步，用20×9年预计营业收入18 000万元乘以第（2）栏所列的百分比，求得表4—7第（3）栏所列示的敏感项目金额。第（3）栏的非敏感项目按第（1）栏数额填列。由此确定第（3）栏中除留用利润外的其他各个项目的数额。

第三步，确定20×9年留用利润增加额及资产负债表中的留用利润累计额。留用利润增加额可根据利润额、所得税税率和留用利润比例来确定。20×9年累计留用利润等于20×8年累计留用利润加上20×9年留用利润增加额计算确定。若20×9年利润额为540万元，所得税税率为25%，税后利润留用比例为50%，则20×9年留用利润增加额为：

$$540\times(1-25\%)\times50\%=202.5(\text{万元})$$

20×9年累计留用利润为：

$$830+202.5=1\,032.5(\text{万元})$$

从需要筹资总额（第一步得到的468万元）中减去内部筹资额202.5万元，求得需要外部筹资额为265.5万元。

第四步，加总预计资产负债表的两方：20×9年预计资产总额为6 397万元，其中已有负债及所有者权益之和为6 131.5万元，两者之间的差额为265.5万元。它既是使资产负债表两方相等的平衡数，也是企业需要的外部筹资额。

（3）按预测模型预测外部筹资额。以上介绍了如何运用预计资产负债表预测外部筹资额的过程。为简便起见，亦可改用预测模型预测需要追加的外部筹资额。其模型为：

$$\begin{aligned}\text{需要追加的外部筹资额}&=\Delta S\sum\frac{RA}{S}-\Delta S\sum\frac{RL}{S}-\Delta RE\\&=\Delta S\left(\sum\frac{RA}{S}-\sum\frac{RL}{S}\right)-\Delta RE\end{aligned}\qquad(4—2)$$

式中，ΔS表示预计年度营业收入增加额；$\sum\frac{RA}{S}$表示基年敏感资产总额除以基年营业收入；$\sum\frac{RL}{S}$表示基年敏感负债总额除以基年营业收入；ΔRE表示预计年度留用利润增加额。

例4—5

根据例4—4中的数据，运用式（4—2）预测该企业20×9年需要追加的外部筹资额为：

$$3\,000\times(0.339-0.183)-202.5=265.5(\text{万元})$$

这种方法是根据预计资产负债表的原理，预测企业追加外部筹资数额的简便方法。

上述营业收入比例法的介绍，基于预测年度非敏感项目、敏感项目及其与营业收入的百分比均与基年保持不变的假定。在实践中，非敏感项目、敏感项目及其与营业收入的比例有可能发生变动，具体情况有：（1）非敏感资产、非敏感负债的项目构成以及数量的增减变动；（2）敏感资产、敏感负债的项目构成以及与营业收入比例的增减变动。这些变动对预测资金需要总量和追加外部筹资额都会产生一定的影响，必须相应地予以调整。

例 4—6

根据表 4—8 的资料，倘若该企业 20×9 年由于情况变化，敏感资产项目中的存货与营业收入的比例提高为 17.6%，敏感负债项目中的应付账款与营业收入的比例降低为 17.5%，预计长期借款（系非敏感负债项目）增加 65 万元。针对这些变动，该企业 20×9 年有关资本需要额的预测调整如下：

资产总额：6 397＋18 000×(17.6%－17.4%)＝6 433(万元)

负债总额：3 849－18 000×(17.6%－17.5%)＋65＝3 896(万元)

追加外部筹资额：6 433－3 896－2 282.5＝254.5(万元)

4.4 财务预算

财务预算一般包括现金流量预算、利润预算和财务状况预算。现金流量预算（或现金预算）将在营运资本管理的有关章节中介绍。本节主要介绍利润预算和财务状况预算。

4.4.1 利润预算

利润预算是企业预算期营业利润、利润总额和税后利润的综合预算。

在上述有关预算或预测的基础上，下面主要讲述利润预算的内容和利润预算表的编制。

1. 利润预算的内容

利润是企业一定时期经营成果的综合反映，构成内容比较复杂，利润预算主要包括：营业利润、利润总额和税后利润预算以及每股收益预算。

（1）营业利润预算。企业一定时期的营业利润包括营业收入、营业成本、期间费用、投资收益等项目。因此，营业利润预算包括营业收入、营业成本、期间费用等项目的预算。

（2）利润总额预算。在营业利润预算的基础上，利润总额预算还包括营业外收入和营业外支出的预算。

（3）税后利润预算。在利润总额预算的基础上，税后利润预算还包括所得税的预算。

（4）每股收益预算。在税后利润预算的基础上，每股收益预算包括基本每股收益和稀释每股收益的预算。

2．利润预算表的编制

利润预算是企业的一种综合性预算，是在营业收入预算、产品成本预算、销售费用预算、管理费用预算、财务费用预算、资本预算等基础上汇总编制的。利润预算通常按年度编制，可以分季度反映，亦可按业务、产品分别编制部分利润预算，再汇总编制企业整体的利润预算。

为便于与财务会计上的利润表相比较，评价利润预算的实现情况，财务管理上的利润预算表可以采用年度利润表的格式。

例 4—7

某公司编制的 20×9 年度利润预算表如表 4—8 所示。其中，“上年实际”栏中的数据取自该公司 20×8 年度利润表。“本年预算”栏中的数据，通过营业收入预算、产品成本预算、销售费用预算、管理费用预算、财务费用预算和资本预算取得；经预计，投资净收益为 140 万元，营业外收入为 30 万元，营业外支出为 70 万元，企业所得税税率为 25%；20×9 年 1 月 1 日公司流通在外的股份总数为 1 800 万股，预算年度没有增发新股计划，也不存在发行可转换公司债券、认股权证和股票期权的情况和计划。

表 4—8 利润预算表

20×9 年度　　单位：万元

项目	行次	上年实际	本年预算
一、营业收入		8 000	9 000
减：营业成本		5 500	6 000
营业税金及附加		500	600
销售费用		450	500
管理费用		650	800
财务费用		200	240
资产减值损失		—	—
加：公允价值变动净收益		—	—
投资净收益		180	140
二、营业利润		880	1 000
加：营业外收入		20	30
减：营业外支出		60	70
其中：非流动资产处置净损失		—	—
三、利润总额		840	960
减：所得税费用		210	240
四、净利润		630	720
五、每股收益			
（一）基本每股收益（元）		0.35	0.40
（二）稀释每股收益（元）		0.35	0.40

4.4.2 财务状况预算

财务状况预算，有时又称资产负债表预算，是企业预算期末资产、负债和所有者权益的规模及分布的预算。与上述其他预算相比，财务状况预算是综合性最强的预算。通过财务状况预算，企业全面规划预算期末资产、负债和所有者权益的规模及分布的预算安排。此外，财务状况预算还在一定程度上反映企业预算期多种财务结构的预算安排。

在上述有关预算或预测的基础上，下面主要讲述财务状况预算的内容和财务状况预算表的编制。

1. 财务状况预算的内容

财务状况预算是最为综合的预算，其构成内容全面而复杂。主要包括：短期资产预算、长期资产预算、短期债务资本预算、长期债务资本预算和股权资本预算。

(1) 短期资产预算。企业一定时点的短期资产主要包括现金、应收票据、应收账款、存货等项目。因此，短期资产预算主要包括现金（货币资金）、应收票据、应收账款、存货等项目的预算。

(2) 长期资产预算。企业一定时点的长期资产主要包括持有至到期投资、长期股权投资、固定资产、无形资产等项目。因此，长期资产预算主要包括持有至到期投资、长期股权投资、固定资产、无形资产等项目的预算。

(3) 短期债务资本预算。企业一定时点的短期债务资本主要包括短期借款、应付票据、应付账款等项目。因此，短期债务资本预算主要包括短期借款、应付票据、应付账款等项目的预算。

(4) 长期债务资本预算。企业一定时点的长期债务资本主要包括长期借款、应付债券等项目。因此，长期债务资本预算主要包括长期借款、应付债券等项目的预算。

(5) 股权资本预算。企业一定时点的股权资本（权益资本）主要包括股本（实收资本）、资本公积、盈余公积和未分配利润等项目。因此，股权资本的预算主要包括股本（实收资本）、资本公积、盈余公积和未分配利润等项目的预算。

2. 财务状况预算表的编制

财务状况预算是在基期实际资产负债表的基础上，根据预算期营业预算、投资预算和筹资预算以及利润预算等有关资料汇总调整编制而成的。利润预算通常按年度编制，可以分季度、半年度反映。在企业存在事业部和子公司的情况下，应当按事业部和子公司分别编制财务状况预算，并汇总编制企业整体的财务状况预算。

为便于与财务会计上的资产负债表进行比较，评价财务状况预算的实现情况，财务管理上的财务状况预算表可以采用资产负债表的格式。其中，财务状况预算中的短期资产和长期资产分别相当于流动资产和非流动资产，短期债务资本和长期债务资本分别相当于流动负债和非流动负债，股权资本相当于股东权益。

例4—8

某企业编制的20×9年12月31日财务状况预算表如表4—9所示。其中，“上年实际”栏中的数据取自该公司20×8年12月31日资产负债表。“本年预算”栏中的数据，通过营业预算、投资预算和筹资预算以及利润预算等取得。经预计，该企业预算年度计提盈余公积60万元，当年留用的未分配利润为80万元。

表 4—9

财务状况预算表

20×9 年 12 月 31 日

单位：万元

资产	行次	上年实际	本年预算	负债和股东权益	行次	上年实际	本年预算
流动资产：				流动负债：			
货币资金		250	260	短期借款		920	900
交易性金融资产		—	—	交易性金融负债		—	—
应收票据		520	500	应付票据		600	650
应收账款		1 100	1 200	应付账款		800	900
预付账款		60	70	预收账款		80	100
应收股利		40	50	应付职工薪酬		100	110
应收利息		20	10	应交税费		70	80
其他应收款		80	90	应付利息		—	—
存货		2 030	2 240	应付股利		—	—
一年内到期的非流动资产		—	—	其他应付款		30	80
其他流动资产		40	30	一年内到期的非流动负债		—	—
流动资产合计		4 140	4 450	其他流动负债		50	60
非流动资产：				流动负债合计		2 650	2 880
可供出售金融资产		—	—	非流动负债：			
持有至到期投资		300	200	长期借款		3 100	3 590
投资性房地产		—	—	应付债券		—	—
长期股权投资		400	500	长期应付款		750	680
长期应收款		—	—	专项应付款		—	—
固定资产		6 400	6 800	预计负债		—	—
在建工程		100	200	递延所得税负债		—	—
工程物资		—	—	其他非流动负债		—	—
固定资产清理		—	—	非流动负债合计		3 850	4 270
无形资产		120	100	负债合计		6 500	7 150
开发支出		—	—	股东权益：			
商誉		—	—	股本		4 000	4 000
长期待摊费用		—	—	资本公积		300	300
递延所得税资产		—	—	盈余公积		460	520
其他非流动资产		—	—	未分配利润		200	280
非流动资产合计		7 320	7 800	股东权益合计		4 960	5 100
资产总计		11 460	12 250	负债和股东权益总计		11 460	12 250

财务状况预算还在一定程度上反映企业预算期多种财务结构的预算安排。企业与财务状况有关的财务结构主要有：资产期限结构（流动资产与非流动资产的结构）、债务资本期限结构（流动负债与非流动负债的结构）、全部资本属性结构（负债与股东权益的结构）、长期资本属性结构（非流动负债与股东权益的结构）和股权资本结构（永久性股东权益与非永久性股东权益的结构。其中，永久性股东权益包括实收资本、资本公积和盈余公积，非永久性股东权益即未分配利润）。

根据例 4—8 某企业财务状况预算表资料，现将该企业与财务状况预算有关的财务结构的计算公式和预算安排列示在表 4—10 中。

表 4—10　　某企业财务结构预算安排表

财务结构名称	财务结构计算公式	财务结构预算（%）
资产期限结构	流动资产/全部资产	36.33
债务资本期限结构	流动负债/全部负债	40.28
全部资本属性结构	全部负债/全部资产	58.37
长期资本属性结构	非流动负债/（非流动负债+股东权益）	45.57
股权资本结构	永久性股东权益/全部股东权益	94.51

企业的高管层尤其是财务主管把握企业与财务状况有关的财务结构的预算安排，对于指导和监控企业投资、筹资、营运资本和股利分配等财务管理工作具有重要意义。

思考题

1. 如何认识企业财务战略对企业财务管理的意义？
2. 试分析说明企业财务战略的特征和类型。
3. 试说明 SWOT 分析法的原理及应用。
4. 如何根据宏观经济周期阶段选择企业的财务战略？
5. 如何根据企业发展阶段安排财务战略？
6. 试分析营业预算、资本预算和财务预算三者间的相互关系。
7. 试归纳分析筹资数量预测的影响因素。
8. 试分析筹资数量预测的回归分析法的局限及改进设想。
9. 试归纳说明利润预算的内容。
10. 试归纳说明财务状况预算的内容。
11. 试归纳说明企业财务结构的类型。

练习题

1. 三角公司 20×8 年度资本实际平均额为 8 000 万元，其中不合理平均额为 400 万元；预计 20×9 年度销售增长 10%，资本周转速度加快 5%。

要求：试在资本需要额与销售收入存在稳定比例的前提下，预测 20×9 年度资本需要额。

2. 四海公司 20×9 年需要追加外部筹资 49 万元；公司敏感负债与营业收入的比例为 18%，利润总额占营业收入的比率为 8%，公司所得税税率为 25%，税后利润 50%留用于公司；20×8 年公司营业收入为 15 亿元，预计 20×9 年增长 5%。

要求：试测算四海公司 20×9 年的公司资产增加额和公司留用利润额。

3. 五湖公司 20×4—20×8 年 A 产品的产销数量和资本需要总额如表 4—11

所示。

表 4—11

年度	产销数量（件）	资本需要总额（万元）
20×4	1 200	1 000
20×5	1 100	950
20×6	1 000	900
20×7	1 300	1 040
20×8	1 400	1 100

预计 20×9 年该产品的产销数量为 1 560 件。

要求：试在资本需要额与产品产销量之间存在线性关系的条件下，测算该公司 20×9年 A 产品的不变资本总额、单位可变资本额和资本需要总额。

案例题

六顺电气公司战略管理案例

六顺电气公司是一家中等规模的家用电器制造企业，在行业竞争中具有一定的经营和财务优势，但设备规模及生产能力不足。目前，宏观经济处于企稳阶段，家电消费需求数量和购买能力呈上升趋势。公司为抓住机遇，发挥优势，增加利润和企业价值，增强可持续发展实力，正在研究经营与财务战略，准备采取下列措施：

(1) 加大固定资产投资力度并实行融资租赁方式，扩充厂房设备；

(2) 实行赊购与现购相结合的方式，迅速增加原材料和在产品存货；

(3) 开发营销计划，加大广告推销投入，扩大产品的市场占有率，适当提高销售价格，增加营业收入；

(4) 增聘扩充生产经营所需的技术工人和营销人员。

要求：试分析该公司目前的基本状况和所处的经济环境及其对该公司的影响。同时请回答：

(1) 你认为该公司准备采取的经营与财务战略是否可行?

(2) 如果你是该公司的首席财务官，从筹资战略的角度你将采取哪些措施?

第 5 章

Chapter 5 长期筹资方式

学习目标

1. 理解长期筹资的动机、原则、渠道和类型。

2. 掌握普通股的分类、股票上市决策、股票发行定价的方法，理解普通股筹资的优缺点。

3. 掌握长期借款的种类、银行借款的信用条件、企业对贷款银行的选择，理解长期借款筹资的优缺点。

4. 掌握债券的种类、债券发行定价的方法、债券的信用评级，理解债券筹资的优缺点。

5. 掌握租赁的种类、融资租赁租金的测算方法，理解融资租赁筹资的优缺点。

6. 掌握可转换债券的特性、转换期限、转换价格和转换比率，理解可转换债券筹资的优缺点。

7. 理解认股权证的含义、特点和作用。

5.1 长期筹资概述

长期筹资是企业筹资的主要方面。本节主要讲述企业长期筹资的意义、长期筹资的动机、长期筹资的原则、长期筹资的渠道和长期筹资的类型，以便对企业长期筹资有一个基本和总体的把握。

5.1.1 长期筹资的意义

长期筹资对于任何企业都是必要的。下面主要讲述企业长期筹资的概念和意义。

1. 长期筹资的概念

任何企业在创立和发展过程中都需要筹资。企业筹资活动是指企业作为筹资主体，根据经营活动、投资活动和资本结构调整等需要，通过一定的金融市场和筹资渠道，采用一定的筹资方式，经济有效地筹措和集中资本的活动。企业筹资活动是企业的一项重要财务活动，其相关的业务是企业的基本经济业务。

企业的筹资可以分为短期筹资和长期筹资。**长期筹资**（long-term financing）是指企业作为筹资主体，根据其经营活动、投资活动和调整资本结构等长期需要，通过长期筹资渠道和资本市场，运用长期筹资方式，经济有效地筹措和集中长期资本的活动。长期筹资是企业筹资的主要内容，短期筹资则归为营运资本管理的内容。

资本是企业经营和投资活动的一种基本要素，是企业创建和生存发展的一个必要条件。一个企业从创建到生存发展的整个过程都需要筹集资本。企业最初创建就需要筹资，以获得设立一个企业必需的初始资本，在取得会计师事务所验资证明，据以到工商行政管理部门办理注册登记后，才能开展正常的生产经营活动。

企业要长期生存与发展，需要经常持有一定规模的长期资本。企业需要长期资本的原因主要有：购建固定资产，取得无形资产，开展长期投资，垫支于长期性流动资产等。企业的长期资本一般是通过投入资本、发行股票、发行债券、长期借款和融资租赁等筹资方式取得或形成的。

2. 长期筹资的意义

（1）任何企业在生存发展过程中，都需要始终维持一定的资本规模，由于生产经营活动的发展变化，往往需要追加筹资。例如，有的企业为了增加经营收入，降低成本费用，提高利润水平，需要根据市场需求的变化，扩大生产经营规模，调整生产经营结构，研制开发新产品，所有这些经营策略的实施通常都要求有一定的资本。

（2）企业为了稳定一定的供求关系并获得一定的投资收益，对外开展投资活动，往往也需要筹集资本。例如，有的企业为了保证其产品生产所必需的原材料供应，向供应商投资并获得控制权。

（3）企业根据内外部环境的变化，适时采取调整企业资本结构的策略，也需要及时地筹集资本。例如，有的企业由于资本结构不合理，负债比率过高，偿债压力过大，财务风险过高，主动地通过筹资来调整资本结构。企业持续的生产经营活动，不断产生对资本的需求，需要筹措和集中资本；同时，企业因开展对外投资活动和调整资本结构，也需要筹措和集中资本。

5.1.2 长期筹资的动机

企业筹资的基本目的是维持自身的生存与发展。企业在持续的生存与发展中，其具体的筹资活动通常受特定的筹资动机所驱使。企业筹资的具体动机是多种多样的，譬如，为购置设备、引进新技术、开发新产品而筹资；为对外投资、并购其他企业而筹资；为现金周转与调度而筹资；为偿付债务和调整资本结构而筹资；等等。在企业筹资的实际活动中，这些具体的筹资动机有时是单一的，有时是复合的，归纳起来有三种基本类型，即扩张性筹资动机、调整性筹资动机和混合性筹资动机。企业筹资的动机对筹资行为及其结果产生直接的影响。

1. 扩张性筹资动机

扩张性筹资动机是企业因扩大生产经营规模或增加对外投资的需要而产生的追加筹资动机。处于成长时期、具有良好发展前景的企业通常会产生这种筹资动机。例如，企业产品供不应求，需要增加市场供应；开发生产适销对路的新产品；追加有利的对外投资规模；开拓有发展前途的对外投资领域等，往往都需要追加筹资。扩张性筹资动机所产生的直接结果，是企业资产总额和资本总额的增加。

例如，XYZ公司根据扩大生产经营和对外投资的需要，现追加筹资4 500万元。该企业扩张筹资前的资产和筹资规模如表5—1中的（A）栏所示。其中，追加长期借款2 500万元，追加企业所有者投入资本2 000万元，追加存货价值1 500万元，追加设备价值1 500万元，追加长期股权投资1 500万元，假定其他项目没有发生变动。在采取这种扩张筹资后，该公司的资产和资本总额如表5—1中的（B）栏所示。

表5—1 XYZ公司扩张筹资前后资产和资本总额变动表 单位：万元

资 产	扩张筹资前(A)	扩张筹资后(B)	资 本	扩张筹资前(A)	扩张筹资后(B)
现金	500	500	应付账款	1 500	1 500
应收账款	2 500	2 500	短期借款	1 500	1 500
存货	2 000	3 500	长期借款	1 000	3 500
长期股权投资	1 000	2 500	应付债券	2 000	2 000
固定资产	4 000	5 500	股东权益	4 000	6 000
资产总额	10 000	14 500	资本总额	10 000	14 500

通过对表5—1中（A）栏、（B）栏的金额比较可以看出，该公司采取扩张筹资后，资产总额从10 000万元增至14 500万元，与此相应地，资本总额也从10 000万元增至14 500万元，这是公司扩张筹资带来的直接结果。

2. 调整性筹资动机

企业的调整性筹资动机是企业因调整现有资本结构的需要而产生的筹资动机。简言之，资本结构是指企业各种筹资的构成及其比例关系，企业的资本结构是企业采取的各种筹资方式组合而形成的。一个企业在不同时期由于筹资方式的不同组合会形成不尽相同的资本结构，随着相关情况的变化，现有的资本结构可能不再合理，需要相应地予以调整，使之趋于合理。

企业产生调整性筹资动机的原因有很多。譬如，一个企业有些债务到期必须偿付，企业虽然具有足够的偿债能力偿付这些债务，但为了调整现有的资本结构，仍然举债，从而使资本结构更加合理。再如，一个企业由于客观情况的变化，现有的资本结构中债务筹资所占的比例过大，财务风险过高，偿债压力过大，需要降低债务筹资的比例，因而采取债转股等措施予以调整，使资本结构适应客观情况的变化而趋于合理。

例如，XYZ公司调整筹资前的资产和筹资规模如表5—2中的（C）栏所示。该公司经分析认为这种资本结构不再合理，需要采取债转股措施予以调整。调整筹资后的资产和资本情况见表5—2中的（D）栏。

表5—2 XYZ公司调整筹资前后资产和资本总额变动表 单位：万元

资 产	调整筹资前(C)	调整筹资后(D)	资 本	调整筹资前(C)	调整筹资后(D)
现金	500	500	应付账款	2 000	2 000
应收账款	2 500	2 500	短期借款	1 000	1 000
存货	2 000	2 000	长期借款	4 000	2 000

续前表

资　产	调整筹资前(C)	调整筹资后(D)	资　本	调整筹资前(C)	调整筹资后(D)
长期股权投资	1 000	1 000	应付债券	1 000	1 000
固定资产	4 000	4 000	股东权益	2 000	4 000
资产总额	10 000	10 000	资本总额	10 000	10 000

如表 5—2 的（C）栏和（D）栏所示，XYZ 公司调整筹资前的资本结构中债务筹资比例占 80%，股权筹资比例占 20%。调整筹资后的资本结构改变为债务筹资降至 60%，股权筹资升至 40%，该公司的资产和筹资规模并没有发生变化，纯粹是为调整资本结构而筹资。

3. 混合性筹资动机

企业既为扩大规模又为调整资本结构而产生的筹资动机，称为混合性筹资动机，即这种混合性筹资动机中兼容了扩张性筹资和调整性筹资两种筹资动机。在这种混合性筹资动机的驱使下，企业通过筹资，既扩大了资产和资本的规模，又调整了资本结构。

5.1.3　长期筹资的原则

长期筹资是企业的基本财务活动，是企业扩大生产经营规模和调整资本结构所必须采取的行为。为了经济有效地筹集长期资本，长期筹资必须遵循合法性、效益性、合理性和及时性等基本原则。

1. 合法性原则

企业的长期筹资活动影响社会资本及资源的流向和流量，涉及相关主体的经济权益，为此，必须遵守国家有关法律法规，依法履行约定的责任，维护有关各方的合法权益，避免非法筹资行为给企业本身及相关主体造成损失。

2. 效益性原则

企业的长期筹资与投资在效益上应当相互权衡。企业投资是决定企业是否要长期筹资的重要因素。投资收益与资本成本相比较的结果，决定着是否要追加筹资；而一旦采纳某个投资项目，其投资数量就决定了所需长期筹资的数量。因此，企业在长期筹资活动中，一方面要认真分析投资机会，追求投资效益，避免不顾投资效益的盲目筹资；另一方面，由于不同长期筹资方式的资本成本的高低不尽相同，也需要综合研究各种长期筹资方式，寻求最优的长期筹资组合，以便降低资本成本，经济有效地筹集长期资本。

3. 合理性原则

长期筹资必须合理确定所需筹资的数量。企业的长期筹资不论通过哪些筹资渠道，运用哪些筹资方式，都要预先确定筹资的数量。企业筹资固然应当广开财路，但也必须有合理的限度，使所需筹资的数量与投资所需数量达到平衡，避免因筹资数量不足而影响投资活动，或因筹资数量过剩而影响投资效益。

企业的长期筹资还必须合理确定资本结构。合理确定企业的资本结构，主要有两方面的内容：一方面是合理确定股权资本与债务资本的结构，也就是合理确定企业的债务资本规模或比例，债务资本的规模应当与股权资本的规模和偿债能力的要求相适应。在这方面，既要避免债务资本过多，导致财务风险过高，偿债负担过重；又要有效地利用债务资本经营，提高股权资本的收益水平。另一方面是合理确定长期资本与短期资本的比例，也就是合理确定企业全部资本的期限结构，这要与企业资产所需持有的期限相匹配。

4. 及时性原则

企业的长期筹资必须根据企业资本的投放时间安排来予以筹划，及时地取得资本来源，使筹资与投资在时间上相协调。企业投资一般都有投放时间上的要求，尤其是证券投资，其投资的时间性要求非常重要，筹资必须与此相配合，避免筹资过早而造成投资前的资本闲置或筹资滞后而贻误投资的有利时机。

5.1.4 长期筹资的渠道

企业的长期筹资需要通过一定的长期筹资渠道和资本市场。不同的长期筹资渠道各有特点和适用性，需要加以分析研究。企业的筹资渠道是指企业筹集资本来源的方向与通道，体现资本的源泉和流量。筹资渠道主要由社会资本提供者的数量及分布所决定。目前，我国社会资本提供者的数量众多，分布广泛，为企业筹资提供了广泛的资本来源。认识企业筹资渠道的种类及其特点和适用性，有利于企业充分开拓和利用筹资渠道，实现各种筹资渠道的合理组合，有效地筹集长期资本。

企业的长期筹资渠道可以归纳为如下几种。

1. 政府财政资本

政府财政资本历来是国有企业筹资的主要来源，政策性很强，通常只有国有独资或国有控股企业才能利用。政府财政资本具有广阔的源泉和稳固的基础，并在国有企业资本金预算中安排，今后仍然是国有独资或国有控股企业股权资本筹资的重要渠道。

2. 银行信贷资本

银行信贷资本是各类企业筹资的重要来源。银行一般分为商业银行和政策性银行。在我国，商业银行主要有中国工商银行、中国农业银行、中国建设银行、中国银行，以及交通银行等；政策性银行有国家开发银行、中国农业发展银行和中国进出口银行。商业银行可以为各类企业提供各种商业性贷款；政策性银行主要为特定企业提供一定的政策性贷款。银行信贷资本拥有居民储蓄、单位存款等经常性的资本来源，贷款方式灵活多样，可以适应各类企业长期债务资本筹集的需要。

3. 非银行金融机构资本

非银行金融机构资本也可以为一些企业提供一定的长期筹资来源。非银行金融机构是指除银行以外的各种金融机构及金融中介机构。在我国，非银行金融机构主要有租赁公司、保险公司、企业集团的财务公司以及信托投资公司、证券公司。它们有的集聚社会资本，融资融物；有的承销证券，提供信托服务，为一些企业直接筹集资本，或为一些公司发行证券筹资提供承销信托服务。这种筹资渠道的财力虽然比银行小，但具有广阔的发展前景。

4. 其他法人资本

其他法人资本有时亦可为筹资企业提供一定的长期筹资来源。在我国，法人可分为企业法人、事业单位法人和团体法人等。它们在日常的资本运营中，有时也可能形成部分暂时闲置的资本，为了让其发挥一定的效益，也需要相互融通，这就为企业提供了一定的长期筹资来源。

5. 民间资本

民间资本可以为企业直接提供筹资来源。我国企业和事业单位的职工和广大城乡居民持有大量的货币资本，可以对一些企业直接进行投资，为企业筹资提供资本来源。

6. 企业内部资本

企业内部资本主要是指企业通过提取盈余公积和保留未分配利润而形成的资本。这是企业内部形成的筹资渠道，比较便捷，有盈利的企业都可以加以利用。

7. 国外和我国港澳台地区资本

在改革开放的市场条件下，国外以及我国香港、澳门和台湾地区的投资者持有的资本，亦可加以吸收，从而形成外商投资企业的筹资渠道。

对我国企业而言，在上述各种长期筹资渠道中，政府财政资本、其他法人资本、民间资本、企业内部资本、国外和我国港澳台地区资本，可以成为特定企业股权资本的筹资渠道；银行信贷资本、非银行金融机构资本、其他法人资本、民间资本、国外和我国港澳台地区资本，可以成为特定企业债务资本的长期筹资渠道。

5.1.5 长期筹资的类型

由于筹资范围、筹资机制和资本属性不同，企业的长期筹资区分为各种不同类型。

1. 内部筹资与外部筹资

企业的长期筹资按资本来源的范围不同，可分为内部筹资和外部筹资两种类型。企业一般应在充分利用内部筹资来源之后，再考虑外部筹资问题。

(1) 内部筹资。**内部筹资** (internal financing) 是指企业在企业内部通过留用利润而形成的资本来源。内部筹资是在企业内部自然形成的，因此被称为“自动化的资本来源”，一般无须花费筹资费用，其数量通常由企业可分配利润的规模和利润分配政策（或股利政策）所决定。

(2) 外部筹资。**外部筹资** (external financing) 是指企业在内部筹资不能满足需要时，向企业外部筹资而形成的资本来源。处于初创期的企业，内部筹资的可能性是有限的；处于成长期的企业，内部筹资往往难以满足需要。于是，企业就要广泛开展外部筹资。

企业外部筹资的方式很多，主要有投入资本筹资、发行股票筹资、长期借款筹资、发行债券筹资和融资租赁筹资等。

企业的外部筹资大多需要花费筹资费用。譬如，发行股票、发行债券须支付发行费用；取得长期借款有时须支付一定的手续费。

2. 直接筹资与间接筹资

企业的筹资活动按其是否借助银行等金融机构，可分为直接筹资和间接筹资两种类型。这两种筹资活动的区别，主要取决于宏观筹资机制和政策。

(1) 直接筹资。直接筹资是指企业不借助银行等金融机构，直接与资本所有者协商融通资本的一种筹资活动。在直接筹资活动过程中，筹资企业无须借助银行等金融机构，而是直接与资本所有者协商，采用一定的筹资方式取得资本。在我国，随着宏观金融体制改革的深入，直接筹资得以不断发展。

具体而言，直接筹资主要有投入资本、发行股票、发行债券等方式。

（2）间接筹资。间接筹资是指企业借助银行等金融机构融通资本的筹资活动。这是一种传统的筹资类型。在间接筹资活动过程中，银行等金融机构发挥着中介作用。它们先集聚资本，然后提供给筹资企业。间接筹资的基本方式是银行借款和融资租赁。

（3）直接筹资与间接筹资的区别。直接筹资与间接筹资相比，两者有明显的区别，主要表现为以下几个方面。

一是筹资机制不同。直接筹资依赖于资本市场机制如证券交易所，以各种证券（如股票和债券）为媒介；而间接筹资则既可运用市场机制，也可运用计划或行政手段。

二是筹资范围不同。直接筹资具有广阔的领域，可利用的筹资渠道和筹资方式比较多；而间接筹资的范围相对较窄，可利用的筹资渠道和筹资方式比较少。

三是筹资效率和筹资费用高低不同。直接筹资因程序较为繁杂，准备时间较长，故筹资效率较低，筹资费用较高；而间接筹资过程简单，手续简便，故筹资效率较高，筹资费用较低。

四是筹资效应不同。直接筹资可使企业最大限度地筹集社会资本，并有利于提高企业的知名度和资信度，改善企业的资本结构；而间接筹资有时主要是为了满足企业资本周转的需要。

3. 股权性筹资、债务性筹资与混合性筹资

按照资本属性的不同，企业的长期筹资可以分为股权性筹资、债务性筹资和混合性筹资。

（1）股权性筹资。**股权性筹资**（equity financing）形成企业的股权资本，亦称权益资本，是企业依法取得并长期拥有，可自主调配运用的资本。根据我国有关法规制度规定，企业的股权资本由投入资本（或股本）、资本公积、盈余公积和未分配利润组成。按照国际惯例，股权资本通常包括实收资本（或股本）和留用利润（或保留盈余、留存收益）两大部分。

股权性筹资具有下列特性：

一是股权资本的所有权归属于企业的所有者。企业所有者依法凭其所有权参与企业的经营管理和利润分配，并对企业的债务承担有限或无限责任。

二是企业对股权资本依法享有经营权。在企业存续期间，企业有权调配使用股权资本，企业所有者除了依法转让其所有权外，不得以任何方式抽回其投入的资本，因而股权资本被视为企业的“永久性资本”。

我国企业的股权资本一般是通过政府财政资本、其他法人资本、民间资本、企业内部资本，以及国外和我国港澳台地区资本等筹资渠道，采用投入资本和发行股票等方式形成的。

（2）债务性筹资。**债务性筹资**（debt financing）形成企业的债务资本，亦称债务资本，是企业依法取得并依约运用、按期偿还的资本。

债务性筹资具有下列特性：

第一，债务资本体现企业与债权人的债务与债权关系。它是企业的债务，是债权人的债权。

第二，企业的债权人有权按期索取债权本息，但无权参与企业的经营管理和利润分配，对企业的其他债务不承担责任。

第三，企业对持有的债务资本在约定的期限内享有经营权，并承担按期还本付息的义务。

我国企业的债务资本一般是通过银行信贷资本、非银行金融机构资本、其他法人资本、民间资本、国外和我国港澳台地区资本等筹资渠道，采用长期借款、发行债券和融资租赁等方式取得或形成的。

企业的股权资本与债务资本具有一定的比例关系，合理安排股权资本与债务资本的比例关系即资本结构，是企业长期筹资的一个核心问题。

（3）混合性筹资。**混合性筹资**（hybrid financing）是指兼具股权性筹资和债务性筹资双重属性的长期筹资类型，主要包括发行优先股筹资和发行可转换债券筹资。从筹资企业的角度看，优先股股本属于企业的股权资本，但优先股股利同债券利率一样，通常是固定的，因此，优先股筹资归为混合性筹资。从筹资企业的角度看，可转换债券在其持有者将其转换为发行公司股票之前，属于债务性筹资；在其持有者将其转换为发行公司股票之后，则属于股权性筹资。可见，优先股筹资和可转换债券筹资都具有股权性筹资和债务性筹资双重属性，因此属于混合性筹资。

5.2 股权性筹资

企业的股权性筹资一般有投入资本筹资和发行普通股筹资，涉及企业的注册资本制度。因此，本节首先介绍企业的注册资本制度，然后分别讲述投入资本筹资和发行普通股筹资。

5.2.1 注册资本制度

1. 注册资本的含义

一般而言，**注册资本**（registered capital）是企业法人资格存在的物质要件，是股东对企业承担有限责任的界限，也是股东行使股权的依据和标准。具体而言，注册资本是指企业在工商行政管理部门登记注册的资本总额。

根据《公司法》的规定，股份有限公司可以采取发起设立或者募集设立的方式。发起设立是指由发起人认购公司应发行的全部股份而设立公司。募集设立是指由发起人认购公司应发行股份的一部分，其余股份向社会公开募集或者向特定对象募集而设立公司。股份有限公司采取发起设立方式设立的，注册资本为在公司登记机关登记的全体发起人认购的股本总额；采取募集方式设立的，注册资本为在公司登记机关登记的实收股本总额。

有限责任公司的注册资本为在公司登记机关登记的全体股东认缴的出资额。

2. 注册资本制度的模式

从世界各国的情况看，公司注册资本制度的模式主要有三种：

(1) 法定资本制。法定资本制有时又称实收资本制。这种注册资本制度规定公司的实收资本必须等于注册资本，否则公司不得设立。该制度由法国和德国首创，为多数大陆法系国家所采用，如欧洲大陆各国和我国。① 法定资本制模式一般规定公司注册资本的最低限额，并规定公司全体发起人或全体股东首次出资额的最低比例，其余部分限期缴足，有的还规定货币资本出资的最低比例。另外，规定由依法设定的验资机构出具验资证明。由此可见，法定资本制对于注册资本的规定比较严格，其宗旨在于力图保护债权人的利益，维护公司经营的安全。

《公司法》规定，股份有限公司注册资本的最低限额为人民币500万元，公司全体发起人的首次出资额不得低于注册资本的20%，其余部分由发起人自公司成立之日起2年内缴足；其中，投资公司可以在5年内缴足。在缴足前，不得向他人募集股份。股份有限公司采取募集方式设立的，注册资本为在公司登记机关登记的实收股本总额。发行股份的股款缴足后，由依法设定的验资机构出具验资证明。

对于有限责任公司，《公司法》规定注册资本的最低限额为人民币3万元；全体股东的首次出资额不得低于注册资本的20%，也不得低于法定的注册资本最低限额；其余部分由股东自公司成立之日起2年内缴足。其中，投资公司可以在5年内缴足。股东缴纳出资后，必须经依法设立的验资机构验资并出具验资证明。全体股东的货币出资金额不得低于有限责任公司注册资本的30%。

(2) 授权资本制。授权资本制是指公司在设立时，于公司章程中确定资本总额，但不要求股东一次全部缴足，只要缴付首次出资额，公司即可设立；其余部分可授权董事会根据需要随时发行。这种制度允许实收资本和注册资本不一致，公司增减资本比较灵活。授权资本制为英国和美国所创立，主要为英美法系的国家和地区所采用。

(3) 折中资本制。折中资本制是介于法定资本制和授权资本制之间的一种注册资本制度。这种注册资本制度，一般规定公司在设立时应明确资本总额，并规定首次出资额或出资比例以及缴足资本总额的最长期限。由此可见，该制度吸收了法定资本制和授权资本制的优点，一方面允许公司根据实际需要发行资本，以适应公司的经营需要；另一方面规定缴足资本的期限，有利于降低公司的经营风险。

5.2.2 投入资本筹资

投入资本筹资是非股份制企业筹集股权资本的基本方式。

1. 投入资本筹资的主体和属性

(1) 投入资本筹资的含义。按照国际惯例，企业的全部资本按其所有权的归属，可以分为股权资本和债务资本。企业的股权资本一般由投入资本（或股本）和留用利润构成。根据我国有关财务制度规定，企业的股权资本包括资本金、资本公积金、盈余公积金和未分配利润。

企业的资本金是企业所有者为创办和发展企业而投入的资本，是企业股权资本最基本的部分。企业资本金因企业组织形式的不同而有不同的表现形式，在股份制企业中称为股本，在非股份制企业中则称为投入资本。

投入资本筹资是指非股份制企业以协议等形式吸收国家、其他企业、个人和外商

---

① 参见张国平：《法律全球化视角下的我国注册资本制度》，载中国民商法律网站。

等直接投入的资本，形成企业投入资本的一种长期筹资方式。投入资本筹资不以股票为媒介，适用于非股份制企业。它是非股份制企业筹集股权资本的一种基本方式。

（2）投入资本筹资的主体。一般而言，投入资本筹资的主体是指进行投入资本筹资的企业。从法律上讲，现代企业主要有三种组织形式，也可以说是三种企业制度，即独资制、合伙制和公司制。在我国，公司制企业又分为股份制企业（包括股份有限公司和有限责任公司）和国有独资公司。采用投入资本筹资的主体只能是非股份制企业，包括个人独资企业、个人合伙企业和国有独资公司。

2. 投入资本筹资的种类

（1）投入资本筹资按所形成股权资本的构成分类。筹集国家直接投资，主要是国家财政拨款，形成企业的国有资本；筹集其他企业、单位等法人的直接投资，形成企业的法人资本；筹集本企业内部职工和城乡居民的直接投资，形成企业的个人资本；筹集外国投资者和我国港澳台地区投资者的直接投资，形成企业的外商资本。

（2）投入资本筹资按投资者的出资形式分类。筹集现金投资是企业筹集投入资本所乐于采用的形式。企业有了现金，可用于购置资产、支付费用，比较灵活方便。因此，企业一般争取投资者以现金方式出资。各国法规大多对现金出资比例作出规定，或由筹资各方协商确定。筹集非现金投资主要有两类形式：一是筹集实物资产投资，即投资者以房屋、建筑物、设备等固定资产和材料、燃料、产品等流动资产作价投资；二是筹集无形资产投资，即投资者以专利权、商标权、商誉、非专利技术、土地使用权等无形资产作价投资。

3. 投入资本筹资的条件和要求

企业采用投入资本筹资方式筹措股权资本，必须符合一定的条件和要求，主要有以下几个方面：

（1）主体条件。采用投入资本筹资方式筹措投入资本的企业，应当是非股份制企业，包括个人独资企业、个人合伙企业和国有独资公司。而股份制企业按规定应以发行股票方式取得股本。

（2）需要要求。企业投入资本的出资者以现金、实物资产、无形资产出资的，必须符合企业生产经营和科研开发的需要。

（3）消化要求。企业筹集的投入资本，如果是实物和无形资产，必须在技术上能够消化，企业经过努力，在工艺、人员操作等方面能够适应。

4. 投入资本筹资的程序

企业投入资本筹资，一般应依照如下程序进行：

（1）确定投入资本筹资的数量。企业新建或扩大规模而进行投入资本筹资时，应当合理确定所需投入资本筹资的数量。国有独资企业的增资，须由国家授权投资的机构或国家授权的部门决定；合资或合营企业的增资须由出资各方协商决定。

（2）选择投入资本筹资的具体形式。企业面向哪些方向、采用何种具体形式进行投入资本筹资，需要由企业和投资者双向选择，协商确定。企业应根据其生产经营等活动的需要以及协议等规定，选择投入资本筹资的具体方向和形式。

（3）签署决定、合同或协议等文件。企业投入资本筹资，不论是为了新建还是为了增资，都应当由有关方面签署决定或协议等书面文件。对于国有企业，应由国家授权投资的机构签署创建或增资拨款决定；对于合资企业，应由合资各方共同签订合资或增资协议。

(4) 取得资本来源。签署拨款决定或投资协议后，应按规定或计划取得资本来源。吸收国家以现金投资的，通常有拨款计划，确定拨款期限、每期数额及划拨方式，企业可按计划取得现金；吸收出资各方以实物资产和无形资产投资的，应结合具体情况，采用适当方法，进行合理估值，然后办理产权转移手续，取得资产。

5. 筹集非现金投资的估值

企业筹集的非现金投资，主要指流动资产、固定资产和无形资产，应按照评估确定或合同、协议约定的金额计价。

(1) 筹集流动资产的估值。企业筹集的流动资产，包括材料、燃料、产成品、在产品、自制半成品、应收款项和有价证券等。

1) 对于材料、燃料、产成品等，可采用现行市价法或重置成本法进行估值。

2) 对于在产品、自制半成品，可先按完工程度折算为相当于产成品的约当量，再按产成品的估价方法进行估值。

3) 对于应收款项，应针对具体情况，采用合理的估值方法：能够立即收回的应收账款，可以其账面价值作为评估价值；能够立即贴现的应收票据，可以其贴现值作为评估价值；不能立即收回的应收账款，应合理估计其坏账损失，并以其账面价值扣除坏账损失后的金额作为评估价值；能够立即变现的带息票据和计息债券，可以其面额加上持有期间的利息作为评估价值。

(2) 筹集固定资产的估值。筹集的固定资产投资，主要是机器设备、房屋建筑物等。

1) 对于筹集的机器设备，一般采用重置成本法和现行市价法进行估值；对有独立生产能力的机器设备，亦可采用收益现值法估值。评估价值应包括机器设备的直接成本和间接成本。

2) 房屋建筑物价值的高低是由多方面因素决定的，主要受原投资额、地理位置、质量、新旧程度等因素的影响，可采用现行市价法并结合收益现值法进行估值。

(3) 筹集无形资产的估值。企业筹集的无形资产投资主要有专利权、专有技术、商标权、商誉、土地使用权、特许经营权、租赁权、版权等。1) 对于能够单独计算自创成本或外购成本的无形资产，如专利权、专有技术等，可以采用重置成本法估值。2) 对于在现时市场上有交易参照物的无形资产，如专利权、租赁权、土地使用权等，可采用现行市价法进行估值。3) 对于无法确定研制成本或购买成本，又不能在市场上找到交易参照物，但能为企业持续带来收益的无形资产，如特许经营权、商标权、商誉等，可采用收益现值法估值。

6. 投入资本筹资的优缺点

投入资本筹资是我国企业筹资中最早采用的一种方式，也曾经是我国国有企业、集体企业、合资或联营企业普遍采用的筹资方式。它既有优点，也有不足。

(1) 投入资本筹资的优点。主要有：投入资本筹资所筹取的资本属于企业的股权资本，与债务资本相比，它能提高企业的资信和借款能力；投入资本筹资不仅可以筹取现金，而且能够直接获得所需的先进设备和技术，与仅筹取现金的筹资方式相比，它能尽快地形成生产经营能力，投入资本筹资的财务风险较低。

(2) 投入资本筹资的缺点。主要有：投入资本筹资通常资本成本较高；投入资本筹资未能以股票为媒介，产权关系有时不够明晰，也不便于进行产权交易。

5.2.3 发行普通股筹资

发行股票筹资是股份有限公司筹集股权资本的基本方式。本节阐述股票筹资中发行普通股筹资的实务操作。发行优先股筹资的特殊问题将在第 5.4 节中介绍。

1. 股票的含义和种类

(1) 股票的含义。**股票** (stock) 是股份有限公司为筹措股权资本而发行的有价证券，是持股人拥有公司股份的凭证。它代表持股人在公司中拥有股份的所有权。股票持有人即为公司的股东。公司股东作为出资人按投入公司的资本额享有所有者的资产收益、公司重大决策和选择管理者的权利，并以其所持股份为限对公司承担责任。

(2) 股票的种类。股份有限公司根据筹资者和投资者的需要，发行各种不同的股票。股票的种类很多，可按不同的标准进行分类。

1) 股票按股东的权利和义务，可分为普通股和优先股。

普通股 (common stock) 是公司发行的代表着股东享有平等的权利、义务，不加特别限制，股利不固定的股票。普通股是最基本的股票。通常情况下，股份有限公司只发行普通股。

普通股在权利和义务方面的特点是：普通股股东享有公司的经营管理权；普通股股利分配在优先股之后进行，并依公司盈利情况而定；公司解散清算时，普通股股东对公司剩余财产的请求权位于优先股股东之后；公司增发新股时，普通股股东具有优先认购权，可以优先认购公司所发行的股票。

优先股 (preferred stock) 是公司发行的优先于普通股股东分取股利和公司剩余财产的股票。多数国家的公司法规定，优先股可以在公司设立时发行，也可以在公司增发新股时发行。但有些国家的法律则规定，优先股只能在特殊情况下，如公司增发新股或清理债务时才准许发行。

2) 股票按票面有无记名，可分为记名股票和无记名股票。

记名股票是在股票票面上记载股东的姓名或者名称的股票，股东姓名或名称要记入公司的股东名册。《公司法》规定，公司向发起人、国家授权投资的机构、法人发行的股票，应为记名股票；向社会公众发行的股票，可以为记名股票，也可以为无记名股票。记名股票一律用股东本名，其转让、继承要办理过户手续。

无记名股票是在股票票面上不记载股东的姓名或名称的股票，股东姓名或名称也不记入公司的股东名册，公司只记载股票数量、编号及发行日期。公司对社会公众发行的股票可以为无记名股票。无记名股票的转让、继承无须办理过户手续即实现股权的转移。

3) 股票按票面是否标明金额，可分为有面额股票和无面额股票。

有面额股票是公司发行的票面标有金额的股票。持有这种股票的股东，对公司享有权利和承担义务的大小，以其所拥有的全部股票的票面金额之和占公司发行在外股票总面额的比例大小来定。《公司法》规定，股票应当标明票面金额。

无面额股票不标明票面金额，只在股票上载明所占公司股本总额的比例或股份数，故也称“分权股份”或“比例股”。其之所以采用无面额股票，是因为股票价值实际上是随公司财产的增减而变动的。发行无面额股票，有利于促使投资者在购买股票时，注意计算股票的实际价值。

4）股票按投资主体的不同，可分为国家股、法人股、个人股和外资股。

国家股是有权代表国家投资的部门或机构以国有资产向公司投入而形成的股份。国家股由国务院授权的部门或机构持有，并向公司委派股权代表。

法人股是指企业法人依法以其可支配的资产向公司投入而形成的股份，或具有法人资格的事业单位和社会团体以国家允许用于经营的资产向公司投入而形成的股份。

个人股为社会个人或本公司职工以个人合法财产投入公司而形成的股份。

外资股是指外国和我国港澳台地区投资者购买的我国上市公司股票。

5）股票按发行时间的先后，可分为始发股和新股。始发股是设立时发行的股票。新股是公司增资时发行的股票。始发股和新股的发行具体条件、目的、发行价格不尽相同，但股东的权利、义务是一致的。

6）股票按发行对象和上市地区分类。我国目前的股票还按发行对象和上市地区分为A股、B股、H股、N股和S股等。A股是指供我国个人或法人，以及合格的境外机构投资者（qualified foreign institutional investors，QFII，2003年7月起开放）买卖的，以人民币标明票面价值并以人民币认购和交易的股票；B股是指供外国和我国港澳台地区的投资者，以及我国境内个人投资者（2001年2月起开放）买卖的，以人民币标明面值但以外币认购和交易的股票。A股、B股在上海、深圳证券交易所上市。H股、N股、S股是指公司注册地在中国大陆，但上市地分别是我国香港联交所、美国纽约证券交易所和新加坡交易所的股票。

2. 股票发行的要求

股份有限公司发行股票，通常分为设立发行和增资发行。根据《公司法》、《《中华人民共和国证券法》》（以下简称《证券法》）等法规的规定，必须遵循下列基本要求。

（1）股份有限公司的资本划分为股份，每一股的金额相等。

（2）公司的股份采取股票的形式，股票是公司签发的证明股东所持股份的凭证。

（3）股票的发行，实行公平、公正的原则，同种类的每一股份应当具有同等权利。

（4）同次发行的同种类股票，每股的发行条件和价格应当相同；任何单位或者个人所认购的股份，每股应当支付相同金额。

（5）股票发行价格可以按票面金额（即平价）确定，也可以按超过票面金额（即溢价）的价格确定，但不得按低于票面金额（即折价）的价格确定。

3. 股票发行的条件

根据国家有关法律法规和国际惯例，股份有限公司发行股票以及可转换公司债券，必须具备一定的条件。

（1）公司的组织机构健全、运行良好，包括：公司章程合法有效，股东大会、董事会、监事会和独立董事制度健全，能够依法有效履行职责；公司内部控制制度健全，能够有效保证公司运行的效率、合法合规性和财务报告的可靠性；内部控制制度的完整性、合理性、有效性不存在重大缺陷；现任董事、监事和高级管理人员具备任职资格，能够忠实和勤勉地履行职务；上市公司与控股股东或实际控制人的人员、资产、财务分开，机构、业务独立，能够自主经营管理；最近12个月内不存在违规对外提供担保的行为。

(2) 公司的盈利能力具有可持续性，包括：最近3个会计年度连续盈利。扣除非经常性损益后的净利润与扣除前的净利润相比，以低者作为计算依据；业务和盈利来源相对稳定，不存在严重依赖控股股东、实际控制人的情形；现有主营业务或投资方向能够可持续发展，经营模式和投资计划稳健，主要产品或服务的市场前景良好，行业经营环境和市场需求不存在现实或可预见的重大不利变化；高级管理人员和核心技术人员稳定，最近12个月内未发生重大不利变化；公司重要资产、核心技术或其他重大权益的取得合法，能够持续使用，不存在现实或可预见的重大不利变化；不存在可能严重影响公司持续经营的担保、诉讼、仲裁或其他重大事项；最近24个月内曾公开发行证券的，不存在发行当年营业利润比上年下降50%以上的情形。

(3) 公司的财务状况良好，包括：会计基础工作规范，严格遵循国家统一会计制度的规定；最近3年内财务报表未被注册会计师出具保留意见、否定意见或无法表示意见的审计报告；被注册会计师出具带强调事项段的无保留意见审计报告的，所涉及的事项对发行人无重大不利影响或者在发行前重大不利影响已经消除；资产质量良好，不良资产不足以对公司财务状况造成重大不利影响；经营成果真实，现金流量正常。营业收入和成本费用的确认严格遵循国家有关企业会计准则的规定，最近3年资产减值准备计提充分合理，不存在操纵经营业绩的情形；最近3年以现金或股票方式累计分配的利润不少于最近3年实现的年均可分配利润的20%。

(4) 公司募集资金的数额和使用符合规定，包括：募集资金数额不超过项目需要量；募集资本用途符合国家产业政策和有关环境保护、土地管理等法律和行政法规的规定；除金融类企业外，本次募集资金使用项目不得为持有交易性金融资产和可供出售金融资产、借予他人、委托理财等财务性投资，不得直接或间接投资于以买卖有价证券为主要业务的公司；投资项目实施后，不会与控股股东或实际控制人产生同业竞争或影响公司生产经营的独立性；建立募集资金专项存储制度，募集资金必须存放于公司董事会指定的专项账户。

4. 股票的发行程序

各国对股票的发行程序都有严格的法律规定，未经法定程序发行的股票无效。根据我国《上市公司证券发行管理办法》的规定，上市公司申请发行股票以及可转换债券，应当依照下列程序。

(1) 公司董事会应当依法作出决议，包括本次证券发行的方案、募集资金使用的可行性报告和前次募集资金使用的报告以及其他必须明确的事项等，并提请股东大会批准。

(2) 公司股东大会就发行股票作出决定，至少应当包括本次发行证券的种类和数量、发行方式、发行对象及向原股东配售的安排、定价方式或价格区间、募集资金用途、决议的有效期、对董事会办理本次发行具体事宜的授权以及其他必须明确的事项。

(3) 公司申请公开发行股票或者非公开发行新股，应当由保荐人保荐，并向中国证监会申报。保荐人应当按照中国证监会的有关规定编制和报送发行申请文件。

(4) 中国证监会依照下列程序审核发行证券的申请：收到申请文件后，5个工作日内决定是否受理；中国证监会受理后，对申请文件进行初审；发行审核委员会审核申请文件；中国证监会作出核准或者不予核准的决定。

(5) 自中国证监会核准发行之日起，公司应在 6 个月内发行证券；超过 6 个月未发行的，核准文件失效，须重新经中国证监会核准后方可发行。公司发行证券前发生重大事项的，应暂缓发行，并及时报告中国证监会。该事项对本次发行条件构成重大影响的，发行证券的申请应重新经过中国证监会核准。

(6) 证券发行申请未获核准的上市公司，自中国证监会作出不予核准的决定之日起 6 个月后，可再次提出证券发行申请。

5. 股票的发售方式

股票的发售方式，是指股份有限公司向社会公开发行股票时所采取的股票销售方式，有自销和承销两种方式。股票的发行是否成功，最终取决于能否成功地将股票全部销售出去。根据我国《上市公司证券发行管理办法》的规定，上市公司公开发行股票，应当由证券公司承销；非公开发行股票，发行对象均属于原前十名股东的，可以由上市公司自行销售。

(1) 自销方式。股票发行的自销方式，是指股份有限公司在非公开发行股票时，自行直接将股票出售给认购股东，而不经过证券经营机构承销。非公开发行股票，发行对象均属于原前十名股东的，公司可以采用自销方式。自销方式可由发行公司直接控制发行过程，实现发行意图，并可节约发行成本，但发行风险完全由发行公司承担，主要由知名度高、有实力的公司向现有股东推销股票时采用。

(2) 承销方式。股票发行的承销方式，是指发行公司将股票销售业务委托给证券承销机构代理。证券承销机构是指专门从事证券买卖业务的金融中介机构，在我国主要为证券公司、信托投资公司等，在美国一般是投资银行，在日本则是被称为“干事公司”的证券公司。承销方式是发行股票所普遍采用的推销方式。我国《上市公司证券发行管理办法》规定，公司向社会公开发行股票，应由依法设立的证券经营机构承销。

承销方式包括包销和代销两种办法。

1) 股票发行的包销，是由发行公司与证券经营机构签订承销协议，全权委托证券承销机构代理股票的发售业务。采用这种办法，一般由证券承销机构买进股份公司公开发行的全部股票，然后将所购股票转销给社会上的投资者。在规定的募股期限内，若实际招募股份数达不到预定发行股份数，剩余部分由证券承销机构全部承购下来。发行公司选择包销办法，可促进股票顺利出售，及时筹足资本，还可免于承担发行风险；不利之处是要将股票以略低的价格出售给承销商，且实际付出的发行费用较高。

2) 股票发行的代销，是由证券经营机构代理股票发售业务，若实际募股份数达不到预定发行股份数，承销机构不负承购剩余股份的责任，而是将未售出的股份归还给发行公司，发行风险由发行公司自己承担。

6. 股票的发行价格

(1) 股票发行价格的意义。股票发行价格是股份公司发行股票时，将股票出售给认购者所采用的价格，也就是投资者认购股票时所支付的价格。股票发行价格对于发行公司和新老股东以及承销机构具有重要意义。它关系到发行公司与投资者之间、新股东与老股东之间以及发行公司与承销机构之间的利益关系。股票发行价格如果过低，可能难以满足发行公司的筹资需求，甚至会损害老股东的利益；股票发行价格如果太高，可能加大投资者的风险，增大承销机构的发行风险和发行难度，抑制投资者的认购热情。因此，发行公司及承销机构需要对有关因素进行综合考虑，合理确定股票的发行价格。

（2）股票发行的定价原则。《公司法》等法规规定了股票发行定价的原则要求，主要有：同次发行的股票，每股发行价格应当相同；任何单位或个人所认购的股份，每股应当支付相同的价款；股票发行价格可以等于票面金额，也可以超过票面金额，但不得低于票面金额。以超过票面金额的价格发行股票的，须经国务院证券管理部门批准。

（3）股票发行的定价方式。综合国内外股票市场，股票发行定价的方式主要有固定价格方式和累计订单定价方式两种。其中，累计订单定价方式是美国等股票市场通常采用的股票发行定价方式，其基本做法是：首先由承销团与发行公司商定定价区间，通过市场促销征集在每个价位上的需求量；然后分析需求数量分布，由主承销商与发行公司确定最终发行价格。

固定价格方式是英国、日本和我国香港等股票市场通常采用的股票发行定价方式，其基本做法是：在公开发行前，先由承销商与发行公司商定固定的股票发行价格，然后按照该价格公开发售股票。

我国上市公司股票的发行定价方式经历了行政定价向市场化定价演变的过程。最初采用固定价格方式，随后改为固定市盈率和控制市盈率的方式，后来采用询价方式。询价方式实质上属于累计订单定价方式。询价分为两个阶段：第一阶段为发行公司及其保荐人向专业机构投资者初步询价，征询发行价格区间；第二阶段是发行公司和主承销商在确定的发行价格区间内向机构投资者征询发行价格，最终确定股票发行价格。目前证监会正在酝酿股票发行定价方式改革，新的规定即将出台。

7. 股票上市

（1）股票上市的意义。股票上市是指股份有限公司公开发行的股票，符合规定条件，经过申请批准后在证券交易所作为挂牌交易的对象。经批准在证券交易所上市交易的股票，称为上市股票；股票上市的股份有限公司称为上市公司。

股份有限公司申请股票上市，基本目的是增加本公司股票的吸引力，形成稳定的资本来源，能在更大范围内筹措大量资本。股票上市对上市公司而言，主要有如下意义：1）提高公司所发行股票的流动性和变现性，便于投资者认购、交易；2）促进公司股权的社会化，避免股权过于集中；3）提高公司的知名度；4）有助于确定公司增发新股的发行价格；5）便于确定公司的价值，有利于促进公司实现财富最大化目标。因此，不少公司都积极创造条件，争取股票上市。

但也有人认为，股票上市对公司不利，主要表现在：各种信息公开的要求可能会泄露公司的商业秘密；股市的波动可能歪曲公司的实际情况，损害公司的声誉；可能分散公司的控制权。因此，有些公司即使已符合上市条件，也宁愿放弃上市机会。

（2）股票上市的条件。股票上市条件也称股票上市标准，是指对申请上市公司所作的规定或要求。按照国际惯例，股票上市的条件一般有开业时间、资产规模、股本总额、持续盈利能力、股权分散程度、每股市价等。各国对股票上市条件都规定了具体的数量标准。

《证券法》规定，股份有限公司申请股票上市，应当符合下列条件：

1）股票经国务院证券监督管理机构核准已公开发行；

2）公司股本总额不少于人民币3 000万元；

3）公开发行的股份达到公司股份总数的25%以上；公司股本总额超过人民币4亿元的，公开发行股份的比例为10%以上；

4）公司最近3年无重大违法行为，财务会计报告无虚假记载。

证券交易所可以规定高于前款规定的上市条件，并报国务院证券监督管理机构批准。

（3）股票上市的决策。股份公司为实现其上市目标，须在申请上市前对公司状况进行分析，对上市股票的股利决策、股票上市方式和上市时机作出决策。

1）公司状况分析。申请股票上市的公司，须分析公司及其股东的状况，全面分析权衡股票上市的各种利弊及其影响，确定关键因素。例如，如果公司面临的主要问题是资本不足，现有股东筹资风险过大，则可通过股票上市予以解决；倘若公司目前存在的关键问题是，一旦控制权外流，就会导致公司的经营不稳定，从而影响公司长期稳定发展，则可放弃上市计划。

2）上市股票的股利决策。股利决策包括股利政策和股利分派方式的选择。股利决策既影响上市股票的吸引力，又影响公司的支付能力，因此，必须作出合理的选择。

股利政策通常有固定股利额、固定股利率、正常股利加额外股利等政策。固定股利额能给市场以稳定的信息，有利于保持上市股票价格的稳定性，增强投资者的信心，有利于投资者有计划地安排股利的使用，但这也成为公司的固定财务负担。固定股利率可与公司盈利水平相衔接，但股利额不稳定。正常股利加额外股利的政策既能保持股利的稳定性，又能实现股利与盈利之间的配合，故为许多上市公司所采用。

股利分派方式主要有现金股利、股票股利、财产股利等。现金股利适合公司在具有充足的现金时采用。股票股利可在公司现金短缺时选用。财产股利一般是指公司以其投资的短期有价证券代替现金分派股利，这种证券变现能力强，股东可以接受，而公司不必立即支付现金，可以暂时弥补公司现金的不足。

3）股票上市方式的选择。股票上市的方式一般有公开发售、反向收购等。申请上市的公司需要根据股市行情、投资者和本公司的具体情况进行选择。

公开发售是股票上市的最基本方式，申请上市的公司通常采用这种上市方式，该方式有利于满足公司增加现金资本的需要，有利于原股东转让其所持有的部分股份。

反向收购是指申请上市的公司收购已上市的较小公司的股票，然后向被收购的公司股东配售新股，以达到筹资的目的。

4）股票上市时机的选择。股票上市的最佳时机，是在公司预计来年会取得良好业绩之时。当然，还须考虑当时的股市行情如何。

8. 普通股筹资的优缺点

股份有限公司运用普通股筹集股权资本，与优先股、公司债券、长期借款等筹资方式相比，有其优点和缺点。

（1）普通股筹资的优点。

1）普通股筹资没有固定的股利负担。公司有盈利，并认为适合分配股利，可以分给股东；公司盈利较少，或虽有盈利但资本短缺或有更有利的投资机会，也可以少支付或者不支付股利。而对于债券或借款的利息，无论企业是否盈利及盈利多少，都必须予以支付。

2）普通股股本没有规定的到期日，无须偿还，它是公司的永久性资本，除非公司清算，才予以清偿。这对于保证公司对资本的最低需要额，促进公司持续稳定经营具有重要作用。

3）利用普通股筹资的风险小。由于普通股股本没有固定的到期日，一般也不用支付固定的股利，不存在还本付息的风险。

4）发行普通股筹集股权资本能提升公司的信誉。普通股股本以及由此产生的资本公积金和盈余公积金等，是公司筹措债务资本的基础。较多的股权资本，有利于提高公司的信用价值，同时可为利用更多的债务资本筹资提供强有力的支持。

（2）普通股筹资的缺点。

1）资本成本较高。一般而言，普通股筹资的成本要高于债务资本。这主要是由于投资于普通股风险较大，相应要求较高的报酬，并且股利应从所得税后利润中支付，而债务筹资方式的债权人风险较小，所支付的利息允许在税前扣除。此外，普通股发行成本也较高。一般来说，发行证券费用最高的是普通股，其次是优先股，再次是公司债券，最后是长期借款。

2）利用普通股筹资，出售新股票，增加新股东，一方面，可能会分散公司的控制权；另一方面，新股东对公司已积累的盈余具有分享权，会降低普通股的每股收益，从而可能引起普通股股价的下跌。

3）如果以后增发普通股，可能会引起股票价格的波动。

5.3 债务性筹资

债务性筹资是指企业通过借款、发行债券和融资租赁等方式筹集的长期债务资本。本节分别介绍长期借款、发行债券和融资租赁三种长期债务性筹资方式。

5.3.1 长期借款筹资

长期借款筹资是各类企业通常采用的一种债务性筹资方式。

1. 长期借款的种类

长期借款（long-term loan）是指企业向银行等金融机构以及向其他单位借入的，期限在1年以上的各种借款。长期银行借款与短期银行借款在借款信用条件方面基本相同。长期借款有不同的种类。

（1）长期借款按提供贷款的机构，可分为政策性银行贷款、商业银行贷款和其他金融机构贷款。

1）政策性银行贷款，是执行国家政策性贷款业务的银行（通称政策性银行）提供的贷款，通常为长期贷款。

2）商业银行贷款，包括短期贷款和长期贷款，其中长期贷款的一般特征为：期限长于1年；企业与银行之间要签订借款合同，含有对借款企业的具体限制条件；有规定的借款利率，可固定，亦可随基准利率的变动而变动；主要实行分期偿还方式，一般每期偿还金额相等，也可采用到期一次偿还方式。

3）其他金融机构贷款，其他金融机构对企业的贷款一般较商业银行贷款的期限更长，要求的利率较高，对借款企业的信用要求和担保的选择也比较严格。

（2）长期借款按有无抵押品作担保，可分为抵押贷款和信用贷款。

1）**抵押贷款**（mortgage loan）是指以特定的抵押品为担保的贷款。作为贷款担保的抵押品可以是不动产、机器设备等实物资产，也可以是股票、债券等有价证券。它们必须是能够变现的资产。如果贷款到期时借款企业不能或不愿偿还贷款，银行可取消企业对抵押品的赎回权，并有权处理抵押品。抵押贷款有利于降低银行贷款的风险，提高贷款的安全性。

2）**信用贷款**（credit loan）是指不以抵押品作担保的贷款，即仅凭借款企业的信用或某保证人的信用而发放的贷款。信用贷款通常仅由借款企业出具签字的文书，一般是贷给那些资信优良的企业。对于这种贷款，由于风险较高，银行通常要收取较高的利息，并附加一定的限制条件。

（3）按贷款的用途，我国银行长期贷款通常分为基本建设贷款、更新改造贷款、科研开发和新产品试制贷款等。

2. 银行借款的信用条件

按照国际惯例，银行借款往往附加一些信用条件，主要有授信额度、周转授信协议、补偿性余额。

（1）授信额度。授信额度是借款企业与银行间正式或非正式协议规定的企业借款的最高限额。通常在授信额度内，企业可随时按需要向银行申请借款。例如，在正式协议下，约定某企业的授信额度为 5 000 万元，该企业已借用 3 000 万元且尚未偿还，则该企业仍可申请 2 000 万元，银行将予以保证。但在非正式协议下，银行并不承担按最高借款限额保证贷款的法律义务。

（2）周转授信协议。周转授信协议是一种经常被大公司使用的正式授信额度。与一般授信额度不同，银行对周转信用额度负有法律义务，并因此向企业收取一定的承诺费用，一般按企业使用的授信额度的一定比率（2‰左右）计算。

（3）补偿性余额。补偿性余额是银行要求借款企业保持按贷款限额或实际借款额的 10%～20%的平均存款余额留存银行。银行通常都有这种要求，目的是降低银行贷款风险，提高贷款的有效利率，以补偿银行的损失。例如，如果某企业需借款 80 000元以清偿到期债务，贷款银行要求维持 20%的补偿性余额，那么该企业为了获取 80 000 元必须借款 100 000 元。如果名义利率为 8%，则实际利率为：

$$\frac{100\,000\times 8\%}{100\,000\times(1-20\%)}=10\%$$

在银行附加上述信用条件的情况下，企业取得的借款属于信用借款。

3. 企业对贷款银行的选择

借款企业除了考虑借款种类、借款成本等因素外，还须对贷款银行进行分析，作出选择。对贷款银行的选择，通常要考虑以下几个方面。

（1）银行对贷款风险的政策。银行通常都对其贷款的风险作出政策性的规定。有些银行倾向于保守政策，只愿承担较小的贷款风险；而有些银行则富有开拓性，敢于承担较大的风险。这与银行的实力和环境有关。

（2）银行与借款企业的关系。银行与借款企业的现存关系，是由以往借贷业务形成的。一个企业可能与多家银行有业务往来，且这种关系的亲密程度不同。当借款企业面临财务困难时，有的银行可能大力支持，帮助企业渡过难关；而有的银行可能会施加更大的压力，迫使企业偿还贷款，或付出高昂的代价。

（3）银行为借款企业提供的咨询与服务。有些银行会主动帮助借款企业分析潜在的财务问题，提出解决问题的建议和办法，为企业提供咨询与服务，同企业交流有关信息。这对借款企业具有重要的参考价值。

（4）银行对贷款专业化的区分。一般而言，大银行都设有不同类别的部门，分别处理不同行业的贷款，如工业、商业、农业等。这种专业化的区分，影响不同行业的企业对银行的选择。

4. 长期借款的程序

现以长期银行借款为主，介绍企业借款的基本程序。

（1）企业提出申请。企业申请借款必须符合贷款条件。确定贷款条件的依据是：企业单位设置的合法性、经营的独立性、自有资本的充足性、经营的盈利性及贷款的安全性。企业借款应具备的基本条件为：1）企业经营的合法性；2）企业经营的独立性；3）企业具有一定数量的自有资金；4）企业在银行开立基本账户；5）企业有按期还本付息的能力。

企业提出的借款申请，应陈述借款的原因、借款金额、用款时间与计划、还款期限与计划。

（2）银行进行审批。银行针对企业的借款申请，按照有关规定和贷款条件，对借款企业进行审查，依据审批权限，核准企业申请的借款金额和用款计划。银行审查的内容包括：1）企业的财务状况；2）企业的信用情况；3）企业的盈利稳定性；4）企业的发展前景；5）借款投资项目的可行性等。

（3）签订借款合同。银行经审查批准借款合同后，可与借款企业进一步协商贷款的具体条件，签订正式的借款合同，明确规定贷款的数额、利率、期限和一些限制性条款。

（4）企业取得借款。借款合同生效后，银行可在核定的贷款指标范围内，根据用款计划和实际需要，一次或分次将贷款转入企业的存款结算户，以便企业支用借款。

（5）企业偿还借款。企业应按借款合同的规定按期还本付息。企业偿还贷款的方式通常有三种：1）到期日一次偿还。在这种方式下，还款集中，借款企业须于贷款到期日前做好准备，以保证全部清偿到期贷款。2）定期偿还相等份额的本金。即在到期日之前定期（如每 1 年或 2 年）偿还相同的金额，至贷款到期日还清全部本金。3）分批偿还。每批金额不等，便于企业灵活安排。

贷款到期经银行催收，如果借款企业不予偿付，银行可按合同规定，从借款企业的存款户中扣收贷款本息及加收的利息。

借款企业如因暂时财务困难需延期偿还贷款，应向银行提交延期还贷计划，经银行审查核实，续签合同，但通常要加收利息。

5. 借款合同的内容

借款合同是规定借贷当事人各方权利和义务的契约。借款企业提出的借款申请经贷款银行审查认可后，双方即可在平等协商的基础上签订借款合同。借款合同依法签订后，即具有法律约束力，借贷当事人各方必须遵守合同条款，履行合同约定的义务。

（1）借款合同的基本条款。根据我国有关法规，借款合同应具备下列基本条款：1）借款种类；2）借款用途；3）借款金额；4）借款利率；5）借款期限；6）还款资金来源及还款方式；7）保证条款；8）违约责任等。

其中，保证条款是规定借款企业申请借款应具有银行规定比例的自有资本，若有适销或适用的财产物资作贷款保证，当借款企业无力偿还到期贷款时，贷款银行有权处理作为贷款保证的财产物资；必要时还可规定保证人，保证人必须具有足够代偿借款的财产，当借款企业不履行合同时，由保证人承担偿付本息的连带责任。

（2）借款合同的限制条款。由于长期贷款的期限长、风险较大，因此，除合同的基本条款以外，按照国际惯例，银行对借款企业通常都约定一些限制性条款，主要有如下三类：1）一般性限制条款。主要包括：企业须持有一定额度的现金及其他流动资产，以保持其资产的合理流动性及支付能力；限制企业支付现金股利；限制企业资本支出的规模；限制企业借入其他长期资金等。2）例行性限制条款。多数借款合同都有这类条款，一般包括：企业定期向银行报送财务报表；不能出售太多的资产；债务到期要及时偿付；禁止应收账款的转让等。3）特殊性限制条款。例如，要求企业主要领导人购买人身保险，规定借款的用途不得改变等。这类限制条款只在特殊情形下才生效。

6. 长期借款筹资的优缺点

（1）长期借款的优点。

1）借款筹资速度较快。企业利用长期借款筹资，一般所需时间较短，程序较为简单，可以快速获得现金。而发行股票、债券筹集长期资金，须做好发行前的各种工作，发行也需一定时间，故耗时较长，程序复杂。

2）借款资本成本较低。利用长期借款筹资，其利息可在所得税前列支，故可减少企业实际负担的成本，因此比股票筹资的成本要低得多；与债券相比，借款利率一般低于债券利率；此外，由于借款属于间接筹资，因此筹资费用极少。

3）借款筹资弹性较大。在借款时，企业与银行直接商定贷款的时间、数额和利率等；在用款期间，企业如因财务状况发生某些变化，亦可与银行再行协商，变更借款数量及还款期限等。因此，对企业而言，长期借款筹资具有较大的灵活性。

4）企业利用借款筹资，与债券筹资一样，可以发挥财务杠杆的作用。

（2）长期借款的缺点。

1）借款筹资风险较大。借款通常有固定的利息负担和固定的偿付期限，故借款企业的筹资风险较大。

2）借款筹资限制条件较多。这可能会影响到企业以后的筹资和投资活动。

3）借款筹资数量有限。一般不像股票、债券筹资那样可以一次筹集到大笔资金。

5.3.2 发行普通债券筹资

债券是债务人为筹集债务资本而发行的，约定在一定期限内向债权人还本付息的有价证券。发行债券是企业筹集债务资本的重要方式。我国非公司企业发行的债券称为企业债券。按照《公司法》和国际惯例，股份有限公司和有限责任公司发行的债券称为公司债券，有时简称公司债。公司发行债券通常是为其大型投资项目一次筹集大笔长期资本。

为与可转换债券进行区别，这里主要讲述公司债券的基本问题以及一般的或普通的债券筹资。

1. 债券的种类

(1) 公司债券按有无记名分类，可分为记名债券与无记名债券。

1) 记名债券是指在券面上记载持券人的姓名或名称的债券。对于这种债券，公司只对记名人偿付本金，持券人凭印鉴支取利息。记名债券的转让由债券持有人以背书等方式进行，并由发行公司将受让人的姓名或名称载于公司债券存根簿。

2) 无记名债券是指在券面上不记载持券人的姓名或名称，还本付息以债券为凭，一般实行剪票付息的债券。债券持有人将债券交付给受让人后即发挥转让效力。

(2) 公司债券按有无抵押担保分类，可分为抵押债券与信用债券。

1) 抵押债券又称有担保债券，是指发行公司有特定财产作为担保品的债券。其按担保品的不同又可分为不动产抵押债券、动产抵押债券、信托抵押债券。信托抵押债券是指公司以其持有的有价证券为担保而发行的债券。

抵押债券还可按抵押品的先后担保顺序分为第一抵押债券和第二抵押债券。公司解散清算时，只有在第一抵押债券持有人的债权已获清偿后，第二抵押债券持有人才有权索偿剩余的财产，因此后者要求的利率相对较高。

2) 信用债券又称无担保债券，是指发行公司没有抵押品作为担保，完全凭信用发行的债券。这种债券通常是由信誉良好的公司发行，利率一般略高于抵押债券。

(3) 公司债券按利率是否变动分类，可分为固定利率债券与浮动利率债券。

1) 固定利率债券的利率在发行债券时即已确定并载于债券券面。

2) 浮动利率债券的利率在发行债券之初不固定，而是根据有关利率，如银行存贷款利率等加以确定。

(4) 公司债券按是否参与利润分配，可分为参与债券与非参与债券。

1) 参与债券的持有人除可获得预先规定的利息外，还享有一定程度参与发行公司收益分配的权利，其参与利润分配的方式与比例必须事先规定。实践中这种债券一般很少。

2) 非参与债券的持有人则没有参与利润分配的权利。公司债券大多为非参与债券。

(5) 公司债券按债券持有人的特定权益，可分为收益债券、可转换债券和附认股权债券。

1) **收益债券**（income bond）是指只有当发行公司有税后利润可供分配时才支付利息的一种公司债券。这种债券对发行公司而言，不必承担固定的利息负担；对投资者而言，风险较大，收益亦可能较高。

2）**可转换债券**（convertible bond）是指根据发行公司债券募集办法的规定，债券持有人可将其转换为发行公司的股票的债券。发行可转换债券的公司，应规定转换办法，并应按转换办法向债券持有人换发股票。债券持有人有权选择是否将其所持债券转换为股票。发行这种债券，既可为投资者增加灵活的投资机会，又可为发行公司调整资本结构或缓解财务压力提供便利。

3）**附认股权债券**（bond with warrants）是指所发行的债券附带允许债券持有人按特定价格认购股票的一种长期选择权。这种认股权通常随债券发放，具有与可转换债券相类似的属性。附认股权债券的票面利率，与可转换债券一样，通常低于一般的公司债券。

（6）公司债券按是否上市交易，可分为上市债券与非上市债券。按照国际惯例，公司债券与股票一样，也有上市与非上市之分。上市债券是经有关机构审批，可以在证券交易所买卖的债券。

债券上市对发行公司和投资者都有一定的好处：1）上市债券因其符合一定的标准，信用度较高，能卖较好的价钱；2）债券上市有利于提高发行公司的知名度；3）上市债券成交速度快，变现能力强，更易吸引投资者；4）上市债券交易便利，成交价格比较合理，有利于公平筹资和投资。

发行公司欲使其债券上市，需要具备规定的条件，并提出申请，遵循一定的程序。

2. 发行债券的资格与条件

（1）发行债券的资格。根据《公司法》的规定，股份有限公司、国有独资公司和两个以上的国有企业或者其他两个以上的国有投资主体投资设立的有限责任公司，具有发行公司债券的资格。

（2）发行债券的条件。按照国际惯例，发行债券需要符合规定的条件。一般包括发行债券最高限额、发行公司自有资本最低限额、公司盈利能力、债券利率水平等。

根据《公司法》、《证券法》和《公司债券发行试点办法》的规定，发行公司债券必须符合下列条件：1）股份有限公司的净资产额不低于人民币3 000万元，有限责任公司的净资产额不低于人民币6 000万元；2）累计债券总额不超过公司净资产的40%；3）最近3年平均可分配利润足以支付公司债券一年的利息；4）筹集的资金投向符合国家产业政策；5）债券的利率不得超过国务院限定的利率水平；6）公司内部控制制度健全，内部控制制度的完整性、合理性、有效性不存在重大缺陷；7）经资信评级机构评级，债券信用级别良好；8）国务院规定的其他条件。

此外，发行公司债券所筹集的资本，必须按审批机关批准的用途使用，不得用于弥补亏损和非生产性支出。

如发行可转换公司债券，还应当符合股票发行的条件。

发行公司发生下列情形之一的，不得再次发行公司债券：1）前一次发行的公司债券尚未募足的；2）对已发行的公司债券或者其他债务有违约或者延迟支付本息的事实，且仍处于继续状态的；3）违反有关规定，改变公开发行公司债券所募资金的用途；4）最近36个月内公司财务会计文件存在虚假记载，或公司存在其他重大违法行为；5）本次发行申请文件存在虚假记载、误导性陈述或者重大遗漏；6）严重损害投资者合法权益和社会公共利益的其他情形。

3. 债券的发行程序

公司发行债券需要遵循一定程序，办理有关手续。

（1）作出发行债券决议。公司在实际发行债券之前，必须作出发行债券的决议，具体决定公司债券发行总额、票面金额、发行价格、募集办法、债券利率、偿还日期及方式等内容。

我国股份有限公司、有限责任公司发行公司债券，由董事会制定方案，股东会作出决议；国有独资公司发行公司债券，应由国家授权投资的机构或者国家授权的部门作出决定。

在国外，公司发行债券一般须经董事会决议，由2/3以上董事出席，且超过出席董事的半数通过。

（2）提出发行债券申请。按照国际惯例，公司发行债券须向主管部门提交申请，未经批准，公司不得发行债券。

公司申请发行债券由国务院证券管理部门批准。公司申请应提交公司登记证明、公司章程、公司债券募集办法、资产评估报告和验资报告。

（3）公告债券募集办法。发行公司债券的申请经批准后，公开向社会发行债券，应当向社会公告债券募集办法。根据《公司法》的规定，公司债券募集办法中应当载明的主要事项有：发行公司名称；债券募集资金的用途；债券总额和债券的票面金额；债券利率的确定方式；还本付息的期限和方式；债券担保情况；债券的发行价格、发行的起止日期；公司净资产额；已发行的尚未到期的公司债券总额；公司债券的承销机构。

公司若发行可转换公司债券，还应在债券募集办法中规定具体的转换办法。

（4）委托证券机构发售。公司债券的发行方式一般有私募发行和公募发行两种。1）私募发行是指由发行公司将债券直接发售给投资者的一种发行方式。这种发行方式因受限制，极少采用。2）公募发行是指发行公司通过承销团向社会发售债券的一种发行方式。在这种发行方式下，发行公司要与承销团签订承销协议。承销团由数家证券公司或投资银行组成。承销团的承销方式有代销和包销。代销是指由承销机构代为推销债券，在约定期限内未售出的余额将退还发行公司，承销机构不承担发行风险。包销是由承销团先购入发行公司拟发行的全部债券，然后再出售给社会上的投资者，如果在约定期限内未能全部售出，余额要由承销团负责认购。

公募发行是世界各国通常采用的债券发行方式，美国甚至强制要求对某些债券（如电力、制造业公司债券）必须采用公募发行方式，我国有关法律、法规亦要求公募发行债券。

（5）交付债券，收缴债券款，登记债券存根簿。发行公司公募发行公司债券，由证券承销机构发售时，投资者直接向承销机构付款购买，承销机构代理收取债券款，交付债券；然后，发行公司向承销机构收缴债券款并结算预付的债券款。

根据《公司法》的规定，公司发行的公司债券，必须在债券上载明公司名称、债券面额、利率、偿还期限等事项，并由董事长签名，公司盖章。

公司发行的债券，还应在置备的公司债券存根簿中登记。对于记名公司债券，应载明的事项包括：1）债券持有人的姓名或者名称及住所；2）债券持有人取得债券的日期及债券的编号；3）债券总额、债券票面金额、债券利率、债券还本付息的期限与方式；4）债券的发行日期。

对于无记名债券，应在债券存根簿上载明债券总额、利率、偿还期限与方式、发行日期及债券的编号等事项。

4. 债券的发行价格

公司债券的发行价格是发行公司（或其承销机构代理，下同）发行债券时所使用的价格，亦即债券投资者向发行公司认购其所发行债券时实际支付的价格。公司在发行债券之前，必须依据有关因素，运用一定的方法，确定债券的发行价格。

（1）决定债券发行价格的因素。公司债券发行价格的高低，主要取决于以下四个因素。

1）债券面额。债券的票面金额是决定债券发行价格的最基本因素。债券发行价格的高低，从根本上取决于债券面额的大小。一般而言，债券面额越大，发行价格越高。但是，如果不考虑利息因素，债券面额是债券的到期价值，即债券的未来价值，而不是债券的现在价值，即发行价格。

2）票面利率。债券的票面利率是债券的名义利率，通常在发行债券之前即已确定，并在债券票面上注明。一般而言，债券的票面利率越高，发行价格越高；反之，发行价格越低。

3）市场利率。债券发行时的市场利率是衡量债券票面利率高低的参照系，两者往往不一致，因此共同影响债券的发行价格。一般而言，债券的市场利率越高，债券的发行价格越低；反之，发行价格越高。

4）债券期限。同银行借款一样，债券的期限越长，债权人的风险越大，要求的利息报酬越高，债券的发行价格就可能较低；反之，发行价格可能较高。

债券的发行价格是上述四项因素综合作用的结果。

（2）确定债券发行价格的方法。理论上，公司债券的发行价格通常有三种情况，即平价、溢价和折价。

平价是指以债券的票面金额作为发行价格。多数公司债券采用平价发行。溢价是指按高于债券面额的价格发行债券；折价是指按低于债券面额的价格发行债券。

结合上述四项因素，根据货币时间价值的原理，债券发行价格由两部分构成：一部分是债券面额以市场利率作为折现率折算的现值；另一部分是各期利息（通常表现为年金形式）以市场利率作为折现率折算的现值。由此，债券的发行价格可按下列公式测算：

$$\text{债券发行价格} = \frac{F}{(1+R_M)^n} + \sum_{t=1}^{n} \frac{I}{(1+R_M)^t}$$

式中，F 表示债券面额，即债券到期偿付的本金；I 表示债券年利息，即债券面额与债券票面年利率的乘积；R_M 表示债券发售时的市场利率；n 表示债券期限；t 表示债券付息期数。

例 5—1

某公司发行面额为 100 元、票面利率 10%、期限 10 年的债券，每年末付息一次。其发行价格可分下列三种情况来分析测算。

（1）如果市场利率为 10%，与票面利率一致，该债券属于平价发行。其发行价格为：

$$\frac{100}{(1+10\%)^{10}}+\sum_{t=1}^{10}\frac{10}{(1+10\%)^{t}}=100(\text{元})$$

(2) 如果市场利率为 8%，低于票面利率，该债券属于溢价发行。其发行价格为：

$$\frac{100}{(1+8\%)^{10}}+\sum_{t=1}^{10}\frac{10}{(1+8\%)^{t}}=113.4(\text{元})$$

(3) 如果市场利率为 12%，高于票面利率，该债券属于折价发行。其发行价格为：

$$\frac{100}{(1+12\%)^{10}}+\sum_{t=1}^{10}\frac{10}{(1+12\%)^{t}}=88.7(\text{元})$$

由此可见，在债券的票面金额、票面利率和期限一定的情况下，发行价格因市场利率不同而有所不同。

在实务中，根据中国证监会发布的《公司债券发行试点办法》等有关规定，公司债券发行可以采取向上市公司股东配售、网下发行、网上资金申购、网上分销等方式中的一种或几种方式的组合，发行利率或发行价格通过询价方式确定。

5. 债券的信用评级

根据《证券法》和《上市公司债券发行管理办法》的规定，公司发行债券，应当委托具有资格的资信评级机构进行信用评级和跟踪评级。

(1) 债券信用评级的意义。公司公开发行债券通常由债券评信机构评定等级。债券的信用评级对于发行公司和债券投资者都有重要意义。

对于发行债券的公司而言，债券的信用等级影响着债券发行的效果。信用等级较高的债券，能以较低的利率发行，借以降低债券筹资的成本；信用等级较低的债券，表示风险较大，需以较高的利率发行。

对于债券投资者而言，债券的信用等级便于债券投资者进行债券投资的选择。信用等级较高的债券，较易得到债券投资者的信任；信用等级较低的债券，表示风险较大，投资者一般会谨慎选择投资。

(2) 债券的信用等级。债券的信用等级表示债券质量的优劣，反映债券还本付息能力的强弱和债券投资风险的高低。

公司债券等级一般分为 3 等 9 级。这是由美国信用评定机构标准普尔公司和穆迪投资者服务公司（以下简称穆迪公司）分别采用的，如表 5—3 所示。

表 5—3　债券信用等级表

标准普尔公司		穆迪公司	
AAA	最高级	Aaa	最高质量
AA	高级	Aa	高质量
A	上中级	A	上中质量
BBB	中级	Baa	下中质量
BB	中下级	Ba	具有投机因素

续前表

标准普尔公司		穆迪公司	
B	投机级	B	通常不值得正式投资
CCC	完全投机级	Caa	可能违约
CC	最大投机级	Ca	高投机性，经常违约
C	规定盈利付息但未能盈利付息	C	最低级

现以表5—3中标准普尔公司评定债券的信用等级为例，说明其表示的具体含义。

AAA，表示最高级债券，其还本付息能力最强，投资风险最小；

AA，表示高级债券，有很强的还本付息能力，但保证程度略低于、投资风险略大于AAA级；

A，表示有较强的还本付息能力，但可能受环境和经济条件的不利影响；

BBB，表示有足够的还本付息能力，但经济条件或环境的不利变化可能导致偿付能力的削弱；

BB，表示债券本息的支付能力有限，具有一定的投资风险；

B，表示投机性债券，风险较大；

CCC，表示完全投机性债券，风险很大；

CC，表示投机性最大的债券，风险最大；

C，表示最低级债券，一般用于表示未能付息的收益债券。

一般认为，只有前三个级别的债券是值得进行投资的债券。

根据美国标准普尔公司和穆迪公司的经验，各国、各地区结合自己的实际情况制定债券等级标准。这些标准在很大程度上完全相同。

标准普尔公司和穆迪公司还使用修正符号进一步区别AAA（或Aaa）级以下的各级债券，以便更为具体地识别债券的质量。标准普尔公司用"＋"、"－"号区别同级债券质量的高低。例如，A＋代表质优的A级债券，A－代表质劣的A级债券。穆迪公司在表示债券级别的英文字母后再加注1，2，3，分别代表同级债券质量的优、中、差。

（3）债券的评级程序。公司债券评级的基本程序包括下述三个方面的内容。

1）发行公司提出评级申请。债券的评级首先需由发行公司或其代理机构向债券评级机构提出正式的评级申请，并为接受评级审查提供有关资料，包括公司概况、财务状况与计划、长期债务资本与自有资本的结构、债券发行概要等。

2）评级机构评定债券等级。债券评级机构接受申请后，组织由产业研究专家、财务分析专家及经济专家组成的评级工作小组，对有关资料进行调查、审查，并与发行公司座谈，以便深入分析；然后拟出草案提交评级委员会。评级委员会经过讨论，通过投票评定债券的等级，并征求发行公司的意见。如果发行公司同意，则此等级就被确定下来；如果发行公司不同意，可申明理由提请重评更改等级。这种要求重评的申请仅限一次，第二次评定的级别不能再更改。评定的债券级别要向社会公告。

3）评级机构跟踪检查。债券评级机构评定发行公司的债券之后，还要对发行公司从债券发售直至清偿的整个过程进行追踪调查，并定期审查，以确定是否有必要修正已发行流通债券的原定等级。如果发行公司的信用、经营等情况发生了较大的变化，评级机构认为有必要，将作出新的评级，根据具体情况调高或调低原定的债券等级，通知发行公司并予以公告。

(4) 债券的评级方法。债券评级机构在评定债券等级时，需要进行分析判断，采用定性和定量分析相结合的方法，一般针对以下几个方面进行分析判断。

1) 公司发展前景。包括分析判断债券发行公司所处行业的状况，如是朝阳产业还是夕阳产业；分析评级公司的发展前景、竞争能力、资源供应的可靠性等。

2) 公司的财务状况。包括分析评价公司的债务状况、偿债能力、盈利能力、周转能力和财务弹性，及其持续的稳定性和发展变化趋势。

3) 公司债券的约定条件。包括分析评价公司发行债券有无担保及其他限制条件、债券期限、还本付息方式等。

此外，对在外国或国际性证券市场上发行债券，还要进行国际风险分析，主要是进行政治、社会、经济的风险分析，作出定性判断。

我国一些省市的评信机构对企业债券按行业分为工业企业债券和商业企业债券，按筹资用途分为用于技改项目的债券和用于新建项目的债券。在企业债券信用评级工作中，一般主要考察企业概况、企业素质、财务质量、项目状况、项目前景、偿债能力。其中，企业概况只作参考，不计入总分。其余五个方面是：1) 企业素质，主要考察企业领导群体素质、经营管理状况与竞争能力，占总分的10%；2) 财务质量，一般分资金实力、资金信用、周转能力、经济效益等内容，采用若干具体指标来测算、计分，占总分的35%，影响最大；3) 项目状况，主要考察项目的必要性和可行性，计分一般占总分的15%左右；4) 项目前景，包括项目在行业中的地位、作用和市场竞争能力、主要经济指标增长前景预测等，计分最高占总分的10%；5) 偿债能力，主要分析债券到期时偿还资金来源的偿债能力，包括分析偿债资金来源占全部到期债券的比例和偿债资金来源占已发行全部到期债券的比例，计分一般占总分的30%左右。在评估中，财务质量以定量分析为主；其余四个方面尚缺乏具体的定量指标，仍以定性分析为主，在操作中很大程度上依赖于评估人员的经验与水平，弹性很大。

6. 债券筹资的优缺点

发行债券筹集长期债务资本，对发行公司既有利也有弊，应加以识别与权衡，以便抉择。

(1) 债券筹资的优点。债券筹资的优点主要有：1) 债券筹资成本较低。与股票的股利相比，债券的利息允许在所得税前支付，发行公司可享受节税利益，故公司实际负担的债券成本一般低于股票成本。2) 债券筹资能够发挥财务杠杆的作用。无论发行公司的盈利多少，债券持有人一般只收取固定的利息，而更多的利润可分配给股东或留用公司经营，从而增加股东和公司的财富。3) 债券筹资能够保障股东的控制权。债券持有人无权参与发行公司的管理决策，因此，公司发行债券不像增发新股那样可能会分散股东对公司的控制权。4) 债券筹资便于调整公司的资本结构。在公司发行可转换债券以及可提前赎回债券的情况下，便于公司主动地合理调整资本结构。

(2) 债券筹资的缺点。利用债券筹集长期资本，虽有上述优点，但也有明显的不足：1) 债券筹资的财务风险较大。债券有固定的到期日，并须定期支付利息，发行公司必须承担按期还本付息的义务。在公司经营不景气时，亦须向债券持有人还本付息，这会给公司带来更大的财务困难，甚至导致破产。2) 债券筹资的限制条件较多。

发行债券的限制条件一般要比长期借款、租赁筹资的限制条件多且严格，从而限制了公司对债券筹资方式的使用，甚至会影响公司以后的筹资能力。3）债券筹资的数量有限。公司利用债券筹资一般受一定额度的限制。多数国家对此都有限定。《公司法》规定，发行公司流通在外的债券累计总额不得超过公司净资产的40%。

5.3.3 融资租赁筹资

融资租赁筹资是企业一种特殊的筹资方式，适用于各类企业。

1. 租赁的含义

租赁（leasing）是出租人以收取租金为条件，在契约或合同规定的期限内，将资产租借给承租人使用的一种经济行为。租赁行为在实质上具有借贷属性，但其直接涉及的是物而不是钱。在租赁业务中，出租人主要是各种专业租赁公司，承租人主要是其他各类企业，租赁物大多为设备等固定资产。

租赁活动由来已久。现代租赁已经成为企业筹集资产的一种方式，用于补充或部分替代其他筹资方式。在租赁业务发达的条件下，它为企业所普遍采用，是企业筹资的一种特殊方式。

2. 租赁的种类及特点

现代租赁的种类很多，通常按性质分为经营租赁和融资租赁两大类。

（1）经营租赁。**经营租赁**（operating leasing）又称营运租赁、服务租赁，是由出租人向承租企业提供租赁设备，并提供设备维修保养和人员培训等的服务性业务。经营租赁通常为短期租赁。承租企业采用经营租赁的目的主要不是融通资本，而是获得设备的短期使用以及出租人提供的专门技术服务。从承租企业无须先筹资再购买设备即可享有设备使用权的角度来看，经营租赁也有短期筹资的功效。

经营租赁的特点主要有：1）承租企业根据需要可随时向出租人提出租赁资产；2）租赁期较短，不涉及长期而固定的义务；3）在设备租赁期内，如有新设备出现或不需用租入设备时，承租企业可按规定提前解除租赁合同，这对承租企业比较有利；4）出租人提供专门服务；5）租赁期满或合同中止时，租赁设备由出租人收回。

（2）融资租赁。**融资租赁**（financing leasing）又称资本租赁、财务租赁，是由租赁公司按照承租企业的要求融资购买设备，并在契约或合同规定的较长期限内提供给承租企业使用的信用性业务，是现代租赁的主要类型。承租企业采用融资的主要目的是融通资本。一般融资的对象是资本，而融资租赁集融资与融物于一身，具有借贷的性质，是承租企业筹集长期借入资本的一种特殊方式。

融资租赁通常为长期租赁，可满足承租企业对设备的长期需求，故有时也称为资本租赁。主要特点有：1）一般由承租企业向租赁公司提出正式申请，由租赁公司融资购进设备租给承租企业使用；2）租赁期限较长，大多为设备使用年限的一半以上；3）租赁合同比较稳定，在规定的租期内非经双方同意，任何一方不得中途解约，这有利于维护双方的权益；4）由承租企业负责设备的维修保养和投保事宜，但无权自行拆卸改装；5）租赁期满时，按事先约定的办法处置设备，一般有续租、留购或退还三种选择，通常由承租企业留购。

3. 融资租赁的方式

融资租赁按其业务的不同特点，可细分为三种具体方式。

（1）直接租赁。直接租赁是融资租赁的典型形式，通常所说的融资租赁是指直接租赁形式。

（2）售后租回。在这种形式下，制造企业按照协议先将其资产卖给租赁公司，再作为承租企业将所售资产租回使用，并按期向租赁公司支付租金。采用这种融资租赁形式，承租企业因出售资产而获得了一笔现金，同时因将其租回而保留了资产的使用权。这与抵押贷款有些相似。

（3）杠杆租赁。杠杆租赁是国际上比较流行的一种融资租赁形式。它一般要涉及承租人、出租人和贷款人三方当事人。从承租人的角度来看，它与其他融资租赁形式并无区别，同样是按合同的规定，在租期内获得资产的使用权，按期支付租金。但对出租人而言，出租人只垫支购买资产所需现金的一部分（一般为20%～40%），其余部分（为60%～80%）则以该资产为担保向贷款人借款支付。因此，在这种情况下，租赁公司既是出租人又是借款人，既要收取租金又要偿还借款。这种融资租赁形式由于租赁收益一般大于借款成本支出，出租人可获得财务杠杆利益，故被称为杠杆租赁。

4. 融资租赁的程序

（1）选择租赁公司。企业决定采用租赁方式筹取某项设备时，首先需了解各租赁公司的经营范围、业务能力、资信情况，以及与金融机构（如银行）的关系，取得租赁公司的融资条件和租赁费率等资料，加以分析比较，择优选择。

（2）办理租赁委托。企业选定租赁公司后，便可向其提出申请，办理委托。这时，承租企业需填写《租赁申请书》，说明所需设备的具体要求，同时还要向租赁公司提供财务状况文件，包括资产负债表、利润表和现金流量表等资料。

（3）签订购货协议。由承租企业与租赁公司的一方或双方合作组织选定设备供应商，并与其进行技术和商务谈判，在此基础上签订购货协议。

（4）签订租赁合同。租赁合同系由承租企业与租赁公司签订。它是租赁业务的重要文件，具有法律效力。融资租赁合同的内容可分为一般条款和特殊条款两部分。

一般条款主要包括：1）合同说明。主要明确合同的性质、当事人身份、合同签订的日期等。2）名词释义。解释合同中所使用的重要名词，以避免歧义。3）租赁设备条款。详细列明设备的名称、规格型号、数量、技术性能、交货地点及使用地点等，这些内容亦应附表详列。4）租赁设备交货、验收和税务、使用条款。5）租赁期限及起租日期条款。6）租金支付条款。规定租金的构成、支付方式和货币名称，这些内容通常以附表的形式列为合同附件。

特殊条款主要规定：1）购货协议与租赁合同的关系；2）租赁设备的产权归属；3）租赁期间不得退租；4）对出租人和承租人的保障；5）承租人违约责任及对出租人的补偿；6）设备的使用和保管、维修、保障责任；7）保险条款；8）租赁保证金和担保条款；9）租赁期满时对设备的处理条款等。

（5）办理验货、付款与保险。承租企业按购货协议收到租赁设备时，要进行验收，验收合格后签发交货及验收证书，并提交租赁公司，租赁公司据以向供应商支付设备价款。同时，承租企业向保险公司办理投保事宜。

（6）支付租金。承租企业在租期内按合同规定的租金数额、支付方式等，向租赁公司支付租金。

(7) 合同期满处置设备。融资租赁合同期满时，承租企业根据合同约定，对设备采取续租、退还或留购的处置方式。

5. 融资租赁的租金计划

在融资租赁筹资方式下，承租企业须按合同规定支付租金。租金的数额和支付方式对承租企业的未来财务状况具有直接的影响，因此是租赁筹资决策的重要依据。

(1) 决定租金的因素。融资租赁每期支付租金的多少，主要取决于以下几个因素。1) 租赁设备的购置成本，包括设备的买价、运杂费和途中保险费等。2) 预计租赁设备的残值，是指设备租赁期满时预计残值的变现净值。3) 利息，是指租赁公司为承租企业购置设备融资而应计的利息。4) 租赁手续费，包括租赁公司承办租赁设备的营业费用以及一定的盈利。租赁手续费的高低一般无固定标准，通常由承租企业与租赁公司协商确定，按设备成本的一定比率计算。5) 租赁期限。一般而言，租赁期限的长短会影响租金总额，进而影响到每期租金的数额。6) 租金的支付方式。租金的支付方式也影响每期租金的多少，一般而言，租金支付次数越多，每次的支付额越小。支付租金的方式也有很多种：按支付间隔期，分为年付、半年付、季付和月付；按在期初还是在期末支付，分为先付和后付；按每次是否等额支付，分为等额支付和不等额支付。实务中，承租企业与租赁公司商定的租金支付方式大多为后付等额年金。

(2) 融资租赁租金的测算方法。目前，国际上流行的租金计算方法主要有平均分摊法、等额年金法、附加率法、浮动利率法。在我国融资租赁实务中，大多采用平均分摊法和等额年金法。

1) 平均分摊法。平均分摊法是指先以商定的利息率和手续费率计算出租赁期间的利息和手续费，然后连同设备成本按支付次数平均。这种方法没有充分考虑时间价值因素。每次应付租金的计算公式可表示为：

$$A=\frac{(C-S)+I+F}{N}$$

式中，A 表示每次支付的租金；C 表示租赁设备购置成本；S 表示租赁设备预计残值；I 表示租赁期间利息；F 表示租赁期间手续费；N 表示租期。

例5—2

某企业于20×5年1月1日从租赁公司租入一套设备，价值50万元，租期为5年，预计租赁期满时的残值为1.5万元，归租赁公司，年利率9%，租赁手续费率为设备价值的2%。租金每年末支付一次。该套设备租赁每次支付租金可计算如下：

$$\frac{(50-1.5)+[50\times(1+9\%)^5-50]+50\times2\%}{5}=15.29(\text{万元})$$

2) 等额年金法。等额年金法是指运用年金现值的计算原理测算每期应付租金的方法。在这种方法下，通常以资本成本率作为折现率。

根据本书第2章后付年金现值的计算公式，经推导可得到后付等额租金方式下每年末支付租金的计算公式为：

$$A=\frac{PVA_n}{PVIFA_{i,n}}$$

式中，A 表示每年支付的租金；PVA_n 表示等额租金现值，即年金现值；$PVIFA_{i,n}$ 表示等额租金现值系数，即年金现值系数；n 表示支付租金期数；i 表示资本成本率。

例 5—3

根据例 5—2 的资料，假定设备残值归属承租企业，资本成本率为 11%。则承租企业每年末支付的租金为：

$$\frac{50}{PVIFA_{11\%,5}}=\frac{50}{3.696}=13.53(\text{万元})$$

此例如果为先付等额租金方式，则每年初支付租金为：

$$\frac{50}{PVIFA_{11\%,4}+1}=\frac{50}{3.102+1}=12.19(\text{万元})$$

为便于有计划地安排租金的支付，承租企业可编制租金摊销计划表。现根据例 5—3 的有关资料编制租金摊销计划表，如表 5—4 所示。

表 5—4　　租金摊销计划表　　单位：元

日期	支付租金 (1)	应计租金 (2)＝(4)×11%	本金减少 (3)＝(1)－(2)	应还本金 (4)
20×5 年 1 月 1 日	—	—	—	500 000
20×5 年 12 月 31 日	135 280	55 000	80 280	419 720
20×6 年 12 月 31 日	135 280	46 169	89 111	330 609
20×7 年 12 月 31 日	135 280	36 367	98 913	231 696
20×8 年 12 月 31 日	135 280	25 487	109 793	121 903
20×9 年 12 月 31 日	135 280	13 377*	121 903	0
合计	676 400	176 400	500 000	—

* 含尾差。

6. 融资租赁筹资的优缺点

对承租企业而言，融资租赁是一种特殊的筹资方式。通过融资租赁，企业可不必预先筹措一笔相当于设备价款的现金，即可获得需用的设备。因此，与其他筹资方式相比，融资租赁筹资有其特有的优缺点。

（1）融资租赁筹资的优点。

1）融资租赁能够迅速获得所需资产。融资租赁集融资与融物于一身，一般要比先筹措现金再购置设备来得更快，可使企业尽快形成生产经营能力。

2）融资租赁的限制条件较少。企业运用股票、债券、长期借款等筹资方式，都受到相当多的资格条件的限制，相比之下，租赁筹资的限制条件很少。

3）融资租赁可以免遭设备陈旧过时的风险。随着科学技术的不断进步，设备陈旧过时的风险很大，而多数租赁协议规定这种风险由出租人承担，承租企业不必承担。

4）融资租赁的全部租金通常在整个租期内分期支付，可以适当降低不能偿付的风险。

5）融资租赁的租金费用允许在所得税前扣除，承租企业能够享受节税利益。

（2）融资租赁筹资的缺点。融资租赁筹资也有其不足之处，主要是：租赁筹资的成本较高，租金总额通常要比设备价值高出 30%；承租企业在财务困难时期，支付固定的租金也将成为一项沉重的负担；另外，采用租赁筹资方式如不能享有设备残值，也可视为承租企业的一种机会成本。

5.4 混合性筹资

前面分别介绍了股权性筹资和债务性筹资，本节讲述混合性筹资。混合性筹资通常包括发行优先股筹资和发行可转换债券筹资。此外，本节附带介绍发行认股权证筹资。

5.4.1 发行优先股筹资

按照许多国家的公司法，优先股可以在公司设立时发行，也可以在公司增资发行新股时发行。有些国家的法律则规定，优先股只有在特定情况下，如公司增发新股或清偿债务时方可发行。公司发行优先股，在业务规范方面与发行普通股基本相同。这里主要介绍优先股的特殊方面。

1. 优先股的特点

优先股是相对普通股而言的，是较普通股具有某些优先权利，同时也受到一定限制的股票。优先股的含义主要体现在“优先权利”上，包括优先分配股利和优先分配公司剩余财产。具体的优先条件须由公司章程予以明确规定。

优先股与普通股具有某些共性，如优先股亦无到期日，公司运用优先股所筹资本亦属股权资本。但是，它又具有公司债券的某些特征。因此，优先股被视为一种混合性证券。

与普通股相比，优先股主要具有如下特点：

（1）优先分配固定的股利。优先股股东通常优先于普通股股东分配股利，且其股利一般是固定的，受公司经营状况和盈利水平的影响较小。所以，优先股类似固定利息的债券。

（2）优先分配公司的剩余财产。当公司因解散、破产等进行清算时，优先股股东将优先于普通股股东分配公司的剩余财产。

（3）优先股股东一般无表决权。在公司股东大会上，优先股股东一般没有表决权，通常也无权参与公司的经营管理，仅在涉及优先股股东权益问题时享有表决权。因此，优先股股东不大可能控制整个公司。

（4）优先股可由公司赎回。发行优先股的公司，按照公司章程的有关规定，根据公司的需要，可以一定的方式将所发行的优先股购回，以调整公司的资本结构。

2. 优先股的种类

优先股按其具体的权利不同，还可作进一步的分类。

（1）优先股按股利是否累积支付，可分为累积优先股和非累积优先股。累积优先股是指公司过去年度未支付股利可以累积计算由以后年度的利润补足付清。非累积优先股则没有这种需求补付的权利。累积优先股比非累积优先股具有更大的吸引力，其发行也较为广泛。

（2）优先股按股利是否分配额外股利，可分为参与优先股和非参与优先股。当公司利润在按规定分配给优先股和普通股后而仍有剩余利润可供分配股利时，能够与普通股一起参与分配额外股利的优先股，即为参与优先股；否则为非参与优先股。参与优先股的持有人可按规定的条件和比例将其转换为公司的普通股或公司债券。这种参与优先股能够增加筹资和投资双方的灵活性，在国外比较流行。不具有这种转换权的优先股，则属于非参与优先股。

（3）优先股按公司可否赎回，可分为可赎回优先股和不可赎回优先股。可赎回优先股是指股份有限公司出于减轻股利负担的目的，可按规定以原价购回的优先股。公司不能购回的优先股，则属于不可赎回优先股。

3. 发行优先股的动机

股份公司发行优先股，筹集股权资本只是其目的之一。由于优先股有其特性，因此公司发行优先股往往还有其他动机。

（1）防止公司股权分散化。由于优先股股东一般没有表决权，发行优先股就可以避免公司股权分散，保障公司的原有控制权。

（2）调剂现金余缺。公司在需要现金时发行优先股，在现金充足时将可赎回的优先股购回，从而调整现金余缺。

（3）改善公司资本结构。公司在安排债务资本与股权资本的比例关系时，可较为便利地利用优先股的发行与转换来进行调整。

（4）维持举债能力。公司发行优先股，有利于巩固股权资本的基础，维持乃至增强公司的举债能力。

4. 优先股筹资的优缺点

公司利用优先股筹集长期资本，与普通股和其他筹资方式相比有其优点，也有一定的缺点。

（1）优先股筹资的优点。

1）优先股一般没有固定的到期日，不用偿付本金。发行优先股筹集资本，实际上相当于得到一笔无限期的长期贷款，公司不承担还本义务，也无须再做筹资计划。对可赎回优先股，公司可在需要时按一定价格购回，这就使得利用这部分资本更具有弹性。在财务状况较差时发行优先股，又在财务状况转好时购回，有利于结合资本需求加以调剂，同时也便于掌握公司的资本结构。

2）优先股的股利既有固定性，又有一定的灵活性。一般而言，优先股都采用固定股利，但对固定股利的支付并不构成公司的法定义务。如果公司财务状况不佳，可以暂时不支付优先股股利，即使如此，优先股持有者也不能像公司债权人那样迫使公司破产。

3）保持普通股股东对公司的控制权。当公司既想向社会增加筹集股权资本，又想保持原有普通股股东的控制权时，利用优先股筹资尤为恰当。

4）从法律上讲，优先股股本属于股权资本，发行优先股筹资能够增强公司的股权资本基础，提高公司的举债能力。

（2）优先股筹资的缺点。

1）优先股的资本成本虽低于普通股，但一般高于债券。

2）优先股筹资的制约因素较多。例如，为了保证优先股的固定股利，当企业盈利不多时，普通股就可能分不到股利。

3）可能形成较重的财务负担。优先股要求支付固定股利，但不能在税前扣除，当盈利下降时，优先股的股利可能会成为公司一项较重的财务负担，有时不得不延期支付，从而影响公司的形象。

5.4.2 发行可转换债券筹资

1. 可转换债券的特性

可转换债券有时简称为可转债，是指由公司发行并规定债券持有人在一定期限内按约定的条件可将其转换为发行公司普通股的债券。

从筹资公司的角度看，发行可转换债券具有债务与股权筹资的双重属性，属于一种混合性筹资。利用可转换债券筹资，发行公司赋予可转换债券的持有人可将其转换为该公司股票的权利。因而，对发行公司而言，在可转换债券转换之前需要定期向持有人支付利息。如果在规定的转换期限内，持有人未将可转换债券转换为股票，发行公司还需要到期偿付债券本金，在这种情形下，可转换债券筹资与普通债券筹资相似，具有债务筹资的属性。如果在规定的转换期限内，持有人将可转换债券转换为股票，则发行公司将债券负债转化为股东权益，从而具有股权筹资的属性。

2. 可转换债券的发行资格与条件

根据国家有关规定，上市公司和重点国有企业具有发行可转换债券的资格，但应经省级政府或者国务院有关企业主管部门推荐，报证监会审批。《上市公司证券发行管理办法》规定，上市公司发行可转换债券，除了满足发行债券的一般条件外，还应符合下列条件：

（1）最近3个会计年度加权平均净资产收益率平均不低于6%。扣除非经常性损益后的净利润与扣除前的净利润相比，以低者作为加权平均净资产收益率的计算依据。

（2）本次发行后累计公司债券总额不超过最近一期末净资产额的40%。

（3）最近3个会计年度实现的年均可分配利润不少于公司债券1年的利息。

此外，上市公司可以公开发行认股权和债券分离交易的可转换公司债券（简称分离交易的可转换公司债券）。分离交易的可转换公司债券是指发行人一次捆绑发行公司债券和认股权证两种交易品种，并可同时上市、分别交易的公司债券形式。发行分离交易的可转换公司债券，除了满足发行债券的一般条件外，还应符合下列条件：

（1）公司最近一期末经审计的净资产不低于人民币15亿元；

（2）最近3个会计年度实现的年均可分配利润不少于公司债券1年的利息；

（3）最近3个会计年度经营活动产生的现金流量净额平均不少于公司债券1年的利息，但符合“最近3个会计年度加权平均净资产收益率平均不低于6%（扣除非经常性损益后的净利润与扣除前的净利润相比，以低者作为加权平均净资产收益率的计算依据）”条件的公司除外；

（4）本次发行后累计公司债券总额不超过最近一期末净资产额的40%，预计所附认股权全部行权后募集的资金总量不超过拟发行公司债券金额。

3. 可转换债券的转换

可转换债券的转换涉及转换期限、转换价格和转换比率。

（1）可转换债券的转换期限。可转换债券的转换期限是指按发行公司的约定，持有人可将其转换为股票的期限。一般而言，可转换债券的转换期限的长短与可转换债券的期限相关。在我国，可转换债券的期限按规定最短期限为1年，最长期限为6年。分离交易的可转换公司债券的期限最短为1年。

按照规定，上市公司发行可转换债券，在发行结束6个月后，持有人可以依据约定的条件随时将其转换为股票。重点国有企业发行的可转换债券，在该企业改制为股份有限公司且其股票上市后，持有人可以依据约定的条件随时将债券转换为股票。

可转换债券转换为股票后，发行公司股票上市的证券交易所应当安排股票上市流通。

（2）可转换债券的转换价格。可转换债券的转换价格是指以可转换债券转换为股票的每股价格。这种转换价格通常由发行公司在发行可转换债券时约定。

按照我国的有关规定，上市公司发行可转换债券的，以发行可转换债券前一个月股票的平均价格为基准，上浮一定幅度作为转换价格。重点国有企业发行可转换债券的，以拟发行股票的价格为基准，折扣一定比例作为转换价格。

例5—4

某上市公司拟发行可转换债券，发行前一个月该公司股票的平均价格经测算为每股20元。预计本股票的未来价格有明显的上升趋势，因此确定上浮的幅度为25%。则该公司可转换债券的转换价格为：

$$20\times(1+25\%)=25(\text{元})$$

可转换债券的转换价格并非固定不变。公司发行可转换债券并约定转换价格后，由于又增发新股、配股及其他原因引起公司股份发生变动的，应当及时调整转换价格，并向社会公布。

（3）可转换债券的转换比率。可转换债券的转换比率是以每份可转换债券所能转换的股份数，等于可转换债券的面值除以转换价格。

例5—5

某上市公司发行的可转换债券每份面值1 000元，转换价格为每股25元，则转换比率为：

$$1\,000\div25=40(\text{股})$$

即每份可转换债券可以转换40股股票。

可转换债券持有人请求转换时，其所持债券面额有时发生不足以转换为1股股票的余额，发行公司应当以现金偿付。例如，前例每份可转换债券的面额1 000元，转换价格在发行时为25元，发行后根据有关情况变化决定调整为每股27元。某持有人持有10份可转换债券，总面额10 000元，决定转换为股票，则其转换股票股数为370股（即10 000/27），同时可转换债券总面额尚有不足以转换为1股股票的余额10

元，在这种情况下，发行公司应对该持有人交付股票 370 股，另付现金 10 元。

4. 可转换债券筹资的优缺点

（1）可转换债券筹资的优点。发行可转换债券是一种特殊的筹资方式，其优点主要是：

1）有利于降低资本成本。可转换债券的利率通常低于普通债券，故在转换前，可转换债券的资本成本低于普通债券；转换为股票后，又可节省股票的发行成本，从而降低股票的资本成本。

2）有利于筹集更多资本。可转换债券的转换价格通常高于发行时的股票价格，因此，可转换债券转换后，其筹资额大于当时发行股票的筹资额；另外也有利于稳定公司的股价。

3）有利于调整资本结构。可转换债券是一种兼具债务筹资和股权筹资双重性质的筹资方式。可转换债券在转换前属于发行公司的一种债务，若发行公司希望可转换债券持有人转股，还可以借助诱导，促其转换，借以调整资本结构。

4）有利于避免筹资损失。当公司的股票价格在一段时期内连续高于转换价格超过某一幅度时，发行公司可按赎回条款中事先约定的价格赎回未转换的可转换债券，从而避免筹资上的损失。

（2）可转换债券筹资的缺点。可转换债券筹资也有不足，主要是：

1）转股后可转换债券筹资将失去利率较低的好处。

2）若确需股票筹资，但股价并未上升，可转换债券持有人不愿转股时，发行公司将承受偿债压力。

3）若可转换债券转股时股价高于转换价格，则发行遭受筹资损失。

4）回售条款的规定可能使发行公司遭受损失。当公司的股票价格在一段时期内连续低于转换价格并达到一定幅度时，可转换债券持有人可按事先约定的价格将所持债券回售公司，从而使发行公司受损。

5.4.3 发行认股权证筹资

发行认股权证是上市公司的一种特殊筹资手段，其主要功能是辅助公司的股权性筹资，并可直接筹措现金。

1. 认股权证的特点

认股权证是由股份有限公司发行的可认购其股票的一种买入期权。它赋予持有者在一定期限内以事先约定的价格购买发行公司一定股份的权利。

对于筹资公司而言，发行认股权证是一种特殊的筹资手段。认股权证本身含有期权条款，其持有者在认购股份之前，对发行公司既不拥有债权也不拥有股权，而是只拥有股票认购权。尽管如此，发行公司可以通过发行认股权证筹取现金，还可用于公司成立时对承销商的一种补偿。①

2. 认股权证的作用

在公司的筹资实务中，认股权证的运用十分灵活，对发行公司具有一定的作用。

---

① 参见詹姆斯·C·范霍恩，小约翰·M·瓦霍维奇：《现代企业财务管理》，北京，经济科学出版社，2002。

(1) 为公司筹集额外的现金。认股权证不论是单独发行还是附带发行，大多都为发行公司筹取一笔额外现金，增强公司的资本实力和运营能力。

(2) 促进其他筹资方式的运用。单独发行的认股权证有利于将来发售股票。附带发行的认股权证可促进其所依附证券发行的效率。例如，认股权证依附于债券发行，用以促进债券的发售。

3. 认股权证的种类

在国内外的公司筹资实务中，认股权证的形式多种多样，可分为不同种类。

(1) 长期与短期的认股权证。认股权证按允许认股的期限可分为长期认股权证和短期认股权证。长期认股权证的认股期限通常持续几年，有的是永久性的。短期认股权证的认股期限比较短，一般在 90 天以内。

(2) 单独发行与附带发行的认股权证。认股权证按发行方式可分为单独发行的认股权证和附带发行的认股权证。单独发行的认股权证是指不依附于其他证券而独立发行的认股权证。附带发行的认股权证是指依附于债券、优先股、普通股或短期票据发行的认股权证。

(3) 备兑认股权证与配股权证。备兑认股权证是每份备兑权证按一定比例含有几家公司的若干股份。配股权证是确认股东配股权的证书，它按股东的持股比例定向派发，赋予股东以优惠的价格认购发行公司一定份数的新股。

思考题

1. 试说明投入资本筹资的主体、条件、要求以及优缺点。
2. 试分析股票包销和代销对发行公司的利弊。
3. 试分析股票上市对公司的利弊。
4. 试分析债券发行价格的决定因素。
5. 试说明发行债券筹资的优缺点。
6. 企业应如何考虑对贷款银行进行选择?
7. 试说明长期借款筹资的优缺点。
8. 试分析融资租赁租金的决定因素。
9. 试说明融资租赁筹资的优缺点。
10. 试说明优先股筹资的优缺点。
11. 试说明可转换债券的属性以及转换期限、转换价格和转换比率。
12. 试说明可转换债券筹资的优缺点。
13. 试分析认股权证的特点和作用。

练习题

1. 七星公司按年利率 5%向银行借款 100 万元，期限 3 年；根据公司与银行签订的贷款协议，银行要求保持贷款总额的 15%的补偿性余额，不按复利计息。

要求：试计算七星公司实际可用的借款额和实际负担的年利率。

2. 八方公司拟发行面额 1 000 元，票面利率 6%，5 年期债券一批，每年年末付息一次。

要求：试分别测算该债券在不同市场利率下的发行价格：(1) 市场利率为 5%；(2) 市场利率为 6%；(3) 市场利率为 7%。

3. 九牛公司采用融资租赁方式，于 2006 年 1 月 1 日从租赁公司租入设备一台，设备价款 20 000 元，租期为 4 年；双方约定，租赁期满后设备归承租方所有，租赁期间折现率为 10%，以后付等额年金方式支付租金。

要求：

(1) 测算九牛公司该设备每年年末应支付的租金额；

(2) 编制九牛公司该设备租金摊销计划表。

案例题

迅达航空公司筹资案例

迅达航空公司于 2000 年实行杠杆式收购后，负债比率一直居高不下。直至 2005 年底，公司的负债比率仍然很高，有近 15 亿元的债务将于 2008 年到期。为此，需要采用适当的筹资方式追加筹资，降低负债比率。

2006 年初，公司董事长和总经理正在研究公司的筹资方式的选择问题。董事长和总经理两人都是主要持股人，也都是财务专家。他们考虑了包括增发普通股等筹资方式，并开始向投资银行咨询。

起初，投资银行认为，可按每股 20 元的价格增发普通股。但经分析得知，这是不切实际的，因为投资者对公司有关机票打折策略和现役机龄老化等问题顾虑重重，如此高价位发行，成功几率不大。最后，投资银行建议，公司可按每股 13 元的价格增发普通股 2 000 万股，以提升股权资本比重，降低负债比率，改善财务状况。

迅达航空公司 2005 年底和 2006 年初增发普通股后（如果接受投资银行的咨询建议）筹资方式组合如表 5—5 所示。

表 5—5　　迅达航空公司长期筹资方式情况表　　金额单位：亿元

长期筹资方式	2005 年末实际数		2006 年初估计数	
	金额	百分比（%）	金额	百分比（%）
长期债券	49.66	70.9	48.63	68.1
融资租赁	2.45	3.5	2.45	3.4
优先股	6.51	9.3	6.51	9.1
普通股	11.43	16.3	13.86	19.4
总计	70.05	100	71.45	100

思考题：

假如你是迅达航空公司的财务总监（CFO）：

(1) 请你分析普通股筹资方式的优缺点。

(2) 你如何评价投资银行对公司的咨询建议？

(3) 你将对公司提出怎样的筹资方式建议？

第 6 章 Chapter 6 资本结构决策

学习目标

1. 理解资本结构的概念、种类和意义。
2. 了解有关资本结构的主要理论观点。
3. 理解资本成本的构成、种类和作用，掌握个别资本成本率和综合资本成本率的测算方法。
4. 理解营业杠杆的作用原理，掌握营业杠杆系数的测算方法及其应用。
5. 理解财务杠杆的作用原理，掌握财务杠杆系数的测算方法及其应用。
6. 理解联合杠杆的作用原理，掌握联合杠杆系数的测算方法及其应用。
7. 理解资本结构决策的因素及其定性分析。
8. 掌握资本结构决策的方法，包括资本成本比较法、每股收益分析法和公司价值比较法的原理及其应用。

6.1 资本结构的理论

资本结构是企业财务管理的基本范畴之一。本节主要阐述资本结构的概念、种类、价值基础、意义和理论观点。

6.1.1 资本结构的概念

在财务管理实务中，企业在一定时期采用各种筹资方式组合筹资的结果，就形成了一定的资本结构。因此，**资本结构**（capital structure）是指企业各种资本的价值构成及其比例关系，是企业一定时期筹资组合的结果。

资本结构有广义和狭义之分。广义的资本结构是指企业全部资本的构成及其比例关系。企业一定时期的资本可分为债务资本和股权资本，也可分为短期资本和长期资本。一般而言，广义的资本结构包括：债务资本与股权资本的结构、长期资本与短期资本的结构，以及债务资本的内部结构、长期资本的内部结构和股权资本的内部结构等。

狭义的资本结构是指企业各种长期资本的构成及其比例关系，尤其是指长期债务资本与（长期）股权资本之间的构成及其比例关系。

6.1.2　资本结构的种类

企业的资本结构可以分为不同的种类，主要划分依据有资本权属和资本期限，相应区分为资本的权属结构和资本的期限结构。

1. 资本的权属结构

一个企业的全部资本就其权属而言，通常分为两大类：一类是股权资本，另一类是债务资本。企业的全部资本按权属区分，则构成资本的权属结构。资本的权属结构是指企业不同权属资本的价值构成及其比例关系。这两类资本构成的资本结构就是企业的资本权属结构。例如，ABC公司的资本总额为10 000万元，其中股东权益属于股权资本，金额为5 000万元，比例为50%；银行借款和应付债券等属于债务资本，金额合计为5 000万元，比例为50%。债务资本和股权资本各为5 000万元或各占50%，或者债务资本与股权资本之比为1∶1。这是对ABC公司资本权属结构的不同表述。企业同时拥有债务资本和股权资本而构成的资本权属结构，有时又称“搭配资本结构”或“杠杆资本结构”，其搭配比例或杠杆比例通常可用债务资本的比例来表示。资本的权属结构涉及企业及其股东和债权人的利益和风险。

2. 资本的期限结构

一个企业的全部资本就其期限而言，一般可以分为两大类：一类是长期资本，另一类是短期资本。这两类资本构成企业资本的期限结构。资本的期限结构是指不同期限资本的价值构成及其比例关系。在上例中，ABC公司的银行借款2 000万元中有1 000万元是短期借款，1 000万元是长期借款，应付债券和股权资本都是长期资本，由此，该公司短期资本为1 000万元，长期资本为9 000万元；或长期资本占90%，短期资本占10%；或者长期资本与短期资本之比为9∶1。这是对ABC公司资本期限结构的不同表述。资本的期限结构涉及企业一定时期的利益和风险，并可能影响企业股东和债权人的利益和风险。

6.1.3　资本结构的价值基础

对于企业的资本结构，需要明确资本的价值基础。一般而言，资本价值的计量基础有会计账面价值、现时市场价值和未来目标价值。与此相联系，企业的资本如果分别按这三种价值基础来计量和表达，就形成三种不同价值计量基础反映的资本结构，即资本的账面价值结构、资本的市场价值结构和资本的目标价值结构。

1. 资本的账面价值结构

资本的账面价值结构是指企业资本按会计账面价值基础计量反映的资本结构。企业资产负债表的右方“负债及所有者权益”或“负债及股东权益”所反映的资本结构就是按账面价值计量的，由此形成的资本结构是资本的账面价值结构。一般认为，它不太符合企业资本结构决策的要求。

2. 资本的市场价值结构

资本的市场价值结构是指企业资本按现时市场价值基础计量反映的资本结构。当企业的资本具有现时市场价格时，可以按其市场价格计量反映资本结构。通常，上市公司发行的股票和债券具有现时的市场价格，因此，上市公司可以按市场价格计量反映其资本的现时市场价值结构。一般认为，它比较符合上市公司资本结构决策的要求。

3. 资本的目标价值结构

资本的目标价值结构是指企业资本按未来目标价值计量反映的资本结构。当一个公司能够比较准确地预计其资本的未来目标价值时，可以按其目标价值计量反映资本结构。一般认为，它更符合企业未来资本结构决策管理的要求，但资本的未来目标价值不易客观、准确地估计。

在下一节中，我们将结合综合资本成本率的测算，具体分析资本结构的不同价值基础对综合资本成本率的影响。

6.1.4 资本结构的意义

企业的资本结构问题，主要是资本的权属结构的决策问题，即债务资本的比例安排问题。在企业的资本结构决策中，合理地利用债务筹资，科学地安排债务资本的比例，是企业筹资管理的一个核心问题。它对企业具有重要的意义。

（1）合理安排债务资本比例可以降低企业的综合资本成本率。由于债务利息率通常低于股票股利率，而且债务利息在所得税前利润中扣除，企业可享有所得税节税利益，从而债务资本成本率明显低于股权资本成本率。因此，在一定的限度内合理地提高债务资本的比例，可以降低企业的综合资本成本率。

（2）合理安排债务资本比例可以获得财务杠杆利益。由于债务利息通常是固定不变的，当息税前利润增大时，每 1 元利润所负担的固定利息会相应降低，从而可分配给股权资本的所有者的税后利润会相应增加。因此，在一定的限度内合理地利用债务资本，可以发挥财务杠杆的作用，给企业股权资本的所有者带来财务杠杆利益。

（3）合理安排债务资本比例可以增加公司的价值。一般而言，一个公司的现实价值等于其债务资本的市场价值与股权资本的市场价值之和，用公式表示为：

$$V=B+S \tag{6—1}$$

式中，V 表示公司总价值，即公司总资本的市场价值；B 表示公司债务资本的市场价值；S 表示公司股权资本的市场价值。

式（6—1）清楚地表达了按资本的市场价值计量反映的资本权属结构与公司总价值的内在关系。公司的价值与公司的资本结构是紧密相关的，资本结构对公司的债务资本市场价值和股权资本市场价值，进而对公司总资本的市场价值（即公司总价值）具有重要的影响。因此，合理安排资本结构有利于增加公司的市场价值。

6.1.5 资本结构的理论观点

资本结构理论是关于公司资本结构（或转化为债务资本比例）、公司综合资本成本率与公司价值三者之间关系的理论。它是公司财务理论的核心内容之一，也是资本结构决策的重要理论基础。从资本结构理论的发展来看，主要有早期资本结构理论，MM 资本结构理论和新的资本结构理论。在现实中，资本结构是否影响企业价值这一问题一直存有争议，故被称为“资本结构之谜”。

1. 早期资本结构理论

早期的资本结构理论主要有以下三种观点：

(1) 净收益观点。这种观点认为，在公司的资本结构中，债务资本的比例越高，公司的净收益或税后利润就越多，从而公司的价值就越高。按照这种观点，公司获取资本的来源和数量不受限制，并且债务资本成本率和股权资本成本率都是固定不变的，不受财务杠杆的影响。由于债务的投资报酬率固定，债务人有优先求偿权，因此债务投资风险低于股权投资风险，债务资本成本率一般低于股权资本成本率。因此，公司的债务资本越多，债务资本比例越高，综合资本成本率就越低，从而公司的价值就越大。净收益观点下的资本结构与资本成本率和公司价值的关系如图 6—1 所示。

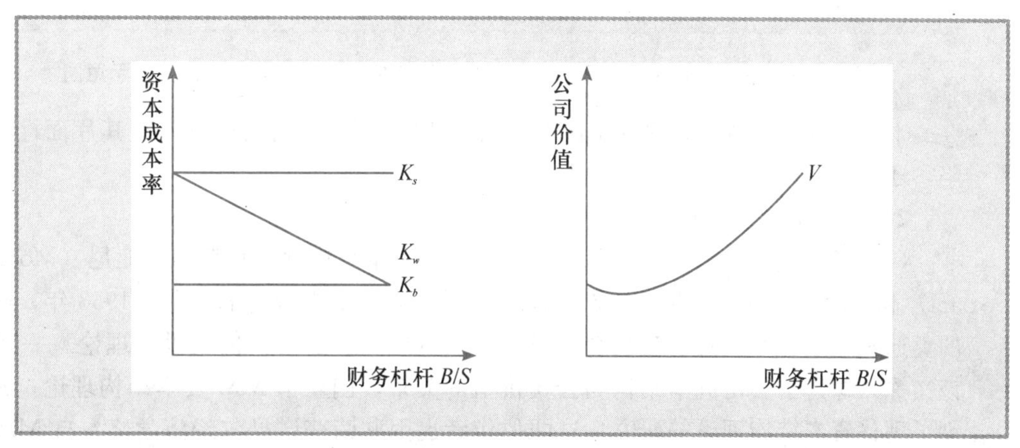

图 6—1　净收益观点下的资本结构与资本成本率和公司价值的关系示意图

这是一种极端的资本结构理论观点。这种观点虽然考虑到财务杠杆利益，但忽略了财务风险。很明显，如果公司的债务资本过多，债务资本比例过高，财务风险就会很大，公司的综合资本成本率就会上升，公司的价值反而下降。

(2) 净营业收益观点。这种观点认为，在公司的资本结构中，债务资本的多少，比例的高低，与公司的价值没有关系。按照这种观点，公司的债务资本成本率是固定的，但股权资本成本率是变动的，公司的债务资本越多，公司的财务风险就越大，股权资本成本率就越高；反之，公司的债务资本越少，公司的财务风险就越小，股权资本成本率就越低。经加权平均计算后，公司的综合资本成本率不变，是一个常数。因此，资本结构与公司价值无关。从而，决定公司价值的真正因素应该是公司的净营业收益。净营业收益观点下的资本结构与资本成本率和公司价值的关系如图 6—2 所示。

这是另一种极端的资本结构理论观点。这种观点虽然认识到债务资本比例的变动会产生公司的财务风险，也可能影响公司的股权资本成本率，但实际上，公司的综合资本成本率不可能是一个常数。公司净营业收益的确会影响公司价值，但公司价值不仅仅取决于公司净营业收益的多少。

(3) 传统折中观点。关于早期资本结构理论观点，除上述两种极端观点外，还有一种介于这两种极端观点之间的折中观点，被称为传统折中观点。按照这种观点，增加债务资本对提高公司价值是有利的，但债务资本规模必须适中。如果公司负债过度，只会导致综合资本成本率升高，公司价值下降。

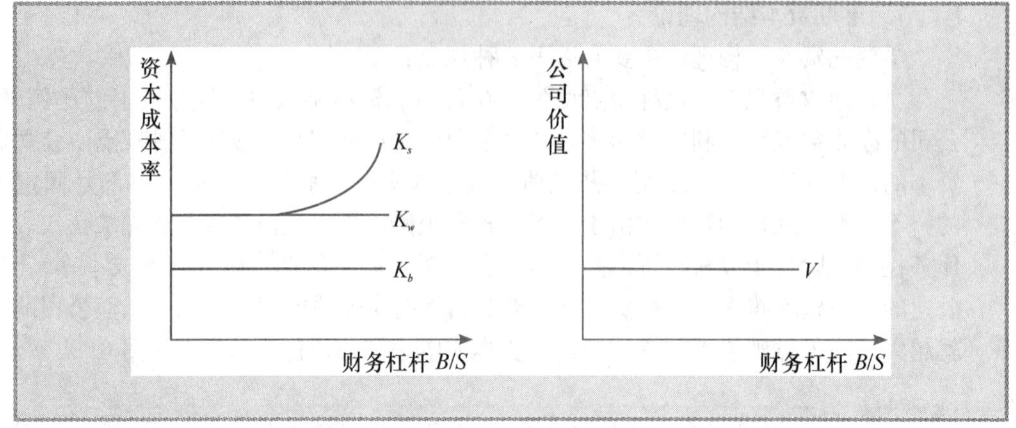

图 6—2　净营业收益观点下的资本结构与资本成本率和公司价值的关系示意图

上述早期的资本结构理论是对资本结构理论的一些初级认识，有其片面性和缺陷，还没有形成系统的资本结构理论。

2. MM 资本结构理论观点

（1）MM 资本结构理论的基本观点。MM 资本结构理论是莫迪利亚尼（Modigliani）和米勒（Miller）两位财务学者所开创的资本结构理论的简称。1958 年，美国的莫迪利亚尼和米勒两位教授合作发表《资本成本、公司价值与投资理论》一文。[①] 该文深入探讨了公司资本结构与公司价值的关系，创立了 MM 资本结构理论，并开创了现代资本结构理论的研究，这两位作者也因此荣获诺贝尔经济学奖。自 MM 资本结构理论创立以来，迄今为止，几乎所有的资本结构理论研究都是围绕它来进行的。[②]

MM 资本结构理论的基本结论可以简要地归纳为：在符合该理论的假设之下，公司的价值与其资本结构无关。公司的价值取决于其实际资产，而非各类债务和股权的市场价值。

MM 资本结构理论的假设主要有如下九项：公司在无税收的环境中经营；公司营业风险的高低由息税前利润标准差来衡量，公司营业风险决定其风险等级；投资者对所有公司未来盈利及风险的预期相同；投资者不支付证券交易成本，所有债务利率相同；公司为零增长公司，即年平均盈利额不变；个人和公司均可发行无风险债券，并有无风险利率；公司无破产成本；公司的股利政策与公司价值无关，公司发行新债时不会影响已有债务的市场价值；存在高度完善和均衡的资本市场。这意味着资本可以自由流通，充分竞争，预期报酬率相同的证券价格相同，有充分信息，利率一致。

MM 资本结构理论在上述假设之下得出两个重要命题：

命题Ⅰ：无论公司有无债务资本，其价值（普通股资本与长期债务资本的市场价值之和）等于公司所有资产的预期收益额按适合该公司风险等级的必要报酬率折现的价值。其中，公司资产的预期收益额相当于公司扣除利息、税收之前的预期盈利，即

---

① Modigliani, Franco, and Merton Miller. "The Cost of Capital, Corporation Financial, and the Theory of investments", *American Economic Review*, June, 1958, 48: 261-297.

② 参见王超主编：《融资与投资管理》，北京，中国对外经济贸易出版社，1999。

息税前利润；与公司风险等级相适应的必要报酬率相当于公司的综合资本成本率。因此，命题Ⅰ的基本含义是：第一，公司的价值不会受资本结构的影响；第二，有债务公司的综合资本成本率等同于与它风险等级相同但无债务公司的股权资本成本率；第三，公司的股权资本成本率或综合资本成本率视公司的营业风险而定。

命题Ⅱ：利用财务杠杆的公司，其股权资本成本率随筹资额的增加而提高。因此，公司的市场价值不会随债务资本比例的上升而增加。命题Ⅱ的基本含义是：因为资本成本率较低的债务给公司带来的财务杠杆利益会被股权资本成本率的上升而抵消，最后使有债务公司的综合资本成本率等于无债务公司的综合资本成本率，所以公司的价值与其资本结构无关。

上述MM资本结构的基本理论是在一系列假设的前提下得出的。在企业的筹资实务中，几乎没有一家公司不关注资本结构。因此，MM资本结构的基本理论还需要发展。

（2）MM资本结构理论的修正观点。莫迪利亚尼和米勒于1963年合作发表了另一篇论文《公司所得税与资本成本：一项修正》。① 该文取消了公司无所得税的假设，认为若考虑公司所得税的因素，公司的价值会随财务杠杆系数的提高而增加，从而得出公司资本结构与公司价值相关的结论。修正的MM资本结构理论同样提出了两个命题。

命题Ⅰ：有债务公司的价值等于有相同风险但无债务公司的价值加上债务的节税利益。根据该命题，公司举债后，债务利息可以计入财务费用，形成节税利益，由此可以增加公司的净收益，从而提高公司的价值。随着公司债务比例的提高，公司的价值也会提高。

有债务公司的股权资本成本率等于无债务公司的股权资本成本率加上风险报酬率，风险报酬率的高低则视公司债务的比例和所得税税率而定。随着公司债务比例的提高，公司的综合资本成本率会降低，公司的价值也会提高。

按照修正的MM资本结构理论，公司的资本结构与公司的价值不是无关，而是密切相关，并且公司债务比例与公司价值呈正相关关系。这个结论与早期资本结构理论的净收益观点是一致的。

命题Ⅱ：MM资本结构理论的权衡理论观点。该观点认为，随着公司债务比例的提高，公司的风险也会上升，因而公司陷入财务危机甚至破产的可能性也越大，由此会增加公司的额外成本，降低公司的价值。因此，公司最佳的资本结构应当是节税利益和债务资本比例上升而带来的财务危机成本与破产成本之间的平衡点。

财务危机是指公司对债务人的承诺不能兑现，或有困难地兑现。财务危机在某些情况下会导致公司破产，因此公司的价值应当扣除财务危机成本的现值。财务危机成本取决于公司危机发生的概率和危机的严重程度。根据公司破产发生的可能性，财务危机成本可分为有破产成本的财务危机成本和无破产成本的财务危机成本。

当公司债务的面值总额大于其市场价值时，公司面临破产。这时，公司的财务危机成本是有破产成本的财务危机成本。公司的破产成本又有直接破产成本和间接破产

① Modigliani，Franco，and Merton H. Miller，"Corporate Income Taxes and the Cost of Capital：A Correction"，*American Economic Review*，June，1963，53：433-443.

成本两种。直接破产成本包括支付律师、注册会计师和资产评估师等的费用。这些费用实际上是由债务人承担的，即从债务人的利息收入中扣除。因此，债务人必然要求与公司破产风险相对应的较高报酬率，公司的债务价值和公司的总价值也因而降低。公司的间接破产成本包括公司破产清算损失以及公司破产后重组而增加的管理成本。公司的破产成本增加了公司的额外成本，从而会降低公司的价值。

当公司发生财务危机但还不至于破产时，同样存在财务危机成本并影响公司的价值。这时的财务危机成本是无破产成本的财务危机成本。这种财务危机成本对公司价值的影响是通过股东为保护其利益，在投资决策时以股票价值最大化代替公司价值最大化的目标而形成的。而当公司的经营者按此做出决策并予以执行时，会使公司的节税利益下降并降低公司价值。因此，由于债务带来的公司财务危机成本抑制了公司通过无限举债而增加公司价值的冲动，使公司的债务比例保持在适度的区间内。

3. 新的资本结构理论观点

20世纪七八十年代后又出现一些新的资本结构理论，主要有代理成本理论、信号传递理论和啄序理论等。

(1) 代理成本理论。代理成本理论是通过研究代理成本与资本结构的关系而形成的。这种理论指出，公司债务的违约风险是财务杠杆系数的增函数；随着公司债务资本的增加，债权人的监督成本随之上升，债权人会要求更高的利率。这种代理成本最终要由股东承担，公司资本结构中债务比率过高会导致股东价值的降低。根据代理成本理论，债务资本适度的资本结构会增加股东的价值。①

上述资本结构的代理成本理论仅限于债务的代理成本。除此之外，还有一些代理成本涉及公司的雇员、消费者和社会等，在资本结构的决策中也应予以考虑。

(2) 信号传递理论。信号传递理论认为，公司可以通过调整资本结构来传递有关盈利能力和风险方面的信息，以及公司如何看待股票市价的信息。

按照资本结构的信号传递理论，公司价值被低估时会增加债务资本；反之，公司价值被高估时会增加股权资本。当然，公司的筹资选择并非完全如此。例如，公司有时可能并不希望通过筹资行为告知公众公司的价值被高估的信息，而是模仿被低估价值的公司去增加债务资本。

(3) 啄序理论。资本结构的啄序理论认为，公司倾向于首先采用内部筹资，比如留用利润，因之不会传导任何可能对股价不利的信息；如果需要外部筹资，公司将先选择债务筹资，再选择其他外部股权筹资，这种筹资顺序的选择也不会传递对公司股价产生不利影响的信息。

按照啄序理论，不存在明显的目标资本结构，因为虽然留用利润和增发新股均属股权筹资，但前者最先选用，后者最后选用；盈利能力较强的公司之所以安排较低的债务比率，并不是因为已确立较低的目标债务比率，而是因为不需要外部筹资；盈利能力较差的公司选用债务筹资是由于没有足够的留用利润，而且在外部筹资选择中债务筹资为首选。②

---

① 参见爱默瑞、芬尼特和斯托：《公司财务管理》，北京，中国人民大学出版社，2008。

② 参见王蔚松：《企业金融行为》，北京，中央广播电视大学出版社，2001。

6.2 资本成本的测算

资本成本是企业筹资管理的重要依据，也是企业资本结构决策的基本因素之一。本节着重从企业长期资本的角度，阐述资本成本的概念、内容、属性、种类、作用和测算方法。

6.2.1 资本成本的概念、内容、属性和种类

1. 资本成本的概念

资本成本（cost of capital）是企业筹集和使用资本而承付的代价，如筹资公司向银行支付的借款利息和向股东支付的股利等。这里的资本是指企业筹集的长期资本，包括股权资本和长期债务资本。从投资者的角度看，资本成本也是投资者要求的必要报酬或最低报酬。在市场经济条件下，资本是一种特殊的商品，企业通过各种筹资渠道，采用各种筹资方式获得的资本往往是有偿的，需要承担一定的成本。

2. 资本成本的内容

资本成本从绝对量的构成来看，包括用资费用和筹资费用两部分。

用资费用是指企业在生产经营和对外投资活动中因使用资本而承付的费用，如向债权人支付的利息，向股东分配的股利等。用资费用是资本成本的主要部分。长期资本的用资费用是经常性的，并随使用资本数量的多少和时期的长短而变动，因而属于变动性资本成本。

筹资费用是指企业在筹集资本活动中为获得资本而付出的费用，如向银行支付的借款手续费，因发行股票、债券而支付的发行费用等。筹资费用与用资费用不同，它通常在筹资时一次性全部支付，在获得资本后的用资过程中不再发生，因而属于固定性资本成本，可视为对筹资额的一项扣除。

3. 资本成本的属性

资本成本作为企业的一种成本，具有一般商品成本的基本属性，又有不同于一般商品成本的某些特性。在企业正常的生产经营活动中，一般商品的生产成本是其生产所耗费的直接材料、直接人工和制造费用之和，对于这种商品的成本，企业须从其收入中获得补偿。资本成本也是企业的一种耗费，也须由企业的收益补偿，但它是为获得和使用资本而付出的代价，通常并不直接表现为生产成本。此外，产品成本需要计算实际数，资本成本则只要求预测数或估计数。

资本成本与货币的时间价值既有联系，又有区别。货币的时间价值是资本成本的基础，而资本成本既包括货币的时间价值，又包括投资的风险价值。因此，在有风险的条件下，资本成本也是投资者要求的必要报酬。

4. 资本成本率的种类

在企业筹资实务中，通常运用资本成本的相对数，即资本成本率。资本成本率是指企业用资费用与有效筹资额之间的比率，通常用百分比来表示。一般而言，资本成本率包括：(1) 个别资本成本率。个别资本成本率是指企业各种长期资本的成本率。例如，股票资本成本率，债券资本成本率，长期借款资本成本率。企业在比较各种筹

资方式时，需要使用个别资本成本率。（2）综合资本成本率。综合资本成本率是指企业全部长期资本的成本率。企业在进行长期资本结构决策时，可以利用综合资本成本率。（3）边际资本成本率。边际资本成本率是指企业追加长期资本的成本率。企业在追加筹资方案的选择中，需要运用边际资本成本率。

6.2.2 资本成本的作用

资本成本是企业筹资管理的一个重要概念，国际上将其视为一项财务标准。资本成本对于企业筹资管理、投资管理，乃至整个财务管理和经营管理都有重要的作用。

（1）资本成本是选择筹资方式，进行资本结构决策和选择追加筹资方案的依据。

1）个别资本成本率是企业选择筹资方式的依据。一个企业长期资本的筹集往往有多种筹资方式可供选择，包括长期借款、发行债券、发行股票等。这些长期筹资方式的个别资本成本率的高低不同，可作为比较选择各种筹资方式的一个依据。

2）综合资本成本率是企业进行资本结构决策的依据。企业的全部长期资本通常是由多种长期资本筹资类型的组合构成的。企业长期资本的筹资有多个组合方案可供选择。不同筹资组合的综合资本成本率的高低，可以作为比较各个筹资组合方案，作出资本结构决策的一个依据。

3）边际资本成本率是比较、选择追加筹资方案的依据。企业为了扩大生产经营规模，往往需要追加筹资。不同追加筹资方案的边际资本成本率的高低，可以作为比较、选择追加筹资方案的一个依据。

（2）资本成本是评价投资项目、比较投资方案和进行投资决策的经济标准。一般而言，一个投资项目，只有当其投资报酬率高于其资本成本率时，在经济上才是合理的；否则，该项目将无利可图，甚至会发生亏损。因此，国际上通常将资本成本率视为一个投资项目必须赚得的最低报酬率或必要报酬率，视为是否采纳一个投资项目的取舍率，作为比较、选择投资方案的一个经济标准。

在企业投资评价分析中，可以将资本成本率作为折现率，用于测算各个投资方案的净现值和现值指数，以比较、选择投资方案，进行投资决策。

（3）资本成本可以作为评价企业整体经营业绩的基准。企业的整体经营业绩可以用企业全部投资的利润率来衡量，并可与企业全部资本的成本率相比较，如果利润率高于成本率，可以认为企业经营有利；反之，如果利润率低于成本率，则可认为企业经营不利，业绩不佳，需要改善经营管理，提高企业全部资本的利润率和降低成本率。

6.2.3 债务资本成本率的测算

1. 个别资本成本率的测算原理

一般而言，个别资本成本率是企业用资费用与有效筹资额的比率。其基本的测算公式表示为：

$$K=\frac{D}{P-f} \tag{6—2}$$

或

$$K=\frac{D}{P(1-F)}$$

式中，K 表示资本成本率，以百分比表示；D 表示用资费用额；P 表示筹资额；f 表示筹资费用额；F 表示筹资费用率，即筹资费用额与筹资额的比率。

由此可见，个别资本成本率的高低取决于三个因素，即用资费用、筹资费用和筹资额。

（1）用资费用是决定个别资本成本率高低的一个主要因素。在其他两个因素不变的情况下，某种资本的用资费用高，其成本率就高；反之，用资费用低，其成本率就低。

（2）筹资费用也是影响个别资本成本率高低的一个因素。一般而言，发行债券和股票的筹资费用较高，其资本成本率较高；而其他筹资方式的筹资费用较低，其资本成本率较低。

（3）筹资额是决定个别资本成本率高低的另一个主要因素。在其他两个因素不变的情况下，某种资本的筹资额越高，其成本率越低；反之，筹资额越低，其成本率越高。

此外，对式（6—2）及其分母 $P-f$ 还需说明以下三点：

第一，筹资费用是一次性费用，属于固定性资本成本。它不同于经常性的用资费用，后者属于变动性资本成本。因此，不可将 $K=\frac{D}{P-f}$ 写成 $K=\frac{D+f}{P}$。

第二，筹资费用是筹资时即支付的，可视作对筹资额的一项扣除，即筹资净额或有效筹资额为 $P-f$。

第三，用 $K=\frac{D}{P-f}$ 而不用 $K=\frac{D}{P}$，表明资本成本率与利息率在含义上和数量上的差别。例如，借款利息率是利息额与借款筹资额的比率，它只含有用资费用（即利息费用），但不考虑筹资费用（即借款手续费）。

在充分考虑货币的时间价值和投资风险的情况下，个别资本成本率还可采用折现模型来估算。对此将结合债务资本成本率和股权资本成本率的测算加以说明。

2. 长期债务资本成本率的测算

长期债务资本成本率一般有长期借款资本成本率和长期债券资本成本率两种。根据企业所得税法的规定，企业债务的利息允许从税前利润中扣除，从而可以抵免企业所得税。因此，企业实际负担的债务资本成本率应当考虑所得税因素，即

$$K_l=R_d(1-T)$$

式中，K_l 表示债务资本成本率，亦称税后债务资本成本率；R_d 表示企业债务利息率，亦称税前债务资本成本率；T 表示企业所得税税率。

在企业债务筹资实务中，可能出现一些较为复杂的情况，如债务利息的结算次数、债务面值与到期值不一致，企业信用或债券等级差别导致债权人风险不同等，需要根据具体情况测算其资本成本率。

（1）长期借款资本成本率的测算。企业长期借款资本成本率可按下列公式测算：

$$K_l=\frac{I_l(1-T)}{L(1-F_l)} \tag{6—3}$$

式中，K_l 表示长期借款资本成本率；I_l 表示长期借款年利息额；L 表示长期借款筹

资额，即借款本金；F_l 表示长期借款筹资费用率，即借款手续费率；T 表示所得税税率。

例 6—1

ABC 公司欲从银行取得一笔长期借款 1 000 万元，手续费率 1%，年利率 5%，期限 3 年，每年结息一次，到期一次还本。公司所得税税率为 25%。这笔借款的资本成本率为：

$$K_l=\frac{1\,000\times5\%\times(1-25\%)}{1\,000\times(1-1\%)}=3.79\%$$

相对而言，企业借款的筹资费用很少，可以忽略不计。这时，长期借款资本成本率的计算公式为：

$$K_l=R_l(1-T) \tag{6—4}$$

式中，R_l 表示借款利息率，其他符号含义同前。

例 6—2

根据例 6—1 的资料，但不考虑借款手续费，则这笔借款的资本成本率为：

$$K_l=5\%\times(1-25\%)=3.75\%$$

在借款合同附加补偿性余额条款的情况下，企业可动用的借款筹资额应扣除补偿性余额，这时借款的实际利率和资本成本率将会上升。

例 6—3

ABC 公司欲借款 1 000 万元，年利率 5%，期限 3 年，每年结息一次，到期一次还本。银行要求的补偿性余额所占比例为 20%。公司所得税税率为 25%。这笔借款的资本成本率为：

$$K_l=\frac{1\,000\times5\%\times(1-25\%)}{1\,000\times(1-20\%)}=4.69\%$$

在借款年内结息次数超过一次时，借款实际利率也会高于名义利率，从而资本成本率上升。这时，借款资本成本率的测算公式为：

$$K_l=\left[\left(1+\frac{R_l}{M}\right)^M-1\right](1-T) \tag{6—5}$$

式中，M 表示一年内的借款结息次数，其他符号含义同前。

例 6—4

ABC 公司借款 1 000 万元，年利率 5%，期限 3 年，每季结息一次，到期一次还本。公司所得税税率为 25%。这笔借款的资本成本率为：

$$K_l=\left[\left(1+\frac{5\%}{4}\right)^4-1\right](1-25\%)=3.82\%$$

（2）长期债券资本成本率的测算。企业债券资本成本中的利息费用可在所得税前列支，但发行债券的筹资费用一般较高，应予以考虑。债券的筹资费用即发行费用，包括申请费、注册费、印刷费和上市费以及推销费等，其中有的费用按一定的标准支付。在不考虑货币时间价值时，债券资本成本率可按下列公式测算：

$$K_b=\frac{I_b(1-T)}{B(1-F_b)} \tag{6—6}$$

式中，K_b 表示债券资本成本率；B 表示债券筹资额，按发行价格确定；T 表示所得税税率；F_b 表示债券筹资费用率。

例 6—5

ABC 公司拟平价发行面值 100 元、期限 5 年、票面利率 8%的债券，每年结息一次；发行费用为发行价格的 5%；公司所得税税率为 25%。则该批债券的资本成本率为：

$$K_b=\frac{100\times8\%\times(1-25\%)}{100\times(1-5\%)}=6.32\%$$

在考虑货币时间价值时，公司债券的税前资本成本率也就是债券持有人投资的必要报酬率，再乘以（1－T）折算为税后的资本成本率。测算过程如下。

第一步，先测算债券的税前资本成本率，其测算公式为：

$$P_0=\sum_{t=1}^{n}\frac{I}{(1+R_b)^t}+\frac{P_n}{(1+R_b)^n} \tag{6—7}$$

式中，P_0 表示债券筹资净额，即债券发行价格（或现值）扣除发行费用；I 表示债券年利息额；P_n 表示债券面额或到期价值；R_b 表示债券投资的必要报酬率，即债券的税前资本成本率；t 表示债券付息期数；n 表示债券期限。

第二步，测算债券的税后资本成本率，其测算公式为：

$$K_b=R_b(1-T) \tag{6—8}$$

式中符号含义同前。

6.2.4　股权资本成本率的测算

按照公司股权资本的构成，股权资本成本率主要分为普通股资本成本率、优先股资本成本率和留用利润资本成本率等。根据所得税法的规定，公司须以税后利润向股东分派股利，故股权资本成本没有抵税利益。

1. 普通股资本成本率的测算

按照资本成本率实质上是投资的必要报酬率的思路可知，普通股的资本成本率就是普通股投资的必要报酬率。其测算方法一般有三种：股利折现模型、资本资产定价模型和债券投资报酬率加股票投资风险报酬率。

（1）股利折现模型。股利折现模型的基本表达式是：

$$P_c=\sum_{t=1}^{\infty}\frac{D_t}{(1+K_c)^t} \tag{6—9}$$

式中，P_c 表示普通股筹资净额，即发行价格扣除发行费用；D_t 表示普通股第 t 年的股利；K_c 表示普通股投资的必要报酬率，即普通股资本成本率。

运用式（6—9）测算普通股资本成本率，其结果会因不同的股利政策而有所不同。

如果公司实行固定股利政策，即每年分派现金股利 D 元，则资本成本率可按下式测算：

$$K_c=\frac{D}{P_c} \tag{6—10}$$

式中符号含义同前。

例 6—6

ABC 公司拟发行一批普通股，发行价格 12 元/股，每股发行费用 1 元，预定每年分派现金股利每股 1.2 元。其资本成本率测算为：

$$K_c=\frac{1.2}{12-1}\times100\%=10.91\%$$

如果公司实行固定增长股利政策，股利固定增长率为 G，则资本成本率需按下式测算：

$$K_c=\frac{D}{P_c}+G \tag{6—11}$$

式中符号含义同前。

例 6—7

XYZ 公司准备增发普通股，每股的发行价格 15 元，每股发行费用 1.5 元，预定第一年分派现金股利每股 1.5 元，以后每年股利增长 4%。其资本成本率测算为：

$$K_c=\frac{1.5}{15-1.5}\times100\%+4\%=15.11\%$$

(2) 资本资产定价模型。资本资产定价模型可以简要地描述为：普通股投资的必要报酬率等于无风险报酬率加上风险报酬率。用公式表示如下：

$$K_c=R_f+\beta_i(R_m-R_f)$$

式中，K_c 表示普通股投资的必要报酬率；R_f 表示无风险报酬率；R_m 表示市场报酬率；β_i 表示第 i 种股票的贝塔系数。

在已确定无风险报酬率、市场报酬率和某种股票的 β 值后，即可测算该股票的必要报酬率，即资本成本率。

例 6—8

已知某股票的 β 值为 1.5，市场报酬率为 10%，无风险报酬率为 6%。该股票的资本成本率测算为：

$$K_c=6\%+1.5\times(10\%-6\%)=12\%$$

(3) 债券投资报酬率加股票投资风险报酬率。一般而言，从投资者的角度，股票投资的风险高于债券，因此，股票投资的必要报酬率可以在债券利率的基础上加上股票投资高于债券投资的风险报酬率。

例 6—9

XYZ公司已发行债券的投资报酬率为8%。现准备发行一批股票，经分析，该股票投资高于债券投资的风险报酬率为4%。则该股票的必要报酬率即资本成本率为：

$$8\%+4\%=12\%$$

2. 优先股资本成本率的测算

优先股的股利通常是固定的，公司利用优先股筹资需花费发行费用，因此，优先股资本成本率的测算类似于普通股。其测算公式是：

$$K_p=\frac{D_p}{P_p} \tag{6—12}$$

式中，K_p 表示优先股资本成本率；D_p 表示优先股每股年股利；P_p 表示优先股筹资净额，即发行价格扣除发行费用。

例 6—10

ABC公司准备发行一批优先股，每股发行价格5元，发行费用0.2元，预计年股利0.5元。其资本成本率测算如下：

$$K_p=\frac{0.5}{5-0.2}\times 100\%=10.42\%$$

3. 留用利润资本成本率的测算

公司的留用利润是由公司税后利润形成的，属于股权资本。从表面上看，公司留用利润并不花费资本成本。实际上，股东愿意将其留用于公司而不作为股利取出投资于别处，总是要求获得与普通股等价的报酬。因此，留用利润也有资本成本，不过是一种机会成本。留用利润资本成本率的测算方法与普通股基本相同，只是不考虑筹资费用。

以上我们说明了股份有限公司股权资本成本率的测算。对于非股份制企业而言，其股权资本成本率的测算与普通股、优先股和留用利润成本率的测算有所不同，主要是：(1) 非股份制企业的投入资本筹资协议有的约定了固定的利润分配比例，这类似于优先股，但不同于普通股；(2) 非股份制企业的投入资本及留用利润不能在证券市场上交易，无法形成公平的交易价格，因而也就难以预计其投资的必要报酬率。在这种情况下，投入资本和留用利润的资本成本率的测算还是一个需要探讨的问题。我国有的财务学者认为，在一定条件下，投入资本及留用利润的资本成本率可按优先股资本成本率的测算方法予以测算。

6.2.5 综合资本成本率的测算

1. 综合资本成本率的决定因素

综合资本成本率是指一个企业全部长期资本的成本率，通常是以各种长期资本的比例为权重，对个别资本成本率进行加权平均测算的，故亦称加权平均资本成本率。因此，综合资本成本率是由个别资本成本率和各种长期资本比例这两个因素决定的。

个别资本成本率前已介绍。各种长期资本比例是指一个企业各种长期资本分别占企业全部长期资本的比例，即狭义的资本结构。例如，ABC 公司的全部长期资本总额为 10 000 万元，其中长期借款 2 000 万元占 20%，长期债券 3 500 万元占 35%，股东权益 4 500 万元占 45%。当资本结构不变时，个别资本成本率越高，则综合资本成本率越高；反之，个别资本成本率越低，则综合资本成本率越低。因此，在资本结构一定的条件下，综合资本成本率的高低是由个别资本成本率决定的。当个别资本成本率不变时，资本结构中成本率较高资本的比例上升，则综合资本成本率提高；反之，成本率较低资本的比例下降，则综合资本成本率降低。因此，在个别资本成本率一定的条件下，综合资本成本率的高低是由各种长期资本比例（即资本结构）决定的。

2. 综合资本成本率的测算方法

根据综合资本成本率的决定因素，在已测算个别资本成本率，取得各种长期资本比例后，可按下列公式测算综合资本成本率：

$$K_w=K_lW_l+K_bW_b+K_pW_p+K_cW_c+K_rW_r \qquad (6—13)$$

式中，K_w 表示综合资本成本率；K_l 表示长期借款资本成本率；W_l 表示长期借款资本比例；K_b 表示长期债券资本成本率；W_b 表示长期债券资本比例；K_p 表示优先股资本成本率；W_p 表示优先股资本比例；K_c 表示普通股资本成本率；W_c 表示普通股资本比例；K_r 表示留用利润资本成本率；W_r 表示留用利润资本比例。

式（6—13）可简列如下：

$$K_w=\sum_{j=1}^{n}K_jW_j \qquad (6—14)$$

式中，K_w 表示综合资本成本率；K_j 表示第 j 种长期资本的资本成本率；W_j 表示第 j 种长期资本的资本比例。其中

$$\sum_{j=1}^{n}W_j=1$$

例 6—11

ABC 公司现有长期资本总额 10 000 万元，其中长期借款 2 000 万元，长期债券 3 500 万元，优先股 1 000 万元，普通股 3 000 万元，留用利润 500 万元；各种长期资本成本率分别为 4%，6%，10%，14%和 13%。该公司综合资本成本率可按如下步骤进行测算。

第一步，计算各种长期资本的比例。

$$长期借款资本比例=\frac{2\,000}{10\,000}=0.20\text{ 或 }20\%$$

$$长期债券资本比例=\frac{3\,500}{10\,000}=0.35\text{ 或 }35\%$$

$$优先股资本比例=\frac{1\,000}{10\,000}=0.10\text{ 或 }10\%$$

$$普通股资本比例=\frac{3\,000}{10\,000}=0.30\text{ 或 }30\%$$

$$留用利润资本比例=\frac{500}{10\,000}=0.05\text{ 或 }5\%$$

第二步，测算综合资本成本率。

$$K_w = 4\% \times 0.20 + 6\% \times 0.35 + 10\% \times 0.10 + 14\% \times 0.30 + 13\% \times 0.05 = 8.75\%$$

上述计算过程亦可列表进行，如表 6—1 所示。

表 6—1　综合资本成本率测算表

资本种类	资本价值（万元）	资本比例（%）	个别资本成本率（%）	综合资本成本率（%）
长期借款	2 000	20	4	0.80
长期债券	3 500	35	6	2.10
优先股	1 000	10	10	1.00
普通股	3 000	30	14	4.20
留用利润	500	5	13	0.65
合计	10 000	100	—	8.75

3. 综合资本成本率中资本价值基础的选择

在测算企业综合资本成本率时，资本结构或各种资本在全部资本中所占的比例起着决定作用。企业各种资本的比例则取决于各种资本价值的确定。各种资本价值的计量基础主要有三种选择：账面价值、市场价值和目标价值。

（1）按账面价值确定资本比例。企业财务会计所提供的资料主要是以账面价值为基础的。财务会计通过资产负债表可以提供以账面价值为基础的资本结构资料，这也是企业筹资管理的一个依据。使用账面价值确定各种资本比例的优点是，易于从资产负债表中取得这些资料，容易计算。其主要缺陷是：资本的账面价值可能不符合市场价值，如果资本的市场价值已经脱离账面价值许多，采用账面价值作基础确定资本比例就有失客观性，从而不利于综合资本成本率的测算和筹资管理的决策。

例 6—12

ABC 公司若按账面价值确定资本比例，进而测算综合资本成本率，如表 6—2 所示。

表 6—2　按资本账面价值测算的综合资本成本率

资本种类	资本账面价值（万元）	资本比例（%）	个别资本成本率（%）	综合资本成本率（%）
长期借款	1 500	15	6	0.90
长期债券	2 000	20	7	1.40
优先股	1 000	10	10	1.00
普通股	3 000	30	14	4.20
留用利润	2 500	25	13	3.25
合计	10 000	100	—	10.75

（2）按市场价值确定资本比例。按市场价值确定资本比例是指债券和股票等以现行资本市场价格为基础确定其资本比例，从而测算综合资本成本率。

例 6—13

ABC 公司若按市场价值确定资本比例，进而测算综合资本成本率，如表

6—3 所示。

表 6—3　　按资本市场价值测算的综合资本成本率

资本种类	资本市场价值（万元）	资本比例（%）	个别资本成本率（%）	综合资本成本率（%）
长期借款	1 500	10	6	0.60
长期债券	2 500	17	7	1.19
优先股	1 500	10	10	1.00
普通股	6 000	40	14	5.60
留用利润	3 500	23	13	2.99
合计	15 000	100	—	11.38

将表 6—3 与表 6—2 进行比较，ABC 公司长期借款的市场价值与账面价值一致，而长期债券、优先股、普通股和留用利润的市场价值均高于账面价值，因此按市场价值确定的资本比例与按账面价值确定的资本比例不同，从而综合资本成本率也受到影响。按市场价值确定的资本比例反映了公司现实的资本结构和综合资本成本率水平，有利于筹资管理决策。当然，按市场价值确定资本比例也有其不足之处，即证券的市场价格处于经常性的变动之中而不易选定。为弥补这个不足，在实务中可以采用一定时期证券的平均价格。此外，按账面价值和市场价值确定资本比例，反映的是公司过去和现在的资本结构，未必适用于公司未来的筹资管理决策。

（3）按目标价值确定资本比例。按目标价值确定资本比例是指证券和股票等以公司预计的未来目标市场价值确定资本比例，从而测算综合资本成本率。从公司筹资管理决策的角度来看，对综合资本成本率的一个基本要求是，它应适用于公司未来的目标资本结构。

例 6—14

ABC 公司若按目标价值确定资本比例，进而测算综合资本成本率，如表 6—4 所示。

表 6—4　　按资本目标价值测算的综合资本成本率

资本种类	资本目标价值（万元）	资本比例（%）	个别资本成本率（%）	综合资本成本率（%）
长期借款	5 000	25	6	1.50
长期债券	7 000	35	7	2.45
优先股	1 000	5	10	0.50
普通股	4 000	20	14	2.80
留用利润	3 000	15	13	1.95
合计	20 000	100	—	9.20

一般认为，采用目标价值确定资本比例，能够体现期望的目标资本结构要求。但资本的目标价值难以客观地确定，因此，通常应选择市场价值确定资本比例。在企业筹资实务中，目标价值和市场价值虽然各有优点，但仍有不少公司宁可采用账面价值确定资本比例，因其易于使用。

由此可见，在个别资本成本率一定的情况下，企业综合资本成本率的高低是由资本结构决定的，这是资本结构决策的依据之一。

6.2.6　边际资本成本率的测算

1. 边际资本成本率的测算原理

边际资本成本率是指企业追加筹资的资本成本率，即企业新增 1 元资本所需负担的成本。在现实中可能会出现这样一种情况：当企业以某种筹资方式筹资超过一定限度时，边际资本成本率会提高。此时，即使企业保持原有的资本结构，仍有可能导致加权平均资本成本率上升。因此，边际资本成本率亦称随筹资额增加而提高的加权平均资本成本率。

企业追加筹资有时可能只采取某一种筹资方式。在筹资数额较大，或在目标资本结构既定的情况下，往往需要通过多种筹资方式的组合来实现。这时，边际资本成本率应该按加权平均法测算，而且其资本比例必须以市场价值确定。

例 6—15

XYZ 公司现有长期资本总额 1 000 万元，其目标资本结构（比例）为：长期债务 0.20，优先股 0.05，普通股权益（包括普通股和留用利润）0.75。现拟追加资本 300 万元，仍按此资本结构筹资。经测算，个别资本成本率分别为：长期债务 7.50%，优先股 11.80%，普通股权益 14.80%。该公司追加筹资的边际资本成本率测算如表 6—5 所示。

表 6—5　　XYZ 公司追加筹资的边际资本成本率测算表

资本种类	目标资本比例（%）	资本价值（万元）	个别资本成本率（%）	边际资本成本率（%）
长期债务	20	60	7.50	1.50
优先股	5	15	11.80	0.59
普通股权益	75	225	14.80	11.10
合计	100	300	—	13.19

2. 边际资本成本率规划

企业在追加筹资中，为了便于比较、选择不同规模范围的筹资组合，可以预先测算边际资本成本率，并以表或图的形式反映。

下面举例说明建立边际资本成本率规划的过程与方法。

例 6—16

ABC 公司目前拥有长期资本 100 万元。其中，长期债务 20 万元，优先股 5 万元，普通股（含留用利润）75 万元。为了适应追加投资的需要，公司准备筹措新资。试测算建立追加筹资的边际资本成本率规划。

第一步，确定目标资本结构。财务人员经分析测算后认为，ABC 公司目前的资本结构处于目标资本结构范围内，在今后增资时应予以保持，即长期债务 0.20，优先股 0.05，普通股权益 0.75。

第二步，测算各种资本的成本率。财务人员分析了资本市场状况和公司的筹资能力，认定随着公司筹资规模的扩大，各种资本的成本率也会发生变动，测算结果见表 6—6。

表 6—6 ABC公司追加筹资测算资料表

资本种类	目标资本结构（1）	追加筹资数量范围（元）（2）	个别资本成本率（%）（3）
长期债务	0.20	10 000 以内	6
		10 000～40 000	7
		40 000 以上	8
优先股	0.05	2 500 以内	10
		2 500 以上	12
普通股权益	0.75	22 500 以内	14
		22 500～75 000	15
		75 000 以上	16

第三步，测算筹资总额分界点。根据公司目标资本结构和各种资本的成本率变动的分界点，测算公司筹资总额分界点。其测算公式为：

$$BP_j=\frac{TF_j}{W_j} \tag{6—15}$$

式中，BP_j 表示筹资总额分界点；TF_j 表示第 j 种资本的成本率发生变化的筹资额分界点；W_j 表示目标资本结构中第 j 种资本的比例。

ABC 公司的追加筹资总额范围的测算结果如表 6—7 所示。

表 6—7 ABC公司筹资总额范围测算表

资本种类	个别资本成本率（%）	各种资本筹资范围（元）	筹资总额分界点（元）	筹资总额范围（元）
长期债务	6	10 000 以内	$\frac{10\,000}{0.2}=50\,000$	50 000 以内
	7	10 000～40 000	$\frac{40\,000}{0.2}=200\,000$	50 000～200 000
	8	40 000 以上		200 000 以上
优先股	10	2 500 以内	$\frac{2\,500}{0.05}=50\,000$	50 000 以内
	12	2 500 以上		50 000 以上
普通股权益	14	22 500 以内	$\frac{22\,500}{0.75}=30\,000$	30 000 以内
	15	22 500～75 000	$\frac{75\,000}{0.75}=100\,000$	30 000～100 000
	16	75 000 以上		100 000 以上

表 6—7 显示了特定种类资本成本率变动的分界点。例如，长期债务在 10 000 元以内时，其资本成本率为 6%，而在目标资本结构中，债务资本的比例为 20%。这表明，当债务资本成本率由 6%上升到 7%之前，企业可筹资 50 000 元；当筹资总额多于 50 000 元时，债务资本成本率就要上升到 7%。

第四步，测算边际资本成本率。根据以上步骤测算出筹资分界点，可以得出下列五个新的筹资总额范围：（1）30 000 元以内；（2）30 000～50 000 元；（3）50 000～100 000元；（4）100 000～200 000 元；（5）200 000 元以上。对这五个筹资总额范围分别测算其加权平均资本成本率，即可得到各种筹资总额范围的边际资本成本率，如表 6—8 所示。

表 6—8　边际资本成本率规划表

序号	筹资总额范围（元）	资本种类	目标资本结构	个别资本成本率（%）	边际资本成本率（%）
1	30 000 以内	长期债务	0.20	6	1.20
		优先股	0.05	10	0.50
		普通股权益	0.75	14	10.50
第一个筹资总额范围的边际资本成本率=12.20%					
2	30 000～50 000	长期债务	0.20	6	1.20
		优先股	0.05	10	0.50
		普通股权益	0.75	15	11.25
第二个筹资总额范围的边际资本成本率=12.95%					
3	50 000～100 000	长期债务	0.20	7	1.40
		优先股	0.05	12	0.60
		普通股权益	0.75	15	11.25
第三个筹资总额范围的边际资本成本率=13.25%					
4	100 000～200 000	长期债务	0.20	7	1.40
		优先股	0.05	12	0.60
		普通股权益	0.75	16	12.00
第四个筹资总额范围的边际资本成本率=14.00%					
5	200 000 以上	长期债务	0.20	8	1.60
		优先股	0.05	12	0.60
		普通股权益	0.75	16	12.00
第五个筹资总额范围的边际资本成本率=14.20%					

6.3 杠杆利益与风险的衡量

杠杆利益与风险是企业资本结构决策的基本因素之一。企业的资本结构决策应当在杠杆利益与风险之间进行权衡。本节将分析并衡量营业杠杆利益与风险、财务杠杆利益与风险，以及这两种杠杆利益与风险的综合——联合杠杆利益与风险。

6.3.1 营业杠杆利益与风险

1. 营业杠杆原理

（1）营业杠杆的概念。**营业杠杆**（operating leverage），亦称经营杠杆或营运杠杆，是指由于企业经营成本中固定成本的存在而导致息税前利润变动率大于营业收入变动率的现象（这里的经营成本包括营业成本、营业税金及附加、销售费用、管理费用等）。企业经营成本按其与营业收入总额的依存关系可分为变动成本和固定成本两部分。其中，变动成本是指随着营业收入总额的变动而变动的成本；固定成本是指在一定的营业收入规模内，不随营业收入总额的变动而变动，保持相对固定不变的成本。企业可以通过扩大营业收入总额而降低单位营业收入的固定成本，从而增加企业的营业利润，如此形成企业的营业杠杆。企业利用营业杠杆，有时可以获得一定的营业杠杆利益，有时也承受着相应的营业风险（即遭受损失）。可见，营业杠杆是一把“双刃剑”。

（2）营业杠杆利益分析。营业杠杆利益是指在企业扩大营业收入总额的条件下，单位营业收入的固定成本下降而给企业增加的息税前利润（即支付利息和所得税之前的利润）。在企业一定的营业收入规模内，变动成本随着营业收入总额的增加而增加，固定成本则不随营业收入总额的增加而增加，而是保持固定不变。随着营业收入的增加，单位营业收入所负担的固定成本会相对减少，从而给企业带来额外的利润。

例 6—17

XYZ 公司在营业收入总额为 2 400 万～3 000 万元的情况下，每年的固定成本总额均为 800 万元，变动成本率为 60%。公司 20×7—20×9 年的营业收入总额分别为 2 400 万元、2 600 万元和 3 000 万元。现测算其营业杠杆利益，如表 6—9 所示。

表 6—9　XYZ 公司营业杠杆利益测算表　单位：万元

年　份	营业收入总额	营业收入总额增长率（%）	变动成本	固定成本	息税前利润	息税前利润增长率（%）
20×7	2 400		1 440	800	160	
20×8	2 600	8	1 560	800	240	50
20×9	3 000	15	1 800	800	400	67

由表 6—9 可见，XYZ 公司在营业收入总额为 2 400 万～3 000 万元的情况下，固定成本总额每年都是 800 万元，即保持不变，随着营业收入总额的增长，息税前利润以更快的速度增长。在上例中，XYZ 公司 20×8 年与 20×7 年相比，营业收入总额的增长率为 8%，同期息税前利润的增长率为 50%；20×9 年与 20×8 年相比，营业收入总额的增长率为 15%，同期息税前利润的增长率为 67%。由此可知，由于 XYZ 公司有效地利用了营业杠杆，获得了较高的营业杠杆利益，即息税前利润的增长幅度高于营业收入总额的增长幅度。

下面再对拥有不同营业杠杆的三家公司进行比较分析。其中，A 公司的固定成本大于变动成本，B 公司的变动成本大于固定成本，C 公司的固定成本是 A 公司的 2 倍。现测算 A、B、C 三个公司的营业杠杆利益，如表 6—10 所示。

表 6—10　A、B、C 公司营业杠杆利益测算表　单位：万元

	A 公司	B 公司	C 公司
营业收入总额变动前：			
营业收入总额	10 000	11 000	19 500
经营成本：			
固定成本	7 000	2 000	14 000
变动成本	2 000	7 000	3 000
息税前利润	1 000	2 000	2 500
下年度营业收入总额增长 50%后：			
营业收入总额	15 000	16 500	29 250
经营成本：			
固定成本	7 000	2 000	14 000
变动成本	3 000	10 500	4 500
息税前利润	5 000	4 000	10 750
息税前利润增长率	400%	100%	330%

由表6—10可见，尽管下年度营业收入总额的增长率相同，都是50%，但由于A、B、C三家公司的具体情况不同，尤其是营业杠杆即固定成本比例的大小不同，息税前利润的增长率因此不等，其中A公司最高，为400%；C公司次之，为330%；B公司最低，为100%。由此可见营业杠杆对息税前利润的影响。

(3) 营业风险分析。营业风险，亦称经营风险，是指与企业经营有关的风险，尤其是指企业在经营活动中利用营业杠杆而导致息税前利润下降的风险。由于营业杠杆的作用，当营业收入总额下降时，息税前利润下降得更快，从而给企业带来营业风险。

例6—18

假定XYZ公司20×7—20×9年的营业收入总额分别为3 000万元、2 600万元和2 400万元，每年的固定成本总额都是800万元，变动成本率为60%。下面以表6—11测算其营业风险。

表6—11 XYZ公司营业风险测算表 单位：万元

年 份	营业收入总额	营业收入总额降低率(%)	变动成本	固定成本	息税前利润	息税前利润降低率(%)
20×7	3 000		1 800	800	400	
20×8	2 600	13	1 560	800	240	40
20×9	2 400	8	1 440	800	160	33

由表6—11可见，XYZ公司在营业收入总额为2 400万～3 000万元的情况下，固定成本总额每年都是800万元，即保持不变，而随着营业收入总额的下降，息税前利润以更快的速度下降。例如，XYZ公司20×8年与20×7年相比，营业收入总额的降低率为13%，同期息税前利润的降低率为40%；20×9年与20×8年相比，营业收入总额的降低率为8%，同期息税前利润的降低率为33%。由此可知，由于XYZ公司没有有效地利用营业杠杆，从而导致了营业风险，即息税前利润的降低幅度高于营业收入总额的降低幅度。

2. 营业杠杆系数的测算

营业杠杆系数是指企业营业利润的变动率相当于营业收入变动率的倍数。它反映了营业杠杆的作用程度。为了反映营业杠杆的作用程度，估计营业杠杆利益的大小，评价营业风险的高低，需要测算营业杠杆系数。其测算公式是：

$$DOL=\frac{\Delta EBIT/EBIT}{\Delta S/S}$$

或

$$DOL=\frac{\Delta EBIT/EBIT}{\Delta Q/Q} \tag{6—16}$$

式中，DOL 表示营业杠杆系数；$EBIT$ 表示营业利润，即息税前利润；$\Delta EBIT$ 表示营业利润的变动额；S 表示营业收入；ΔS 表示营业收入的变动额；Q 表示销售数量；ΔQ 表示销售数量的变动额。

为了便于计算，可将式(6—16)变换如下：

$\because \quad EBIT=Q(P-V)-F$

$$\Delta EBIT=\Delta Q(P-V)$$

$$\therefore\quad DOL=\frac{Q(P-V)}{Q(P-V)-F}$$

或 $$DOL=\frac{S-C}{S-C-F}$$

式中，Q 表示销售数量；P 表示销售单价；V 表示单位销量的变动成本额；F 表示固定成本总额；C 表示变动成本总额，可按变动成本率乘以营业收入总额来确定；其他符号含义同前。

例 6—19

XYZ 公司的产品销量 40 000 件，单位产品售价 1 000 元，营业收入总额 4 000 万元，固定成本总额为 800 万元，单位产品变动成本为 600 元，变动成本率为 60%，变动成本总额为 2 400 万元。其营业杠杆系数为：

$$DOL=\frac{40\,000\times(1\,000-600)}{40\,000\times(1\,000-600)-8\,000\,000}$$

$$=\frac{40\,000\,000-24\,000\,000}{40\,000\,000-24\,000\,000-8\,000\,000}=2$$

在此例中，营业杠杆系数为 2 的意义在于：当企业营业收入增长 10%时，息税前利润将增长 20%；反之，当企业营业收入下降 10%时，息税前利润将下降 20%。前一种情形表现为营业杠杆利益，后一种情形则表现为营业风险。一般而言，企业的营业杠杆系数越大，营业杠杆利益和营业风险就越高；企业的营业杠杆系数越小，营业杠杆利益和营业风险就越低。

3. 影响营业杠杆利益与风险的其他因素

影响企业营业杠杆系数，或者说影响企业营业杠杆利益和营业风险的因素，除了固定成本以外，还有其他许多因素。

（1）产品销量的变动。在其他因素不变的条件下，产品销量的变动将会影响营业杠杆系数。在上例中，假定产品销售数量由 40 000 件变为 42 000 件，其他因素不变，则营业杠杆系数会变为：

$$DOL=\frac{42\,000\times(1\,000-600)}{42\,000\times(1\,000-600)-8\,000\,000}=1.91$$

（2）产品售价的变动。在其他因素不变的条件下，产品售价的变动将会影响营业杠杆系数。在上例中，假定产品销售单价由 1 000 元变为 1 100 元，其他因素不变，则营业杠杆系数会变为：

$$DOL=\frac{40\,000\times(1\,100-600)}{40\,000\times(1\,100-600)-8\,000\,000}=1.67$$

（3）单位产品变动成本的变动。在其他因素不变的条件下，单位产品变动成本额或变动成本率的变动亦会影响营业杠杆系数。在上例中，假定变动成本率由 60%升至 65%，其他因素不变，则营业杠杆系数会变为：

$$DOL=\frac{40\ 000\ 000-26\ 000\ 000}{40\ 000\ 000-26\ 000\ 000-8\ 000\ 000}=2.33$$

（4）固定成本总额的变动。在一定的产销规模内，固定成本总额相对保持不变。如果产销规模超出了一定的限度，固定成本总额也会发生一定的变动。在上例中，假定产品销售总额由 4 000 万元增至 5 000 万元，同时固定成本总额由 800 万元增至 950 万元，变动成本率仍为 60%。这时，XYZ 公司的营业杠杆系数会变为：

$$DOL=\frac{5\ 000-3\ 000}{5\ 000-3\ 000-950}=1.90$$

在上述因素发生变动的情况下，营业杠杆系数一般也会发生变动，从而产生不同程度的营业杠杆利益和营业风险。由于营业杠杆系数影响着企业的息税前利润，从而也就制约着企业的筹资能力和资本结构。因此，营业杠杆系数是资本结构决策的一个重要因素。

6.3.2 财务杠杆利益与风险

1. 财务杠杆原理

（1）财务杠杆的概念。**财务杠杆**（financial leverage）亦称筹资杠杆，或资本杠杆，是指由于企业债务资本中固定费用的存在而导致普通股每股收益变动率大于息税前利润变动率的现象。企业的全部长期资本是由股权资本和债务资本构成的。股权资本成本是变动的，在企业所得税后利润中支付；而债务资本成本通常是固定的，并在企业所得税前扣除。不管企业的息税前利润是多少，首先都要扣除利息等债务资本成本，然后才归属于股权资本。因此，企业利用财务杠杆会对股权资本的收益产生一定的影响，有时可能给股权资本的所有者带来额外的收益（即财务杠杆利益），有时也可能造成一定的损失（即遭受财务风险）。

（2）财务杠杆利益分析。财务杠杆利益是指企业利用债务筹资这个财务杠杆而给股权资本带来的额外收益。在企业资本规模和资本结构一定的条件下，企业从息税前利润中支付的债务利息是相对固定的，当息税前利润增多时，每 1 元息税前利润所负担的债务利息会相应地降低，扣除企业所得税后可分配给企业股权资本所有者的利润就会增加，从而给企业所有者带来额外的收益。

例 6—20

XYZ 公司 20×7—20×9 年的息税前利润分别为 160 万元、240 万元和 400 万元，每年的债务利息均为 150 万元，公司所得税税率为 25%。该公司财务杠杆利益的测算如表 6—12 所示。

表 6—12 XYZ 公司财务杠杆利益测算表 单位：万元

年 份	息税前利润	息税前利润增长率（%）	债务利息	所得税（25%）	税后利润	税后利润增长率（%）
20×7	160		150	2.5	7.5	
20×8	240	50	150	22.5	67.5	800
20×9	400	67	150	62.5	187.5	178

由表 6—12 可见，在资本结构一定、债务利息保持固定不变的条件下，随着息税前利润的增长，税后利润以更快的速度增长，从而使企业所有者获得财务杠杆利益。在上例中，XYZ 公司 20×8 年与 20×7 年相比，息税前利润的增长率为 50%，同期税后利润的增长率高达 800%；20×9 年与 20×8 年相比，息税前利润的增长率为 67%，同期税后利润的增长率为 178%。由此可知，由于 XYZ 公司有效地利用了财务杠杆，从而给企业股权资本所有者带来了额外的利益，即税后利润的增长幅度高于息税前利润的增长幅度。

（3）财务风险分析。财务风险亦称筹资风险，是指企业经营活动中与筹资有关的风险，尤其是指在筹资活动中利用财务杠杆可能导致企业股权资本所有者收益下降的风险，甚至可能导致企业破产的风险（我国财务学界对财务风险有各种界定，其中一种认为财务风险包括筹资风险和投资风险。这里采用国际上通行的财务风险称谓）。由于财务杠杆的作用，当息税前利润下降时，税后利润下降得更快，从而给企业股权资本所有者造成财务风险。

例 6—21

假定 XYZ 公司 20×7—20×9 年的息税前利润分别为 400 万元、240 万元和 160 万元，每年的债务利息都是 150 万元，公司所得税税率为 25%。该公司财务风险的测算如表 6—13 所示。

表 6—13　XYZ 公司财务风险测算表　单位：万元

年　份	息税前利润	息税前利润降低率（%）	债务利息	所得税（25%）	税后利润	税后利润降低率（%）
20×7	400		150	62.5	187.5	
20×8	240	40	150	22.5	67.5	64
20×9	160	33	150	2.5	7.5	89

由表 6—13 可知，XYZ 公司 20×7—20×9 年每年的债务利息均为 150 万元，并保持不变，但随着息税前利润的下降，税后利润以更快的速度下降。例如，XYZ 公司 20×8 年与 20×7 年相比，息税前利润的降低率为 40%，同期税后利润的降低率为 64%；20×9 年与 20×8 年相比，息税前利润的降低率为 33%，同期税后利润的降低率为 89%。可见，由于 XYZ 公司没有有效地利用财务杠杆，从而导致了财务风险，即税后利润的降低幅度高于息税前利润的降低幅度。

2. 财务杠杆系数的测算

财务杠杆系数是指企业税后利润的变动率相当于息税前利润变动率的倍数，它反映了财务杠杆的作用程度。对股份有限公司而言，财务杠杆系数则可表述为普通股每股收益变动率相当于息税前利润变动率的倍数。为了反映财务杠杆的作用程度，估计财务杠杆利益的大小，评价财务风险的高低，需要测算财务杠杆系数。其测算公式是：

$$DFL=\frac{\Delta EAT/EAT}{\Delta EBIT/EBIT}$$

或

$$DFL=\frac{\Delta EPS/EPS}{\Delta EBIT/EBIT} \qquad (6—17)$$

式中，DFL 表示财务杠杆系数；ΔEAT 表示税后利润变动额；EAT 表示税后利润额；$\Delta EBIT$ 表示息税前利润变动额；$EBIT$ 表示息税前利润额；ΔEPS 表示普通股每股收益变动额；EPS 表示普通股每股收益额。

为了便于计算，可将式（6—17）变换如下。

$$\because \quad EPS=(EBIT-I)(1-T)/N$$

$$\Delta EPS=\Delta EBIT(1-T)/N$$

$$\therefore \quad DFL=\frac{EBIT}{EBIT-I}$$

式中，I 表示债务年利息；T 表示公司所得税税率；N 表示流通在外的普通股股数；其他符号含义同前。

例 6—22

ABC 公司全部长期资本为 7 500 万元，债务资本比例为 0.4，债务年利率为 8%，公司所得税税率为 25%，息税前利润为 800 万元。其财务杠杆系数测算如下：

$$DFL=\frac{800}{800-7\,500\times0.4\times8\%}=1.43$$

上例中财务杠杆系数为 1.43 的含义是：当息税前利润增长 10%时，普通股每股收益将增长 14.3%；反之，当息税前利润下降 10%时，普通股每股收益将下降 14.3%。前一种情形表现为财务杠杆利益，后一种情形则表现为财务风险。一般而言，财务杠杆系数越大，企业的财务杠杆利益和财务风险就越高；财务杠杆系数越小，企业财务杠杆利益和财务风险就越低。

3. 影响财务杠杆利益与风险的其他因素

影响企业财务杠杆系数（或者说影响企业财务杠杆利益和财务风险）的因素，除了债务资本固定利息以外，还有其他许多因素。

（1）资本规模的变动。在其他因素不变的情况下，如果资本规模发生了变动，财务杠杆系数也将随之变动。在上例中，假定资本规模由 7 500 万元变为 8 000 万元，其他因素保持不变，则财务杠杆系数变为：

$$DFL=\frac{800}{800-8\,000\times0.4\times8\%}=1.47$$

（2）资本结构的变动。一般而言，在其他因素不变的条件下，资本结构发生变动，或者说债务资本比例发生变动，财务杠杆系数也会随之变动。在上例中，假定债务资本比例变为 0.5，其他因素保持不变，则财务杠杆系数变为：

$$DFL=\frac{800}{800-7\,500\times0.5\times8\%}=1.6$$

（3）债务利率的变动。在债务利率发生变动的情况下，即使其他因素不变，财务杠杆系数也会有所变动。在上例中，假定其他因素不变，只有债务利率发生了变动，由 8%降至 7%，则财务杠杆系数变为：

$$DFL=\frac{800}{800-7\,500\times0.4\times7\%}=1.36$$

（4）息税前利润的变动。息税前利润的变动通常也会影响财务杠杆系数。在上例中，假定息税前利润由 800 万元增至 1 000 万元，在其他因素不变的情况下，财务杠杆系数变为：

$$DFL=\frac{1\,000}{1\,000-7\,500\times0.4\times8\%}=1.32$$

在上述因素发生变动的情况下，财务杠杆系数一般也会发生变动，从而产生不同程度的财务杠杆利益和财务风险。因此，财务杠杆系数是资本结构决策的一个重要因素。

6.3.3 联合杠杆利益与风险

1. 联合杠杆原理

联合杠杆（combining leverage），亦称**总杠杆**（total leverage），是指营业杠杆和财务杠杆的综合。营业杠杆是利用企业经营成本中固定成本的作用而影响息税前利润，财务杠杆是利用企业资本成本中债务资本固定利息费用的作用而影响税后利润或普通股每股收益。营业杠杆和财务杠杆两者最终都将影响企业税后利润或普通股每股收益。因此，联合杠杆综合了营业杠杆和财务杠杆的共同影响。一个企业同时利用营业杠杆和财务杠杆，这种影响作用会更大。

2. 联合杠杆系数的测算

对于营业杠杆和财务杠杆的综合程度的大小，可以用联合杠杆系数来反映。联合杠杆系数亦称总杠杆系数，是指普通股每股收益变动率相当于营业收入（或销售数量）变动率的倍数。它是营业杠杆系数与财务杠杆系数的乘积。用公式表示为：

$$DCL(\text{或 }DTL)=DOL\cdot DFL=\frac{\Delta EPS/EPS}{\Delta Q/Q}$$

或

$$=\frac{\Delta EPS/EPS}{\Delta S/S} \quad (6—18)$$

式中，DCL（或 DTL）表示联合杠杆系数，其他符号含义同前。

例 6—23

ABC 公司的营业杠杆系数为 2，财务杠杆系数为 1.5。该公司的联合杠杆系数测算为：

$$DCL=2\times1.5=3$$

在此例中，联合杠杆系数为 3 的含义是：当公司营业收入或销售数量增长 10%时，普通股每股收益将增长 30%，具体反映公司的联合杠杆利益；反之，当公司营业收入或销售数量下降 10%时，普通股每股收益将下降 30%，具体反映公司的联合杠杆风险。

6.4　资本结构决策分析

资本结构决策是企业财务决策的核心内容之一。企业资本结构决策是结合企业有关情况，分析有关因素的影响，运用一定方法确定最佳资本结构。从理论上讲，最佳资本结构是指企业在适度财务风险的条件下，使其预期的综合资本成本率最低，同时企业价值最大的资本结构，它应作为企业的目标资本结构。

本节首先对资本结构决策的影响因素进行定性分析，然后依次介绍资本结构决策的定量分析方法，包括资本成本比较法、每股收益分析法和公司价值比较法。

6.4.1　资本结构决策影响因素的定性分析

企业资本结构决策的影响因素很多，主要有企业财务目标、企业发展阶段、企业财务状况、投资者动机、债权人态度、经营者行为、税收政策、行业差别等。

1. 企业财务目标的影响分析

企业组织类型不同，其财务目标也有所不同。对企业财务目标的认识主要有三种观点：利润最大化、股东财富最大化和公司价值最大化。企业财务目标对资本结构决策具有重要的影响。

（1）利润最大化目标的影响分析。利润最大化目标是指企业在财务活动中以获得尽可能多的利润作为总目标。利润是企业财务活动的一项综合性数量指标，企业的筹资和投资行为最终都会影响利润。企业利润有各种口径的利润额，如营业利润额、息税前利润额、所得税前利润额和所得税后利润额，还有各种口径的利润率，如总资产利润率（或总投资利润率）、净资产利润率（或股权资本利润率）以及每股收益，而作为企业财务目标的利润应当是企业的净利润额（即企业所得税后利润额）。

在以利润最大化为企业财务目标的情况下，企业的资本结构决策也应围绕利润最大化目标。这就要求企业应当在资本结构决策中，在财务风险适当的情况下合理地安排债务资本比例，尽可能地降低资本成本，以提高企业的净利润水平。一般而言，对于非股份制企业，由于其股权资本不具有市场价值，在资本结构决策中采用利润最大化目标是一种现实的选择。此外，利润最大化目标对公司资本结构决策也具有一定的意义。资本结构决策的资本成本比较法，实际上是以利润最大化为目标的。

（2）股东财富最大化目标的影响分析。股东财富最大化具体表现为股票价值最大化。股票价值最大化目标是指公司在财务活动中以最大限度地提高股票的市场价值作为总目标。它综合了利润最大化的影响，但主要适用于股份公司的资本结构决策。在公司资本结构决策中以股票价值最大化为目标，需要在财务风险适当的情况下合理安排公司债务资本比例，尽可能地降低综合资本成本，通过增加公司的净利润而使股票的市场价值上升。资本结构决策的每股收益分析法，在一定程度上体现了股票价值最大化的目标。

（3）公司价值最大化目标的影响分析。公司价值最大化目标是指公司在财务活动中以最大限度地提高公司的总价值作为总目标。它综合了利润最大化和股东财富最大化目标的影响，主要适用于公司的资本结构决策。通常情况下，公司的价值等于股权资本的价值加上债务资本的价值。公司的资本结构对于其股权资本和债务资本的价值都有影响。公司在资本结构决策中以公司价值最大化为目标，就应当在适度财务风险的条件下合理确定债务资本比例，尽可能地提高公司的总价值。资本结构决策中的公司价值分析法，就是直接以公司价值最大化为目标的。

2. 企业发展阶段的影响分析

企业在一定的阶段，表现出相应的资本结构状况。一般而言，企业的发展往往经过不同阶段，如初创期、成长期、成熟期和衰退期等。企业的资本结构，在初创期，通常表现为债务资本比例较低；在成长期，债务资本比例开始上升；在成熟期，资本结构保持相对稳定；在衰退期，债务资本比例会有所下降。

3. 企业财务状况的影响分析

企业的财务状况包括负债状况、资产状况和现金流量状况等，对其资本结构的决策都有一定的影响。企业需要分析现有财务状况以及未来发展能力，合理安排资本结构。如果企业财务状况较差，可能主要通过留用利润来补充资本；而如果企业的财务状况良好，则可能更多地进行外部筹资，倾向于使用更多的债务资本。企业为控制财务风险和保持筹资能力，则会选择比较有余地的资本结构。

4. 投资者动机的影响分析

广义上讲，一个企业的投资者包括股权投资者和债权投资者，两者对企业投资的动机各有不同。债权投资者对企业投资的动机主要是在按期收回投资本金的条件下获取一定的利息收益。股权投资者的基本动机是在保证投资本金的基础上，获得一定的股利收益并使投资价值不断增值。企业在决定资本结构时必须考虑投资者的动机，安排好股权资本和债务资本的比例关系。

5. 债权人态度的影响分析

通常情况下，企业在决定资本结构并付诸实施之前，都要向贷款银行和信用评估机构咨询，并对它们提出的意见给予充分的重视。如果企业过高地安排债务筹资，贷款银行未必会接受大额贷款的要求，或者只有在担保抵押或较高利率的前提下才会同意增加贷款。

6. 经营者行为的影响分析

如果企业的经营者不愿让企业的控制权旁落他人，则可能尽量采用债务筹资的方式来增加资本，而宁可不发行新股增资。与此相反，如果经营者不愿承担财务风险，就可能较少地利用财务杠杆，尽量降低债务资本的比例。

7. 税收政策的影响分析

按照税法的规定，企业债务的利息可以抵税，而股票的股利不能抵税。一般而言，企业所得税税率越高，举债的好处就越大。由此可见，税收政策实际会对企业债务资本的安排产生一种刺激作用。

8. 行业差别的影响分析

在资本结构决策中，应掌握本企业所处行业的特点以及该行业资本结构的一般水准，作为确定本企业资本结构的参照系，分析本企业与同行业其他企业相比的特点和差别，以便更有效地决定本企业的资本结构。

6.4.2　资本结构决策的资本成本比较法

1. 资本成本比较法的含义

资本成本比较法是指在适度财务风险的条件下，测算可供选择的不同资本结构或筹资组合方案的综合资本成本率，并以此为标准相互比较，确定最佳资本结构的方法。

企业筹资可分为创立初期的初始筹资和发展过程中的追加筹资两种情况。相应地，企业的资本结构决策可分为初始筹资的资本结构决策和追加筹资的资本结构决策。下面分别说明资本成本比较法在这两种情况下的运用。

2. 初始筹资的资本结构决策

在企业筹资实务中，企业对拟定的筹资总额可以采用多种筹资方式来筹集，每种筹资方式的筹资额亦可有不同安排，由此会形成若干预选资本结构或筹资组合方案。在资本成本比较法下，可以通过综合资本成本率的测算及比较来作出选择。

例 6—24

XYZ 公司在初创时需资本总额 5 000 万元，有如下三个筹资组合方案可供选择，有关资料经测算列入表 6—14。

表 6—14　　XYZ 公司初始筹资组合方案资料测算表　　单位：万元

筹资方式	初始筹资额	筹资方案Ⅰ 资本成本率（%）	初始筹资额	筹资方案Ⅱ 资本成本率（%）	初始筹资额	筹资方案Ⅲ 资本成本率（%）
长期借款	400	6	500	6.5	800	7
长期债券	1 000	7	1 500	8	1 200	7.5
优先股	600	12	1 000	12	500	12
普通股	3 000	15	2 000	15	2 500	15
合计	5 000	—	5 000		5 000	—

假定 XYZ 公司的Ⅰ、Ⅱ、Ⅲ三个筹资组合方案的财务风险相当，都是可以承受的。下面分两步分别测算这三个筹资组合方案的综合资本成本率并比较其高低，以确定最佳筹资组合方案，即最佳资本结构。

第一步，测算各方案各种筹资方式的筹资额与筹资总额的比率及综合资本成本率。

方案Ⅰ　　各种筹资方式的筹资额与筹资总额的比率

长期借款　　400÷5 000＝0.08

长期债券　　1 000÷5 000＝0.20

优先股　　600÷5 000＝0.12

普通股　　3 000÷5 000＝0.60

综合资本成本率为：

$$6\%\times0.08+7\%\times0.20+12\%\times0.12+15\%\times0.60=12.32\%$$

方案Ⅱ　　各种筹资方式的筹资额与筹资总额的比率

长期借款　　500÷5 000＝0.1

长期债券　　1 500÷5 000＝0.3

优先股　　1 000÷5 000＝0.2

普通股　　2 000÷5 000＝0.4

综合资本成本率为：

$$6.5\%\times0.1+8\%\times0.3+12\%\times0.2+15\%\times0.4=11.45\%$$

方案Ⅲ　　各种筹资方式的筹资额与筹资总额的比率

长期借款　　800÷5 000＝0.16

长期债券　　1 200÷5 000＝0.24

优先股　　500÷5 000＝0.10

普通股　　2 500÷5 000＝0.50

综合资本成本率为：

$$7\%\times0.16+7.5\%\times0.24+12\%\times0.10+15\%\times0.50=11.62\%$$

第二步，比较各个筹资组合方案的综合资本成本率并作出选择。筹资组合方案Ⅰ、Ⅱ、Ⅲ的综合资本成本率分别为12.32%、11.45%和11.62%。经比较，方案Ⅱ的综合资本成本率最低，故在适度财务风险的条件下，应选择筹资组合方案Ⅱ作为最佳筹资组合方案，由此形成的资本结构可确定为最佳资本结构。

3. 追加筹资的资本结构决策

企业在持续的生产经营活动过程中，由于经营业务或对外投资的需要，有时会追加筹措新资，即追加筹资。因追加筹资以及筹资环境的变化，企业原定的最佳资本结构未必仍是最优的，需要进行调整。因此，企业应在有关情况的不断变化中寻求最佳资本结构，实现资本结构的最优化。

企业追加筹资可有多个筹资组合方案供选择。按照最佳资本结构的要求，在适度财务风险的前提下，企业选择追加筹资组合方案可用两种方法：一是直接测算各备选追加筹资方案的边际资本成本率，从中比较、选择最佳筹资组合方案；二是分别将各备选追加筹资方案与原有最佳资本结构汇总，测算比较各个追加筹资方案下汇总资本结构的综合资本成本率，从中比较、选择最佳筹资方案。

例6—25

XYZ公司拟追加筹资1 000万元，现有两个追加筹资方案可供选择，有关资料经测算整理后列入表6—15。

表6—15　　XYZ公司追加筹资方案资料测算表　　单位：万元

筹资方式	追加筹资额	筹资方案Ⅰ资本成本率（%）	追加筹资额	筹资方案Ⅱ资本成本率（%）
长期借款	500	7	600	7.5
优先股	200	13	200	13
普通股	300	16	200	16
合计	1 000	—	1 000	—

(1) 追加筹资方案的边际资本成本率比较法。首先，测算追加筹资方案Ⅰ的边际资本成本率为：

7%×(500÷1 000)+13%×(200÷1 000)+16%×(300÷1 000)=10.9%

然后，测算追加筹资方案Ⅱ的边际资本成本率为：

7.5%×(600÷1 000)+13%×(200÷1 000)+16%×(200÷1 000)=10.3%

最后，比较两个追加筹资方案。方案Ⅱ的边际资本成本率为10.3%，低于方案Ⅰ的边际资本成本率。因此，在适度财务风险的情况下，方案Ⅱ优于方案Ⅰ，应选追加筹资方案Ⅱ，由此形成XYZ公司新的资本结构。若XYZ公司原有资本总额为5 000万元，资本结构是：长期借款500万元、长期债券1 500万元、优先股1 000万元、普通股2 000万元，则追加筹资后的资本总额为6 000万元，资本结构是：长期借款1 100万元，长期债券1 500万元，优先股1 200万元，普通股2 200万元。

(2) 备选追加筹资方案与原有资本结构汇总后的综合资本成本率比较法。首先，汇总追加筹资方案和原资本结构，形成备选追加筹资后的资本结构，如表6—16所示。

表6—16　追加筹资方案和原资本结构资料汇总表　单位：万元

筹资方式	原资本结构	资本成本率(%)	追加筹资额	筹资方案Ⅰ资本成本率(%)	追加筹资额	筹资方案Ⅱ资本成本率(%)
长期借款	500	6.5	500	7	600	7.5
长期债券	1 500	8				
优先股	1 000	12	200	13	200	13
普通股	2 000	15	300	16	200	16
合计	5 000	—	1 000	—	1 000	—

然后，测算汇总资本结构下的综合资本成本率。

追加筹资方案Ⅰ与原资本结构汇总后的综合资本成本率为：

(6.5%×500÷6 000+7%×500÷6 000)+(8%×1 500÷6 000)
+(12%×1 000÷6 000+13%×200÷6 000)+[16%×(2 000+300)÷6 000]
=11.69%

追加筹资方案Ⅱ与原资本结构汇总后的综合资本成本率为：

(6.5%×500÷6 000+7.5%×600÷6 000)+(8%×1 500÷6 000)
+(12%×1 000÷6 000+13%×200÷6 000)+[16%×(2 000+200)÷6 000]
=11.59%

在上述计算中，根据股票的同股同利原则，原有普通股应按新发行股票的资本成本率计算，即全部股票按新发行股票的资本成本率计算其总的资本成本率。

最后，比较两个追加筹资方案与原资本结构汇总后的综合资本成本率。方案Ⅱ与原资本结构汇总后的综合资本成本率为11.59%，低于方案Ⅰ与原资本结构汇总后的综合资本成本率。因此，在适度财务风险的前提下，追加筹资方案Ⅱ优于方案Ⅰ，由此形成XYZ公司新的资本结构。

由此可见，XYZ公司追加筹资后，虽然改变了资本结构，但经过分析测算，做出正确的筹资决策，公司仍可保持资本结构的最优化。

4. 资本成本比较法的优缺点

资本成本比较法的测算原理容易理解，测算过程简单。但该法仅以资本成本率最低为决策标准，没有具体测算财务风险因素，其决策目标实质上是利润最大化而不是公司价值最大化。资本成本比较法一般适用于资本规模较小、资本结构较为简单的非股份制企业。

6.4.3 资本结构决策的每股收益分析法

1. 每股收益分析法的含义

每股收益分析法是利用每股收益无差别点来进行资本结构决策的方法。每股收益无差别点是指两种或两种以上筹资方案下普通股每股收益相等时的息税前利润点，亦称息税前利润平衡点，有时亦称筹资无差别点。运用这种方法，根据每股收益无差别点，可以分析判断在什么情况下可利用债务筹资来安排及调整资本结构，进行资本结构决策。

2. 每股收益分析的列表测算法

现举例说明如何运用每股收益分析法进行列表测算。

例 6—26

ABC 公司目前拥有长期资本 8 500 万元，其资本结构为：长期债务 1 000 万元，普通股权益 7 500 万元。现准备追加筹资 1 500 万元，有两种筹资方式可供选择：增发普通股和增加长期债务。有关资料详见表 6—17。

表 6—17　ABC 公司目前和追加筹资的资本结构资料表　单位：万元

资本种类	目前资本结构		追加筹资后的资本结构			
			增发普通股		增加长期债务	
	金额	比率	金额	比率	金额	比率
长期债务	1 000	0.12	1 000	0.10	2 500	0.25
普通股权益	7 500	0.88	9 000	0.90	7 500	0.75
资本总额	8 500	1.00	10 000	1.00	10 000	1.00
其他资料：						
年债务利息额	90		90		270	
普通股股数（万股）	1 000		1 300		1 000	

当息税前利润为 1 600 万元时，为便于计算，假定公司所得税税率为 25%，下面测算这两种筹资方式追加筹资后的普通股每股收益，如表 6—18 所示。

表 6—18　ABC 公司预计追加筹资后的每股收益测算表　单位：万元

项　目	增发普通股	增加长期债务
息税前利润	1 600	1 600
减：长期债务利息	90	270
税前利润	1 510	1 330
减：所得税（25%）	377.5	332.5
税后利润	1 132.5	997.5
普通股股数（万股）	1 300	1 000
普通股每股收益（元）	0.87	1.00

由表 6—18 的测算结果可见，采用不同筹资方式追加筹资后，普通股每股收益是不相等的。在息税前利润为 1 600 万元的条件下，当增发普通股时，普通股每股收益最低，为 0.87 元；当增加长期债务时，普通股每股收益最高，为 1.00 元。这反映了在息税前利润一定的条件下不同资本结构对普通股每股收益的影响。

3. 每股收益分析的公式测算法

表 6—18 所测算的结果是在息税前利润预计为 1 600 万元的情况。那么，息税前利润究竟为多少时，两种筹资方式无差别呢？这需要通过测算息税前利润平衡点来判断。其测算公式表示为：

$$\frac{(\overline{EBIT}-I_1)(1-T)}{N_1}=\frac{(\overline{EBIT}-I_2)(1-T)}{N_2} \tag{6—19}$$

式中，$\overline{EBIT}$表示息税前利润平衡点，即每股收益无差别点；I_1、I_2 表示两种筹资方式下的长期债务年利息；N_1、N_2 表示两种筹资方式下的普通股股数。

现将表 6—18 的有关资料代入式（6—19），进行测算。

增发普通股与增加长期债务两种筹资方式下的每股收益无差别点为：

$$\frac{(\overline{EBIT}-90)(1-25\%)}{1\ 300}=\frac{(\overline{EBIT}-270)(1-25\%)}{1\ 000}$$

$$\overline{EBIT}=870(万元)$$

上述测算结果是：当息税前利润为 870 万元时，增发普通股和增加长期债务的每股收益相等。为了验证其结果，还可列表测算，见表 6—19。

表 6—19　　ABC 公司每股收益无差别点测算表　　单位：万元

项　目	增发普通股	增加长期债务
息税前利润	870	870
减：长期债务利息	90	270
税前利润	780	600
减：所得税（25%）	195	150
税后利润	585	450
普通股股数（万股）	1 300	1 000
普通股每股收益（元）	0.45	0.45

上述每股收益无差别点分析的结果还可通过图 6—3 来表示。

由图 6—3 可见，每股收益无差别点的息税前利润为 870 万元的意义在于：当息税前利润大于 870 万元时，增加长期债务比增发普通股更有利；而当息税前利润小于 870 万元时，增加长期债务则不利。

上述结论的前半部分，即“大于”的情况，已在表 6—18 中得到证明。在表 6—18 中，息税前利润为 1 600 万元，大于 870 万元，同时增加长期债务的每股收益为 1.00 元，高于增发普通股的每股收益 0.87 元，因此，增加长期债务比增发普通股更有利。

现再举例证明结论的后半部分，即“小于”的情况。

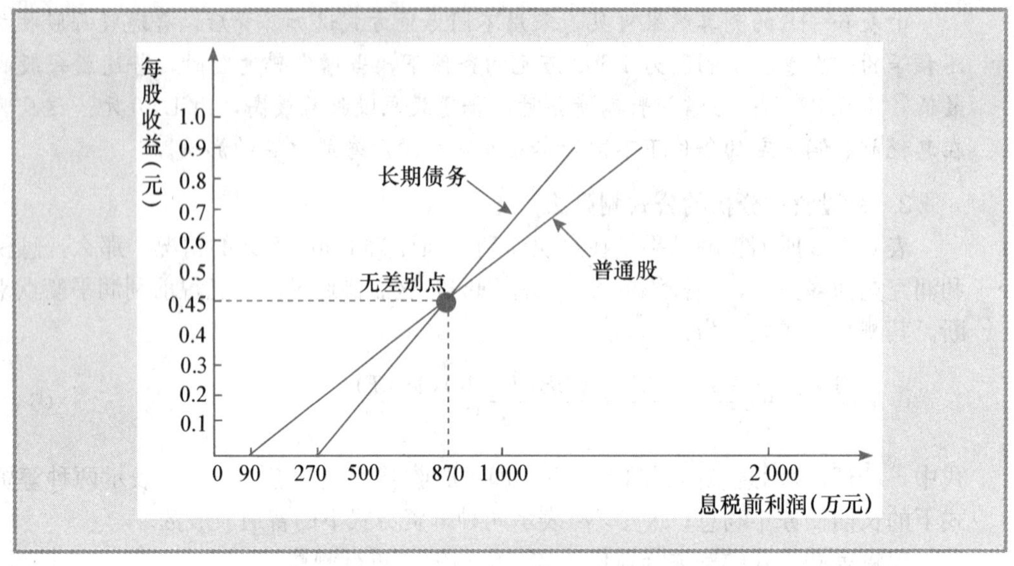

图 6—3 ABC 公司每股收益无差别点分析示意图

例 6—27

假设 ABC 公司息税前利润为 500 万元，其他有关资料见表 6—18。下面通过表 6—20 测算每股收益。

表 6—20 假设 ABC 公司息税前利润为 500 万元时的每股收益测算表 单位：万元

项 目	增发普通股	增加长期债务
息税前利润	500	500
减：长期债务利息	90	270
税前利润	410	230
减：所得税（25%）	102.5	57.5
税后利润	307.5	172.5
普通股股数（万股）	1 300	1 000
普通股每股收益（元）	0.24	0.17

由表 6—20 可见，假设息税前利润为 500 万元，小于每股收益无差别点的息税前利润 870 万元时，增加长期债务的每股收益为 0.17 元，低于增发普通股的每股收益 0.24 元，因此，增加长期债务不利。

每股收益分析法的测算原理比较容易理解，测算过程较为简单。它以普通股每股收益最高为决策标准，也没有具体测算财务风险因素，其决策目标实际上是股东财富最大化或股票价值最大化，而不是公司价值最大化，可用于资本规模不大、资本结构不太复杂的股份有限公司。

6.4.4 资本结构决策的公司价值比较法

1. 公司价值比较法的含义

公司价值比较法是在充分反映公司财务风险的前提下，以公司价值的大小为标准，经过测算确定公司最佳资本结构的方法。与资本成本比较法和每股收益分析法相比，公司价值比较法充分考虑了公司的财务风险和资本成本等因素的影响，进行资本结构的决策以公司价值最大为标准，更符合公司价值最大化的财务目标；但其测算原理及测算过程较为复杂，通常用于资本规模较大的上市公司。

2. 公司价值的测算

一个公司的价值是指该公司目前值多少。关于公司价值的内容和测算基础及方法，主要有三种观点。

（1）公司价值等于其未来净收益（或现金流量，下同）按照一定折现率折现的价值，即公司未来净收益的现值。用公式简要表示为：

$$V=\frac{EAT}{K}$$

式中，V 表示公司的价值，即公司未来净收益的现值；EAT 表示公司未来的年净收益，即公司未来的年税后收益；K 表示公司未来净收益的折现率。

这种测算方法有其合理性，但不易确定的因素很多，主要有两个方面：一是公司未来的净收益不易确定，在上述公式中还有一个假定，即公司未来每年的净收益为年金，事实上未必都是如此；二是公司未来净收益的折现率不易确定。因此，这种测算方法尚难以在实践中加以应用。

（2）公司价值是其股票的现行市场价值。根据这种观点，公司股票的现行市场价值可按其现行市场价格来计算，故有其客观合理性，但还存在两个问题：一是公司股票受各种因素的影响，其市场价格处于经常性波动之中，每个交易日都有不同的价格，在这种现实条件下，公司的股票究竟按哪个交易日的市场价格来计算，这个问题尚未得到解决；二是公司价值的内容未必只包括股票的价值，可能还应包括长期债务的价值，而这两者之间又是相互影响的。如果公司的价值只包括股票的价值，就无须进行资本结构的决策，这种测算方法也就不能用于资本结构决策。

（3）公司价值等于其长期债务和股票的折现价值之和。与上述两种测算方法相比，这种测算方法比较合理，也比较现实。它至少有两个优点：一是从公司价值的内容来看，它不仅包括了公司股票的价值，还包括公司长期债务的价值；二是从公司净收益的归属来看，它属于公司的所有者，即属于股东。因此，在测算公司价值时，这种测算方法可用公式表示为：

$$V=B+S$$

式中，V 表示公司的总价值，即公司总的折现价值；B 表示公司长期债务的折现价值；S 表示公司股票的折现价值。

其中，为简化测算起见，设长期债务（含长期借款和长期债券）的现值等于其面值（或本金）；股票的现值按公司未来净收益的折现值测算，其测算公式为：

$$S=\frac{(EBIT-I)(1-T)}{K_S} \qquad (6\text{—}20)$$

式中，S 表示公司股票的折现价值；$EBIT$ 表示公司未来的年息税前利润；I 表示公司长期债务年利息；T 表示公司所得税税率；K_S 表示公司股票资本成本率。

3. 公司资本成本率的测算

在公司价值测算的基础上，如果公司的全部长期资本由长期债务和普通股组成，则公司的全部资本成本率即综合资本成本率可按下列公式测算：

$$K_W=K_B\cdot\frac{B}{V}(1-T)+K_S\cdot\frac{S}{V}$$

式中，K_W 表示公司综合资本成本率；K_B 表示公司长期债务税前资本成本率，可按公司长期债务年利率计算；K_S 表示公司普通股资本成本率；其他符号含义同前。

在上述测算公式中，为了考虑公司筹资风险的影响，普通股资本成本率可运用资本资产定价模型来测算，即

$$K_S=R_F+\beta(R_M-R_F)$$

式中，K_S 表示公司普通股投资的必要报酬率，即公司普通股的资本成本率；R_F 表示无风险报酬率；R_M 表示所有股票的市场报酬率；β 表示公司股票的贝塔系数。

4. 公司最佳资本结构的确定

运用上述原理测算公司的总价值和综合资本成本率，并以公司价值最大化为标准比较确定公司的最佳资本结构。下面举例说明公司价值比较法的应用。

例 6—28

ABC 公司现有全部长期资本均为普通股资本，无长期债务资本和优先股资本，账面价值 20 000 万元。公司认为这种资本结构不合理，没有发挥财务杠杆的作用，准备举借长期债务购回部分普通股予以调整。公司预计息税前利润为 5 000 万元，假定公司所得税税率为 25%。经测算，目前的长期债务年利率和普通股资本成本率如表 6—21 所示。

表 6—21 ABC 公司在不同长期债务规模下的债务年利率和普通股资本成本率测算表

B（万元）	K_B（%）	β	R_F（%）	R_M（%）	K_S（%）
0	—	1.20	10	14	14.8
2 000	10	1.25	10	14	15.0
4 000	10	1.30	10	14	15.2
6 000	12	1.40	10	14	15.6
8 000	14	1.55	10	14	16.2
10 000	16	2.10	10	14	18.4

在表 6—21 中，当 $B=2\,000$ 万元，$\beta=1.25$，$R_F=10\%$，$R_M=14\%$时，有

$$K_S=10\%+1.25\times(14\%-10\%)=15.0\%$$

其余同理计算。

根据表 6—21 的资料，运用前述公司价值和公司资本成本率的测算方法，可以测算在不同长期债务规模下的公司价值和公司资本成本率，如表 6—22 所示，可据以比较确定公司的最佳资本结构。

表 6—22　　ABC 公司在不同长期债务规模下的公司价值和资本成本率测算表

B（万元）	S（万元）	V（万元）	K_B（%）	K_S（%）	K_W（%）
0	25 337.84	25 337.84	0	14.8	14.80
2 000	24 000	26 000	10	15	14.42
4 000	22 697.37	26 697.37	10	15.2	14.05
6 000	20 576.92	26 576.92	12	15.6	14.11
8 000	17 962.96	25 962.96	14	16.2	14.44
10 000	13 858.7	23 858.7	16	18.4	15.72

在表 6—22 中，当 $B=4\ 000$ 万元，$K_B=10\%$，$K_S=15.2\%$以及 $EBIT=5\ 000$ 万元时，则有

$$S=\frac{(5\ 000-4\ 000\times20\%)\times(1-25\%)}{15.20\%}=22\ 697.37(\text{万元})$$

$$V=4\ 000+22\ 697.37=26\ 697.37(\text{万元})$$

此时　$$K_W=10\%\times\frac{4\ 000}{26\ 697.37}\times(1-25\%)+15.2\%\times\frac{22\ 697.37}{26\ 697.37}=14.05\%$$

其余同理计算。

从表 6—22 中可以看到，在没有长期债务资本的情况下，ABC 公司的价值就是其原有普通股资本的价值，此时 $V=S=25\ 337.84$ 万元。当 ABC 公司开始利用长期债务资本部分替换普通股资本时，公司的价值开始上升，同时公司资本成本率开始下降；直到长期债务资本达到 4 000 万元时，公司的价值最大（26 697.37 万元），同时公司的资本成本率最低（14.05%）；而当公司的长期债务资本超过 4 000 万元后，公司的价值开始下降，公司的资本成本率同时上升。因此可以确定，ABC 公司的长期债务资本为 4 000 万元时的资本结构为最佳资本结构。此时，ABC 公司的长期资本价值总额为 26 697.37 万元，其中普通股资本价值 22 697.37 万元，占公司总资本价值的比例为 85%（即 22 697.37/26 697.37）；长期债务资本价值 4 000 万元，占公司总资本价值的比例为 15%（即 4 000/26 697.37）。

思考题

1. 试分析广义资本结构与狭义资本结构的区别。
2. 试分析资本成本中用资费用和筹资费用的不同特性。
3. 试分析资本成本对企业财务管理的作用。
4. 试说明测算综合资本成本率中三种权数的影响。
5. 试说明营业杠杆的基本原理和营业杠杆系数的测算方法。
6. 试说明财务杠杆的基本原理和财务杠杆系数的测算方法。
7. 试说明联合杠杆的基本原理和联合杠杆系数的测算方法。

8. 试对企业资本结构决策的影响因素进行定性分析。

9. 试说明资本成本比较法的基本原理和决策标准。

10. 试说明每股收益分析法的基本原理和决策标准。

11. 试说明公司价值比较法的基本原理和决策标准。

12. 试分析比较资本成本比较法、每股收益分析法和公司价值比较法在基本原理和决策标准上的异同之处。

练习题

1. 三通公司拟发行 5 年期、利率 6%、面额 1 000 元的债券；预计发行价格为 550 元，发行费用率 2%；公司所得税税率 25%。

要求：试测算三通公司该债券的资本成本率。

2. 四方公司拟发行优先股 50 万股，发行总价 150 万元，预计年股利率 8%，发行费用 6 万元。

要求：试测算四方公司该优先股的资本成本率。

3. 五虎公司普通股现行市价为每股 20 元，现准备增发 8 万股新股，预计发行费用率为 5%，第一年每股股利 1 元，以后每年股利增长率为 5%。

要求：试测算五虎公司本次增发普通股的资本成本率。

4. 六郎公司年度销售净额为 28 000 万元，息税前利润为 8 000 万元，固定成本为 3 200 万元，变动成本率为 60%；资本总额为 20 000 万元，其中债务资本比例占 40%，平均年利率 8%。

要求：试分别计算该公司的营业杠杆系数、财务杠杆系数和联合杠杆系数。

5. 七奇公司在初创时准备筹集长期资本 5 000 万元，现有甲、乙两个备选筹资方案，有关资料如表 6—23 所示。

表 6—23

筹资方式	筹资方案甲		筹资方案乙	
	筹资额（万元）	个别资本成本率（%）	筹资额（万元）	个别资本成本率（%）
长期借款	800	7.0	1 100	7.5
公司债券	1 200	8.5	400	8.0
普通股	3 000	14.0	3 500	14.0
合计	5 000	—	5 000	—

要求：试分别测算该公司甲、乙两个筹资方案的综合资本成本率，并据以比较选择筹资方案。

6. 七奇公司在成长过程中拟追加筹资 4 000 万元，现有 A、B、C 三个追加筹资方案可供选择，有关资料经整理后如表 6—24 所示。

表 6—24

筹资方式	筹资方案 A		筹资方案 B		筹资方案 C	
	筹资额（万元）	个别资本成本率（%）	筹资额（万元）	个别资本成本率（%）	筹资额（万元）	个别资本成本率（%）
长期借款	500	7	1 500	8	1 000	7.5
公司债券	1 500	9	500	8	1 000	8.25
优先股	1 500	12	500	12	1 000	12
普通股	500	14	1 500	14	1 000	14
合计	4 000	—	4 000	—	4 000	—

该公司原有资本结构请参见第 5 题计算选择的结果。

要求：

(1) 试测算该公司 A、B、C 三个追加筹资方案的边际资本成本率，并据以比较选择最优追加筹资方案；

(2) 试计算确定该公司追加筹资后的资本结构，并计算其综合资本成本率。

7. 八发公司 2005 年长期资本总额为 1 亿元，其中普通股 6 000 万元（240 万股），长期债务 4 000 万元，利率 10%。假定公司所得税税率为 25%。2006 年公司预定将长期资本总额增至 1.2 亿元，需要追加筹资 2 000 万元。现有两个追加筹资方案可供选择：(1) 发行公司债券，票面利率 12%；(2) 增发普通股 80 万股。预计 2006 年息税前利润为 2 000 万元。

要求：

(1) 测算两个追加筹资方案下无差别点的息税前利润和无差别点的普通股每股收益；

(2) 测算两个追加筹资方案下 2006 年普通股每股收益，并据以作出选择。

8. 九天公司的全部长期资本为股票资本（S），账面价值为 1 亿元。公司认为目前的资本结构极不合理，打算发行长期债券并购回部分股票予以调整。公司预计年度息税前利润为 3 000 万元，公司所得税税率假定为 25%。经初步测算，九天公司不同资本结构（或不同债务资本规模 B）下的贝塔系数（β）、长期债券的年利率（K_B）、股票的资本成本率（K_S）以及无风险报酬率（R_F）和市场平均报酬率（R_M）如表 6—25 所示。

表 6—25

B（万元）	K_B（%）	β	R_F（%）	R_M（%）	K_S（%）
0	—	1.15	10	14	14.60
1 000	10	1.20	10	14	14.80
2 000	12	1.25	10	14	15.00
3 000	14	1.30	10	14	15.20
4 000	16	1.35	10	14	15.40
5 000	18	1.40	10	14	15.60

要求：试测算不同债务规模下的公司价值，并据以判断选择公司最佳资本结构。

案例题

A餐饮公司资本结构分析案例

A餐饮公司主营快餐和饮料，在全国拥有三个连锁店。该公司根据经营特点和实际情况，经过多年探索，创建了名为“净债率”的资本结构管理目标，并力图使净债率保持在20%～25%之间。

A餐饮公司的净债率是以市场价值为基础计算的。其计算公式如下：

$$NDR=\frac{L+S-(C+M)}{N\times P+L+S-(C+M)}$$

式中，NDR表示净债率；L表示长期负债的市场价值；S表示短期负债的市场价值；C表示现金和银行存款；M表示有价证券的价值；N表示普通股股份数；P表示普通股每股市价。

A餐饮公司20×8年度财务报告提供的有关资料整理如表6—26所示。

表6—26

资本种类	账面价值（万元）	市场价值（万元）
长期负债资本	4 200	4 500
短期负债资本	800	900
现金和银行存款	500	500
有价证券价值	500	450
普通股股份数（万股）	2 000	
普通股每股市价（元）		5

A餐饮公司及同行业主要可比公司20×8年度有关情况如表6—27所示。

表6—27　　单位：万元

可比公司	年息税前利润	全部负债年利息	长期负债市场价值	全部负债市场价值
A公司	2 000	300	4 500	5 400
B公司	660	130	860	1 490
C公司	4 600	270	1 140	1 690
D公司	470	320	4 130	4 200
E公司	2 500	340	4 250	4 830

A餐饮公司的股权资本成本率为12%，未来净收益的折现率为8%，公司所得税税率假定为25%。

思考题：

(1) 请计算A餐饮公司20×8年末的净债率，并说明其是否符合公司规定的净债率管理目标；

(2) 请以市场价值为基础计算A餐饮公司20×8年末的利息保障倍数和长期负债比率（长期负债市场价值占全部负债市场价值的比例），并与同行业主要可比公司进行比较评价；

(3) 请运用公司价值比较法计算A餐饮公司未来净收益的折现价值，并与20×8年末公司的市场价值进行比较评价；

(4) 请运用公司价值比较法计算A餐饮公司股票的折现价值和公司总的折现价值（假设公司长期负债资本的折现价值等于其市场价值），并与20×8年末公司的市场价值进行比较评价；

(5) 你认为A餐饮公司以净债率作为资本结构管理目标是否合理？如果不尽合理，请提出你的建议。

第 7 章 投资决策原理

Chapter 7

学习目标

1. 了解投资活动对于企业的意义。
2. 了解企业投资的分类、投资管理的原则与投资过程分析。
3. 掌握投资项目现金流量的构成与计算。
4. 掌握各种投资决策指标的计算方法和决策规则。
5. 掌握各种投资决策方法的相互比较与具体应用。

7.1 长期投资概述

7.1.1 企业投资的意义

企业投资是指公司对现在所持有资金的一种运用，如投入经营资产或购买金融资产，或者是取得这些资产的权利，其目的是在未来一定时期内获得与风险相匹配的报酬。在市场经济条件下，公司能否把筹集到的资金投放到报酬高、回收快、风险小的项目上去，对企业的生存和发展十分重要。

（1）企业投资是实现财务管理目标的基本前提。企业财务管理的目标是不断提高企业价值，为股东创造财富。因此要采取各种措施增加利润，降低风险。企业要想获得利润，就必须进行投资，在投资中获得效益。

（2）企业投资是公司发展生产的必要手段。在科学技术、社会经济迅速发展的今天，企业无论是维持简单再生产还是实现扩大再生产，都必须进行一定的投资。要维持简单再生产的顺利进行，就必须及时对所使用的机器设备进行更新，对产品和生产工艺进行改造，不断提高职工的科学技术水平，等等；要实现扩大再生产，就必须新建、扩建厂房，增添机器设备，增加职工人数，提高人员素质，等等。企业只有通过一系列的投资活动，才能创造增强实力、广开财源的不可缺少的条件。

（3）企业投资是公司降低经营风险的重要方法。公司把资金投向生产经营的关键环节或薄弱环节，可以使各种生产经营能力配套、平衡，形成更大的综合生产能力。如把资金投向多个行业，实行多元化经营，则更能增加公司销售和盈余的稳定性。这些都是降低公司经营风险的重要方法。

7.1.2　企业投资的分类

根据不同的划分标准，企业投资可作如下分类。

（1）直接投资与间接投资。按投资与企业生产经营的关系，企业投资可分为直接投资和间接投资两类。在非金融性企业中，直接投资所占比重很大。间接投资又称证券投资，是指把资金投入证券等金融资产，以取得利息、股利或资本利得收入的投资。随着我国金融市场的完善和多渠道筹资的形成，企业间接投资将越来越广泛。

（2）长期投资与短期投资。按投资回收时间的长短，企业投资可分为短期投资和长期投资两类。短期投资又称流动资产投资，是指能够并且也准备在一年以内收回的投资，主要是指对现金、应收账款、存货、短期有价证券等的投资，长期证券如能随时变现亦可作为短期投资。长期投资则是指一年以上才能收回的投资，主要是指对厂房、机器设备等固定资产的投资，也包括对无形资产和长期有价证券的投资。由于长期投资中固定资产所占的比重较大，因此，长期投资有时专指固定资产投资。

（3）对内投资和对外投资。根据投资的方向，企业投资可分为对内投资和对外投资两类。对内投资是指把资金投向公司内部，购置各种生产经营用资产的投资。对外投资是指公司以现金、实物、无形资产等方式或者以购买股票、债券等有价证券方式向其他单位的投资。对内投资都是直接投资，对外投资主要是间接投资，也可以是直接投资。

（4）初创投资和后续投资。根据投资在生产过程中的作用，企业投资可分为初创投资和后续投资。初创投资是在建立新企业时所进行的各种投资。它的特点是投入的资金通过建设形成企业的原始资产，为企业的生产、经营创造必要的条件。后续投资则是指为巩固和发展企业再生产所进行的各种投资，主要包括为维持企业简单再生产所进行的更新性投资，为实现扩大再生产所进行的追加性投资，为调整生产经营方向所进行的转移性投资，等等。

（5）其他分类方法。根据不同投资项目之间的相互关系，可以将投资分为独立项目投资、相关项目投资和互斥项目投资。独立项目的选择既不要求也不排斥其他的投资项目。若接受某一个项目就不能投资于另一个项目，并且反过来亦如此，则这些项目之间就是互斥的。若某一项目的实施依赖于其他项目，这些项目就是相关项目，如要想增加一条生产线就必须新盖一栋厂房来安装生产线，则生产线的投资与厂房的投资属于相关项目投资。

根据投资项目现金流入与流出的时间，可以将投资分为常规项目投资和非常规项目投资。常规项目是指只有一期初始现金流出，随后是一期或多期现金流入的项目。非常规项目的现金流量形式在某些方面与常规项目有所不同，如现金流出不发生在期初，或者期初和以后各期有多次现金流出等。

7.1.3　企业投资管理的原则

企业投资的根本目的是谋求利润、增加企业价值。企业能否实现这一目标，关键在于能否在风云变幻的市场环境下，抓住有利的时机，作出合理的投资决策。为此，企业在投资时必须坚持以下原则。

(1) 认真进行市场调查，及时捕捉投资机会。捕捉投资机会是企业投资活动的起点，也是企业投资决策的关键。在市场经济条件下，投资机会不是固定不变的，而是不断变化的，它受到诸多因素的影响，其中最主要的是市场需求的变化。企业在投资之前，必须认真进行市场调查和市场分析，寻找最有利的投资机会。市场是不断变化、发展的，对于市场和投资机会的关系，也应从动态的角度加以把握。

正是由于市场的不断变化和发展，才有可能产生一个又一个新的投资机会。随着经济不断发展，人民收入水平不断提高，人们对消费的需求也发生了很大的变化，无数的投资机会正是在这些变化中产生的。

(2) 建立科学的投资决策程序，认真进行投资项目的可行性分析。在市场经济条件下，企业的投资决策都会面临一定的风险。为了保证投资决策的正确有效，必须按科学的投资决策程序，认真进行投资项目的可行性分析。投资项目可行性分析的主要任务是对投资项目技术上的可行性和经济上的有效性进行论证，运用各种方法计算出有关指标，以合理确定不同项目的优劣。财务部门是对企业的资金进行规划和控制的部门，财务人员必须参与投资项目的可行性分析。

(3) 及时足额地筹集资金，保证投资项目的资金供应。企业的投资项目，特别是大型投资项目，其建设工期长，所需资金多，一旦开工就必须有足够的资金供应，否则，就会使工程建设中断，出现“半截子工程”，造成很大的损失。因此，在投资项目开始建设之前，必须科学预测投资所需资金的数量和时间，采用适当的方法，筹措资金，保证投资项目顺利完成，尽快产生投资效益。

(4) 认真分析风险和报酬的关系，适当控制企业的投资风险。报酬和风险是共存的。一般而言，报酬越高，风险也越大，报酬的增加是以风险的增大为代价的，而风险的增加将会引起企业价值的下降，不利于财务目标的实现。企业在进行投资时，必须在考虑报酬的同时认真考虑风险情况，只有在报酬和风险达到均衡时，才有可能不断增加企业价值，实现财务管理的目标。

7.1.4 企业投资过程分析

投资能为企业带来报酬，但投资是一项具体而复杂的系统工程，按照时序的方法，可以将投资过程分为事前、事中和事后三个阶段。事前阶段也称投资决策阶段，主要包括投资方案的提出、评价与决策；事中阶段的主要工作是实施投资方案并对其进行监督与控制；事后阶段是指在投资项目结束后对投资效果进行的事后审计与评价。

1. 投资项目的决策

投资决策阶段是整个投资过程的开始阶段，也是最重要的阶段，此阶段决定了投资项目的性质、资金的流向和投资项目未来获得报酬的能力。

(1) 投资项目的提出。产生新的有价值的创意，进而提出投资方案是非常重要的。新创意可以来自公司的各级部门。一般来说，公司的高层管理人员提出的投资多数是大规模的战略性投资，如兴建一座厂房；而中层或基层人员提出的主要是战术性投资项目，如生产部门提出更新设备。

(2) 投资项目的评价。投资项目的评价主要包括以下几部分：1) 将提出的投资项目进行分类，为分析评价做好准备；2) 估计各个项目每一期的现金流量状况；

3）按照某一个评价指标，对各个投资项目进行分析并根据某一标准排队；4）考虑资本限额等约束因素，编写评价报告，并做出相应的投资预算，报请审批。

（3）投资项目的决策。投资项目经过评价后，要由公司的决策层做出最后决策。决策一般分为以下三种情况：1）接受这个投资项目；2）拒绝这个项目，不进行投资；3）发还给提出项目的部门，由其重新调查和修改后再做处理。

2. 投资项目的实施与监控

一旦决定接受某一个或某一组投资项目，就要积极地实施并进行有效的监督与控制。具体要做好以下工作：（1）为投资方案筹集资金；（2）按照拟定的投资方案有计划分步骤地实施投资项目；（3）实施过程中的控制与监督，在项目的实施过程中，要对项目的实施进度、工程质量、施工成本等进行控制和监督，以使投资按照预算规定如期完成；（4）投资项目的后续分析。在项目的实施过程中，要定期进行后续分析。将实际的现金流量与报酬和预期的现金流量与报酬进行对比，找出差异，分析差异存在的原因，并根据不同情况做出不同的处理，这实际上就是投资过程中的选择权问题。

1）延迟投资。若是因为投资时机不恰当，如出现了突发事件，使得当前的经济形势不适合投资此项目，但在可预见的将来该项目仍有投资价值，则可以考虑延迟投资。有时延迟投资是为了获取更多的信息，等待最佳投资时机。

2）放弃投资。在项目的实施过程中，如果发现某项目的现金流量状况与预期的相差甚远，以至于继续投资会产生负的净现值，给公司带来巨大的投资损失，或者此时放弃投资所获得的报酬大于继续执行该投资项目带来的报酬，公司就应该及时放弃该投资项目。

3）扩充投资与缩减投资。如果某投资项目的实际情况优于预期值，则可以考虑为该项目提供额外的发展资源。例如，某项目的实际报酬比预期值高出50%，那么公司应该设法提高该项目的生产能力并增加营运资本，以适应其高速的增长率。

3. 投资项目的事后审计与评价

投资项目的事后审计主要由公司内部审计机构完成，将投资项目的实际表现与原来的预期相对比，通过对其差额的分析可以更深入地了解某些关键性的问题。例如，发现预测技术上存在的偏差，分析原有资本预算的执行情况和预算的精确度，查找项目执行过程中存在的漏洞，找出影响投资效果的敏感因素，总结成功的经验，等等。

依此审计结果还可以对投资管理部门进行绩效评价，并据此建立相应的激励制度，以持续提高投资管理效率。通过对比项目的实际值和预测值，事后审计还可以把责任引进投资预测的过程。需要说明的是，某一项目的实际值和预测值的偏差并不应该作为评价预测者能力的唯一标准，然而，如果持续地产生预测错误，则表明该分析人员的预测技术确实需要改进。

7.2 投资现金流量的分析

长期投资决策中所说的现金流量是指与长期投资决策有关的现金流入和流出的数量，它是评价投资方案是否可行时必须事先计算的一个基础性指标。

7.2.1 投资现金流量的构成

在投资决策中，资金无论是投向公司内部形成各种资产，还是投向公司外部形成联营投资，都需要用特定指标对投资的可行性进行分析，这些指标的计算都是以投资项目的现金流量为基础的。因此，现金流量是评价投资方案是否可行时必须事先计算的一个基础性数据。

按照现金流动的方向，可以将投资活动的现金流量分为现金流入量、现金流出量①和净现金流量。一个方案的现金流入量是指该方案引起的企业现金收入的增加额；现金流出量是指该方案引起的企业现金收入的减少额；净现金流量是指一定时间内现金流入量与现金流出量的差额。现金流入量大于现金流出量，净现金流量为正值；反之，净现金流量为负值。

按照现金流量的发生时间，投资活动的现金流量又可以分为初始现金流量、营业现金流量和终结现金流量。因为使用这种分类方法计算现金流量比较方便，所以下面将详细分析这三种现金流量包括的主要内容。

1. 初始现金流量

初始现金流量一般包括如下几个部分。

(1) 投资前费用。投资前费用是指在正式投资之前为做好各项准备工作而花费的费用。主要包括勘察设计费、技术资料费、土地购入费和其他费用。投资前费用的总额要在综合考虑以上费用的基础上，合理加以预测。

(2) 设备购置费用。设备购置费用是指为购买投资项目所需各项设备而花费的费用。企业财务人员要根据所需设备的数量、规格、型号、性能、价格、运输费用等预测设备购置费的多少。

(3) 设备安装费用。设备安装费用是指为安装各种设备所需的费用。这部分费用主要根据安装设备的多少、安装的难度、安装的工作量、当地安装的收费标准等因素进行预测。

(4) 建筑工程费。建筑工程费是指进行土建工程所花费的费用。这部分费用要根据建筑类型、建筑面积的大小、建筑质量的要求、当地的建筑造价标准进行预测。

(5) 营运资本的垫支。投资项目建成后，必须垫支一定的营运资本才能投入运营。这部分垫支的营运资本一般要到项目寿命终结时才能收回。所以，这种投资应看作长期投资，而不属于短期投资。

(6) 原有固定资产的变价收入扣除相关税金后的净收益。变价收入主要是指固定资产更新时变卖原有固定资产所得的现金收入。

(7) 不可预见费。不可预见费是指在投资项目正式建设之前不能完全估计到的，但又很可能发生的一系列费用，如设备价格的上涨、出现自然灾害等。这些因素也要合理预测，以便为现金流量预测留有余地。

2. 营业现金流量

营业现金流量一般以年为单位计算。这里，现金流入一般是指营业现金收入。现金流出是指营业现金支出和缴纳的税金。如果一个投资项目的每年销售收入等于营业

---

① 在计算过程中，现金流入用正号表示，现金流出用负号表示。

现金收入，付现成本（指不包括折旧的成本）等于营业现金支出，那么，年营业净现金流量（NCF）可用下列公式计算：

$$
\begin{aligned}
\text{每年营业净现金流量}(NCF) &= \text{年营业收入} - \text{年付现成本} - \text{所得税} \\
&= \text{税后净利} + \text{折旧} \qquad (7\text{—}1)
\end{aligned}
$$

3. 终结现金流量

终结现金流量主要包括：(1) 固定资产的残值收入或变价收入（指扣除了所需要上缴的税金等支出后的净收入）；(2) 原有垫支在各种流动资产上的资金的收回；(3) 停止使用的土地的变价收入等。

7.2.2 现金流量的计算

为了正确评价投资项目的优劣，必须正确计算现金流量。

1. 初始现金流量的预测

预测初始现金流量最关键的问题是预测投资额，预测投资额的方法有很多，现介绍最常用的几种方法。

(1) 逐项测算法。逐项测算法就是对构成投资额基本内容的各个项目先逐项测算其数额，然后进行汇总来预测投资额的一种方法。

例 7—1

某企业准备建一条新的生产线，经过认真调查研究和分析，预计各项支出如下：投资前费用 10 000 元；设备购置费用 500 000 元；设备安装费用 100 000 元；建筑工程费用 400 000 元；投产时需垫支营运资本 50 000 元；不可预见费按上述总支出的 5%计算，则该生产线的投资总额为：

$$
\begin{aligned}
&(10\,000+500\,000+100\,000+400\,000+50\,000)\times(1+5\%) \\
&=1\,113\,000(\text{元})
\end{aligned}
$$

(2) 单位生产能力估算法。单位生产能力估算法是根据同类项目的单位生产能力投资额和拟建项目的生产能力来估算投资额的一种方法。生产能力是指投资项目建成投产后每年达到的产量，如生产电视机 10 000 台、生产服装 50 000 套等。一般说来，生产能力越大，所需投资额越多，两者之间存在一定的数量关系。可以用下列公式预测投资额：

$$
\begin{matrix}\text{拟建项目}\\\text{投资总额}\end{matrix} = \begin{matrix}\text{同类项目单位}\\\text{生产能力投资额}\end{matrix} \times \begin{matrix}\text{拟建项目}\\\text{生产能力}\end{matrix} \qquad (7\text{—}2)
$$

利用以上公式进行预测时，需要注意下列几个问题：

1) 同类项目单位生产能力投资额可从有关统计资料中获得，如果国内没有可供参考的有关资料，可以国外投资的有关资料为参考标准，但要进行适当调整。

2) 如果通货膨胀比较明显，要合理考虑物价变动的影响。

3) 作为对比的同类工程项目的生产能力与拟建的投资项目的生产能力应比较接近，否则会有较大误差。

4) 要考虑投资项目在地理环境、交通条件等方面的差别，并相应调整预测得出的投资额。

(3) 装置能力指数法。装置能力指数法是根据有关项目的装置能力和装置能力指数来预测项目投资额的一种方法。装置能力是指以封闭型的生产设备为主体所构成的投资项目的生产能力，如制氧生产装置、化肥生产装置等。装置能力越大，所需投资额越多。装置能力和投资额之间的关系可用公式表示为：

$$Y_2=Y_1\cdot\left(\frac{X_2}{X_1}\right)^t\cdot\alpha \qquad (7—3)$$

式中，Y_2 表示拟建项目投资额；Y_1 表示类似项目投资额；X_2 表示拟建项目装置能力；X_1 表示类似项目装置能力；t 表示装置能力指数；α 表示新旧项目之间的调整系数。

式中的装置能力指数可以根据经验来取。例如，装置压力较高并带有较多台数的大中型压缩机泵及工业炉的装置取 0.85；压力较低的装置取 0.7；一般情况下可取 0.8。

例 7—2

某化肥厂原有一套生产尿素的装置，装置能力为年产尿素 10 万吨，5 年前投资额为 1 000 万元，现该化肥厂拟增加一套生产能力为 8 万吨的尿素装置，根据经验，装置能力指数取 0.8，因价格上涨，需要对投资进行调整，取调整系数为 1.4。试预测 8 万吨尿素装置的投资额。

$$Y_2=Y_1\cdot\left(\frac{X_2}{X_1}\right)^t\cdot\alpha=1\,000\times\left(\frac{8}{10}\right)^{0.8}\times1.4=1\,171(\text{万元})$$

2. 全部现金流量的计算

在介绍了初始现金流量预测的基本方法后，下面介绍企业投资项目全部现金流量的计算，以下案例假定初始投资是已知的，重点讨论营业现金流量问题。

例 7—3

大华公司准备购入一设备以扩充生产能力。现有甲、乙两个方案可供选择。甲方案需投资 10 000 元，使用寿命为 5 年，采用直线法计提折旧，5 年后设备无残值，5 年中每年销售收入为 6 000 元，每年的付现成本为 2 000 元。乙方案需投资 12 000 元，采用直线法计提折旧，使用寿命也为 5 年，5 年后有残值收入 2 000 元。5 年中每年的销售收入为 8 000 元，付现成本第 1 年为 3 000 元，以后随着设备陈旧，逐年将增加修理费 400 元，另需垫支营运资本 3 000 元，假设所得税税率为 25%。试计算两个方案的现金流量。

为计算现金流量，必须先计算两个方案每年的折旧额。

甲方案每年折旧额=10 000/5=2 000(元)

乙方案每年折旧额=(12 000−2 000)/5=2 000(元)

下面先计算两个方案的营业现金流量，见表 7—1，然后结合初始现金流量和终结现金流量编制两个方案的全部现金流量表，见表 7—2。

表7—1 投资项目的营业现金流量 单位：元

项目	第1年	第2年	第3年	第4年	第5年
甲方案：					
销售收入（1）	6 000	6 000	6 000	6 000	6 000
付现成本（2）	2 000	2 000	2 000	2 000	2 000
折旧（3）	2 000	2 000	2 000	2 000	2 000
税前利润（4）=(1)—(2)—(3)	2 000	2 000	2 000	2 000	2 000
所得税（5）=(4)×25%	500	500	500	500	500
税后净利（6）=(4)−(5)	1 500	1 500	1 500	1 500	1 500
营业净现金流量（7）=(1)—(2)—(5)	3 500	3 500	3 500	3 500	3 500
乙方案：					
销售收入（1）	8 000	8 000	8 000	8 000	8 000
付现成本（2）	3 000	3 400	3 800	4 200	4 600
折旧（3）	2 000	2 000	2 000	2 000	2 000
税前利润（4）=(1)—(2)—(3)	3 000	2 600	2 200	1 800	1 400
所得税（5）=(4)×25%	750	650	550	450	350
税后净利（6）=(4)−(5)	2 250	1 950	1 650	1 350	1 050
营业净现金流量（7）=(1)—(2)—(5)	4 250	3 950	3 650	3 350	3 050

表7—2 投资项目的现金流量 单位：元

项目	第0年	第1年	第2年	第3年	第4年	第5年
甲方案：						
固定资产投资	−10 000					
营业净现金流量		3 500	3 500	3 500	3 500	3 500
现金流量合计	−10 000	3 500	3 500	3 500	3 500	3 500
乙方案：						
固定资产投资	−12 000					
营运资本垫支	−3 000					
营业净现金流量		4 250	3 950	3 650	3 350	3 050
固定资产残值						2 000
营运资本回收						3 000
现金流量合计	−15 000	4 250	3 950	3 650	3 350	8 050

在表7—1和表7—2中，$t=0$代表第1年年初，$t=1$代表第1年年末，$t=2$代表第2年年末……在现金流量的计算中，为了简化计算，一般都假定各年投资在年初一次进行，各年营业净现金流量在各年年末一次发生，并假设终结现金流量是最后一年年末发生的。

7.2.3 投资决策中使用现金流量的原因

传统的财务会计按权责发生制计算企业的收入和成本，并以收入减去成本后的利润作为收益，用来评价企业的经济效益。在长期投资决策中则不能以按这种方法计算的收入和支出作为评价项目经济效益高低的基础，而应以现金流入作为项目的收入，以现金流出作为项目的支出，以净现金流量作为项目的净收益，并在此基础上评价投资项目的经济效益。投资决策之所以要以按收付实现制计算的现金流量作为评价项目经济效益的基础，主要有以下两方面的原因。

（1）采用现金流量有利于科学地考虑资金的时间价值因素。科学的投资决策必须认真考虑资金的时间价值，这就要求在决策时一定要弄清每笔预期收入款项和支出款项的具体时间，因为不同时间的资金具有不同的价值。因此，在衡量方案优劣时，应根据各投资项目寿命周期内各年的现金流量，按照资本成本率，结合资金的时间价值来确定。而利润的计算并不考虑资金收付的时间，它是以权责发生制为基础的。

利润与现金流量的差异具体表现在以下几个方面：1）购置固定资产付出大量现金时不计入成本；2）将固定资产的价值以折旧或折耗的形式逐期计入成本时，却又不需要付出现金；3）计算利润时不考虑垫支的流动资产的数量和回收的时间；4）销售行为一旦确定，就确认为当期的销售收入，尽管其中有一部分并未于当期收到现金；5）项目寿命终了时，以现金的形式回收的固定资产残值和垫支的流动资金在计算利润时也得不到反映。

可见，要在投资决策中考虑时间价值因素，就不能用利润来衡量项目的优劣，而必须采用现金流量。

（2）采用现金流量才能使投资决策更符合客观实际情况。在长期投资决策中，应用现金流量能更科学、更客观地评价投资方案的优劣，利润则明显地存在不科学、不客观的成分。这是因为：1）利润的计算没有一个统一的标准，在一定程度上要受存货估价、费用分摊和不同折旧计提方法的影响。因而，利润的计算比现金流量的计算有更大的主观随意性，以此作为决策的主要依据不太可靠。2）利润反映的是某一会计期间“应计”的现金流量，而不是实际的现金流量。若以未实际收到现金的收入作为报酬，具有较大风险，容易高估投资项目的经济效益，存在不科学、不合理的成分。

7.3 折现现金流量方法

折现现金流量指标主要有净现值、内含报酬率、获利指数、折现的投资回收期等。对于这类指标的使用，体现了折现现金流量的思想，即将未来的现金流量折现，使用现金流量的现值计算各种指标，并据以进行决策。

7.3.1 净现值

投资项目投入使用后的净现金流量，按资本成本率或企业要求达到的报酬率折算为现值，减去初始投资以后的余额叫做**净现值**（net present value，NPV）①。其计算公式为：

$$NPV=\left[\frac{NCF_1}{(1+K)^1}+\frac{NCF_2}{(1+K)^2}+\cdots+\frac{NCF_n}{(1+K)^n}\right]-C$$

$$=\sum_{t=1}^{n}\frac{NCF_t}{(1+K)^t}-C \qquad (7—4)$$

① 如果投资期超过一年，则应是减去初始投资的现值以后的余额，后面计算内含报酬率、获利指数的公式中初始投资额的确定与此相同。

式中，NPV 表示净现值；NCF_t 表示第 t 年的净现金流量；K 表示折现率（资本成本率或公司要求的报酬率）；n 表示项目预计使用年限；C 表示初始投资额。

1. 净现值的计算步骤

净现值的计算可按下列步骤进行：

第一步，计算每年的营业净现金流量。

第二步，计算未来现金流量的总现值。这又可分成三步：

（1）将每年的营业净现金流量折算成现值。如果每年的 NCF 相等，则按年金法折算成现值；如果每年的 NCF 不相等，则先对每年的 NCF 进行折现，然后加以合计。

（2）将终结现金流量折算成现值。

（3）计算未来现金流量的总现值。

第三步，计算净现值。其计算公式为：

净现值＝未来现金流量的总现值－初始投资

例 7—4

现仍以前面所举大华公司的资料为例（详见表 7—1 和表 7—2），来说明净现值的计算。假设资本成本率为 10%。

甲方案每年的 NCF 相等，其净现值计算如下。

$$\begin{aligned} NPV_{甲} &= 未来现金流量的总现值-初始投资额 \\ &= NCF \times PVIFA_{k,n} - 10\,000 \\ &= 3\,500 \times PVIFA_{10\%,5} - 10\,000 \\ &= 3\,500 \times 3.791 - 10\,000 \\ &= 3\,268.5(元) \end{aligned}$$

乙方案每年的 NCF 不相等，故其净现值计算如表 7—3 所示。

表 7—3　　乙方案的 NPV 计算表　　金额单位：元

年次（t）	各年的 NCF（1）	现值系数 $PVIF_{10\%,t}$（2）	现值（3）＝（1）×（2）
1	4 250	0.909	3 863.25
2	3 950	0.826	3 262.70
3	3 650	0.751	2 741.15
4	3 350	0.683	2 288.05
5	8 050	0.621	4 999.05
未来现金流量的总现值			17 154.20
减：初始投资			－15 000
净现值			NPV＝2 154.20

净现值还可以有另外一种表述，即从投资开始至项目寿命终结时所有现金流量（包括现金流入和现金流出）的现值之和。其计算公式为：

$$NPV = \sum_{t=0}^{n} \frac{NCF_t}{(1+K)^t} \tag{7—5}$$

式中，NPV 表示净现值；n 表示开始投资至项目寿命终结时的期数，第一期投资发生在 $t=0$ 的时刻；NCF_t 表示第 t 期的现金流量；K 表示折现率（资本成本率或公司要求的报酬率）。

2. 净现值法的决策规则

净现值法的决策规则是，在只有一个备选方案时，净现值为正者则采纳，净现值为负者不采纳。在有多个备选方案的互斥项目选择决策中，应选用净现值是正值中的最大者。从上面的计算中我们可以看出，甲方案的净现值大于乙方案的净现值，故大华公司应选用甲方案。

3. 净现值法的优缺点

净现值法的优点是：考虑了货币的时间价值，能够反映各种投资方案的净收益，是一种较好的方法。净现值法的缺点是：净现值法并不能揭示各个投资方案本身可能达到的实际报酬率是多少，内含报酬率法则弥补了这一缺陷。

7.3.2 内含报酬率

内含报酬率（internal rate of return，IRR）也称内部报酬率，实际上反映了投资项目的真实报酬，目前越来越多的企业使用该项指标对投资项目进行评价。内含报酬率的计算公式为：

$$\frac{NCF_1}{(1+r)^1}+\frac{NCF_2}{(1+r)^2}+\cdots+\frac{NCF_n}{(1+r)^n}-C=0 \qquad (7—6)$$

即
$$\sum_{t=1}^{n}\frac{NCF_t}{(1+r)^t}-C=0 \qquad (7—7)$$

式中，NCF_t 表示第 t 年的净现金流量；r 表示内含报酬率；n 表示项目使用年限；C 表示初始投资额。

1. 内含报酬率的计算步骤

（1）每年的 NCF 相等时，则按下列步骤计算。

第一步，计算年金现值系数。

$$年金现值系数=\frac{初始投资额}{每年\ NCF} \qquad (7—8)$$

第二步，查年金现值系数表，在相同的期数内，找出与上述年金现值系数相邻近的较大和较小的两个折现率。

第三步，根据上述两个邻近的折现率和已求得的年金现值系数，采用插值法计算出该投资方案的内含报酬率。

（2）如果每年的 NCF 不相等，则需要按下列步骤计算。

第一步，先预估一个折现率，并按此折现率计算净现值。如果计算出的净现值为正数，则表示预估的折现率小于该项目的实际内含报酬率，应提高折现率，再进行测算；如果计算出的净现值为负数，则表明预估的折现率大于该方案的实际内含报酬率，应降低折现率，再进行测算。经过如此反复测算，找到净现值由正到负并且比较接近于零的两个折现率。

第二步，根据上述两个邻近的折现率用插值法，计算出方案的实际内含报酬率。

例 7—5

现仍以前面所举大华公司的资料为例（见表 7—1 和表 7—2）来说明内含

报酬率的计算方法。

由于甲方案的每年 NCF 相等，因而可采用如下方法计算内含报酬率。

$$
\begin{aligned}
\text{年金现值系数} &= \frac{\text{初始投资额}}{\text{每年 } NCF} \\
&= \frac{10\,000}{3\,500} \\
&= 2.857
\end{aligned}
$$

查年金现值系数表，甲方案的内含报酬率应该在 20%～25%之间，现用插值法计算如下：

$$
\begin{array}{ll}
\text{折现率} & \text{年金现值系数} \\
\left.\begin{array}{l}\left.\begin{array}{l}20\% \\ ?\%\end{array}\right\} x\% \\ 25\%\end{array}\right\} 5\% & \left.\begin{array}{l}\left.\begin{array}{l}2.991 \\ 2.857\end{array}\right\} 0.134 \\ 2.689\end{array}\right\} 0.302
\end{array}
$$

$$\frac{x}{5} = \frac{0.134}{0.302}$$

$$x = 2.22$$

甲方案的内含报酬率＝20%＋2.22%＝22.22%

乙方案的每年 NCF 不相等，因而必须逐次进行测算，测算过程见表 7—4。

表 7—4　乙方案内含报酬率的测算过程　单位：元

年次（t）	NCF_t	测试 11% 复利现值系数 $PVIF_{11\%,t}$	测试 11% 现值	测试 16% 复利现值系数 $PVIF_{16\%,t}$	测试 16% 现值
0	−15 000	1.00	−15 000	1.00	−15 000
1	4 250	0.901	3 829	0.862	3 664
2	3 950	0.812	3 207	0.743	2 935
3	3 650	0.731	2 668	0.641	2 340
4	3 350	0.659	2 208	0.552	1 849
5	8 050	0.593	4 774	0.476	3 832
NPV	—	—	1 686	—	−380

在表 7—4 中，先按 11%的折现率进行测算，净现值为 1 686，大于 0，说明所选用的折现率偏低，因此调高折现率，以 16%进行第二次测算，净现值变为负数，说明该项目的内含报酬率一定在 11%～16%之间。

$$
\begin{array}{ll}
\text{折现率} & \text{净现值} \\
\left.\begin{array}{l}\left.\begin{array}{l}11\% \\ ?\%\end{array}\right\} x\% \\ 16\%\end{array}\right\} 5\% & \left.\begin{array}{l}\left.\begin{array}{l}1\,686 \\ 0\end{array}\right\} 1\,686 \\ -380\end{array}\right\} 2\,066
\end{array}
$$

$$\frac{x}{5} = \frac{1\,686}{2\,066}$$

$$x = 4.08$$

乙方案的内含报酬率＝11%＋4.08%＝15.08%

2. 内含报酬率法的决策规则

内含报酬率法的决策规则是，在只有一个备选方案的采纳与否决策中，如果计算出的内含报酬率大于或等于公司的资本成本率或必要报酬率，就采纳；反之，则拒绝。在有多个备选方案的互斥选择决策中，选择内含报酬率超过资本成本率或必要报酬率最多的投资项目。

由计算可知，甲方案的内含报酬率较高，故甲方案效益比乙方案好。

3. 内含报酬率法的优缺点

内含报酬率法考虑了资金的时间价值，反映了投资项目的真实报酬率，概念也易于理解。但这种方法的计算过程比较复杂，特别是对于每年 NCF 不相等的投资项目，一般要经过多次测算才能算出。

7.3.3 获利指数

获利指数（profitability index，PI）又称利润指数或现值指数，是投资项目未来报酬的总现值与初始投资额的现值之比。其计算公式为：

$$PI=\left[\frac{NCF_1}{(1+K)^1}+\frac{NCF_2}{(1+K)^2}+\cdots+\frac{NCF_n}{(1+K)^n}\right]/C \quad (7—9)$$

即

$$PI=\frac{\text{未来现金流量的总现值}}{\text{初始投资额}} \quad (7—10)$$

如果投资是多期完成的，则计算公式为：

$$PI=\frac{\text{未来现金流入的总现值}}{\text{现金流出的总现值}} \quad (7—11)$$

1. 获利指数的计算步骤

第一步，计算未来现金流量的总现值。这与计算净现值时采用的方法相同。

第二步，计算获利指数，即根据未来现金流量的总现值和初始投资额之比计算获利指数。

例 7—6

现仍以前面所举大华公司的资料为例（见表 7—1 和表 7—2），来说明获利指数的计算。

$$\text{甲方案的获利指数}=\frac{\text{未来现金流量的总现值}}{\text{初始投资}}=\frac{13\ 269}{10\ 000}=1.33$$

$$\text{乙方案的获利指数}=\frac{\text{未来现金流量的总现值}}{\text{初始投资}}=\frac{17\ 154}{15\ 000}=1.14$$

2. 获利指数法的决策规则

获利指数法的决策规则是，在只有一个备选方案的采纳与否决策中，获利指数大于或等于 1，则采纳；否则就拒绝。在有多个备选方案的互斥选择决策中，应采用获利指数大于 1 最多的投资项目。

在例 7—6 中，甲、乙两方案的获利指数均大于 1，故两个方案均可以进行投资，但是由于甲方案的获利指数更大，故应采用甲方案。

3. 获利指数法的优缺点

获利指数可以看作 1 元的初始投资渴望获得的现值净收益。获利指数法的优点是，考虑了资金的时间价值，能够真实地反映投资项目的盈利能力。由于获利指数是用相对数表示的，因此有利于在初始投资额不同的投资方案之间进行对比。获利指数法的缺点是，获利指数只代表获得收益的能力而不代表实际可能获得的财富，它忽略了互斥项目之间投资规模上的差异，所以在多个互斥项目的选择中，可能会得到错误的答案。

7.4 非折现现金流量方法

非折现现金流量指标主要有：投资回收期和平均报酬率。

7.4.1 投资回收期

1. 投资回收期法的计算

投资回收期（payback period，PP）代表收回投资所需的年限。回收期越短，方案越有利。在初始投资一次支出，且每年的净现金流量（*NCF*）相等时，投资回收期可按下列公式计算：

$$投资回收期=\frac{初始投资额}{每年\ NCF} \tag{7—12}$$

如果每年净现金流量（*NCF*）不相等，那么，计算回收期要根据每年年末尚未回收的投资额加以确定。

例 7—7

天天公司欲进行一项投资，初始投资额 10 000 元，项目为期 5 年，每年净现金流量有关资料详见表 7—5，试计算该方案的投资回收期。

表 7—5　　天天公司投资回收期的计算表　　单位：元

年次（t）	每年净现金流量	年末尚未回收的投资额
1	3 000	7 000
2	3 000	4 000
3	3 000	1 000
4	3 000	0
5	3 000	—

从表 7—5 中可以看出，由于该项目每年的净现金流量均为 3 000 元，因此该项目的投资回收期为：

3＋1 000/3 000＝3.33(年)

2. 投资回收期法的优缺点

投资回收期法的概念容易理解，计算也比较简单，但这一指标的缺点在于它不仅忽视了货币的时间价值，而且没有考虑回收期满后的现金流量状况。事实上，有战略意义的长期投资往往早期收益较低，而中后期收益较高。回收期法总是优先考虑急功近利的项目，它是过去评价投资方案最常用的方法，目前仅作为辅助方法使用，主要用来测定投资方案的流动性而非盈利性。现以下例说明投资回收期法的缺陷。

例 7—8

假设有两个方案的预计现金流量，如表 7—6 所示。试计算投资回收期，并比较优劣。

表 7—6　两个方案的预计现金流量　单位：元

项目	第 0 年	第 1 年	第 2 年	第 3 年	第 4 年	第 5 年
A 方案现金流量	−10 000	4 000	6 000	6 000	6 000	6 000
B 方案现金流量	−10 000	4 000	6 000	8 000	8 000	8 000

两个方案的投资回收期相同，都是 2 年，如果用投资回收期指标进行评价，两者的投资回收期相等，但实际上 B 方案明显优于 A 方案。

为了克服投资回收期法下忽视货币时间价值的缺陷，人们提出折现回收期法，在考虑货币时间价值的情况下计算回收期。

例 7—9

仍以表 7—5 中天天公司的投资项目为例说明折现回收期法的使用，假定折现率为 10%，如表 7—7 所示。

表 7—7　折现回收期的计算　单位：元

项目	第 0 年	第 1 年	第 2 年	第 3 年	第 4 年	第 5 年
净现金流量	−10 000	3 000	3 000	3 000	3 000	3 000
折现系数	1	0.909	0.826	0.751	0.683	0.621
折现后现金流量	−10 000	2 727	2 478	2 253	2 049	1 863
累计折现后现金流量		−7 273	−4 795	−2 542	−493	1 370

从表 7—7 中可以看出，在考虑货币时间价值后，该方案的折现回收期为：

$$4+493/1\,863=4.26(\text{年})$$

7.4.2 平均报酬率

平均报酬率（average rate of return，ARR）是投资项目寿命周期内平均的年投资报酬率，也称平均投资报酬率。平均报酬率有多种计算方法。其中最常见的计算公式为：

$$\text{平均报酬率}(ARR)=\frac{\text{平均现金流量}}{\text{初始投资额}}\times 100\% \qquad (7\text{—}13)$$

例 7—10

现仍以前例大华公司的资料（见表 7—1 和表 7—2）说明平均报酬率的计算。

$$ARR_{\text{甲}}=\frac{3\,500}{10\,000}\times 100\%=35\%$$

$$ARR_{乙}=\frac{(4\ 250+3\ 950+3\ 650+3\ 350+8\ 050)\div 5}{15\ 000}\times 100\%=31\%$$

在采用平均报酬率这一指标时，应事先确定一个企业要求达到的平均报酬率，或称必要平均报酬率。在进行决策时，只有高于必要平均报酬率的方案才能入选。而在有多个互斥方案的选择中，则选用平均报酬率最高的方案。

平均报酬率的优点是简明、易算、易懂。其主要缺点是：(1) 没有考虑货币的时间价值，第一年的现金流量与最后一年的现金流量被看作具有相同的价值，所以，有时会做出错误的决策；(2) 必要平均报酬率的确定具有很大的主观性。

7.5　投资决策指标的比较

以上介绍了长期投资决策中的折现现金流量和非折现现金流量两大类指标，下面对这些指标作一些比较。

7.5.1　两类指标在投资决策应用中的比较

投资回收期法作为评价企业投资效益的主要方法，在 20 世纪 50 年代曾流行全世界。现以美国专家的调查资料为依据，来说明各种指标在投资决策中应用的变化趋势。

(1) 20 世纪 50 年代的情况。1950 年，迈克尔・戈特 (Michael Gort) 教授对美国 25 家大型公司的调查资料表明，被调查的公司全部使用投资回收期法等非折现的现金流量指标，没有一家使用折现的现金流量指标。

(2) 20 世纪六七十年代的情况。1970 年，托姆斯・克拉默 (Tomes Klammer) 教授对美国 184 家大型生产企业进行了调查，资料详见表 7—8。

表 7—8　　投资决策指标使用情况调查表

投资决策指标	作为主要方法使用的公司所占的比例 (%)		
	1959 年	1964 年	1970 年
折现现金流量指标	19	38	57
非折现现金流量指标	81	62	43
合计	100	100	100

资料来源：*Journal of Bussiness*，July 1972.

(3) 20 世纪 80 年代的情况。1980 年，大卫・J・奥布拉克 (David J. Oblack) 教授对 58 家大型跨国公司进行了调查，资料详见表 7—9。

表 7—9　　投资决策指标使用情况调查表

投资决策指标	作为主要方法使用的公司所占的比例 (%)
折现现金流量指标	76
非折现现金流量指标	24
合计	100

说明：若不考虑使用中的主次地位，则被调查的公司使用折现现金流量指标的已达 90%。
资料来源：*Financial Management*，Winter 1980.

(4) 20世纪末至21世纪初的情况。2001年，美国杜克大学的约翰·格雷姆(John Graham)和坎贝尔·哈韦(Campbell Havey)教授调查了392家公司的财务主管，其中74.9%的公司在投资决策时使用NPV指标，75.7%的公司使用IRR指标，56.7%的公司在使用NPV指标和IRR指标的同时使用投资回收期指标。调查的同时发现，年销售额大于10亿美元的公司更多地依赖于NPV或IRR指标，而年销售额小于10亿美元的公司则更多地依赖于投资回收期等非折现指标。

由以上资料不难看出，20世纪中后期，在资金时间价值原理基础上建立起来的折现现金流量指标，在投资决策指标体系中的地位发生了显著的变化。使用折现现金流量指标的公司不断增多，从20世纪70年代开始，折现现金流量指标已经占据主导地位，并形成了以折现现金流量指标为主、投资回收期指标为辅的多种指标并存的评价体系。最近的调查更是表明，许多公司在进行决策时会使用两种以上的指标，其中规模较大的公司倾向于使用折现的现金流量指标，规模相对较小的公司则更多地依赖非折现的现金流量指标。

7.5.2 折现现金流量指标广泛应用的主要原因

(1) 非折现现金流量指标把不同时间点上的现金收入和支出当作毫无差别的资金进行对比，忽略了资金的时间价值因素，这是不科学的。折现现金流量指标则把不同时间点收入或支出的现金按照统一的折现率折算到同一时间点上，使不同时期的现金具有可比性，这样才能做出正确的投资决策。

(2) 非折现现金流量指标中的投资回收期法只能反映投资的回收速度，不能反映投资的主要目标——净现值的多少。同时，由于投资回收期没有考虑时间价值因素，因而高估了投资的回收速度。

(3) 投资回收期、平均报酬率等非折现现金流量指标对使用寿命不同、资金投入的时间和提供收益的时间不同的投资方案缺乏鉴别能力。折现现金流量指标法则可以通过净现值、内含报酬率和获利指数等指标进行综合分析，从而作出正确合理的决策。

(4) 非折现现金流量指标中的平均报酬率等指标，由于没有考虑资金的时间价值，实际上夸大了项目的盈利水平。折现现金流量指标中的报酬率是以预计的现金流量为基础，考虑了货币的时间价值以后计算出的真实报酬率。

(5) 在运用投资回收期这一指标时，标准回收期是方案取舍的依据，但标准回收期一般都是以经验或主观判断为基础来确定的，缺乏客观依据。折现现金流量指标中的净现值和内含报酬率等指标实际上都是以企业的资本成本率为取舍依据的，任何企业的资本成本率都可以通过计算得到，因此，这一取舍标准符合客观实际。

(6) 管理人员水平的不断提高和电子计算机的广泛应用，加快了折现现金流量指标的推广使用。在20世纪五六十年代，只有很少企业的财务人员能真正了解折现现金流量指标的真正含义，而今天，几乎所有大型企业的高级财务人员都明白这一方法的科学性和正确性。电子计算机的广泛应用使折现现金流量指标中的复杂计算变得非常容易，加快了折现现金流量指标的推广应用。

7.5.3 折现现金流量指标的比较

通过以上对比可知，折现现金流量指标是科学的投资决策指标。折现现金流量指标中有各种方法——净现值法、内含报酬率法和获利指数法，哪一种更好呢？

1. 净现值法和内含报酬率法的比较

在多数情况下，运用净现值法和内含报酬率法这两种方法得出的结论是相同的。但在如下两种情况下，有时会产生差异。

（1）净现值法和内含报酬率法的结论可能不同的一种情况：互斥项目。对于常规的独立项目，净现值法和内含报酬率法的结论是完全一致的，但对于互斥项目，有时会不一致。造成不一致的原因主要有以下两点：

1）投资规模不同。当一个项目的投资规模大于另一个项目时，规模较小的项目的内含报酬率可能较大但净现值可能较小。例如，假设项目A的内含报酬率为30%，净现值为100万元，而项目B的内含报酬率为20%，净现值为200万元。在这两个互斥项目之间进行选择，实际上就是在更多的财富和更高的内含报酬率之间进行选择，很显然，决策者将选择财富。所以，当互斥项目投资规模不同并且资金可以满足投资规模要求时，净现值决策规则优于内含报酬率决策规则。

2）现金流量发生的时间不同。有的项目早期现金流入量比较大，而有的项目早期现金流入量比较小。之所以会产生现金流量发生时间不同的问题，是因为“再投资率假设”，即两种方法假定投资项目使用过程中产生的现金流量进行再投资时会产生不同的报酬率。净现值法假定产生的现金流入量重新投资会产生相当于企业资本成本率的利润率，而内含报酬率法却假定现金流入量重新投资产生的利润率与此项目特定的内含报酬率相同。下面举例说明。

例7—11

假设新兴公司有两个项目D和E，它们的初始投资不一致，详细情况如表7—10所示。

表7—10　项目D和项目E的相关数据表　单位：元

指标	年次（t）	项目D	项目E
初始投资	0	110 000	10 000
营业现金流量	1	50 000	5 050
	2	50 000	5 050
	3	50 000	5 050
NPV		6 100	1 726
IRR（%）		17.28	24.03
PI		1.06	1.17
资本成本率（%）		14	14

下面计算在不同的折现率情况下的两个项目的净现值，见表7—11。

表7—11　不同的折现率下两个项目的净现值　单位：元

折现率（%）	NPV_D	NPV_E
0	40 000	5 150
5	26 150	3 751
10	14 350	2 559
15	4 150	1 529
20	−4 700	635
25	−12 400	−142

现在，把表7—11中不同折现率情况下算出的净现值绘入图7—1中。从表7—11中可以看出，如果按内含报酬率法，应拒绝项目D而采纳项目E；如果应用净现值法，则应采纳项目D而拒绝项目E。产生上述差异的根本原因是，内含报酬率法假定项目D前两期产生的现金流量（第1年和第2年的50 000元）若进行再投资，则会产生与17.28%相等的报酬率，而项目E前两期的现金流量（第1年和第2年的5 050元）若进行再投资，则得到24.03%的报酬率。与此相反，净现值法假定前两期产生的现金流量若进行再投资，报酬率应相当，在本例中是14%，即资本成本率。如图7—1所示，本例中两个项目的净现值曲线相交于16.59%处，这一点称为净现值分界点。如果资本成本率小于16.59%，则项目D的净现值要大于项目E，即项目D优于项目E；如果资本成本率大于16.59%，从图中可以看出，项目E的净现值大于项目D，即项目E优于项目D。因此，在资本成本率为14%，且没有资金限量的情况下，项目D虽然投资较多，但净现值也较高，可为企业带来较多的财富，是较优的项目。而当资本成本率大于16.59%时，不论用净现值法还是用内含报酬率法，都会得出项目E优于项目D的结论。也就是说，净现值法总是正确的，而内含报酬率法有时却会导致错误的决策。因而，在无资金限量的情况下，净现值法是一种比较好的方法。

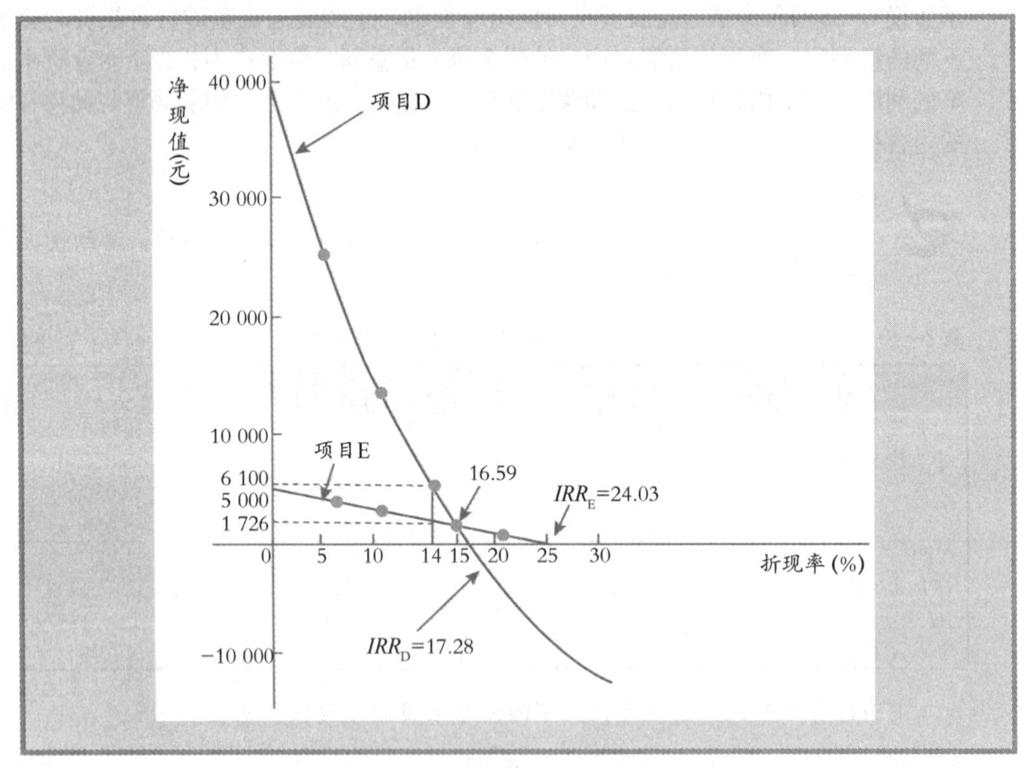

图7—1 不同折现率的净现值曲线

（2）净现值法和内含报酬率法的结论可能不同的另一种情况：非常规项目。在本章第1节投资的分类中，我们给出了非常规项目的定义：非常规项目的现金流量形式在某些方面与常规项目有所不同，如现金流出不发生在期初，或者期初和以后各期有多次现金流出等。非常规项目可能会导致净现值决策规则和内含报酬率决策规则产生的结论不一致。一种比较复杂的情况是：当不同年度的未来现金流量有正有负时，就会出现多个内含报酬率的问题。例如，企业付出一笔初始投资后，在项目经营过程中会获得正的现金流量，而在项目结束时需要付出一笔现金进行环境清理；在项目存续期间需要一次或多次大修理的项目也属于这种情况。

例 7—12

假设迅达公司要投资一个项目，该项目的初始投资成本为16 000元，预计第1年年末的现金流入量为100 000元，第2年年末的现金流入量为100 000元，但同时要发生200 000元的环境清理支出，这样，后2年的现金净流量分别是正的和负的，见表7—12，该投资项目是一个非常规项目。

表7—12　迅达公司投资项目的现金净流量　单位：万元

现金净流量		
第1年年初	第1年年末	第2年年末
－1.6	10	－10

根据上述资料可得：

$$NPV=-1.6+\frac{10}{(1+IRR)^1}-\frac{10}{(1+IRR)^2}=0$$

解方程得

$$IRR_1=25\%，IRR_2=400\%$$

即该项目有两个报酬率：25%和400%，也就是说，能使净现值为0的资本成本率有两个。从图7—2中可以发现问题：在折现率从0变为25%的过程中，净现值从负的变为正的；折现率大于400%时，净现值又从正的再次变为负的。

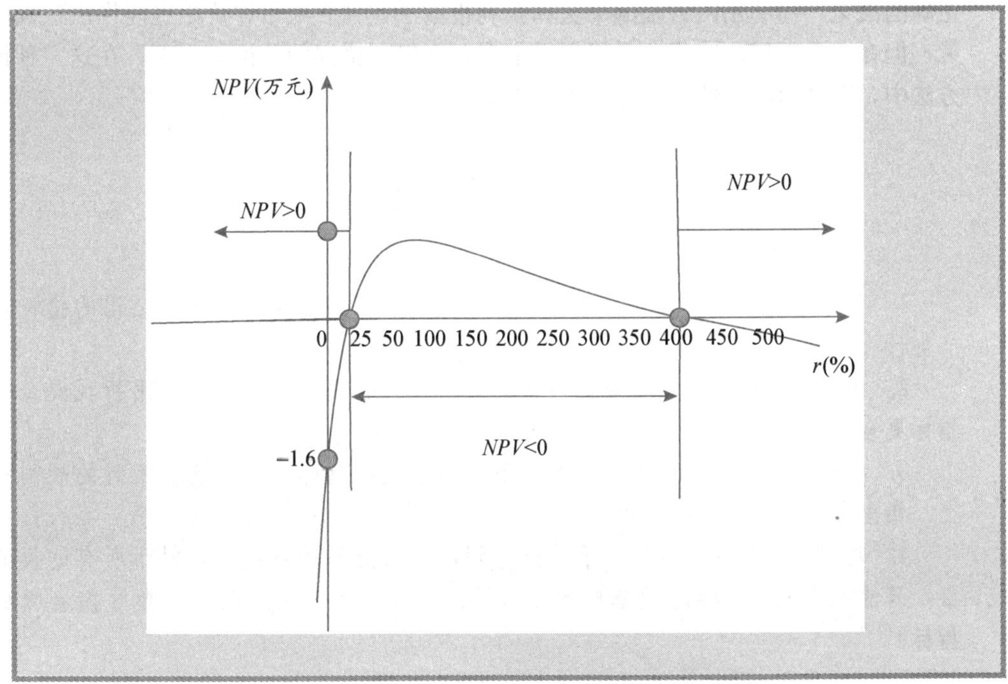

图7—2　多重内含报酬率的投资项目

在这种情况下，内含报酬率决策规则完全失去了作用。如果盲目地使用内含报酬率决策规则，就会出现严重的错误。一般来说，对于有多个内含报酬率的投资项目，内含报酬率的个数不会多于项目各期现金流量中正负号变化的次数。常规项目只有一个内含报酬率，因为各期期望现金流量中正负号只变换了一次，即一笔负的现金流量后面跟着若干笔正的现金流量。此时如果用净现值法，则不会出现上述的困惑。当资本成本率为10%时，NPV为-0.77万元，因此投资方案会被拒绝。而如果资本成本率在25%～400%之间时，则NPV为正值。

2. 净现值法和获利指数法的比较

由于净现值法和获利指数法使用的是相同的信息，在评价投资项目的优劣时，它们常常是一致的，但有时也会产生分歧。下面再来看图7—1中的项目D和项目E（这两个项目的初始投资不一致），在资本成本率为14%时，项目D有净现值6 100元，获利指数为1.06；项目E有净现值1 726元，获利指数为1.17。如果用净现值法，则应选用项目D；如果利用获利指数法，则应选用项目E。

只有当初始投资不同时，净现值和获利指数才会产生差异。由于净现值是用各期现金流量现值减初始投资得到的，是一个绝对数，表示投资的效益或者说是给公司带来的财富；而获利指数是用现金流量现值除以初始投资，是一个相对数，表示投资的效率，因而评价的结果可能会不一致。

最高的净现值符合企业的最大利益，也就是说，净现值越高，企业的收益越大，而获利指数只反映投资回收的程度，不反映投资回收的多少，在没有资金量限制情况下的互斥选择决策中，应选用净现值较大的投资项目。也就是说，当获利指数法与净现值法得出不同结论时，应以净现值法为准。

总之，在没有资金量限制的情况下，利用净现值法在所有的投资评价中都能作出正确的决策，而利用内含报酬率法和获利指数法在独立项目评价中也能作出正确的决策，但在互斥选择决策或非常规项目中有时会得到错误的结论。因而，在这三种评价方法中，净现值法仍然是最好的评价方法。

思考题

1. 如果通过事后审计将赔偿责任引入投资项目预测阶段，会对公司的投资活动产生什么影响？

2. 投资活动的现金流量是如何构成的？为什么说投资决策时使用折现现金流量指标更合理？

3. 折现现金流量指标主要有哪几个？运用这些指标进行投资决策时的规则是什么？指出各种决策方法的优缺点。

4. 既然净现值决策规则优于其他规则，那么是不是可以说，对于所有的投资项目，只使用净现值指标进行分析就可以了？为什么还要使用获利指数和内含报酬率指标？

练习题

1. MS 软件公司目前有两个项目 A、B 可供选择，其各年现金流量情况如表 7—13 所示。

表 7—13　　项目 A 和 B 各年现金流量　　单位：元

年次（t）	项目 A	项目 B
0	−7 500	−5 000
1	4 000	2 500
2	3 500	1 200
3	1 500	3 000

请回答：

(1) 若 MS 软件公司要求的项目资金必须在 2 年内收回，应选择哪个项目？

(2) MS 软件公司现在采用净现值法，设定折现率为 15%，应采纳哪个项目？

2. 华荣公司准备投资一个新的项目以扩充生产能力，预计该项目可以持续 5 年，固定资产投资 750 万元。固定资产采用直线法计提折旧，折旧年限为 5 年，估计净残值为 50 万元。预计每年的付现固定成本为 300 万元，每件产品单价为 250 元，年销量 30 000 件，均为现金交易。预计期初需要垫支营运资本 250 万元。假设资本成本率为 10%，所得税税率为 25%，

要求：

(1) 计算项目营业净现金流量。

(2) 计算项目净现值。

(3) 计算项目的内含报酬率。

3. 假设 Guess 公司只能投资于项目 S（短期）和项目 L（长期）中的一个。公司的资本成本率为 10%，两个项目的期望未来现金流量如表 7—14 所示。

要求：分别计算两个项目的净现值和内含报酬率，并比较哪个项目更优。

表 7—14　　项目 S 和 L 各年现金流量　　单位：美元

项目	第 0 年	第 1 年	第 2 年	第 3 年	第 4 年	第 5 年	第 6 年
项目 S	−250	100	100	75	75	50	25
项目 L	−250	50	50	75	100	100	125

案例题

嘉华公司的方案选择案例

嘉华快餐公司在一家公园内租用了一间售货亭向游人出售快餐。嘉华快餐公司与公园签订的租赁合同的期限为 3 年，3 年后售货亭作为临时建筑将被拆除。经过一个月的试营业，嘉华快餐公司发现，每天的午饭和晚饭时间来买快餐的游客很多，但是

因为售货亭很小，只有一个售货窗口，所以顾客不得不排长队，有些顾客因此而离开。为了解决这一问题，嘉华快餐公司设计了四种不同的方案，试图增加销售量，从而增加利润。

方案一：改装售货亭，增加窗口。这一方案要求对现有售货亭进行大幅度的改造，所以初始投资较多，但是因为增加窗口可以吸引更多的顾客，所以收入也会相应增加较多。

方案二：在现有售货窗口的基础上，更新设备，提高每份快餐的供应速度，缩短供应时间。

以上两个方案并不互斥，可以同时选择。但是，以下两个方案则要放弃现有的售货亭。

方案三：建造一个新的售货亭。此方案需要将现有的售货亭拆掉，在原来的地方建一个面积更大、售货窗口更多的新售货亭。此方案的投资需求最大，预期增加的收入也最多。

方案四：在公园内租一间更大的售货亭。此方案的初始支出是新售货亭的装修费用，以后每年的增量现金流出是当年的租金支出净额。

嘉华快餐公司可用于这项投资的资金需要从银行借入，资本成本率为 15%，与各个方案有关的现金流量如表 7—15 所示。

表 7—15　　四个方案的预计现金流量　　单位：元

方案	投资额	第 1 年	第 2 年	第 3 年
增加售货窗口	−75 000	44 000	44 000	44 000
更新现有设备	−50 000	23 000	23 000	23 000
建造新售货亭	−125 000	70 000	70 000	70 000
租赁更大的售货亭	−1 000	12 000	13 000	14 000

思考题：

(1) 如果运用内含报酬率指标，嘉华快餐公司应该选择哪个方案？

(2) 如果运用净现值指标，嘉华快餐公司应该选择哪个方案？

(3) 如何解释用内含报酬率指标和净现值指标进行决策时所得到的不同结论？哪个指标更好？

第 8 章

Chapter 8

投资决策实务

学习目标

1. 了解现金流量估计中需要考虑的一些特别因素。
2. 理解税负与折旧对投资的影响。
3. 掌握固定资产更新决策分析方法。
4. 掌握投资风险分析中的风险调整法和决策树法。
5. 了解多个投资方案组合的决策方法。

8.1 现实中现金流量的计算

上一章我们介绍了公司投资决策的几个指标，但是进行投资分析时需要考虑很多因素的影响，我们将从以下几个方面来讨论这个问题。

8.1.1 现金流量计算中应注意的问题

上一章介绍现金流量有关计算的时候，为了简便起见，忽略了很多问题。而事实上，估计投资方案的现金流量会涉及很多变量，并且可能需要企业多个部门的参与。例如，需要市场部门负责预测市场需求量以及售价；需要研发部门估计投资的研发成本、设备购置、厂房建筑等；需要生产部门负责估计工艺设计、生产成本等；需要财务人员协调各参与部门的人员，为销售和生产等部门建立共同的基本假设条件，估计资本成本以及相关的现金流量等。

为了正确计算投资方案的现金流量，需要正确判断哪些支出会引起企业总现金流量的变动，哪些支出只引起某个部门的现金流量的变动而不引起企业总现金流量的变动。在进行这种判断时，要注意以下几个问题。

（1）区分相关成本和非相关成本。相关成本是指与特定决策有关的、在分析评价时必须加以考虑的成本。与此相反，与特定决策无关的、在分析评价时不必加以考虑的成本是非相关成本，例如沉没成本等。

沉没成本是指已经付出且不可收回的成本。沉没成本常用来和可变成本作比较，可变成本可以改变，沉没成本则不能改变。

例如，某公司在2000年曾经打算新建一个厂房，并请有关专家做过可行性分析，支付了咨询费1万元，后来由于公司有了更好的投资机会，该项目被搁置下来，该笔咨询费已经入账。2006年旧事重提，又想建新厂房了，那么这笔咨询费是否仍然是相关成本呢？答案是否定的。不管公司是否要新建厂房，这笔咨询费都无法收回，与公司未来的总现金流量无关，因而属于非相关成本。

（2）机会成本。**机会成本**（opportunity cost）是指为了进行某项投资而放弃其他投资所能获得的潜在收益。

在投资决策中，我们不能忽视机会成本。例如上述公司新建厂房的投资方案，需要使用公司拥有使用权的一块土地，这块土地如果出租，每年可以取得租金收入10万元，那么在进行投资分析时，这10万元的租金收入就是新建厂房的一项机会成本，在计算营业现金流量的时候，需要将其视作现金流出。因此，机会成本不是通常意义上的支出，而是一种潜在的收益。机会成本总是基于具体方案的，离开被放弃的方案就无从计量。

（3）部门间的影响。当选择一个新的投资项目后，该项目可能会对公司的其他部门造成有利的或不利的影响。例如，若新项目投产生产的产品上市后，原有其他产品的销售额可能减少。因此，公司在进行投资分析时，不应将新项目的销售收入作为增量收入来处理，而应扣除其他部门因此减少的销售收入。当然，也可能发生相反的情况，新产品上市后将促进其他部门的销售增长，这要看新项目和原有部门是竞争关系还是互补关系。尽管这类影响难以准确计算，但决策者在进行投资分析时仍需将其考虑在内。

8.1.2 税负与折旧对投资的影响

1. 固定资产投资中需要考虑的税负

上一章计算现金流量的时候，忽略了税负问题，现在我们进一步讨论纳税对投资决策的影响。根据我国的税法，在固定资产投资过程中，公司通常会面临两种税负：流转税和所得税。

（1）流转税包括两类，分别是营业税和增值税。

1）不动产变价收入或残值变现收入（即出售固定资产或残料），需要缴纳的营业税可用公式表示为：

$$\text{应纳营业税}=\text{不动产变价收入}\times\text{营业税税率} \tag{8—1}$$

2）出售已使用过的非不动产中的其他固定资产，如果其售价超出原值，则按全部售价的4%的50%缴纳增值税，不抵扣增值税的进项税额，用公式表示为：

$$\text{应纳增值税}=\text{固定资产变价收入}\times 4\%\times 50\% \tag{8—2}$$

（2）所得税。这里是指项目投产后，获取营业利润以及处置固定资产的净收益（指变价收入扣除了固定资产的折余价值及相应的清理费用后的净收益）所应缴纳的所得税。固定资产变价收入部分应缴纳的所得税用公式表示为：

$$\text{应纳所得税}=\left(\begin{matrix}\text{固定资产}\\\text{变价收入}\end{matrix}-\text{折余价值}-\text{所纳流转税}\right)\times\text{所得税税率} \tag{8—3}$$

由于投产的产品取得的销售收入所缴纳的增值税是价外税，因此通常不需要额外考虑。另外，在项目终结时收回所垫支的流动资金也不需要缴纳所得税。

2. 税负对现金流量的影响

涉及固定资产变价收入所要上缴的流转税和所得税只发生在取得变价收入的当期，是一次性的。项目经营期内营业利润所要上缴的所得税则在整个项目的使用期间都会涉及。经营期内所得税的大小取决于利润大小和所得税税率的高低，而利润大小受折旧方法的影响，因此，讨论所得税问题必然会涉及折旧问题。反之，也可以说折旧对投资决策的影响实际上是由所得税引起的。因此，我们把这两个问题放在一起讨论。

(1) 税后成本与税后收入。如果有人问你，你每个月住房租金是多少，你一定会很快将所付租金数额说出来；如果问一个 DVD 专营店的老板，他的店面租金是多少，他的答案会比实际支付的要少一些。因为租金是一项可以抵减所得税的费用，所以应以税后的费用来计量。凡是可以税前扣除的项目，都可以起到减免所得税的作用，因而其实际支付的金额并不是真实的成本，还应将因此而减少的所得税考虑进去。

例 8—1

常德公司目前的损益情况如表 8—1 所示。该公司正在考虑一项财产保险计划，每月支付 1 000 元保险费，假定所得税税率为 30%，该保险费的税后成本是多少？

表 8—1　　损益情况表　　单位：元

项　目	目前（不买保险）	买保险
销售收入	10 000	10 000
成本和费用	5 000	5 000
新增保险费	0	1 000
税前利润	5 000	4 000
所得税（25%）	1 250	1 000
税后利润	3 750	3 000
新增保险费后的税后成本		750＝3 750－3 000

从表 8—1 中可以看出，两个方案的保险成本差别是 1 000 元，然而对净利润的影响却只有 750 元。

税后成本的计算公式为：

税后成本＝实际支付×(1－所得税税率)

因此，本例中保险费用的税后成本为：

税后成本＝1 000×(1－25%)
　　　　＝750(元)

与税后成本相对应的概念是税后收入。如果有人问你，你每个月的工资是多少，你肯定会很快地回答工资单上的金额。如果你买了彩票，并且有幸中了大奖，你能得到的奖金却往往比彩票上标明的金额要低一些。这是因为中奖所得需要缴纳所得税，而你的工资可能还没有达到征税的起点。

同样，由于所得税的作用，公司实际得到的现金流入是税后收入，用公式表示为：

税后收入＝应税收入×(1－所得税税率)

在投资决策中，应纳所得税收入不包括项目结束时收回的垫支的流动资金等现金流入。投资过程中取得的营业收入及固定资产变价收入都需要缴纳流转税，而取得的营业利润还需要缴纳所得税。

(2) 折旧的抵税作用。我们都知道，折旧是在所得税前扣除的一项费用，因此可以起到抵减所得税的作用，这种作用被称为“折旧抵税”或“税收挡板”。

例 8—2

假设A公司和B公司全年销售收入和付现成本都相同，所得税税率为25%。二者的区别是A公司有一项可以计提折旧的资产，每年的折旧额相同，两家公司的现金流量如表8—2所示。

表 8—2　　折旧对税负的影响　　单位：元

项　目	A公司	B公司
销售收入(1)	10 000	10 000
成本和费用：		
付现成本(2)	5 000	5 000
折旧(3)	500	0
合计(4)＝(2)＋(3)	5 500	5 000
税前利润(5)＝(1)－(4)	4 500	5 000
所得税(25%)(6)＝(5)×25%	1 125	1 250
税后利润(7)＝(5)－(6)	3 375	3 750
营业净现金流量(8)＝(1)－(2)－(6)＝(7)＋(3)	3 875	3 750
A公司比B公司多拥有的现金	125	

A公司税后利润虽然比B公司少375元，但现金净流量却多出125元，原因在于A公司有500元的折旧计入成本，合计应税收入减少500元，从而少纳税125元(500×25%)。从增量分析的角度来看，由于增加了一笔500元的折旧，使企业获得了125元的现金流入。折旧对税负的影响可表示为：

税负减少＝500×25%
　　　　＝125(元)

(3) 税后现金流量。在上一章里，我们介绍了计算现金流量的公式：

每年营业净现金流量＝年营业收入－年付现成本－所得税　　(8—4)

需要特别强调的是，这里的付现成本已经包括了项目经营期所纳的流转税。从例8—2中也可以得出：

每年营业净现金流量＝税后利润＋折旧　　(8—5)

式（8—5）与式（8—4）是一致的，可以从式（8—4）直接推导出来。

每年营业净现金流量＝年营业收入－年付现成本－所得税
＝年营业收入－(年营业成本－折旧)－所得税
＝税前利润＋折旧－所得税
＝税后利润＋折旧

我们还可以换一个角度，从前面所讲的税后收入、税后成本和折旧的抵税来考虑，则营业净现金流量还可以表示为：

每年营业净现金流量＝税后收入－税后成本＋税负减少
＝年营业收入×(1－所得税税率)－年付现成本×(1－所得税税率)＋折旧×所得税税率　　(8—6)

式（8—6）也可以从式（8—5）导出。

每年营业净现金流量＝税后利润＋折旧
＝(年营业收入－年营业成本)×(1－所得税税率)＋折旧
＝(年营业收入－年付现成本－折旧)×(1－所得税税率)＋折旧
＝年营业收入×(1－所得税税率)－年付现成本×(1－所得税税率)＋折旧×所得税税率

比较上述三个公式可知，式（8—6）更有优越性。因为所得税是根据利润计算的，而利用式（8—6）来分析某个项目是否值得投资时，并不需要先计算出该项目能够产生的利润及与利润相关的所得税。例如，更新一台机器设备时，不需要计算这台设备的更新能给企业带来多少利润，以及所得税有多少，只需知道这台设备的更新能够给企业带来多少收入，以及由此产生的付现成本是多少，就可以利用式（8—6）方便地计算出设备更新能给企业带来的营业净现金流量。

例8—3

某公司正考虑用一台效率更高的新机器取代现有的旧机器。旧机器的账面折余价值为12万元，在二手市场上出售可以得到7万元；预计尚可使用5年，预计5年后清理的净残值为零；税法规定的折旧年限尚有5年，按直线法计提折旧，税法规定的残值可以忽略。购买和安装新机器需要48万元，预计可以使用5年，预计清理净残值为1.2万元。新机器属于新型环保设备，按税法规定可分4年计提折旧，并采用双倍余额递减法计算折旧额，法定残值为原值的1/12。由于该机器效率很高，每年可以节约付现成本14万元。公司的所得税税率为25%。如果该项目在任何一年出现亏损，公司将会得到按亏损额的25%计算的所得税税额抵免。假设公司投资该项目的必要报酬率为10%，不考虑营业税的影响，试计算上述机器更新方案的净现值。

计算过程如表8—3所示。

表 8—3　　未来 5 年的现金流量　　单位：元

项目＼时间（t）	0	1	2	3	4	5
投资成本(1)	−48 0000					
旧机器变价(2)	70 000					
账面价值(3)	120 000					
变价亏损 (4)＝(3)−(2)	50 000					
变价亏损节税 (5)＝(4)×25%	12 500					
付现成本节约额(6)		140 000	140 000	140 000	140 000	140 000
折旧(新机器)[a](7)		240 000	120 000	40 000	40 000	
折旧(旧机器)[b](8)		24 000	24 000	24 000	24 000	24 000
增加的折旧 (9)＝(7)−(8)		216 000	96 000	16 000	16 000	−24 000
税前利润增量 (10)＝(6)−(9)		−76 000	44 000	124 000	124 000	164 000
所得税增加(25%) (11)＝(10)×25%		−19 000	11 000	31 000	31 000	41 000
税后利润增加 (12)＝(10)−(11)		−57 000	33 000	93 000	93 000	123 000
增加营业现金流量 (13)＝(6)−(11)		159 000	129 000	109 000	109 000	99 000
法定残值 (14)＝(1)×1/12						40 000
预计净残值(15)						12 000
清理损失 (16)＝(14)−(15)						28 000
清理损失减税 (17)＝(16)×25%						7 000
净现金流量(18)＝(1)＋(2)＋(5)＋(13)＋(15)＋(17)	−397 500	159 000	129 000	109 000	109 000	118 000
现值系数(10%)(19)	1	0.909 1	0.826 4	0.751 3	0.683 0	0.620 9
现金流量现值 (20)＝(18)×(19)	−397 500	144 546.9	106 605.6	81 891.7	74 447	73 266.2
净现值(21)	83 257.4					

a. 如果采用更新方案，则新机器每年的折旧额计算过程如下：第一年折旧额＝480 000×2/4＝240 000（元），第二年折旧额＝(480 000−240 000)×2/4＝120 000(元)，第三年折旧额＝第四年折旧额＝(480 000−240 000−120 000−480 000×1/12)/2＝40 000(元)。

b. 如果不采用新方案，则旧机器按直线法计提折旧，5 年的折旧额均为 120 000/5＝24 000(元)。

8.2 项目投资决策

对于公司而言，面临的最大挑战就是固定资产投资决策，如购买新的生产线，或者投资大型项目等。这类固定资产决策周期长，约束了财务资源，一旦将资金投出，再进行资金变更将是非常困难的事情。因此本节专门讨论固定资产更新这种项目投资决策。此外，本节进一步讨论存在资本限额时的项目决策、项目投资时机选择决策和投资期选择决策等项目投资中需要重点关注的问题。

8.2.1 固定资产更新决策

固定资产更新是对技术上或经济上不宜继续使用的旧资产，用新的资产更换，或用先进的技术对原有设备进行局部改造。固定资产更新决策就是对这种投资进行分析并做出决策。

1. 新旧设备使用寿命相同的情况

在新旧设备尚可使用年限相同的情况下，我们可以采用差量分析法来计算一个方案比另一个方案增减的现金流量，这种方法的计算比较简单。

例8—4

拓扑公司考虑用一台新的效率更高的设备来代替旧设备，以减少成本，增加收益。旧设备采用直线法计提折旧，新设备采用年数总和法计提折旧，公司的所得税税率为25%，资本成本率为10%，不考虑营业税的影响，其他情况见表8—4。试做出该公司是继续使用旧设备还是对其进行更新的决策。

表8—4 设备更新的相关数据 单位：元

项　目	旧设备	新设备
原价	50 000	70 000
可用年限	10	4
已用年限	6	0
尚可使用年限	4	4
税法规定残值	0	7 000
目前变现价值	20 000	70 000
每年可获得的收入	40 000	60 000
每年付现成本	20 000	18 000
每年折旧额	直线法	年数总和法
第1年	5 000	25 200
第2年	5 000	18 900
第3年	5 000	12 600
第4年	5 000	6 300

下面采用差量分析法对设备更新问题做出决策。所有增减量均用希腊字母“Δ”表示。

假设有两个不同投资期的方案A和B，差量分析法的基本步骤如下：

首先，将两个方案的现金流量进行对比，求出Δ现金流量（A的现金流量－B的现金流量）。

其次，根据各期的Δ现金流量，计算两个方案的Δ净现值。

最后，根据Δ净现值做出判断：如果Δ净现值≥0，则选择方案A；否则，选择方案B。

(1) 计算初始投资的差量。

Δ初始投资=70 000−20 000=50 000(元)

(2) 计算各年营业净现金流量的差量(见表8—5)。

表8—5 各年营业净现金流量的差量 单位:元

项 目	第1年	第2年	第3年	第4年
Δ销售收入(1)	20 000	20 000	20 000	20 000
Δ付现成本(2)	−2 000	−2 000	−2 000	−2 000
Δ折旧额(3)	20 200	13 900	7 600	1 300
Δ税前利润(4)=(1)−(2)−(3)	1 800	8 100	14 400	20 700
Δ所得税(5)=(4)×25%	450	2 025	3 600	5 175
Δ税后净利(6)=(4)−(5)	1 350	6 075	10 800	15 525
Δ营业净现金流量(7)=(6)+(3) =(1)−(2)−(5)	21 550	19 975	18 400	16 825

(3) 计算两个方案现金流量的差量(见表8—6)。

表8—6 两个方案现金流量的差量 单位:元

项 目	第0年	第1年	第2年	第3年	第4年
Δ初始投资	−50 000				
Δ营业净现金流量		21 550	19 975	18 400	16 825
Δ终结现金流量					7 000
Δ现金流量	−50 000	21 550	19 975	18 400	23 825

(4) 计算净现值的差量。

$$\begin{aligned}\Delta NPV &= 21\,550\times PVIF_{10\%,1}+19\,975\times PVIF_{10\%,2}+18\,400\times PVIF_{10\%,3}\\&\quad+23\,825\times PVIF_{10\%,4}-50\,000\\&=21\,550\times 0.909+19\,975\times 0.826+18\,400\times 0.751+23\,825\\&\quad\times 0.683-50\,000\\&=16\,179.18(\text{元})\end{aligned}$$

因为固定资产更新后,将增加净现值16 179.18元,故应进行更新。

当然,也可以分别计算出两个项目的净现值来进行比较,其结果是一样的。

2. 新旧设备使用寿命不同的情况

在上面的例子中,新旧设备尚可使用的年限相同。而多数情况下,新设备的使用年限要比旧设备长,此时的固定资产更新问题就演变成了两个或两个以上寿命不同的投资项目的选择问题。

对于寿命不同的项目,不能对它们的净现值、内含报酬率及获利指数进行直接比较。为了使投资项目的各项指标具有可比性,要设法使其在相同的寿命期内进行比较。此时可以采用的方法有最小公倍寿命法和年均净现值法。

沿用拓扑公司的例子,为了计算方便,假设新设备的使用寿命为8年,每年可获得销售收入45 000元,采用直线折旧法,期末无残值,其他条件不变。

（1）直接使用净现值法。

1）计算新旧设备的营业净现金流量，如表 8—7 所示。通过计算可知：

旧设备的年折旧额＝20 000÷4＝5 000(元)

新设备的年折旧额＝70 000÷8＝8 750(元)

表 8—7　新旧设备的营业净现金流量　单位：元

项　目	旧设备（第 1～第 4 年）	新设备（第 1～第 8 年）
销售收入(1)	40 000	45 000
付现成本(2)	20 000	18 000
折旧额(3)	5 000	8 750
税前利润(4)＝(1)－(2)－(3)	15 000	18 250
所得税(5)＝(4)×25%	3 750	4 562.5
税后净利(6)＝(4)－(5)	11 250	13 687.5
营业净现金流量(7)＝(6)＋(3)＝(1)－(2)－(5)	16 250	22 437.5

2）计算新旧设备的现金流量，如表 8—8 所示。

表 8—8　新旧设备的现金流量　单位：元

项　目	旧设备		新设备	
	第 0 年	第 1～第 4 年	第 0 年	第 1～第 8 年
初始投资	－20 000		－70 000	
营业净现金流量		16 250		22 437.5
终结现金流量		0		0
现金流量	－20 000	16 250	－70 000	22 437.5

3）计算新旧设备的净现值。

$$NPV_{旧}=-20\,000+16\,250\times PVIFA_{10\%,4}=-20\,000+16\,250\times 3.170$$
$$=31\,512.5(元)$$
$$NPV_{新}=-70\,000+22\,437.5\times PVIFA_{10\%,8}=-70\,000+22\,437.5\times 5.335$$
$$=49\,704.1(元)$$

从以上计算中很容易得出应该更新设备的结论，但这个结论是错误的。因为新旧设备的使用寿命不同，不能直接进行比较。使用最小公倍寿命法则可以将两个方案放到同一个寿命期内进行比较，使各种指标具有可比性。

（2）最小公倍寿命法。最小公倍寿命法又称项目复制法，是将两个方案使用寿命的最小公倍数作为比较期间，并假设两个方案在这个比较区间内进行多次重复投资，将各自多次投资的净现值进行比较的分析方法。

在上面的例子中，新旧设备使用寿命的最小公倍数是 8 年，在这个共同期间内，继续使用旧设备的投资方案可以进行 2 次，使用新设备的投资方案可以进行 1 次。

因为继续使用旧设备的投资方案可以进行 2 次，相当于 4 年后按照现在的变现价值重新购置一台同样的旧设备进行第 2 次投资，获得与当前继续使用旧设备同样的净现值，如图 8—1 所示。

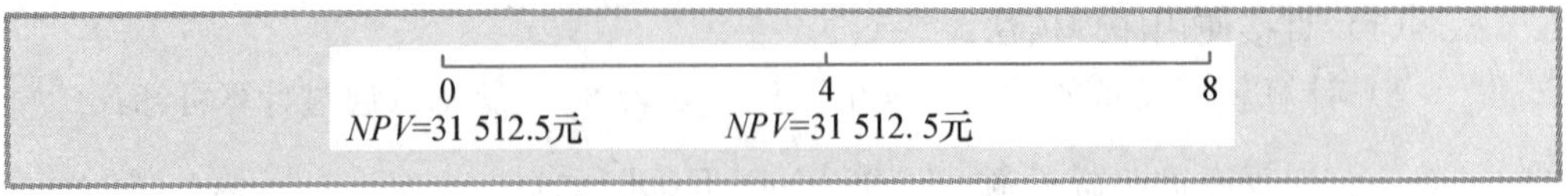

图 8—1

因此，8 年内，继续使用旧设备的净现值为：

$$NPV_{旧}=31\ 512.5+31\ 512.5\times PVIF_{10\%,4}=31\ 512.5+31\ 512.5\times 0.683$$
$$=53\ 035.5(元)$$

若使用新设备，根据前面的计算结果，其净现值为：

$$NPV_{新}=49\ 704.1(元)$$

通过比较可知，继续使用旧设备的净现值比使用新设备的净现值高出 3 331.4 元，所以目前不应该更新。

最小公倍寿命法的优点是易于理解，缺点是有时计算比较麻烦。比如一个投资项目的寿命是 9 年，另一个投资项目的寿命是 13 年，那么最小公倍寿命就是 117 年，需要将第一个项目重复 13 次，将第二个项目重复 9 次，计算非常复杂。此时，可以使用年均净现值法。

(3) 年均净现值法。年均净现值法是把投资项目在寿命期内总的净现值转化为每年的平均净现值，并进行比较分析的方法。

年均净现值的计算公式为：

$$ANPV=\frac{NPV}{PVIFA_{k,n}} \tag{8—7}$$

式中，$ANPV$ 表示年均净现值；NPV 表示净现值；$PVIFA_{k,n}$ 表示建立在资本成本率和项目寿命期基础上的年金现值系数。

根据式 (8—7)，计算上例中两种方案的年均净现值为：

$$ANPV_{旧}=\frac{NPV_{旧}}{PVIFA_{10\%,4}}=\frac{31\ 512.5}{3.170}=9\ 941(元)$$

$$ANPV_{新}=\frac{NPV_{新}}{PVIFA_{10\%,8}}=\frac{49\ 704.1}{5.335}=9\ 317(元)$$

从计算结果可以看出，继续使用旧设备的年均净现值比使用新设备的年均净现值高，所以应该继续使用旧设备。用年均净现值法和最小公倍寿命法得到的结论一致。

由年均净现值法的原理还可以推导出年均成本法。当使用新旧设备的未来收益相同，但准确数字不好估计时，可以比较年均成本，并选取年均成本最小的项目。年均成本是把项目的总现金流出值转化为每年的平均现金流出值，其计算公式为：

$$AC=\frac{C}{PVIFA_{k,n}} \tag{8—8}$$

式中，AC 表示年均成本；C 表示项目的总成本的现值；$PVIFA_{k,n}$ 表示建立在公司资本成本率和项目寿命期基础上的年金现值系数。

8.2.2 资本限额投资决策

资本限额是指企业可以用于投资的资金总量有限，不能投资于所有可接受的项目，这种情况在很多公司都存在，尤其是那些以内部筹资为经营策略或外部筹资受到限制的企业。

在有资本限额的情况下，为了使企业获得最大利益，应该选择那些能使净现值达到最大的投资组合。可以采用的方法有两种——获利指数法和净现值法。

1. 使用获利指数法的步骤

第一步，计算所有项目的获利指数，并列出每个项目的初始投资额。

第二步，接受所有 $PI \geqslant 1$ 的项目。如果资本限额能够满足所有可接受的项目，则决策过程完成。

第三步，如果资本限额不能满足所有 $PI \geqslant 1$ 的项目，就要对第二步进行修正。修正的过程是，对所有项目在资本限额内进行各种可能的组合，然后计算出各种可能组合的加权平均获利指数。

第四步，接受加权平均获利指数最大的投资组合。

2. 使用净现值法的步骤

第一步，计算所有项目的净现值，并列出每个项目的初始投资额。

第二步，接受所有 $NPV \geqslant 0$ 的项目。如果资本限额能够满足所有可接受的项目，则决策过程完成。

第三步，如果资本限额不能满足所有 $NPV \geqslant 0$ 的项目，就要对第二步进行修正。修正的过程是，对所有项目在资本限额内进行各种可能的组合，然后计算出各种可能组合的净现值合计数。

第四步，接受净现值合计数最大的投资组合。

3. 资本限额投资决策举例

例 8—5

假设派克公司有五个可供选择的项目 A、B、C、D、E，五个项目彼此独立，公司的初始投资限额为 400 000 元。详细情况如表 8—9 所示。

表 8—9 派克公司的五个投资项目 单位：元

投资项目	初始投资	获利指数 PI	净现值 NPV
A	120 000	1.56	67 000
B	150 000	1.53	79 500
C	300 000	1.37	111 000
D	125 000	1.17	21 000
E	100 000	1.18	18 000

如果派克公司想选取获利指数最大的项目，那么它将选择项目 A、B、C；如果该公司按照每个项目净现值的大小来选取，那么首先将选择项目 C，另外可选择的项目只有 B。而这两种选择方法都是错误的，因为它们选择的都不是能使公司投资净现值达到最大的项目组合。

为了选出最优的项目组合，可以用穷举法列出五个项目的所有投资组合（n 个相互独立的投资项目的可能组合共有 2^n-1 种），在其中寻找满足资本限额要求的各种组合，并计算它们的加权平均获利指数和净现值合计，从中选择最优方案。

以上五个项目的所有投资组合共有31种，其中满足初始投资限额为400 000元条件的有16种，将这16种组合列于表8—10中，并分别计算它们的加权平均获利指数和合计净现值。

表8—10　　　　派克公司的16种投资组合

序　号	项目组合	初始投资	加权平均获利指数	净现值合计	优先级排序
1	A	120 000	1.168	67 000	13
2	AB	270 000	1.367	146 500	3
3	AD	245 000	1.221	88 000	10
4	AE	220 000	1.213	85 000	11
5	ABD	395 000	1.420	167 500	1
6	ABE	370 000	1.412	164 500	2
7	ADE	345 000	1.266	106 000	7
8	B	150 000	1.199	79 500	12
9	BD	275 000	1.252	100 500	8
10	BE	250 000	1.240	97 500	9
11	BDE	375 000	1.297	118 500	5
12	C	300 000	1.278	111 000	6
13	CE	400 000	1.323	129 000	4
14	D	125 000	1.053	21 000	15
15	DE	225 000	1.098	39 000	14
16	E	100 000	1.045	18 000	16

在表8—10中，投资组合ABE有30 000元资金没有用完，在计算加权平均获利指数时，可以假设这些剩余资金不再进行投资而作为现金持有，即将这部分剩余资金的获利指数看作1（其余项目组合也如此），则组合ABE的加权平均获利指数可按以下方法计算。

$$PI_{ABE}=\frac{120\ 000}{400\ 000}\times 1.56+\frac{150\ 000}{400\ 000}\times 1.53+\frac{100\ 000}{400\ 000}\times 1.18+\frac{30\ 000}{400\ 000}\times 1$$
$$=1.412$$

从表8—10中可以看出，用获利指数法和净现值法得到的结论一致：项目ABD是最优投资组合，其净现值为167 500元。

如果可供选择的项目中存在互斥项目，如上面的例子中，假设B与C互斥，D与E互斥，则可能的组合会少一些。此时，项目组合ADE和项目组合DE将不存在，其他的计算方法与前面介绍的相同。

8.2.3　投资时机选择决策

投资时机选择决策可以使决策者确定开始投资的最佳时期。如某林地的所有者需要决定何时砍伐树木比较合适；某产品专利权的所有者必须决定何时推出该产品。这类决策既会产生一定的效益，又会伴随相应的成本。在等待时机的过程中，公司能够得到更为充分的市场信息或更高的产品价格，或者有时间继续提高产品的性能。但是这些决策优势也会带来因为等待而引起的时间价值的损失，以及竞争者提前进入市场的危险，另外，成本也可能会随着时间的延长而增加。如果等待时机的利益超过伴随而来的成本，那么公司应该采取等待时机的策略。

进行投资时机选择的标准仍然是净现值最大化。但由于开发的时间不同，不能将计算出来的净现值进行简单对比，而应该折算成同一个时点的现值再进行比较。

例8—6

某林业公司有一片经济林准备采伐并加工成木材出售，该经济林的树木将随着时间的推移而更加茂密，也就是单位面积的经济价值会逐渐提高。根据预测，每年每亩树木的销售收入将提高20%，但是采伐的付现成本（主要是工人工资）每年也将增加10%。按照公司的计划安排，可以现在采伐或者3年后再采伐。无论哪种方案，树林都可供采伐4年，需要购置的采伐及加工设备的初始成本都为100万元，直线法折旧年限4年，无残值，项目开始时均需垫支营运资本20万元，采伐结束后收回。计划每年采伐200亩林木，第1年每亩林木可获得销售收入1万元，采伐每亩林木的付现成本为0.35万元。

因此，公司要做出是现在采伐还是3年以后采伐的决策。有关资料如表8—11所示。

表8—11 林木采伐方案的基本情况

投资与回收		收入与成本	
固定资产投资	100万元	年采伐量	200亩
营运资本垫支	20万元	当前采伐每亩收入	1万元
固定资产残值	0万元	当前采伐每亩付现成本	0.35万元
固定资产直线法折旧年限	4年	所得税税率	25%
资本成本率	10%		

（1）计算现在采伐的净现值。

1）计算现在采伐的营业现金流量，如表8—12所示。

表8—12 现在采伐的营业现金流量 单位：万元

项　目	第1年	第2年	第3年	第4年
销售收入（1）	200	240	288	345.6
付现成本（2）	70	77	84.7	93.17
折旧（3）	25	25	25	25
税前利润（4）	105	138	178.3	227.43
所得税（5）	26.25	34.5	44.58	56.86
税后利润（6）	78.75	103.5	133.72	170.57
营业现金流量(7) =(1)－(2)－(5) =(3)＋(6)	103.75	128.5	158.72	195.57

2）根据初始投资、营业现金流量和终结现金流量编制现金流量表，如表8—13所示。

表 8—13　　现在采伐的现金流量表　　单位：万元

项　目	第 0 年	第 1 年	第 2 年	第 3 年	第 4 年
固定资产投资	−100				
营运资本垫支	−20				
营业现金流量		103.75	128.5	158.72	195.57
营运资本回收					20
现金流量	−120	103.75	128.5	158.72	215.57

3）计算现在采伐的净现值。

$$
\begin{aligned}
NPV &= 103.75\times PVIF_{10\%,1}+128.5\times PVIF_{10\%,2}+158.72\times PVIF_{10\%,3}\\
&\quad +215.57\times PVIF_{10\%,4}-120\\
&= 103.75\times 0.909+128.5\times 0.826+158.72\times 0.751\\
&\quad +215.57\times 0.683-120\\
&= 347(\text{万元})
\end{aligned}
$$

（2）计算 3 年后采伐的净现值。

1）计算 3 年后采伐的营业现金流量（以第 4 年年初为起点），如表 8—14 所示。

表 8—14　　3 年后采伐的营业现金流量　　单位：万元

项　目	第 4 年	第 5 年	第 6 年	第 7 年
销售收入（1）	345.6	414.72	497.66	597.2
付现成本（2）	93.17	102.49	112.74	124.01
折旧（3）	25	25	25	25
税前利润（4）	227.43	287.23	359.92	448.19
所得税（5）	56.86	71.81	89.98	112.05
税后利润（6）	170.57	215.42	269.94	336.14
营业现金流量（7） =(1)−(2)−(5) =(3)+(6)	195.57	240.42	294.94	361.14

2）根据初始投资、营业现金流量和终结现金流量编制现金流量表，如表 8—15 所示。

表 8—15　　3 年后采伐的现金流量表　　单位：万元

项　目	第 4 年初	第 4 年	第 5 年	第 6 年	第 7 年
固定资产投资	−100				
营运资本垫支	−20				
营业现金流量		195.57	240.42	294.94	361.14
营运资本回收					20
现金流量	−120	195.57	240.42	294.94	381.14

3）计算 3 年后采伐的净现值。

$$NPV = 195.57 \times PVIF_{10\%,4} + 240.42 \times PVIF_{10\%,5} + 294.94 \times PVIF_{10\%,6} + 381.14 \times PVIF_{10\%,7} - 120 \times PVIF_{10\%,3}$$
$$= 195.57 \times 0.683 + 240.42 \times 0.621 + 294.94 \times 0.565 + 381.14 \times 0.513 - 120 \times 0.751$$
$$= 554.9\text{(万元)}$$

(3) 3 年后采伐方案净现值的另一种计算方法。本例中，也可以将第 4 年初作为新的投资起点来计算净现值，如表 8—16 所示。

表 8—16　　3 年后采伐的现金流量表　　单位：万元

项　目	第0年	第1年	第2年	第3年	第4年
固定资产投资	−100				
营运资本垫支	−20				
营业现金流量		195.57	240.42	294.94	361.14
营运资本回收					20
现金流量	−120	195.57	240.42	294.94	381.14

则第 4 年初的净现值为：

$$NPV_4 = 195.57 \times PVIF_{10\%,1} + 240.42 \times PVIF_{10\%,2} + 294.94 \times PVIF_{10\%,3} + 381.14 \times PVIF_{10\%,4} - 120$$
$$= 195.57 \times 0.909 + 240.42 \times 0.826 + 294.94 \times 0.751 + 381.14 \times 0.683 - 120$$
$$= 738.18\text{(万元)}$$

再将第 4 年初的净现值折算为当前的净现值，即：

$$NPV = NPV_4 \times PVIF_{10\%,3}$$
$$= 738.18 \times 0.751$$
$$= 554.37\text{(万元)}$$

(4) 结论。由于 3 年后采伐的净现值大于现在采伐的净现值，因此应该在 3 年后再采伐。

8.2.4　投资期选择决策

投资期是指项目从开始投入资金至项目建成投入生产所需要的时间。较短的投资期，需要在初期投入较多的人力、物力，但是后续的营业现金流量发生得比较早；较长的投资期，初始投资较少，但是由于后续的营业现金流量发生得比较晚，也会影响投资项目的净现值。因此，在可以选择的情况下，公司应该运用投资决策的分析方法，对延长或缩短投资期进行认真比较，以权衡利弊。

在投资期选择决策中，最常用的方法是差量分析法。采用差量分析法计算比较简单，但是不能反映不同投资期下项目的净现值。

例 8—7

甲公司进行一项投资，正常投资期为 3 年，每年投资 200 万元，3 年共需投资600万元。第4～第13年每年现金净流量为210万元。如果把投资期缩短为2年，每年需投资320万元，2年共投资640万元，竣工投产后的项目寿命和每年现金净流量不变。资本成本率为20%，假设寿命终结时无残值，不用垫支营运资本。试分析判断是否应缩短投资期。

(1) 用差量分析法进行分析。

1) 计算不同投资期的现金流量的差量，如表8—17所示。

表8—17 不同投资期的现金流量的差量 单位：万元

项 目	第0年	第1年	第2年	第3年	第4～12年	第13年
缩短投资期的现金流量	−320	−320	0	210	210	
正常投资期的现金流量	−200	−200	−200	0	210	210
Δ现金流量	−120	−120	200	210	0	−210

2) 计算净现值的差量。

$$\begin{aligned}\Delta NPV &= -120-120\times PVIF_{20\%,1}+200\times PVIF_{20\%,2}+210\times PVIF_{20\%,3}\\&\quad -210\times PVIF_{20\%,13}\\&=-120-120\times 0.833+200\times 0.694+210\times 0.579-210\times 0.093\\&=20.9(\text{万元})\end{aligned}$$

3) 结论：缩短投资期会增加净现值20.9万元，所以应采纳缩短投资期的方案。

(2) 分别计算两种方案的净现值并进行比较。使用差量分析法比较简单，但是不能反映每种方案的净现值到底为多少，因此也可以分别计算两种方案的净现值，然后通过比较得出结论。

1) 计算正常投资期的净现值。

$$\begin{aligned}NPV_{\text{正常}} &= -200-200\times PVIFA_{20\%,2}+210\times PVIFA_{20\%,10}\times PVIF_{20\%,3}\\&=-200-200\times 1.528+210\times 4.192\times 0.579\\&=4.11(\text{万元})\end{aligned}$$

2) 计算缩短投资期后的净现值。

$$\begin{aligned}NPV_{\text{缩短}} &= -320-320\times PVIF_{20\%,1}+210\times PVIFA_{20\%,10}\times PVIF_{20\%,2}\\&=-320-320\times 0.833+210\times 4.192\times 0.694\\&=24.38(\text{万元})\end{aligned}$$

3) 比较两种方案的净现值并得出结论。因为缩短投资期会比按照正常投资期投资增加净现值20.27万元（24.38−4.11），所以应该采纳缩短投资期的方案。

8.3 风险投资决策

长期投资决策涉及的时间较长，因而对未来收益和成本都很难进行准确预测。或者说，存在不同程度的不确定性或风险性。为了分层次地研究问题，在前面几节的讨论中，我们避开风险问题，讨论了一些确定性投资决策问题。然而，风险是客观存在的，因此，本节我们将专门讨论风险性投资决策问题。

进行风险性投资分析有两类基本方法，第一类方法称为风险调整法，即对项目的风险因素进行调整，主要包括调整折现率和调整未来现金流量两方面内容；第二类方法是对项目的基础状态的不确定性进行分析，主要包括决策树法、敏感性分析、盈亏平衡分析等，这类方法通过研究投资基础状态变动对投资分析结果的影响力，来测试该投资分析的适用性，进而做出最终决策。作为这种复杂情况下投资分析的应用，本章还将研究存在真实选择权和通货膨胀时的投资分析方法。

8.3.1 按风险调整折现率法

将与特定投资项目有关的风险报酬加入到资本成本率或公司要求达到的报酬率中，构成按风险调整的折现率，并据以进行投资决策分析的方法，叫做按风险调整折现率法。

按风险调整折现率有如下几种方法。

（1）用资本资产定价模型来调整折现率。在前面的章节中，我们在讨论资本资产定价模型时曾指出，证券的风险可分为两部分：可分散风险和不可分散风险。不可分散风险是由β值来测量的，而可分散风险属于公司特别风险，可以通过合理的证券投资组合来消除。

在进行项目投资的资本预算时，可以引入与证券总风险模型大致相同的模型——企业总资产风险模型，用公式表示为：

总资产风险＝不可分散风险＋可分散风险

可分散风险可通过企业的多元化经营而消除，那么，在进行投资时，值得注意的风险只有不可分散风险。

这时，特定投资项目按风险调整的折现率可按下式来计算：

$$K_j = R_F + \beta_j \times (R_m - R_F) \qquad (8—9)$$

式中，K_j 表示项目 j 按风险调整的折现率或项目的必要报酬率；R_F 表示无风险折现率；β_j 表示项目 j 不可分散风险的 β 系数；R_m 表示所有项目平均的折现率或必要报酬率。

（2）按投资项目的风险等级来调整折现率。这种方法是对影响投资项目风险的各因素进行评分，根据评分来确定风险等级，再根据风险等级来调整折现率的一种方法。按风险等级调整的折现率表如表8—18所示。

表8—18 按风险等级调整的折现率表

相关因素	投资项目的风险状况及得分									
	A		B		C		D		E	
	状况	得分	状况	得分	状况	得分	状况	得分	状况	得分
市场竞争	无	1	较弱	3	一般	5	较强	8	很强	12
战略上的协调	很好	1	较好	3	一般	5	较差	8	很差	12
投资回收期	1.5年	4	1年	1	2.5年	7	3年	10	4年	15
资源供应	一般	8	很好	1	较好	5	很差	15	较差	10
总分	—	14	—	8	—	22	—	41	—	49

续前表

相关因素	投资项目的风险状况及得分									
	A		B		C		D		E	
	状况	得分	状况	得分	状况	得分	状况	得分	状况	得分
总分			风险等级			调整后的折现率				
0～8			很低			7%				
8～16			较低			9%				
16～24			一般			12%				
24～32			较高			15%				
32～40			很高			17%				
40分以上			最高			25%以上				
$K_A=9\%$　$K_B=7\%$　$K_C=12\%$　$K_D=25\%$　$K_E\geqslant25\%$										

表8—18中的分数、风险等级、折现率的确定都由企业的管理人员根据以往的经验来设定，具体的评分工作则应由销售、生产、技术、财务等部门组成专家小组来进行。所列的影响风险的因素可能会更多，风险状况也可能会有更多的情况。

8.3.2 按风险调整现金流量法

由于风险的存在，使得各年的现金流量变得不确定，为此，就需要按风险情况对各年的现金流量进行调整。这种先按风险调整现金流量，然后进行长期投资决策的评价方法，称为按风险调整现金流量法。其具体调整办法有很多，这里介绍最常用的肯定当量法和概率法。

1. 肯定当量法

在风险投资决策中，由于各年的现金流量具有不确定性，因此必须进行调整。肯定当量法就是把不确定的各年现金流量，按照一定的系数（通常称为约当系数）折算为大约相当于确定的现金流量的数量，然后，利用无风险折现率来评价风险投资项目的决策分析方法。

约当系数是肯定的现金流量对与之相当的、不肯定的期望现金流量的比值，通常用 d 来表示，即

$$\text{肯定的现金流量}=\text{期望现金流量}\times\text{约当系数}$$

在进行评价时，可根据各年现金流量风险的大小，选取不同的约当系数，当现金流量确定时，可取 $d=1.00$；当现金流量的风险很小时，可取 $1.00>d\geqslant0.80$；当风险一般时，可取 $0.80>d\geqslant0.40$；当现金流量风险很大时，可取 $0.40>d>0$。

约当系数的选取可能会因人而异，敢于冒险的分析者会选用较高的约当系数，而不愿冒险的投资者可能选用较低的约当系数。为了防止因决策者的偏好不同而造成决策失误，有些企业根据标准离差率来确定约当系数，因为标准离差率是衡量风险大小的一个很好的指标，用它来确定约当系数是合理的。标准离差率与约当系数的经验对照关系如表8—19所示。

表 8—19　　标准离差率与约当系数的经验对照关系表

标准离差率	约当系数
0.01～0.07	1
0.08～0.15	0.9
0.16～0.23	0.8
0.24～0.32	0.7
0.33～0.42	0.6
0.43～0.54	0.5
0.55～0.70	0.4
⋮	⋮

有时，也可以对不同的分析人员各自给出的约当系数进行加权平均，用这个加权平均约当系数对未来不确定的现金流量进行折算。

在约当系数确定后，决策分析就比较容易了。

例 8—8

假设某公司准备进行一项投资，其各年的预计现金流量和分析人员确定的约当系数已列示在表 8—20 中，无风险折现率为 12%。试判断此项目是否可行。

表 8—20　　项目的现金流量和约当系数

时间（t）	0	1	2	3	4
NCF_t（元）	−20 000	10 000	8 000	6 000	5 000
d_t	1.0	0.95	0.9	0.8	0.7

根据以上资料，利用净现值法进行评价。

$$\begin{aligned}NPV&=0.95\times10\,000\times PVIF_{12\%,1}+0.9\times8\,000\times PVIF_{12\%,2}+0.8\times6\,000\\&\quad\times PVIF_{12\%,3}+0.7\times5\,000\times PVIF_{12\%,4}+1.0\times(-20\,000)\\&=0.95\times10\,000\times0.893+0.9\times8\,000\times0.797+0.8\times6\,000\times0.712\\&\quad+0.7\times5\,000\times0.636-20\,000\\&=-134.5(\text{元})\end{aligned}$$

从以上分析可以看出，按风险程度对现金流量进行调整后，计算出的净现值为负数，所以不能进行投资。

采用肯定当量法来调整现金流量，进而作出投资决策，克服了调整折现率法夸大远期风险的缺点，但如何准确、合理地确定约当系数却是一个难度很大的问题。

2. 概率法

概率法是指通过发生概率来调整各期的现金流量，并计算投资项目的年期望现金流量和期望净现值，进而对风险投资做出评价的一种方法。概率法适用于各期现金流量相互独立的投资项目，各期的现金流量相互独立，是指前后各期的现金流量互不相关。

运用概率法时，各年的期望现金流量计算公式为：

$$\overline{NCF_t}=\sum_{i=1}^{n}NCF_{ti}P_{ti}$$

式中，$\overline{NCF}_t$ 表示第 t 年的期望净现金流量；NCF_{ti} 表示第 t 年的第 i 种结果的净现金流量；P_{ti} 表示第 t 年的第 i 种结果的发生概率；n 表示第 t 年可能结果的数量。

投资的期望净现值可以按下式计算：

$$\overline{NPV}=\sum_{t=0}^{m}\overline{NCF}_t\times PVIF_{k,t}$$

式中，$\overline{NPV}$ 表示投资项目的期望净现值；$PVIF_{k,t}$ 表示折现率为 k，第 t 年的复利现值系数；m 表示未来现金流量的期数。

例 8—9

某公司的一个投资项目各年的现金流量及其发生概率情况如表 8—21 所示，公司的资本成本率为 16%。试判断此项目是否可行。

表 8—21 单位：元

第 0 年		第 1 年		第 2 年		第 3 年		第 4 年	
概率	NCF_0	概率	NCF_1	概率	NCF_2	概率	NCF_3	概率	NCF_4
1.00	−50 000	0.3	15 000	0.2	20 000	0.4	15 000	0.2	25 000
		0.4	20 000	0.5	30 000	0.4	25 000	0.6	20 000
		0.3	25 000	0.3	10 000	0.2	35 000	0.2	20 000

各年的期望净现金流量计算过程如下：

$\overline{NCF}_0=-50\,000\times 1.00=-50\,000$（元）

$\overline{NCF}_1=15\,000\times 0.3+20\,000\times 0.4+25\,000\times 0.3=20\,000$（元）

$\overline{NCF}_2=20\,000\times 0.2+30\,000\times 0.5+10\,000\times 0.3=22\,000$（元）

$\overline{NCF}_3=15\,000\times 0.4+25\,000\times 0.4+35\,000\times 0.2=23\,000$（元）

$\overline{NCF}_4=25\,000\times 0.2+20\,000\times 0.6+30\,000\times 0.2=23\,000$（元）

再计算投资的期望净现值。

$$\begin{aligned}\overline{NPV}=&\overline{NCF}_0+\overline{NCF}_1\times PVIF_{16\%,1}+\overline{NCF}_2\times PVIF_{16\%,2}+\overline{NCF}_3\times PVIF_{16\%,3}\\&+\overline{NCF}_4\times PVIF_{16\%,4}\\=&-50\,000+20\,000\times 0.862+22\,000\times 0.743+23\,000\times 0.641\\&+23\,000\times 0.552\\=&11\,025\text{（元）}\end{aligned}$$

因为计算出来的期望净现值大于零，所以可以进行投资。

8.3.3 决策树法

决策树法也是对不确定性投资项目进行分析的一种方法。前面提到的概率法只适于分析各期现金流量相互独立的投资项目，决策树法则可用于分析各期现金流量彼此相关的投资项目。决策树直观地表示了一个多阶段项目决策中每一个阶段的投资决策和可能发生的结果及其发生的概率，所以决策树法可用于识别净现值分析中的系列决策过程。

决策树法分析的步骤如下：

(1) 把项目分成明确界定的几个阶段；

(2) 列出每一个阶段可能发生的结果；

(3) 基于当前可以得到的信息，列出各个阶段每个结果发生的概率；

(4) 计算每一个结果对项目的预期现金流量的影响；

(5) 根据前面阶段的结果及其对现金流量的影响，从后向前评估决策树各个阶段所采取的最佳行动；

(6) 基于整个项目的预期现金流量和所有可能的结果，并考虑各个结果相应的发生概率，估算第一阶段应采取的最佳行动。

例 8—10

洋洋服装公司准备生产一个新的时装系列，目前考虑是在国内市场销售还是在国际市场销售的问题。如果在国内市场销售，目前需要投入 150 万元购置加工设备和支付广告费；如果要开拓国际市场，则此项投入需要 400 万元。如果目前在国内市场销售，两年后进入国际市场，则需要再投入 350 万元。公司的资本成本率为 10%，整个项目的经济寿命为 5 年。

其他情况是，如果该公司一开始就打入国际市场，则市场需求水平高、一般、低的概率分别为 0.3，0.4，0.3；如果公司一开始就进入国内市场，则市场需求水平高、一般、低的概率分别为 0.5，0.3，0.2。第 2 年年末，公司还要决定是否进入国际市场。若进入，则国际市场的需求情况如图 8—2 所示；若继续在国内市场上销售，则市场需求情况与前两年相同。

根据以上条件，运用决策树法为公司的市场定位问题做出分析。

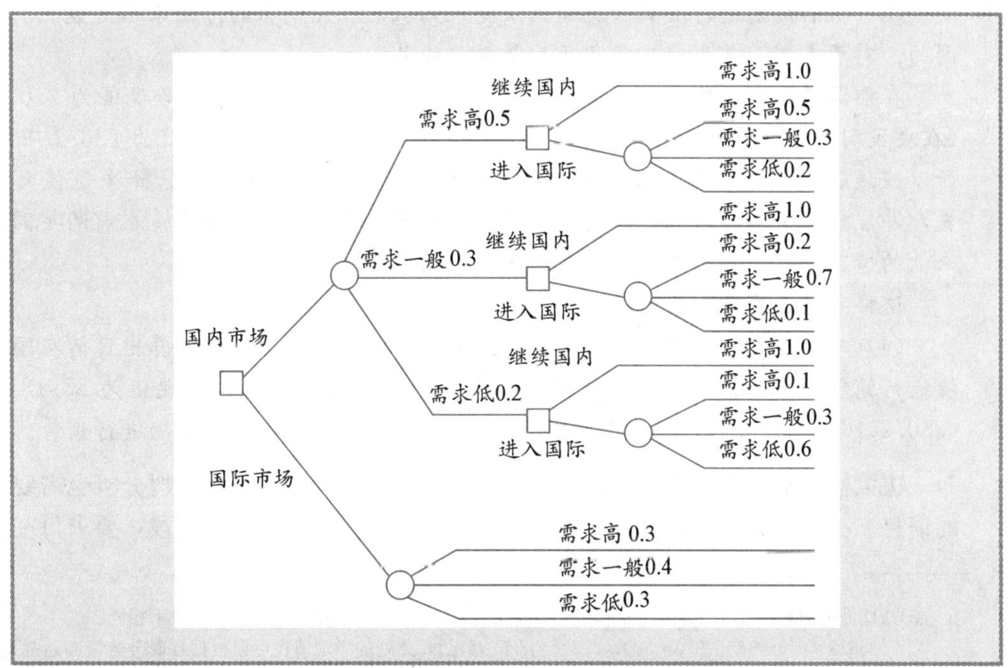

图 8—2 洋洋公司市场定位的决策树

(1) 根据已知条件画出决策树，图中方框表示决策点，圆圈表示随机事件点。

(2) 估算各种结果的期望现金流量。为简化问题，直接给出各种结果的期望净现值，列示于图 8—3 中相应的现金流量序列之后。

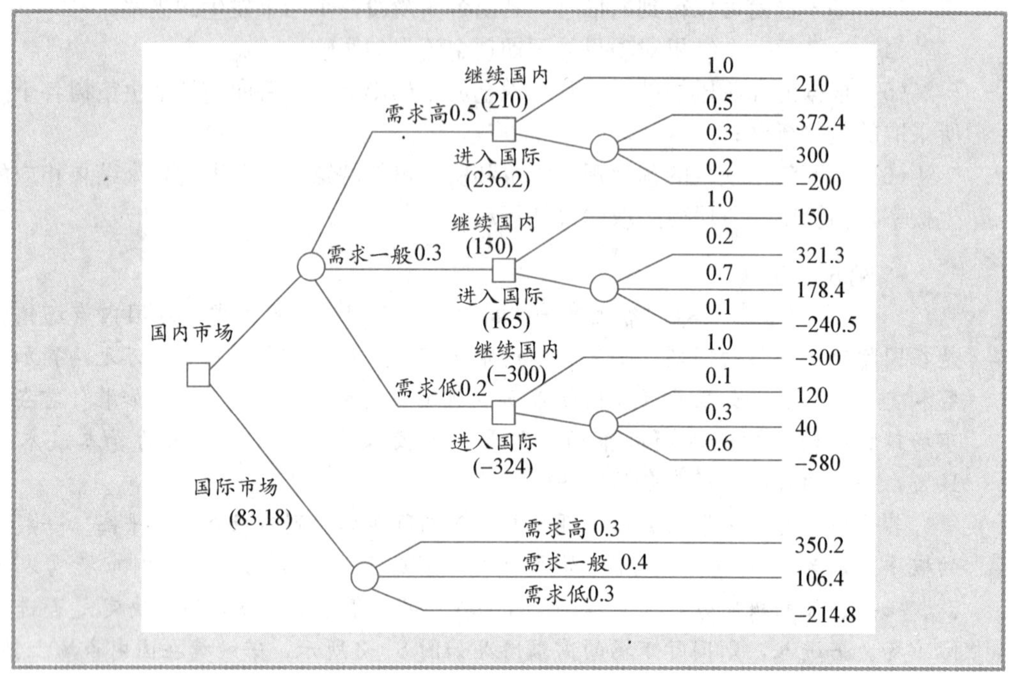

图 8—3 决策树各分支的净现值及联合概率

(3) 从后向前进行决策。决策树法是采用从右往左倒推的方法来确定最优决策序列的。对于本例，首先要确定两年后是否要投放国际市场。

在前两年国内市场需求高的情况下，继续在国内市场销售的净现值为 210 万元(在决策树中用括号标于相应位置，下同)，进入国际市场的净现值为 236.2 万元①，所以应该选择在两年后进入国际市场；同样，在每个节点上，都选择净现值大的分支，即在前两年国内需求一般的情况下，两年后选择进入国际市场；在前两年国内需求低的情况下，两年后选择继续在国内市场销售。

这样经过“剪枝”后的决策树如图 8—4 所示。

(4) 对第一阶段做出决策。通过以上剪枝后的决策树，可以计算出目前在国内市场进行销售的净现值为 107.6 万元②，而直接进入国际市场的净现值为 83.18 万元(350.2×0.3+106.4×0.4−214.8×0.3)，所以当前应该在国内市场进行销售。

决策树分析为项目决策者提供了很多有用信息，但是进行决策树分析也需要大量的信息。决策树分析要求被分析的项目可以被区分为几个明确的阶段，要求每一阶段

① 此处的净现值计算方法：372.4×0.5+300×0.3−200×0.2=236.2(万元)，以下相同。

② 236.2×0.5+165×0.3−300×0.2=107.6(万元)，此处的净现值也可以根据各现金流量序列的期望净现值和联合概率求出，联合概率列于对应的期望净现值之后（见图 8—3)，即

$$NPV=372.4\times0.25+300\times0.15-200\times0.1+321.3\times0.06+178.4\times0.21-240.5\times0.03-300\times0.2$$
$$=107.6(万元)$$

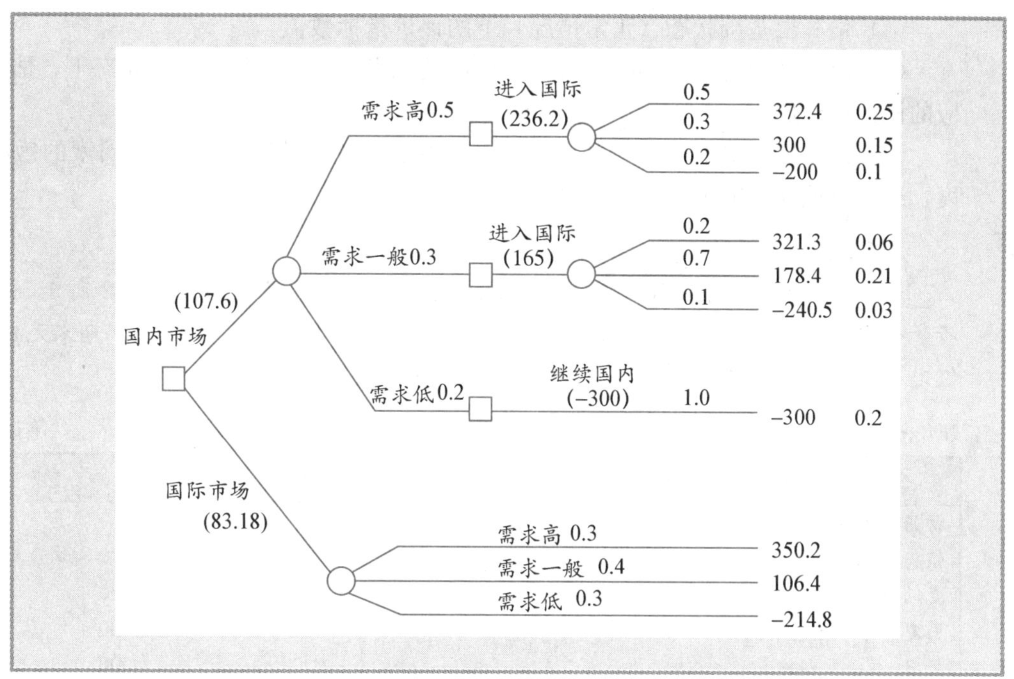

图 8—4　剪枝后的决策树

的结果必须是相互离散的，而且结果发生的概率及其对现金流量的影响可以被事先预测，这些要求减少了可被分析项目的数量，从而使得决策树法的使用受到限制。

例如，对于某些提供新型的或独特产品和服务的项目，因为公司缺乏足够的信息和经验来判断消费者是否愿意接受该项目的产品或服务，以及消费者愿意支付的价格，因而很难用决策树法进行决策。另外，如果项目的投资发生在期初或逐渐投入，而不是明显地分阶段投入，这类项目的分析也很难使用决策树法来进行。

8.3.4　敏感性分析

大部分投资分析都基于对未来现金流量和收益的预期，而这种预期是在一定的“基础状态”下进行的分析和预测，如果组成“基础状态”的因素发生变动，那么对投资决策的结果会产生什么影响呢?

敏感性分析（sensitivity analysis）是衡量不确定性因素的变化对项目评价指标（如 NPV，IRR 等）的影响程度的一种分析方法。它回答“如果……那么会怎样”的问题。如果某因素在较小范围内发生变动，项目评价指标却发生了较大的变动，则表明项目评价指标对该因素的敏感性强；反之，如果某因素发生较大的变动才会影响原有的评价结果，则表明项目评价指标对该因素的敏感性弱。

对投资项目进行敏感性分析的主要步骤是：

（1）确定具体的评价指标作为敏感性分析的对象，如 NPV、IRR 等。

（2）选择不确定因素。影响投资评价结果的因素会有很多，这里要选择对项目的投资收益影响较大且自身的不确定性较大的因素。

（3）对所有选中的不确定性因素分好、中等、差（或乐观、正常、悲观）等情况，做出估计。

(4) 估算出基础状态（正常情况）下的评价指标数值。

(5) 改变其中的一个影响因素，并假设其他影响因素保持在正常状态下，估算对应的评价指标数值。

(6) 以正常情况下的评价指标数值作为标准，分析其对各种影响因素的敏感程度，进而对该项目的可行性做出分析。

例 8—11

某公司准备投资一个新项目，正常情况下有关资料如表 8—22 所示，初始投资全部为固定资产投资，固定资产按直线法计提折旧，使用期 10 年，期末无残值，假定公司的资本成本率为 10%，所得税税率为 25%。

表 8—22　　正常情况下公司的现金流量状况　　单位：元

项　目	第 0 年	第 1～第 10 年
初始投资额	—10 000	
销售收入		40 000
变动成本		30 000
固定成本（不含折旧）		4 000
折旧		1 000
税前利润		5 000
所得税		1 250
税后利润		3 750
现金流量	—10 000	4 750

下面用敏感性分析方法对该投资项目进行分析评价。

(1) 选择净现值作为敏感性分析的对象。

(2) 选择对项目的投资收益影响较大且较直接的因素进行分析。这些因素包括：初始投资额、每年的销售收入、变动成本、固定成本①（不含折旧②）。

(3) 对以上影响因素分别在悲观情况、正常情况和乐观情况下的数值做出估计。

(4) 计算正常情况下项目的净现值。

$$
\begin{aligned}
NPV_{正常} &= -10\,000+4\,750\times PVIFA_{10\%,10}\\
&= -10\,000+4\,750\times 6.145\\
&= 19\,188.75(元)
\end{aligned}
$$

(5) 估算各个影响因素变动时对应的净现值，如表 8—23 的后半部分所示。

表 8—23　　*NPV* 的敏感性分析表　　单位：元

影响因素	变动范围			净现值		
	悲观情况	正常情况	乐观情况	悲观情况	正常情况	乐观情况
初始投资	15 000	10 000	8 000	14 957[a]	19 188.75	20 881.5
销售收入	30 000	40 000	50 000	—26 899[b]	19 188.75	65 276

① 此处的变动成本和固定成本均为付现成本。

② 折旧额要根据初始投资额计算，如悲观情况下的投资额为 15 000 元时，年折旧额为 1 500 元。

续前表

影响因素	变动范围			净现值		
	悲观情况	正常情况	乐观情况	悲观情况	正常情况	乐观情况
变动成本	38 000	30 000	25 000	−17 681	19 188.75	42 233
固定成本	6 000	4 000	3 000	9 971	19 188.75	23 798

a. 此处的净现值计算方法为：年折旧额为 15 000÷10=1 500(元)，1～10 年的营业现金流量为：(40 000−30 000−4 000−1 500)×(1−0.25)+1 500=4 875(元)，净现值为 $NPV=-15\,000+4\,875\times PVIFA_{10\%,10}=$ 14 957(元)。

b. 这里假设公司的其他项目处于盈利状态，意味着在此项目上的亏损可用于抵扣其他项目的利润，从而产生节税效应。节税的金额被看作该项目现金流入的一部分。当公司的年销售收入为 30 000 元时，每年的息税前利润 $EBIT$=30 000−30 000−4 000−1 000=−5 000(元)，节税金额为 5 000×0.25=1 250(元)，税后利润为 −5 000+1 250=−3 750(元)，营业现金流量为 −3 750+1 000=−2 750(元)，项目的净现值为：$NPV=-10\,000-2\,750\times PVIFA_{10\%,10}=-26\,899$(元)。

(6) 分析净现值对各种因素的敏感性，并对投资项目做出评价。从表 8—23 中的结果可以看出：

1) 净现值对每年销售收入的变化十分敏感。当年销售收入从 40 000 元下降到 30 000元时，净现值由 19 188.75 元降到 −26 899 元；而当年销售收入从 40 000 元增加到 50 000 元时，净现值则由 19 188.75 元增加到 65 276 元。其次，净现值对每年变动成本的变化也比较敏感，所以在对项目进行分析时，要仔细预测年销售收入和年变动成本，如果这两个因素的不确定性非常大，那么说明该项目的预测风险也比较大。

2) 相对来说，净现值对初始投资和固定成本的变化不太敏感。无论初始投资和固定成本变高还是变低，净现值都大于零，这说明，即使出现悲观情况，项目仍然可以被接受。

敏感性分析能够在一定程度上就多种不确定性因素的变化对项目评价指标的影响进行定量分析，它有助于决策者了解项目决策需要重点分析与控制的因素。但敏感性分析方法也存在一些不足，如没有考虑各种不确定性因素在未来发生变动的概率分布情况，从而影响风险分析的准确性。例如，项目评价标准对某些因素十分敏感，而这些因素发生变动的可能性却很小；相反，一些不太敏感的因素发生变动的可能性却很大，也会对投资决策指标产生重要影响。另外，敏感性分析孤立地处理每一个影响因素的变化，有时也会与事实不符，实际上，许多影响因素都是相互关联的，这涉及一系列因素变化对决策指标的影响问题，这类问题可以通过场景分析①的方法得到解决。

8.3.5 盈亏平衡分析

盈亏平衡分析是通过计算某项目的盈亏平衡点对项目的盈利能力及投资可行性进行分析的方法。一般用达到盈亏平衡时的销售量或销售收入来表示。盈亏平衡点包括会计盈亏平衡点和财务盈亏平衡点。

1. 会计盈亏平衡点

会计盈亏平衡点指使公司的会计利润为零时的销售水平。

---

① 场景，是指影响投资决策指标的一系列因素的总和。场景分析是指假设某一种场景的多个因素或全部因素同时发生变动时，所进行的投资决策分析。此处不对场景分析作详细介绍，具体内容可参阅 Aswath Damodaran，“Corporate Finance-Theory and Practice”，北京，中国人民大学出版社，2001。

如果把项目的成本分为固定成本和变动成本，并且变动成本＝销售量×单位变动成本，那么会计盈亏平衡点可以按下式计算：

$$会计盈亏平衡点=\frac{固定成本}{单位售价-单位变动成本}=\frac{固定成本}{单位边际贡献}$$

会计盈亏平衡点将会随着固定成本和单位边际贡献的变化而变化，如图8—5所示。

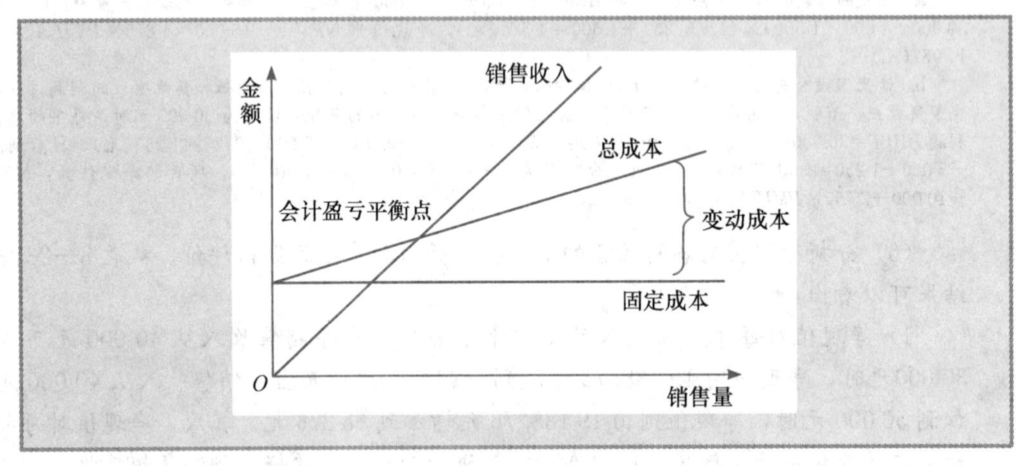

图 8—5 会计盈亏平衡点

例 8—12

某公司准备投资 30 000 元建设一条数控机床的生产线，该项目的寿命期为 10 年，设备按直线法计提折旧，无残值；每年的固定成本为 7 000 元（含 3 000 元折旧），预定每台机床售价为 8 000 元，单位变动成本为每台 6 000 元，公司的所得税税率为 25%，资本成本率为 10%。根据以上条件计算会计盈亏平衡点。

$$会计盈亏平衡点=\frac{固定成本}{单位售价-单位变动成本}=\frac{7\,000}{8\,000-6\,000}=3.5(台)$$

所以，当公司每年的销售量为 4 台时，即可保证会计利润大于零。

2. 财务盈亏平衡点

财务盈亏平衡点指使项目净现值为零时的销售水平。财务盈亏平衡点考虑了项目投资的机会成本，它不仅产生一个较大的最低收益率，还将产生一个更加现实的最低收益率。

计算财务盈亏平衡点时，首先估算达到盈亏平衡（净现值为零）时所需的年均现金流量，然后推算出产生这些现金流量所必需的收入水平，最后计算出产生这些收入所需要的销售量，如图 8—6 所示。

如果设初始投资为 C，建立在项目寿命期和公司资本成本率基础上的年金现值系数为 $PVIFA_{k,n}$，则使得净现值为零时（即达到财务盈亏平衡时）的年均现金流量 ACF 为：

$$ACF=\frac{C}{PVIFA_{k,n}}$$

假设期末无残值及垫支资金回收等现金流入，那么 ACF 即为年均营业现金流量，根据前面对营业现金流量的计算可知：

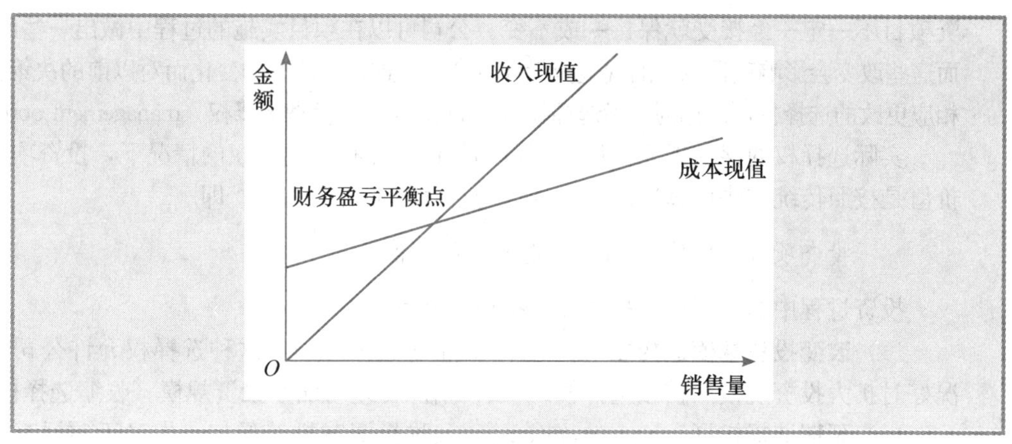

图 8—6 财务盈亏平衡点

$$\text{营业现金流量}=(\text{销售收入}-\text{变动成本}-\text{固定成本})\times(1-\text{所得税税率})+\text{折旧}$$

$$=\left[\left(\begin{matrix}\text{销售}\\\text{单价}\end{matrix}-\begin{matrix}\text{单位变}\\\text{动成本}\end{matrix}\right)\times\begin{matrix}\text{销售}\\\text{数量}\end{matrix}-\begin{matrix}\text{固定}\\\text{成本}\end{matrix}\right]\times(1-\text{所得税税率})+\text{折旧}$$

即 $ACF=[(a-v)Q-F](1-T)+D$

式中，ACF 表示年均现金流量；a 表示销售单价；v 表示单位变动成本；Q 表示销售数量；F 表示固定成本；T 表示公司所得税税率；D 表示该项目的年折旧额。则财务盈亏平衡点为：

$$Q=\frac{ACF-D+F(1-T)}{(a-v)(1-T)}$$

式中符号含义同前。

按照上例的数据，达到财务盈亏平衡时的年均现金流量为：

$$ACF=\frac{30\ 000}{PVIFA_{10\%,10}}=\frac{30\ 000}{6.145}=4\ 882(\text{元})$$

公司的财务盈亏平衡点为：

$$Q=\frac{4\ 882-3\ 000+7\ 000\times(1-0.25)}{(8\ 000-6\ 000)\times(1-0.25)}=4.8(\text{台})$$

可见，当公司的预计销售能力在每年 5 台以上时，项目可以被接受，因为此时的净现值大于零。

盈亏平衡分析通常根据销售量或销售收入来计算，它也可以根据投资决策指标分析中的任何其他影响因素来计算，例如计算出敏感性分析中各种影响因素的盈亏平衡点，我们称之为扩展的盈亏平衡分析。根据这些因素的盈亏平衡点，结合公司的具体情况，可以对投资决策做进一步的分析。

8.3.6 投资决策中的选择权①

传统的投资分析方法都属于静态分析，一般是先对未来一段时间内各期的现金流量作出假设，然后对其折现，求出净现值。然而公司的投资环境会随时发生变化，投

① 对非财务专业学生开设相关课程时，可以不讲授本部分内容。

资项目不一定一经接受就保持一成不变。公司可以在项目实施的过程中做出一些改变，而这些改变会影响项目以后的现金流量和寿命期。这种因情况的变化而对以前的决策做出相应更改的选择权，被称为**实际选择权**（real option）或**管理选择权**（management option）。

实际选择权的存在提高了投资项目的价值。在存在选择权的情况下，投资项目的价值是按照传统方法计算出来的净现值与选择权的价值之和。即

$$投资项目的价值=NPV+选择权的价值$$

投资过程中的实际选择权主要包括以下几种：

（1）**改变投资规模选择权**（vary investment option）。这种选择权允许公司在情况好时扩大投资规模（扩张选择权），而在情况变差时缩小投资规模（收缩选择权）。

（2）**延期选择权**（postpone option）。又称投资时机选择权，指对于项目有等待实施以便获取更多信息的选择权。如某矿业公司拥有一座金矿的开采权，它可以根据目前市场上的黄金价格和今后一段时间的价格走势，选择是现在开采还是一年以后再开采。前面提到的投资时机的选择可以看作延期选择权的一种实际应用。

（3）**放弃选择权**（abandonment option）。在项目执行过程中，公司可以根据对未来现金流量的预期和当时的放弃价值，选择是否中途放弃该投资项目。

（4）其他选择权，如根据未来投入成本决定是否改变生产技术的选择权；当某一设备可以生产出多种产品时，根据市场需求改变产品组合的选择权等。

这些实际选择权使得公司在投资决策中具有灵活性，因而在某些特殊情况下，这些选择权可以作为判断项目价值的决定性因素。下面以放弃选择权为例，说明实际选择权在投资决策中的应用。

例 8—13

德信电子有限公司准备购买一台使用期限为 2 年，价值为 11 000 元的特殊用途机器，2 年后机器报废无残值，有关营业现金流量及其发生的概率见表 8—24，公司的资本成本率为 8%。

要求：

（1）在无选择权的情况下，判断项目的可行性。

（2）假设存在放弃选择权，在第一年末放弃该项目并出售机器，税后可得现金 4 500元。以此重新对项目做出评价。

表 8—24　　营业现金流量表　　金额单位：元

第 0 年	第 1 年		第 2 年		联合概率	净现值
现金流量	现金流量	概率	现金流量	概率		
−11 000	6 000	0.3	2 000	0.3	0.09	−3 730
			3 000	0.5	0.15	−2 873
			4 000	0.2	0.06	−2 016
	7 000	0.4	4 000	0.3	0.12	−1 090
			5 000	0.4	0.16	−233
			6 000	0.3	0.12	624
	8 000	0.3	6 000	0.2	0.06	1 550
			7 000	0.5	0.15	2 407
			8 000	0.3	0.09	3 264
$NPV=-233$						

分析过程如下：

(1) 无选择权的情况。两年中共有9组可能的现金流量序列，第一组为：第0年现金流量为－11 000元，第1年现金流量为6 000元，第2年现金流量为2 000元。每一组现金流量序列的联合概率列于表中倒数第2栏。第一组序列的联合概率为0.09 (即0.3×0.3)。

首先，求出每一组现金流量序列的净现值，列于表8—24的最后一栏。如第一组现金流量序列的净现值可以这样求出：

$$NPV_1 = -11\,000 + 6\,000 \times PVIF_{8\%,1} + 2\,000 \times PVIF_{8\%,2} = -3\,730(\text{元})$$

其次，将所有序列的净现值与相应联合概率的乘积相加，求出项目的净现值。本例项目的净现值为－233元。

最后，根据计算结果对项目做出评价。因为净现值小于零，所以不能进行此项目投资。

(2) 存在放弃选择权的情况。如果存在第1年末放弃项目并出售设备的选择权，就要判断从第2年以后的现金流量的现值与放弃价值（即出售设备的价值）现值的大小，如果从第2年以后的现金流量的现值小于放弃价值的现值，则选择放弃；否则，继续执行项目。

当第1年现金流量为6 000元时，第2年预期现金流量的现值为：

$$(2\,000 \times 0.3 + 3\,000 \times 0.5 + 4\,000 \times 0.2) \times PVIF_{8\%,2} = 2\,485.3(\text{元})$$

而在第1年末放弃项目的现值为：

$$4\,500 \times PVIF_{8\%,1} = 4\,167(\text{元})$$

因为第1年末放弃项目的现值大于后续未来现金流量的现值，所以如果第1年的现金流量为6 000元，就在第1年末放弃项目。

用同样的方法可以判断，当第1年的现金流量为7 000元和8 000元时，第2年的现金流量的现值大于第1年末放弃价值的现值，所以选择继续执行项目。

按照以上的判断对项目的现金流量进行调整，列于表8—25中。

重新计算各组现金流量序列的净现值，列于表8—25的最后一栏。

表8—25 存在放弃选择权时的现金流量 金额单位：元

第0年	第1年		第2年		联合概率	净现值
现金流量	现金流量	概率	现金流量	概率		
－11 000	6 000＋4 500	0.3	0	1	0.3	－1 277
	7 000	0.4	4 000	0.3	0.12	－1 090
			5 000	0.4	0.16	－233
			6 000	0.3	0.12	624
	8 000	0.3	6 000	0.2	0.06	1 550
			7 000	0.5	0.15	2 407
			8 000	0.3	0.09	3 264
NPV＝271.5						

计算得出此时的项目净现值为 271.5 元。由于项目的净现值大于零，因此在存在放弃选择权的情况下可以进行投资。

可见，在本例中，由于放弃选择权的存在，使得原来不能接受的项目变得可以接受，这就是放弃选择权的价值。① 除了用于新的投资项目的评估以外，上述方法还可用于评价现行的投资项目，以决定是继续实施该项目，还是放弃它而将资金用于其他项目。通过不断评价，公司可以淘汰那些在经济上不再可行的项目。

无论是改变投资规模选择权、延期选择权、放弃选择权还是其他选择权，都有一个共同之处，就是限制未来不利情况的发生，而且未来的不确定性越大，选择权的价值越大。实际选择权为投资决策提供了灵活性，而这种灵活性可能会使决策者接受当初认为应该拒绝的项目或拒绝当初认为应该接受的项目。但是，实际选择权也有一个局限性，就是判断选择权的存在以及对其进行估值比较困难，有时一项或更多项不明确的选择权的价值可以使采纳任何项目都合理化，无论该项目看上去或实际上是多么无利可图。所以，必须谨慎地使用投资决策中的选择权。

8.4 通货膨胀对投资分析的影响

通货膨胀是经济生活中的一个重要事实。通货膨胀不仅会带来资本成本的不确定性，而且会增加预期现金流量的不确定性，从而使得投资项目的风险加大，在投资分析时必须将其考虑在内。

为了对投资项目进行分析，在估计未来现金流量和资本成本时，可以都包括通货膨胀因素，也可以都不包括。当一项估计包括通货膨胀因素时，称之为名义（nominal）量；当它不包括通货膨胀因素时，称之为实际（real）量。只有各部分全部以名义值或者全部以实际值来表示，才能做到正确计量。也就是说，名义现金流量要用名义资本成本率来折现，实际现金流量要用实际资本成本率来折现。

8.4.1 通货膨胀对资本成本率的影响

在存在通货膨胀的情况下，实际资本成本率与名义资本成本率存在如下关系：

$$(1+r_n)=(1+r_r)(1+i)$$

式中，r_r 表示实际资本成本率；r_n 表示名义资本成本率；i 表示预期通货膨胀率。

整理后得到

$$r_n=r_r+i+ir_r$$

因为一般情况下，上式中的交叉项 ir_r 相对其他两项来说数值较小，所以有时为

---

① 本例中，存在放弃选择权时项目的净现值由原来的－233 元增加为 271.5 元，增加了 504.5 元。实际上，增加的净现值也可以这样计算：无放弃选择权时，如果第 1 年现金流量为 6 000 元，第 2 年的现金流量现值为（2 000×0.3+3 000×0.5+4 000×0.2）×$PVIF_{8\%,2}$×0.3=745.5(元)；存在放弃选择权时，第 1 年末的放弃选择权的现值为 4 500×$PVIF_{8\%,1}$×0.3=1 250(元)，两者正好相差 504.5 元，这 504.5 元可以看作放弃选择权的价值。

了简化计算，也可以将上式写为：

$$r_n = r_r + i$$

8.4.2　通货膨胀对现金流量的影响

一般情况下，项目的营业收入、付现成本等可以是根据不变购买力水平估测出来的实际值，也可以是随通货膨胀变化的名义值。而每年的折旧是按照设备的历史成本和预定的折旧方法计算出来的，也就是说，每年的折旧金额预先已经固定，它是一个名义量。所以，在求净现值时，一定要将折旧和其他的现金流量统一用名义值表示，并用名义资本成本率折现；或者统一用实际值表示，并用实际资本成本率折现。

在预期每年通货膨胀率相同的情况下，实际现金流量和名义现金流量的关系是：

$$\text{第}\ t\ \text{年的实际现金流量} = \frac{\text{第}\ t\ \text{年的名义现金流量}}{(1+\text{预期通货膨胀率})^t}$$

8.4.3　通货膨胀情况下的投资决策

下面举例说明通货膨胀情况下的投资决策方法。

例 8—14

红光照相机厂由于长期供不应求，打算新建一条生产线。该生产线的初始投资是 12.5 万元，分两年投入，第一年投入 10 万元，第二年投入 2.5 万元，第二年可完成建设并正式投产。投产后，每年可生产照相机 1 000 架，每架售价 300 元，每年可获得销售收入 30 万元。投资项目可使用 5 年，5 年后残值可忽略不计，在投资项目经营期间要垫支营运资本 2.5 万元，每年发生付现成本 25 万元，其中包括原材料 20 万元，工资 3 万元，管理费用 2 万元；每年发生折旧 2 万元。在项目投资和使用期间，通货膨胀率预期为每年 10%。受物价变动影响，初始投资将增长 10%，投资项目终结后设备残值将增加到 37 500 元，原材料费用将增加 14%，工资费用将增加 10%。折旧费仍为每年 2 万元，但是扣除折旧以后的管理费用每年将增加 4%，同时销售价格预期每年增长 10%。假设该厂加权平均资本成本率为 10%，所得税税率为 25%，那么在考虑通货膨胀率的情况下是否应投资该设备？

(1) 按名义值计算净现值。将各年的营业收入和付现成本转为名义值。

第 1 年营业收入的名义值 $=300\times1\,000\times1.1=330\,000$(元)

第 2 年营业收入的名义值 $=300\times1\,000\times1.1^2=363\,000$(元)

第 3 年营业收入的名义值 $=300\times1\,000\times1.1^3=399\,300$(元)

第 4 年营业收入的名义值 $=300\times1\,000\times1.1^4=439\,230$(元)

第 5 年营业收入的名义值 $=300\times1\,000\times1.1^5=483\,153$(元)

同理，第 1 年原材料的名义值 $=200\,000\times1.14=228\,000$(元)，第 2～第 5 年原材料的名义值分别为 259 920 元、296 308 元、337 792 元、385 082 元。以相似的方法计算出工资与管理费用的名义值，加总可得每年付现成本。

(2) 计算考虑通货膨胀情况下物价变动后的营业现金流量情况，见表 8—26。

表 8—26　　按名义值计算的营业现金流量情况　　单位：元

项目	第1年	第2年	第3年	第4年	第5年
营业收入	330 000	363 000	399 300	439 230	483 153
付现成本	281 800	317 852	358 735	405 112	457 730
其中：原材料	228 000	259 920	296 308	337 792	385 082
工资	33 000	36 300	39 930	43 923	48 315
管理费用	20 800	21 632	22 497	23 397	24 333
折旧	20 000	20 000	20 000	20 000	20 000
税前利润	28 200	25 148	20 565	14 118	5 423
所得税（25%）	7 050	6 287	5 141	3 530	1 356
税后利润	21 150	18 861	15 424	10 589	4 067
营业现金流量	41 150	38 861	35 424	30 589	24 067

（3）计算项目各年的净现金流量，见表 8—27。

表 8—27　　按名义值计算净现金流量　　单位：元

项目	第-1年	第0年	第1年	第2年	第3年	第4年	第5年
初始投资	－110 000	－27 500					
营运资本		－25 000					25 000
营业现金流量			41 150	38 861	35 424	30 589	24 067
设备残值							37 500
营业净现金流量	－110 000	－52 500	41 150	38 861	35 424	30 589	86 567

（4）以名义资本成本率为折现率计算净现值。

本例中的名义资本成本率为：

$$
\begin{aligned}
r_n &= r_i + i + ir_r \\
&= 10\% + 10\% + 10\% \times 10\% \\
&= 21\%
\end{aligned}
$$

$$
\begin{aligned}
NPV &= -110\,000 - 52\,500 \times PVIF_{21\%,1} + 41\,150 \times PVIF_{21\%,2} + 38\,861 \\
&\quad \times PVIF_{21\%,3} + 35\,424 \times PVIF_{21\%,4} + 30\,589 \times PVIF_{21\%,5} + 86\,567 \\
&\quad \times PVIF_{21\%,6} \\
&= -47\,444(\text{元})
\end{aligned}
$$

结论：由于净现值远小于零，因而不应投资该新设备。

思考题

1. 在进行投资项目的现金流量估计时，需要考虑哪些因素？
2. 税负与折旧对投资有什么影响？
3. 使用什么方法进行固定资产更新决策？
4. 在使用风险性投资分析方法时，应如何看待其有效性和局限性？

练习题

1. 你正在分析一项价值 250 万元，残值为 50 万元的资产购入后从其折旧中可以得到的税收收益。该资产折旧期为 5 年。

(1) 假设所得税税率为 25%，估计每年从该资产折旧中可得到的税收收益。

(2) 假设资本成本率为 10%，估计这些税收收益的现值。

2. 某公司要在两个项目中选择一个进行投资：A 项目需要 160 000 元的初始投资，每年产生 80 000 元的现金净流量，项目的使用寿命为 3 年，3 年后必须更新且无残值；B 项目需要 210 000 元的初始投资，每年产生 64 000 元的现金净流量，项目的使用寿命为 6 年，6 年后必须更新且无残值。公司的资本成本率为 16%。请问：该公司应该选择哪个项目？

3. 某公司考虑用一台新的、效率更高的设备来代替旧设备。旧设备原购置成本为 40 000 元，已经使用 5 年，估计还可以使用 5 年，已提折旧 20 000 元，假定使用期满后无残值。如果现在将设备出售可得价款 10 000 元，使用该设备每年可获得收入 50 000 元，每年的付现成本为 30 000 元。该公司现准备用一台新设备代替原有的旧设备。新设备的购置成本为 60 000 元，估计可使用 5 年，期满有残值 10 000 元，使用新设备后，每年收入可达 80 000 元，每年付现成本为 40 000 元。假设该公司的资本成本率为 10%，所得税税率为 25%，营业税税率为 5%，试做出该公司是继续使用旧设备还是对其进行更新的决策。

4. 假设某公司准备进行一项投资，其各年的净现金流量和分析人员确定的约当系数如表 8—28 所示，公司的资本成本率为 10%，分析该项目是否可行。

表 8—28

项目	第 0 年	第 1 年	第 2 年	第 3 年	第 4 年
净现金流量（千元）	−20 000	6 000	7 000	8 000	9 000
约当系数	1.0	0.95	0.9	0.8	0.8

案例题

时代公司项目投资案例

时代公司的债券原为 AA 级，但最近公司为一系列问题所困扰，陷入了财务困境，如果公司现在被迫破产，公司的股东将一无所获。现公司通过出售其过去投资的有价证券，动用其历年的折旧积累来筹集资金，准备进行如下两个互斥项目中的一项投资，以避免公司破产。两个项目均在第 1 年年初投资 1 500 万元，第 1～第 10 年的净现金流量（不包括第 1 年年初投出的现金流出量）及有关资料如表 8—29 所示。

表 8—29

有关情况		第 1～第 10 年净现金流量	
状况	概率	A	B
好	0.5	310 万元	800 万元
差	0.5	290 万元	−200 万元

公司加权平均资本成本率为 15%，$PVIFA_{15\%,10}=5.0188$。

思考题：

(1) 各项目的期望年现金流量为多少?

(2) 哪一个项目的总风险较大? 为什么?

(3) 分别计算两个项目在状况好和状况差时的净现值。

(4) 如果你是公司股东，你希望选哪个项目?

(5) 如果你是公司的债权人，你希望经理选哪个项目?

(6) 为防止决策引起利益冲突，债权人预先应采取何种保护措施?

(7) 谁来承担保护措施的成本? 这与企业最优资本结构有什么关系?

第 9 章 Chapter 9 短期资产管理

学习目标

1. 了解营运资本的概念及其管理原则。
2. 掌握现金的持有动机、现金管理的意义，掌握现金预算和最佳现金持有量决策的基本方法，熟悉现金管理日常控制。
3. 了解短期金融资产的特征和持有目的，了解短期金融资产的管理原则。
4. 掌握应收账款的功能、成本及其管理目标，掌握信用政策和管理方法。
5. 掌握存货的功能与成本，熟悉存货规划及控制方法，掌握经济批量、再订货点和保险储备的计算。

9.1 营运资本管理

短期资产管理政策主要解决短期资产的持有量问题，与之联系紧密的一个概念是营运资本管理。在学习短期资产管理之前，我们首先关注一下营运资本管理的概念及内容。

9.1.1 营运资本的概念

营运资本（working capital）有广义和狭义之分。广义的营运资本是指总营运资本，简单来说就是在生产经营活动中的短期资产；狭义的营运资本则是指净营运资本，是短期资产减去短期负债的差额。通常所说的营运资本多指后者。

营运资本管理主要解决两个问题，一是如何确定短期资产的最佳持有量；二是如何筹措短期资金。具体而言，这两个问题分别涉及每一种短期资产以及每一种短期负债的管理方式与管理策略的制定。因此，从本质上看，营运资本管理包括短期资产和短期负债的各个项目，体现了对公司短期性财务活动的概括。通过对营运资本的分析，我们可以了解短期资产流动性、短期资产变现能力和短期偿债能力。

9.1.2 营运资本与现金周转

营运资本项目在不断地变现和再投入，而各项目的变化会直接影响公司的现金周转，同时，恰恰是由于现金的周转才使得营运资本不断循环运转，使公司成为一个活跃的经济实体，两者相辅相成。

由于现金收入和支出的时间差异，即使盈利的公司也会有现金周转方面的困难。现金周转指的是持续的现金流动，这种流动主要是通过营运资本的各项目循环实现的①，包括现金、应收账款、存货、应付账款、应计费用等。现金的周转过程大体上包括存货周转、应收账款周转和应付账款周转等程序（如图 9—1 所示）。

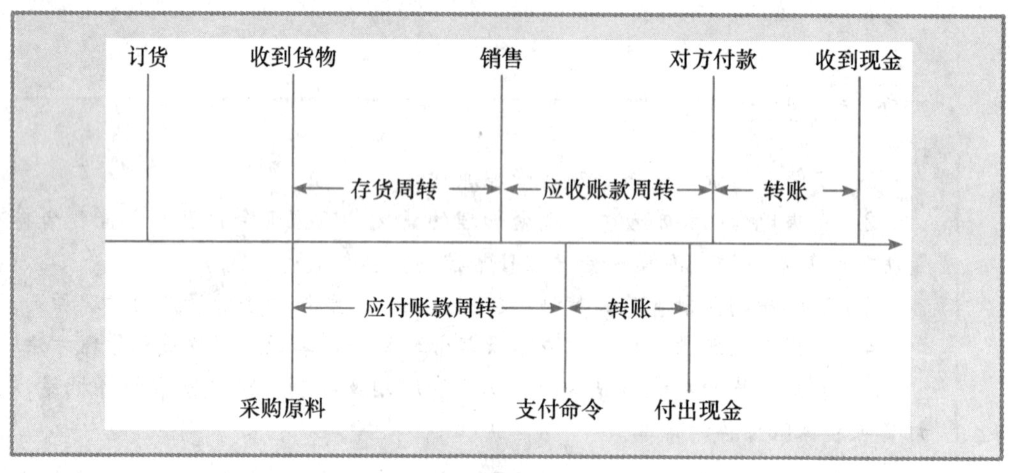

图 9—1 公司现金周转图

图 9—1 说明，营运资本各项目的变化与现金周转乃至现金流量密不可分，互相依存。

公司的非现金性短期资产一旦转化为现金，就会形成公司的现金流入；而公司偿还短期负债需要支付现金，这就形成了公司的现金流出。现金的流动不平衡，就会出现现金不足而导致短期偿付困难，或者因现金过剩而使公司的资产获利能力下降。所以，通过营运资本管理来控制短期资产和短期负债，使现金流入和流出尽量协调，实现现金的平衡运动，就成为公司日常管理的重要内容。

由于现金流入量与现金流出量具有非同步性和不确定性，因此公司的现金流入与现金流出无法在时间上相互匹配，从而导致公司未来经营活动的不确定性，加大了财务人员对现金流量进行准确预测的难度。储备适当的营运资本，可以使公司资金的日常收付形成良性循环。

9.1.3 营运资本管理的原则

对营运资本进行管理，既要保证有足够的资金满足企业生产经营需要，又要保证

① 在这里，没有特别强调固定资产等长期资产上的现金周转，主要是基于两个原因：一是固定资产上的现金周转是隐性的，没有营运资本项目中的现金周转明显；二是固定资产上的现金周转也可以考虑为营运资本项目中的现金周转，因为固定资产的损耗体现在公司的产品里，体现在销售实现上，也就是存货周转和应收账款周转的环节。

企业能按时、足额地偿还各种到期债务。在营运资本管理过程中，企业要遵循以下原则。

1. 认真分析生产经营状况，合理确定营运资本的需要数量

企业营运资本的需要量取决于生产经营规模和营运资本的周转速度，同时也受到市场及产、供、销情况的影响。企业应综合考虑各种因素，合理确定营运资本的需要量。

2. 在保证生产经营需要的前提下，节约使用资金

营运资本具有流动性强的特点，但是流动性越强的资产其收益性就越差。例如，如果企业的资产全部都是现金，则不能带来任何投资收益（将现金存入银行而获得的利息收入对于企业而言算不上真正的投资收益）。如果企业持有的营运资本过多，会降低企业的收益。因此，企业在保证生产经营需要的前提下，要控制流动资金的占用，使其纳入计划预算的良性范围，既要满足经营需要，又不能安排过量而造成浪费。

3. 加速营运资本的周转，提高资金的利用效率

当企业的生产经营规模一定时，短期资产的周转速度与流动资金的需要量呈反向变化。适度加快存货的周转，缩短应收账款的收款期，延长应付账款的付款期，可以减少营运资本的需要量，从而提高资金的利用效率。

4. 合理安排短期资产与短期负债的比例关系，保障企业有足够的短期偿债能力

企业的短期负债主要是用短期资产来偿付。当企业的短期资产相对短期负债过少时，一旦短期负债到期，而企业又无法通过其他途径筹措到短期资金，就容易出现到期无法偿债的情况。因此，企业要安排好二者的比例关系，从而保证有足够的资金偿还短期负债。

9.2 短期资产管理

9.2.1 短期资产的特征与分类

1. 短期资产的特征

短期资产，又称流动资产，是指可以在一年以内或超过一年的一个营业周期内变现或耗用的资产。短期资产具有占用时间短、周转快、易变现等特点，企业拥有较多的短期资产，可在一定程度上降低财务风险。

与长期投资、固定资产、无形资产、递延资产等各种长期资产相比，短期资产具有以下几个突出特点：

（1）周转速度快。企业投资于短期资产上的资金周转一次所需要的时间较短，通常会在一年或一个营业周期内收回；固定资产等长期资产的价值则需要经过多次转移才能逐步收回或得以补偿。

（2）变现能力强。短期资产中的现金、银行存款项目本身就可以随时用于支付、偿债等经济业务，其他的短期金融资产、存货、应收账款等也能在较短时间内变现。

（3）财务风险小。公司拥有较多的短期资产，由于周转快、变现快，可在一定程度上降低财务风险。

短期资产过多，会增加企业的财务负担，影响企业的利润；相反，短期资产不足，则表明企业资金周转不灵，会影响企业的经营。因此，合理配置短期资产需要量在财务管理中具有重要地位。企业在一定的生产周期内所需的比较合理的短期资产占用量，应是既能保证生产经营的正常需要，又无积压和浪费的占用量。

2. 短期资产的分类

按照不同的标准，可以将短期资产划分为不同的类别。

（1）按照实物形态，可以将短期资产分为现金、短期金融资产、应收及预付款项和存货。

1）现金，是指可以立即用来购买物品、支付各项费用或用来偿还债务的交换媒介或支付手段。主要包括库存现金和银行活期存款，有时也将即期或到期的票据看作现金。现金是短期资产中流动性最强的资产，可直接支用，也可以立即投入流通。拥有大量现金的企业具有较强的偿债能力和承担风险的能力。但因为现金不会带来收益或只有极低的收益，所以财务管理比较健全的企业并不会持有过多的现金。

2）短期金融资产，是指各种准备随时变现的有价证券以及不超过一年的其他投资，其中主要是指有价证券投资。企业通过持有适量的短期金融资产，一方面能获得较好的收益；另一方面又能增强企业整体资产的流动性，降低企业的财务风险。因此，适当持有短期金融资产是一种较好的财务策略。

3）应收及预付款项，是指企业在生产经营过程中所形成的应收而未收的或预先支付的款项，包括应收账款、应收票据、其他应收款和预付账款。在市场经济条件下，为了加强市场竞争能力，企业拥有一定数量的应收及预付款项是不可避免的。企业应力求加快账款的回收，减少坏账损失。

4）存货，是指企业在生产经营过程中为销售或者耗用而储存的各种资产，包括商品、产成品、半成品、在产品、原材料、辅助材料、低值易耗品、包装物等。由于存货在短期资产中所占的比重较大，因此，加强存货的管理与控制，使存货保持在最优水平上，便成为财务管理的一项重要内容。

（2）按照在生产经营循环中所处的流程，可把短期资产划分为生产领域中的短期资产、流通领域中的短期资产以及生息领域中的短期资产。

1）生产领域中的短期资产是指在产品生产过程中发挥作用的短期资产，如原材料、辅助材料、低值易耗品等。

2）流通领域中的短期资产是指在商品流通过程中发挥作用的短期资产。商品流通企业的短期资产均为流通领域中的短期资产，工业企业的短期资产中的产成品、现金、外购商品等也属于流通领域中的短期资产。

3）生息领域中的短期资产是为获取利息收入而持有的短期资产，包括定期存款、短期有价证券等短期金融资产。企业通过将短期闲置的现金资产存入银行或者购买短期金融资产，可以在保持资产流动性的同时获得一定的利息收入。

表9—1、表9—2分别列示了美、中两国部分上市公司截至2008年12月31日的短期资产结构。通过比较可以发现，中美企业在短期资产的持有政策上表现出较大的差异；而在同一国家内部，不同行业企业的短期资产持有水平与结构同样存在较大差异。

表9—1 美国部分企业的短期资产结构

截至2008年12月31日 (%)

公司名称	短期资产内部各项目占短期资产的比重					短期资产占总资产的比重
	现金及现金等价物	短期投资	应收账款净额	存货	其他短期资产	
微软公司	23.91	30.81	36.09	2.28	6.91	59.40
福特汽车公司	59.86	0.00	16.74	23.40	0.00	16.87
沃尔玛公司	14.86	0.00	7.98	70.50	6.66	29.95
摩托罗拉公司	17.65	22.55	36.49	15.31	8.01	62.30
杜邦公司	23.81	0.39	37.77	37.10	0.93	42.29

说明：微软公司、沃尔玛公司的财务报告日分别为2008年6月30日、2009年1月31日。
资料来源：根据http：//finance.yahoo.com中各公司的年度报表相关数据计算得出。

表9—2 中国部分企业的短期资产结构

截至2008年12月31日 (%)

公司名称	短期资产内部各项目占短期资产的比重										短期资产占总资产的比重
	货币资金	短期投资净额	应收票据	应收股利	应收利息	应收账款净额	其他应收款净额	预付账款	存货净额	其他流动资产	
方正科技	47.25	0.00	8.24	0.02	0.00	19.40	1.89	6.29	16.91	0.00	51.54
一汽轿车	30.61	0.00	43.36	0.00	0.00	3.15	1.12	1.18	20.58	0.00	62.11
华联股份	91.78	0.00	0.00	0.00	0.00	0.00	0.39	0.66	3.17	3.99	21.72
中国联通	26.24	0.00	0.12	0.00	0.02	25.75	40.52	4.11	3.24	0.00	10.42
复星医药	41.60	0.004	4.55	7.56	0.00	18.62	2.45	3.27	21.95	0.00	32.06

资料来源：根据上海、深圳证券交易所披露的各公司年度报告相关数据计算得出。

9.2.2 短期资产的持有政策

由于不同类型的短期资产在流动性、盈利性与风险性上存在差异，因此企业不仅要确定短期资产在总资产中所占的比重，还要合理确定不同类型短期资产的合理水平。

1. 影响短期资产政策的因素

企业在权衡确定短期资产的最优持有水平时，应当综合考虑如下因素。

（1）风险与报酬。一般而言，持有大量的短期资产可以降低企业的风险，因为当企业不能及时清偿债务时，短期资产可以迅速地转化为现金，而长期资产的变现能力通常较差。但是，如果短期资产太多，将大部分资金都投放在短期资产上，则会降低企业的投资报酬率。因此，这要求财务人员对风险和报酬进行认真权衡，选择最佳的短期资产持有水平。

（2）企业所处的行业。不同行业的经营范围不同，资产组合有较大的差异。表9—3列示了2008年我国各行业上市公司短期资产占总资产的比重。在各行业中，短期资产所占的比重从24.33%～76.52%不等。短期资产中大部分是存货和货币资金，而这两种资产的占用水平主要取决于生产经营所处的行业。

表 9—3　短期资产结构的行业差异:2008 年各项短期资产占总资产的比重　(%)

行业	短期资产内部各项目占短期资产的比重										短期资产占总资产的比重
	货币资金	短期投资净额	应收票据	应收股利	应收利息	应收账款净额	其他应收款净额	预付账款	存货净额	其他流动资产	
农、林、牧、渔业	18.75	0.00	0.33	0.01	0.03	6.39	4.42	4.96	24.31	0.13	60.70
采矿业	8.51	0.00	7.55	0.00	0.00	7.07	0.97	4.01	5.70	0.00	33.82
制造业	15.07	0.00	3.01	0.03	0.02	9.48	2.87	3.65	16.73	0.21	50.94
电力、煤气及水的生产和供应业	6.73	0.00	0.36	0.04	0.00	5.03	1.34	3.12	7.20	0.01	24.33
建筑业	14.32	0.00	0.38	0.00	0.00	16.07	4.37	6.74	28.34	0.21	71.33
交通运输、仓储业	17.86	0.00	0.17	0.14	0.04	4.02	3.73	2.58	5.64	0.18	34.50
信息技术业	23.22	0.00	0.51	0.00	0.02	10.71	10.62	3.80	15.88	0.75	66.09
批发和零售贸易	22.45	0.00	0.57	0.02	0.01	6.41	1.67	4.21	19.81	0.26	55.70
房地产业	12.20	0.00	0.06	0.01	0.00	0.79	3.40	3.03	56.68	0.30	76.52
社会服务业	11.00	0.00	0.22	0.01	0.03	3.26	2.50	3.44	12.94	1.09	34.56
传播与文化产业	11.33	0.00	0.00	0.61	0.00	9.11	2.02	0.97	7.24	0.07	31.44
综合类	14.03	0.00	1.30	0.04	0.01	4.61	7.23	7.05	23.46	0.05	55.63

说明：根据 2008 年末我国全体上市公司的年度报告相关数据计算得出。
资料来源：国泰安数据库。

(3) 企业规模。企业规模对资产组合也有重要影响，表 9—4 列示了 2008 年我国不同规模上市公司的资产组合情况。从表 9—4 可以看出，随着企业规模的扩大，短期资产的比重有所下降，这是因为：1) 与小企业相比，大企业有较强的筹资能力，当企业出现不能偿付的风险时，可以迅速筹集资金，因而能承担较大风险，所以可以只使用较少的短期资产而使用更多的固定资产。2) 大企业因实力雄厚，机械设备的自动化水平较高，故应在固定资产上进行比较多的投资。

表 9—4　企业规模对资产组合的影响：2008 年制造业上市公司各项短期资产占总资产的比重　(%)

资产规模(亿元)	短期资产内部各项目占短期资产的比重										短期资产占总资产的比重
	货币资金	短期投资净额	应收票据	应收股利	应收利息	应收账款净额	其他应收款净额	预付账款	存货净额	其他流动资产	
5 以下	14.47	0.00	2.32	0.02	0.00	10.84	3.77	2.94	15.61	0.21	50.18
5～10	15.01	0.00	2.10	0.04	0.01	11.30	2.77	3.80	17.67	0.17	52.87
10～25	13.99	0.00	2.33	0.04	0.02	9.42	2.62	3.68	19.37	0.14	51.61
25～75	14.94	0.00	3.16	0.02	0.01	10.80	2.07	3.58	17.93	0.14	52.65
75～150	14.37	0.00	3.21	0.02	0.01	9.00	1.54	4.03	18.60	0.09	50.87
150 以上	14.73	0.00	4.70	0.05	0.04	5.01	0.99	4.00	18.99	0.57	49.08

说明：根据 2008 年末我国制造业上市公司的年度报告相关数据计算得出。
资料来源：国泰安数据库。

(4) 外部筹资环境。一般而言，在外部市场较为发达、筹资渠道较为畅通的环境下，企业为了增强整体的盈利能力，通常会减少对盈利能力不强的短期资产的投资，这将直接导致短期资产在总资产中比重的降低。

图 9—2 表明，1992—2008 年间，我国制造业上市公司的资产结构发生了显著的变化，10 多年来，短期资产的比重不断下降，从 1992 年的 62.81%下降到 2008 年的 50.94%。上市公司资产结构的这一显著变化，与我国资本市场的发展与筹资手段的丰富有着密切联系。此外，科学技术的不断进步，要求企业增加对固定资产的投资，这也是造成短期资产比重下降的主要原因。

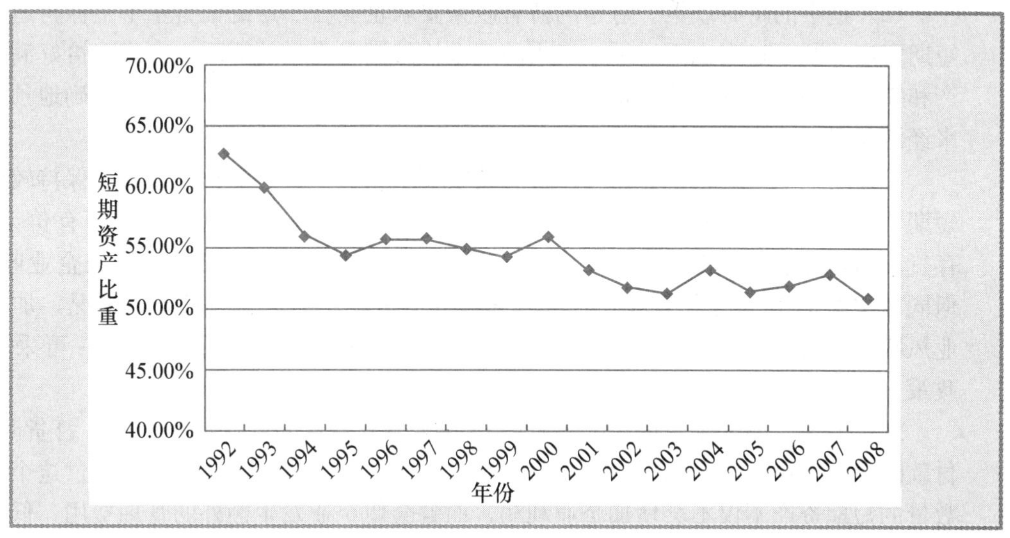

图 9—2 我国制造业上市公司 1992—2008 年的短期资产结构

说明：根据 2008 年末我国制造业上市公司的年度报告相关数据计算得出。
资料来源：国泰安数据库。

2. 短期资产政策类型

根据短期资产和销售额之间的数量关系，可以将企业的短期资产持有政策分为以下三种（如图 9—3 所示）。

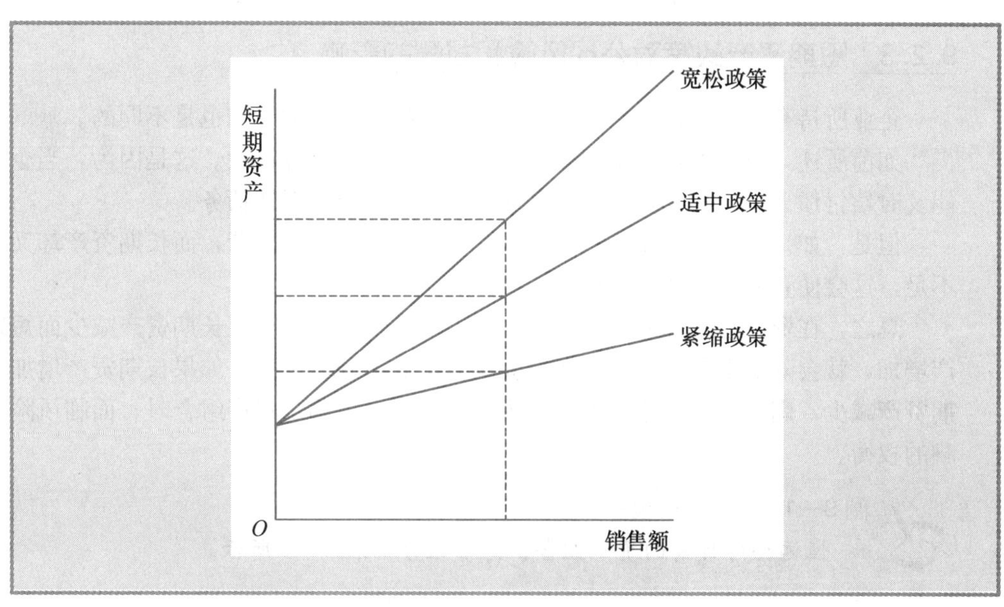

图 9—3 短期资产持有政策

(1) 宽松的持有政策。宽松的持有政策要求企业在一定的销售水平上保持较多的短期资产，这种政策的特点是报酬低、风险小。该政策下，企业拥有较多的现金、短期有价证券和存货，能按期支付到期债务，并且为应付不确定情况保留了大量资金，使风险大大降低；但由于现金、短期有价证券投资报酬率较低，存货占用使资金营运效率低，从而降低了企业的盈利水平。

(2) 适中的持有政策。适中的持有政策要求企业在一定的销售水平上保持适中的短期资产，既不过高也不过低，流入的现金恰好满足支付的需要，存货也恰好满足生产和销售所用。这种政策的特点是报酬和风险的平衡。在企业能够比较准确地预测未来经济状况时，可采用该政策。

(3) 紧缩的持有政策。紧缩的持有政策要求企业在一定的销售水平上保持较低的短期资产，这种政策的特点是报酬高、风险大。此时企业的现金、短期有价证券、存货和应收账款等短期资产降到最低限度，可降低资金占用成本，增加企业收益；但同时也可能由于资金不足造成拖欠货款或不能偿还到期债务等不良情况，加剧企业风险。在外部环境相对稳定，企业能非常准确地预测未来的情况下，可采用该政策。

理论上说，如果企业面对的所有内外情况都是一定的，比如销售额、订货时间、付款时间等，那么企业只须持有能够满足需要的最低数量的短期资产。超过这个最低数量的短期资产不仅不会增加企业利润，而且会使企业发生额外的管理费用；低于这个最低数量的短期资产会使企业出现存货短缺、支付困难等情况或者必须制定严格的应收账款管理政策。

但是，实际经济生活中往往存在许多难以预计的不确定性。短期资产的占用水平是由企业的内外条件等多种因素共同作用形成的结果，这些因素都是不断变化的，因此很难恰当地对适中政策的短期资产持有量加以量化。在财务管理实践中，企业应当根据自身的具体情况和环境条件，对未来进行合理预测，使短期资产与短期负债尽量匹配，确定一个对企业来说较为适当的短期资产持有量。

9.2.3 短期资产政策对公司风险和报酬的影响

企业所持有的不同资产，对企业风险和报酬所具有的影响也是不同的。

如前所述，较多地投资于短期资产可降低企业的财务风险。这是因为，当企业不能及时偿付债务时，短期资产可以迅速地转化为现金以偿还债务。

但是，如果短期资产投资过多，造成流动资产的相对闲置，而长期资产却又相对不足，这会使企业生产能力降低，从而减少企业盈利。

总之，在资产总额和筹资组合都保持不变的情况下，如果长期资产减少而短期资产增加，就会降低企业的风险，但也会减少企业盈利；反之，如果长期资产增加，短期资产减少，则会增加企业的风险和盈利。所以，在确定资产组合时，面临风险和报酬的权衡。

例 9—1

恒远公司目前的资产组合、筹资组合如表 9—5 所示。

表9—5　　恒远公司资产组合与筹资组合　　单位：元

资产组合		筹资组合	
短期资产	40 000	短期资金	20 000
长期资产	60 000	长期资金	80 000
合计	100 000	合计	100 000

已知恒远公司目前的年销售量为1 000件，销售收入为150 000元，实现净利润15 000元。现根据市场预测，公司未来每年可销售1 200件，销售收入为180 000元，实现净利润为18 000元。但要生产1 200件产品，必须追加5 000元长期资产投资。

现恒远公司决定，在资产总额不变的情况下，减少短期资产投资5 000元，相应增加长期资产投资5 000元。假设筹资组合不变，那么，不同的资产组合对企业风险和报酬的影响如表9—6所示。

表9—6　　资产组合对恒远公司风险和报酬的影响　　金额单位：元

项　　目	现在情况（保守的组合）	计划变动情况（冒险的组合）
资产组合		
短期资产	40 000	35 000
长期资产	60 000	65 000
资产总计	100 000	100 000
净利润*	15 000	18 000
主要财务比率		
投资报酬率	15 000/100 000=15%	18 000/100 000=18%
短期资产/总资产	40 000/100 000=40%	35 000/100 000=35%
流动比率	40 000/20 000=2	35 000/20 000=1.75

*这里没有考虑所得税。

从表9—6中可以看到，由于采用了较为激进的投资组合，企业的投资报酬率由15%上升到18%，表明企业收益有所增加。但短期资产占总资产的比重从40%下降到35%，流动比率也由2下降到1.75，表明企业财务风险随之增大。因此，企业在投资时必须在风险和报酬之间进行认真的权衡，合理安排短期资产与长期资产之间的比例关系，以便顺利实现企业的财务目标。

9.3　现金管理

现金是比较特殊的资产，一方面，其流动性最强，代表着企业直接的支付能力和应变能力；另一方面，其收益性最弱。现金管理的过程就是管理人员在现金的流动性与收益性之间进行权衡选择的过程，既要维护适度的流动性，又要尽可能提高其收益性。

9.3.1　现金管理的动机与内容

1. 现金的概念

现金是指企业以各种货币形态占用的资产，包括库存现金、银行存款及其他货币资金。现金管理的目标是在现金的流动性和收益性之间进行合理选择，即在保证正常业务经营需要的同时，尽可能降低现金的占用量，并从暂时闲置的现金中获得最大的投资收益。

2. 持有现金的动机

企业持有现金往往出于以下动机：

(1) 交易动机。在企业的日常经营中，为了正常的生产销售的运行必须保持一定的现金余额。销售产品得到的收入往往不能马上收到现金，而采购原材料、支付工资等则需要现金支持，为了进一步的生产交易需要一定的现金余额。所以，基于这种企业购、产、销行为需要的现金，就是交易动机要求的现金持有。

(2) 补偿动机。银行为企业提供服务时，往往需要企业在银行中保留存款余额来补偿服务费用。同时，银行贷给企业款项也需要企业在银行中有存款以保证银行的资金安全。这种出于银行要求而保留在企业银行账户中的存款就是补偿动机要求的现金持有。

(3) 预防动机。现金的流入和流出经常是不确定的，这种不确定性取决于企业所处的外部环境和自身经营条件的好坏。为了应对一些突发事件和偶然情况，企业必须持有一定的现金余额来保证生产经营的安全顺利进行，这就是预防动机要求的现金持有。

(4) 投资动机。企业在保证生产经营正常进行的基础上，还希望有一些回报率较高的投资机会，此时也需要企业持有现金。这就是投资动机对现金的需求。

大多数企业持有的现金余额都是出于以上四方面的考虑。但是，由于各种条件的变化，每一种动机需要的现金数量是很难确定的，而且往往一笔现金余额可以服务于多个动机，如出于预防或投资动机持有的现金就可以在需要时用于企业采购。所以，企业必须综合考虑多方面因素，合理分析企业的现金状况。

3. 现金管理的内容

现金管理的主要内容包括：编制现金收支计划，以便合理估计未来的现金需求；对日常的现金收支进行控制，力求加速收款，延缓付款；用特定的方法确定最佳现金余额，当企业实际的现金余额与最佳的现金余额不一致时，采用短期筹资策略或采用归还借款和投资于有价证券等策略来达到理想状况。现金管理的内容如图 9—4 所示。

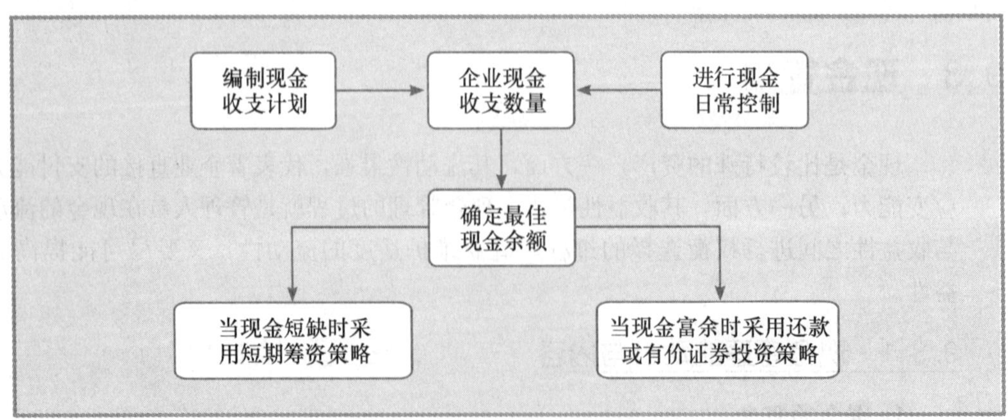

图 9—4 现金管理的内容

9.3.2　现金预算管理

现金预算管理是现金管理的核心环节和方法。

1. 现金预算的概念

现金预算（cash budget）就是在企业长期发展战略的基础上，以现金管理的目标为指导，充分调查和分析各种现金收支影响因素，运用一定的方法合理估测企业未来一定时期的现金收支状况，并对预期差异采取相应对策的活动。

现金预算可按月、周或日为基础进行编制，也可覆盖几个月至一年。这主要根据企业生产经营特点与管理要求而定。

2. 现金预算的作用

企业现金持有量不足或过多，都说明现金管理不力，所以，对现金的流入和流出进行有效设计和管理，使现金持有量接近最优水平，就显得尤为重要。为了使企业能够实现并保持已确定的最佳现金持有量水平，需要对未来可能的现金收支数量和时间进行预测，编制现金预算。

现金预算在现金管理上的作用表现在：

（1）可以揭示现金过剩或现金短缺的时期，使资金管理部门能够将暂时过剩的现金转入投资或在短缺时期来临之前安排筹资，以避免不必要的资金闲置或不足，减少机会成本。

（2）可以在实际收支实现以前了解经营计划的财务结果，预测未来时期企业对到期债务的直接偿付能力。

（3）可以对其他财务计划提出改进建议。

企业应当保持一定的现金来防止可能的现金短缺，但又不能把过多的现金置于这种没有收益的用途上。通过编制现金预算可以较为有效地预计未来现金流量，是现金收支动态管理的一种有效方法。

3. 现金预算的编制方法

现金预算编制的主要方法有两种：收支预算法和调整净收益法。

（1）收支预算法。又称直接法，是目前最为流行、应用最为广泛的现金预算编制方法。其基本原理是通过将预算期内可能发生的一切现金收支分类列入现金预算表内，从而确定收支差异并采取适当财务对策。它具有直观、简便、便于控制等特点。

在收支预算法下，现金预算主要分四个步骤进行：

1）计算预算期内现金收入，即根据企业收入预算（包括销售收入预算、投资收入预算及其他收入预算）计算企业在预算期内所能获得的现金收入；

2）计算预算期内现金支出，即根据企业现金支出计划（例如采购原材料、支付工资、支付期间费用、支付税金等）计算企业在预算期内的现金支出；

3）计算现金不足或结余，即根据下列公式估算企业在预算期内的现金余缺水平：

$$\begin{matrix}\text{预算期内}\\\text{现金结余}\end{matrix}=\begin{matrix}\text{预算期初}\\\text{现金余额}\end{matrix}+\begin{matrix}\text{预算期内}\\\text{现金流入}\end{matrix}-\begin{matrix}\text{预算期内}\\\text{现金流出}\end{matrix}-\begin{matrix}\text{预算期末}\\\text{现金余额}\end{matrix}\qquad(9\text{—}1)$$

4）现金融通，即根据计算出的期末现金结余情况进行短期投融资。如果现金不足，则提前安排筹资（比如向银行借款等），若现金富余，则提前归还贷款或投资于有价证券，以增加收益。

例 9—2

使用收支预算法编制的恒远公司的现金收支预算表如表 9—7 所示。

表 9—7　收支预算法下恒远公司的现金收支预算　单位：万元

序号	现金收支项目	上月实际数	本月预算数
1	现金收入		
2	营业现金收入		
3	现销和当月应收账款的收回		1 000
4	以前月份应收账款的收回		625
5	营业现金收入合计		1 625
6	其他现金收入		
7	固定资产变价收入		120
8	利息收入		30
9	租金收入		105
10	股利收入		45
11	其他现金收入合计		300
12	现金收入合计（12=5+11）		1 925
13	现金支出		
14	营业现金支出		
15	材料采购支出		800
16	当月支付的采购材料支出		480
17	本月付款的以前月份采购材料支出		320
18	工资支出		160
19	管理费用支出		128
20	销售费用支出		128
21	财务费用支出		64
22	营业现金支出合计		1 280
23	其他现金支出		
24	厂房、设备投资支出		340
25	税款支出		85
26	利息支出		85
27	归还债务		100
28	股利支出		100
29	证券投资		130
30	其他现金支出合计		840
31	现金支出合计（31=22+30）		2 120
32	净现金流量		
33	现金收入减现金支出（33=12−31）		−195
34	现金余缺		
35	期初现金余额		150
36	净现金流量		−195
37	期末现金余额（37=35+36）		−45
38	最佳现金余额		180
39	现金富余或短缺（39=37−38）		−225

从表 9—7 中可以看到，恒远公司预算期末发生了现金短缺，公司应当及时进行合理的短期资金筹措，防止由库存现金不足而导致的机会成本。

（2）调整净收益法。又称间接法，是指将企业按权责发生制计算的会计净收益调整为按收付实现制计算的现金净收益，并在此基础上加减有关现金收支项目，使净收益与现金流量相互关联，从而确定预算期现金余缺并做出财务安排。

采用此方法编制现金预算，首先应编制预计利润表，求出预算期的净收益；然后逐笔处理影响损益及现金收支的各会计事项；最后计算出预算期现金余额。这个计算过程类似于从净利润入手编制现金流量表。

调整净收益法将权责发生制基础上计算的净收益与现金收付实现制基础上计算的净收益统一起来，克服了收益额与现金流量不相平衡的缺点，但是现金余额增加额不能直观地、明细地反映在生产过程中，一定程度上影响了对现金预算执行情况的分析和控制。

例 9—3

使用调整净收益法编制的新宇公司的现金收支预算表如表 9—8 所示。

表 9—8　调整净收益法下新宇公司的现金收支预算　单位：万元

项　　目	上月实际数	本月预算数
预计利润表		
营业收入		3 200
减：营业成本		2 600
营业税金及附加		25
销售费用		80
管理费用		60
财务费用		45
资产减值损失		0
加：公允价值变动收益		0
投资收益		40
营业利润		430
加：营业外收入		10
减：营业外支出		0
利润总额		440
减：所得税费用		110
净利润		330
预算期现金增加额		
净利润		330
加：计提的资产减值准备		0
固定资产折旧		80
无形资产摊销		0
长期待摊费用摊销		0
处置固定资产、无形资产和其他长期资产的损失（减收益）		0

续前表

项　目	上月实际数	本月预算数
固定资产报废损失		0
公允价值变动损失		0
财务费用		45
投资损失（减收益）		−40
递延所得税资产减少		0
递延所得税负债增加		0
存货的减少（减增加）		35
经营性应收项目的减少（减增加）		−50
经营性应付项目的增加（减减少）		−10
其他		10
现金及现金等价物净增加额		400
现金余缺		
期初现金余额		150
现金及现金等价物净增加额		400
期末现金余额		550
最佳现金余额		180
现金富余或短缺		370

由表9—8可见，新宇公司的现金出现了370万元的富余，公司管理层可以考虑将其投资于适当的项目，获取更多的收益。

9.3.3 现金持有量决策

在现金预算中，为了确定预算期末现金资产的余缺状况，除了要合理估计预算期内的现金收入与支出项目，还应当确定期末应当保留的最佳现金余额，这就是现金持有量决策所要解决的主要问题，也是现金管理的首要任务之一。企业出于各种动机的要求而持有一定货币，但出于成本和收益关系的考虑，必须确定最佳现金持有量。

当前应用较为广泛的现金持有量决策方法主要包括成本分析模型、存货模型以及米勒-欧尔模型。

1. 成本分析模型

成本分析模型（cost analysis model）是根据现金有关成本，分析预测其总成本最低时现金持有量的一种方法。企业持有现金资产需要负担一定的成本，其中与现金持有量关系最为密切的是机会成本和短缺成本。

（1）机会成本，是指企业因保留一定的现金余额而增加的管理费用及丧失的投资收益。这种投资收益是企业不能用该现金进行其他投资获得的收益，与现金持有量成正比例关系：

机会成本＝现金持有量×有价证券利率　　(9—2)

（2）短缺成本，是指在现金持有量不足且又无法及时将其他资产变现而给企业造成的损失，包括直接损失和间接损失。现金的短缺成本与现金持有量成反比例关系。

图 9—5 对这两种现金持有成本与现金持有量的关系进行了描述。当两种成本之和，也即总成本达到最小值时，企业所持有的现金水平为最佳持有量。

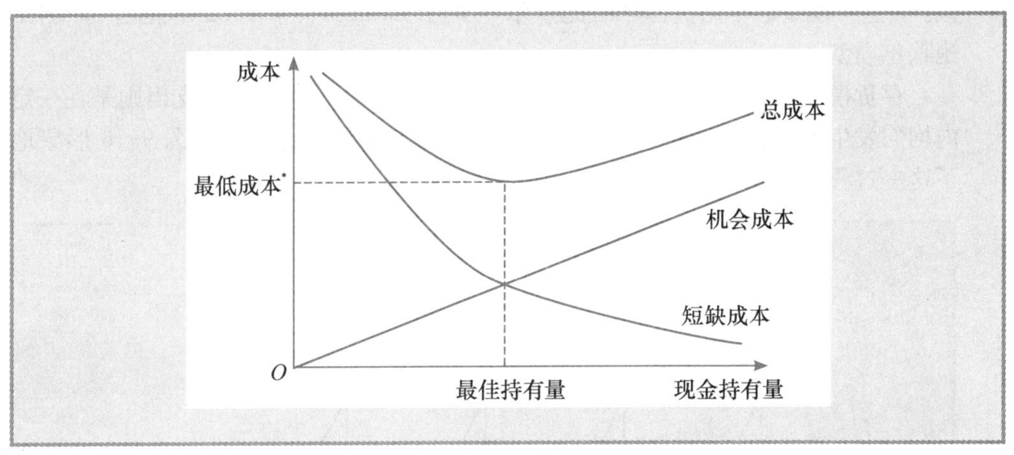

图 9—5　现金持有成本与最佳现金持有量

成本分析模型的计算步骤是：

(1) 根据不同现金持有量测算各备选方案的有关成本数值；

(2) 按照不同现金持有量及其有关部门成本资料，计算各方案的机会成本和短缺成本之和，即总成本，并编制最佳现金持有量测算表；

(3) 在测算表中找出相关总成本最低时的现金持有量，即最佳现金持有量。

例 9—4

恒远公司现有 A、B、C、D 四种现金持有方案，有关成本资料如表 9—9 所示。

表 9—9　恒远公司的备选现金持有方案　单位：万元

项　目	方案 A	方案 B	方案 C	方案 D
现金持有量	100	200	300	400
机会成本率	12%	12%	12%	12%
短缺成本	50	30	10	0

根据表 9—9 计算的现金最佳持有量测算表如表 9—10 所示。

表 9—10　恒远公司现金最佳持有量测算表　单位：万元

方　案	现金持有量	机会成本	短缺成本	相关总成本
A	100	100×12%=12	50	12+50=62
B	200	200×12%=24	30	24+30=54
C	300	300×12%=36	10	36+10=46
D	400	400×12%=48	0	48+0=48

根据分析，应该选择成本最低的方案 C。

2. **存货模型**

确定现金最佳余额的**存货模型**（inventory model）来源于存货的经济批量模型。[①] 这一模型最早由美国学者鲍默尔（W. J. Baumol）于 1952 年提出[②]，因此又称鲍默尔模型。

存货模型假设企业的现金收入每隔一段时间发生一次，现金支出则是在一定时期内均匀发生的。在此期间，企业可通过销售有价证券获得现金。图 9—6 形象地描述了这一过程。

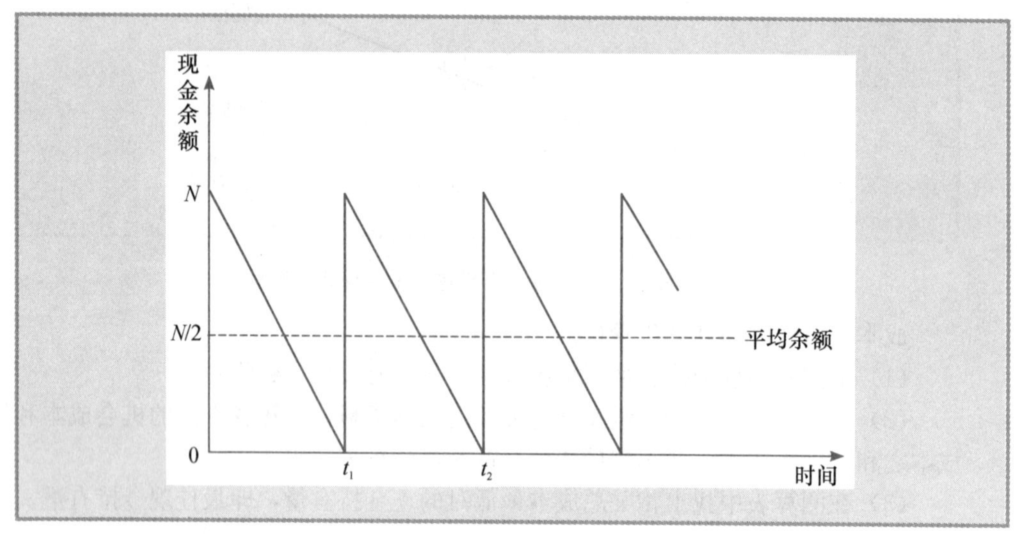

图 9—6 确定现金余额的存货模型

假设企业 0 时点持有现金 N 元，由于现金流入的速度小于现金流出的速度，第 t_1 时点企业的现金余额下降为零，此时，企业通过出售价值 N 元的有价证券补充现金。随后，当现金余额在 t_2 时点再次下降为零时，企业再次出售价值 N 元的有价证券。这一过程不断重复。

在存货模型下，持有现金资产的总成本包括两个方面：一是持有成本，也即机会成本，是指持有现金所放弃的收益，这种成本通常是有价证券的利息，它与现金余额成正比例；二是转换成本，也即交易成本，是指现金与有价证券转换的固定成本，包括经纪人费用、捐税及其他管理成本，这种成本只与交易的次数有关，而与现金的持有量无关。

如果现金期初余额较大，那么持有现金的机会成本较高，但转换成本减少；如果现金期初余额较小，那么持有现金的机会成本低，但转换成本上升。两种成本合计最小的条件下的现金余额即为最佳现金余额。运用存货模型的目的就是求出这一最佳现金余额。

假设：TC 表示总成本；b 表示现金与有价证券的转换成本；T 表示特定时间内的现金需要量总额；N 表示理想的现金转换数量（最佳现金余额）；i 表示短期有价

---

① 关于存货的经济批量模型，在第 9.6 节阐述。

② William J. Baumol, The Transactions Demand for Cash: An Inventory Theoretic Approach, *The Quarterly Journal of Economics* (November 1952).

证券利息率。

则有 $$TC=\frac{N}{2}i+\frac{T}{N}b \tag{9—3}$$

对此式求一阶导数，可求出令总成本 TC 最小的 N 值，即

$$TC'=\left(\frac{N}{2}i+\frac{T}{N}b\right)'=\frac{i}{2}-\frac{Tb}{N^2}$$

令 $TC'=0$，则有

$$\frac{i}{2}=\frac{Tb}{N^2}$$

$$N^2=\frac{2Tb}{i}$$

由此可得，最佳现金余额为：

$$N=\sqrt{\frac{2Tb}{i}} \tag{9—4}$$

例 9—5

新宇公司预计全年需要现金 150 000 元，现金与有价证券的转换成本为每次 200 元，有价证券的利息率为 15%。则新宇公司的最佳现金余额为：

$$N=\sqrt{\frac{2\times150\,000\times200}{15\%}}=20\,000(\text{元})$$

最佳现金余额为 20 000 元，意味着公司从有价证券转换为现金的次数为 7.5 次（150 000/20 000），共需承担的机会成本和交易成本均为 1 500 元，总成本为3 000元。

存货模型描述了现金管理中基本的成本结构，可以精确地测算出最佳现金余额和变现次数，对于加强企业的现金管理具有积极意义。但这一模型也具有一定的局限性，例如：（1）该模型假设现金收入只在期初或期末发生，而事实上多数企业在每一个工作日都会发生现金收入；（2）该模型假设现金支出均匀发生，但实际业务中的现金支出并不满足这一条件；（3）没有考虑现金安全库存，由于现实经济中的企业无法确保在较短时间内实现有价证券的变现，因此适当的安全库存往往是必要的。

3. 米勒-欧尔模型①

米勒-欧尔模型（the miller-orr model）由默顿·米勒（Merton Miller）和丹尼尔·欧尔（Daniel Orr）创建②，是一种基于不确定性的现金管理模型。该模型假定企业无法确切地预知每日的现金实际收支状况，现金流量服从正态分布，而且现金与有价证券之间能够自由兑换。图 9—7 对现金余额的随机波动情况进行了描述。

模型假设企业的现金余额在上限（U）与下限（L）之间随机波动。当现金余额降到下限水平时，企业应当出售部分有价证券补充现金；当现金余额升到上限水平

---

① 面向非财务、会计专业的学生开设的相关课程可以不讲授本部分内容。

② Merton H. Miller and Daniel Orr，A Model of the Demand for Money by Firms，*The Quarterly Journal of Economics*（August 1996）.

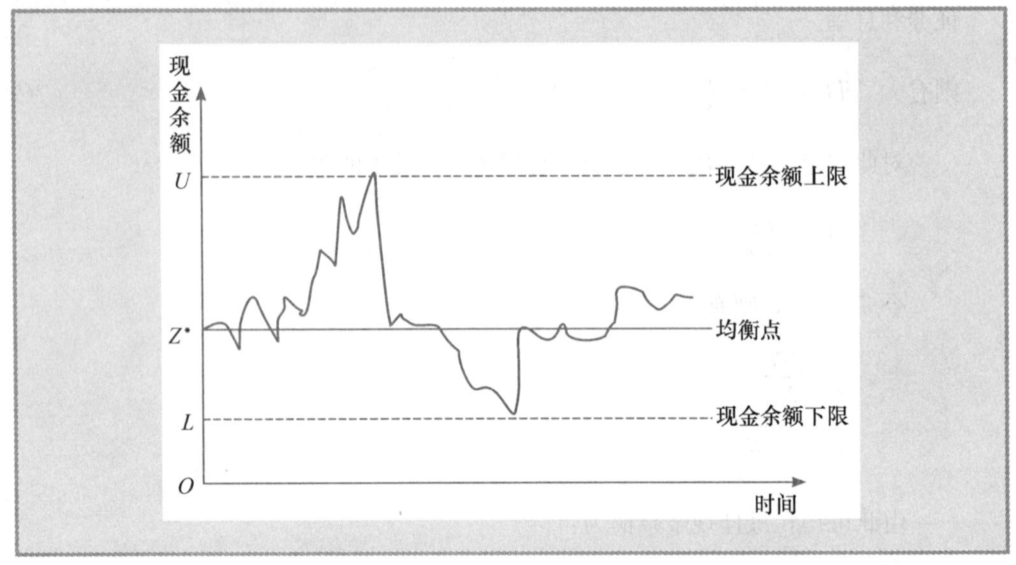

图 9—7 确定现金余额的米勒-欧尔模型

时，企业则应当适当投资有价证券，降低现金的实际持有水平。Z^* 为最佳现金余额，也是现金余额随机波动的均衡点和目标水平。根据米勒-欧尔模型，最佳现金余额 Z^* 的计算公式为：

$$Z^*=L+\sqrt[3]{\frac{3b\sigma^2}{4r}} \tag{9—5}$$

式中，L 代表现金余额下限；b 代表证券交易成本；σ 代表每日现金余额的标准差；r 代表有价证券的日收益率。

下限 L 的确定要受到企业每日的最低现金需要量、管理人员的风险承受倾向等因素影响，最低可确定为零。现金余额上限 U 的计算公式为：

$$U=L+3\times\sqrt[3]{\frac{3b\sigma^2}{4r}} \tag{9—6}$$

式中符号含义同前。

例 9—6

恒远公司的日现金余额标准差为 5 000 元，每次证券交易的成本为 500 元，有价证券的日收益率为 0.06%，公司每日最低现金需要量为 0。恒远公司的现金最佳持有量和持有量上限分别为多少？

最佳持有量为：

$$Z^*=L+\sqrt[3]{\frac{3b\sigma^2}{4r}}=0+\sqrt[3]{\frac{3\times500\times5\,000^2}{4\times0.06\%}}=25\,000(\text{元})$$

持有量上限为：

$$U=L+3\times\sqrt[3]{\frac{3b\sigma^2}{4r}}=0+3\times\sqrt[3]{\frac{3\times500\times5\,000^2}{4\times0.06\%}}=75\,000(\text{元})$$

9.3.4 现金的日常控制

有效的现金管理方法包括现金流动同步化、合理估计“浮存”(float)、加快应收账款收现速度、提高转账效率等，这里主要说明前三种方法。

1. 现金流动同步化

企业的现金流入与流出一般来说是很难准确预测的，为了应对这种不确定性可能带来的问题，企业往往需要保留比最佳现金持有量多的现金余额。为了尽量减少企业持有现金带来的成本增加和盈利减少，企业财务人员需要提高预测和管理能力，使现金流入和流出能够合理匹配，实现同步化的理想效果。现金流动同步化的实现可以使企业的现金余额减少到最小，从而减少持有成本，提高企业的盈利水平。

2. 合理估计“浮存”

“浮存”，是指企业账簿中的现金余额与银行记录中的现金余额的差额。由于企业支付、收款与银行转账业务之间存在时滞，这会使本应显示同一余额的企业账簿和银行记录之间出现差异。为了保证企业的安全运转，财务人员必须对这个差异有清楚的了解，以正确判断企业的现金持有情况，避免出现高估或低估企业现金余额的错误。

3. 加快应收账款收现速度

当企业的销售实现时，并不意味着已经得到了可以自由支配的现金收入，因为经济生活中很多交易都是通过支票、汇票或其他银行转账方式实现的。这些现象的存在，使企业无法立即动用销售收入，可能会造成企业现金短缺的被动局面。应收账款收现延迟的部分原因是企业无法控制的，比如银行的操作、邮局的效率等，但有些原因是企业应该关注和尽量处理的，比如开户银行的选择、应收账款的信用政策等。企业应该从各个方面努力加快应收账款的收现速度，并适当采用一些加速收款技术，例如集中银行、锁箱系统、在线支付或自动转账系统等。

9.4 短期金融资产管理

9.4.1 短期金融资产管理的动机与内容

1. 短期金融资产的概念

短期金融资产，是指能够随时变现并且持有时间不准备超过一年（含一年）的金融资产，包括股票、债券、基金等。短期金融资产由于易变现的特征而成为现金的替代品，因此，短期金融资产管理通常与现金管理密不可分。

2. 持有短期金融资产的动机

企业持有短期金融资产主要基于两个目的：

(1) 以短期金融资产作为现金的替代品。短期金融资产虽然不能直接用作支付手段，但与其他短期资产相比，短期金融资产具有较高的流动性和较强的变现能力。通过持有不同的短期金融资产组合，可以丰富企业货币资金的持有形式。

(2) 以短期金融资产取得一定的收益。单纯的现金（现钞和银行存款）项目没有收益或者收益很低，将一部分现金投资于短期金融资产，可以在保持较高流动性的同时获取高于现金资产的收益。所以，将持有的部分现金投资于短期金融资产是多数企业的做法。

3. 短期金融资产管理的原则与内容

短期金融资产管理是短期资产管理的一个重要方面。短期金融资产管理应当遵循的原则包括以下方面：

（1）安全性、流动性与盈利性相均衡原则。持有短期金融资产的目的主要是使企业的现金持有形式多样化，要在确保安全、流动的基础上争取相对多的盈利。因此，应当综合考虑这三个方面，平衡处理，争取达到一个最佳平衡点。

（2）分散投资原则。短期金融资产虽然持有的期限短，而且比较容易变现，但为了充分降低风险，还是应该遵循多样化的分散投资原则，把风险控制在可接受的范围内。

（3）理智投资原则。持有短期金融资产的目标应该是安全与收益的最佳结合，所以投资时需要理智把握，不能过分追求盈利而忽视了最基本的安全。

由于短期金融资产的内涵非常宽泛，既包含由银行发行的证券，又包含由企业或者政府发行的证券，既包含债权性质的证券，又包含股权性质的证券，因此公司不仅要确定短期金融资产在全部短期资产以及总资产中所占的比例，还要合理确定短期金融资产的内部结构，即选择合适的短期金融工具，构造恰当的投资组合。

9.4.2 短期金融资产的种类

最常见、最便捷的短期金融工具就是定期银行存款。但由于银行存款利率相对较低而证券市场日益发达，这类金融资产在企业投资清单中所占的比例越来越小，多数企业更倾向投资于一些收益率更高的金融工具。

1. 短期国库券

短期国库券（treasury bills，T bills）是指政府发行的、期限在1年以下的债券。短期国库券在西方被称为财政部账单，一般期限在1年以下，多为3个月或6个月，也有1年期的。由于有国家或其他级别政府部门的权威和信誉作担保，短期国库券一般具有风险小、收益不高的特点。

发行短期国债是世界各国政府筹资的普遍趋势，也为其企业提供了较多的短期投资选择。西方发达国家短期国债占40%～50%。1994年我国财政部首次发行了半年期和1年期的短期国库券，但长期以来都是中期国债所占比重较高，短期国债和长期国债不足，而且我国国债市场绝大部分交易是在金融机构之间完成的，并没有成为企业投资工具的重要选择。

2. 大额可转让定期存单

大额**可转让定期存单**（negotiable certificate of deposit，CD）曾经是企业最偏好的一种短期金融资产。1961年，为了使存单更具流动性并使之对投资者更具吸引力，花旗银行发行了第一张可在二级市场上转卖的可转让的大额（10万美元以上）存单。我国在1980年以后，主要的国有商业银行吸收和仿效外国的经验，开始发行大额可转让定期存单以扩大存款业务。一般这种存单都对提前支取规定了收费措施，通常是收取3个月的利息作为企业提前支取资金的代价。

我国对城乡居民个人发行的大额可转让定期存单，面额有1万元、2万元、5万元；对企业、事业单位发行的大额可转让定期存单，面额有50万元、100万元、500万元。大额可转让定期存单的期限为3个月、6个月、12个月。

3. 货币市场基金

货币市场基金（money market fund，MMF）是指投资于货币市场上短期有价证券的一种基金。该基金资产主要投资于短期货币工具（如国库券、商业票据、银行定期存单、政府短期债券、企业债券等短期有价证券）。

货币市场基金最早创立于1972年的美国。到1986年，美国共有400多个货币市场基金，总资产超过2 900亿美元。在美国，货币市场基金按风险大小可划分为两类：(1) 国库券货币市场基金，主要投资于国库券、由政府担保的有价证券等。这些证券到期时间一般不到1年，平均到期期限为120天。(2) 多样化货币市场基金，就是通常所说的货币市场基金，通常投资于商业票据、国库券、美国政府代理机构发行的证券、可转让存单、银行承兑票据等各种有价证券，其到期时间同前述基金类似。

我国2004年8月才颁布了第一个《货币市场基金管理暂行规定》，从而使我国的货币市场出现了这种新的基金形式。根据这一管理规定，货币市场基金可以投资于以下金融资产：(1) 现金；(2) 1年以内（含1年）的银行定期存款、大额存单；(3) 剩余期限在397天以内（含397天）的债券；(4) 期限在1年以内（含1年）的债券回购；(5) 期限在1年以内（含1年）的中央银行票据等。同时规定货币市场基金不能用于下述金融工具的投资：(1) 股票；(2) 可转换债券；(3) 剩余期限超过397天的债券；(4) 信用等级在AAA级以下的企业债券。

4. 商业票据

商业票据（commercial paper，CP）是一种较为常见的企业短期筹资形式，是大型工商企业或金融企业为筹措短期资金而发行的无担保短期本票。这种筹资从另一个角度来看就是其他企业的投资。也就是说，商业票据既是一种筹资工具也是一种投资工具。

5. 证券化资产

证券化资产是指实施了**资产证券化**（asset securitization）的资产。资产证券化是一种对（金融）资产所有权和收益权进行分离的金融创新，其基本流程是：发起人把证券化资产出售给一家**特设信托机构**（special purpose vehicle，SPV），或者由SPV主动购买可以证券化的资产，然后将这些资产汇集成**资产池**（asset pool），并以该资产池所产生的现金流量为支撑在金融市场上发行有价证券。为了提高资产支持证券的等级，SPV常常会在发行之前聘请证券评级机构对**资产支持证券**（asset-backed securitization）进行信用评级，最后再由证券承销商把有资产支持的证券销售给投资者。

证券化资产在20世纪末取得了快速发展。由于证券化资产特殊的形成机制，发行人可以通过将众多风险较高的资产打包，并以此作为抵押发行证券化资产，有效处置多笔不良资产。

我国于2005年12月1日开始实施的《金融机构信贷资产证券化试点监督管理办法》为我国资产证券化提供了法律依据。根据相关规定，我国资产证券化的发起人一般为银行或资产管理公司（如信达、长城、华融与东方等资产管理公司）。

虽然证券化资产通常由信誉较好的投资银行或资产公司作为中介，通常具有较高的安全性，但是2007年全面爆发的美国次贷危机表明，在金融创新空前繁荣的现代市场，这种创新金融工具所隐藏的风险也是不容忽视的。

除了上述介绍的各类短期金融资产以外，企业还可以用暂时闲置的资金到证券市场购买股票和债券，并在需要资金的时候再将这些短期金融资产出售变现。

9.4.3 短期金融资产的投资组合决策

为了更好实现持有短期金融资产的两个目的，企业在投资短期金融资产时必须充分考虑短期金融资产的到期日、现金流及风险水平，在不同到期日、不同风险水平的短期金融资产之间构造均衡的投资组合，从而既保证流动性的需要，又能够谋取更多收益。人们经过长期的投资实践，总结出许多投资组合方法，常用的方法主要有以下几种。

1. 三分组合模式

在西方一些发达国家，比较流行的投资组合三分法是：1/3的资金存入银行以备不时之需；1/3的资金投资于债券、股票等有价证券；1/3的资金投资于房地产等不动产。同样，投资于有价证券的资金也要进行三分，即1/3投资于风险较大的有发展前景的成长性股票；1/3投资于安全性较高的债券或优先股等有价证券；1/3投资于中等风险的有价证券。

2. 风险与报酬组合模式

证券的风险大小可以分为不同的等级，报酬也有高低之分。投资者可以测定出自己期望的投资报酬率和所能承受的风险程度，然后，在市场中选择相应风险和报酬的证券作为投资组合。一般来说，在选择证券进行投资组合时，同等风险的证券，应尽可能选择报酬高的；同等报酬的证券，应尽可能选择风险小的，并且要尽可能选择一些风险呈负相关的证券进行投资组合，以便分散掉证券投资的非系统性风险。

3. 期限搭配组合模式

期限搭配组合模式就是根据企业不同时期的现金流量模式和规律，对短期金融资产的期限进行搭配，进行长、中、短期相结合的投资组合。投资者对现金的需求总是有先有后，长期不用的资金可以进行长期投资，以获得较大的投资收益，近期就可能要使用的资金，最好投资于风险较小、易于变现的有价证券。同时，通过期限搭配，还可以使现金流入与流出的时间尽可能接近，从而降低由于到期日不同而造成的机会成本。

9.5 应收账款管理

应收账款是企业短期资产的一个重要项目。在高度集中的计划经济体制下，应收账款在短期资产中所占比重不大，不是管理重点。这些年来，随着市场经济的发展，商业信用的推行，企业应收账款数额明显增多，已成为短期资产管理中一个日益重要的问题。

9.5.1 应收账款的功能、成本与管理目标

企业提供商业信用，采取赊销、分期收款等销售方式，可以扩大销售、增加利润。但应收账款的增加，也会造成资本成本、坏账损失等费用的增加。应收账款管理的基本目标，就是在充分发挥应收账款功能的基础上，降低应收账款投资的成本，使提供商业信用、扩大销售所增加的收益大于相关的各项费用。

1. 应收账款的功能

应收账款的功能是指它在生产经营中的作用。主要有以下两个方面：

（1）增加销售的功能。在市场竞争比较激烈的情况下，赊销是促进销售的一种重要方式。进行赊销的企业，实际上是向顾客提供了两项交易：1）向顾客销售产品；2）在一个有限的时期内向顾客提供资金。虽然赊销仅仅是影响销售量的因素之一，但在银根紧缩、市场疲软、资金匮乏的情况下，赊销的促销作用是十分明显的，特别是在企业销售新产品、开拓新市场时，赊销更具有重要的意义。

（2）减少存货的功能。企业持有产成品存货，要追加管理费、仓储费和保险费等支出；相反，企业持有应收账款，就不需要上述支出。因此，无论是季节性生产企业还是非季节性生产企业，当产成品存货较多时，一般都可采用较为优惠的信用条件进行赊销，把存货转化为应收账款，减少产成品存货，节约各种支出。

2. 应收账款的成本

持有应收账款，也要付出一定的代价。应收账款的成本包括：

（1）应收账款的机会成本。企业资金如果不投放于应收账款，便可用于其他投资并获得收益，如投资于有价证券便会有利息收入。这种因投放于应收账款而放弃的其他收入，即为应收账款的机会成本，这种成本一般按有价证券的利息计算。

（2）应收账款的管理成本。主要包括：1）调查顾客信用情况的费用；2）收集各种信息的费用；3）账簿的记录费用；4）收账费用；5）其他费用。

（3）应收账款的坏账成本。应收账款因故不能收回而发生的损失，就是坏账成本。此项成本一般与应收账款的数量成正比。

3. 应收账款的管理目标

应收账款管理的基本目标是：通过应收账款管理发挥应收账款强化竞争、扩大销售的功能，同时，尽可能降低应收账款投资的机会成本、坏账损失与管理成本，最大限度地提高应收账款投资的效益，如图9—8所示。

9.5.2 应收账款政策的制定

应收账款政策又称信用政策，是企业财务政策的一个重要组成部分。企业要管好用好应收账款，必须事先制定合理的信用政策，主要包括信用标准、信用条件和收账政策三部分。

1. 信用标准

信用标准（credit standard）是指企业同意向顾客提供商业信用而提出的基本要求。通常以预期的坏账损失率作为判别标准。如果企业的信用标准较严，只对信誉很好、坏账损失率很低的顾客给予赊销，则会减少坏账损失，减少应收账款的机会成本，但这可能不利于扩大销售量，甚至会使销售量减少；反之，如果信用标准较宽，

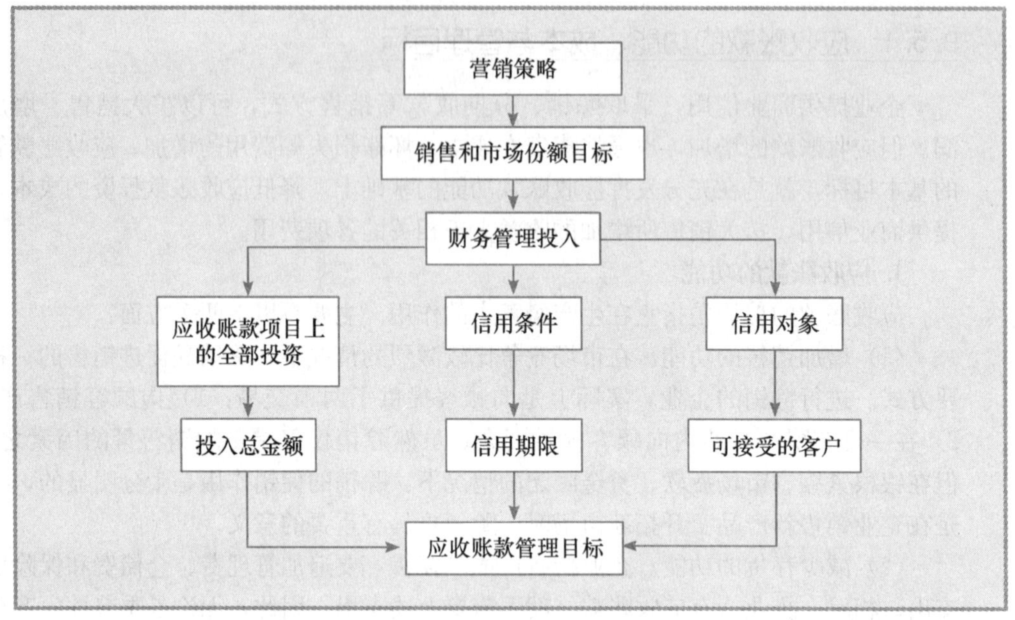

图 9—8 应收账款的管理体系

虽然会增加销售，但会相应增加坏账损失和应收账款的机会成本。企业应根据具体情况进行权衡。

例 9—7

恒远公司在当前信用政策下的经营情况如表 9—11 所示。

表 9—11 恒远公司在当前信用政策下的经营情况

项 目	数 据
S_0：销售收入（元）	100 000
P'：销售利润率（%）	20
$\overline{C}_0$：平均收现期（天）	45
$\overline{B}_0$：平均坏账损失率（%）	6
R_0：应收账款占用资金的机会成本率（%）	15

恒远公司准备对信用标准进行修订，提出 A、B 两个方案。预计两个方案下销售收入和应收账款可能发生的变化如表 9—12 所示。

表 9—12 恒远公司备选的两种信用标准

项 目	方案 A（较紧的信用标准）	方案 B（较松的信用标准）
销售收入	减少 10 000 元	增加 15 000 元
收现期	销售收入减少部分的平均收现期为 90 天，剩余 90 000 元的平均收现期降为 40 天	销售收入增加部分的平均收现期为 75 天，原 100 000 元的平均收现期仍为 45 天
坏账损失率	销售收入减少部分的坏账损失率为 8.7%，剩余 90 000 元的平均坏账损失率降为 5.7%	销售收入增加部分的坏账损失率为 12%，原 100 000 元的平均坏账损失率仍为 6%

为了评价备选的两种信用标准的优劣，必须计算两个方案各自将产生的收益和成本，并对两个方案所能产生的净收益进行比较。现分别对两个方案进行测算，详见表 9—13。

表 9—13　恒远公司备选的两种信用标准测算结果*　单位：元

项　目	方案 A（较紧的信用标准）	方案 B（较松的信用标准）
销售利润	$P_A=(S_0+\Delta S_A)\times P'$ $=(100\,000-10\,000)\times 20\%$ $=18\,000$	$P_B=(S_0+\Delta S_B)\times P'$ $=(100\,000+15\,000)\times 20\%$ $=23\,000$
应收账款机会成本	$I_A=\left[(S_0+\Delta S_A)\times\frac{\bar{C}_A}{360}\right]\times R_0$ $=(100\,000-10\,000)\times 15\%\times\frac{40}{360}$ $=1\,500$	$I_B=\left[(S_0+\Delta S_B)\times\frac{\bar{C}_B}{360}\right]\times R_0$ $=\left(100\,000\times\frac{45}{360}+15\,000\times\frac{75}{360}\right)\times 15\%$ $=2\,344$
坏账损失	$K_A=(S_0+\Delta S_A)\times\bar{B}_A$ $=(100\,000-10\,000)\times 5.7\%$ $=5\,130$	$K_B=(S_0+\Delta S_B)\times\bar{B}_B$ $=100\,000\times 6\%+15\,000\times 12\%$ $=7\,800$
净收益	$P_{mA}=P_A-I_A-K_A$ $=18\,000-1\,500-5\,130$ $=11\,370$	$P_{mB}=P_B-I_B-K_B$ $=23\,000-2\,344-7\,800$ $=12\,856$

* 计算过程采用四舍五入的取整结果。

以上计算表明，采用较宽松的信用标准，即方案 B，能使恒远公司获得较多的净收益，因此应当采用方案 B。

表 9—13 对 A、B 两种信用政策各自可能产生的净收益进行了计算，并在比较二者净收益的基础上进行决策，这种方法通常也被称为“总量法”。另一种常用的决策方法是“增量法”，即通过比较不同信用政策所产生的增量收益来得出结论。① 在这种情况下，通常需要测算如下几个项目的变化情况：(1) 信用标准变化对销售利润的影响；(2) 应收账款机会成本的变化；(3) 坏账成本的变化；(4) 管理成本的变化(上例中这项成本忽略不计)。

2. 信用条件

信用条件是指企业要求顾客支付赊销款项的条件，包括信用期限、折扣期限和现金折扣。信用期限是企业为顾客规定的最长付款时间，折扣期限是为顾客规定的可享受现金折扣的付款时间，现金折扣是在顾客提前付款时给予的优惠。例如，账单中的“2/10，n/30”就是一项信用条件，它规定如果在发票开出后 10 天内付款，可享受 2%的现金折扣；如果不想取得折扣，这笔货款必须在 30 天内付清。在这里，30 天为信用期限；10 天为折扣期限；2%为现金折扣。

提供比较优惠的信用条件能增加销售量，但也会带来额外的负担，如会增加应收账款机会成本、坏账成本、现金折扣成本等。

现举例说明信用条件变化的影响。

① 读者可尝试采用增量法进行计算。

例 9—8

以表 9—11 中的恒远公司的经营情况为例，设恒远公司要改变信用条件，可供选择的 A、B 两种方案详见表 9—14。

表 9—14 恒远公司备选的两种信用条件下的有关资料

项 目	A 方案	B 方案
信用条件	n/45	2/10，n/30
销售收入	增加 20 000 元	增加 30 000 元
平均收现期	60 天	30 天
坏账损失率	全部销售收入的平均坏账损失率为 8%	全部销售收入的平均坏账损失率为 4%
折扣收入百分比	需付现金折扣的销售收入占总销售收入的百分比为 0	需付现金折扣的销售收入占总销售收入的百分比为 50%

根据表 9—11 和表 9—14 的有关资料，分别测算两种信用条件对销售利润和各种成本的影响，如表 9—15 所示。从表 9—15 的计算中可以看出，采用方案 B 带来的收益比较多，故应采用方案 B。①

表 9—15 恒远公司可供选择的 A、B 两种信用条件方案测算结果 单位：元

项 目	A 方案	B 方案
信用条件变化对销售利润的影响	$\Delta P_A=\Delta S_A\times P'$ $=20\,000\times 20\%=4\,000$	$\Delta P_B=\Delta S_B\times P'$ $=30\,000\times 20\%=6\,000$
信用条件变化对应收账款机会成本的影响	$\Delta I_A=\left(S_0\times\frac{\overline{C}_A-\overline{C}_0}{360}+\Delta S_A\times\frac{\overline{C}_A}{360}\right)\times R_0$ $=\left(100\,000\times\frac{60-45}{360}+20\,000\times\frac{60}{360}\right)$ $\times 15\%$ $=1\,125$	$\Delta I_B=\left(S_0\times\frac{\overline{C}_B-\overline{C}_0}{360}+\Delta S_B\times\frac{\overline{C}_B}{360}\right)\times R_0$ $=\left(100\,000\times\frac{30-45}{360}+30\,000\times\frac{30}{360}\right)$ $\times 15\%$ $=-250$
现金折扣成本的变化情况	$\Delta D_{mA}=0$	$\Delta D_{mB}=(S_0+\Delta S_B)\times D_B\times 2\%$ $=(100\,000+30\,000)\times 50\%\times 2\%$ $=1\,300$
信用条件变化对坏账损失的影响	$\Delta K_A=\Delta S_A\times\overline{B}_A+S_0\times(\overline{B}_A-\overline{B}_0)$ $=20\,000\times 8\%+100\,000\times(8\%-6\%)$ $=3\,600$	$\Delta K_B=\Delta S_B\times\overline{B}_B+S_0\times(\overline{B}_B-\overline{B}_0)$ $=30\,000\times 4\%+100\,000\times(4\%-6\%)$ $=-800$
信用政策变化产生的净收益	$\Delta P_{mA}=\Delta P_A-\Delta I_A-\Delta D_{mA}-\Delta K_A$ $=4\,000-1\,125-0-3\,600$ $=-725$	$\Delta P_{mA}=\Delta P_B-\Delta I_B-\Delta D_{mB}-\Delta K_B$ $=6\,000-(-250)-1\,300-(-800)$ $=5\,750$

3. 收账政策

收账政策是指信用条件被违反时，企业所采取的收账策略。企业如果采用较积极的收账政策，可能会减少应收账款投资，减少坏账损失，但会增加收账成本。如果采用较消极的收账政策，则可能会增加应收账款投资，增加坏账损失，但会减少收账费用。在实际工作中，可参照测算信用标准、信用条件的方法来制定信用政策。

① 此处仅给出增量法的计算结果，读者可尝试采用总量法进行计算。

一般而言，收账费用支出越多，坏账损失越少，但这两者并不一定存在线性关系。通常情况是：(1) 开始花费一些收账费用，应收账款和坏账损失有小部分降低；(2) 收账费用继续增加，应收账款和坏账损失明显减少；(3) 收账费用达到某一限度后，应收账款和坏账损失的减少就不再明显了，这个限度称为饱和点（见图 9—9 中的点 P）。在制定信用政策时，应权衡增加收账费用与减少应收账款机会成本和坏账损失之间的得失。

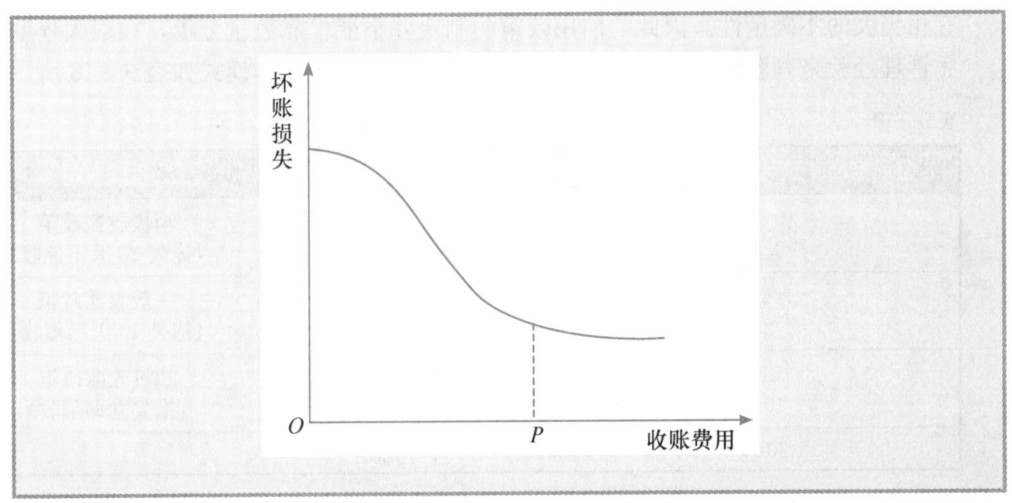

图 9—9　收账费用与坏账损失的关系图

例 9—9

新宇公司在不同收账政策条件下的有关资料如表 9—16 所示。

表 9—16　新宇公司在不同收账政策下的有关资料

项　目	现行收账政策	建议收账政策
年收账费用（元）	10 000	15 000
应收账款平均收现期（天）	60	30
坏账损失率（%）	4	2

该企业当年销售额为 1 200 000 元（全部赊销），收账政策对销售收入的影响忽略不计。该企业应收账款的机会成本率为 10%。现根据以上资料进行计算，如表 9—17 所示。

表 9—17　新宇公司不同收账政策的效果对比　单位：元

序号	项　目	现行收账政策	建议收账政策
1	年销售收入	1 200 000	1 200 000
2	应收账款周转次数	6	12
3	应收账款平均占用额	200 000	100 000
4	建议收账政策节约的机会成本	—	10 000
5	坏账损失	48 000	24 000
6	建议政策减少坏账成本	—	24 000
7	两项节约合计（7=4+6）	—	34 000
8	按建议政策增加收账费用	—	5 000
9	建议政策可获收益（9=7−8）	—	29 000

按建议收账政策可获收益 29 000 元，故应采用建议收账政策。

4. 综合信用政策

前面分析的是单项信用政策，但要制定最优的信用政策，应将信用标准、信用条件、收账政策结合起来，考虑信用标准、信用条件、收账政策的综合变化对销售额、应收账款机会成本、坏账成本和收账成本的影响，决策的原则仍是赊销的总收益应大于因赊销带来的总成本。综合决策的计算相当复杂，计算中的几个变量都是预计的，有相当大的不确定性。因此，信用政策的制定并不能仅靠数量分析，在很大程度上要凭管理经验来判断决定。制定综合信用政策时应考虑的基本模式如表 9—18 所示。

表 9—18 综合信用政策的基本模式

信用标准：预计坏账损失率（%）	信用条件	收账政策
0～0.5 0.5～1	从宽信用条件 （60 天付款）	消极收账政策 （拖欠 20 天不催收）
1～2 2～5	一般信用条件 （45 天付款）	一般收账政策 （拖欠 10 天不催收）
5～10 10～20	从严信用条件 （30 天付款）	积极收账政策 （拖欠立即催收）
20 以上	不予赊销	—

企业信用政策确定后，便可根据信用政策和预计的销售收入等指标来计算确定应收账款占用资金的数额。

例 9—10

新宇公司 2009 年计划销售收入为 8 000 万元，预计有 75%为赊销，应收账款的平均收现期为 45 天，则 2009 年度该公司应收账款平均占用资金的数额为：

$$\frac{8\,000\times75\%\times45}{360}=750(\text{万元})$$

企业应根据应收账款占用资金的情况，合理安排资金来源，保证生产经营对资金的需求。

9.5.3 应收账款的日常控制

信用政策建立以后，企业要做好应收账款的日常控制工作，进行信用调查和信用评价，以确定是否同意顾客赊欠货款，当顾客违反信用条件时，还要做好账款催收工作。

1. 企业的信用调查

对顾客的信用进行评价是应收账款日常管理的重要内容。只有正确地评价顾客的信用状况，才能合理地执行企业的信用政策。要合理地评价顾客的信用，必须对顾客信用进行调查，搜集有关的信息资料。信用调查有两类：

（1）直接调查。直接调查是指调查人员直接与被调查单位接触，通过当面采访、询问、观看、记录等方式获取信用资料的一种方法。直接调查能保证搜集资料的准确性和及时性，但如果被调查单位拒绝合作，则会使调查资料不完整。

（2）间接调查。间接调查是以被调查单位以及其他单位保存的有关原始记录和核算资料为基础，通过加工整理获得被调查单位信用资料的一种方法。这些资料主要来自：

1）财务报表。有关单位的财务报表是信用资料的重要来源。通过财务报表分析，基本上能掌握一个企业的财务状况和盈利状况。

2）信用评估机构。许多国家都有信用评估的专门机构，定期发布有关企业的信用等级报告，如邓白氏（Dun & Bradstreet）就是美国一家著名的信用评估机构。

我国的信用评估机构目前有三种形式：a. 独立的社会评估机构，它们只根据自身的业务吸收有关专家参加，不受行政干预和集团利益的牵制，独立自主地开办信用评估业务；b. 政策性银行负责组织的评估机构，一般由银行有关人员和各部门专家进行评估；c. 由商业银行组织的评估机构，由商业银行组织专家对其客户进行评估。

在评估等级方面，目前主要有两种：a. 采用三类九级制（即把企业的信用情况分为 AAA，AA，A，BBB，BB，B，CCC，CC，C 九级，AAA 为最优等级，C 为最差等级）；b. 采用三级制（即分成 AAA，AA，A）。专门的信用评估部门通常评估方法先进，评估调查细致，评估程序合理，可信度较高。

3）银行。银行是信用资料的一个重要来源，许多银行都设有信用部为其顾客提供服务。但银行的资料一般仅愿在同业之间交流，而不愿向其他单位提供。因此，如果外地有一笔较大的买卖，需要了解顾客的信用状况，最好通过当地开户银行，向其征询有关信用资料。

4）其他。如财税部门、消费者协会、工商管理部门、企业的上级主管部门、证券交易部门等。另外，书籍、报纸、杂志等也可提供有关顾客的信用情况。

2. 企业的信用评估

搜集好信用资料后，要对这些资料进行分析，并对顾客信用状况进行评估。

信用评估的方法很多，这里介绍两种常见的方法：5C 评估法和信用评分法。

（1）5C 评估法。5C 评估法是指重点分析影响信用的五个方面的一种方法。这五个方面是品德（character）、能力（capacity）、资本（capital）、抵押品（collateral）和情况（conditions），其英文的第一字母都是 C，故称为 5C 评估法。

1）品德。品德是指顾客愿意履行其付款义务的可能性。顾客是否愿意尽自己最大努力来归还货款，直接决定着账款的回收速度和数量。在信用评估中，品德因素是最重要的因素。

2）能力。能力是指顾客偿还货款的能力。这主要根据顾客的经营规模和经营状况来判断。

3）资本。资本是指一个企业的财务状况。这主要根据有关的财务比率来判断。

4）抵押品。抵押品是指顾客能否为获取商业信用提供担保资产。如有担保资产，则对顺利收回货款比较有利。

5）情况。情况是指一般的经济情况对企业的影响，或某一地区的一些特殊情况对顾客偿还能力的影响。

通过以上五个方面的分析，便基本上可以判断顾客的信用状况，为最后决定是否向顾客提供商业信用做好准备。

（2）信用评分法。信用评分法是先对一系列财务比率和信用情况指标进行评分，然后进行加权平均，得出顾客综合的信用分数，并以此进行信用评估的一种方法。进行信用评分的基本公式为：

$$Y = a_1x_1 + a_2x_2 + a_3x_3 + \cdots + a_nx_n = \sum_{i=1}^{n} a_ix_i \quad (9—7)$$

式中，Y 表示某企业的信用评分；a_i表示事先拟定的对第 i 种财务比率和信用品质进行加权的权数 $\left(\sum_{i=1}^{n} a_i = 1\right)$；$x_i$表示第 i 种财务比率和信用品质的评分。

现以新宇公司为例来说明这种方法。具体情况如表 9—19 所示。

表 9—19　　新宇公司的信用情况评分表

项　目	财务比率和信用品质 (1)	分数(x_i) 0～100 (2)	预计权数(a_i) (3)	加权平均数(a_ix_i) (4)=(2)×(3)
流动比率	1.9	90	0.20	18.00
资产负债率	50%	85	0.10	8.50
净资产收益率	15%	85	0.10	8.50
信用评估等级	AA	85	0.25	21.25
信用记录	一般	75	0.25	18.75
未来发展预计	一般	75	0.05	3.75
其他因素	好	85	0.05	4.25
合计	—	—	1.00	83.00

在表 9—19 中，第（1）栏是根据搜集来的资料及分析确定的；第（2）栏是根据第（1）栏的资料确定的；第（3）栏是根据财务比率和信用品质的重要程度确定的。

在采用信用评分法进行信用评估时，分数在 80 分以上者，说明企业信用状况良好；分数在 60～80 分者，说明信用状况一般；分数在 60 分以下者，则说明信用状况较差。

3. 监控应收账款

由于投资规模相当大，应收账款的监控相当重要。如果应收账款质量惊人的高或低，就会产生几个相关的问题：公司的信用标准太高还是太低？总的经济状况的变化是否影响了顾客的信誉？评估制度是否发生了根本性错误？

在任何情况下，有关应收账款恶化的提早警告，都可以促使企业采取行动以阻止进一步恶化。相反，有关应收账款质量提高的提早暗示，则可能激励企业在应收账款政策上更富有进取性。

企业控制应收账款的最好方法是拒绝向具有潜在风险的客户赊销商品，或在某些情况下，特别是对耐用消费品的销售，可将赊销的商品作为附属担保品进行有担保销售。对于已发生的应收账款，则必须加强收账工作的管理，及时了解账款回收情况，根据客户偿付货款的不同情况作出反应，这主要通过账龄分析、观察应收账款平均账龄等来实现。

（1）账龄分析表。账龄分析表是在把所有的应收账款按账龄分为几类后，显示每一类的总数额和所占比例的表格，它勾画出了没有收回的应收账款的质量。这种表格通常将应收账款按账龄分为 0～30 天、30～60 天、60～90 天和 90 天以上等几个层次分别列示。

例 9—11

2008 年 12 月 31 日，恒远公司将第四季度所有尚未收到货款的销售发票进行了汇总，如表 9—20 所示。现根据表 9—20 编制恒远公司的账龄分析表。

表 9—20　恒远公司 2008 年第四季度的应收账款明细列表

10 月		11 月		12 月	
销售日期	金额（元）	销售日期	金额（元）	销售日期	金额（元）
10 月 15 日	2 100	11 月 2 日	500	12 月 4 日	1 500
10 月 23 日	2 300	11 月 12 日	1 000	12 月 5 日	2 100
10 月 29 日	1 000	11 月 19 日	1 500	12 月 6 日	1 900
10 月 30 日	900	11 月 21 日	900	12 月 9 日	500
		11 月 22 日	1 100	12 月 11 日	1 200
		11 月 26 日	1 200	12 月 14 日	700
		11 月 27 日	1 800	12 月 15 日	600
		11 月 28 日	600	12 月 19 日	900
				12 月 25 日	1 000
				12 月 27 日	500
				12 月 28 日	1 200
合　计	6 300	合　计	8 600	合　计	12 100

12 月发生的应收账款账龄为 0～30 天，11 月发生的应收账款账龄为 30～60 天，10 月发生的应收账款账龄为 60～90 天，因此，恒远公司的应收账款账龄分析表如 9—21 所示。

表 9—21　恒远公司的账龄分析表

账　龄	金额（元）	百分比（%）
0～30 天	12 100	44.82
30～60 天	8 600	31.85
60～90 天	6 300	23.33
90 天以上	0	
合　计	27 000	100.00

账龄分析表能够反映出企业所提供的信用条件、顾客的付款习惯以及最近的销售趋势。如果企业改变其信用条件，如延长顾客的信用期限，账龄分析表则会对这一变化做出反应。如果顾客的付款速度加快，则时间最近的那一类应收账款的百分比会增加，而时间较远的应收账款的百分比会下降。同样，企业销售收入的变化也会影响账龄分析表。如果当月的销售收入增加，账龄为 0～30 天的应收账款的比例将增加；相反，当月的销售收入下降有可能减少账龄为 0～30 天的应收账款的比例。

（2）应收账款平均账龄。除了账龄分析表外，财务经理常常计算应收账款平均账龄，即该企业的所有未得到清偿的应收账款的平均账龄。对应收账款平均账龄的计算有两种普遍采用的方法。

第一种方法是计算所有个别的没有清偿的发票的加权平均账龄。使用的权数是个别的发票金额占应收账款总额的比例。

另一种简化的方法是利用账龄分析表。这里，假设账龄在0～30天的所有应收账款账龄为15天（0天和30天的中点），账龄为30～60天的应收账款账龄为45天，而账龄为60～90天的所有应收账款账龄为75天。于是，通过采用15、45和75的加权平均数，就能够计算出平均账龄，权数是账龄为0～30天、30～60天、60～90天的应收账款占全部应收账款的比例。

例9—12

根据表9—21，计算恒远公司应收账款的平均账龄。

应收账款平均账龄＝15×44.82％＋45×31.85％＋75×23.33％
＝38.5(天)

4. 催收拖欠款项

企业对不同过期账款的收款方式，包括准备为此付出的代价，构成其收账政策，这是信用管理中重要的一个方面。一般的方式是：对过期较短的客户，不宜过多打扰，以免以后失去市场；对过期稍长的客户，可写信催款；对过期很长的顾客，则频繁催款，且措辞严厉。

由于收取账款的各个步骤都要发生费用，因而收账政策还要在收账费用和所减少的坏账损失之间权衡，这一点在很大程度上要依靠企业管理人员的经验，也可根据应收账款总成本最小化的原理，通过对各收账方案成本大小的比较，确定收账方式。

企业在收款过程中所遵循的一系列特定步骤，取决于账款过期多久、负债的大小和其他因素。典型的收款过程可包括以下步骤：

（1）信件。当账款过期几天时，可以向对方发送“温馨提示”。如果仍然没有收到付款，可以发出1～2封甚至更多的邮件，措辞可以更为严厉和迫切。

（2）电话。在送出最初的几封信后，给顾客打电话。如果顾客有财务上的困难，可能找出折中的办法。收回一部分货款要比完全收不回来好些。

（3）个人拜访。促成这笔销售的销售人员可以拜访顾客，请求付款。除销售人员外，还可以派出其他的特别收款员。

（4）收款机构。可以把应收账款交由专门催收过期账款的收款机构负责。收款机构一般要收费，比如收取所收回账款的一半，并且它们所收回的仅是它们所追讨的账款的一部分。因此，企业的应收账款可能遭受较大比例的损失。

（5）诉讼程序。如果账款数额相当大，可以通过法律途径来解决。

对应收账款的催收要遵循几个原则：收款努力的顺序应该是从成本最低的手段开始，只有在前面的方法失败后才继续采用成本较高的方法；早期的收款接触要友好，语气也弱一些，后来的联系则可以逐渐严厉；收款决策遵循成本收益原则，一旦继续收款的努力所产生的现金流量小于继续收款所追加的成本，那么，停止向顾客追讨是正确的决策。

9.6 存货规划及控制

企业存货占短期资产的比重较大，一般为 40%～60%。存货利用的好坏，对企业财务状况的影响极大。因此，加强存货的规划与控制，使存货保持在最优水平，便成为财务管理的一项重要内容。

9.6.1 存货的概念、功能与成本

进行存货管理的主要目的是控制存货水平，在充分发挥存货功能的基础上，降低存货成本。

1. 存货的概念与功能

存货包括各类材料、商品、在产品、半成品、产成品等，可以分为三大类：原材料存货、在产品存货和产成品存货。

存货的功能是指存货在生产经营过程中的作用，具体包括：

（1）储存必要的原材料和在产品，可以保证生产正常进行。生产过程中所需要的原材料，是生产中必需的物质资料。为了保证生产顺利进行，必须适当地储备一些材料。尽管有些企业自动化程度很高，并借助电脑加强管理，提出了“零存货”的管理目标，但要完全达到这一目标并非易事。存货在生产不均衡和商品供求关系波动时，可起到缓和矛盾的作用。即使生产能按事先规定好的程序来进行，但要每天都采购材料也不现实，经济上也不一定合算。所以，为了保证生产正常进行，储存适当的原材料是必需的。出于同样的原因，在产品也需要保持一定的储备。

（2）储备必要的产成品，有利于销售。企业的产品，一般不是生产一件出售一件，而是要组织成批生产、成批销售才经济合算。这是因为：一方面，顾客为节约采购成本和其他费用，一般要成批采购；另一方面，为了达到运输上所需要的最低批量，也应组织成批发运。此外，为了应对市场上突然到来的需求，也应适当储存一些产成品。

（3）适当储存原材料和产成品，便于组织均衡生产，降低产品成本。有的企业生产的产品属于季节性产品，有的企业产品需求很不稳定。如果根据需求状况时高时低地进行生产，有时生产能力可能得不到充分利用，有时又会出现超负荷生产，这些情况都会使生产成本提高。为了降低生产成本，实行均衡生产，就要储备一定的产成品存货，也要相应地保持一定的原材料存货。

（4）留有各种存货的保险储备，可以防止意外事件造成的损失。在采购、运输、生产和销售过程中，都可能发生意外事故，保持必要的存货保险储备，可避免或减少损失。

2. 存货的成本

要持有一定数量的存货，必定会有一定的成本支出。存货成本有以下几项：

（1）采购成本。采购成本由买价、运杂费等构成。采购成本一般与采购数量成正比例变化。为降低采购成本，企业应研究材料的供应情况，货比三家，价比三家，争取采购质量好、价格低的材料物资。

(2) 订货成本。订货成本是指为订购材料、商品而发生的成本。订货成本一般与订货的数量无关，而与订货的次数有关。企业要想降低订货成本，需要大批量采购，以减少订货次数。

(3) 储存成本。储存成本是指在物资储存过程中发生的仓储费、搬运费、保险费、占用资金支付的利息费等。一定时期内的储存成本总额，等于该时期内平均存货量与单位储存成本之积。企业要想降低储存成本，则需要小批量采购，以减少储存数量。

此外，企业还应考虑由于物资储存过多、时间过长而发生的变质与毁损的损失，以及由于物资储存过少不能满足生产和销售的需要而造成的损失。

9.6.2 存货规划

存货规划所要解决的主要问题是，企业怎样采购存货？这包括两个方面的内容，一是应当订购多少存货；二是应当在何时开始订货。进行有效的存货规划对于维持正常生产经营、合理控制资金占用水平、降低营运成本具有重要意义。

1. 经济批量

经济批量（economic order quantity，EOQ）又称经济订货量，是指一定时期储存成本和订货成本总和最低的采购批量。

从前述存货成本的构成可以发现，储存成本和订货成本与订货量之间具有相反的关系。订购批量越大，企业储存的存货就越多，这会使存货储存成本上升；与此同时，由于订货次数减少，总订货成本将会降低。反之，降低订购批量能够降低储存成本，但由于订货次数增加，订货成本将会上升。图 9—10 对两种成本与订货量之间的关系进行了描述。可见，随着订购批量的变化，这两种成本此消彼长。确定经济批量的目的，就是要寻找使这两种成本之和最小的订购批量，也即图 9—10 中的 Q^* 点。

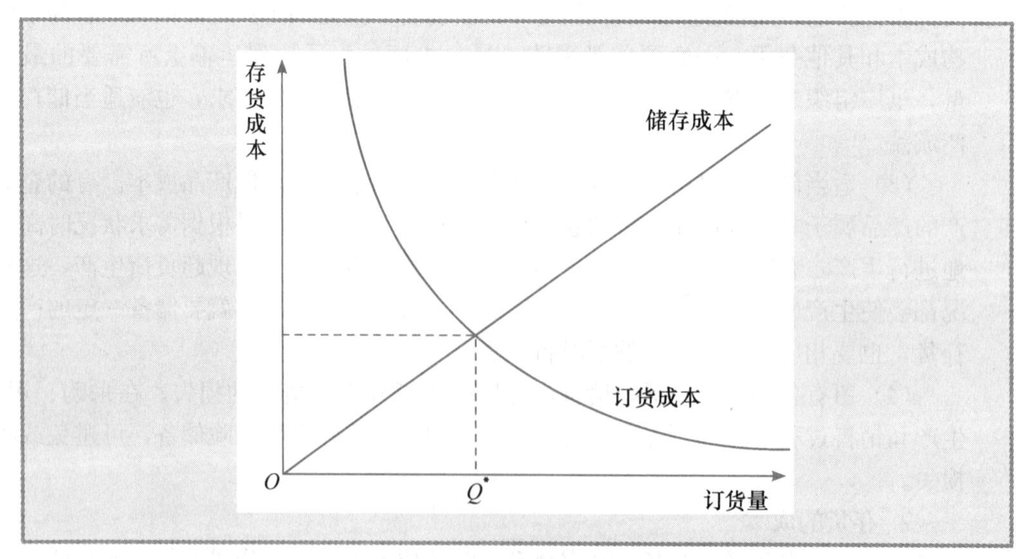

图 9—10　存货成本与订货量之间的关系

(1) 基本经济批量模型。基本经济批量模型假设：

1) 能够及时补充存货，即企业在有订货需求时能够立即购得足够存货；

2）所订购的全部存货能够一次到位，不需陆续入库；

3）没有缺货成本；

4）没有固定订货成本和固定储存成本；

5）需求量稳定且能准确预测；

6）存货供应稳定且单价不变；

7）企业现金充足，不会因为现金短缺而影响进货。

在上述假设的基础上，令 A 表示全年需求量，Q 表示每批订货量，F 表示每批订货成本，C 表示每件存货的年储存成本。则有

$$\text{订购批数}=\frac{A}{Q} \tag{9—8}$$

$$\text{平均库存量}=\frac{Q}{2} \tag{9—9}$$

$$\text{订货成本}=F\times\frac{A}{Q} \tag{9—10}$$

$$\text{储存成本}=C\times\frac{Q}{2} \tag{9—11}$$

$$\text{总成本（}T\text{）}=F\times\frac{A}{Q}+C\times\frac{Q}{2} \tag{9—12}$$

令式（9—11）的一阶导数等于 0，即

$$T'=\left(F\times\frac{A}{Q}+C\times\frac{Q}{2}\right)'=\frac{C}{2}-\frac{AF}{Q^2}=0$$

可得

$$\text{经济批量（}Q\text{）}=\sqrt{\frac{2AF}{C}} \tag{9—13}$$

$$\text{经济批数}\left(\frac{A}{Q}\right)=\sqrt{\frac{AC}{2F}} \tag{9—14}$$

$$\text{总成本（}T\text{）}=\sqrt{2AFC} \tag{9—15}$$

例 9—13

新宇公司全年需要甲零件 1 200 件，每次订货的成本为 400 元，每件存货的年储存成本为 6 元。计算新宇公司的经济批量。

（1）公式法。最常用的方法是利用上述公式进行计算。

$$\text{经济批量（}Q\text{）}=\sqrt{\frac{2AF}{C}}=\sqrt{\frac{2\times1\,200\times400}{6}}=400(\text{件})$$

$$\text{经济批数}\left(\frac{A}{Q}\right)=\sqrt{\frac{AC}{2F}}=\sqrt{\frac{1\,200\times6}{2\times400}}=3(\text{批})$$

$$\text{总成本（}T\text{）}=\sqrt{2AFC}=\sqrt{2\times1\,200\times400\times6}=2\,400(\text{元})$$

（2）逐批测试法。当企业存货数量较少、业务较为简单时，可以分别采用不同的

订货量逐批测试，由此确定总成本最小的订购批量，如表 9—22 所示。

表 9—22 经济批量逐批测试表

项　目	各种批量					
订购批数（批）	1	2	3	4	5	6
订购批量（件）	1 200	600	400	300	240	200
年储存成本（元）	3 600	1 800	1 200	900	720	600
年订货成本（元）	400	800	1 200	1 600	2 000	2 400
年总成本合计（元）	4 000	2 600	2 400	2 500	2 720	3 000

说明：全年需要量=1 200 件。

从表 9—22 中可见，当每批订货为 400 件，一年订货 3 次时，全年总成本最低，为 2 400 元。因此，新宇公司每次订货 400 件最佳。

(3) 图示法。将不同批量的成本信息以曲线的形式描绘在直角坐标系中，这是更为直观的做法。现根据例 9—13 的资料，将新宇公司的有关数据描绘在直角坐标系中，如图 9—11 所示。

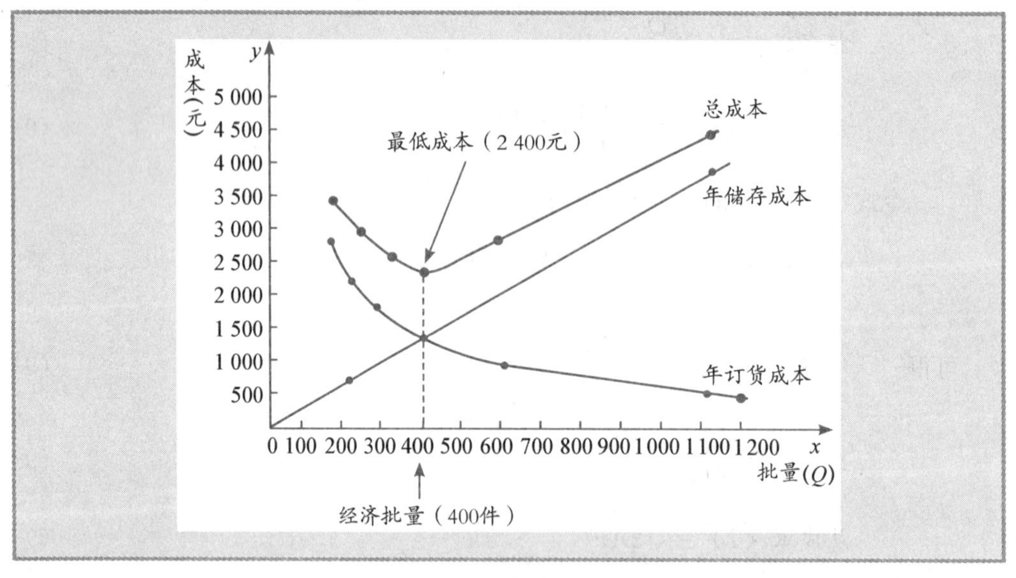

图 9—11 经济批量的图示法

从图 9—11 中可以看出，经济批量也就是总成本曲线的最低点对应的订货量，总成本最低点正好是订货成本线和储存成本线相交处，即经济批量应为 400 件，此时总成本最低，为 2 400 元。

(2) 有数量折扣的经济批量模型。基本经济批量模型假设存货采购单价不随批量而变动。但事实上，许多企业在销售时都有数量折扣，即对大批量采购在价格上给予一定的优惠。在这种情况下，除考虑订货成本和储存成本外，还应考虑采购成本。

例 9—14

承例 9—13 的资料，假设所需零件的每件价格为 10 元，但如果一次订购超过 600 件，可给予 2%的批量折扣，请问应以多大批量订货？

此时如果确定最优订购批量，就要按以下两种情况分别计算三种成本的合计数。

（1）按经济批量采购，不取得数量折扣。在不取得数量折扣，按经济批量采购时的总成本合计应为：

$$\begin{aligned}总成本&=订货成本+储存成本+采购成本\\&=\frac{1\,200}{400}\times 400+\frac{400}{2}\times 6+1\,200\times 10\\&=14\,400(元)\end{aligned}$$

（2）不按经济批量采购，取得数量折扣。如果想取得数量折扣，每批至少应当采购 600 件，此时三种成本的合计为：

$$\begin{aligned}总成本&=订货成本+储存成本+采购成本\\&=\frac{1\,200}{600}\times 400+\frac{600}{2}\times 6+1\,200\times 10\times(1-2\%)\\&=14\,360(元)\end{aligned}$$

将以上两种情况进行对比可知，订购量为 600 件时总成本最低。

2. 再订货点

为了保证生产和销售的正常进行，工业企业必须在材料用完之前订货，商品流通企业必须在商品售完之前订货。那么，究竟在上一批购入的存货还有多少时，订购下一批货物呢？这就是再订货点的控制问题。

再订货点，就是订购下一批存货时本批存货的储存量，图 9—12 对再订货点的操作进行了直观反映。

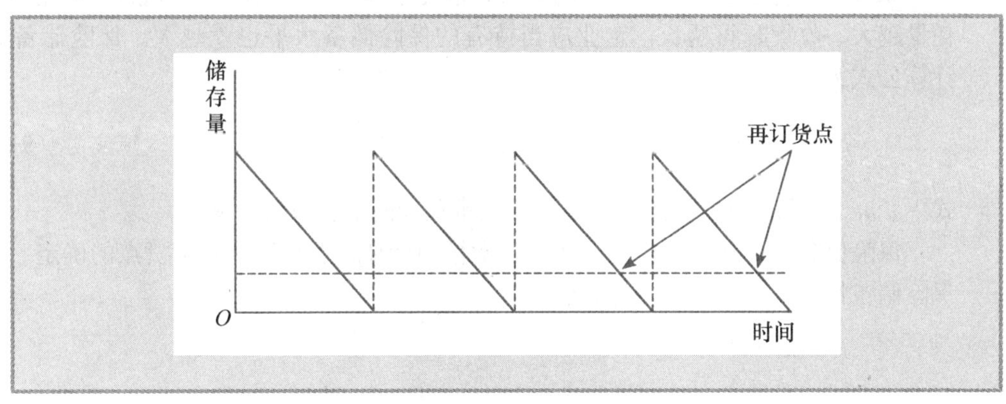

图 9—12　再订货点

要确定再订货点，必须考虑如下因素：（1）平均每天的耗用量，以 n 表示；（2）从发出订单到货物验收完毕所用的时间，以 t 来表示。

再订货点 R 可用下式计算：

$$R=nt \tag{9—16}$$

例 9—15

恒远公司每天正常耗用乙零件为 10 件，订货的提前期为 20 天。计算其再订货点。

再订货点 $R=nt=10\times20=200$（件）

因此，在恒远公司的存货储备量降到 200 件时，应当开始进行存货采购。

3. 保险储备

保险储备（safety stock）又称安全储备，是指为防止存货使用量突然增加或者交货期延误等不确定情况所持有的存货储备，用 S 来表示。保险储备的作用和意义可以用图 9—13 来说明。

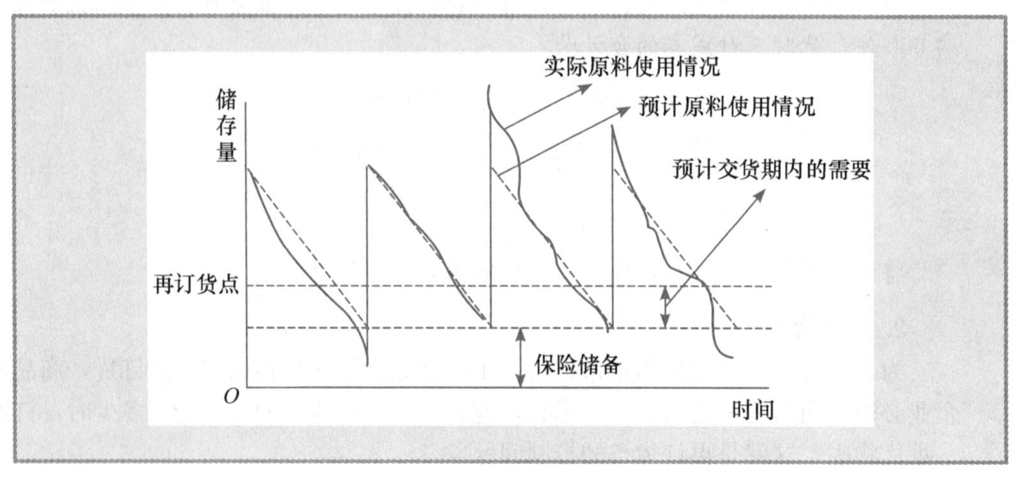

图 9—13 保险储备

保险储备的水平由企业预计的最大日消耗量和最长收货时间所确定，可能的日消耗量越大、收货时间越长，企业应当持有的保险储备水平也就越大。保险储备 S 的计算公式为：

$$S=\frac{1}{2}(mr-nt) \tag{9—17}$$

式中，m 表示预计的最大日消耗量；r 表示预计的最长收货时间。

保险储备的存在不会影响经济订货批量的计算，但会影响再订货点的确定。考虑保险储备情况下的再订货点计算公式为：

$$R=nt+S$$
$$=nt+\frac{1}{2}(mr-nt)=\frac{1}{2}(mr+nt) \tag{9—18}$$

式中符号含义同前。

例 9—16

承例 9—15，预计恒远公司的最大日消耗量为 12 件，预计最长收货时间为 25 天，计算恒远公司的保险储备和再订货点。

保险储备 $S=\frac{1}{2}(mr-nt)$

$=\frac{1}{2}\times(12\times25-10\times20)$

$=50$（件）

$$
\begin{aligned}
\text{再订货点 } R &= nt+S=\frac{1}{2}(mr+nt)\\
&=10\times20+50\\
&=\frac{1}{2}\times(12\times25+10\times20)\\
&=250(\text{件})
\end{aligned}
$$

另外，假设订购批量为 500 件，那么，订货点和储存量变动情况如图 9—14 所示。

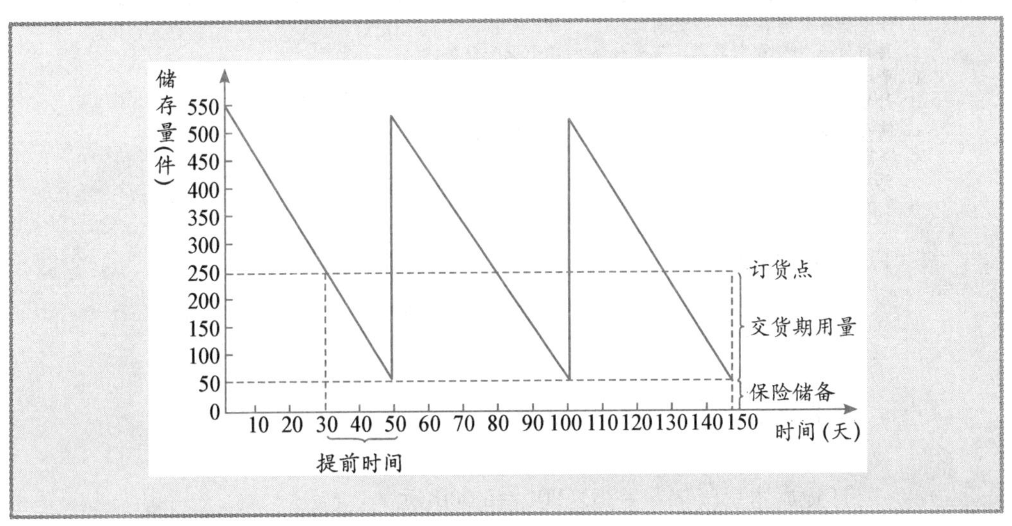

图 9—14　订货点图

4. 考虑不确定性的存货成本

由于企业的生产经营中往往存在一定的不确定性，企业的年度存货成本除了订货成本和储存成本外，还要包括缺货成本，这样，企业的总存货成本就等于以上三种成本之和，即

总成本＝订货成本＋储存成本＋缺货成本　　　　(9—19)

缺货成本可以根据存货中断的概率和相应的存货中断造成的损失计算。保险储备的存在虽然可以减少缺货成本，但增加了储存成本，最优的存货政策就要在这些成本之间权衡，选择使总成本最低的再订货点和保险储备量。

例 9—17

新宇公司每年需要某零配件 10 000 件，订货成本为每次 200 元，储存成本为每件 25 元。公司在交货期内的平均需求量是 40 件。为避免可能的缺货成本，公司准备持有 0～30 件保险储备，并对不同保险储备量下的缺货成本进行了估算（如表 9—23 所示）。计算新宇公司的最优保险储备量和再订货点。

表 9—23　新宇公司不同保险储备水平下存货成本的计算

保险储备[a]（件）	再订货点[b]（件）	平均存货[c]（件）	订货成本[d]（元）	储存成本[e]（元）	缺货成本[f]（元）	总成本[g]（元）
0	40	200	5 000	5 000	2 500	12 500
5	45	205	5 000	5 125	1 250	11 375

续前表

保险储备[a]（件）	再订货点[b]（件）	平均存货[c]（件）	订货成本[d]（元）	储存成本[e]（元）	缺货成本[f]（元）	总成本[g]（元）
10	50	210	5 000	5 250	600	10 850
15	55	215	5 000	5 375	250	10 625
20*	60*	220	5 000	5 500	120	10 620*
25	65	225	5 000	5 625	50	10 675
30	70	230	5 000	5 750	0	10 750

a. 保险储备分布在 0～30 之间。
b. 再订货点＝交货期需求＋保险储备＝40＋保险储备。
c. 平均存货＝1/2×经济批量＋保险储备＝200＋保险储备。
d. 订货成本＝订购批数×单位订货成本＝25×200＝5 000(元)。
e. 储存成本＝平均存货×单位储存成本＝平均存货×25。
f. 缺货成本由公司根据相关资料估算。
g. 总成本＝订货成本＋储存成本＋缺货成本。
* 表示总成本最小的保险储备、再订货点和总成本。

（1）计算订货成本。

$$\text{经济批量}\ Q=\sqrt{\frac{2AF}{C}}=\sqrt{\frac{2\times 10\,000\times 200}{25}}=400(\text{件})$$

$$\text{订货次数}=\frac{A}{Q}=\frac{10\,000}{400}=25(\text{次})$$

$$\text{订货成本}=\frac{A}{Q}\times F=25\times 200=5\,000(\text{元})$$

（2）计算储存成本。

$$\text{平均存货}=S+\frac{1}{2}Q=S+200(\text{件})$$

$$\text{储存成本}=\left(S+\frac{1}{2}Q\right)\times C=25(S+200)(\text{元})$$

（3）计算总成本。根据公司估算情况和上述计算结果，可以将新宇公司不同保险储备水平下的存货成本列示成表 9—23 所示的形式。

从表 9—23 中可以看出，当保险储备为 0 时，预计缺货成本很高，但随着保险储备的增加迅速变小。当保险储备增加所带来的缺货成本下降的幅度大于储存成本上升的幅度时，增加保险储备是有利的，可以降低总成本。但超过一定限度后，保险储备的增加所带来的储存成本增加要大于缺货成本的减少，此时会对总成本产生不利影响。通过逐步测算发现，新宇公司的最小总成本为 10 620 元，最优保险储备为 20 件，最佳再订货点为 60 件。

9.6.3 存货控制

存货控制是指在日常生产经营过程中，按照存货计划的要求，对存货的使用和周转情况进行的组织、调节和监督。

1. 存货的归口分级控制

存货的归口分级控制，是加强存货日常管理的一种重要方法。这一管理方法包括如下三项内容：

（1）在企业管理层领导下，财务部门对存货资金实行统一管理。企业必须加强对存货资金的集中、统一管理，促进供、产、销互相协调，实现资金使用的综合平衡，加快资金周转的速度。财务部门的统一管理主要包括如下几方面工作：1）根据国家财务制度和企业具体情况，制定企业资金管理的各种制度。2）认真测算各种资金占用数额，汇总编制存货资金计划。3）把有关计划指标进行分解，落实到有关单位和个人。4）对各单位的资金使用情况进行检查和分析，统一考核资金的使用情况。

（2）实行资金的归口管理。根据使用资金和管理资金相结合、物资管理和资金管理相结合的原则，每项资金由哪个部门使用，就归哪个部门管理。各项资金归口管理的分工为：1）原材料、燃料、包装物等资金归供应部门管理；2）在产品和自制半成品占用的资金归生产部门管理；3）产成品资金归销售部门管理；4）工具用具占用的资金归工具部门管理；5）修理用备件占用的资金归设备动力部门管理。

（3）实行资金的分级管理。各归口的管理部门要根据具体情况将资金计划指标进行分解，分配给所属单位或个人，层层落实，实行分级管理。具体分解过程为：1）原材料资金计划指标可分配给供应计划、材料采购、仓库保管、整理准备各业务组管理；2）在产品资金计划指标可分配给各车间、半成品库管理；3）成品资金计划指标可分配给销售、仓库保管、成品发运各业务组管理。

2. ABC分类管理

存货ABC分类管理是意大利经济学家巴雷特于19世纪首创的，是一种实际应用较多的方法。经过不断发展和完善，ABC法已经广泛用于存货管理、成本管理和生产管理。

ABC分类管理就是根据一定的标准，按照重要性程度，将企业存货划分为A、B、C三类，分别实行按品种重点管理、按类别一般控制和按总额灵活掌握的存货管理方法。进行存货分类的标准主要有两个：金额标准和品种数量标准，其中金额标准是基本的，品种数量标准仅供参考。划分时按照企业确定的标准，通过列表、计算、排序等具体步骤确定各种物品所属类别。通过对存货进行这样的分类，可以使企业分清主次，采取相应的对策进行经济有效的管理和控制。

运用ABC管理方法一般有如下几个步骤：

（1）计算每一种存货在一定时间内（一般为一年）的资金占用额；

（2）计算每一种存货资金占用额占全部资金占用额的百分比，并按大小顺序排列，编成表格；

（3）根据事先测定好的标准，把最重要的存货划为A类，把一般存货划为B类，把不重要的存货划为C类，并画图表示出来；

（4）对A类存货进行重点规划和控制，对B类存货进行次重点管理，对C类存货只进行一般管理。

例9—18

恒远公司有15种材料，共占用资金500 000元，按占用资金多少顺序排列后，根据上述原则划分成A、B、C三类，如表9—24所示。表9—24中的各类材料资金占用情况可以在图9—15中得到更为直观的反映。

表 9—24　　恒远公司的存货分类控制

材料品种（用编号代替）	占用资金数额（元）	类别	各类存货品种数量（种）	占存货品种总数的比重（%）	各类存货占用资金数量（元）	占存货总资金的比重（%）
1	200 000					
2	100 000		3	20	400 000	80
3	100 000					
4	20 000					
5	20 000					
6	15 000		5	33	80 000	16
7	15 000					
8	10 000					
9	8 000					
10	5 000					
11	3 000					
12	2 000		7	47	20 000	4
13	1 000					
14	800					
15	200					
合计	500 000	—	15	100	500 000	100

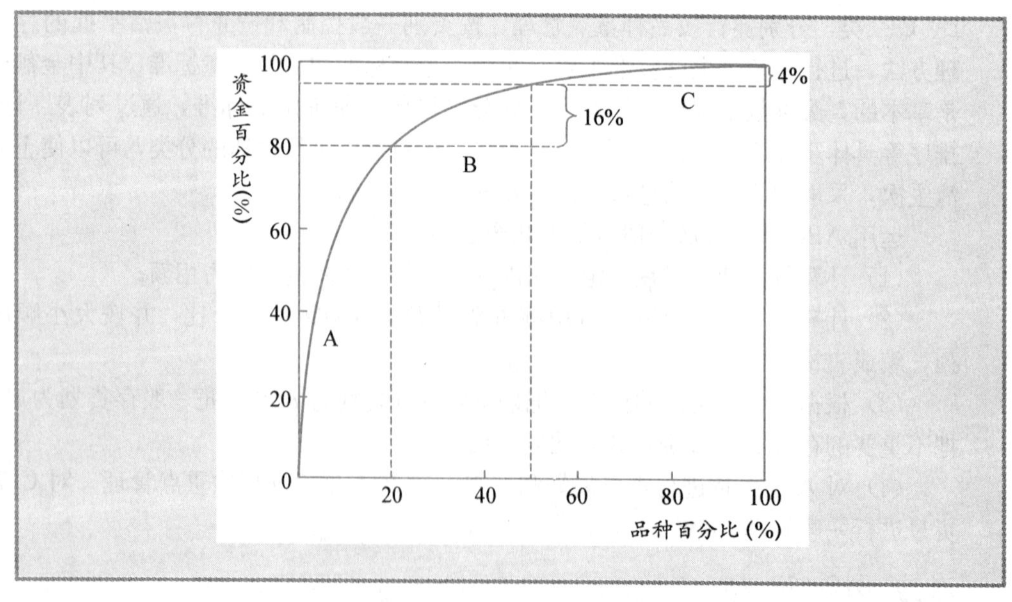

图 9—15　ABC 控制法分类图

把存货分为 A、B、C 三大类，目的是对存货占用资金进行有效的管理。A 类存货种类虽少，但占用的资金多，应集中主要力量进行管理，对其经济批量要认真规划，对其收入、发出要严格控制；C 类存货虽然种类繁多，但占用的资金不多，不必耗费大量人力、物力、财力去管理；B 类存货介于 A 类和 C 类之间，也应给予相当的重视，但不必像 A 类存货那样进行非常严格的控制。

3. 适时制管理

适时制（JIT）起源于 20 世纪 20 年代美国底特律福特汽车公司所推行的集成化生产装配线。后来适时制在日本制造业得到有效的使用，随后又重新在美国推广开来。

适时制的基本原理强调：只有在使用之前才要求供应商送货，从而将存货数量减到最少；公司的物资供应、生产和销售应形成连续的同步运转过程；消除企业内部存在的所有浪费；不间断地提高产品质量和生产效率等。

适时制原本是为了提高生产质量而逐步形成的，其要旨是将原材料的库存量减少到一个生产班次恰好需要的数量。在适时制下，库存是没有替代品的，其所生产的每一个零部件都必须是合格品。适时制在按订单生产的制造业中使用得最为广泛。不过，它在零售业中也开始显示其优越性，对零售业者预测消费需求和提高营运效益有一定的作用。

适时制的成功取决于以下几个因素：

（1）计划要求。JIT 要求具备一份对于整个企业而言协调、完整的计划。通过仔细计划与规划，实施 JIT 可以使企业不必持有保险储备存货，从而节约成本。同时，JIT 完备的运行环境也可以在其他方面产生极大的节约，比如缩短存货在途时间、降低仓储成本等。当然，高度的协调和计划对于某些企业是很难实现的，那时 JIT 也就无法发挥作用。

（2）与供应商的关系。为了使 JIT 有效运行，企业应与其供应商紧密合作。送货计划、数量、质量和及时联系都是制度的组成部分。该制度要求按所需的数额和订单的要求频繁送货，而且要求仔细标记每项货物（通常采用条形码的形式）。因此，JIT 的实行要求企业必须和供应商保持良好的关系。

（3）准备成本。通过降低生产周期的长度，重新设计的生产过程更加灵活。在生产中，每一批产品生产前总存在固定的准备成本，生产的最优批量受准备成本的影响（就像存货的订货成本受固定的订货成本影响一样）。通过降低准备成本，企业可以采用更短的生产周期，因而获得更大的灵活性。

（4）其他的成本因素。因为 JIT 要求严格管理和控制，所以采用 JIT 的企业常常为了降低成本而限制供应商的数目。为了达到 JIT 的要求，供应商必须提高质量、经常送货、花费更多成本，所以很多企业在采用 JIT 降低其存货储存成本的同时，必须承担更高的采购价格。不过，对于很多采用 JIT 的企业来说，获得的利益远远大于采购价格提高带来的消极影响。

（5）电子数据互换。没有**电子数据互换**（electronic data interchange，EDI），JIT 就不能实施，因为在从采购到生产再到销售的过程中，许多环节都是用电子系统处理的，商业信用也自动化了。当采用了电子信用条件（举例来说，就是货款不是在发票日的 30 天后支付，而是在交货和使用材料之后很短的时间内支付），就基本上消除了企业的应付账款，而这是其短期筹资额的主要来源。同时，电子收款也消除了供应商的应收账款。

思考题

1. 什么是营运资本？它与现金周转之间的关系是怎样的？
2. 企业为什么要持有现金？现金管理的内容包括哪些？
3. 现金预算的编制方法有哪些？
4. 持有短期金融资产的目的是什么？说出几种常见的短期金融资产。
5. 应收账款的管理目标有哪些？应收账款政策包括哪些主要内容？
6. 说明存货规划需要考虑的主要问题。

练习题

1. 某企业预计全年需要现金 6 000 元，现金与有价证券的转换成本为每次 100 元，有价证券的利息率为 30%，则最佳现金余额是多少？

2. 假设某企业的现金流量具有较大的不确定性，日现金余额标准差为 10 000 元，有价证券的利息率为 9%，每次现金转换成本为 30 元，公司每日最低现金需要量为 0，那么该企业的最佳现金余额和持有上限分别是多少？

3. 某公司准备实施更为严格的信用政策，当前政策和新政策的相关数据如表 9—25所示。假设该公司应收账款的机会成本率为 10%，那么该公司是否应当实施新的信用政策？

表 9—25

	当前信用政策	新信用政策
年销售收入（元）	15 000	14 000
销售成本率（%）	75	75
坏账占销售收入的比例（%）	5	2
收现期（天）	60	30

4. 某公司的账龄分析表如表 9—26 所示，假设账龄在 0～30 天的所有应收账款账龄为 15 天，账龄为 30～60 天的应收账款账龄为 45 天，账龄为 60～90 天的应收账款账龄为 75 天，请计算该公司应收账款的平均账龄。

表 9—26

账龄	金额（元）	百分比（%）
0～30 天	2 000	53.33
30～60 天	1 250	33.33
60～90 天	500	13.33
90 天以上	0	0.00
合计	3 750	100.0

5. 某企业全年需要某种零件 5 000 件，每次订货成本为 300 元，每件年储存成本为 3 元，最佳经济批量是多少？如果每件价格 35 元，一次订购超过 1 200 件可得到

2%的折扣，则企业应选择以多大批量订货？

6. 假设某企业的原材料的保险储备量为100件，交货期为10天，每天原材料的耗用量为5件，则企业的再订货点是多少？

案例题

莲花味精公司巨额应收账款案例

成立于1983年的河南莲花味精股份有限公司（以下简称莲花味精公司）是国务院最早确定的520家重点企业之一，也是国家农业产业化重点龙头企业。莲花味精公司以食品生产经营为主营业务，并于1998年8月于上交所挂牌上市，2010年末资产总额达到32.77亿元，年产销味精30万吨，长期占据中国市场主导地位，号称中国味精生产龙头企业。2010年4月25日，一则出人意料的消息使得这家模范企业受到了广泛的关注。河南莲花味精公司因“非正常调查发现公司涉嫌虚增会计利润、重大事项未披露等原因，涉嫌违反证券法律法规”，收到证监会正式立案通知书。

事实上，证监会做出上述调查与莲花味精公司应收账款结构以及坏账准备计提比例异常不无关系。年报显示，自2007年起公司连续几年银行借款逾期，资金链处于持续紧张状态。莲花味精公司短期借款2007年末为6.10亿元、2008年末为7.29亿元、2009年末为6.9亿元、2010年末为8.32亿元，以上短期借款均在年末逾期并且未办理展期手续。2010年，占据莲花味精公司应收账款前几位的公司为项城科茂谷朊粉有限公司、昆明市官渡区苏明辉干菜经营部、福建省福州富成味精食品有限公司、杭州利清副食品经营部等非关联方，以上公司应收账款总计达到应收账款总额的8.02%。

让人困惑的是，尽管莲花味精公司处于资金严重紧张状态，公司的应收账款、其他应收款等却居高不下。截至2010年末，莲花味精公司应收账款总额为7.36亿元，其中一年内到期的应收账款为1.80亿元，占应收账款总额的25.12%；三年期以上的应收账款达4.33亿元，占应收账款总额的61.90%。一般上市公司一年内到期应收账款占总应收账款比例均在70%左右，莲花味精公司应收账款结构与同行业竞争者相比差距很大。尽管莲花味精公司过半数的应收账款账龄较长，公司却并未对此部分应收账款采取与同业竞争者相似的高比例计提坏账准备。莲花味精公司计提方法为：账龄在1年以内的计提5%；1～2年的计提7%；2～3年的计提10%；3年以上的计提15%。而在正常情况下，上市公司对2～3年的应收账款大多以20%～50%计提坏账准备，对3年以上的应收账款按50%～100%计提坏账准备。若按此计算，2010年末莲花味精公司应至少再计提坏账准备1.59亿元，是2010年度莲花味精公司净利润（0.22亿元）的7倍多。若按照常规方式处理应收账款，巨额的坏账不但会导致莲花味精公司的巨额亏损，甚至极有可能使企业面临破产。莲花味精公司无疑在资产运作上存在很多问题。

资料来源：参见施天霞、李奇丽、陈蓉：《莲花味精应收账款内部控制案例研究》，载《会计之友》，2011（2），24～26页。

思考题：

（1）莲花味精公司的应收账款管理可能出现了什么问题？

（2）你认为莲花味精公司可以从哪几个方面加强应收账款管理？

第10章 短期筹资管理

Chapter 10

学习目标

1. 了解短期筹资的概念、内容，了解短期筹资政策与短期资产政策的配合关系。

2. 了解自然性筹资的内容，掌握商业信用筹资的特征、分类与资本成本计算，掌握应付费用筹资的概念与筹资额的计算。

3. 了解短期借款筹资的种类、程序、决策因素及其优缺点，掌握短期借款筹资的资本成本计算。

4. 了解短期融资券的概念、特点及发展历程，熟悉短期融资券的种类、发行程序和优缺点。

10.1 短期筹资政策

10.1.1 短期筹资的特征与分类

1. 短期筹资的概念与特征

短期筹资是指筹集在一年内或者超过一年的一个营业周期内到期的资金，通常是指短期负债筹资。短期筹资通常具有如下特征：

（1）筹资速度快。由于短期筹资的期限较短，债权人承担的风险相对较小，往往顾虑较少，不需要像长期筹资一样对筹资方进行全面、复杂的财务调查，因此短期资金更容易筹集。

（2）筹资弹性好。在筹集长期资金时，资金提供者出于资金安全方面的考虑通常会向筹资方提出较多的限制性条款或相关约束条件；短期筹资的相关限制和约束相对较少，使得筹资方在资金的使用和配置上显得更加灵活、富有弹性。

（3）筹资成本低。当筹资期限较短时，债权人所承担的利率风险相对较小，因此向筹资方索取的资金使用成本也相对较低。

（4）筹资风险大。短期筹资通常需要在短期内偿还，因而要求筹资方在短期内拿出足够的资金偿还债务，这对筹资方的资金营运和配置提出了较高的要求，如果筹资企业在资金到期时不能及时归还款项，就有陷入财务危机的可能。此外，短期负债利率通常波动较大，无法在较长时期内将筹资成本锁定在某个较低水平，因此也有可能高于长期负债的利率水平。

2. 短期筹资的分类

按不同标准可将短期筹资分为不同类型，其最常见的分类方式有以下几种：

（1）按应付金额是否确定，可以分为应付金额确定的短期负债和应付金额不确定的短期负债。

应付金额确定的短期负债是指根据合同或法律规定，到期必须偿付，并有确定金额的短期负债，如短期借款、应付票据、应付账款等。

应付金额不确定的短期负债是指要根据公司生产经营状况，到一定时期才能确定的短期负债或应付金额需要估计的短期负债，如应交税费、应付股利等。

（2）按短期负债的形成情况，可以分为自然性短期负债和临时性短期负债。

自然性短期负债是指产生于公司正常的持续经营活动中，不需要正式安排，由于结算程序的原因自然形成的那部分短期负债。在公司生产经营过程中，由于法定结算程序的原因，使一部分应付款项的支付时间晚于形成时间，这部分已经形成但尚未支付的款项便成为公司的短期负债，如商业信用、应付工资、应交税费等。

临时性短期负债是因为临时的资金需求而发生的负债，由财务人员根据公司对短期资金的需求情况，通过人为安排形成，如短期银行借款等。

表10—1、表10—2分别列示了美、中两国部分上市公司截至2008年12月31日的短期筹资结构。通过比较可以发现，中美企业在短期筹资结构上表现出较大的差异，中国企业更偏好于使用短期筹资；而在同一国家内部，不同行业企业的筹资结构同样存在较大差异。

表10—1 美国部分企业的短期筹资结构

截至2008年12月31日 （%）

公司名称	短期负债内部各项目占短期负债的比重			短期负债占总负债的比重	短期负债占总资产的比重
	应付账款	一年内到期的长期负债	其他短期负债		
微软公司	42.93	0.00	57.07	81.86	41.06
福特汽车公司	100.00	0.00	0.00	33.17	35.80*
沃尔玛公司	86.00	13.85	0.15	56.44	33.89
摩托罗拉公司	84.70	0.87	14.44	57.84	38.11
杜邦公司	63.58	25.74	10.68	33.39	26.82

*受2008年全球金融危机的影响，美国汽车产业陷入低谷。截至2008年末，福特汽车公司的总资产为2 183.28亿美元，总负债为2 356.39亿美元，其中流动负债为781.58亿美元。

资料来源：根据 http://finance.yahoo.com 中各公司的年度报表相关数据计算得出。微软公司、沃尔玛公司的财务报告日分别为2008年6月30日、2009年1月31日。

表 10—2　中国部分企业的短期筹资结构

截至 2008 年 12 月 31 日　(%)

公司名称	短期负债内部各项目占短期负债的比重											短期负债占总负债的比重	短期负债占总资产的比重
	短期借款	应付票据	应付账款	预收账款	应付职工薪酬	应付股利	应交税费	其他应付款	预计负债	一年内到期的长期负债	其他短期负债		
方正科技	30.40	23.17	37.64	1.89	0.06	0.00	−0.23	6.42	0.00	0.58	0.08	90.73	39.88
一汽轿车	0.00	0.00	76.65	15.02	1.50	0.61	0.36	5.85	0.00	0.00	0.00	98.49	34.14
华联股份	55.49	0.00	29.65	2.51	1.12	0.00	2.08	9.06	0.00	0.00	0.00	97.71	24.65
中国联通	8.62	0.83	49.38	12.44	3.09	0.21	9.04	7.19	0.01	0.97	8.22	90.59	36.03
复星医药	25.18	2.30	20.38	2.35	3.44	1.26	2.82	9.45	0.00	3.45	29.37	56.75	23.28

资料来源：根据上海、深圳证券交易所披露的各公司年度报告相关数据计算得出。

10.1.2　短期筹资政策的类型

公司的短期筹资政策一般是针对不同类型的资产来说的。我们已经知道，按照资产周转时间的长短（即流动性）可以把公司的资产分为两大类：一类是短期资产，另一类是长期资产（在这里主要指固定资产）。进一步，按照短期资产的用途，又可以将短期资产划分为临时性短期资产和永久性短期资产。

公司的短期筹资政策也就是对临时性短期资产、永久性短期资产和固定资产的来源进行管理。通常，有以下三种可供公司选择的筹资政策。

1. 配合型筹资政策

配合型筹资政策是指公司的负债结构与公司资产的寿命周期相对应，其特点是：临时性短期资产所需资金用临时性短期负债筹集，永久性短期资产和固定资产所需资金用自发性短期负债和长期负债、股权资本筹集（见图 10—1）。配合型筹资政策的基本思想是：公司将资产和资金来源在期限和数额上相匹配，以降低公司不能偿还到期债务的风险，同时，采用较多的短期负债筹资也可以使资本成本保持较低水平。这

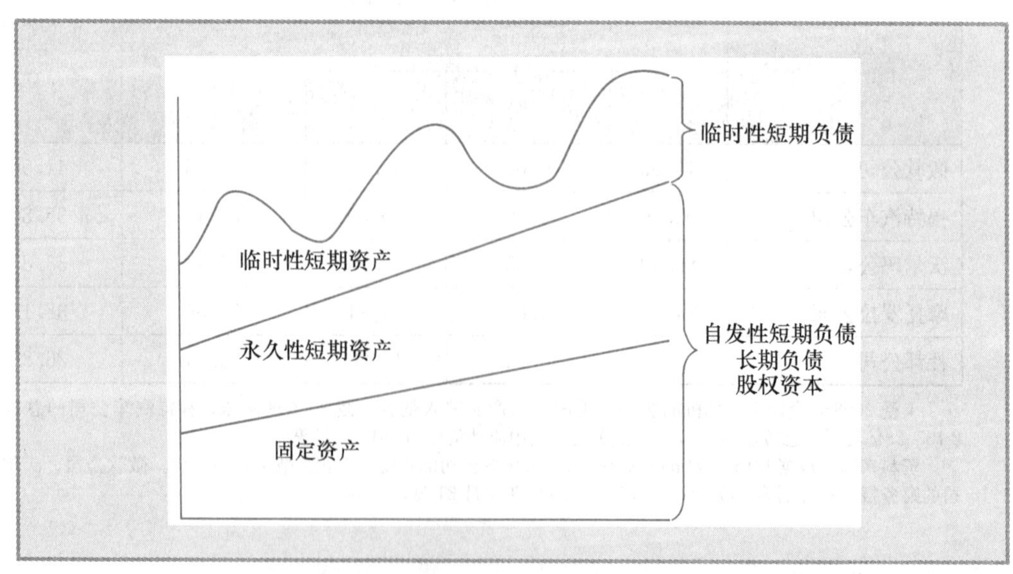

图 10—1　配合型筹资政策

一政策可以用以下两个公式来表示：

临时性短期资产＝临时性短期负债　(10—1)

永久性短期资产＋固定资产＝自发性短期负债＋长期负债＋股权资本　(10—2)

在这种政策下，只要公司短期筹资计划严密，实现现金流动与预期安排一致，则在经营低谷时，公司除自发性短期负债外没有其他短期负债，只有在经营高峰期，公司才举借临时性短期负债。

但是在公司的经济活动中，由于现金流动和各类资产使用寿命的不确定性，往往做不到资产与负债的完全配合。在公司的生产经营高峰期内，一旦公司的销售和经营不理想，未能取得预期的现金收入，便会发生难以偿还临时性负债的情况。因此，配合型筹资政策是一种理想的筹资模式，在实践中较难实现。

2. 激进型筹资政策

激进型筹资政策的特点是：临时性短期负债不但要满足临时性短期资产的需要，还要满足一部分永久性短期资产的需要，有时甚至全部短期资产都要由临时性短期负债支持（见图 10—2）。对此可用以下两个公式来表示：

临时性短期资产＋部分永久性短期资产＝临时性短期负债　(10—3)

永久性短期资产－靠临时性短期负债筹得的部分＋固定资产＝自发性短期负债＋长期负债＋股权资本　(10—4)

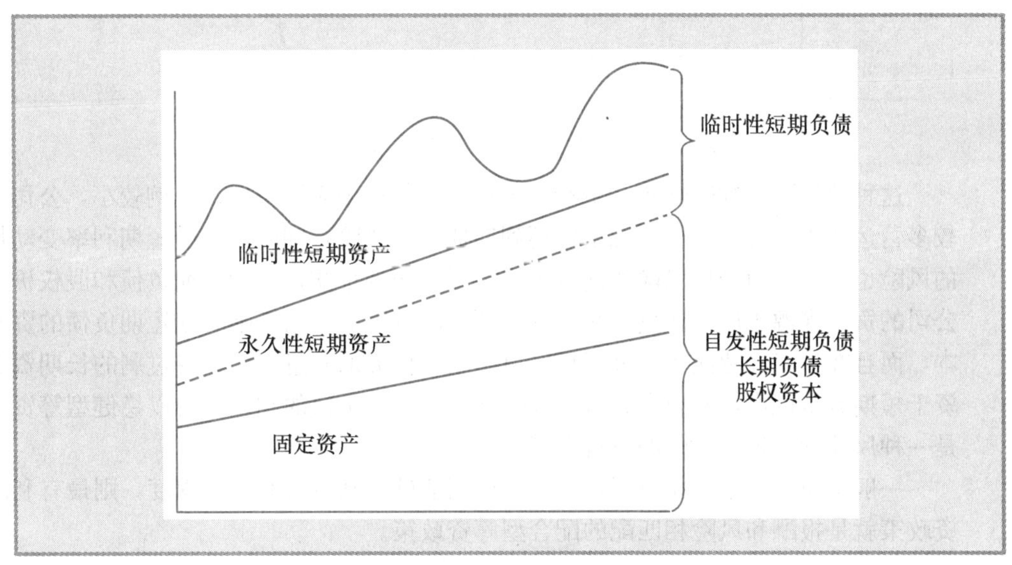

图 10—2　激进型筹资政策

由于临时性短期负债的资本成本相对于长期负债和股权资本来说一般较低，而激进型筹资政策下临时性短期负债所占比例较大，因此该政策下，公司的资本成本低于配合型筹资政策。但另一方面，由于公司为了满足永久性短期资产的长期、稳定的资金需要，必然要在临时性短期负债到期后重新举债或申请债务展期，将不断地举债和还债，加大了筹资和还债的风险。因此激进型筹资政策是一种报酬高、风险大的营运资本筹集政策。

3. 稳健型筹资政策

稳健型筹资政策的特点是：临时性短期负债只满足部分临时性短期资产的需要，其他短期资产和长期资产，用自发性短期负债、长期负债和股权资本筹集满足（见图10—3），对此可以用以下两个公式来表示：

$$\text{部分临时性短期资产}=\text{临时性短期负债} \tag{10—5}$$

$$\text{永久性短期资产}+\text{靠临时性短期负债未筹足的临时性短期资产}+\text{固定资产}=\text{自发性短期负债}+\text{长期负债}+\text{股权资本} \tag{10—6}$$

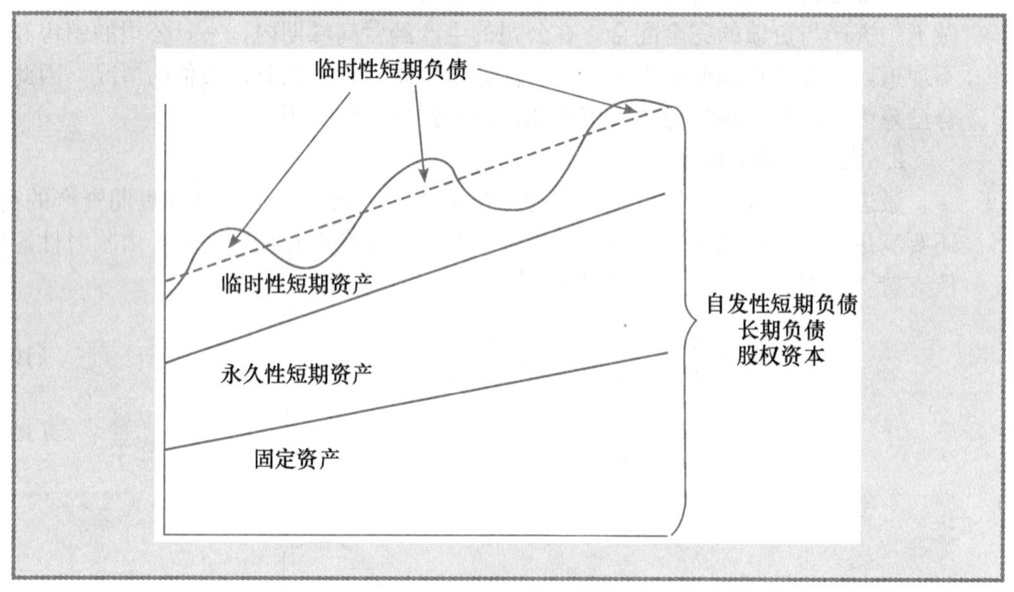

图10—3 稳健型筹资政策

这种政策下，临时性短期负债在公司的全部资金来源中所占比例较小，公司保留较多营运资本，可降低公司无法偿还到期债务的风险，同时，蒙受短期利率变动损失的风险也较小。但降低风险的同时也降低了公司的报酬，因为长期负债和股权资本在公司的资金来源中所占比例较大，并且两者的资本成本高于临时性短期负债的资本成本，而且在生产经营淡季，公司仍要负担长期债务的利息。即使将过剩的长期资金投资于短期有价证券，其投资收益一般也会低于长期负债的利息，所以稳健型筹资政策是一种风险低、报酬也低的筹资政策。

一般来说，如果公司对营运资本的使用能够达到游刃有余的程度，则最有利的筹资政策就是报酬和风险相匹配的配合型筹资政策。

10.1.3 短期筹资政策与短期资产持有政策的配合

上一章我们介绍了三种短期资产持有政策（宽松、适中与紧缩政策），这三种短期资产持有政策与本章所谈到的三种短期筹资政策之间存在紧密的内在联系。短期资产持有政策和短期筹资政策需要协调配合。当公司采用某种短期资产持有政策时，必然要求公司选择与之相适应的短期筹资政策，形成一个完整的资金运转体系。这种配合关系一般有以下几种情况。

1. **公司采用宽松的短期资产持有政策**

当公司采用宽松的短期资产持有政策时，一定销售额水平上有较多的短期资产支持，使公司资金短缺风险和偿债风险最小；但由于短期资产投资比例大，使公司盈利能力较低。此时使用不同的短期筹资政策与之对应会产生不同的效果：采用风险和报酬平衡的配合型短期筹资政策，对宽松的短期资产持有政策起不到中和作用，公司总体来说还是风险小、报酬低；采用风险大、报酬高的激进型筹资政策，用大量短期负债筹资，则可以在一定程度上平衡公司持有过多短期资产带来的低风险、低报酬，使公司总体的报酬和风险基本均衡；采用风险小、报酬低的稳健型筹资政策，与宽松的持有政策的作用叠加，使公司总体的风险更小、报酬更低。

2. **公司采用适中的短期资产持有政策**

当公司采用适中的短期资产持有政策时，一定销售额水平上的短期资产数量适当，公司的报酬和风险适中。此时分别以三种短期筹资政策与之相配合，也会产生不同的综合效果：采用风险和报酬居中的配合型筹资政策，与适中的持有政策匹配，则会使公司总体的风险和报酬处于一个平均水平；采用激进型的筹资政策，则提高了公司的风险和报酬水平；采用稳健型的筹资政策，则降低了公司的风险和报酬水平。

3. **公司采用紧缩的短期资产持有政策**

当公司采用紧缩的短期资产持有政策时，一定销售额水平上的短期资产比例较小，使公司资金短缺风险和偿债风险最大，但同时盈利能力也相对要高。此时同样可以分别用三种短期筹资政策与之配合，产生不同的综合效应：与配合型筹资政策匹配，则对风险和报酬没有太大影响，总体来说公司的风险依然很大，报酬也较高；与激进型筹资政策配合，则出现了两个风险高、报酬高的政策的结合，加大了公司总体的资金风险，也在一定程度上提高了公司的报酬水平；与稳健型筹资政策配合，则可以对紧缩的持有政策产生平衡效应。

以上三种短期资产持有政策分别与三种短期筹资政策配合的效应如图 10—4 所示。

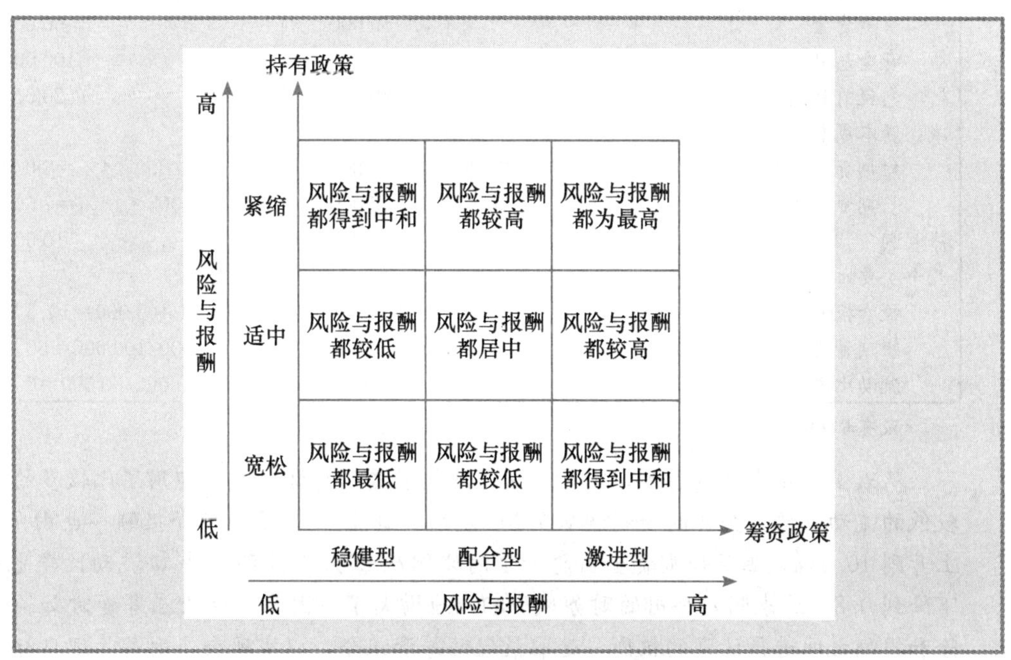

图 10—4　短期资产持有政策与短期筹资政策的配合效应

10.1.4 短期筹资政策对公司风险和报酬的影响

不同的短期筹资政策将会影响企业的报酬和风险。

在资金总额不变的情况下，短期资金增加，可导致报酬的增加。也就是说，由于较多地使用了成本较低的短期资金，企业的利润会增加。

但此时如果短期资产所占比例保持不变，那么短期负债的增加会导致流动比率下降，短期偿债能力减弱，进而增加企业的财务风险。

现举例说明不同的短期筹资政策对企业风险和报酬的影响。

例 10—1

恒远公司目前的资产组合与筹资组合如表 10—3 所示。

表 10—3　恒远公司资产组合与筹资组合　单位：元

资产组合		筹资组合	
短期资产	40 000	短期资金	20 000
长期资产	60 000	长期资金	80 000
合计	100 000	合计	100 000

公司当前的息税前利润为 20 000 元，短期资本成本率为 4%，长期资本成本率为 15%。假设息税前利润不变，资产组合不变，不同的筹资组合对企业风险和报酬的影响如表 10—4 所示。

表 10—4　筹资组合对恒远公司风险和报酬的影响　单位：元

项目	现在情况（保守的组合）	计划变动情况（冒险的组合）
筹资组合		
短期资金	20 000	50 000
长期资金	80 000	50 000
资金总额	100 000	100 000
息税前利润	20 000	20 000
减：资本成本		
短期资本成本	20 000×4%=800	50 000×4%=2 000
长期资本成本	80 000×15%=12 000	50 000×15%=7 500
净利润*	7 200	10 500
几个主要比率		
投资报酬率	7 200/100 000=7.2%	10 500/100 000=10.5%
短期资金/总资金	20 000/100 000=20%	50 000/100 000=50%
流动比率	40 000/20 000=2	40 000/50 000=0.8

*没有考虑所得税。

从表 10—4 中可以看到，由于采用了比较激进的筹资计划，即用了比较多的成本较低的流动负债，企业的净利润从 7 200 元增加到 10 500 元，投资报酬率也由 7.2% 上升到 10.5%，但是短期资金占总资金的比例从 20%上升到 50%，流动比率也由 2 下降到 0.8。这表明，公司的财务风险相应地增大了。因此，企业在筹资时必须在风险和报酬之间进行认真的权衡，选取最优的筹资组合，以实现企业财务管理目标。

10.2 自然性筹资

自然性短期负债是指公司正常生产经营过程中产生的、由于结算程序的原因自然形成的短期负债。自然性筹资主要包括两大类，商业信用和应付费用。

10.2.1 商业信用

商业信用（commercial credit）是指商品交易中的延期付款或延期交货所形成的借贷关系，是企业之间的一种直接信用关系。商业信用是由商品交易中钱与货在时间上的分离而产生的。它产生于银行信用之前，但银行信用出现之后，商业信用依然存在。

早在简单的商品生产条件下，就已出现了赊销赊购现象，到了商品经济发达的资本主义社会，商业信用得到广泛发展。西方一些国家的制造厂家和批发商的商品，90%是通过商业信用方式售出的。我国商业信用的推行正日益广泛，形式多样，范围广阔，将逐渐成为企业筹集短期资金的重要方式。

1. 商业信用的形式

利用商业信用筹资，主要有以下两种形式：

（1）赊购商品。赊购商品是一种最典型、最常见的商业信用形式。在此种形式下，买卖双方发生商品交易，买方收到商品后不立即支付现金，可延迟到一定时期以后付款。

（2）预收货款。在这种形式下，卖方要先向买方收取货款，但要延迟到一定时期以后交货，这等于卖方向买方先借一笔资金，是另一种典型的商业信用形式。通常，购买单位对于紧俏商品乐于采用这种形式，以便取得商品。另外，生产周期长、售价高的商品，如轮船、飞机等，生产企业也经常向订货者分次预收货款，以缓解资金占用过多的矛盾。

2. 商业信用条件

信用条件是指销货人对付款时间和现金折扣所做的具体规定，如“2/10，n/30”便属于一种信用条件。信用条件从总体上来看，主要有以下几种形式：

（1）预付货款。这是买方在卖方发出货物之前支付货款。一般用于如下两种情况：一是卖方已知买方的信用欠佳；二是销售生产周期长、售价高的商品。在这种信用条件下，销货单位可以得到暂时的资金来源，但购货单位不但不能获得资金来源，还要预先垫付一笔资金。

（2）延期付款，但不提供现金折扣。在这种信用条件下，卖方允许买方在交易发生后一定时期内按发票金额支付货款，如“net 45”，是指在 45 天内按发票金额付款。这种条件下的信用期间一般为 30～60 天，但有些季节性的生产企业可能为顾客提供更长的信用期间。在这种情况下，买卖双方存在商业信用，买方可因延期付款而取得资金来源。

（3）延期付款，但早付款有现金折扣。在这种条件下，买方若提前付款，卖方可给予一定的现金折扣，如买方不享受现金折扣，则必须在一定时期内付清账款，如

“2/10，n/30”便属于此种信用条件。西方企业在各种信用交易活动中广泛地应用现金折扣，这主要是为了加快账款的收现速度。现金折扣一般为发票金额的1%～5%。

这种条件下，双方存在信用交易。买方若在折扣期内付款，则可获得短期的资金来源，并能得到现金折扣；若放弃现金折扣，则可在稍长时间内占用卖方的资金。

如果销货单位提供现金折扣，购买单位应尽量争取获得此项折扣，因为放弃现金折扣的机会成本很高，可按下式计算：

$$放弃现金折扣的资本成本率=\frac{CD}{1-CD}\times\frac{360}{N} \tag{10—7}$$

式中，CD 表示现金折扣的百分比；N 表示失去现金折扣后延期付款天数。

例 10—2

恒远公司按“3/10，n/30”的条件购入价值 10 000 元的原材料。现计算不同情况下恒远公司所承受的商业信用成本。

如果公司在 10 天内付款，便可享受 10 天的免费信用期间，并获得 3%的现金折扣，免费信用额为 9 700 元（10 000－10 000×3%）。

如果公司在 10 天后、30 天内付款，则将承受因放弃现金折扣而造成的机会成本，具体成本率可计算如下：

$$放弃现金折扣的资本成本率=\frac{CD}{1-CD}\times\frac{360}{N}=\frac{3\%}{1-3\%}\times\frac{360}{30-10}=55.67\%$$

可见，公司放弃现金折扣的机会成本是较高的。如果公司不能在放弃现金折扣的信用期间内获得高于这一成本率的报酬率，那么放弃现金折扣是不理性的选择。

如果公司当前短期资金确实非常紧缺，那么应当进一步考虑能否以低于放弃折扣机会成本的利率借入资金。例如，假设与例 10—1 同期的银行短期借款年利率为 12%，远远低于放弃现金折扣的机会成本率 55.67%，因此公司应当在现金折扣期内用借入的资金支付货款，享受现金折扣。

如果公司面对两家或两家以上提供不同信用条件的供应商，则应当比较放弃折扣的机会成本，选择信用成本最低的供应商。

例 10—3

沿用上例的资料，恒远公司除了上述“3/10，n/30”的信用条件外，还面临另一家供应商提供的信用条件“2/20，n/50”，试确定恒远公司应当选择的供应商。

如果公司在 20 天内付款，便享受了 20 天的免费信用期间，并获得 2%的现金折扣，免费信用额为 9 800 元（10 000－10 000×2%）。

如果公司在 20 天后、50 天内付款，将承受的机会成本率如下：

$$资本成本率=\frac{CD}{1-CD}\times\frac{360}{N}=\frac{2\%}{1-2\%}\times\frac{360}{50-20}=24.49\%$$

这一成本率远远低于“3/10，n/30”信用条件的机会成本率，因此恒远公司应当选择信用条件为“2/20，n/50”的供应商。

3. 商业信用的控制

（1）信息系统的监督。商业信用的一般表现形式是应付账款。对应付账款进行有效管理需要一个健全、完整的信息系统。比如，当企业收到账单时，必须确认：该活动是否已经发生，企业是否已经收到货物，收到的货物是否完好等情况。然后，将该账单与企业的订货单核对，同时还要查看运输和收货部门的记录。当这些情况确认完毕后，将该账单转入支付程序，确定支付时间等。这时就要考虑是否取得现金折扣、是否按期付款、拖延多久支付等问题。

信息反应必须迅速有效，特别是当企业希望获得现金折扣的时候，必须在短时间内做出决策。如果系统运行缓慢，则企业很可能错过获得现金折扣的机会。

这个系统还可以与其他活动产生联系，为其他活动提供数据资料。比如，当货款支付决定作出之后，这一信息可以传递给企业的现金预测系统，自动更新企业对未来期间的现金预测。

（2）应付账款余额控制。当公司的支付政策确定之后，对日常政策执行的监督就成为非常重要的环节。这里介绍两种控制支付状态的方法：考察应付账款周转率和分析应付账款余额百分比。

1）应付账款周转率。控制企业商业信用的传统做法是考察其应付账款周转率。应付账款周转率等于采购成本除以同一期间的应付账款平均余额。[①] 有时采购成本也可用销售成本替代，用公式表示为：

$$\text{应付账款周转率}=\frac{\text{采购成本}}{\text{同期应付账款平均余额}} \tag{10—8}$$

例 10—4

恒远公司 2008 年发生采购成本 500 000 元，年度应付账款平均余额为 250 000元，则该公司的应付账款周转率为：

$$\text{应付账款周转率}=\frac{\text{采购成本}}{\text{同期应付账款平均余额}}=\frac{500\,000}{250\,000}=2(\text{次})$$

在实践中，仅仅进行年度分析是远远不够的，企业的财务人员需要掌握更短期间内应付账款的情况变化。只有这样，企业才能够保证享受到适当的现金折扣，并在对企业有利的时间内偿付款项。

2）应付账款余额百分比。应付账款余额百分比是指采购当月发生的应付账款在当月月末以及随后的每一月末尚未支付的数额占采购当月应付账款总额的比例。通过应付账款余额百分比的分析，可以观察到企业支付应付账款的速度和程度，较为直观地反映企业的应付账款管理情况。

例 10—5

恒远公司 2008 年上半年采购成本（假设全为赊购）和应付账款余额情况如表 10—5 所示。

---

① Terry S. Maness, John T. Zietlow, *Short-term Financial Management*, The Dryden Press, 1998, p. 198.

表 10—5　　恒远公司 2008 年上半年采购成本和应付账款余额情况表　　单位：万元

月份	采购成本	应付账款余额					
		1月	2月	3月	4月	5月	6月
1	100	50	10				
2	200		150	50			
3	150			60	30		
4	120				60	12	
5	100					60	20
6	60						30
合计	730	50	160	110	90	72	50

由表 10—5 可以看到，恒远公司 1 月的采购成本在当月有 50 万元没有支付，到 2 月尚有 10 万元没有支付，3 月支付完毕。其他月份依此类推。

表 10—5 虽然能够在一定程度上反映该公司应付账款的周转情况，但是并不清晰、直观，所以需要对其进行百分比处理。以 1 月为例，当月未支付的应付账款为 50 万元，占当月采购成本的 50%（即 50/100），2 月时尚有 10 万元未支付，占 1 月采购成本的 10%（即 10/100）。也就是说，如果一定期间内的应付账款在以后多个期间仍未支付，在计算余额百分比的时候也都要按照该应付账款发生月份的采购成本作为基础计算。这样计算得到恒远公司的应付账款余额百分比如表 10—6 所示。

表 10—6　　恒远公司 2008 年上半年应付账款余额百分比情况表

月份	采购成本（万元）	应付账款余额百分比（%）					
		1月	2月	3月	4月	5月	6月
1	100	50	10				
2	200		75	25			
3	150			40	20		
4	120				50	10	
5	100					60	20
6	60						50

从表 10—6 中可以看到，恒远公司的应付账款支付并不是很稳定，但一定月份的应付账款都保持在两个月的时间内支付完毕。财务人员需要进一步考察每笔应付账款的具体情况，力争保持一个稳定的应付账款支付比率，以避免支付比率波动给企业的现金等有关项目带来不良影响。

（3）道德控制。一般来讲，企业不应该拖欠应付账款，但当拖欠账款需要支付的代价小于公司的机会投资收益时，从理论上讲，按照成本收益原则，企业可以选择推迟支付应付账款。但是，实践中不仅仅是成本收益原则这么简单，而且现实中的成本和收益也不是完全靠公式就可以计算清楚的，有很多隐性的成本和收益，很重要的一个方面就是企业之间的商业道德（或者说信誉）评价。

当企业赊购货物时，应付账款的支付条件、时间等都会写在合同中，代表了企业的承诺。如果违反了合同，毫无疑问会破坏企业的商业道德形象，可能会给企业的未来经济活动造成不良影响，这种损失不是用成本收益计算可以衡量的。商业道德属于企业的无形资产，企业对商业道德的重视程度会影响其应付账款支付政策和实际操作。另一方面，市场中对商业道德的看法也会对企业的行为产生约束作用。

图 10—5 反映了道德控制的三个层次。基础层衡量企业行为是否合法以及是否符合企业内部的规章制度；中间层是企业的经营原则，企业各项经营活动需要充足的理由；最高层是考虑伙伴企业的利益，达到双赢，甚至花费一定的成本来维护客户的利益。

最高层 更多地考虑合作伙伴的利益，即使需要作出一定牺牲
中间层 所有的决策公开，考察利益相关者和无关者对企业行为的评价
基础层 考察企业的经营行为是否符合法律规定，是否符合企业的内部规章制度等约束

图 10—5　道德控制的层次

4. 商业信用筹资的优缺点

（1）商业信用筹资的优点。作为一种比较常用的短期筹资方式，商业信用筹资的优点主要包括以下几个方面：1）使用方便。因为商业信用与商品买卖同时进行，属于一种自发性筹资，不用进行非常正规的安排，而且不需办理手续，一般也不附加条件，使用比较方便。2）成本低。如果没有现金折扣，或公司不放弃现金折扣，则利用商业信用筹资没有实际成本。3）限制少。商业信用的使用比较灵活且具有弹性。如果公司利用银行借款筹资，银行往往对贷款的使用规定一些限制条件，商业信用则限制较少。

（2）商业信用筹资的缺点。当然，商业信用筹资也存在一定的不足，其主要缺点是商业信用的时间一般较短，尤其是应付账款，不利于公司对资本的统筹运用，如果拖欠，则有可能导致公司信用地位和信用等级下降。另外，如果公司享受现金折扣，则付款时间会更短；而若放弃现金折扣，则公司会付出较高的资本成本。而且，在法制不健全的情况下，若公司缺乏信誉，容易造成公司之间相互拖欠，影响资金运转。

10.2.2　应付费用

1. 应付费用的概念

应付费用，是指企业在生产经营过程中发生的应付而未付的费用，如应付职工薪酬、应交税费等。这些应付费用一般是形成在先，支付在后，因此在支付之前可以为公司所利用。由于应付费用结算期往往比较固定，占用的数额也比较固定，因此通常又称为定额负债。

应付费用的筹资额通常取决于企业经营规模、涉足行业及其他因素。以表 10—2 中列示的中国联通为例，其应付职工薪酬、应付股利与应交税费之和占短期负债的比例为 12.34%，筹资规模相当可观。

应付费用的资本成本通常为零，但这种特殊的筹资方式并不能为企业自由利用，企业如果无限期地拖欠应付费用，极有可能产生较高的显性或隐性成本。例如，企业如果拖欠职工工资费用，便会遭到职工的反对，直接影响企业的整体生产经营。

2. 应付费用筹资额的计算

为了准确把握应付费用所能产生的筹资规模，从而顺利编制筹资计划、降低企业整体筹资成本，企业通常需要测算经营活动所产生的各种应付费用的总额。当前常用的应付费用筹资额的计算方法包括两种：一种是按照平均占用天数计算；另一种是按照经常占用天数计算。

(1) 按平均占用天数计算。平均占用天数，是指从应付费用产生之日起到实际支付之日止，平均占用的天数。应付费用的筹资额可以利用平均每日发生额与平均占用天数相乘确定，即

$$\text{应付费用筹资额}=\text{平均每日发生额}\times\text{平均占用天数} \tag{10—9}$$

例 10—6

某公司某年预计支付增值税金额为 180 000 元，每月上缴一次，则按平均占用天数计算的应付税金筹资额为：

$$\text{应付税金筹资额}=\frac{180\,000}{360}\times\frac{30}{2}=7\,500(\text{元})$$

(2) 按经常占用天数计算。经常占用天数，是指在正常生产经营活动中，应付费用通常占用的天数。例如，按照国家税收征管法规定，税金应当在特定日期之前缴纳。此时，应付费用的筹资额应当利用平均每日发生额与经常占用天数来计算，即

$$\text{应付费用筹资额}=\text{平均每日发生额}\times\text{经常占用天数} \tag{10—10}$$

例 10—7

沿用例 10—6 的资料，假定增值税按规定在次月 5 日缴纳，则按经常占用天数计算的应交税费筹资额为：

$$\text{应交税费筹资额}=\frac{180\,000}{360}\times 4=2\,000(\text{元})$$

随着公司经营业务的扩展，这些应付费用也会自动地增长。而且，通过应付费用所筹集的资金不用支付任何代价，因而是一项免费的短期资金来源。企业在使用应付费用作为短期筹资方式时，必须注意加强对支付期的控制，以免因拖欠给公司带来损失。

10.3 短期借款筹资

10.3.1 短期借款筹资的种类

短期借款筹资通常是指银行短期借款，又称银行流动资金借款，是企业为解决短

期资金需求而向银行申请借入的款项，是筹集短期资金的重要方式。企业短期借款通常包括信用借款、担保借款和票据贴现三类。

1. 信用借款

信用借款（debt of honour）又称无担保借款，是指不用保证人担保或没有财产作抵押，仅凭借款人的信用而取得的借款。信用借款一般都由贷款人给予借款人一定的信用额度或双方签订循环贷款协议。因此，这种借款又分为两类：

（1）信用额度借款。信用额度借款是一种商业银行与企业之间商定的在未来一段时间内银行能向企业提供无担保贷款的最高限额的借款。信用额度一般是在银行对企业信用状况进行详细调查后确定的。信用额度借款一般要作出如下规定：1）信用额度的期限。一般一年建立一次，更短期的也有。2）信用额度的数量。规定银行能贷款给企业的最高限额。如果信用额度的数量是 1 200 万元，企业已从该银行借入的尚未归还的金额已达 1 000 万元，那么，企业最多还能借 200 万元。3）应支付的利率和其他一些条款。

（2）循环协议借款。循环协议借款是一种特殊的信用额度借款，在此借款协议下，企业和银行之间也要协商确定贷款的最高限额，在最高限额内，企业可以借款、还款，再借款、再还款，不停地周转使用。

循环协议借款与信用额度借款的区别主要在于：1）持续时间不同。信用额度借款的有效期一般为一年，而循环协议借款可超过一年。在实际应用中，很多是无限期的，因为只要银行和企业之间遵照协议进行，贷款可一再延长。2）法律约束力不同。信用额度借款一般不具有法律的约束力，不构成银行必须给企业提供贷款的法律责任，而循环协议借款具有法律约束力，银行要承担限额内的贷款义务。3）费用支付不同。企业采用循环协议借款，除支付利息外，还要支付协议费。协议费是对循环贷款限额中未使用的部分收取的费用，正是因为银行收取协议费，才构成了它为企业提供资金的法定义务。在信用额度借款的情况下，一般无须支付协议费。

2. 担保借款

担保借款（guaranteed loan）是指有一定的保证人担保或利用一定的财产作抵押或质押而取得的借款。担保借款又分为以下三类：

（1）保证借款。保证借款是指按《中华人民共和国担保法》规定的保证方式以第三人承诺在借款人不能偿还借款时，按约定承担一般保证责任或连带责任而取得的借款。

（2）抵押借款。抵押借款是指按《中华人民共和国担保法》规定的抵押方式以借款人或第三人的财产作为抵押物而取得的借款。

（3）质押借款。质押借款是指按《中华人民共和国担保法》规定的质押方式以借款人或第三人的动产或权利作为质押物而取得的借款。

3. 票据贴现

票据贴现（discounted note）是商业票据的持有人把未到期的商业票据转让给银行，贴付一定利息以取得银行资金的一种借贷行为。票据贴现是商业信用发展的产物，实为一种银行信用。银行在贴现商业票据时，所付金额要低于票面金额，其差额为贴现息。贴现息与票面面值的比率就是贴现率。银行通过贴现把款项贷给销货单位，到期向购货单位收款，所以要收取利息。

采用票据贴现形式，企业一方面给购买单位提供临时资金融通，另一方面在本身需要资金时又可及时得到资金，有利于企业把业务搞活，把资金用活。

10.3.2 短期借款筹资的考虑因素

在进行短期借款决策时，主要考虑短期借款的成本和贷款银行选择等两方面因素。

1. 短期银行借款的成本

银行借款成本用借款利率来表示。按照国际惯例，短期银行借款的利率会因借款公司的类型、借款金额及时间的不同而不同。例如，银行向信用好、贷款风险小的公司只收取较低的利率；反之，则收取较高的利率。此外，银行贷款利率有单利、复利、贴现利率和附加利率等种类。因此，公司应根据不同情况，确定短期借款的成本，以便做出选择。

(1) 单利。单利计息是将贷款金额乘以贷款期限与利率计算出利息的方法。多数银行通常按单利计算收取短期贷款利息，公司通常亦按单利比较不同银行的借款成本。在单利情况下，短期借款成本取决于设定利率和银行收取利息的方法。若利息在借款到期日随本金一并支付，则设定利率就是实际利率。

(2) 复利。以复利计息，意味着存在对利息计息的情况。按照复利计算利息，借款人实际负担的利率——有效利率，要高于名义利率。在贷款到期以前定期付息的次数越多，有效利率高出名义利率的部分就越大。

(3) 贴现利率。在贴现利率情况下，银行会在发放贷款的同时，先扣除贷款的贴现利息，而以贷款面值与贴现利息的差额贷给公司。因此，借款人拿到的金额低于借款面值，当然，贷款到期时也免去利息了。在以贴现利率的方式贷款时，借款人的借款实际利率也会高于名义利率，并且高出的程度远远大于复利贷款方式。

例 10—8

假定某公司以贴现方式借入1年期贷款2万元，名义利率为12%。这时，该公司实际拿到的资金是1.76万元，利息是2 400元。因此，贷款的有效利率为：

贴现贷款的有效利率＝利息÷(贷款面额－利息)×100%
＝2 400÷(20 000－2 400)×100%
＝13.64%

可见，有效利率比名义利率高出1.64个百分点。

(4) 附加利率。附加利率是指即使是分期偿还贷款，银行通常亦按贷款总额和名义利率来计算收取利息。在附加利率方式下，虽然借款公司可以利用的借款逐期减少，但利息并不减少，故实际负担的利息费用较高。

例 10—9

某公司以分期付款方式借入2万元，名义利率为12%，付款方式为12个月等额还款。因此，全年平均拥有的借款额为10 000元（20 000÷2）。按照2 400元的利息，借款公司的实际利率为：

实际利率＝利息÷(借款人收到的贷款金额÷2)×100%
＝2 400÷(20 000÷2)×100%＝24%

可见，公司所承担的实际借款成本是相当高的。

2. 贷款银行的选择

公司在短期银行借款筹资过程中，一项重要的工作就是选择银行。在金融市场越来越完善的情况下，选择合适的银行，对公司生产经营业务长期稳定的发展，具有特别重要的意义。公司应该注意银行间存在的重大区别，这些区别主要表现在以下几个方面：

（1）银行对待风险的基本政策。不同的银行对待风险的政策是不同的，一些银行偏好比较保守的信贷政策，另一些银行则喜欢开展一些“创新性业务”。这些政策一定程度上反映了银行管理者的个性和银行存款的特征。业务范围大、分支机构多的银行能够很好地分散风险，而一些专业化的小银行能够接受的信用风险要小得多。

（2）银行所能提供的咨询服务。一些银行提供咨询服务，某些银行甚至设有专门机构向客户提供建议和咨询。

（3）银行对待客户的忠诚度。财务管理学上所指的银行忠诚度是指在公司困难时期，银行支持借款人的行为。不同的银行，其对客户的忠诚度是不同的。一些银行要求公司无论遭受何种困难，都必须无条件地偿还其贷款。而另一些银行十分顾及“老交情”，即使自己遇到困难，也要千方百计地支持那些与自己有着多年业务关系的公司，帮助这些公司获得更有利的发展条件。

（4）银行贷款的专业化程度。银行在贷款专业化方面有着极大的差异。大银行有专门的部门负责不同类型的针对行业特征的专业化贷款。小银行则比较注重公司生产经营所处的经济环境。借款者可以从经营业务十分熟悉并且经验丰富的银行那里获得更主动的支持和更有创新性的合作。因此，理财者应该慎重选择银行。

（5）其他。银行的规模、对外汇的管理水平等都是公司需要考虑的因素。

10.3.3 短期借款筹资的基本程序

银行短期借款的程序与银行长期借款的程序基本相同。现结合流动资金借款的特点说明如下。

（1）企业提出申请。向银行借入短期借款时，必须在批准的资金计划占用额范围内，按生产经营的需要，逐笔向银行提出申请。企业在申请书上应写明借款种类、借款数额、借款用途、借款原因、还款日期。另外，还要详细写明流动资金的占用额、借款限额、预计销售额、销售收入资金率等有关内容。

（2）银行对企业申请的审查。银行接到企业提出的借款申请书后，应对申请书进行认真的审查。审查内容主要包括：1）审查借款的用途和原因，作出是否贷款的决策；2）审查企业的产品销售和物资保证情况，决定贷款的数额；3）审查企业的资金周转和物资耗用状况，确定贷款的期限。

（3）签订借款合同。为了维护借贷双方的合法权益，保证资金的合理使用，企业向银行借入流动资金时，双方应签订借款合同。借款合同主要包括如下四方面内容：1）基本条款。这是借款合同的基本内容，主要强调双方的权利和义务。具体包括借款数额、借款方式、款项发放的时间、还款期限、还款方式、利息支付方式、利息率等。2）保证条款。这是保证款项能顺利归还的一系列条款。包括借款按规定的用途使用、有关的物资保证、抵押财产、保证人及其责任等内容。3）违约条款。这是对双方若有违约现象时应如何处理的条款。主要载明对企业逾期不还或挪用贷款等如何处理和银行不按期发放贷款的处理等内容。4）其他附属条款。这是与借贷双方有关的其他一系列条款，如双方经办人、合同生效日期等条款。

（4）企业取得借款。借款合同签订后，若无特殊原因，银行应按合同规定的时间向企业提供贷款，企业便可取得借款。

如果银行不按合同约定按期发放贷款，应偿付违约金。如果企业不按合同约定使用借款，也应偿付违约金。

（5）短期借款的归还。借款企业应按借款合同的规定按时、足额支付借款本息。贷款银行在短期贷款到期一个星期之前，应当向借款企业发送还本付息通知单，借款企业应当及时筹备资金，按期还本付息。

不能按期归还借款的，借款人应当在借款到期日之前向贷款人申请贷款展期，但是否同意展期应由贷款人视情况而定。申请保证借款、抵押借款、质押借款展期的，还应当由保证人、抵押人、出质人出具同意的书面证明。

10.3.4 短期借款筹资的优缺点

1. 银行短期借款的优点

（1）银行资金充足，实力雄厚，能随时为企业提供比较多的短期贷款。对于季节性和临时性的资金需求，采用银行短期借款尤为方便。而那些规模大、信誉好的大企业，更可以比较低的利率借入资金。

（2）银行短期借款具有较好的弹性，可在资金需要增加时借款，在资金需要减少时还款。

2. 银行短期借款的缺点

（1）资本成本较高。采用短期借款成本比较高，不仅不能与商业信用相比，与短期融资券相比也高出许多。而抵押借款因需要支付管理和服务费用，成本更高。

（2）限制较多。向银行借款，银行要在对企业的经营和财务状况进行调查以后才能决定是否贷款，有些银行还要求对企业有一定的控制权，要求企业把流动比率、负债比率维持在一定的范围之内，这些都会构成对企业的限制。

10.4 短期融资券

短期融资券（short-term commercial paper）又称商业票据、短期债券，是由大型工商企业或金融企业发行的短期无担保本票，是一种新兴的短期资金筹集方式。

10.4.1 短期融资券的发展历程

1. 短期融资券在西方资本市场的发展历程

短期融资券起源于商业票据。商业票据是一种古老的商业信用工具，产生于18世纪。它最初是随商品和劳务交易而签发的一种债务凭证。例如，一笔交易不是采用现金交易，而是采用票据方式进行结算，则当货物运走后，买方按合同规定的时间、地点、金额，开出一张远期付款的票据给卖方，卖方持有票据，直至到期日再向买方收取现金。

这种商业票据是随商品、劳务交易而产生的商业信用。商业票据是一种双名票据，即票据上列明收款方和付款方的名称。持有商业票据的公司如在约定的付款期之前需要现金，可以向商业银行或贴现公司贴现。贴现是指持有商业票据的公司将票据出让给银行或贴现公司，后者按票面额扣取从贴现日到票据到期日的利息后，将票面余额付给持票公司，待贴现的票据到期后，再持票向付款方索取票面款项。

这种方式，使办理贴现的银行或贴现公司得到了利息，又收回了本金，是一种很好的短期投资方式。于是，有的投资人便比照这种贴现方式，从持票人手中买下商业票据，待票据到期后持票向付款方收回资金。有时，贴现票据的银行因为资金短缺，也将贴现的票据重新卖出，由新的购买人到期收取款项。

一些大公司发现了商业票据的这一特点，便凭借自己的信誉，开始脱离商品交易过程来签发商业票据，以筹措短期资金。20 世纪 20 年代，美国汽车制造业及其他高档耐用商品开始兴盛，为增加销售量，一般都采用赊销、分期付款等方式向外销售，这样就在应收账款上进行了大量投资，因而感到资金不足，在银行借款受到多种限制的情况下，开始大量发行商业票据筹集短期资金。这样，商业票据与商品、劳务的交易相分离，演变成为一种在货币市场上融资的票据，发行人与投资者成为一种单纯的债务、债权关系，而不是商品买卖或劳务供应关系。商业票据上不必列明收款人，只需列明付款人，成为单名票据。为了与传统商业票据相区别，人们通常把这种专门用于融资的票据称为短期融资券或短期商业债券。

20 世纪 60 年代以后，工商界普遍认为发行短期融资券向金融市场筹措资金比向银行借款方便，利率也低，且不受银行信贷干预，因此，短期融资券数额急剧增加。以美国为例，1962 年 12 月仅有 60 亿美元，1985 年就增至 3 000 亿美元。20 世纪 70 年代，位于伦敦的欧洲短期融资券市场也开始形成，短期融资券市场不断扩大。目前，短期融资券已成为西方各类公司融通短期资金的重要方式。

2. 短期融资券在我国资本市场的发展历程

20 世纪 80 年代中后期，我国有些企业为解决流动资金的不足，开始采用短期融资券筹集资金。1989 年，中国人民银行下发了《关于发行短期融资券有关问题的通知》，以文件的形式肯定了各地发行融资券的做法。这一举措对于拓宽企业筹资渠道、优化企业短期资金来源、加快社会资金周转速度、优化资金投向具有重要意义。

为了规范短期融资券市场、提升社会资金配置效率，2005 年 5 月，中国人民银行发布了《短期融资券管理办法》以及《短期融资券承销规程》、《短期融资券信息披露规程》两个配套文件，对短期融资券的发行、登记、托管、交易、结算、兑付、信息披露、监督管理等做出了明确规定，极大地促进了短期融资券的发行。据统计，截至 2007 年末，已有 316 家企业累计发行短期融资券 7 693 亿元，余额为 3 203 亿元。①

为进一步完善银行间债券市场管理，促进非金融企业直接债务融资发展，2008 年 4 月，中国人民银行颁布实施了《银行间债券市场非金融企业债务融资工具管理办法》，同时废止了 2005 年 5 月的《短期融资券管理办法》及相关规定。

---

① 参见中国人民银行网站（www.pbc.gov.cn）、中国债券网（www.chinabond.com.cn）。

图10—6对2006年1月—2008年12月我国短期融资券的发行情况进行了汇总与描述，可以发现，近年来我国短期融资券市场呈现出较为迅速的发展趋势。

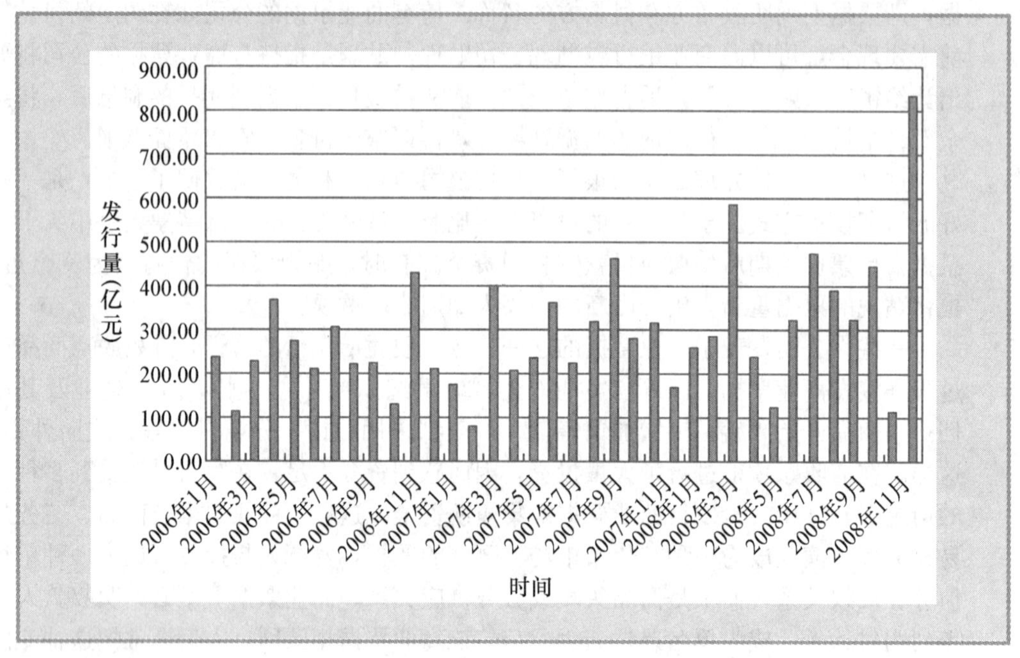

图10—6 2006—2008年我国短期融资券发行情况

资料来源：根据中国债券网（www.chinabond.com.cn）数据整理。

10.4.2 短期融资券的种类

按不同的标准，可将短期融资券分为不同类型。

1. 按发行方式，可分为经纪人代销的融资券和直接销售的融资券

（1）经纪人代销的融资券又称间接销售融资券，是指先由发行人卖给经纪人，然后由经纪人再卖给投资者的融资券。经纪人主要有银行、投资信托公司、证券公司等。企业委托经纪人发行融资券，要支付一定数额的手续费。

（2）直接销售的融资券是指发行人直接销售给最终投资者的融资券。直接发行融资券的公司通常是经营金融业务的公司或自己有附属金融机构的公司，它们有自己的分支网点，有专门的金融人才，因此，有力量自己组织推销工作，从而节省了间接发行时应付给证券公司的手续费。直接销售的融资券目前已占据相当大的比重。

根据我国《银行间债券市场非金融企业债务融资工具管理办法》的相关规定，我国非金融企业发行短期融资券必须由符合条件的金融机构承销，企业不得自行销售融资券。

2. 按发行人的不同，可分为金融企业的融资券和非金融企业的融资券

（1）金融企业的融资券主要是指由各大公司所属的财务公司、各种投资信托公司、银行控股公司等发行的融资券。这类融资券一般都采用直接发行的方式。

（2）非金融企业的融资券是指那些没有设立财务公司的工商企业所发行的融资券。这类企业一般规模不大，多采用间接方式来发行融资券。

3. 按融资券的发行和流通范围，可分为国内融资券和国际融资券

（1）国内融资券是一国发行者在其国内金融市场上发行的融资券。发行这种融资券一般只要遵循本国法规和金融市场惯例即可。

（2）国际融资券是一国发行者在其本国以外的金融市场上发行的融资券。发行这种融资券，必须遵循有关国家的法律和国际金融市场上的惯例。在美国货币市场和欧洲货币市场上，这种国际短期融资券很多。

10.4.3　短期融资券的发行程序

在我国，企业发行短期融资券，一般要按如下程序进行。

1. 作出筹资决策

根据我国法律的相关规定，企业必须符合一定的条件才具有申请发行融资券的资格，包括：

（1）是在中华人民共和国境内依法设立的企业法人；

（2）具有稳定的偿债资金来源，最近一个会计年度盈利；

（3）流动性良好，具有较强的到期偿债能力；

（4）发行融资券募集的资金用于本企业生产经营；

（5）近三年没有违法和重大违规行为；

（6）近三年发行的融资券没有延迟支付本息的情形；

（7）具有健全的内部管理体系和募集资金的使用偿付管理制度；

（8）中国人民银行规定的其他条件。

在充分了解金融市场状况和自身经营现状的基础上，企业财务部门将短期融资券列为可行的筹资方案，并向总经理或董事会提出申请，由其进行最后决策。

2. 选择承销商

我国企业短期融资券的发行必须由符合条件的金融机构承销，企业自身不具有销售融资券的资格。因此，企业在发行方案经总经理或董事会批准之后，应选择拥有承销资格的金融机构作为主承销商。

主承销商应当是具备中国人民银行所规定的相关资格的金融机构，在短期融资券的发行过程中全面承担与发行直接相关的工作，包括：与发行人就有关发行方式、日期、利率、价格、发行费用等进行磋商，达成一致；编制向主管机构提供的有关文件；组织承销团；筹划组织召开承销会议；协助发行人申办有关法律方面的手续；向认购人交付融资券并清算价款等。

企业如需变更主承销商，还应当报中国人民银行备案。

3. 办理信用评级

信用评级是由专家、学者组成专门的机构，运用科学的综合分析方法，对企业及金融工具的信用情况进行评定和估价。根据规定，我国企业在发行短期融资券时，应当由在中国境内注册且具备债券评级资质的评级机构进行信用评级。

短期融资券信用评级的主要步骤可以分为：

（1）由发行企业将与融资券发行相关的基础性资料提交给评级机构。

（2）评级机构在对基础材料的真实性、可靠性、一致性进行核定的基础上，对发行企业的信用质量以及融资券本身的特点和实际情况进行分析、评定，将评级结论归结到发债人对短期融资券本息的偿付能力上，并出具信用评级报告。

(3) 评级机构在遵守保密原则并征得发行人同意的前提下，通过报刊、网络、媒体等信息平台向投资者与资本市场发布信用评级报告。

4. 向审批机关提出申请

中国人民银行总行与各省、自治区、直辖市分行是我国企业发行融资券的审批、管理机关。企业发行短期融资券，必须通过其主承销商向各级人民银行的金融管理部门提出申请，经过批准后才能发行。在申请书及其附件中必须提供如下一些内容：

(1) 发行融资券的备案报告；

(2) 董事会同意发行融资券的决议或具有相同法律效力的文件；

(3) 主承销商推荐函（附尽职调查报告）；

(4) 融资券募集说明书（附发行方案）；

(5) 信用评级报告全文及跟踪评级安排的说明；

(6) 经注册会计师审计的企业近三个会计年度的资产负债表、利润表、现金流量表及审计意见全文；

(7) 律师出具的法律意见书（附律师工作报告）；

(8) 偿债计划及保障措施的专项报告；

(9) 关于支付融资券本息的现金流分析报告；

(10) 承销协议及承销团协议；

(11)《企业法人营业执照》（副本）复印件；

(12) 中国人民银行要求提供的其他文件。

5. 审批机关审查和批准

中国人民银行的金融管理部门接到企业申请后，要对如下一些内容进行认真审查：

(1) 对发行资格进行审查。主要包括：审查发行单位是否在工商行政管理部门登记并领有营业执照；审查发行单位是否有足够的自有资产；审查发行单位是否有可靠的还款来源；审查信用担保人的资格和担保契约书的内容。

(2) 对资金用途进行审查。企业发行融资券所筹集的资金只能用于解决企业临时性、季节性流动资金不足，不能用于企业资金的长期周转和固定资产投资。

(3) 审查会计报表的内容。主要包括：审查会计报表是否经注册会计师签字；审查会计报表中的资金来源和资金占用是否合理；审查企业盈利情况如何；审查企业的主要财务比率是否健全。

(4) 审查融资券的票面内容。融资券票面一般要载明如下内容：企业名称、地址；融资券票面金额；票面利率；还本期限和方式；利息支付方式；融资券的发行日期和编号；发行企业签章和企业法人代表签章等。

审查通过后，中国人民银行将根据规定的条件和程序向企业下达备案通知书，并核定该企业发行融资券的最高余额。

6. 正式发行，取得资金

经审查机关审查同意后，发行企业便可正式发行短期融资券。

在承销发行方式下，主要发行步骤包括：

（1）发行融资券的企业与经纪人协商融资券的有关事项，并签订委托发行协议；

（2）经纪人按协议中的有关条件和承销方式，发布公告并进行其他宣传活动；

（3）投资者购买融资券，资金存入经纪人账户；

（4）经纪人将资金划转至发行融资券的企业账户中，并按协议中的规定处理未售完的融资券。

10.4.4 短期融资券的成本与评级

1. 短期融资券的成本

短期融资券的成本也就是利息，其利息是在贴现的基础上支付的。短期融资券的成本率（年度利率）的计算公式如下：

$$短期融资券资本成本率=\frac{r}{1-r\times\frac{n}{360}} \tag{10—11}$$

式中，r 表示票面利率；n 表示票据期限。

例 10—10

恒远公司发行了为期120天的优等短期融资券，票面利率是12%，则该短期融资券的成本率是多少？

$$短期融资券资本成本率=\frac{r}{1-r\times\frac{n}{360}}=\frac{12\%}{1-12\%\times\frac{120}{360}}=12.5\%$$

如果有多个短期融资券的发行方案可供选择，那么应该选择年度利率最低的方案，以使成本最低。

另外，发行短期融资券的公司一般都保持有备用的信用额度，以便为出售短期融资券时发生的问题提供保证。如果一家公司到期不能偿还其发行的短期融资券，就可以动用备用的信用额度。对于这种备用的信用额度，银行一般要按年收取0.25%～0.5%的费用，这将导致成本增加。

例 10—11

恒远公司以10%的票面利率发行了50亿元为期90天的优等短期融资券。恒远公司利用备用的信用额度所获资金的成本率是0.25%，另外其他直接费用率为每年0.5%，则恒远公司的短期融资券总成本率是多少？

先计算年度利率。

$$短期融资券资本成本率=\frac{r}{1-r\times\frac{n}{360}}=\frac{10\%}{1-10\%\times\frac{90}{360}}=10.26\%$$

然后计算总成本率。

$$总成本率=10.26\%+0.25\%+0.5\%=11.01\%$$

2. 短期融资券的评级

与短期融资券成本相关的一个直接因素是短期融资券的信用质量。按照资本市场当前的做法，短期融资券的信用质量一般由信用评级机构进行评价。

信用评级机构这种专门从事资信评级的中介机构是自1909年穆迪公司开创评级业务之后才发展起来的。美国主要的信用评级机构包括：穆迪投资服务公司(Moody's)、标准普尔公司（Standard & Poor's)、达夫与菲尔普斯公司（Duff & Phelps）以及菲奇投资者服务公司（Fitch)，这些机构提供商业公司的财务信息并对各类债券进行信用评级，在协助证券发行者顺利发行证券、帮助投资者科学选择证券以及规范金融市场等方面都起到了十分重要的作用。随着资本市场的发展，我国的信用评级业务也得到了一定的发展，先后成立了中诚信国际、联合资信、大公国际等专业评级机构，对国内资本市场的各类证券进行信用评级。

通常，评级机构在分析、评定并形成评级结论的过程中，主要会考虑以下因素：1）企业外部因素，如宏观经济状况、产业发展趋势、政策及监管环境等；2）企业自身因素，如经营状况、管理水平、财务状况等，尤其是企业自身的流动性水平是信用评级机构关注的重点；3）短期融资券自身的相关条款与保障措施，如发行规模、筹资期限、债务保障措施等。在此基础上，评级机构将以符号的形式将融资券归为几类。

一般而言，不同信用评级机构所确定的评级标准较为类似。例如，穆迪公司将短期融资券划分为两个基本的信用级别：“优等的”和“非优等的”，“优等”这类又被分成P—1（质量最好)、P—2、P—3三小类；标准普尔则将短期融资券划分为四个基本级别：A、B、C、D，其中的A类和穆迪公司的“优等的”这一类别相对应，又可以分为A—1^{+}（质量最好)、A—1、A—2和A—3等小类。

我国信用评级机构对短期融资券的评级也采用了类似的等级设定。以中诚信国际为例，短期融资券可以划分为A—1^{+}、A—1、A—2、A—3、B、C、D七类，如表10—7所示。

表10—7　　中诚信国际短期融资券信用等级符号及其定义

等级符号	定义
A—1^{+}	受评对象短期还本付息能力最强，安全性最高
A—1	受评对象短期还本付息能力很强，安全性很大
A—2	受评对象短期还本付息能力较强，但安全性不如A—1级
A—3	受评对象短期还本付息能力一般，但与A—1和A—2级相比，其安全性更易受不良环境的影响
B	受评对象短期还本付息的能力较低，安全性很易受不良环境的影响，有一定的违约风险
C	受评对象短期还本付息能力很低，违约风险较大
D	受评对象短期不能按期还本付息

资料来源：中诚信国际网站（www.ccxi.com.cn)。

10.4.5　短期融资券筹资的优缺点

1. 短期融资券筹资的优点

（1）短期融资券筹资的成本低。在西方国家，短期融资券的利率加上发行成本率，通常要低于银行的同期贷款利率。这是因为，在采用短期融资券筹资时，筹资者与投资者直接往来，绕开了银行中介，节省了一笔原应付给银行的筹资费用。但目前我国短期融资券的利率一般要比银行借款利率高，这主要是因为我国短期融资券市场刚刚建立，投资者对短期融资券还缺乏了解。随着短期融资券市场的不断完善，短期融资券的利率会逐渐接近银行贷款利率，直至略低于银行贷款利率。

(2) 短期融资券筹资数额比较大。银行一般不会向企业发放巨额的流动资金借款，如在西方，商业银行贷给个别公司的最大金额不能超过该公司资本的 10%。因而，对于需要巨额资金的企业，短期融资券这一方式尤为适用。

(3) 短期融资券筹资能提高企业的信誉。由于能在货币市场上发行短期融资券的公司都是著名的大公司，因而一家公司如果能在货币市场上发行自己的短期融资券，就说明该公司的信誉很好。

2. 短期融资券筹资的缺点

(1) 发行短期融资券的风险比较大。短期融资券到期必须归还，一般不会有延期的可能。到期不归还，会产生严重后果。

(2) 发行短期融资券的弹性比较小。只有当企业的资金需求达到一定数量时才能使用短期融资券，如果数量小，则不宜采用短期融资券方式。另外，短期融资券一般不能提前偿还，因此，即使公司资金比较宽裕，也要到期才能还款。

(3) 发行短期融资券的条件比较严格。并不是任何公司都能发行短期融资券，必须是信誉好、实力强、效益高的企业才能使用，而一些小企业或信誉不太好的企业则不能利用短期融资券来筹集资金。

思考题

1. 短期筹资政策的主要类型包括哪些？短期筹资政策与短期资产管理政策之间应当保持怎样的配合关系？

2. 什么是自然性筹资？举例说明。

3. 商业信用筹资和应付费用筹资应当考虑哪些成本？

4. 简述银行短期借款的种类。

5. 在选择贷款银行时，应该考虑的因素有哪些？

6. 短期融资券应该遵循什么样的发行程序？

7. 试对比分析银行短期借款、商业信用、短期融资券的特征和优缺点。

练习题

1. 某公司按“2/20，n/40”的信用条件购入价值 30 000 元的原材料，并在第 40 天支付货款，请计算该公司的商业信用资本成本率。

2. 某公司 2008 年发生采购成本 2 000 000 元，当年应付账款平均余额为 400 000 元，请计算其应付账款周转率。

3. 某公司以贴现方式借入 1 年期贷款 15 万元，名义利率为 10%，这笔贷款的有效利率是多少？如果公司以分期付款方式借入这笔贷款，分 12 个月等额偿还，那么有效利率又是多少？

4. 某公司以 12%的票面利率发行了为期 9 个月的短期融资券，该短期融资券的年成本率是多少？假设该公司利用备用信用额度所获资金的成本率是 0.35%，其他直接费用率为每年 0.5%，那么该短期融资券的总成本率又是多少？

案例题

华侨城短期负债管理案例

隶属于国务院国资委的华侨城集团成立于 1985 年 11 月 11 日，是一家跨区域、跨行业经营的大型中央国有企业集团。旗下拥有华侨城控股（000069. SZ）、华侨城（亚洲）控股（3366. HK）、康佳集团（000016. SZ）等三家境内外上市公司，连续 6 年入选中国 500 强，连续多年入选“世界旅游景区集团八强”。

华侨城是最早被列为国务院国资委大力扶持发展房地产业的全国五大中央企业之一。华侨城以旅游和房地产业为主营业务，在二十多年的发展中形成了“以旅游主题地产为特色的成片综合开发和运营”模式，发展成为“中国旅游主题地产第一品牌”。华侨城集团坚持市场导向、客户至上和科技领先，做强做大三项核心业务，各项业务均分别位居行业前列，培育了主题公园品牌——锦绣中华、中国民俗文化村、世界之窗、欢乐谷等，主题酒店品牌——华侨城洲际大酒店、华侨城茵特拉根酒店、威尼斯皇冠假日酒店、城市客栈等，大型发展项目品牌——深圳东部华侨城、北京华侨城、上海华侨城等。

2010 年 4 月，号称史上最严厉的“限购令”实施，房地产和银行信贷持续收紧，房地产行业进入了一个“量跌价滞”的阶段。华侨城控股 2010 年中报显示，其短期借款为 78.72 亿元，远超过 45.08 亿元的货币资金结余；经营活动现金流入 62.7 亿元，现金流出 121.3 亿元，经营活动产生的现金流量净额－58.6 亿元，经营现金流量明显紧张，流动负债占总负债的 71.84%。高盛高华证券分析师认为，因为华侨城的开发重点是高端市场，更易受到政府紧缩政策的冲击。在项目销售吃紧的情况下，华侨城资金捉襟见肘，公司日常经营所需流动资金不得不依赖银行借款和资金周转中形成的应付账款等短期负债，“举新债还旧债”成为华侨城一项重要的财务举措。

而在 2010 年 2 月 11 日，华侨城以 70.2 亿元拍得上海苏河湾 1 号地块，创下当年全国单价“地王”。根据中国指数研究院的监测，华侨城 2010 年在上海、天津、深圳等地拿地的总价约为 133 亿元。“受地产调控政策影响，且地产产品结构与上年同期有所区别，经营业绩略有下降。”在土地储备方面，截至 2010 年末，华侨城旅游综合业务配套地产储备面积 662.8 万平方米，房地产业务储备面积 233.76 万平方米。随着大量项目同时开发、土地储备的大幅增加，再加上房地产调控政策的影响，项目销售难度加大，华侨城的资金压力将不断增大。

思考题：

(1) 2010 年华侨城的控股短期负债管理可能存在什么隐患？

(2) 结合华侨城控股的行业特点分析该公司在利用银行借款和应付账款进行流动资金筹资的利弊。

第 11 章 Chapter 11 股利理论与政策

学习目标

1. 掌握公司利润分配程序；掌握股利种类及股利的发放程序。

2. 理解股利理论的主要内容，包括股利无关理论、“一鸟在手”理论、税收差别理论、信号传递理论和代理理论。

3. 理解股利政策的内容、评价指标；掌握股利政策的影响因素以及股利政策的类型。

4. 理解股票回购的动机与方式。

5. 了解股票分割与股票股利的区别。

11.1 股利及其分配

11.1.1 利润分配程序

利润分配就是对企业所实现的经营成果进行分割与派发的活动。企业利润分配的基础是净利润，即企业缴纳所得税后的利润。利润分配既是对股东投资回报的一种形式，也是企业内部筹资的一种方式，对企业的财务状况会产生重要影响。利润分配必须依据法定程序进行，按照《公司法》、《企业财务通则》等法律法规的规定，股份有限公司实现的税前利润，应首先依法缴纳企业所得税，税后利润应当按照下列基本程序进行分配。

1. 弥补以前年度亏损

根据现行法律法规的规定，公司发生年度亏损，可以用下一年度的税前利润弥补，下一年度税前利润不足弥补时，可以在5年内延续弥补，5年内仍然未弥补完的亏损，可用税后利润弥补。

2. 提取法定公积金

公司在分配当年税后利润时，应当按税后利润的10%提取法定公积金，但当法定公积金累计额达到公司注册资本的50%时，可以不再提取。

3. 提取任意公积金

公司从税后利润中提取法定公积金后，经股东大会决议，还可以从税后利润中提取任意公积金。

法定公积金和任意公积金都是公司在从税后利润中提取的积累资本，是公司用于防范和抵御风险、提高经营能力的重要资本来源。盈余公积金和未分配利润都属于公司的留用利润，从性质上看属于股东权益。公积金可以用于弥补亏损、扩大生产经营或者转增公司股本，但转增股本后，所留存的法定公积金不得低于转增前公司注册资本的25%。

4. 向股东分配股利

公司在按照上述程序弥补亏损、提取公积金之后，所余当年利润与以前年度的未分配利润构成可供分配的利润，公司可根据股利政策向股东分配股利。

按照现行制度规定，股份有限公司依法回购后暂未转让或者注销的股份，不得参与利润分配；公司弥补以前年度亏损和提取公积金后，当年没有可供分配的利润时，一般不得向股东分配股利。

11.1.2 股利的种类

股份有限公司分派股利的形式一般有现金股利、股票股利、财产股利和负债股利等。后两种形式应用较少，我国有关法律规定，股份有限公司只能采用现金股利和股票股利两种形式。下面主要介绍这两种股利形式。

1. 现金股利

现金股利（cash dividend）是股份有限公司以现金的形式从公司净利润中分配给股东的投资报酬，也称“红利”或“股息”。现金股利是股份有限公司最常用的股利分配形式。优先股通常有固定的股息率，在公司经营正常并有足够利润的情况下，优先股的年股利额是固定的。例如，某公司发行的优先股面值为1元，固定股息率为10%，那么在正常情况下，每股优先股可分得0.1元的现金股利。普通股没有固定的股息率，发放现金股利的次数和金额主要取决于公司的股利政策和经营业绩等因素。西方国家的许多公司按季度发放现金股利，一年发放4次。我国公司一般半年或一年发放一次现金股利。由于现金股利是从公司实现的净利润中支付给股东的，支付现金股利会减少公司的留用利润，因此发放现金股利并不会增加股东的财富总额。但是，不同的股东对现金股利的偏好是不同的，有的股东希望公司发放较多的现金股利，有的股东则不愿意公司发放过多现金股利。现金股利的发放会对股票价格产生直接的影响，在除息日之后，一般来说股票价格会下跌。例如，某公司宣布每股发放1.25元现金股利，如果除息日的前一交易日股票收盘价为18.75元/股，则除息日股票除权后的价格应为17.50元/股。

2. 股票股利

股票股利（stock dividend）是股份有限公司以股票的形式从公司净利润中分配给股东的股利。股份有限公司发放股票股利，须经股东大会表决通过，根据股权登记日的股东持股比例将可供分配利润转为股本，并按持股比例无偿地向各个股东分派股票，增加股东的持股数量。发放股票股利不会改变公司的股东权益总额，也不影响股东的持股比例，只是公司的股东权益结构发生了变化，未分配利润转为股本，因此会增加公司的股本总额。例如，海信公司发放股票股利之前的股份总数为20 000万股，公司按每 10 股送 4 股的比例发放股票股利，则发放股票股利后公司的股份总数增加到 28 000 万股。在公司发放股票股利时，除权后股票价格会相应下降。一般来说，如果不考虑股票市价的波动，发放股票股利后的股票价格，应当按发放的股票股利的比例而成比例下降。例如海信公司发放股票股利前的股价为每股 21 元，公司按照每 10 股送 4 股的比例发放股票股利，在除权日之后，海信公司的股票价格应降至每股 15 元（21÷1.4）。可见，分配股票股利，一方面扩张了股本，另一方面起到股票分割的作用。处于高速成长阶段的公司可以利用分配股票股利的方式来进行股本扩张，以使股价保持在一个合理的水平，避免因股价过高而影响股票的流动性。

对于股份有限公司来说，分配股票股利不会增加其现金流出量，如果公司现金紧张或者需要大量的资本进行投资，可以考虑采用股票股利的形式。但应当注意的是，一直实行稳定的股利政策的公司，因发放股票股利而扩张了股本，如果以后继续维持原有的现金股利水平，势必会增加未来年度的现金股利支付。在公司净利润的增长速度低于股本扩张速度时，公司的每股利润就会下降，就可能导致股价下跌。对于股东来说，虽然分得股票股利没有得到现金，但是，如果发放股票股利之后，公司依然维持原有的现金股利水平，则股东在以后可以得到更多的股利收入，或者股票数量增加之后，股价走出了填权行情，股东的财富也会随之增长。

11.1.3　股利的发放程序

股份有限公司分配股利必须遵循法定的程序，一般是先由董事会提出股利分配预案，然后提交股东大会决议通过才能进行分配。股东大会决议通过股利分配预案之后，要向股东宣布发放股利的方案，并确定股权登记日、除息日和股利发放日，这几个日期对分配股利是非常重要的。

1. 宣布日

宣布日就是股东大会决议通过并由董事会宣布发放股利的日期。公司董事会应先提出利润分配预案，并提交股东大会表决，利润分配方案经股东大会表决通过之后，董事会才能对外公布。在宣布股利分配方案时，应明确股利分配的年度、分配的范围、股利分配的形式、分配的现金股利金额或股票股利的数量，并公布股权登记日、除息日和股利发放日。

2. 股权登记日

股权登记日是有权领取本期股利的股东资格登记截止日期。公司规定股权登记日是为了确定股东能否领取本期股利。因为股票是经常流动的，所以确定这个日期很有必要。只有在股权登记日这一天登记在册的股东才有资格领取本期股利，而在这一天没有登记在册，即使是在股利发放日之前买入股票的股东，也无权领取本次分配的股利。在信息技术环境下，股权登记极其方便、快捷，一般在股权登记日交易结束的当天即可打印出股东名册。

3. 除息日

除息日也称除权日，是指从股价中除去股利的日期，即领取股利的权利与股票分开的日期。在除息日之前的股票价格中包含了本次股利，在除息日之后的股票价格中不再包含本次股利，因此投资者只有在除息日之前购买股票，才能领取本次股利，在除息日当天或以后购买股票，则不能领取本次股利。除息日对股票价格有重要的影响，除息日股票价格因除权而相应下降，除息日股票的开盘参考价为前一交易日的收盘价减去每股股利。在西方国家，按照证券业的传统惯例，除息日一般确定在股权登记日的前 2 个工作日，之所以如此规定，是因为股票交易之后，办理股票过户登记手续需要几天的时间，为了保证在股权登记日办理完过户登记手续，投资者必须在除息日之前买入股票。而在除息日之后，股权登记日之前购买的股票，公司不能保证及时地得到股票所有权已经转让的通知，可能无法在股权登记日办理过户登记。但是，目前先进的计算机结算登记系统为股票的交割过户提供了快捷的手段，股票买卖交易的当天即可办理完交割过户手续，在这种交易结算条件下，除息日可确定为股权登记日的下一个工作日。

4. 股利发放日

股利发放日，也称股利支付日，是公司将股利正式支付给股东的日期。在这一天，公司应通过邮寄等方式将股利支付给股东。目前公司可以通过中央结算登记系统将股利直接打入股东在证券公司开立的保证金账户。

例 11—1

2008 年 6 月 18 日，青岛海尔股份有限公司董事会发布了 2007 年度利润分配实施公告如下：

青岛海尔股份有限公司 2007 年度利润分配方案已经 2008 年 5 月 20 日召开的公司 2007 年度股东大会审议通过，利润分配方案为：

（1）发放年度：2007 年度。

（2）发放范围：截止到 2008 年 6 月 24 日下午上海证券交易所收市后，在中国证券登记结算有限责任公司上海分公司登记在册的全体股东。

（3）本次分配以 1 338 518 770 股为基数，向全体股东每 10 股派发现金红利 2.00 元（含税），代扣个人所得税（税率为 10%）后每 10 股派发现金红利 1.80 元，共计派发股利 267 703 754 元。

（4）实施日期：股权登记日为 2008 年 6 月 24 日，除息日为 2008 年 6 月 25 日，现金股利发放日为 2008 年 7 月 1 日。

（5）实施办法：无限售条件的流通股股东的现金红利委托中国证券登记结算有限责任公司上海分公司通过其资金清算系统向股权登记日登记在册并在上海证券交易所各会员单位办理了指定交易的股东派发，投资者可于股利发放日在其指定的证券营业部领取现金红利。有限售条件的流通股股东的现金红利由本公司直接发放。

图 11—1 显示了青岛海尔股份有限公司 2007 年度股利分配的关键日期。

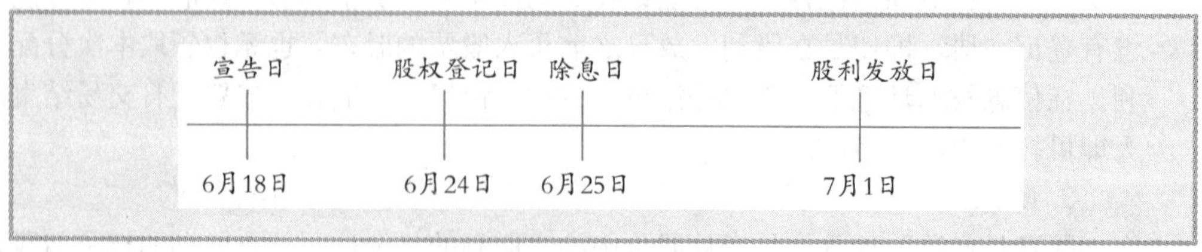

图 11—1　青岛海尔股份有限公司股利分配时间

从青岛海尔股份有限公司的利润分配公告中可知，只有在 6 月 24 日登记在册的股东才有资格领取 2007 年度的股利，6 月 25 日除息日之后再购买青岛海尔股份有限公司的股票则不能领取本期股利。

按照我国税法规定，股东分得的现金股利需要缴纳个人所得税，税法规定的税率为 20%。为了促进资本市场发展，2005 年 6 月 13 日财政部和国家税务总局批准个人投资者从上市公司取得的股息红利所得减半征收个人所得税，所以，青岛海尔股份有限公司须按 10%的税率代扣个人所得税。

11.2　股利理论

在股份有限公司的利润分配实践中常常会面临如下几个重要问题：(1) 公司应当支付多少股利，即如何确定现金股利与留用利润之间的比例？(2) 公司发放股利是否会影响公司价值，股东态度是怎样的？长期以来，许多学者对这些问题进行了大量的研究，从不同的角度提出了许多观点，从而形成了不同的股利理论。公司的财务管理目标是实现公司价值最大化，股利分配也应当服从这一目标，如何分配股利、股利分配的数量和形式都应当以实现公司价值最大化为基本目标。**股利理论**（dividend theory）就是研究股利分配与公司价值、股票价格之间的关系，探讨公司应当如何制定股利政策的基本理论。根据对股利分配与公司价值、股票价格之间关系的认识不同，股利理论可分为两大派别：**股利无关理论**（dividend irrelevance theory）和**股利相关理论**（dividend relevance theory）。

11.2.1　股利无关理论

1. 股利无关理论的基本内容

股利无关理论认为，公司的股利政策不会对公司价值产生任何影响。该理论是由美国经济学家米勒和莫迪利亚尼于 1961 年首先提出的，故也被称为 MM 股利无关理论。米勒和莫迪利亚尼采用数学推导的方法证明，在完美的资本市场条件下，如果公司的投资决策和资本结构保持不变，那么公司价值取决于公司投资项目的盈利能力和风险水平，而与股利政策不相关。因此，公司未来是否分配股利和如何分配股利都不会影响公司目前的价值，也不会影响股东财富总额。根据股利无关理论，投资者不会关心公司股利的分配情况，在公司有良好投资机会的情况下，如果股利分配较少，留用利润较多，投资者可以通过出售股票换取现金来自制股利；如果股利分配较多，留用利润较少，投资者获得现金股利后可寻求新的投资机会，而公司可以通过发行新股筹集所需资本。

假设下面两种情况都是在完美资本市场环境中进行的公平市场交易，我们来探讨为什么公司的股利分配不会影响公司价值和股东财富。

第一种情况是公司的投资决策和资本结构确定之后，需要向股东支付现金股利，但是，为了保证投资所需资本和维持现有资本结构不变，公司需要发行新股筹集资本。公司在支付现金股利后，老股东获得了现金，但减少了与现金股利等值的股东权益，股东的财富从对公司拥有的股东权益形式转化为手中持有的现金形式，二者价值相等，因而老股东的财富总额没有发生变化。同时，为了保持现有资本结构不变，公司必须发行新股筹集与现金股利等值的资本，以弥补因发放现金股利而减少的股权资本，新股东投入了现金，获得了与其出资额等值的股东权益。这样，公司支付股利而减少的资本刚好被发行新股筹集的资本所抵补，公司价值不会发生变化。如图 11—2 所示，公司支付了相当于其净资产 20%的现金股利而减少的公司价值，刚好被发行新股筹集的资本所抵补，老股东的持股比例由原来的 100%降至 80%，新股东拥有 20%的股份。通过这两次交易，公司的普通股股数增加了，每股价格也相应下降了，虽然老股东的持股比例下降了，但其持有的股票数量没有减少，其股票价值的减少刚好等于其获得的现金股利，因此，股东财富不变，公司价值也没有发生变化。

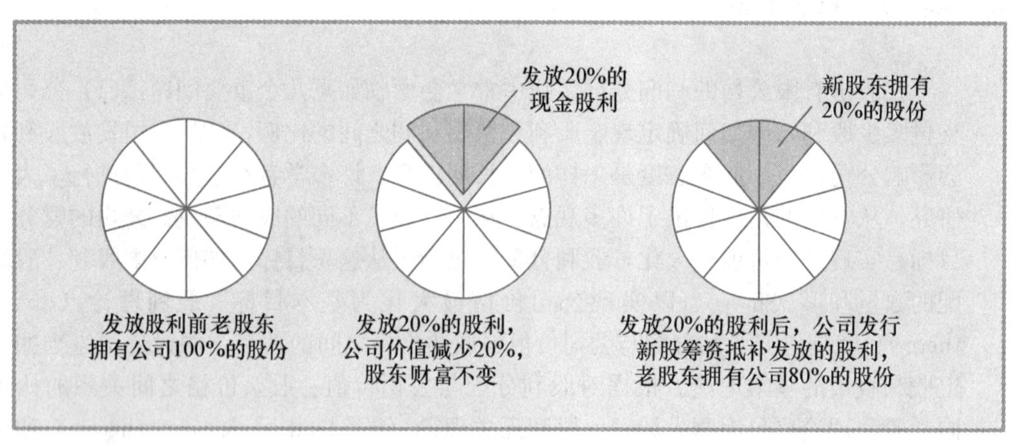

图 11—2　发放股利、发行新股后公司价值和股东财富示意图

第二种情况是公司的投资决策和资本结构确定之后，公司决定将利润全部作为留用利润用于投资项目，不向股东分配现金股利。如果股东希望获得现金，可以将部分股票出售给新的投资者来换取现金，这种交易被称为自制股利。自制股利交易的结果相当于第一种情况中发放股利和发行新股两次交易的结果，原有股东将部分股权转让给新的投资者获取了现金，其股东财富不变，公司价值也不会发生变化。如图 11—3 所示，公司原有股东将 20%的股份转让给新的股东获得了现金，实现了自制股利交易。通过这次交易，公司的普通股股数没有变化，股票价格也不会发生变化，虽然老股东的股票价值减少了 20%，但其获得了等值的现金，因此，股东财富和公司价值均不变。

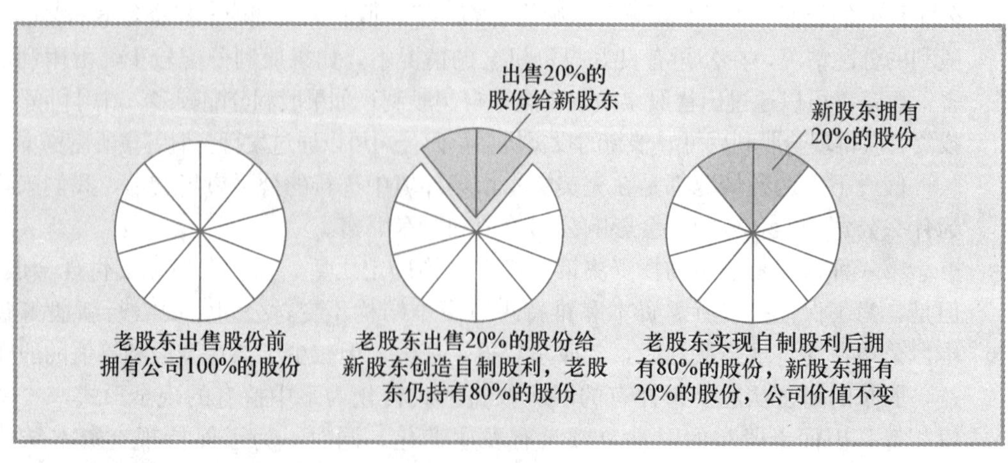

图 11—3　原有股东出售股份给新投资者自制股利示意图

例 11—2

宏达股份有限公司 2009 年计划实施一项重要的投资项目。经测算，该项目需要投入资本 10 000 万元，可实现正的净现值 10 000 万元。公司有足够的现金实施该项目。公司目前普通股股数为 8 000 万股，每股价值为 20 元，公司无负债。因此，在该项目宣布实施之前公司总价值为 160 000 万元（20×8 000），在宣布实施该项目之后公司总价值增加了 10 000 万元，即 170 000 万元（160 000＋10 000），每股价值为 21.25 元（170 000÷8 000）。

现在，宏达公司为了实施该项目，有两个股利分配方案可供选择，如表 11—1 所示。

表 11—1　　宏达公司股利分配方案

项目	股利分配方案一	股利分配方案二
投资项目净现值（万元）	10 000	10 000
普通股股数（万股）	8 000	8 000
宣布项目实施前每股价值（元）	20	20
宣布项目实施前公司价值（万元）	160 000	160 000
宣布项目实施后每股价值（元）	21.25	21.25
宣布项目实施后公司价值（万元）	170 000	170 000
宣布项目实施后原股东财富总额（万元）	170 000	170 000
发放的每股股利（元）		1.25
发放股利后每股价值（元）		20
现金股利总额（万元）		10 000
分配股利后公司价值（万元）		160 000
分配股利、发行新股后公司价值（万元）		170 000
分配股利后原股东财富总额（万元）		170 000

股利分配方案一：不分配现金股利，用留存利润来实施该项目。

股利分配方案二：每股分配现金股利 1.25 元，共计分配 10 000 万元现金股利，然后发行新股筹集 10 000 万元资本用于实施该项目。

假定是在完全资本市场环境下进行的交易。

首先，分析第一方案。公司不分配现金股利，可用留存利润直接投资该项目，此时每股价值为 21.25 元，公司总价值为 170 000 万元。如果公司股东都希望得到 10 000 万元的现金股利，他们可以通过出售 4 705 882 股（100 000 000/21.25＝4 705 882 股）来实现 10 000 万元的自制股利。虽然原有股东的股东权益减少了 10 000 万元，但是他们获得了 10 000 万元的现金，他们的股东财富仍然是 170 000 万元，没有发生变化，而新股东付出 10 000 万元现金换取了在公司中的 10 000 万元股东权益。这样，公司普通股股数仍然为 8 000 万股，每股价值为 21.25 元，公司总价值为 170 000 万元，公司价值不变。

其次，分析第二方案。每股分配 1.25 元现金股利，共计支付 10 000 万元现金股利。分配股利之后，公司股票价格降为 20 元。为了实施该项目，公司需要按现行股价 20 元发行新股 500 万股筹集资本 10 000 万元。这样，公司原有股东持有的股数仍然为 8 000 万股，其股东权益为 160 000 万元，同时获得了 10 000 万元现金股利，其股东财富仍然为 170 000 万元，没有发生变化。通过增发新股，公司的普通股股数增加到 8 500 万股，每股价值为 20 元，公司总价值为 170 000 万元，公司价值不变。

由此可见，无论采取哪一种分配方案，公司股东财富和公司价值都不会发生变化，这说明在完全资本市场条件下，股利政策不会对公司价值产生影响。

2. 股利无关理论的假设条件

MM 股利无关理论建立在下列严格的假设基础之上。

（1）假设存在完全资本市场。完全资本市场假设是股利无关理论的基本前提，只有在这样的市场环境中，公司的股利分配政策才不会影响公司价值。那么，什么样的资本市场才称得上是完全资本市场呢？MM 股利无关理论认为完全资本市场须符合以下七个条件①：

1）没有妨碍潜在的资本供应者和使用者进入市场的障碍；

2）有完全的竞争，市场有足够多的参与者，并且每个参与者都没有能力影响证券价格；

3）金融资产无限可分；

4）没有交易成本和破产成本，证券发行与交易都不存在交易成本，公司也无财务危机成本和破产成本；

5）没有信息成本，信息是对称的，并且每个市场参与者都可自由、充分、免费地获取所有存在的信息；

6）没有不对称税负，股票的现金股利和资本利得没有所得税上的差异；

7）交易中没有政府或其他限制，证券可以自由地交易。

完全资本市场假设是理解股利无关理论的出发点。完全资本市场可以被理解为一个“无摩擦”的市场，就像一个不存在摩擦力的机器一样，能量可以百分百地被转换，不会发生任何损耗。在完全资本市场中，资产在交易过程中不存在套利机会，也不会发生价值的损耗。但是，在现实世界里，不存在这样完全的市场。导致资本市场不完全的因素主要有三个：不对称税率、不对称信息和交易成本。

（2）假设公司的投资决策不受股利政策影响。根据这一假设，在公司既定的投资决策下，对于新投资项目所需资金，无论采取内部筹资还是外部筹资，都不会改变公司的经营风险。由于理性投资者对公司的风险和报酬都有合理的预期，在公司经营风险不变的情况下，投资者的必要投资报酬率（即股权资本的资本成本率）也不会改变，因此，公司的风险水平以及由风险水平所决定的投资者的必要投资报酬率均不会受股利政策变化的影响，公司价值是以投资者的必要投资报酬率为折现率对公司未来收益的折现值。根据这一假设，在计算公司价值时所用的折现率即投资者的必要投资报酬率，不受公司股利分配的影响。

在以上严格的假设条件下，通过数学推导可以得出公司价值 V_0 为：

$$V_0 = \sum_{t=1}^{n} \frac{1}{(1+r)^t}(X_t - I_t) + \frac{V_{n+1}}{(1+r)^{n+1}} \qquad (11—1)$$

① Douglas R. Emery, Jonh D. Finnerty, and Jonh D. Stowe. *Corporate Financial Management*. 2ed Edition, published by Pearson Education Inc, 2005.

当 n 趋于无穷大时，公司价值 V_0 为：

$$V_0 = \sum_{t=1}^{\infty} \frac{1}{(1+r)^t}(X_t - I_t) \quad (11—2)$$

式中，V_0 表示目前公司的价值；r 表示折现率，即投资者的必要投资报酬率；X_t 表示公司第 t 期实现的净收益总额；I_t 表示公司第 t 期期末需要的投资总额；V_{n+1} 表示第 $n+1$ 期期末的公司价值。

由式（11—2）可知，公式中没有出现股利因素，公司价值取决于公司未来的盈利能力和投资决策，与股利分配无关。公司支付现金股利而增加的价值刚好完全被发行新股筹资而减少的价值所抵消，因此，公司是否支付股利、支付多少股利都不会影响公司价值。

由上述内容可知，股利无关理论是以严格的假设条件为前提的，在现实世界中，这些假设并不存在。在现实生活中，影响资本市场完美的因素主要有三个：（1）不对称税率。在资本市场中，税率的差异是常见的，许多国家对现金股利和资本利得所征收的所得税税率是不同的。这种不对称税率不仅使投资者在股利与资本利得之间产生不同的偏好，也确实对股东财富产生不同的影响。（2）不对称信息。尽管资本市场中的信息传递是公开和迅速的，但信息的获得并不是完全免费的，而且对于不同的市场参与者来说，信息仍然是不对称的，例如公司的董事和经理相对于普通的投资者来说就拥有信息优势。信息的不对称会降低市场效率，也会影响到投资者对风险和报酬的判断。（3）交易成本。现实中的资本市场都存在交易成本，例如发行股票或债券要支付发行费用，证券交易要支付佣金和印花税等。不同类型的交易会产生不同的交易成本，这样就会影响人们的交易行为，也限制了市场的套利活动。

11.2.2　股利相关理论

现实生活中，完全资本市场的条件通常无法满足，如果我们逐步放宽这些假设条件，就会发现股利政策变得十分重要，公司价值和股票价格都会受到股利政策的影响，这就形成了各种股利相关理论。股利相关理论认为，在现实的市场环境下，公司的利润分配会影响公司价值和股票价格，因此，公司价值与股利政策是相关的。其代表性观点主要有“一鸟在手”理论、税收差别理论、信号传递理论、代理理论等。

1. “一鸟在手”理论

“一鸟在手”理论是股利相关理论之一，该理论的主要代表人物是迈伦·戈登（Myron Gordon）和约翰·林特（John Linter）。“一鸟在手”理论认为，由于公司未来的经营活动存在诸多不确定性因素，投资者会认为现在获得股利的风险低于将来获得资本利得的风险，相对于资本利得而言，投资者更加偏好现金股利，因此，出于对风险的回避，股东更喜欢确定的现金股利，这样公司如何分配股利就会影响股票价格和公司价值，即公司价值与股利政策是相关的。当公司支付较少的现金股利而留用利润较多时，就会增加投资的风险，股东要求的必要投资报酬率就会提高，从而导致公司价值和股票价格下降；当公司支付较多的现金股利而留用利润较少时，就会降低投资风险，股东要求的必要报酬率就会降低，从而促使公司价值和股票价格上升。

“一鸟在手”理论是在传统股利理论的基础上发展而来的。传统的股利理论主张公司应支付较高的现金股利，认为在合理范围内投资者更愿意获得大额的现金股利。1962 年，戈登在传统理论的基础上提出了著名的“戈登模型”，即前面学过的股利贴现模型，其公式为：

$$V_0 = \sum_{t=1}^{n} \frac{D_t}{(1+k)^t} + \frac{V_n}{(1+k)^n} \tag{11—3}$$

当 n 趋于无穷大时，公司价值为：

$$V_0 = \sum_{t=1}^{\infty} \frac{D_t}{(1+k)^t} \tag{11—4}$$

式中，V_0 表示现在的公司价值；V_n 表示第 n 年末的公司价值；D_t 表示公司第 t 年支付的现金股利总额；k 表示折现率，即投资者要求的必要投资报酬率。

由戈登模型可知，公司价值等于以投资者要求的必要投资报酬率 k 为折现率对未来股利的折现值。该模型建立在投资者都是厌恶风险的假设基础之上，假设投资者会认为当前的现金股利才是有把握的报酬，风险较小，好比在手之鸟；而未来的股利和出售股票的资本利得是不确定的报酬，风险较大，好比林中之鸟。“双鸟在林不如一鸟在手”，较高的股利支付率可以消除投资者心中对公司未来盈利风险的担忧，投资者所要求的必要投资报酬率也会降低，因而公司价值和股票价格都会上升；反之，较低的股利支付率则会使公司价值和股票价格下降。

由于戈登等学者的理论贡献，使“一鸟在手”理论广为流行。但是，也有些学者对这种理论提出了批评，他们指出：“一鸟在手”理论混淆了投资决策和股利政策对公司风险的不同影响，认为资本利得的风险高于股利的风险是不符合实际情况的，并将这一理论称为“一鸟在手谬论”。这些批评者认为，用留用利润再投资形成的资本利得风险取决于公司的投资决策，与股利支付率高低无关，在投资决策一定的情况下，公司如何分配利润并不会改变公司的投资风险。股东在收到现金股利后，仍然可以根据自己的风险报酬偏好进行再投资，例如，他们可以用现金股利重新购买公司发行的新股来进行再投资。因此，投资者所承担的风险最终是由公司的投资决策决定的，而不会受股利政策影响。

2. 税收差别理论

股利无关理论的一个重要假设是现金股利和资本利得没有所得税的差异。实际上，二者的所得税税率经常是不同的。一般来说，股利收入的所得税税率要高于资本利得的所得税税率，例如在美国，这两种税率的差异就非常明显。图 11—4 列示了美国 1960—1995 年股利收入的所得税税率和资本利得的所得税税率情况。从图 11—4 中可以看出，大多数年份股利的所得税税率都比资本利得的所得税税率要高，有的年份二者差异非常大。

由于不对称税率的存在，因此股利政策会影响公司价值和股票价格。研究税率差异对公司价值及股利政策影响的股利理论被称为税收差别理论，其代表人物主要有利森伯格尔（Lizenberger）和拉马斯瓦米（Ramaswamy）。税收差别理论认为，由于股利收入的所得税税率通常都高于资本利得的所得税税率，这种差异会对股东财富产生不同影响。出于避税的考虑，投资者更偏爱低股利支付率政策，公司实行较低的股利支付率政策可以为股东带来税收利益，有利于增加股东财富，促进股票价格上涨，而

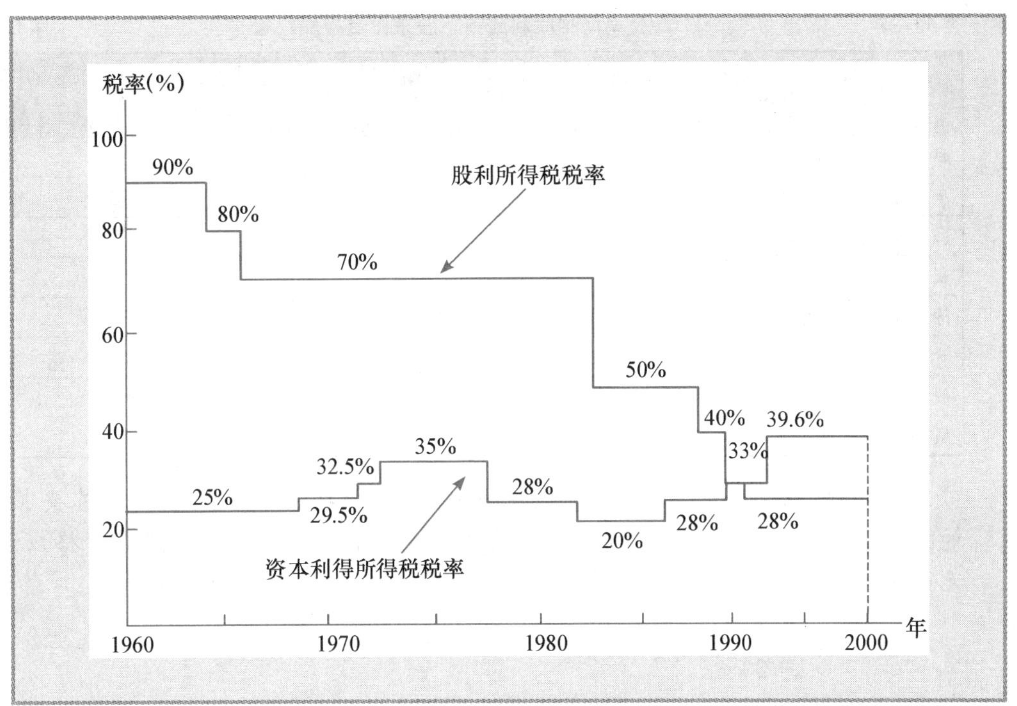

图 11—4　美国股利所得税税率和资本利得所得税税率比较

资料来源：尤金·F·布里格姆：《中级财务管理》(第 8 版)，北京，中国人民大学出版社，2009。

高股利支付率政策将导致股票价格下跌。除了税率上的差异，股利收入和资本利得的纳税时间也不同，股利收入在收到股利时纳税，而资本利得只有在出售股票获取收益时才纳税，这样，资本利得的所得税是延迟到将来才缴纳，股东可以获得货币时间价值的好处。但是，股东出售股票自制股利时会发生交易成本，这会抵消其税收利益。所以，对于那些希望定期获取现金股利和享受较低税率的投资者而言，高现金股利仍然是较好的选择。

我国现行税法规定，股东获得公司派发的现金股利需要按照 20%的税率缴纳个人所得税，由公司在支付股利时代扣代缴。2005 年 6 月 13 日，财政部等部门批准股利所得暂时减半征收个人所得税，即实际税率为 10%。但是，目前股东出售股票获得的资本利得收益，只需支付交易费用和印花税，不必缴纳个人所得税。所以，从税收的角度来看，在我国，公司向股东分派高额现金股利对股东是不利的。

例 11—3

A 公司目前股票价格为 50 元，未来一年的期望报酬率为 20%，那么一年后预期股票价格应为 60 元(50×(1+20%))。现行的股利所得税税率为 10%，资本利得免缴所得税。以下两种不同的股利政策对股东的收益会产生不同的影响。

第一种股利政策：不支付现金股利，利润全部作为留用利润。

第二种股利政策：一年后每股支付 5 元的现金股利。

两种股利政策下股东投资报酬的比较如表 11—2 所示。

表 11—2　　A 公司两种股利政策下股东投资报酬比较　　单位：元

项　目 \ 股利政策	第一种股利政策	第二种股利政策
目前股票价格	50	50
一年后预期股票价格	60	60
每股股利	0	5
税后每股股利	0	4.5
除息后股票价格	60	55
资本利得	10	5
股东投资报酬	10	9.5
股东的投资报酬率	20%	19%

由表 11—2 可知，第二种股利政策将导致股东投资报酬下降。假设股东要求税后的必要投资报酬率为 20%，那么，公司采用第一种股利政策时，股票价格应为 50 元；而公司若采用第二种股利政策，会使其股票价格下降，其计算过程为：

$$P=\frac{4.5+55}{1+20\%}=49.58(\text{元})$$

因此，在其他条件相同的情况下，如果公司采用第二种股利政策，由于税收的差异，将导致公司股票价格下跌。

由于税收差异的存在，股利政策可以产生顾客效应。税收差别理论认为投资者可根据偏好不同被分为不同的类型，每种类型的投资者都偏好某种特定的股利政策，并喜欢购买采用符合其偏好股利政策的公司股票，这就是顾客效应。顾客效应在许多方面都有所表现，例如表现在资本结构政策上，有的投资者偏爱高杠杆政策，有的投资者则偏爱低杠杆政策。顾客效应表现在股利政策上，就是有些投资者喜欢高股利支付率政策，有些投资者则喜欢低股利支付率政策。米勒和莫迪利亚尼在研究税收差异对股利政策的影响时就已注意到顾客效应的存在，他们发现低税率等级的投资者往往持有高股利公司的股票，因此，MM 理论认为公司有动机采取适当的股利政策，以最大限度地减少股东的税收。

产生顾客效应的一个重要原因是不同的投资者具有不同的边际税率。在美国，不同收入的投资者的个人所得税税率会有很大的差异，个人所得税的边际税率从 15% 到 39.6%不等，年收入越高的投资者适用的所得税税率越高，而低收入的投资者适用的所得税税率较低，甚至不必缴纳所得税。正是因为投资者的边际税率等级不同，导致他们对股利政策表现出不同的偏好。大量经验数据证明，投资者根据各自不同的税率等级自然分成偏好高股利政策的顾客和偏好低股利政策的顾客。高收入的投资者希望公司少支付现金股利或不支付现金股利，而将利润作为留用利润进行再投资，以提高股票的价格，即使将来需要现金，出售股票获得的资本利得收益也比现在收到股利收入所缴的个人所得税要少；低收入的投资者以及享受免税优惠的养老金等机构投资者则喜欢公司支付较高的现金股利，一方面是因为他们可以免缴所得税或所得税税率较低，另一方面是这些投资者更希望保持较高的资本流动性，例如一些退休的投资者就希望公司支付较高而稳定的现金股利，以便他们安排日常的生活支出。

由于顾客效应的存在，因此任何股利政策都不可能满足所有投资者的要求，特定的股利政策只能吸引特定类型的投资者。采用高股利支付率政策，可以吸引低边际税率等级的投资者；采用低股利支付率政策，可以吸引高边际税率等级的投资者。当公司改变股利政策时，就会吸引喜欢这一股利政策的投资者购买其股票，而另一类不喜欢这一股利政策的投资者就会出售其股票。当购买数量大于出售数量时，公司股价就会上涨，反之就会下跌，直至市场达到均衡状态。

3. 信号传递理论

MM 股利无关理论假设投资者可以自由、免费地获取各种信息，并且投资者和公司管理层之间是信息对称的。但在现实生活中，投资者与公司管理层之间存在信息不对称，公司管理层拥有更多的关于公司发展前景方面的内部信息，相对来说，投资者处于信息劣势，他们对公司未来发展前景、经营状况和风险情况等方面的信息知道得较少。信号传递理论认为，在投资者与管理层信息不对称的情况下，股利政策包含了公司经营状况和未来发展前景的信息，投资者通过对这些信息的分析来判断公司未来盈利能力的变化趋势，以决定是否购买其股票，从而引起股票价格的变化。因此，股利政策的改变会影响股票价格变化，二者存在相关性，实证研究的结果也证实了这一结论。如果公司提高股利支付水平，等于向市场传递了利好信息，投资者会认为公司的未来盈利水平将提高，管理层对公司的未来发展前景有信心，从而购买股票，引起股票价格上涨；如果公司以往的股利支付水平一直比较稳定，现在突然降低股利支付水平，就等于向市场传递了利空信息，投资者会对公司做出悲观的判断，从而出售股票，导致股票价格下跌。根据信号传递理论，稳定的股利政策向外界传递了公司经营状况稳定的信息，有利于公司股票价格的稳定，因此，公司在制定股利政策时，应当考虑市场的反应，避免传递易于被投资者误解的信息。

4. 代理理论

现代企业理论认为，企业是一组契约关系的联结。契约关系的各方成为企业的利益相关者，各利益相关者之间的利益和目标并不完全一致，在信息不对称的情况下，企业各利益相关者之间形成诸多委托—代理关系。在经济学上，“委托—代理关系的定义为一种契约关系，在这种契约关系下，一人或多人（即委托人）聘用另一人（即代理人）代表他们来履行某种服务，包括把若干决策权托付给代理人”①。在委托—代理关系中，委托人与代理人之间存在信息不对称，代理人拥有内部信息，处于信息优势地位，委托人处于信息劣势地位，在双方利益不一致的情况下，代理人可能会利用其信息优势损害委托人利益，这就产生了代理问题。代理问题会降低企业的效率，增加企业的成本，这种成本在经济学上称为代理成本。经济学将研究委托—代理关系下代理问题及代理成本的理论称为委托—代理理论或代理理论。

股利分配作为公司一种重要的财务活动，也会受到各种委托—代理关系的影响。与股利政策有关的代理问题主要有以下三类：1）股东与经理之间的代理问题；2）股东与债权人之间的代理问题；3）控股股东与中小股东之间的代理问题。这三类代理

---

① 詹森和麦克林：《企业理论：管理行为、代理成本与所有权结构》，原载《金融经济学杂志》，1976(10)，中文译本参见《所有权、控制与激励——代理经济学文选》，上海，上海人民出版社、上海三联书店，1998。

问题都会产生代理成本。代理成本理论认为，公司分派现金股利可以有效地降低代理成本，提高公司价值，因此，在股利政策的选择上，主要应考虑股利政策如何降低代理成本。下面分别探讨这三类代理问题对公司股利政策的影响。

（1）股东与经理之间的代理问题。在股份有限公司中，股东作为公司的投资者并不直接参与公司的经营管理活动，而是聘用经理从事经营管理活动，这样，在股东和经理之间便形成了委托—代理关系。经理作为代理人比股东更了解公司的经营状况和发展前景，并且掌握公司的经营决策权，经理在进行经营决策时并非总是以股东的利益最大化为目标，他们可能会出于自身的利益做出有违股东利益的行为，例如将大量的现金用于追求个人奢侈的在职消费、盲目地扩张企业规模、进行缺乏效率的并购等，这就增加了公司的代理成本。詹森在研究股东与经理之间的代理问题时，提出了自由现金流量假说。他将自由现金流量定义为公司所持有的超过投资所有净现值为正的项目所需资本的剩余现金，自由现金流量留在公司内部并不能为公司创造价值，也不能给股东带来收益，理所当然要以现金股利的形式支付给股东。而代理理论认为，公司经理一般不愿意将自由现金流量以股利的形式分配给股东，而是倾向于将其留在公司内部，或者用于投资一些效率低下的项目以从中获得个人利益，因此，发放现金股利有利于降低这种代理成本。通过提高现金股利，可以带来三方面的好处：1）减少了公司的自由现金流量，股东获得这些股利收入后可以寻找新的投资机会，有利于增加股东的财富；2）减少了经理利用公司资源牟取个人私利的机会；3）由于留用利润减少，当公司未来有好的投资机会而需要资本时，必须从外部资本市场筹集资本，这样就加强了资本市场对经理的监督约束。

（2）股东与债权人之间的代理问题。由于股东拥有公司控制权，而债权人一般不能干涉公司的经营活动，这样股东会利用其控制权的优势影响债权人的利益，以使自身利益最大化，例如股东可能会要求公司支付高额现金股利，从而减少了公司的现金持有量，增加了债权人的风险。这种代理问题也会产生代理成本，通常债权人可能会要求在借款合同中规定限制性条款，或者要求公司对债务提供担保，从而增加了公司的成本费用。这种代理问题也会影响到公司的股利政策，股东和债权人之间会在债务合同中达成一个双方都能接受的股利支付水平。

（3）控股股东与中小股东之间的代理问题。公司股权比较集中的情况下就存在控股股东，控股股东利用其持股比例的优势会控制公司的董事会和管理层，而中小股东在公司中的权利常常被忽视。控股股东的存在会带来两方面的影响：一方面，控股股东有强烈的动机对管理层进行监督，并对公司的经营决策施加影响，这样有利于减少经理的利益侵占；另一方面，产生了控股股东与中小股东之间的代理问题，控股股东可能利用其在公司中的控制权侵占公司的利益，例如大股东占用公司资产以牟取私利，这样就损害了中小股东的利益。针对这一问题，施莱费尔（Shleifer）等学者提出了掏空假说，将掏空定义为公司控股股东为了自己的利益将公司的资产或者利润转移出去的行为。代理理论认为，通过提高现金股利可以减少控股股东可支配的资本，降低掏空对公司利益的损害，从而保护中小股东的利益。

由此可见，代理理论主张高股利支付率政策，认为提高股利支付水平可以降低代理成本，有利于提高公司价值。但是，这种高股利支付率政策也会带来外部筹资成本增加和股东税负增加的问题。所以，在实践中，需要在降低代理成本与增加筹资成本和税负之间权衡，以制定出最符合股东利益的股利政策。

11.3 股利政策及其选择

11.3.1 股利政策的内容

股利政策是确定公司的净利润如何分配的方针和策略。公司的净利润是公司从事生产经营活动所取得的剩余收益，是股东对公司进行投资应得的投资报酬。从权益上讲，公司实现的净利润属于全体股东的权益，无论是以现金股利的形式给股东分红，还是作为留用利润留在公司内部，都属于股东的财富。公司将净利润以现金股利的形式分配给股东，股东可以用这些现金进行其他的投资或者用于消费；公司将净利润留存在公司内部，实际上是股东对公司进行再投资。因此，无论如何分配都没有改变净利润是股东财富的性质。但是，通过前面的股利理论分析可知，公司如何分配利润对股东财富具有现实的影响。这样，股利政策就成为公司财务管理的一项重要政策。

在实践中，公司的股利政策主要包括四项内容：

(1) 股利分配的形式，即采用现金股利还是股票股利；

(2) 股利支付率的确定；

(3) 每股股利的确定；

(4) 股利分配的时间，即何时分配和多长时间分配一次。

其中，每股股利与股利支付率的确定是股利政策的核心内容，它决定了公司的净利润中有多少以现金股利的形式发放给股东，有多少以留用利润的形式对公司进行再投资。一般来说，投资者对每股股利的变动会比较敏感，如果公司各年度之间的每股股利相差较大，就给市场传递了公司经营业绩不稳定的信号，不利于公司股票价格的稳定。

11.3.2 股利政策的评价指标

投资者在购买股票进行投资时，通常会对公司的股利政策做出评价。用来评价公司股利政策的指标主要有两个：股利支付率和股利报酬率。

1. 股利支付率

股利支付率是公司年度现金股利总额与净利润总额的比率，或者是公司年度每股股利与每股利润的比率。其计算公式表示为：

$$P_d=\frac{D}{E}\times 100\% \tag{11—5}$$

或

$$P_d=\frac{DPS}{EPS}\times 100\% \tag{11—6}$$

式中，P_d 表示股利支付率；D 表示年度现金股利总额；E 表示年度净利润总额；DPS 表示年度每股股利；EPS 表示年度每股利润。

股利支付率用来评价公司实现的净利润中有多少用于给股东分派红利。股利支付率反映了公司所采取的股利政策是高股利政策还是低股利政策。由前面的股利理论可知，股利支付率的高低并不是区分股利政策优劣的标准。公司处于不同的发展阶段，会选择不同的股利政策。一般来说，处于快速成长阶段的公司，由于资本性支出较大，需要大量的现金，通常不支付现金股利或者采用较低的股利支付率政策。而处于成熟阶段的公司，有充足的现金流量，通常会采用较高的股利支付率政策。

与股利支付率相关的另一个指标是留存比率，用来评价公司净利润用于再投资的比例。留存比率是公司留用利润与净利润的比率，等于1减去股利支付率。

2. 股利报酬率

股利报酬率，也称股票报酬率或股利收益率，是公司年度每股股利与每股价格的比率。其计算公式表示为：

$$K_d=\frac{DPS}{P_0}\times 100\% \qquad (11—7)$$

式中，K_d 表示股利报酬率；DPS 表示年度每股股利；P_0 表示每股价格。

股利报酬率是投资者评价公司股利政策的一个重要指标，它反映了投资者进行股票投资所取得的红利收益，是投资者判断投资风险、衡量投资收益的重要标准之一。较高的股利报酬率说明公司股票具有较好的投资回报，投资者通常倾向于购买高股利报酬率的股票。图 11—5 描述了 1960—1994 年美国标准普尔 500 公司的平均年股利报酬率。从图中可见，在大多数年份，公司的平均股利报酬率都在 3%～6%之间。

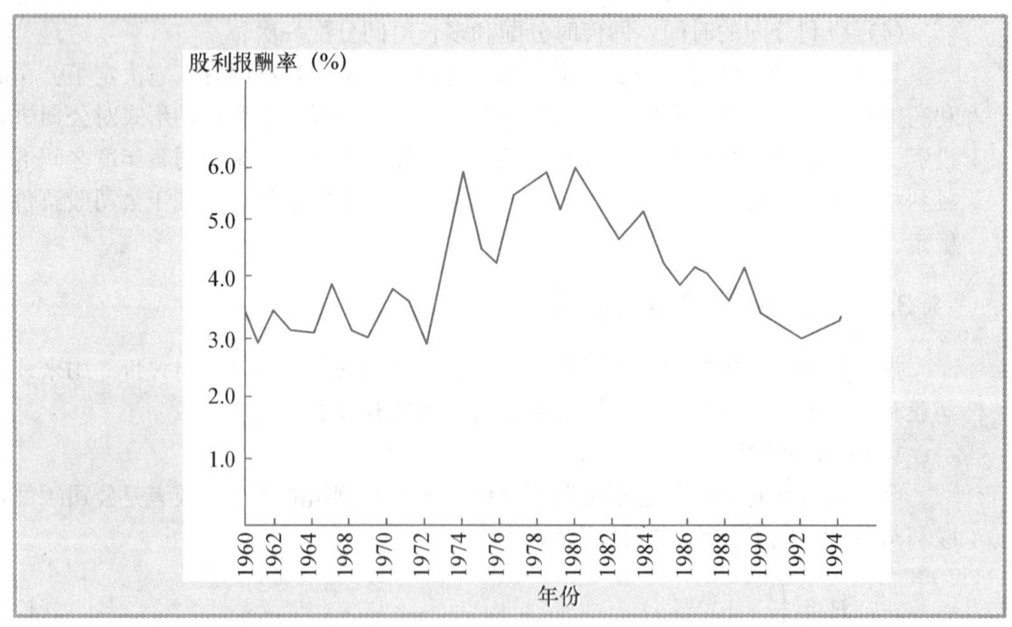

图 11—5 美国标准普尔 500 公司 1960—1994 年的平均股利报酬率

资料来源：爱斯华斯·达莫德伦：《公司财务》，北京，中国人民大学出版社，2001。

我国股市的发展历史较短，许多上市公司还没有形成比较稳定的股利政策。通过对上市公司股利分派情况的统计分析，我国上市公司分派现金股利的水平较低，大多数公司的股利支付率都低于 30%。因此，股利报酬率也较低。图 11—6 描述了我国沪深 A 股上市公司 2000—2010 年的平均股利报酬率。从图中可见，我国上市公司的平均股利报酬率都在 0.2%～1.6%之间。

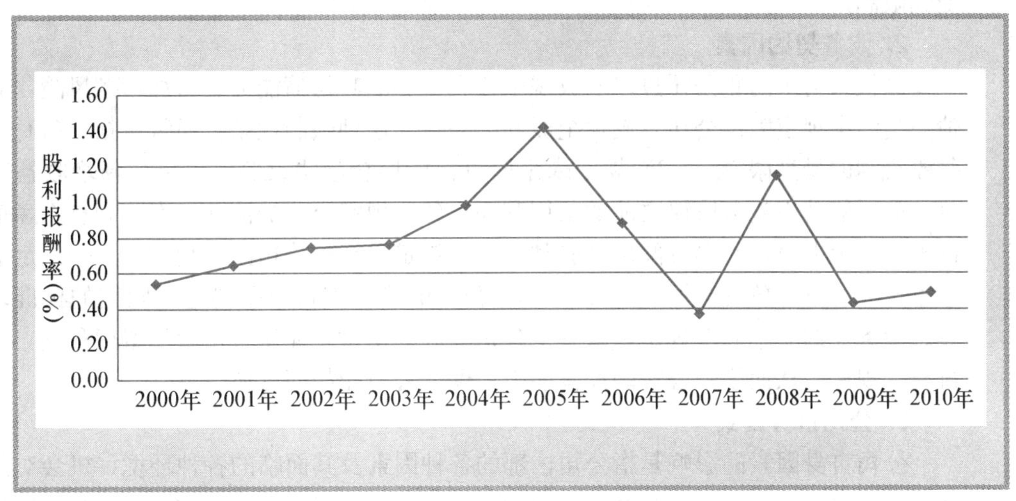

图 11—6　我国沪深 A 股上市公司 2000—2010 年的平均股利报酬率

11.3.3　股利政策的影响因素

在公司利润分配的实践中，制定**股利政策**（dividend policy）会受到各种因素的影响和制约，公司必须认真审查这些影响因素，以便制定出适合本公司的股利政策。一般来说，影响股利政策的主要因素有法律因素、债务契约因素、公司自身因素、股东因素、行业因素等。

1. 法律因素

为了保护投资者的利益，各国法律（如公司法、证券法等）都会对公司的股利分配进行一定的限制。影响公司股利政策的法律因素主要有：

（1）资本保全的约束。资本保全是为了保护投资者的利益而做出的法律限制。股份公司只能用当期利润或留用利润来分配股利，不能用公司募集的资本发放股利，公司支付股利不能侵蚀公司的资本。这样的限制规定是为了保全公司的股权资本，以维护债权人的利益。

（2）企业积累的约束。这一规定要求股份公司在分配股利之前，应当按法定的程序先提取各种公积金。我国有关法律法规明确规定，股份公司应按税后利润的 10%提取法定公积金，并且鼓励企业在分配普通股股利之前提取任意盈余公积金，只有当公积金累计数额达到注册资本的 50%时，才可不再提取。法律法规有关企业积累的规定有利于提高企业的生产经营能力，增强企业抵御风险的能力，维护了债权人的利益。

（3）企业利润的约束。利润是发放股利的基础，公司可以用当年利润或以前年度利润发放股利。但是，在公司以前年度的亏损没有全部弥补时，不能发放股利。按照我国法律法规的规定，只有在以前年度亏损弥补完之后还有剩余利润的情况下，才能用于分配股利。

（4）偿债能力的约束。这是规定公司在分配股利时，必须保持充分的偿债能力。公司分配股利不能只看利润表上的净利润的数额，还必须考虑到公司的现金是否充足。如果因分配现金股利而影响了公司的偿债能力或正常的经营活动，股利分配就要受到限制。

2. 债务契约因素

债权人为了防止公司过多发放现金股利，影响其偿债能力、增加债务风险，会在债务契约中规定限制公司发放现金股利的条款。这种限制性条款通常包括：(1) 规定每股股利的最高限额；(2) 规定未来股息只能用贷款协议签订以后的新增收益来支付，而不能动用签订协议之前的留用利润；(3) 规定企业的流动比率、利息保障倍数低于一定标准时，不得分配现金股利；(4) 规定只有当公司的盈利达到某一约定的水平时，才可以发放现金股利；(5) 规定公司的股利支付率不得超过限定的标准；等等。债务契约的限制性规定，限制了公司的股利支付，促使公司增加留用利润，扩大再投资规模，从而增强公司的经营能力，保证公司能如期偿还债务。

3. 公司自身因素

公司自身因素的影响是指公司内部的各种因素及其面临的各种环境、机会对其股利政策产生的影响。主要包括现金流量、筹资能力、投资机会、资本成本、盈利状况、公司所处的生命周期等。

(1) 现金流量。公司在经营活动中必须有充足的现金流量，否则就会发生支付困难。公司在分配现金股利时，必须考虑到现金流量以及资产的流动性。如果公司的现金流量充足，特别是在满足投资所需资本后，仍然有剩余的自由现金流量时，就应当适当提高股利水平；反之，如果现金流量不足，即使公司当期利润较多，也应当限制现金股利的支付。过多地分配现金股利会减少公司的现金持有量，影响未来的支付能力，甚至可能导致公司出现财务困难。

(2) 筹资能力。筹资能力是影响公司股利政策的一个重要因素。不同的企业在资本市场上的筹资能力会有一定的差异，公司在分配现金股利时，应当根据自身的筹资能力来确定股利支付水平。如果公司筹资能力较强，能够较容易地在资本市场上筹集到资本，就可以采取比较宽松的股利政策，适当提高股利支付水平；如果筹资能力较弱，就应当采取比较紧缩的股利政策，少发放现金股利，增加留用利润。

(3) 投资机会。公司在制定股利政策时会考虑未来投资对资本的需求。在公司有良好的投资机会时，就应当考虑少发放现金股利，增加留用利润，将资本用于再投资，这样可以加速企业的发展，增加未来的收益，这种股利政策往往也易于为股东所接受。在企业没有良好的投资机会时，往往倾向于多发放现金股利。理论研究表明，成长快的公司经常采用低股利支付率政策，就是因为这样的公司有较多的投资机会，增加留用利润可以保证有更多的资本用于再投资。

(4) 资本成本。资本成本是企业选择筹资方式的基本依据。留用利润是企业内部筹资的一种重要方式，同发行新股或举借债务相比，其具有资本成本低的优点。如果公司一方面大量发放现金股利，另一方面又要通过资本市场发行新股筹集资本，由于存在交易费用和所得税，这样会增加公司的综合资本成本，也会减少股东财富。因此，在制定股利政策时，应当充分考虑到公司对资本的需求以及资本成本等问题。

(5) 盈利状况。公司的股利政策在很大程度上会受其盈利能力的影响。如果公司未来的盈利能力较强，并且盈利稳定性较好，就倾向于采用高股利支付率政策；反之，如果公司盈利能力较弱，盈利的稳定性较差，则会考虑应对未来经营和财务风险的需要，常常采用低股利支付率政策。

(6) 公司所处的生命周期。公司的生命周期主要包括初创阶段、成长阶段、成熟阶段和衰退阶段四个时期。在不同的发展阶段，由于公司的经营状况和经营风险不同，对资本的需求情况会有很大差异，这必然会影响到公司股利政策的选择。公司所采取的股利政策理所当然地要符合其所处的发展阶段。表 11—3 列示了公司在不同发展阶段的经营活动和应选择的股利政策。

表 11—3　　不同发展阶段的公司股利政策

	初创阶段	成长阶段	成熟阶段	衰退阶段
资本需求	受公司规模等因素限制	因为扩张的需要，资本需求量很大	公司规模基本稳定，资本需求量适中	资本需求量降低
盈利能力	没有盈利或盈利很少	盈利逐步增加	盈利能力较强，且盈利稳定	盈利减少
现金流量	因为进行投资，现金流量是负数	有少量现金流量产生	现金流量增加	相对于公司价值来说，现金流量较高
股利政策	不发放现金股利	不发放现金股利或者采用低股利支付率政策	增加现金股利分配，采用稳定的股利支付率政策	采用特殊的股利政策，回购股票

4. 股东因素

公司的股利分配方案必须经过股东大会决议通过才能实施，股东对公司股利政策具有举足轻重的影响。一般来说，影响股利政策的股东因素主要有以下几个方面：

(1) 追求稳定的收入，有规避风险的需要。有的股东依赖于公司发放的现金股利维持生活，如一些退休者，他们往往要求公司能够定期支付稳定的现金股利，反对公司留用过多的利润。还有一些股东是“一鸟在手”理论的支持者，他们认为留用过多利润进行再投资，尽管可能会使股票价格上升，但是所带来的收益具有较大的不确定性，还是取得现实的现金股利比较稳妥，这样可以规避较大的风险，因此这些股东也倾向于多分配现金股利。

(2) 担心控制权被稀释。有的大股东持股比例较高，对公司拥有一定的控制权，他们出于对公司控制权可能被稀释的担心，往往倾向于公司少分配现金股利，多留用利润。如果公司发放大量的现金股利，就可能造成未来经营所需的现金紧缺，导致公司不得不通过发行新股来筹集资本，虽然公司的老股东有优先认股权，但必须拿出一笔数额可观的现金，否则其持股比例就会降低，其对公司的控制权就有被稀释的危险，因此，他们宁愿少分现金股利，也不愿看到自己的控制权被稀释，当他们拿不出足够的现金认购新股时，就会对分配现金股利的方案投反对票。

(3) 规避所得税。多数国家的红利所得税税率都高于资本利得所得税税率，有的国家红利所得税采用累进税率，边际税率很高。这种税率的差异会使股东更愿意采取可避税的股利政策。高收入的股东为了避税往往反对公司发放过多的现金股利，而低收入的股东因个人税负较轻甚至免税，可能会欢迎公司多分现金股利。按照我国税法规定，股东从公司分得的红利应按 20%的比例税率缴纳个人所得税（现按 10%减半征收），而对股票交易获得的资本利得收益目前还没有开征个人所得税，因而对股东来说，股票价格上涨获得的收益比分得现金股利更具有避税功能。

5. 行业因素

不同行业的股利支付率存在系统性差异。调查研究显示，成熟行业的股利支付率通常比新兴行业的高；公用事业的公司大多实行高股利支付率政策，而高科技行业的公司股利支付率通常较低。这说明股利政策具有明显的行业特征。可能的原因是：投资机会在行业内是相似的，在不同行业之间则存在差异。表 11—4 列示了 20 世纪 90 年代中期美国一些行业的平均股利支付率和股利报酬率。

表 11—4　　美国主要行业平均股利支付率和平均股利报酬率

行业	平均股利支付率（%）	平均股利报酬率（%）
发电	86	6.7
基础化工	83	4.0
石油	80	4.0
炼油	71	5.0
天然气	61	4.9
电信	57	3.9
制药	47	2.9
电力设备	44	2.6
食品加工	42	2.2
银行	38	3.6
造纸与木材生产	37	2.6
居家用品生产	37	2.2
零售业	32	2.0
汽车与卡车生产	16	3.1
软件及服务行业	8	0.3
半导体	7	0.4
广播	7	0.3
计算机软件	7	0.3
医疗服务	6	0.3
健康保健	5	0.3
航空	4	0.3

资料来源：William L. Megginson，*Corporate Finance Theory*，Pearson Education Limited，1997.

根据对深沪 A 股上市公司相关股利信息的统计分析，我国上市公司各行业的股利支付率也存在一定的行业差异。表 11—5 列示了 2010 年中国主要行业的平均股利支付率和平均股利报酬率。

表 11—5　　中国主要行业平均股利支付率和平均股利报酬率

行业	平均股利支付率（%）	平均股利报酬率（%）
农、林、牧、渔业	37.02	0.22
采掘业	31.62	0.33
社会服务业	26.22	0.61
批发和零售贸易	24.61	0.60
金融、保险业	24.50	1.59
电力、煤气及水的生产和供应业	24.14	0.72
信息技术业	22.07	0.33
制造业	21.52	0.40

续前表

行业	平均股利支付率（%）	平均股利报酬率（%）
交通运输、仓储业	19.97	0.86
综合类	18.95	0.40
建筑业	18.27	0.63
房地产业	17.90	0.74
传播与文化产业	13.68	0.33

11.3.4　股利政策的类型

由前面的分析可知，公司在制定股利政策时会受到多种因素的影响，并且不同的股利政策也会对公司的股票价格产生不同的影响。因此，对于股份公司来说，制定一个合理的股利政策是非常重要的，股利政策的选择既要符合公司的经营状况和财务状况，又要符合股东的长远利益。在实践中，股份公司常用的股利政策主要有五种类型：剩余股利政策、固定股利政策、稳定增长股利政策、固定股利支付率政策和低正常股利加额外股利政策。

1. 剩余股利政策

在制定股利政策时，公司的投资机会和筹资能力是两个重要的影响因素。剩余股利政策就反映了股利政策与投资、筹资之间的关系。在公司有良好的投资机会时，为了降低资本成本，公司通常会采用剩余股利政策。实证研究表明，如果公司的成长机会较多，由于可支配的现金流量相对较少，就会采取低股利支付率股利政策，而将较多的留用利润用于投资项目。也就是说，成长机会与股利支付水平呈负相关。剩余股利政策，就是在公司确定的最佳资本结构下，税后利润首先要满足项目投资所需要的股权资本，然后若有剩余才用于分配现金股利。剩余股利政策是一种投资优先的股利政策。采用这种股利政策的先决条件是公司必须有良好的投资机会，并且该投资机会的预期报酬率要高于股东要求的必要报酬率，这样才能为股东所接受。如果公司投资项目的预期报酬率不能达到股东要求的必要报酬率，则股东会更愿意公司发放现金股利，以便他们自己寻找其他的投资机会。

采取剩余股利政策的公司，因其有良好的投资机会，投资者会对公司未来的获利能力有较好的预期，因而其股票价格会上升，并且以留用利润来满足最佳资本结构下对股权资本的需要，可以降低企业的资本成本，也有利于提高公司价值。但是，这种股利政策不会受到希望有稳定的股利收入的投资者的欢迎，如那些依靠股利生活的退休者，因为剩余股利政策往往导致各期股利忽高忽低。

实施剩余股利政策，一般应按以下步骤来确定股利的分配额：

（1）根据选定的最佳投资方案，测算投资所需的资本数额；

（2）按照公司的目标资本结构，测算投资所需要增加的股权资本的数额；

（3）税后利润首先用于满足投资所需要增加的股权资本的数额；

（4）满足投资需要后的剩余部分用于向股东分配股利。

目标资本结构可视为公司的最佳资本结构，剩余股利政策要符合目标资本结构的要求，才能使公司的综合资本成本最低。如果破坏了最佳资本结构，就不能取得使公司的综合资本成本达到最低的效果。下面举例说明剩余股利政策的应用。

例 11—4

海虹股份有限公司是一家生产家用电器的公司，近年来一直处于快速成长时期。2008 年该公司普通股股数为 10 000 万股，实现税后利润为 6 800 万元，目前的资本结构为：负债资本 40%，股权资本 60%。该资本结构也是其下一年度的目标资本结构（即最佳资本结构）。2009 年该公司有一个很好的投资项目，需要投资总额为 9 500 万元。该公司采用剩余股利政策，首先用留用利润来满足投资所需股权资本额，留用利润不能满足的由外部筹资来解决。请计算分析海虹公司应该如何筹资？如何分配股利？

对于投资需要的 9 500 万元资本，海虹公司可以有多种筹资方法，但若利用留用利润的内部筹资方式，可以有如表 11—6 所示的两种股利分配方案。

表 11—6　　海虹公司股利分配方案　　金额单位：万元

项目	股利分配方案一	股利分配方案二
税后利润	6 800	6 800
折旧及其他非付现成本	1 000	1 000
可供投资或支付股利的现金量	7 800	7 800
投资所需资本总额	9 500	9 500
目标资本结构（负债/股东权益）	4∶6	不考虑资本结构
投资所需股权资本额	5 700	7 800
现金股利总额	2 100	0
普通股股数（万股）	10 000	10 000
每股股利（元）	0.21	0
投资项目需要借款金额	3 800	1 700

股利分配方案一：公司根据目标资本结构的要求，需要筹集 5 700 万元的股权资本和 3 800 万元的负债资本来满足投资的需要。这样，公司将净利润的 5 700 万元作为留用利润用于项目投资，还有 2 100 万元的剩余现金可用于分配股利，再通过举债筹集 3 800 万元资金来满足投资项目所缺资本。

股利分配方案二：公司留用全部净利润用于该投资项目，投资所需的资本缺口 1 700万元通过借款来筹集，这样，公司就没有剩余现金用于分配股利。因此，本年度不发放现金股利。

在第二种方案中，虽然公司需向外部筹资的金额少，但是这种方法破坏了最佳资本结构，会使公司的综合资本成本上升，因此不是最优筹资方案。而第一种方案，虽然需要向外部筹集较多的资本，但是它保持了公司的最佳资本结构，此时公司的综合资本成本才是最低的。因此，实施剩余股利政策应采用第一种股利分配方案，而不是第二种股利分配方案。

2. 固定股利政策

固定股利政策是指公司在较长时期内每股支付固定股利额的股利政策。固定股利政策在公司盈利发生一般的变化时，并不影响股利的支付，而是使其保持稳定的水平；只有当公司对未来利润增长确有把握，并且认为这种增长不会发生逆转时，才会增加每股股利额。实行这种股利政策者都支持股利相关论，他们认为公司的股利政策会对公司股票价格产生影响，股利的发放就是向投资者传递公司经营状况的某种信息。

实施固定股利政策的理由是：

（1）固定股利政策可以向投资者传递公司经营状况稳定的信息。如果公司支付的股利稳定，则说明该公司的经营业绩比较稳定，经营风险较小，这样可使投资者要求的必要报酬率降低，有利于股票价格上涨；如果公司的股利政策不稳定，股利忽高忽低，则会给投资者传递公司经营不稳定的信息，从而导致投资者对风险的担心，投资者要求的必要报酬率提高，使股票价格下跌。

（2）固定股利政策有利于投资者有规律地安排股利收入和支出。那些希望每期能有固定收入的投资者非常欢迎公司采取固定股利政策，这样，他们就可以有计划地安排其日常开支，而忽高忽低的股利政策可能会降低他们对这种股票的需求，从而会使股票价格下降。

（3）固定股利政策有利于股票价格的稳定。公司采取固定股利政策，为了维持稳定的股利水平，有时可能会使某些投资方案延期，或者使公司资本结构暂时偏离目标资本结构。但是，持固定股利政策观点的公司认为，即便这样，也比减少股利有利于股票价格的稳定。因为如果突然降低股利，会使投资者认为公司的经营出现了困难，业绩在下滑，从而可能使股票价格快速下跌，这对公司和股东更不利。

然而也应当看到，尽管这种股利政策有股利稳定的优点，但它仍可能会给公司造成较大的财务压力，尤其是在公司净利润下降或现金紧张的情况下，公司为了保证股利的照常支付，容易导致现金短缺、财务状况恶化。在非常时期，可能不得不降低股利支付额。因此，这种股利政策一般适合经营比较稳定的公司采用。

3. 稳定增长股利政策

稳定增长股利政策是指在一定的时期内保持公司的每股股利额稳定增长的股利政策。采用这种股利政策的公司一般会随着公司盈利的增加，保持每股股利平稳地提高。公司确定一个稳定的股利增长率，实际上是向投资者传递该公司经营业绩稳定增长的信息，可以降低投资者对该公司经营风险的担心，从而有利于股票价格上涨。公司在采取稳定增长股利政策时，要使股利增长率等于或略低于利润增长率，这样才能保证股利增长具有可持续性。稳定增长股利政策适合于处于成长或成熟阶段的公司，在公司的初创阶段或衰退阶段则不适合采用这种股利政策。行业特点和公司经营风险也是影响公司是否应当采用稳定增长股利政策的重要因素。通常，公共事业行业的公司经营活动比较稳定，受经济周期影响较小，比较适合采用稳定增长股利政策，而一些竞争非常激烈的行业，由于公司经营风险较大，经营业绩变化较快，一般不适合采用这种股利政策。

4. 固定股利支付率政策

固定股利支付率政策是一种变动的股利政策，公司每年都从净利润中按固定的股利支付率发放现金股利。持这种股利政策者认为，只有维持固定的股利支付率，才算真正公平地对待每一位股东，他们坚持的原则是“公司赚 2 元钱，1 元分给股东，1 元留存公司”。这种股利政策使公司的股利支付与盈利状况密切相关：盈利状况好，则每股股利额增加；盈利状况不好，则每股股利额下降。股利随公司的经营业绩“水涨船高”。这种股利政策不会给公司造成较大的财务负担，但是，公司的股利水平可能变动较大、忽高忽低，这样可能向投资者传递该公司经营不稳定的信息，容易使股票价格产生较大的波动，不利于树立良好的公司形象。有的人认为这种股利政策不可能使公司价值达到最大，所以反对实施这种股利政策。但在实践中，许多公司都有一个长期稳定的目标股利支付率，虽然实际股利支付率可能会偏离这个目标股利支付率，但基本都是在一定的范围内变动，不会相差太大。

5. 低正常股利加额外股利政策

低正常股利加额外股利政策是一种介于固定股利政策与变动股利政策之间的折中的股利政策。这种股利政策每期都支付稳定的、较低的正常股利额，当企业盈利较多时，再根据实际情况发放额外股利。这种股利政策具有较大的灵活性；在公司盈利较少或投资需要较多资本时，可以只支付较低的正常股利，这样既不会给公司造成较大的财务压力，又能保证股东定期得到一笔固定的股利收入；在公司盈利较多且不需要较多投资资本时，可以向股东发放额外的股利。低正常股利加额外股利政策，既可以维持股利的一贯稳定性，又有利于使公司的资本结构达到目标资本结构，使灵活性与稳定性较好地结合，因而为许多公司所采用。

11.3.5 股利政策制定的程序

股份有限公司在制定股利政策时，应遵循一定的程序，不同股利政策的制定程序有所不同。下面以固定股利支付率政策为例来说明股利政策制定的基本程序。

1. 测算公司未来剩余的现金流量

公司在制定股利政策时，首先应当预测公司未来年度的盈利和现金流量，预测的期限一般应为5年左右，这样才能保证经营活动的长期规划得以实现。预测未来的盈利和现金流量是一项比较复杂的工作，宏观经济形势、市场变化和公司自身经营状况都会影响对盈利和现金流量预测的准确性。因此，在做公司的经营预算和资本预算时，必须保持一定的弹性空间，公司要从股东的利益出发，在确保重要的经营活动和投资项目能够顺利完成的情况下，充分利用现金，提高资本利用效率。

2. 确定目标股利支付率

确定目标股利支付率是公司股利政策的一项重要内容。公司在确定股利支付率时，应考虑自身的发展阶段、经营规模、财务状况和股东构成等因素，并参照同行业具有可比性公司的股利支付率。在国外，同行业的公司通常具有“习惯性的股利支付率范围”①，大多数公司在确定股利支付率时都会参照同类公司的股利政策。目标股利支付率一旦确定，通常在较长的时期内不宜变动太大。

3. 确定年度股利额

理论上，公司支付的现金股利额应等于投资于所有净现值为正的投资项目之后的剩余现金数量，但在实践中，考虑到投资预算的不确定性、股东的偏好、筹资的约束等因素，现金股利额应在此基础上进行适当的调整。出于谨慎性考虑，公司一般会适当地增加留用利润，以预防盈利和现金流量的不确定性。如果公司该年盈利大幅增加，根据信号传递理论，也应当参考以往年度的股利额来确定该年度股利支付数量，尽量保持股利政策的稳定性，以使投资者有稳定的预期。

4. 确定股利分派日期

在西方国家，许多公司按季度支付股利，我国公司大多半年或一年支付一次股

---

① Douglas R. Emery, Jonh D. Finnerty, and Jonh D. Stowe. *Corporate Financial Management*. 2ed Edition, published by Pearson Education Inc, 2005.

利。现金股利分派会发生大量的现金流出，何时分派股利对公司财务状况会产生较大影响。公司确定了年度股利额之后，应当根据其经营预算、投资项目进展情况和现金流量状况合理地安排股利分派的日期。

例 11—5

庆余堂药业股份有限公司是以生产中成药和销售中草药为主营业务的公司，其普通股股数为 10 000 万股，经营活动多年来一直非常稳定，因此公司近年来一直实施固定股利政策，每年每股现金股利为 0.21 元。目前，该公司董事会已经通过了一个 5 年期的投资计划，准备开发生产中药注射剂，为了顺利实施该项投资计划，董事会正在考虑改变目前的股利政策。庆余堂公司的有关资料及备选的股利政策如表 11—7 所示。

表 11—7　　庆余堂公司股利政策的选择

项目	初始期	第 1 年	第 2 年	第 3 年	第 4 年	第 5 年	总计
每股利润（元）	0.42	0.52	0.64	0.74	0.86	1.00	
普通股股数（万股）	10 000	10 000	10 000	10 000	10 000	10 000	
可向股东分配的利润（万元）		5 200	6 400	7 400	8 600	10 000	37 600
折旧及其他非付现成本（万元）		1 200	1 400	1 500	1 700	1 800	7 600
可供再投资或支付股利的现金（万元）		6 400	7 800	8 900	10 300	11 800	45 200
投资项目的现金需要量（万元）		4 000	4 500	5 800	6 400	7 000	27 700
剩余现金（万元）		2 400	3 300	3 100	3 900	4 800	17 500
现行股利政策：							
每股股利（元）	0.21	0.21	0.21	0.21	0.21	0.21	
股利支付率（%）	50	40.38	32.81	28.38	24.42	21	
剩余现金（万元）		2 400	3 300	3 100	3 900	4 800	17 500
股利支付（万元）		2 100	2 100	2 100	2 100	2 100	10 500
现金结余（万元）		300	1 200	1 000	1 800	2 700	7 000
备选股利政策 A：							
每股股利（元）	0.21	0.26	0.32	0.37	0.43	0.5	
股利支付率（%）	50	50	50	50	50	50	
剩余现金（万元）		2 400	3 300	3 100	3 900	4 800	17 500
股利支付（万元）		2 600	3 200	3 700	4 300	5 000	18 800
现金结余（万元）		−200	100	−600	−400	−200	−1 300
备选股利政策 B：							
每股股利（元）	0.21	0.24	0.30	0.34	0.39	0.47	
股利支付率（%）	50	46.15	46.86	45.95	46.51	47	
剩余现金（万元）		2 400	3 300	3 100	3 900	4 800	17 500
股利支付（万元）		2 400	3 000	3 400	3 900	4 700	17 400
现金结余（万元）		0	300	−300	0	100	100

第一步，测算公司未来剩余的现金量。庆余堂公司对中药注射剂项目进行评估，净现值为正，项目具有可行性，公司决定实施该项目。预计该项目需要的投资总额为 27 700 万元，在今后 5 年的投资额分别为：第 1 年为 4 000 万元，第 2 年为 4 500 万元，第 3 年为 5 800 万元，第 4 年为 6 400 万元，第 5 年为 7 000 万元。在未来 5 年中，庆余堂公司的预期剩余现金量总额为 17 500 万元，各年具体金额如表 11—7 所示。

第二步，确定目标股利支付率。庆余堂公司预计未来 5 年的净利润总额为 37 600 万元，而预计剩余现金量为 17 500 万元，占净利润总额的 46.54%。该公司过去实施固定股利政策，股利支付率各年变化不大，大约为 50%。公司财务人员分析了制药行业公司的股利支付率在40%～60%之间，认为过去该公司的股利支付率50%是比较合理的。虽然今后5年公司业绩会平稳增长，但要发生大量的投资支出，因此财务经理建议董事会可适当降低股利支付率，认为股利支付率在40%～48%之间比较适当。

第三步，分析不同的股利政策，确定年度股利额。表11—7说明了现行股利政策和两个备选股利政策对公司未来5年现金流量的影响。

如果公司继续实施现行的固定股利政策，每年每股股利为0.21元，那么，公司未来5年的股利支付率会逐年降低，这样可能会引起股东的不满，并且这种股利政策会导致公司出现大量的现金结余，5年预计现金结余总额为7 000万元，因此，这种股利政策不符合股东利益。

备选股利政策A是固定股利支付率政策，维持目前50%的股利支付率。如果采用这种股利政策，5年中预计发放的股利总额为18 800万元，这样会使公司投资项目无法完全用留用利润来实施，存在1 300万元的现金短缺，必须从外部筹集资本。考虑到筹资费用和税收等因素影响，这种股利政策也不符合股东利益。

备选股利政策B是一个股利额稳定增长、股利支付率大约为46%的股利政策，经测算，采用这种股利政策，公司完全可以用留用利润满足项目的投资需要，并且不会导致公司出现大量的剩余现金量。这种股利政策既能满足股东对股利增长的要求，也不必通过外部筹资实施投资项目，是符合股东利益的。因此，董事会决定采用股利政策B。

第四步，确定股利分派日期。庆余堂公司根据往年股利分派的惯例，还是保持每半年分派一次股利，但具体分派月份需要根据各年的投资进度及现金流量情况做出一些调整，以使公司现金流量保持平衡。

11.4 股票分割与股票回购

11.4.1 股票分割

1. 股票分割的概念

股票分割（stock split）是指将面值较高的股票分割为几股面值较低的股票。例如将原来每股面值为10元的普通股分割为2股面值为5元的普通股。通过股票分割，公司股票面值降低，同时公司股票总数增加，股票的市场价格也会相应下降，因此，股票分割不会增加公司价值，也不会增加股东财富。

一般来说，公司进行股票分割主要有以下两种动机。

（1）通过股票分割使股票价格降低。有些公司股票价格过高，一些中小投资者由于资金量的限制不愿意购买高价股票，这样会使高价股的流动性受到影响。为了将股票价格降下来，公司就可以采用股票分割的办法。股票分割后，公司股票数量增加，股价降低，股票在市场上的交易会更加活跃。

（2）通过股票分割向投资者传递公司信息。与分配股利一样，股票分割也可以向投资者传递公司未来经营业绩变化的信息。一般来说，处于成长阶段的中小公司，由于业绩的快速增长，股价会不断上涨，此时公司进行股票分割，实际上表明公司未来的业绩仍然会保持良好的增长趋势，这种信息的传递也会引起股票价格上涨。

例 11—6

A 公司是一家小型的信息技术公司，目前公司普通股股数为 5 000 万股，每股面值为 10 元。由于公司正处于快速成长时期，每年盈利的增长都高于行业平均水平，股票上市 3 年来股价不断上涨，已由 3 年前上市时的 12 元/股上涨到目前的 58 元/股。由于股价较高且股票数量较少，已经影响到股票在市场上的流动性，因此该公司董事会决定进行股票分割，按照 1∶2 的比例将 1 股分割为 2 股，每股面值降至 5 元，普通股股数增加到 10 000 万股，这样就可吸引更多的投资者购买该公司股票。通过这样的股票分割，股价会相应地降低到 29 元/股，而股东所持有的股票数量会增加 1 倍。

2. 股票分割与股票股利的比较

对于公司来说，进行股票分割与发放股票股利都属于股本扩张政策，二者都会使公司股票数量增加，股票价格降低，并且都不会增加公司价值和股东财富。从这些方面来看，股票分割与股票股利是十分相似的，但二者也存在以下差异。

（1）股票分割降低了股票面值，而发放股票股利不会改变股票面值。这主要是因为股票分割是股本重新分拆，将原来的股本细分为更多的股份，因而每股面值会相应成比例降低，而股票股利是公司以股票的形式用实现的净利润向股东无偿分派股利，股票面值不会降低。

（2）会计处理不同。股票分割不会影响到资产负债表中股东权益各项目金额的变化，只是股票面值降低，股票股数增加，因而股本的金额不会变化，资本公积金和留用利润的金额也不会变化。发放股票股利，公司应将股东权益中的留用利润的金额按照发放股票股利面值总数转为股本，因而股本的金额相应增加，而留用利润相应减少。

我国股份公司发行的普通股一般面值为 1 元，所以通常不进行股票分割。在实践中，我国公司常采用资本公积转增股本和发放股票股利的方式进行股本扩张，基本能够与股票分割达到同样的目的。

下面举例说明股份公司是如何通过资本公积转增股本和发放股票股利实现股本扩张的。

例 11—7

A 公司是一家商业连锁企业，近年来公司营业收入和利润都快速增长，2008 年度资产负债表如表 11—8 所示。由于该公司目前股票价格已经达到 60 元/股，影响到股票在市场上的流动性。为了提高股票对中小投资者的吸引力，改善股票流动性，公司决定增加股本总额，以使股票价格降低。现有两种备选方案。

表 11—8　　A 公司资产负债表　　单位：万元

资产		负债与股东权益	
流动资产	80 000	负债	
		流动负债	15 000
		非流动负债	45 000
		负债总额	60 000
非流动资产	120 000	股东权益	
		股本（每股面值 10 元，2 000 万股）	20 000
		资本公积	50 000
		盈余公积	30 000
		未分配利润	40 000
		股东权益总额	140 000
资产总额	200 000	负债与股东权益总额	200 000

方案一：按照 1∶2 的比例实施股票分割。

方案二：实施每 10 股用资本公积转增 6 股，并派发 4 股股票股利的股利分配方案。

以上两个方案实施后，A 公司的资产负债表如表 11—9 所示。

表 11—9　　方案实施后 A 公司资产负债表　　单位：万元

方案一			
资产		负债与股东权益	
流动资产	80 000	负债	
		流动负债	15 000
		非流动负债	45 000
		负债总额	60 000
非流动资产	120 000	股东权益	
		股本（每股面值 5 元，4 000 万股）	20 000
		资本公积	50 000
		盈余公积	30 000
		未分配利润	40 000
		股东权益总额	140 000
资产总额	200 000	负债与股东权益总额	200 000
方案二			
资产		负债与股东权益	
流动资产	80 000	负债	
		流动负债	15 000
		非流动负债	45 000
		负债总额	60 000
非流动资产	120 000	股东权益	
		股本（每股面值 10 元，4 000 万股）	40 000
		资本公积	38 000
		盈余公积	30 000
		未分配利润	32 000
		股东权益总额	140 000
资产总额	200 000	负债与股东权益总额	200 000

实施方案一，经过股票分割之后，A 公司的股票股数增加到 4 000 万股，股票面值降为 5 元，但资产负债表中的股本仍然为 20 000 万元，其他各项金额也不变，股票分割后股票价格会降到 30 元/股；实施方案二，经过资本公积转增股本，资本公积减至 38 000 万元，派发股票股利后未分配利润减至 32 000 万元，股本总额则增加到 40 000 万元，股票股数增加到 4 000 万股，股票面值仍然是 10 元/股，实施方案二后股票价格也会降到 30 元/股。由此可见，两个方案最终达到的效果基本相同，但资产负债表中股东权益各项目的金额会发生不同的变化。

11.4.2 股票回购的概念

股票回购（stock repurchase）是股份公司出资购回本公司发行在外的股票，将其作为库藏股或进行注销的行为。20 世纪 70 年代，美国政府对公司分配现金红利施加了限制，导致一些公司采用股票回购方式向股东分配利润。此后，股票回购成为公司一种特殊的利润分配形式。公司回购的股票可以注销，以减少公司的股本总额，也可以作为库藏股，公司持有的库藏股可以在将来出售或者用于实施股权激励计划。公司持有本公司的库藏股通常不能超过一定期限，这是为了避免公司管理层利用库藏股操纵每股利润或股票价格，库藏股也不能享有与正常的普通股相同的权利，例如没有投票权和分派股利的权利。我国 2005 年发布的《上市公司回购社会公众股份管理办法（试行）》规定，上市公司回购股票只能是为了减少注册资本而进行注销，不允许作为库藏股由公司持有。

股票回购常被看作对股东的一种特殊回报方式，但与发放现金股利还是存在差异的。公司通过股票回购减少了流通在外的普通股股数，从而使每股利润增加，股票价格也随之上涨，可为股东带来资本利得收益。如果不存在个人所得税和交易成本，股票回购和发放现金股利对股东财富的影响并无差异，但是，通常情况下，资本利得所得税税率要低于股利所得税税率，这样公司回购股票可以为股东规避部分税负，为股东带来税收利益。但是，现金股利毕竟是公司对股东一种长期稳定的回报方式，而股票回购不能经常采用，只在公司拥有大量闲置现金的情况下才能偶尔为之。

11.4.3 股票回购的动机

公司进行股票回购的主要动机在理论上有多种解释，信号理论、税差理论、代理理论和公司控制权市场理论等主流财务理论都对股票回购动机做出了各自的解释。

1. 传递股价被低估信号的动机

由于外部投资者与公司管理层之间存在信息不对称，二者对股票价值的认识可能会存在较大差异，当资本市场低迷时，公司的股价就有可能被低估。如果管理层认为本公司股票被严重低估，公司就可以通过股票回购行为来传递这种信号，从而促使公司股价上涨。实际上，公司的股票回购公告发布之后，通常会令股票价格上涨。

2. 为股东避税的动机

前已述及，由于资本利得与现金股利存在税率差异，现金股利的税率通常高于资本利得的税率，公司为了减少股东缴纳的个人所得税，可以用股票回购的方式代替发放现金股利，从而为股东带来税收利益。

3. 减少公司自由现金流量的动机

在公司存在过多的自由现金流量的情况下，公司可以通过股票回购的方式将现金分配给股东。股票回购可以使公司流通在外的股票数量减少，由于每股利润增加，在市盈率不变的情况下，股价会上涨，股东所持有的股票总市值会增加，这等于向股东分配了现金。此外，由于公司的自由现金流量减少，也降低了公司的代理成本。

4. 反收购的动机

当公司的股票被低估时，就有可能成为被收购的目标，从而对现有股东的控制权产生威胁。为了维护原有股东对公司的控制权，预防或抵制敌意收购，公司可以通过股票回购方式，减少流通在外的股票股数，提高股票价格。实证研究表明，公司成为被收购目标的风险越大，就越有可能回购股票。

11.4.4 股票回购的方式

公司进行股票回购主要可以通过以下四种方式进行。

1. 公开市场回购

公开市场回购是指上市公司在证券市场上按照股票市场价格回购本公司的股票。通常公司回购股票时都会有一个最高限价，对回购股票的数量也有明确的限定。通过公开市场回购的方式回购股票，很容易导致股票价格上涨，从而增加了回购成本。一般来说，在公司回购股票的目标已经达到的情况下，就可以停止回购。根据我国证监会 2005 年发布的《上市公司回购社会公众股份管理办法（试行)》的规定，上市公司可以采用证券交易所集中竞价交易方式回购股票，但须履行信息披露义务。如在回购股份期间，应当在每个月的前 3 个交易日内公告截至上月末的回购进展情况，并且当回购股份占公司总股本的比例每增加 1 个百分点时，应当在两个交易日内进行公告。

2. 要约回购

要约回购是指公司通过公开向股东发出回购股票的要约来实现股票回购计划。要约回购价格一般高于市场价格。在公司公告要约回购之后的限定期限内，股东可自愿决定是否按要约价格将持有的股票出售给公司。如果股东愿意出售的股数多于公司计划回购的股数，公司可以自行决定购买部分或全部股票。通常，在公司回购股票的数量较大时，可采用要约回购方式。根据《上市公司回购社会公众股份管理办法（试行)》的规定，上市公司采用要约回购方式回购股票，其要约价格不得低于回购报告书公告前 30 个交易日股票每日加权平均价的算术平均值，并且要约期限不得少于 30 日，不得超过 60 日。

3. 协议回购

协议回购是指公司与特定的股东私下签订购买协议回购其持有的股票。协议回购方式通常作为公开市场回购方式的补充。采用这种方式，公司必须公开披露股票回购的目的、数量等信息，并保证回购价格公平，以避免公司向特定股东进行利益输送，侵害其他股东利益。协议回购方式回购股票的价格通常低于当前市场价格，并且一次回购股票的数量较大，作为大宗交易在场外进行。

4. 转换回购

转换回购是指公司用债券或者优先股代替现金回购普通股的股票回购方式。采取转换回购方式，公司不必支付大量的现金，对于现金流量并不充足的公司而言，这是一种可选的回购方式，而且采用这种回购方式还可以起到调整资本结构的作用。但是，由于债券或优先股的流动性比普通股要差，因而采用转换回购方式时，可能需要支付一定的溢价，因而提高了股票回购成本。

例 11—8

天音通信控股股份有限公司（以下简称天音控股）是以经营移动通信产品为主营业务的上市公司，该公司自 2002 年实行重大资产重组以来，一直保持快速发展的势头，公司已成为国内领先的移动电话销售商。2006 年 9 月 6 日公司顺利完成股权分置改革，实现了全流通。2008 年以来，受全球金融危机及国内 A 股市场深度调整的外部影响，公司股价持续下跌。在这种情况下，公司 2008 年 12 月 2 日发布了股份回购公告。天音控股在公告中宣称，股份回购的主要目的包括：(1) 体现了公司对未来发展的信心；(2) 以新的分配形式回报股东；(3) 尝试用新的国际通行的分配形式维护资本市场稳定。回购股份的方式为通过深圳证券交易所以集中竞价交易方式回购股份。具体的回购安排如下：

(1) 回购价格及定价原则。参照国内外证券市场上市公司平均市盈率水平，结合公司经营状况，公司确定本次回购价格不超过每股 3.5 元，对应 2007 年 12.8 倍的市盈率和 0.23 倍的市销率，对应 2008 年第三季度 2.19 倍的市净率。

(2) 拟回购股份的种类、数量、占总股本的比例。在遵循回购价格限定的前提下，拟回购不超过 2 000 万股的社会公众股份。回购分两期进行，第一期在股东大会决议生效日起 1 个月内，即 2008 年 11 月 18 日—12 月 17 日，拟回购股份数不超过 1 000 万股；第二期为股东大会决议生效日起 6 个月内，即 2008 年 11 月18 日—2009 年 5 月 17 日，由股东大会授权董事会根据市场情况拟回购股份数不超过1 000 万股。以回购 2 000 万股计算，回购比例为目前总股本的 2.11%，占实际流通股本的 2.21%。回购资金来源为公司的自有资金，回购资金总额预计不超过 7 000 万元。

(3) 预计回购后股权结构的变化。如以最高回购数量 2 000 万股计算，回购完成前后公司股本结构变化情况如表 11—10 所示。

表 11—10　股份回购前后股权结构的变化

	回购前		回购后	
	股份数量（股）	股份比例（%）	股份数量（股）	股份比例（%）
限售流通股	46 011 943	4.841	46 011 943	4.945
流通股	904 478 049	95.159	884 478 049	95.055
总股本	950 489 992	100	930 489 992	100

(4) 本次回购对公司经营、财务和未来发展的影响分析。公司经过多年的持续健康发展，盈利能力和市场竞争力不断提高，抗风险能力不断加强。截至 2008 年第三季度，公司总资产为 69.71 亿元，所有者权益为 15.26 亿元，公司经营活动产生的净现金流量为 4.97 亿元，公司货币资金余额为 20.91 亿元。

预计此次回购资金将不超过 7 000 万元，假设为 7 000 万元，则约占货币资金比重的 3.35%，占流动资产的比重为 1.09%。因此，董事会认为本次回购资金的使用将不会影响公司经营活动的现金需求，回购完成后公司的现金流仍可以满足正常的生产经营活动的需要。

本次回购完成后每股收益提高约 1.06%，净资产收益率提高约 1.33%。回购后速动比率约为 1，仍能保持良好的流动性和偿债能力，不会损害公司债权人利益。木次回购股份比例为不超过公司目前总股本的 2.11%，因此，回购后不会改变其上市公司的地位。

第一期回购结果：根据天音控投 2008 年 12 月 27 日发布的关于首期实施回购社会公众股份的结果报告，截至 2008 年 12 月 17 日，公司在二级市场上回购股份共计 3 588 900 股，占公司总股本的 0.378%，购买最高价为 3.49 元/股，购买最低价为

3.36元/股，支付总金额为12 416 326元（含印花税、佣金）。公司第一期回购股数远远小于计划回购的10 000 000股。

第二期回购结果：截至2009年5月17日，股份回购期限已满。由于第二个回购期间公司股价一直运行于回购最高限价（3.50元/股）上方，因此公司董事会未对第二期股份回购做出具体安排，公司第二期回购股份总数为0股。

从天音控股回购股份的结果来看，虽然公司没有完成回购股票的预定数量，但公司股价已从2008年12月2日公司发布回购股份公告时的3.38元/股，上涨到2009年5月17日回购期限截止日的6.23元/股。可见，公司回购股份的目的已经达到。

思考题

1. 为什么在完全资本市场条件下，股利政策与股价无关？

2. 结合我国上市公司的实际情况，分析公司在确定股利分配政策时是否存在代理问题。如果存在，主要表现在哪些方面？

3. 你认为公司的股利政策是否必须保持稳定？如何评价股利政策是否合理？

4. 结合我国资本市场的实际情况，分析我国上市公司股利分配政策的特点，并分析股利分配与股票价格之间是否存在相关性。

5. 2008年10月9日，中国证监会发布的《关于修改上市公司现金分红若干规定的决定》将《上市公司证券发行管理办法》第八条第（五）项“最近三年以现金或股票方式累计分配的利润不少于最近三年实现的年均可分配利润的20%”修改为“最近三年以现金方式累计分配的利润不少于最近三年实现的年均可分配利润的30%”。该项内容的修改提高了公司发行股票的现金分红标准，其目的在于鼓励上市公司现金分红。请分析：证监会为什么要作出鼓励现金分红的规定？现金分红的多少对公司和股东有什么影响？

6. 股份公司在选择采用股票股利进行股利分配时，应考虑哪些因素？这种股利分配形式对公司会产生怎样的影响？对股东有何影响？

7. 中国证监会2005年发布的《上市公司回购社会公众股份管理办法（试行）》规定，上市公司回购股份可以采取证券交易所集中竞价交易方式或要约回购方式进行。请分析这两种方式对回购公司和股票价格有何不同影响。

练习题

1. 西海公司2008年末股东权益如表11—11所示。

表11—11　　西海公司2008年12月31日股东权益　　单位：万元

项目	金额
股本（面值10元，5 000万股）	50 000
资本公积	34 000
盈余公积	36 000
未分配利润	35 000
股东权益合计	155 000

目前西海公司的股票价格为 60 元/股。在公司采用以下不同股利分配方案情况下，股东权益、股本数额会发生怎样的变化？如果不考虑信号效应，股价会如何变化？

(1) 公司决定采用的股利分配方案为：每 10 股用资本公积转增 2 股、分派股票股利 3 股。

(2) 公司决定采用现金股利分配方案，每股分配现金股利 1.20 元，现金股利的个人所得税税率为 10%。

(3) 为了增加公司股票的流动性，公司决定进行股票分割，1 股普通股分割为 2 股。

2. 东方公司预计未来 5 年的净利润和资本性支出如表 11—12 所示。

表 11—12　　东方公司净利润和资本性支出　　单位：万元

项目	第 1 年	第 2 年	第 3 年	第 4 年	第 5 年
净利润	3 600	3 800	3 800	4 000	4 200
资本性支出	2 500	4 000	3 200	3 000	4 000

目前公司的总股本为 5 000 万股，实行固定股利政策，每股股利为 0.7 元。公司根据未来的发展战略，计划调整股利分配政策，以下是几种备选的股利政策。

(1) 如果继续实行目前的固定股利政策，未来 5 年各年的现金股利总额和外部筹资额分别是多少？

(2) 如果采用剩余股利政策，公司的目标资本结构为：负债资本占 60%，股权资本占 40%，未来 5 年的现金股利总额和外部筹资额分别是多少？

(3) 如果采用固定股利支付率政策，股利支付率为 60%，未来 5 年的现金股利总额和外部筹资额分别是多少？

(4) 比较以上股利分配方案，哪种方案的现金股利额最大？哪种方案的外部筹资额最小？请分析各方案的优缺点。

3. 新华公司 2008 年 12 月 31 日的股东权益如表 11—13 所示。

表 11—13　　新华公司股东权益　　单位：万元

项目	金额
股本（面值 10 元，8 000 万股）	80 000
资本公积	48 000
盈余公积	36 000
未分配利润	54 000
股东权益合计	218 000

目前公司股价为 68 元/股。公司决定先按 1 股分割为 2 股的比例进行股票分割，然后再分配 2008 年度的股利。股利分配方案为：每 10 股分派 1 股的股票股利，并且每股分派现金股利 0.20 元。

(1) 请列出股票分割和分配股利后股东权益的各项金额。

(2) 如果你在 2008 年 12 月 31 日持有新华公司普通股 10 000 股，那么股票分割和股利分配之后，你持有新华公司的普通股股数是多少？如果不考虑信号效应，分配股利之后股票价格应为多少？你的财富是否因股票分割和分配股利而变化？

4. 兴业公司 2008 年度普通股为 10 000 万股，净利润为 16 000 万元，公司股票的市盈率为 15 倍。公司计划支付现金股利 12 000 万元，但也考虑用这笔现金回购股票。

(1) 如果支付现金股利，则该公司的股利报酬率是多少?

(2) 如果选择回购股票，那么以目前的市场价格能回购股票多少股?

(3) 回购股票之后，每股利润为多少? 在不考虑信号效应情况下，如果市盈率保持不变，回购股票之后股票的价格将会是多少?

案例题

苹果计算机公司股利政策案例

苹果计算机公司创立于 1976 年，到 1980 年，该公司研制生产的家用电脑已经销售 13 万多台，销售收入达到 1.17 亿美元。1980 年苹果公司首次公开发行股票上市。上市以后，公司得到快速成长，到 1986 年，公司的销售收入已达 19 亿美元，实现净利润 1.54 亿美元。1980—1986 年，苹果公司的净利润年增长率达到 53%。1986 年，苹果公司与马克公司联合进入办公用电脑市场。办公用电脑市场的主要竞争对手是实力非常强大的 IBM 公司。尽管竞争非常激烈，1987 年，苹果公司仍然取得了骄人的成绩，销售收入实现了 42%的增长。但是，人们仍然对苹果公司能否持续增长表示怀疑。为了增强投资者的信心，特别是吸引更多的机构投资者，苹果公司在 1987 年 4 月 23 日宣布首次分配季度股利，每股支付现金股利 0.12 美元，同时按 1∶2 比例进行股票分割（即每 1 股分拆为 2 股）。股票市场对苹果公司首次分配股利反应非常强烈，股利分配方案宣布当天，股价就上涨了 1.75 美元，在 4 个交易日里，股价上涨了约 8%。在之后的三年多时间里，苹果公司的经营业绩保持良好的增长，截至 1990 年，实现销售收入 55.58 亿美元，净利润 4.75 亿美元，1986—1990 年，销售收入平均年增长率为 31%，净利润平均年增长率为 33%。但是，1990 年以后，苹果公司的业绩开始逐年下降，1996 年亏损 7.42 亿美元，1997 年亏损 3.79 亿美元。苹果公司的股票价格也从 1990 年的 48 美元/股跌到 1997 年的 24 美元/股。尽管经营业绩发生较大变化，但苹果公司从 1987 年首次分配股利开始，一直坚持每年支付大约每股 0.45 美元的现金股利，直到 1996 年，由于经营的困难，不得不停止发放股利。

思考题：

(1) 苹果公司为什么决定 1987 年首次发放股利，并进行股票分割?

(2) 苹果公司采用的是何种股利政策? 评价这种股利政策的利弊。

第 12 章

Chapter 12 **公司并购管理**

学习目标

1. 掌握公司并购的概念与类型，理解公司并购的程序。
2. 掌握公司并购的理论，包括效率理论、代理理论和税收效应理论。
3. 掌握公司并购的价值评估方法，包括成本法、市场比较法和现金流量折现法。
4. 理解公司并购的主要支付方式的含义，了解各种支付方式的特点。

12.1 公司并购的概念与类型

19 世纪末，随着西方资本主义经济的快速发展，公司并购活动日益活跃。以美国为例，从 19 世纪末至今，美国先后发生了五次较大规模的公司并购浪潮。20 世纪 90 年代以后，全球公司并购规模更加庞大，仅 2000 年全球公司并购金额就达到 34 600亿美元。在市场经济条件下，公司并购已成为公司扩张的重要方式，由于其扩张速度远远超过通过内部成长扩张的速度，并购已成为公司一种重要的财务活动。

12.1.1 并购的概念

实践中的公司并购活动不断创新，人们对并购概念的认识难以统一。一般来说，并购概念有广义和狭义之分。狭义的并购是指《公司法》所规定的公司合并，包括**吸收合并**（merger）和**新设合并**（consolidation）。狭义的并购使并购活动的双方或一方消失，实现资本的集中，并形成一个新的经济实体。广义的并购除了包括狭义的并购外，还包括**收购**（acquisition）或**接管**（takeover），是为了对目标公司进行控制或者施加重大影响而进行收购部分股权或资产的活动，这种收购不以取得目标公司的全部股权或资产为目的，主要是通过收购实现对目标公司的控制或重大影响。收购或接管虽然也是公司扩张的重要形式，但被收购或接管的公司仍然存续，并没有消失，也不需要成立新的经济实体。本书采用的是广义的并购概念，既包括吸收合并和新设合并，也包括收购或接管。

1. 吸收合并

吸收合并也称兼并，是指由一家公司吸收另一家或多家公司加入本公司，吸收方存续，被吸收方解散并取消原法人资格的合并方式。存续公司应承接被吸收合并公司的所有资产和负债。合并以后，存续公司应到工商行政管理部门办理变更登记手续，继续享有法人资格，被吸收合并的公司应当宣告停止，并到工商行政管理部门办理注销登记手续。

2. 新设合并

新设合并是指两家或多家公司合并成一家新的公司，原合并各方解散，取消原法人资格的合并方式。合并后新设立的公司应当承接合并各方的全部资产和负债。新设合并之后，原合并各方都应当到工商行政管理部门办理注销登记手续，新设立的公司应到工商行政管理部门办理设立登记手续。

3. 收购

收购是指一家公司为了对另一家公司进行控制或实施重大影响，用现金、非现金资产或股权购买另一家公司的股权或资产的并购活动。实施收购之后，被收购公司的法人地位不消失，依然存续和经营。收购可以在证券市场上公开进行要约收购，也可以通过私下协议收购，在证券市场上公开要约收购的成本比较高。通常收购方称为并购公司、收购公司或标购公司，被收购方称为被收购公司、目标公司或标的公司。

4. 接管

接管是一个比较宽泛的概念，通常是指一家公司的控制权的变更。这种变更可能是由于股权的改变如收购，也可能是出于托管或委托投票权的原因而发生接管。因此，接管概念的外延比收购的概念大。

12.1.2 并购的类型

公司并购按照不同的标准可以划分为以下几种不同的类型。

1. 按照并购双方所处的行业分类

公司并购按照并购双方所处行业性质不同，可以分为横向并购、纵向并购和混合并购三种。

(1) 横向并购。横向并购是指两个或两个以上同行业公司之间的并购。例如美国波音公司和麦道公司之间的合并就属于横向并购。横向并购的双方公司生产同类产品或者经营同类业务，在并购之前双方是相互竞争的对手，通过横向并购可以消除竞争，扩大市场份额。在横向并购活动中，通常是优势公司兼并劣势公司，从而形成规模经营，增强公司的市场竞争力。有时为了避免恶性竞争，也可能是两家实力相当的公司之间实现并购，从而实现资源的更合理配置。由于横向并购是竞争对手之间的并购，可能形成垄断，因此，许多国家法律对于会形成高度垄断的横向并购活动会加以限制。

(2) 纵向并购。纵向并购是指公司与其供应商或客户之间的并购。纵向并购通常是优势公司兼并与本公司生产经营紧密相关的上下游公司，例如发电公司与煤炭公司之间的并购就属于纵向并购。纵向并购双方是处于同一产业链的上下游公司，它们之间的经营业务具有互补性，通过纵向并购可以实现纵向产业一体化，有利于相互协作，加强生产经营过程各个环节的配合，缩短生产经营周期，节约费用。由于纵向并购公司之间原来是合作关系，不是竞争对手，双方都熟悉彼此的生产经营状况，因此并购之后容易整合，有利于提高公司整体经营效率。

(3) 混合并购。混合并购是指与本公司生产经营活动无直接关系的公司之间的并购。混合并购双方既不是同行业的竞争对手，也不是同一产业链上的供应商或客户，并购之前在经营活动上没有任何关系。例如，一家制药公司并购一家房地产开发公司就属于混合并购。混合并购的目的是扩大生产经营范围，降低长期经营一个行业所带来的特定行业风险。通过混合并购，公司可以进入一个新的行业，实现多元化经营，从而分散投资风险。

2. 按照出资方式分类

公司并购按照出资方式不同，可以分为出资购买资产式并购、出资购买股票式并购、以股票换取资产式并购和以股票换取股票式并购四种。

(1) 出资购买资产式并购。这种并购是指收购公司使用现金购买被收购公司的全部资产进行的并购。出资购买资产式并购一般属于吸收合并，收购公司将被收购公司的全部资产购买之后，被收购公司就成为收购公司的一部分，被收购公司并入收购公司后其原有的法人资格被取消。对于产权关系、债权债务关系比较清晰的公司而言，采用这种并购方式能够做到等价交换、交割清楚，没有遗留纠纷。一般来说，这种并购方式比较适合非上市公司。

(2) 出资购买股票式并购。这种并购是指收购公司通过出资购买被收购公司股票的方式进行的并购。这种并购方式要求被收购公司必须是上市公司，收购公司出资购买被收购公司的股票可以通过一级市场进行收购，也可以通过二级市场进行收购。但是，出资购买股票式并购方式要受到有关证券法规信息披露制度的制约，通常当收购的股票数量达到一定的比例时需要进行公告或者公开收购要约。因此，通过出资购买股票方式进行并购，往往会使股价飙升，致使收购成本激增。

(3) 以股票换取资产式并购。这种并购是指收购公司向被收购公司发行本公司的股票来交换被收购公司资产而进行的并购。这种并购方式必须由并购双方签订协议，收购公司同意承担被收购方的债务责任，被收购方同意解散公司，并将持有的收购公司股票分配给其原有股东。

(4) 以股票换取股票式并购。这种并购是指收购公司直接向被收购公司的股东发行本公司股票，以交换其所持有的被收购公司股票而进行的并购。一般来说，交换股票的数量至少要达到能够控制被并购公司的持股比例才能达到并购的目的。通过这样的股票交换，被并购公司原股东成为并购公司的股东，而并购公司成为被并购公司的股东，从而实现对被并购公司的控制或重大影响。采用这种并购方式进行并购后，被收购公司或者成为收购公司的子公司继续其经营活动，或者通过解散清算而将资产全部并入收购公司。

3. 按照并购程序分类

公司并购按照并购程序不同，可以分为善意并购和非善意并购。

(1) 善意并购。善意并购是指收购公司与被收购公司双方通过友好协商达成并购协议而实现的并购。这种并购一般是收购方确定目标公司之后，直接与目标公司的管理层接洽，协商并购事宜，也可能是被并购公司出于某种原因主动提出转让经营控制权而向收购公司提出并购请求。无论是出于何种原因发生的并购，由于是建立在双方自愿、协商的基础上实现的并购，因而属于善意并购，也称友好并购。并购双方经协商达成并购协议之后，必须提交股东大会表决通过才能生效。

（2）非善意并购。非善意并购也称敌意收购，是指收购公司不是直接向目标公司提出并购要求，而是在资本市场上通过大量收购目标公司股票的方式实现并购。非善意并购不是建立在并购双方友好协商的基础上的，而是强行并购，因此极有可能遭到被收购公司的抵制。

4. 按照并购是否利用杠杆分类

公司并购按照是否利用杠杆，可以分为杠杆并购和非杠杆并购。

（1）杠杆并购。杠杆并购是指收购公司仅利用少量的自有资本，而主要以被收购公司的资产和将来的收益作抵押筹集大量的资本用于收购的一种并购活动。由于这种并购是一种高度负债的并购方式，因此被称为杠杆并购，通常杠杆并购的筹资额会占收购总价的70%以上。20世纪80年代美国开始盛行杠杆收购，到80年代中期以后，杠杆收购市场快速增长，并购规模迅速上升，1983年完成的并购交易额为45亿美元，到1989年，完成的并购交易额已上升为766亿美元。

（2）非杠杆并购。非杠杆并购是指收购公司主要利用自有资本对目标公司进行收购的并购活动。早期的公司并购活动大多属于非杠杆并购。非杠杆并购并非绝对不进行借贷筹资，只是借贷数额较少，大部分的收购资本都是收购公司的自有资本。

12.1.3 公司并购的程序

公司并购既是一种经济行为，也是一种法律行为，必须遵循一定的法律程序。

1. 并购双方提出并购意向

公司并购前通常由并购的一方或双方提出并购的意向，并购意向也可以由公司的大股东提出。并购意向经双方确认之后，双方应互换有关资料，并就并购的有关事宜进行谈判。如果是吸收合并，双方应明确吸收方向被吸收方支付多少费用或者转让多少股份；如果是新设合并，双方要协商各自的资产以何种方法估价投入新设的公司中，被并购公司的股东在新设公司中占有多少股份。公司在进行并购谈判时，还应对原有的债务清偿办法作出明确规定。

2. 签订并购协议

签订并购协议主要适用于善意并购。并购各方就并购的有关具体事宜进行谈判并达成一致意见之后，就可以由并购各方的法人代表或其代理人签订并购协议。

3. 股东大会通过并购决议

并购协议必须经股东大会通过，形成合并决议之后，才能生效。根据《公司法》的规定，股东大会对公司合并作出决议，必须经出席会议的股东所持表决权的2/3以上通过才具有法律效力。

4. 通告债权人

公司并购协议经过股东大会的决议通过之后，即具有法律效力。并购各方应当在法定期限内通知债权人，债权人可以自接到通知后在法定期限内提出合并异议，如果超过法定期限，债权人未提出异议，即可视为承认公司的合并。根据《公司法》的规定，公司应当自作出合并决议之日起10日内通知债权人，并于30日内在报纸上公告。债权人自接到通知书之日起30日内，未接到通知书的自公告之日起45日内，有权要求公司清偿债务或者提供相应的担保。

5. 办理合并登记手续

公司并购完成以后，被合并的公司消亡，取消法人资格，应当到工商行政管理部门办理注销企业法人资格的手续，吊销营业执照。存续的公司或新设的公司应当在法定的期限内持有关文件到工商行政管理部门办理登记手续，并进行公告。

12.2 公司并购理论

随着大规模公司并购浪潮的发生，理论界从不同的角度分析了公司并购的动因、方式和效应，从而产生了各种公司并购理论。公司为什么要进行并购活动？公司并购会产生怎样的效应？学者们对这些问题的研究和分析推动了公司并购理论的不断发展。下面主要介绍公司并购的效率理论、代理理论和税收效应理论。

12.2.1 效率理论

效率是一个经济学范畴的概念，是指有效地使用和配置社会资源以满足人们的各种需要。经济学从提高经济活动效率的角度解释公司的并购活动，形成了公司并购的效率理论。效率理论认为，公司并购和其他形式的资产重组活动都可以提高公司经营活动的效率，进而增进社会效益。公司并购活动使经营活动重新进行组合，为公司获得正的投资净现值提供了一个坚实的基础，从而形成某种形式的协同效应，产生“1+1>2”的效果。公司并购的效率理论有许多分支，每一种分支理论都可以用来解释某种特定类型的并购活动。

1. 差别效率理论

差别效率理论是解释公司并购动因的最主要的理论之一。由于不同公司的效率存在差别，高效率的公司收购低效率的公司，可以提升被收购公司的经营效率。假定 A 公司的管理层比 B 公司的管理层更有效率，在 A 公司收购 B 公司之后，B 公司的经营效率便被提高到 A 公司的水平。通过公司并购，不仅提高了被收购公司的效率，为私人投资者带来了经济利益，也会带来社会效益，使整个社会的经济活动效率因并购活动而提高。

严格地讲，差别效率理论是并购理论中的管理协同假说。该假说认为，如果一家公司拥有一个高效率的管理团队，其管理能力超过了公司日常的管理需求，该公司便可以通过收购一家管理效率较低的公司来使其额外的管理资源得以充分利用。公司并购可以产生管理协同效应，因为并购活动使目标公司非管理性的组织资源与收购公司过剩的管理资源有机地结合起来，从而使经营活动效率得到提升。例如，A 公司有一个非常高效率的管理团队，其管理能力远超过公司的日常管理需求，因而属于管理资源过剩；而 B 公司非管理性的组织资源良好，如拥有大批技术人员、生产设备比较先进、产品销售网络也比较健全，但因其管理效率较低，致使公司经营业绩平平。如果 A 公司收购 B 公司，就可以将 A 公司过剩的管理资源与 B 公司良好的非管理性组织资源结合起来，产生管理协同效应，使并购之后的公司经营效率得到提高。

管理协同假说包含一个重要的理论假设，即拥有过剩管理资源的公司的管理团队是一个不可分割的整体，因此解雇部分管理人员是不可行的，而且由于规模经济的制约，公司也不可能通过自身的规模扩张来消化过剩的管理资源。在这种假设前提下，通过公司并购消化其过剩的管理资源是一个理想的选择，并购公司的管理者一般在被收购公司的特定业务领域内具有丰富的知识和充足的经验，可以弥补被收购公司管理团队的不足。但是，如果并购公司不具有目标公司所在行业特有的技术和知识，就可能使并购产生不利的后果。因此，并购公司总是力图收购一个有良好组织资源的目标公司来解决这种困难，以利用其过剩的管理能力，实现管理协同效应。正是基于这种管理上的协同效应，差别效率理论成为解释横向并购动因的重要理论。

差别效率理论的重要意义在于它分析了并购对公司管理效率的影响。在现实经济生活中，总是存在效率低于平均水平或者没有充分发挥其经营潜力的公司，这些公司往往成为潜在的被收购对象，而从事相似经营活动且具有较高效率的公司则可能成为潜在的收购者，它们对被收购对象具有敏锐的洞察力，并且懂得如何改善目标公司的经营业绩。正是通过这种并购活动，为经济活动注入了活力，提高了整个社会的经济效益。

在利用差别效率理论来分析公司并购时，也存在一个理论上的难题。根据这一理论，高效率公司并购低效率公司可以提高被收购公司的效率。若把这个理论极端化，就会得出这样的结论：当整个经济活动中只有一家公司时，其管理效率将达到最大化。显而易见，在现实经济生活中，这是不可能的，因为随着公司规模的扩大，其内部协调的难度或管理能力的限制就会凸显，因此，公司总是存在一个最优的规模边界。

2. 无效率的管理者理论

无效率的管理者是指未能充分发挥公司经营潜力的不称职管理团队。无效率的管理者理论认为，出于公司股权过度分散或者有能力的管理者稀缺等原因，股东难以直接通过“用手投票”的方式更换无效率的管理者，只能通过外部接管来解决这个问题。因此，该理论对公司并购动因的解释就是通过并购来更换无效率的管理者，认为另一个管理团队可能会更有效地管理该公司的资产。从这个意义上看，无效率的管理者理论与前面的差别效率理论似乎难以区别。在差别效率理论中，并购公司的管理者通常在被收购公司的特定业务活动方面具有充足的经验，这可以弥补被收购公司管理者的不足，因此差别效率理论可以更好地解释横向并购的动因；而无效率的管理者理论认为公司现有的管理者根本就是不称职的，几乎任何人都可以比他们做得更好，即便是对被收购公司的业务活动缺乏经验的另一个管理团队也能比现有管理者做得好，因此，无效率的管理者理论常常成为解释混合并购动因的理论之一。

无效率的管理者理论近乎绝对化的观点受到一些学者的质疑。法马认为这种主要依赖代价高昂的外部接管机制来解决无效率的管理的观点是令人难以接受的。根据无效率的管理者理论，并购后被收购公司的管理者将被替换，但是，经验表明事实并非如此，至少在混合并购中不是这样的。马根海姆（Magenheim）1973 年对 30 起混合并购的调查表明，仅有 16%的并购公司更换了两个或更多的高级管理人员，而 60%的公司所有高级管理人员都被保留了下来（该项调查中剩余的 24%家公司没有回答此问题）。对于一个在相对较短的期限内进行了多项收购活动的公司来说，如果只使用其自身的管理资源或将被收购公司的管理者免职后雇用新的管理者，将会面临无法对被收购公司进行有效管理的困难。因此，质疑者认为，虽然在某些收购活动中可能会有更换能力低下的管理者的情况发生，但把无效率的管理者理论作为并购活动的一般性解释仍是令人难以接受的。

3. 经营协同效应理论

经营协同效应理论认为公司的经营活动存在规模经济，通常在公司并购之前，公司的经营活动达不到实现规模经济的潜在要求，因而通过横向、纵向或混合并购可以获得规模经济，实现经营协同效应。

规模经济是由于某些资源的不可分割性而产生的，通过公司并购可以优势互补，达到规模经济，实现经营协同效应。规模经济的经营协同效应可以表现在许多方面，下面列举几种最为常见的情况。

（1）公司中的人员、设备、一般的管理费用等固定性的成本，如果被分摊到较大的产出量中，就可以降低单位产品的成本，相应地提高产品的利润率。因此，在制造业中，对厂房及设备的大量投资会产生典型的规模经济。

（2）公司并购可以使并购双方取长补短，实现规模经济。例如，A 公司在研究和开发方面有很强的实力，但在市场营销方面较为薄弱；而 B 公司在市场营销方面实力很强，但在研究和开发方面能力不足，因而两家公司通过并购可以相互补充，产生经营协同效应，提高公司的业绩。

（3）即便是中等规模的公司，也至少需要一定数量的管理人员与科研人员，但是，由于公司没有达到一定的规模，这些管理人员与科研人员未能得到充分的利用，通过公司并购可以充分发挥这部分过剩的人力资源的作用，从而产生规模经济的协同效应。

（4）在纵向并购中，将同一行业中处于不同经营阶段的公司联合在一起，可以避免相关的联络费用，降低各种交易费用，从而产生经营协同效应。

4. 多元化经营理论

公司的多元化经营不同于投资者在资本市场上进行的分散投资。作为并购效率理论中的一种，多元化经营理论认为，公司并购可以实现多元化经营，有利于提高公司价值，其原因在于以下几个方面。

（1）公司多元化经营可以给公司管理者和其他雇员提供工作的安全感和晋升的机会，并且在其他条件不变的情况下降低公司的劳动力成本。股东可以在资本市场上对许多不同的公司进行组合投资以分散投资风险；相对而言，公司的管理者和雇员分散其劳动收入来源的机会却非常有限。管理者和雇员在工作中积累的大部分知识都属于专属知识，这些知识对于本公司来说具有极大的价值，但对于其他公司可能并没有太大的价值。正是由于具备这些专属知识，使他们在本公司中工作要比在其他公司工作有更高的劳动效率并可获得较高的报酬。因此，公司管理者和雇员更加看重这些专属知识，希望获得稳定的工作和晋升的机会。如果公司的经营活动过于专业化和单一化，必然面临较大的经营风险，而多元化经营可以降低这种风险，从而为公司管理者和雇员提供工作的安全感，使他们能更好地为公司创造价值。

（2）多元化经营可以保证公司业务活动的平稳有效过渡以及公司团队的连续性，从而提高人力资源的利用效率。在现代企业中，公司有关雇员的资料是公司专属的，这些资料有助于将雇员与工作岗位进行有效的匹配，或者在特定的工作中对雇员进行有效的搭配，这意味着在公司中可以形成有效的管理者组合和雇员组合。一旦公司被清算，这些组合被破坏，该组织机构的价值也将随之失去。如果公司进行多元化经营，这些团队便可以从没有利润的商业活动中转移到正在发展和盈利的商业活动中去，从而提高了人力资源的利用效率，这有利于提高公司价值。

（3）多元化经营有利于保护公司的商业声誉，提高公司价值。公司在经营过程中可能会形成良好的商业声誉，这种声誉是公司长期通过特有的广告、研究与开发、人员培训、良好的服务等方面的投资获得的，对于公司来说属于无形资产，可以为公司带来经济利益。多元化经营可以使公司商业声誉得到更好的保护和延续。如海尔公司最初在白色家电领域积累了良好的商业声誉，可以利用其积累的良好商业声誉，通过公司并购进入黑色家电领域，从而使商业声誉得到更好的延续，为公司创造更大的价值。

（4）多元化经营可以提高公司的举债能力，并且降低由于并购活动而引起的现金流量的波动，给公司带来财务协同效应和税收上的利益。这一点在后面的财务协同效应理论和税收效应理论中将会介绍。

5. 财务协同效应理论

20 世纪 60 年代美国发生了以混合并购为主的第三次公司并购浪潮。大量的混合并购使人们对管理协同假说的适用性产生了怀疑，因为一个公司的管理能力不可能在短短的几年时间增长得太快，很难在如此短的时间内进行旨在提高管理效率的公司并购，而且管理协同效应一般只有在横向并购或者纵向并购中才能更好地体现，在混合并购中很难用管理协同效应理论来解释其并购动因。例如，20 世纪 70 年代末 80 年代初的美国其他行业的公司对大型煤炭矿业公司进行的并购活动就无法用管理协同效应理论来解释。难道这些被并购的煤炭矿业公司都属于管理效率低下的公司吗？显然不是，因为当时的矿业公司虽然利润率在较长时间内一直比较低，但是煤炭需求量增长得非常快。针对这类混合并购动因的研究，许多学者提出了财务协同效应理论。

财务协同效应理论认为，由于交易成本和股利的税收因素，公司内部筹资与外部筹资存在成本上的差异，通常外部筹资的成本要大于内部筹资的成本。通过并购形成的混合经营的公司，各个部门无法留存多余的盈利和现金流量，公司会根据各个部门的未来收益前景对资本进行重新配置，这相当于在混合经营的公司中形成一个“内部资本市场”，把通常属于外部资本市场的资本供给职能予以内部化。通过这种内部资本市场的资源分配，可以有效地克服外部筹资存在的各种筹资约束，降低筹资成本，从而提高公司价值。因此，公司通过并购可以实现资本从边际利润率较低的生产活动向边际利润率较高的生产活动转移，从而提高了公司资本分配效率，实现了财务协同效应，这为混合并购提供了现实的解释。实证研究也为这种内部资本市场功能提供了依据，尼尔森（Nielsen）和梅利克（Melicher）1973 年的研究发现，当并购公司的现金流量较大而被收购公司的现金流量较小时，支付给被并购公司的作为并购收益近似值的溢价会较高，这意味着资本从并购公司所在行业向被收购公司所在行业的重新调配。

除了内部资本市场的功能，并购后的公司举债能力也要大于并购前的公司举债能力之和，这将给公司带来节省税收的利益。目前的大量研究资料证明，并购后公司的资产负债率有明显的提高。同时，实证研究还发现，并购活动之后，公司新的资本性支出明显提高，这说明公司通过并购增加了投资机会。

12.2.2　代理理论

在股份有限公司中，由于所有权与经营管理权的分离，股东与管理者之间便形成了委托—代理关系。股东作为委托人将公司的经营活动委托给管理者，公司管理者成为代理人。在信息不对称和充满不确定性的环境下，由于代理人与委托人的利益不完全一致，作为代理人的管理者可能会利用信息上的优势损害委托人——股东的利益，由此便产生了代理问题。在公司中，代理问题可以表现在许多方面，如管理者不积极工作、超额的在职消费等。代理问题在股权分散的大公司表现得尤为严重，因为个人股东没有足够的动力花费成本来监督管理者。代理问题产生的基本原因在于管理者与股东之间的合约不可能无代价地签订和执行，由此而产生的成本就是代理成本。

根据詹森（Jensen）和梅克林（Meckling）的定义，代理成本主要包括：（1）缔结一系列合约的成本；（2）委托人的监督成本，即委托人对代理人进行监督和控制的成本；（3）代理人的担保成本，即代理人用以保证不会发生损害委托人行为的成本，以及如果发生了损害委托人利益的行为，将给予委托人赔偿的成本；（4）剩余损失，即由于代理人的决策和委托人福利最大化的决策之间发生偏差而使委托人遭受的损失。剩余损失还可能是由于合约的完全履行成本超过其所能带来的收益而造成的损失。

经济学将研究委托—代理关系下代理问题及代理成本的理论称为代理理论。代理理论从不同的角度对公司并购进行了解释，形成了以下几种不同的观点。

1. 并购解决代理问题

公司中的代理问题可以通过公司内部治理结构和外部市场机制得到有效控制。完善的公司治理结构为解决股东与管理者之间的代理问题提供了一套行之有效的制度安排。法马和詹森 1983 年的研究表明，在公司所有权与经营管理权分离的情况下，如果将公司决策体系中的决策管理权（拟订方案和执行决定）与决策控制权（批准方案和监督执行）相分离，以限制代理人个人决策的权力，就可以有效地避免或减少损害股东利益的现象。在公司中，控制职能应由股东选举出的董事会成员来行使，而管理与执行职能应由经理来行使。此外，激励制度和管理者市场也可以使代理问题得到缓解。公司可以通过奖金或股票期权制度等方式将管理者的报酬与经营业绩联系在一起。公司管理者拥有良好的声誉时，劳动力市场就会根据管理者的经营业绩确定其报酬水平。

除以上制度安排解决公司中的代理问题外，资本市场的并购活动也成为解决代理问题的一种重要机制。曼尼（Manne）认为，在上述所有机制不足以控制代理问题时，并购为这一问题的解决提供了最后的外部控制手段。接管通过要约收购或代理权之争，可以使外部管理者战胜现有的管理者和董事会，取得对目标公司的决策控制权。如果公司的管理层因为无效率或者代理问题而导致公司经营业绩不佳，股票价格就会下跌，低股价会给管理层带来压力，促使其改变行为方式，并忠于股东的利益，否则公司就可能被接管，从而面临被收购的威胁。因此，代理理论认为公司并购是解决公司中代理问题的一种重要途径，可以降低代理成本。

2. 管理主义

穆勒1969年提出一种假说，认为管理者的报酬取决于公司的规模大小，因此管理者有动机通过收购来扩大公司的规模，从而忽视公司的实际投资报酬率。这种观点被称为管理主义。可见，管理主义与前面的并购可以解决代理问题的观点相反，该理论认为公司并购是代理问题的一种表现形式，而不是解决办法。詹森和鲁贝克(Rubeck)在对公司并购的数据进行研究后发现，在并购决策宣告日，并购公司的股票价格不但没有上升，反而有所下降，因此他们认为，并购固然可以有效解决目标公司的代理问题，但是并购公司本身存在的代理问题可能导致为收购支付过高的价格，因而浪费了并购公司股东的财富。

由此可见，代理理论认为并购可以解决目标公司存在的代理问题；管理主义则认为并购活动正是并购公司本身代理问题的一种表现形式。二者观点看似相左，实则站在不同的角度分析问题。当然，也有人对穆勒管理主义的基本前提提出了质疑。例如，卢埃林（Lewellen）和亨茨曼（Huntsman）通过实证研究发现，公司管理者的报酬与公司的利润率密切相关，而不是与销售水平相关，因此对穆勒的管理主义提出了质疑。

3. 管理层自负假说

罗尔（Roll）认为在公司并购过程中，目标公司的价值增加是由并购公司的管理层在评估目标公司价值时因过于乐观和自负所犯的错误所致，实际上该项交易可能并无投资价值。那么，如果接管是毫无价值的，为什么会有公司进行竞价收购呢？罗尔认为可以用并购公司管理层的自负来解释他们为什么要竞价。一个特定的竞价者常常傲慢地以为自己对目标公司的估价是正确的，由此产生了并购溢价，其实这是他们自以为是的结果。

与效率理论不同的是，管理者自负假说是以强式有效市场为前提的，而效率理论是建立在市场无效率的假设基础之上的。在一个无效率的市场中，一些公司的价值被严重低估，就可能成为被收购的对象，而这样的收购是可以为并购公司带来收益的。但是，在一个效率很高的市场中，股票价格反映了所有公开和非公开的信息，也就是说，市场对目标公司的定价是正确的，在这样的情况下，如果仍然有人愿意出高价收购目标公司，则只能用管理者自负和过分乐观来解释这种行为，因为这样的收购不会带来任何收益。

然而，强式有效市场只是一个理想中的世界。在现实世界中，市场常常是不完善的，不可能具备强式有效市场的特征，因此，尽管公司并购中可能存在管理层自负的因素，但是管理者自负假说并不能解释全部并购活动，实际上，有许多公司并购可以为并购方带来收益。

4. 自由现金流量假说

自由现金流量假说依然源于代理问题。根据詹森的定义，自由现金流量是指公司所持有的超过投资所有净现值为正的项目所需资本的剩余现金。自由现金流量留在公司内部并不能为公司创造价值，也不能给股东带来收益，因此詹森认为，公司若想有效率并使股价最大化，就必须将自由现金流量支付给股东。这是因为自由现金流量的支出降低了管理层可控制的资源量，从而削弱了管理层支配自由现金流量的权力，降低了代理成本。如果公司有新的项目需要投资，就必须从资本市场筹资，这会受到资本市场的约束。由此可见，减少自由现金流量可以解决公司的代理问题，缓解管理层与股东之间的利益冲突，而公司并购是减少自由现金流量的一种重要方式，从这个角度来说，并购可以解决公司中的代理问题，降低代理成本，提高公司价值。

12.2.3　税收效应理论

税收效应理论认为公司并购的目的是获得税收方面的好处。一般来说，通过公司并购可以获得的税收利益主要体现在以下几个方面。

1. 并购亏损公司带来的税收利益

按照税法的规定，一个盈利的企业必须依法缴纳企业所得税。如果一家公司的盈利水平很高，并且适用的企业所得税税率也较高，那么它不得不每年都缴纳较多的所得税。但如果这家盈利公司收购了一个亏损公司，公司的利润就会被目标公司的亏损抵消一部分，从而实现避税效应。例如，根据我国税法的规定，公司的年度亏损可以用税前利润连续弥补 5 年，这可以为并购公司带来较大的税收利益。

2. 并购享有税收减免优惠的公司带来的税收利益

当目标公司按照税法规定享有税收减免的优惠政策时，如果收购该公司后依然能够继续享有这种税收优惠政策，这种并购便可以为并购公司带来税收利益。但是，各国税法有较大的差异，这种税收优惠政策能否在合并后的公司延续，需要依据该国税法的规定。

3. 资本利得税代替一般所得税带来的税收利益

在第 11 章已经介绍过，资本利得税的税率要低于一般收入（如现金股利收入）的所得税税率。一个内部投资机会较少的成熟公司可以收购一个成长型公司，从而用资本利得税来代替一般所得税，达到避税的目的。一般来说，成长型公司没有或只有少量的现金股利支付，却需要持续的资本性或非资本性支出；成熟公司则拥有大量的现金流量，却缺乏投资机会，只能支付大量的现金股利，因而股东需要缴纳较多的个人所得税。如果成熟公司收购一个成长型公司，并购公司就可以为被收购公司提供发展所需的资金，而不必将这些资金用于支付现金股利，若干年后，并购公司还可以将被收购公司出售以实现资本利得，这样就可以获得节税的好处。

税收效应理论从节约税收的角度解释了公司并购的动机。但是，税收方面的考虑是否会引起并购活动，还要取决于是否存在可获得同样税收利益的其他替代方法。而且，由于各国税收法律不同，以致同样的并购行为在不同国家产生的税收利益会有较大差异。此外，如果公司并购仅仅是出于税收方面的利益，其结果是政府税收的减少，但从整个社会角度看，这是公司与政府之间的零和博弈，不会产生社会效应。

12.3　公司并购的价值评估

公司并购的价值评估是指对目标公司的价值进行评估，这是公司并购的一个重要问题，它决定了并购公司收购目标公司所付出的代价。如果高估了目标公司的价值，就会导致并购公司付出过高的代价，使并购公司的收购成本太高，增加并购风险。在实践中，许多公司并购失败的重要原因之一就是由于对目标公司的估价过高。

12.3.1 目标公司价值评估的步骤

为了提高目标公司价值评估的准确性，必须遵循正确的价值评估步骤。一般来说，对目标公司进行价值评估的步骤主要包括以下三步。

1. 考察目标公司的基本状况

了解目标公司的基本状况是价值评估的基础。并购公司在对目标公司进行价值评估之前需要考察目标公司的生产经营状况、财务状况、市场竞争力、人力资源情况、技术水平等基本状况，并对目标公司的基本状况作出初步的评估，了解目标公司的优势与劣势。

2. 分析影响目标公司价值的主要因素

在考察目标公司基本状况的基础上，并购公司必须全面分析影响目标公司价值的各种因素。公司价值大小受许多因素的影响，其中最主要的因素有三个：一是公司的资产价值，资产价值主要取决于其重置成本的大小，重置成本越高，说明资产价值越高；二是公司的风险，包括公司的经营风险与财务风险，公司的风险越大，其价值越低；三是公司的预期盈利能力，公司的预期盈利能力越强，公司价值越高。

3. 确定价值评估的方法

在对目标公司进行价值评估时，采用不同的价值评估方法可能会得出不同的评估结果。因此，并购公司应根据目标公司的实际情况来确定适合的价值评估方法。在实践中，目标公司的价值评估方法主要有：成本法、市场比较法、现金流量折现法和换股并购估价法。

12.3.2 成本法

成本法也称资产基础法，是指以目标公司的资产价值为基础，对目标公司价值进行评估的方法。确定目标公司的资产价值，关键是选择合适的资产价值标准。根据资产的价值标准不同，成本法可以分为账面价值法、市场价值法和清算价值法。

1. 账面价值法

账面价值法是根据会计账簿中记录的公司净资产的价值作为公司价值的方法。公司净资产的价值等于总资产的价值减去负债总额后的余额。由于净资产的账面价值是直接根据会计核算的数据来确定的，因此比较客观，不受人为因素的影响。但是，这种方法是一种静态估价方法，它没有考虑到资产的价值变化和资产的收益情况，因而具有一定的局限性。在实践中，资产的实际价值可能由于各种因素的影响而偏离其账面价值，造成这种偏离的因素大致有三个方面：(1) 会计上一般按历史成本确认资产的价值，但是出于通货膨胀的原因，资产的实际价值已经远远超过当初购置时的历史成本；(2) 技术进步可能使某些资产（如机器设备等）发生贬值；(3) 由于公司的商誉、高效的管理等组织方面的因素使得公司多种资产的组合能够产生规模效应，具有很强的盈利能力，从而使资产组合的总价值大于各个单项资产账面价值之和。采用账面价值法对目标公司进行价值评估主要适用于一些简单的并购活动，尤其适用于资产的账面价值与实际的市场价值偏离不大的非上市公司。

2. 市场价值法

市场价值是资产评估中所使用的一个重要价值类型，也是评估师在评估业务中使用最多的价值类型。我国 2007 年颁布的《资产评估准则——资产评估价值类型指导意见》对市场价值的定义为："市场价值是指自愿买方和自愿卖方在各自理性行事且未受任何强迫的情况下，评估对象在评估基准日进行正常公平交易的价值估计数额。"国际评估准则委员会制定的《国际评估准则》对市场价值的定义为："市场价值是自愿买方与自愿卖方在评估基准日进行正常的市场营销之后所达成的公平交易中，某项资产应当进行交易的价值估计数额，当事人双方应各自精明、谨慎行事，不受任何强迫压制。"

由此可见，无论评估对象是某一特定的资产还是一个企业，在评估行业中对市场价值都有一个专业的定义，它是指在公平竞争的市场上由买卖双方在自愿协商的基础上确定的交易价值。从国际惯例来看，评估对象的市场价值定义必须满足以下基本要件：(1) 自愿买方；(2) 自愿卖方；(3) 买方、卖方具有相应的知识，各自精明、谨慎行事；(4) 确定的评估基准日；(5) 公平交易，不受任何强迫；(6) 以货币单位表示；(7) 在市场上有足够的展示时间。

相对于账面价值法，市场价值法的优点在于考虑了资产实际价值的变化，并且是以公平竞争的市场环境下的资产交易为假设前提所评估出的价值。因此，市场价值是易于为人们所接受的一个价值标准。

3. 清算价值法

清算价值是指在评估对象处于被迫出售、快速变现等非正常市场条件下的价值估计数额。在无法持续经营的情况下，公司作为一个整体已经丧失了增值能力，由于深陷财务危机可能导致公司破产清算，此时，公司将被迫出售各个部门和全部实物资产，出售取得的收入扣除债务后的净额就是公司的清算价值。清算价值法主要适用于陷入财务困境的企业的价值评估。

12.3.3 市场比较法

市场比较法也称相对价值法，是以资本市场上与目标公司的经营业绩和风险水平相当的公司的平均市场价值作为参照标准，以此来估算目标公司价值的一种价值评估方法。市场比较法的基本假设是：在完全的市场中，类似的资产应该具有类似的价值。因此，在难以通过其他方法确定评估对象的价值时，可以参照市场中类似资产的市场价值作为评估依据，并经过合理的调整之后估算出评估对象的价值。利用市场比较法评估目标公司价值，可以用下列计算公式来表示：

$$V=\frac{V_s}{X_s}\times X \tag{12—1}$$

式中，V 表示目标公司的评估价值；X 表示与公司价值相关的目标公司的可观测变量；V_s 表示与目标公司类似的参照公司的市场价值；X_s 表示与公司价值相关的参照公司的可观测变量。

式 (12—1) 中的观测变量可以用净利润、净资产、销售收入等指标。市场比较法根据所选择的观测变量不同，可以分为市盈率法、市净率法和市销率法等。

1. 市盈率法

如果式 (12—1) 中的观测变量用公司的净利润，那么这种方法就是市盈率法。

市盈率法是根据参照公司的平均市盈率水平来确定目标公司的合理市盈率，据此来评估目标公司的价值。在第 3 章中介绍过市盈率，其计算公式为：

$$PE=\frac{V}{X}=\frac{P\times N}{E\times N}=\frac{P}{E} \qquad (12—2)$$

式中，PE 表示市盈率；V 表示公司市场价值；X 表示与公司价值相关的可观测变量，这里是净利润；P 表示公司股票价格；E 表示公司每股利润；N 表示公司总股数。

由式（12—2）可知，公司价值 V 可用计算公式表示如下：

$$V=PE\times X \qquad (12—3)$$

因此，如果能够确定目标公司的市盈率和预计的净利润，就可以测算出公司价值。

例 12—1

奥华公司计划收购 A 公司的全部股份，根据 A 公司的实际情况，奥华公司管理层认为采用市盈率法对 A 公司价值进行评估比较合适。经调查研究发现，资本市场上与 A 公司具有可比性的公司主要有三家，这三家公司的近期平均市盈率为 16 倍。奥华公司管理层认为采用 16 倍的市盈率评估 A 公司价值比较合理。奥华公司确定的决策期间为未来 5 年，经测算，A 公司在未来的 5 年中预计年均可实现净利润 5 500 万元。

A 公司价值计算如下：

$$V=16\times 5\,500=88\,000(\text{万元})$$

2. 市净率法

市净率法是根据参照公司的平均市净率来确定目标公司的市净率，并据此评估目标公司的价值。市净率是公司的市场价值与净资产的比值，也可以用每股股价除以每股净资产来计算，其计算公式为：

$$PB=\frac{P}{B} \qquad (12—4)$$

$$V=PB\times X \qquad (12—5)$$

式中，PB 表示市净率；V 表示公司市场价值；X 表示与公司价值相关的可观测变量，这里用净资产；P 表示公司股票价格；B 表示公司每股净资产。

例 12—2

神龙汽车股份有限公司是一家整车制造企业，该公司计划收购一家轮胎生产企业 B 公司。经调查发现，轮胎制造行业的平均市净率为 1.8 倍。由于 B 公司技术先进，管理水平较高，其成长性和盈利能力都高于行业平均水平，因此，可以适当调高市净率到 1.9 倍。神龙公司确定的决策期间为未来 6 年，经预测，B 公司未来 6 年的平均每股净资产为 2.5 元。神龙公司采用市净率法评估 B 公司每股价值。

B 公司的每股价值可计算如下：

$$V=1.9\times 2.5=4.75(\text{元})$$

3. 市销率法

市销率法是根据参照公司的平均市销率来确定目标公司的市销率，并据此评估目标公司的价值。市销率是公司的市场价值与年销售收入的比值，或者用每股股价除以每股年销售收入来计算，其计算公式为：

$$PS=\frac{P}{S} \tag{12—6}$$

$$V=PS\times X \tag{12—7}$$

式中，PS 表示市销率；V 表示公司市场价值；X 表示与公司价值相关的可观测变量，这里用年销售收入；P 表示公司股票价格；S 表示公司每股年销售收入。

以上三种市场比较法一般适用于对股份有限公司的价值评估。因为上市公司信息披露及时、充分，资本市场对类似的公司常常有相近的估值水平，这为采用市场比较法提供了合理的依据。

例 12—3

联想集团公司计划收购 M 公司，需对 M 公司进行价值评估。M 公司的股票市场价值的影响因素主要有销售收入、股东权益和净利润。经研究发现，市场中存在三个与 M 公司相类似的公司：A 公司、B 公司和 C 公司，三个公司的有关指标如表 12—1 所示。

表 12—1　A、B、C 公司有关指标

指标	A 公司	B 公司	C 公司	平均值
市盈率	20	19	21	20
市净率	1.5	1.6	1.7	1.6
市销率	1.2	1.1	1.3	1.2

经财务人员预测，目标公司 M 公司在未来决策期内年均销售收入预计为 1 500 万元，年均净资产预计为 1 100 万元，年均净利润预计为 92 万元。采用市场比较法，利用类比公司的平均市盈率、平均市净率和平均市销率评估 M 公司价值，如表12—2 所示。

表 12—2　M 公司价值评估表　金额单位：万元

指标	金额	平均比率	公司价值
净利润	92	20	1 840
股东权益账面价值	1 100	1.6	1 760
销售收入	1 500	1.2	1 800
平均值			1 800

根据表 12—2 的计算可知，M 公司的市场价值的评估值应为 1 800 万元。

12.3.4　现金流量折现法

现金流量折现法是资产价值评估的一种重要方法，其基本原理是：资产价值等于以投资者要求的必要投资报酬率为折现率，对该项资产预期未来的现金流量进行折现所计算出的现值之和。对于经营性资产来说，其价值并非简单取决于资产的购置成本或者现行市场价格。从投资的角度来看，一项资产的价值主要取决于在其寿命期限内能够给投资者带来的期望报酬（通常以现金流量来表示）。现金流量折现法既可用于单项资产的价值评估，也可以用于对一个公司的价值评估。下面主要介绍这种方法在公司并购的价值评估中的应用。

1. 基本模型

根据现金流量折现法的基本原理，目标公司的价值等于其未来持续经营期间所产生的现金流量的现值。现金流量折现模型用计算公式表示为：

$$V=\sum_{t=1}^{n}\frac{CF_t}{(1+k)^t} \tag{12—8}$$

式中，V 表示目标公司的评估价值；CF_t 表示目标公司第 t 期产生的现金流量；k 表示折现率；n 表示预测期限。

实际上，现金流量折现模型的应用非常广泛，如单项固定资产的估值、投资项目的估值、证券估值等都可以采用该方法，只是不同的估值中现金流量的计算方法存在一定的差异。

2. 评估价值的影响因素

从现金流量折现模型可以看出，影响目标公司评估价值的主要因素包括：现金流量、期限和折现率。

（1）现金流量。这里的现金流量是指在一定期限内目标公司的现金流入量减去现金流出量后的净额，即净现金流量。现金流量的计算通常以年为时间单位，计算公司在未来持续经营期间各年的净现金流量。在公司并购决策中，目标公司的净现金流量是指该公司未来持续经营期限内所创造出的自由现金流量。“自由现金流量”这个词在美国发生的第四次并购浪潮中非常流行，不过，人们对自由现金流量的定义并不统一。自由现金流量按照计算的范围不同，可分为公司自由现金流量和股权自由现金流量。后面将详细介绍二者的计算方法。

（2）期限。这里的期限是指现金流量的预测期限，即预测目标公司现金流量的持续时间，通常以年为时间单位。期限长短对公司价值的评估结果会有较大的影响。从理论上讲，目标公司的现金流量的持续时间应当等于公司预计经营期限，在持续经营的假设下，公司将无限期经营下去，这就为预测期限的确定带来了难题。在实践中，可根据具体情况不同来确定期限。如果并购公司对目标公司有一个明确的计划经营期限，就可以按计划经营期限来确定预测期限；如果并购公司对目标公司没有明确的计划经营期限，预测期限一般以对目标公司的持续追加投资的预计内部报酬率等于资本成本的时点为时间截止点。

（3）折现率。价值评估一般采用资本成本率作为折现率。资本成本与公司的风险水平密切相关，风险越高，资本成本也越高。与项目投资决策相比，并购决策所采用的折现率需要考虑更多的因素，不仅要考虑目标公司的风险大小，还需要考虑并购之后对公司整体风险的影响。由于在价值评估中采用的现金流量不同，在确定折现率时也应选择不同的资本成本率。如果现金流量采用公司自由现金流量，折现率就应当选择公司的加权平均资本成本率；如果现金流量采用股权自由现金流量，折现率就应当选择股权资本成本率。

3. 公司自由现金流量折现模型

公司自由现金流量是以目标公司为主体计算出的现金流量，它是全部现金流入量扣除成本费用和必要的投资后剩余的现金流量。公司自由现金流量是公司在一定期间内为包括普通股股东、优先股股东和债权人在内的所有投资者创造的净现金流量。其计算公式如下：

$$\text{公司自由现金流量}=\text{息前税后利润}+\text{折旧}-\text{资本性支出}-\text{营运资本增加额}$$
$$=\text{息税前利润}-\text{所得税费用}+\text{折旧}-\text{资本性支出}-\text{营运资本增加额} \quad (12—9)$$

或

$$\text{公司自由现金流量}=\text{息税前利润}\times\left(1-\text{所得税税率}\right)+\text{利息费用}\times\text{所得税税率}+\text{折旧}-\text{资本性支出}-\text{营运资本增加额} \quad (12—10)$$

在采用公司自由现金流量评估公司价值时，目标公司价值等于以公司的加权平均资本成本率作为折现率对公司自由现金流量折现的现值。计算公司价值时可以用基本模型（式（12—8）），也可以根据公司成长性不同，采用零增长模型、固定增长模型和二阶段增长模型。

（1）公司自由现金流量零增长模型。在目标公司未来的自由现金流量是零增长，即未来各年的现金流量保持不变的情况下，公司价值可用零增长模型计算，其计算公式表示为：

$$V=\frac{FCFF}{k} \quad (12—11)$$

式中，V 表示目标公司的评估价值；$FCFF$ 表示目标公司每年的公司自由现金流量；k 表示折现率，即公司的加权平均资本成本率。

（2）公司自由现金流量固定增长模型。在目标公司未来的现金流量以固定增长率 g 增长的情况下，公司价值可以用下面的固定增长模型计算，其计算公式表示为：

$$V=\frac{FCFF_1}{k-g}=\frac{FCFF_0(1+g)}{k-g} \quad (12—12)$$

式中，V 表示目标公司的评估价值；$FCFF_1$ 表示目标公司预测期第 1 年的公司自由现金流量；$FCFF_0$ 表示目标公司上一年度的公司自由现金流量；k 表示折现率，即公司的加权平均资本成本率；g 表示公司自由现金流量的年增长率。

（3）公司自由现金流量二阶段增长模型。有的公司成长性可以分为两个或多个发展阶段，在第一阶段，公司成长性非常好，每年的增长率不断提高。当增长到一定时期，开始进入第二阶段，即稳定增长阶段，在这个阶段，每年的增长率是固定的。有些公司可能还有第三个或更多的增长阶段。下面介绍的是二阶段增长模型，其计算公式表示为：

$$V=\sum_{t=1}^{n}\frac{FCFF_0(1+g_t)^t}{(1+k)^t}+\frac{FCFF_n(1+g_m)}{(k_m-g_m)(1+k)^n} \quad (12—13)$$

式中，V 表示目标公司的评估价值；$FCFF_n$ 表示目标公司预测期第 n 年的公司自由现金流量；$FCFF_0$ 表示目标公司上一年度的公司自由现金流量；k 表示第一增长阶段的折现率，采用目标公司第一增长阶段的加权平均资本成本率；k_m 表示第二增长阶段的折现率，采用目标公司第二增长阶段的加权平均资本成本率；g_t 表示目标公司在第一增长阶段的第 t 年公司自由现金流量增长率；g_m 表示目标公司在第二增长阶段的公司自由现金流量增长率；n 表示目标公司第一增长阶段的年限。

例 12—4

长征电器集团公司计划收购海虹电子股份有限公司，需对海虹公司的价值进行评估。根据会计资料，海虹公司普通股总股数为 1 亿股，2008 年度的销售收入为 26 500 万元，不包含折旧和利息费用的经营成本为 12 300 万元，折旧额为 1 850 万元，利息费用为 200 万元，资本性支出为 1 000 万元，营运资本占销售收入的比例为 20%，所得税税率为 25%。海虹公司的成长性预期可分为两个阶段，第一阶段为今后 5 年，公司每年销售收入的增长率为 10%，经营成本、折旧、资本性支出和营运资本以相同的比例增长，该阶段预计公司的加权平均资本成本率为 15%；第二阶段为 5 年后，公司进入零增长阶段，销售收入、经营成本、折旧、资本性支出和营运资本均保持不变，该阶段预计公司的加权平均资本成本率为 10%。假定利息费用在各年保持不变，均为 200 万元。（计算结果四舍五入取整数。）

海虹公司 2009—2013 年各年公司自由现金流量的计算如表 12—3 所示。2014 年以后海虹公司进入零增长阶段，每年的公司自由现金流量与 2013 年相同。

表 12—3 海虹公司自由现金流量计算表 单位：万元

项 目	2008 年	2009 年	2010 年	2011 年	2012 年	2013 年
销售收入	26 500	29 150	32 065	35 272	38 799	42 679
经营成本（不含折旧与利息）	12 300	13 530	14 883	16 371	18 008	19 809
折旧	1 850	2 035	2 239	2 463	2 709	2 980
利息费用	200	200	200	200	200	200
税前利润	12 150	13 385	14 743	16 238	17 882	19 690
所得税费用	3 038	3 346	3 686	4 060	4 471	4 923
税后利润	9 112	10 039	11 057	12 178	13 411	14 767
息前税后利润	9 312	10 239	11 257	12 378	13 611	14 967
资本性支出	1 000	1 100	1 210	1 331	1 464	1 610
营运资本	5 300	5 830	6 413	7 054	7 759	8 535
营运资本增加额		530	583	641	705	776
公司自由现金流量（*FCFF*）		10 644	11 703	12 869	14 151	15 561

海虹公司的价值计算如下：

$$V=\frac{10\,644}{1+15\%}+\frac{11\,703}{(1+15\%)^2}+\frac{12\,869}{(1+15\%)^3}+\frac{14\,151}{(1+15\%)^4}+\frac{15\,561}{(1+15\%)^5}+\frac{15\,561}{10\%}\times\frac{1}{(1+15\%)^5}=119\,737(\text{万元})$$

海虹公司普通股每股价值为：

$$V_S=\frac{119\ 737}{10\ 000}=11.97(\text{元})$$

4. 股权自由现金流量折现模型

股权自由现金流量是公司普通股股东所能获得的现金流量，它是公司全部现金流入量扣除成本费用、必要的投资、偿还债权人本金和利息、支付优先股股利后剩余的现金流量，其计算公式表示为：

$$\text{股权自由现金流量}=\text{净利润}+\text{折旧}-\text{资本性支出}-\text{营运资本增加额}-\text{债务本金偿还}+\text{新增债务}-\text{优先股股利} \tag{12—14}$$

在采用股权自由现金流量评估公司价值时，目标公司价值等于以公司的股权资本成本作为折现率对股权自由现金流量折现的现值。与公司自由现金流量折现模型一样，采用股权自由现金流量评估公司价值，除了可用基本模型（式（12—8））外，也可以采用零增长模型、固定增长模型和二阶段增长模型。

（1）股权自由现金流量零增长模型。股权自由现金流量零增长模型只需将式（12—11）中的公司自由现金流量换为股权自由现金流量，将折现率换为股权资本成本率即可，其计算公式表示为：

$$V=\frac{FCFE}{k_e} \tag{12—15}$$

式中，V 表示目标公司的评估价值；$FCFE$ 表示目标公司每年的股权自由现金流量；k_e 表示折现率，即公司的股权资本成本率。

（2）股权自由现金流量固定增长模型。股权自由现金流量固定增长模型的计算公式表示为：

$$V-\frac{FCFE_1}{k_e-g}-\frac{FCFE_0(1+g)}{k_e-g} \tag{12—16}$$

式中，V 表示目标公司的评估价值；$FCFE_1$ 表示目标公司预测期第 1 年的股权自由现金流量；$FCFE_0$ 表示目标公司上一年度的股权自由现金流量；k_e 表示折现率，即公司的股权资本成本率；g 表示股权自由现金流量的年增长率。

（3）股权自由现金流量二阶段增长模型。股权自由现金流量二阶段增长模型的计算公式表示为：

$$V=\sum_{t=1}^{n}\frac{FCFE_0(1+g_t)^t}{(1+k_e)^t}+\frac{FCFE_n(1+g_m)}{(k_m-g_m)(1+k_e)^n} \tag{12—17}$$

式中，V 表示目标公司的评估价值；$FCFE_n$ 表示目标公司预测期第 n 年的股权自由现金流量；$FCFE_0$ 表示目标公司上一年度的股权自由现金流量；k_e 表示第一增长阶段的折现率，采用目标公司第一增长阶段的股权资本成本率；k_m 表示第二增长阶段的折现率，采用目标公司第二增长阶段的股权资本成本率；g_t 表示目标公司在第一增长阶段的第 t 年股权自由现金流量增长率；g_m 表示目标公司在第二增长阶段的股权自由现金流量增长率；n 表示目标公司第一增长阶段的年限。

例 12—5

红豆股份有限公司是一家服装生产公司，公司 2007—2008 年的有关会计数据如表 12—4 所示。2008 年固定资产投资为 800 万元，当年偿还债务 300 万元，新增债务 250 万元，营运资本 2007 年为 520 万元，2008 年为 580 万元。红豆公司从 2008 年以后进入稳定增长时期，预计以后每年的股权自由现金流量的增长率为 4%。公司所得税税率为 25%，股权资本成本率为 12%。2008 年末华翔服装有限责任公司计划收购红豆公司全部股权，需对红豆公司进行价值评估。

表 12—4　　红豆公司有关会计数据　　单位：万元

项　目	2007 年	2008 年
销售收入	8 400	9 200
减：经营成本	5 460	5 920
减：折旧	800	820
息税前利润	2 140	2 460
减：利息费用	140	160
税前利润	2 000	2 300
减：所得税费用（税率 25%）	500	575
税后利润	1 500	1 725

红豆公司 2008 年的股权自由现金流量计算如下：

$$FCFE=1\,725+820-800-(580-520)-300+250=1\,635(\text{万元})$$

根据股权自由现金流量固定增长模型，红豆公司的公司价值计算如下：

$$V=\frac{1\,635\times(1+4\%)}{12\%-4\%}=21\,255(\text{万元})$$

12.3.5 换股并购估价法

如果并购双方都是股份公司，则可以采用换股并购的方式，即以股票换股票方式实现并购，并购公司用本公司股票交换目标公司股东的股票，从而实现对目标公司的收购。在有效市场环境下，股票的市场价格反映了公司价值，股东财富取决于股票价格的高低。因此，在并购活动中，并购的协同效应也应当反映在股票价格上，只有并购后并购双方原有股东所持有的股票市值大于并购前所持有的股票市值时，并购活动才能被双方股东所接受。采用换股并购时，对目标公司的价值评估主要体现在换股比例的大小上。换股比例是指 1 股目标公司的股票交换并购公司股票的股数。

假设 A 公司并购 B 公司，则并购后公司的股票价格可用下列公式表示：

$$P_{AB}=\frac{E_A+E_B+\Delta E}{S_A+R\times S_B}\times PE \tag{12—18}$$

式中，P_{AB} 表示并购后公司的股票价格；E_A 表示并购前 A 公司的净利润；E_B 表示并购前 B 公司的净利润；S_A 表示并购前 A 公司的普通股股数；S_B 表示并购前 B 公司的普通股股数；ΔE 表示并购产生协同效应带来的利润增加额；R 表示换股比例；PE 表示并购后公司的股票市盈率。

对于 A 公司的股东来说，只有当并购后的股价 P_{AB} 大于或等于并购前的股价 P_A，即 $P_{AB} \geqslant P_A$ 时，股东才能接受并购。该条件可用计算公式表示为：

$$\frac{E_A + E_B + \Delta E}{S_A + R \times S_B} \times PE \geqslant P_A \qquad (12\text{—}19)$$

式中符号含义同前。

根据式（12—19）可以得出公司 A 并购公司 B 的最高换股比例为：

$$R = \frac{PE \times (E_A + E_B + \Delta E) - P_A \times S_A}{P_A \times S_B} \qquad (12\text{—}20)$$

式中符号含义同前。

此时，公司 A 并购前后股价相等，即 $P_{AB} = P_A$，这是公司 A 的股东所能接受的最高换股比例。

对于目标公司 B 的股东来说，只有当并购后的股价与换股比例的乘积大于或等于并购前目标公司股价 P_B，即 $P_{AB} \times R \geqslant P_B$ 时，股东才能接受并购。该条件可用计算公式表示为：

$$\frac{E_A + E_B + \Delta E}{S_A + R \times S_B} \times PE \times R \geqslant P_B \qquad (12\text{—}21)$$

式中符号含义同前。

根据式（12—21）可以得出公司 A 并购公司 B 的最低换股比例为：

$$R = \frac{P_B \times S_A}{(E_A + E_B + \Delta E) \times PE - P_B \times S_B} \qquad (12\text{—}22)$$

式中符号含义同前。

此时，$P_{AB} \times R = P_B$，这是公司 B 的股东所能接受的最低换股比例。

从理论上讲，采用换股并购时，换股比例应当在最低比例与最高比例之间。在实践中，换股比例是并购双方谈判的结果。

例 12—6

2009 年初，东方公司计划并购红星公司，经双方谈判，同意以换股方式进行并购。并购前东方公司的 2008 年度净利润为 800 万元，普通股总股数为 1 000 万股，目前股价为 16 元/股；并购前红星公司的 2008 年度净利润为 400 万元，普通股总股数为 800 万股，目前股价为 10 元/股。经预测，并购后实现协同效应所带来的利润增加额为 200 万元，并购后公司的市盈率可达到 20 倍。

最高换股比例为：

$$R = \frac{20 \times (800 + 400 + 200) - 16 \times 1\,000}{16 \times 800} = 0.937\,5$$

此时，并购后股价应为 16 元/股。

最低换股比例为：

$$R = \frac{10 \times 1\,000}{(800 + 400 + 200) \times 20 - 10 \times 800} = 0.5$$

此时，并购后股价应为10/0.5=20(元/股)。

因此，东方公司并购红星公司的换股比例应当在0.5～0.937 5之间。如果换股比例低于0.5，则红星公司股东财富受损，其股东不会接受并购方案；如果换股比例高于0.937 5，则东方公司股东财富受损，其股东也不会接受并购方案。

12.4 公司并购的支付方式

在公司并购活动中，并购公司必须考虑以何种支付方式完成并购交易。支付方式的选择是并购顺利完成的重要环节，不同的支付方式对并购公司和目标公司会产生不同的影响。在实践中，公司并购的支付方式主要有现金支付方式、股票支付方式和混合证券支付方式。

12.4.1 现金支付方式

1. 现金支付方式的概念

现金支付方式是并购公司以现金为支付手段完成对目标公司收购的一种并购支付方式。现金支付方式是公司并购活动中最常用的支付方式，可分为现金购买资产和现金购买股份两种。现金购买资产是指并购公司支付现金向目标公司购买其全部或者部分资产，从而实现对目标公司的收购。现金购买股份是指并购公司支付现金向目标公司的股东购买其全部或者部分股份，从而实现对目标公司的控制。

2. 现金支付方式的优点

(1) 现金支付方式简便、快捷，易于为并购双方所接受。对于并购公司来说，采用这种支付方式可以迅速完成并购活动，使有抵触情绪的目标公司措手不及，没有充分的时间实施反收购措施，也使潜在的竞争公司没有充分的时间筹措资金来竞购。因此，在敌意收购活动中常常采用现金支付方式。

(2) 现金支付方式可以保证并购公司的股权结构不受影响。并购公司采用现金支付方式不会增加公司的股票股数，原有股东的持股比例不会发生变化，控制权不会被稀释。这有利于获得股东的支持，顺利完成并购活动。

(3) 目标公司的股东可以即时收到现金，比其他支付方式所承担的风险要小。因此，目标公司股东乐于接受这种支付方式。

3. 现金支付方式的缺点

(1) 对于并购公司来说，需要在短时间内准备大量的现金，容易导致公司现金流量紧张，可能会形成较沉重的财务负担。

(2) 对于目标公司的股东来说，在收到现金时须确认资本利得收益，形成了纳税义务，需要缴纳资本利得税，因此，这种支付方式无法延迟纳税，目标公司的股东不能获得税收利益。税收的影响可能对边际税率较低的中小股东或者享有免税政策的养老金等机构投资者来说无关紧要，但是，对于边际税率较高的股东来说影响较大。

4. 现金支付方式的影响因素

(1) 并购公司的现金流量状况。由于现金支付方式需要并购公司支付大量的现金，因此可能会给并购公司带来流动性不足的问题，导致公司现金短缺，影响其偿债能力。并购公司在选择这种支付方式时，应当充分估算未来的现金流量状况，避免陷入财务困境。

（2）目标公司所在地有关资本利得税的法规。不同国家或地区资本利得税的税率有很大差别，并购公司在采用现金支付方式时，应当考虑资本利得税的因素，如果资本利得税的税率较高，就会增加收购成本。

（3）目标公司股票的平均成本。在协议并购时，如果采用现金支付方式，必须考虑目标公司股东所持有的股票的平均成本。因为收购价格与目标公司股票的平均成本之差形成资本利得，需要缴纳资本利得税。如果目标公司的股票平均成本较低，就会产生较多的资本利得收益，由此增加了目标公司股东的税负，在这种情况下，双方可能要对支付方式作出特殊的安排，以减轻税负。

12.4.2　股票支付方式

1. 股票支付方式的概念

股票支付方式是指并购公司以增发本公司股票作为支付手段来收购目标公司的一种支付方式。股票支付方式可分为股票购买资产和股票交换股票两种方式。股票购买资产方式是指并购公司以其增发的股票交换目标公司的全部或者部分资产，实现对目标公司的收购的支付方式。股票交换股票方式是指并购公司以其增发的股票交换目标公司股东的股票，实现对目标公司的收购的支付方式，这种并购方式也称换股并购。

2. 股票支付方式的优点

（1）并购公司不需要支付大量的现金，因而不会影响并购公司的现金流量。

（2）并购完成之后，目标公司的股东并没有丧失其股权，而是成为并购公司的股东，并且可以获得并购所实现的价值增值。

（3）目标公司的股东可以推迟收益的确认时间，避免在并购后缴纳资本利得税，因此可获得延迟纳税带来的好处。

3. 股票支付方式的缺点

（1）对于并购公司来说，原有股东的控制权将被稀释。由于股票支付方式需要发行新股，这势必改变原有的股权结构，目标公司的股东成为并购公司的股东，使并购公司的原股东持股比例下降，控制权被稀释。

（2）股票支付方式手续烦琐，办理时间较长。采用股票支付方式时，并购公司必须向证券监督管理部门提出增发新股的申请，经证券监督管理部门审核批准之后，才可以发行新股进行收购。发行新股会受到一定的限制，办理时间较长，手续较烦琐，可能会延迟并购时间。

（3）采用股票支付方式，可能会引起股票价格的波动，给并购带来一定的风险。

4. 股票支付方式的影响因素

（1）并购公司的股权结构。采用股票支付方式会影响到并购公司的股权结构，原股东控制权会被稀释。因此，在选择这种支付方式时，应当考虑并购公司原有股东可以在多大程度上接受股权的稀释。

（2）每股利润的变化。如果目标公司的盈利状况较差，或者并购价格过高，采用股票支付方式则可能会使并购后的公司每股利润下降，导致股票价格下跌。

（3）每股净资产的变化。采用股票支付方式并购目标公司，可能会引起并购公司每股净资产的变化，从而对股票价格产生影响。因此，选择这种支付方式时，应当考虑对每股净资产的影响。

（4）财务杠杆的变化。采用股票支付方式并购目标公司，可能对并购后公司的资产负债水平产生较大影响，因此，并购公司必须事先计算采用这种支付方式并购后公司的资产负债率是否合理。

（5）当前股票价格水平。并购公司的股票价格水平是并购公司选择支付方式的一个重要影响因素。如果并购公司股票价格处于上升过程中，股票价格较高，此时选择股票支付方式对并购公司比较有利，增发的新股也易于为目标公司股东所接受；否则，并购公司股票价格处于下降过程中，目标公司股东不愿意持有新股，可能会抛售套现，从而导致股票价格进一步下跌。

12.4.3 混合证券支付方式

混合证券支付方式是指并购公司以现金、股票、认股权证、可转换债券等多种形式的证券组合作为收购目标公司的支付方式。由前面介绍的现金支付方式和股票支付方式可知，单一的支付方式总是有一定的局限性，如果并购公司采用混合证券支付方式，则可以取长补短，发挥多种支付方式的优势。采用混合证券支付方式可以减少现金支付，避免并购公司的现金紧张而影响并购，同时也可以通过各种支付方式的比例安排，有效降低目标公司股东资本利得税的税负。因此，这种支付方式可以兼顾并购双方的利益，在并购活动中也越来越多地被采用。

思考题

1. 诺贝尔经济学奖获得者乔治·斯蒂格勒认为：“没有一家美国大公司不是通过某种程度、某种方式的并购成长起来的，几乎没有一家大公司是完全依靠内部扩张成长起来的。”结合乔治·斯蒂格勒的这一观点，比较分析公司并购与内部扩张式成长两种扩张方式的利弊。

2. 为了实现协同效应，在公司并购活动中需要注意哪些问题？

3. 结合中国国有企业的实际情况，运用代理理论分析国有企业并购活动中是否存在代理问题。

4. 你认为收购一家上市公司，采取哪种价值评估方法更合理？

5. 在采用现金流量折现法评估公司价值时应当注意哪些问题？

练习题

1. A公司的总市值为26 000万元，B公司的总市值为18 000万元。A公司拟收购B公司，估计并购之后会产生协同效应，并购后的公司经营效率将得到明显提高。估计并购后公司价值将达到48 000万元，A公司收购B公司股份时将支付1 200万元的溢价，并且会发生并购费用500万元。

要求：计算 A 公司的该项收购活动可获得的并购净收益。

2. 华建公司和东海公司是两家建筑公司。华建公司的总市值为 15 000 万元，东海公司的总市值为 12 000 万元。两家公司为了扩大市场规模，经协商决定合并，合并所节约的成本现值为 3 000 万元。

要求：

(1) 计算合并后公司的总市值。

(2) 如果合并费用为 4 000 万元，合并是否还有净收益?

(3) 如果华建公司买入东海公司的股票，向其股东支付了 1 000 万元的溢价，那么收购对于华建公司的股东来说是否有利? 合并的净收益是如何在两家公司股东之间分配的?

3. 佳利公司是一家拥有 5 个分店的地区连锁超市，通过采取先进的管理手段和分销技术取得了不俗的经营业绩。佳利连锁店的主要竞争对手是华美公司。华美公司是一家拥有 10 个分店的连锁超市，但其管理水平和营销技术落后，最近两年开始发生亏损，因此，华美的股东有意退出，并开始与佳利公司接触洽谈并购事项，经双方协商，佳利公司决定以 5 000 万元的价格收购华美连锁超市。两家公司各自分店的经营业绩相当，表 12—5 是两家公司中的一个分店的主要财务数据。

表 12—5　　佳利公司和华美公司单个分店的主要财务数据　　单位：千元

项　目	佳利连锁店	华美连锁店
营业收入	45 000	38 000
经营成本（付现成本）	38 500	33 500
管理费用：		
其中：折旧	400	300
其他费用	4 600	4 700
税前利润	1 500	−500
所得税	375	
税后利润	1 125	−500

如果佳利公司收购华美公司，会立即关闭华美的 3 个与自己的连锁店距离比较近的分店，并且以每店 100 万元的价格卖掉，留下的连锁店需要进行升级改造，每店需投入 300 万元，预计留下的每个店会保持当前亏损状态 1 年，之后被收购的连锁店会有和佳利其他连锁店相当的经营业绩，并且改造后的华美连锁店每店折旧为 40 万元。经测算，佳利公司确定的风险调整折现率为 12%，佳利公司的所得税税率为 25%。

要求：

(1) 假设收购对佳利公司原有的 5 个分店没有影响，并且收购华美公司每年带来的现金流量是固定的和永续的，请对华美公司进行价值评估，并判断佳利公司按约定的价格收购华美公司是否可行。

(2) 如果你是佳利公司的首席执行官，在决定收购华美公司时，除了价格因素，是否还需要考虑其他因素?

4. 中盛公司计划收购海星公司。根据会计资料，海星公司普通股总股数为 5 000 万股，2008 年度的销售收入为 12 000 万元，不含折旧和利息费用的经营成本为 5 100 万元，年折旧额为 600 万元，利息费用为 120 万元，资本性支出为 800 万元，营运资本占销售收入的比例为20%，所得税税率为25%。海星公司的成长性预期可分为两个阶段，第一阶段为今后3年，公司每年销售收入会以10%的增长率增长，经营成本、折旧、资本性支出和营运资本以相同的比例增长，该阶段预计公司的加权平均资本成本率为12%；第二阶段为3年后，公司进入零增长阶段，销售收入、经营成本、折旧、资本性支出和营运资本均保持不变，该阶段预计公司的加权平均资本成本率为10%。假定利息费用在各年保持120万元不变。

要求：采用公司自由现金流量折现模型对海星公司进行价值评估。

案例题

美国西尔斯公司的并购案例

西尔斯公司是一家以向农民邮购起家的零售公司。它的创始人理查德·西尔斯在1884年就开始尝试邮购商品，1886年创建了西尔斯邮购公司，开始专门从事邮购业务，出售手表、表链、表针、珠宝以及钻石等小件商品。西尔斯公司顺应市场形势的变化，不断调整自己的营销策略，以惊人的速度发展起来。从1925年开始，西尔斯公司进入百货商店的经营领域，此后它就一直占据美国零售业第一的位置。直到20世纪90年代初，超级市场、仓储商店、便利店等新型业态迅猛发展，百货商店逐渐衰落，以折扣店起家的沃尔玛公司才超过了西尔斯公司。然而西尔斯公司依然是零售业的巨头，它拥有30多万名职工、1 600多家连锁商店、800多家供应商，其子公司遍布欧美各大城市。在《财富》杂志2003年度公布的世界500强企业中，西尔斯公司以414亿美元的销售额名列第81位，紧随沃尔玛、家乐福、麦德龙等企业之后。西尔斯公司被人们誉为“零售业科学院”。

然而，西尔斯公司在20世纪70年代末到90年代中期的十几年期间却经历了一段曲折的历程。

1978年爱德华·特林（Edward Telling）被任命为西尔斯公司的首席执行官，此时他面对的是西尔斯公司经营业绩的连年下滑。公司1979年销售额比1978年下降了13%，1980年又比1979年下降了43%；投资报酬率在1978年时比行业平均值高16%，到1980年则比行业平均值低31%，比竞争对手沃尔玛低40%；供应商对西尔斯的未来前景也开始担忧。面对这样的困境，爱德华·特林制定了公司发展的新战略，决定实施多元化经营战略，扩展金融服务业务。原来，在20世纪70年代初期，西尔斯公司就表现出对金融服务业的兴趣，并且已经拥有一家保险公司——Allstate，Allstate公司还先后收购了一个互助基金和一家抵押保险公司，同时也进入了不动产投资领域。特林决定在此基础上进一步扩展金融业务。于是，1981年10月，公司以1.79亿美元收购了当时全美最大的房地产经纪公司——Goldwell Banker（GB），以6.07亿美元收购了当时美国最大的证券经纪公司之一——Dean Witter（DW）。西尔斯公司的战略委员会对其多元化经营战略的解释是：

(1) GB和DW可以进入西尔斯公司现有的庞大客户群并销售其金融产品，该客户群已建立95年以上，包括大约3 000万个活跃的信用卡持有人。

(2) 西尔斯公司不仅可以向扩大的客户群提供金融和房地产服务业务，还可以提供商品和保险产品。

特林在进行公司重组和加强日常管理的同时，还为集团公司设计了一个内部资本市场，可以将集团的资本配置到最具盈利前景的项目上。

股票市场对上述两笔收购作出了积极的反应，收购 GB 时股价上涨了 4%，收购 DW 时股价上涨了 8%，这为西尔斯的股东带来了约 4 亿美元的财富收益。这符合西尔斯公司管理层对协同效应的预期。在随后的 4 年中，西尔斯公司在金融服务业还进行了一些小规模的收购。

尽管金融服务业在整体上表现良好，但是与沃尔玛及其他同行相比，西尔斯的零售业务依然表现糟糕。而且，DW 的投资银行业务缺乏竞争力，在美国和英国伦敦的分部，西尔斯不断受到员工流失的困扰，员工抱怨西尔斯在经营金融业务时依然秉持着零售业的思维习惯。

1985—1994 年 11 月，西尔斯公司面临着持续不断的压力：

(1) 公司进入银行业的尝试受到美国联邦储备委员会的阻挠；

(2) 公司整体业绩持续恶化，零售业务的业绩对整体业绩构成相当不利的影响；

(3) 公司股价下滑，吸引了外部接管投机者的注意，来自股东的压力越来越大。

为了重振零售业务，西尔斯公司开始撤出金融服务业，1994 年将 Allstate 和 DW 分拆出售。至此，西尔斯公司进军金融服务业的多元化经营战略以失败告终。西尔斯对金融业的分拆出售使其股票市值增加了 11 亿美元，这表明投资者赞同公司放弃多元化。

导致西尔斯公司多元化战略失败的因素是多方面的，其中主要有以下几方面：

(1) 各部门之间没有合作，没有出现交叉销售，而且各部门之间意见不同，理念不同，没有实现协同效应。

(2) DW 存在的管理问题分散了西尔斯公司的注意力，使其不能专注于改善零售业务的业绩。

(3) 股价下跌，来自股东的压力较大，引致相当大的重组要求。

(4) 股东遭受了明显的机会损失。

思考题：

(1) 多元化经营对于西尔斯公司来说是否有意义？

(2) 你认为西尔斯公司的多元化经营战略的失败，是一个重大的战略错误，还是仅仅是组织失误？

(3) 西尔斯公司为什么没有实现期望中的并购协同效应？

(4) 你认为应当如何修正西尔斯的多元化问题？

第 13 章 Chapter 13 公司重组、破产和清算

学习目标

1. 掌握公司重组的概念，理解资产剥离、公司分立和股权出售的差别。
2. 掌握资产剥离和公司分立的主要原因，理解资产剥离的财务估值。
3. 理解财务危机的含义与财务危机的特征，了解财务危机形成的原因及过程。
4. 了解财务危机的征兆，掌握财务危机的预警模型与方法。
5. 理解企业破产的基本概念与破产制度的三个基本程序。
6. 掌握企业重整的程序，掌握债务和解的方式与程序，理解破产清算的程序。
7. 掌握破产财产、破产债权、破产费用和共益债务的概念，掌握破产财产的分配。

13.1 公司重组

13.1.1 公司重组的概念

关于公司重组的概念，在理论界并没有形成统一的观点。一般而言，公司重组是指公司为了实现其战略目标，对公司的资源进行重新组合和优化配置的活动。公司重组的根本目的是实现公司的战略目标，属于战略层面的问题，而不是具体的经营层面的问题。公司重组有广义与狭义之分，广义的公司重组包括扩张重组、收缩重组和破产重组三种类型。扩张重组是指扩大公司经营规模和资产规模的重组活动，主要是通过公司并购实现规模的扩张；收缩重组是指对公司现有的经营业务或资产规模进行缩减的重组活动，主要包括资产剥离、公司分立、股权出售、股份置换等方式；破产重组是指对于濒临破产的公司进行债务重整，以使其恢复正常的经营状况的重组活动。狭义的公司重组仅仅包括收缩重组。本章所讲的公司重组是指狭义的公司重组。

下面主要介绍三种常见的公司重组方式：资产剥离、公司分立和股权出售。

13.1.2　资产剥离

1. 资产剥离的概念

资产剥离（divesture）是指公司将其拥有的某些子公司、部门或固定资产等出售给其他的经济主体，以获得现金或有价证券的经济活动。由于出售这些部门或资产可以取得现金收入，因此从这种意义上来讲，资产剥离并未减小资产的规模，只是资产形式的转化，即从实物资产转化为货币资产，但从公司的经营业务角度来看，则实现了经营规模的缩减。最为常见的资产剥离形式是母公司将一个子公司或者部门出售给另一个公司。在这个交易过程中，对于出售方而言实现了经营业务的收缩，对于购买方而言则实现了经营业务的扩张。

2. 资产剥离的原因

（1）盈利状况欠佳。如果公司的某一子公司或部门的盈利状况欠佳，长期以来其投资报酬率无法超过公司要求的最低投资报酬率，那么公司就应考虑将其出售。公司要求的最低投资报酬率是公司用来评价各个部门业绩的最低报酬率标准，通常可以采用公司的资本成本率作为最低投资报酬率标准。有时公司管理层可能不愿意剥离盈利状况欠佳的部门，因为这样就等于承认其管理不力或者先前的收购决策有误。但是，从股东的利益出发，公司应当尽早进行资产剥离，以免这些部门拖公司业绩的后腿。

（2）经营业务不符合公司的发展规划。有些部门的业务可能不再符合公司的未来发展规划，公司可能希望脱离这一行业，此时就需要对这些部门进行剥离。尽管这些部门对公司的利润可能依然有贡献，但是会占用公司的许多资源，并且不符合公司的未来发展方向，因此，将其出售更有利于公司的未来发展。从公司的角度来看，必须考虑继续保留该部门的机会成本。从社会的角度来看，将这些部门出售给其他对此行业更有经验的公司去经营，会更好地发挥这些资产的价值，创造更多的财富。

（3）负协同效应。公司并购的一个主要动机就是追求并购的协同效应。在本书第 12 章中曾介绍了公司并购的协同效应，即两个公司合并后产生的额外收益。如果并购后产生协同效应，那么合并后公司的整体价值将超过合并前两个公司价值之和，即产生“2＋2＝5”的效果。但是，并非所有的并购都可以产生协同效应。如果并购后不能进行有效的整合，有时并购可能事与愿违，产生负协同效应。负协同效应是指某一部门单独衡量时的价值要超过其在公司整体结构中的价值的情况，即产生“4－1＝5”的情况。也就是说，这个部门对于公司价值的贡献要小于其市场价值。在这种情况下，外部收购者的开价可能超过该部门在母公司中所体现的价值。例如，一个大型公司经营某一部门可能无利可图，但是如果将该部门独立出去或者出售给一个小公司来经营，就可能实现更好的收益，因此这个部门在大公司中就出现了负协同效应。许多研究者认为，20 世纪 60 年代在西方出现的混合并购浪潮中，虽然一定程度上分散了公司的经营风险，但同时也分散了公司内部有限的资源，削弱了公司整体的核心竞争力，不仅没有实现并购的协同效应，反而出现了负协同效应。因此，70 年代以后，美国公司的资产剥离实际上是为了解决并购带来的负协同效应问题，以求增强公司的全球竞争力。

（4）资本市场的因素。资产剥离可能会给公司以及被剥离出去的部门在资本市场上赢得更多的机会。结构复杂的大型公司可能会令投资者感觉难以归类，从而影响其投资意愿。例如，制药公司属于非周期性行业，受经济周期的影响很小，而房地产开发公司属于周期性较强的行业。不同的投资者对这两个行业会有不同的偏好，有的投资者愿意投资制药公司，而有的投资者愿意投资房地产开发公司，但是一家兼营制药和房地产的综合性公司，就会令投资者感到难以判断该公司应属于哪一类型的企业，因此会影响其投资意愿。如果该公司将制药业务和房地产开发业务进行剥离，就可能更吸引投资者，给公司带来更多的资本市场机会。

（5）增加现金流入量。公司通过资产剥离出售一些非战略性的资产或部门，能够立刻给公司带来大量的现金流入，改善公司的现金流量状况。有时，处于财务困境的公司通常会被迫出售有价值的资产来改善其现金流量状况。例如，某房地产开发公司为了偿还大量的到期银行贷款，不得不出售盈利稳定的一个物业管理部门，以避免陷入财务困境。

（6）被动剥离。公司进行资产剥离大多是主动的，但有时也可能是被动的，这主要是因为政府的反垄断管制。如果政府认为一家公司存在垄断情况，就可能根据反垄断法强制公司进行资产剥离，这种剥离称为被动剥离。

3. 资产剥离的财务估值

公司在进行资产剥离时，应对计划出售的子公司、部门或资产进行价值评估。通常，评估过程应当包括以下几个基本步骤。

（1）估计被剥离部门或资产的税后现金净流量。在估计被剥离部门或资产的现金流量时，必须考虑它与公司之间的相关性，因为被剥离出的部门或资产可能给公司的现金流量带来积极或者消极的影响，在估值中必须考虑这些因素。

（2）确定被剥离部门或资产所适用的折现率。确定折现率应当考虑被剥离部门或资产的风险特性，通常可参照与之业务相同且规模相近的公司的资本成本率来确定折现率。

（3）计算现值。用确定的折现率对被剥离部门或资产的税后现金净流量进行折现即可计算出现值。

（4）计算被剥离部门的价值。如果出售的是公司的固定资产，不需要负担任何债务，则第（3）步所计算的现值就是被剥离资产的价值；如果出售的是公司的一个部门或子公司，还要减去该部门或子公司所应负担的债务的市场价值，才可计算出该部门或子公司作为原公司一部分时所具有的价值。之所以使用负债的市场价值，是因为市场在确定负债的当前价值时已经对其现值进行了计算。被剥离部门的价值可用下面的公式计算：

$$V=\sum_{t=1}^{n}\frac{CFAT_t}{(1+k)^t}-MVL \qquad (13—1)$$

式中，V 表示被剥离部门的价值；$CFAT_t$ 表示被剥离部门第 t 年的税后现金净流量；k 表示折现率；MVL 表示被剥离部门所负担的债务的市场价值。

经过以上步骤对被剥离部门或资产进行估值，就可以决策资产剥离是否可行。如果扣除交易费用后资产剥离取得的出售收入大于其在公司中所体现的价值，则说明资产剥离交易是可行的；否则，说明资产剥离交易是不可行的。

13.1.3　公司分立

1. 公司分立的概念

公司分立是公司收缩经营规模的一种重要方式。在西方的第五次并购浪潮中，许多大型公司开始寻求通过分立和剥离的方式实现股东价值的最大化，公司分立变得更加流行。公司分立是指一个公司依法分成两个或两个以上公司的经济行为。公司分立有两种形式，即新设分立和派生分立。新设分立是指将一个公司分割成两个或两个以上的具有法人资格的公司，原公司解散。新设分立后的新设公司应当依法向工商行政管理部门办理登记手续，原公司消亡，应办理注销手续。派生分立是指一个公司将原公司的一部分资产和业务分离出去另设一个新的公司，原公司存续。派生的新公司应当依法向工商行政管理部门办理登记手续，并可取得法人资格，原公司因派生新公司而减少了注册资本的，应当办理变更注册资本的手续。

2. 公司分立的原因

(1) 提高公司运营效率。公司的生产经营达到一定规模时，才是最经济的，生产经营规模太大或太小，都不利于提高公司的经济效益。生产经营规模太小，会使单位业务量分摊的固定成本太多，从而影响公司的经济效益；生产经营规模太大，往往会降低管理效率，容易滋生官僚主义，也会影响公司的经济效益。对规模过于庞大的公司进行分立，有利于加强公司管理，提高运营效率，能更好地适应市场的变化。

(2) 避免反垄断诉讼。与被动剥离的原因相同，当公司的规模过大面临政府的反垄断管制的情况下，就有可能因涉嫌垄断而遭到诉讼，公司分立则可以避免这种诉讼的发生，当然这种分立可能是非自愿进行的，如 1984 年电信巨头美国电话电报公司的分立就属于这种情况。因美国司法部对该公司的反托拉斯诉讼，1984 年美国电话电报公司的 22 个运营公司被重组分立为 7 个区域性公司，而新的美国电话电报公司仅保留了长途电话服务业务。

(3) 防范敌意收购。公司分立可以成为反收购的一种手段。当公司面临敌意收购时，可能会分立出某些部门，以降低自身对收购者的吸引力，这种公司分立可以称为防御性分立。但是，如果这种防御性分立降低了股票价值，可能会遭受股东的反对。

(4) 财富效应。公司分立与资产剥离的主要动机之一是许多人相信负协同效应的存在。如果公司分立之后，各新公司的价值之和大于原来公司的价值，就可为股东带来财富效应。20 世纪 70—90 年代西方一些学者的研究表明，无论是资产剥离、股权出售，还是公司分立，都能够给股东带来正的财富效应。

3. 公司分立的程序

公司分立的程序主要包括以下几个步骤：(1) 提出分立的意见；(2) 制定分立重组计划；(3) 签订分立协议；(4) 股东大会通过分立重组决议；(5) 办理分立登记手续。

4. 公司分立的财务可行性分析

公司分立是一种经济行为，它也是为了谋求经济利益的最大化，因此，需要对公司分立进行财务可行性分析。公司分立的财务可行性分析，可以采用折现现金流量法计算出分立前后的公司价值并进行比较。只有在分立后的各公司价值之和大于分立前的公司价值的情况下，公司分立方案才是可行的。

例 13—1

甲公司为了提高企业的营运效率，经董事会研究决定，将公司分立为乙和丙两个公司。经过预测，分立前甲公司今后 10 年经营活动产生的现金净流量的现值，即公司价值为 14 560 万元；分立后乙和丙两个公司今后 5 年的各年现金净流量如表 13—1 所示。从第 6 年起，乙公司每年的现金净流量为 850 万元，丙公司每年的现金净流量为 900 万元。假定市场利率为 10%。在分立过程中没有分立费用。

表 13—1　　乙公司和丙公司的现金净流量　　单位：万元

项目	第 1 年	第 2 年	第 3 年	第 4 年	第 5 年
乙公司	520	580	640	700	750
丙公司	560	640	680	750	800
合计	1 080	1 220	1 320	1 450	1 550

分立后乙公司和丙公司的价值计算如下：

$$V=1\,080\times 0.909+1\,220\times 0.826+1\,320\times 0.751+1\,450\times 0.683$$
$$+1\,550\times 0.621+1\,750\times 5.86\,7\times 0.621=11\,309.62(\text{万元})$$

比较分立前后公司价值可知，分立前甲公司价值为 14 560 万元，比分立后多 3 250.38万元，因此该公司分立方案在财务上是不可行的。

13.1.4 股权出售

股权出售是指公司将持有的子公司的股份出售给其他投资者。与资产剥离不同，资产剥离出售的是公司的资产或部门而非股份，股权出售出售的则是公司所持有的子公司的全部或部分股份。如果仅是出售部分股份，则公司将继续留在子公司所处的行业当中。20 世纪 80 年代后期，美国的公开发行市场比较低迷，股权出售成为一些公司的一种筹资方式。例如，1987—1989 年，尽管公开发行市场不景气，但美国 10 宗最大的股权出售的交易金额之和仍达到了 139.2 亿美元。股权出售后，母公司可能不再继续拥有对子公司的控制权，子公司的股东发生变化，一般会组建新的管理团队来独立经营公司。

股权出售的动机与资产剥离交易基本相同，所产生的效应也相近。研究表明，股权出售能够给母公司股价带来积极影响，从而给股东带来正的财富效应。斯威夫特公司的案例可以说明公司股权出售的动机和效应。

例 13—2

斯威夫特公司的股权出售案例

斯威夫特公司是一家历史悠久的成功食品企业。20 世纪 60 年代，由于受到来自效率更高的对手的竞争，公司的盈利能力开始下降，首当其冲的是鲜肉部门。对于像斯威夫特公司这样拥有工会组织的公司而言，肉类包装业务的特点是利润率低而劳动力成本高。工会反对在工资方面做出让步来帮助斯威夫特公司的鲜肉部门提高竞争力，并威胁如果斯威夫特公司坚持要工会做出让步就组织罢工。对斯威夫特公司而言，罢工意味着无法向超市提供肉类食品，原本放置公司产品的货架空间将被其他更为积极的竞争者占据，即使将来罢工结束，公司想收复失地也会十分困难。

在首席执行官唐纳德·凯利的领导下，斯威夫特公司通过一系列广泛的并购活动，如对普莱特科公司、詹森音响公司、STP 石油公司和丹尼斯基紧身衣公司等企业的收购，逐步转变成为一家多元化日用品生产企业集团。到 20 世纪 80 年代初，斯威夫特公司只是凯利所领导的不断发展的大型企业集团艾斯马克公司的一部分。凯利相信，不断收购日用品生产企业的战略可以增强公司的实力。他现在完全把鲜肉部门看作一个令母公司头痛的部门。艾斯马克公司新收购公司的业绩一般都能达到预期水平，只有斯威夫特公司的收入极不稳定，盈利状况也不佳。

工会问题使得斯威夫特公司对买家没有什么吸引力。尽管凯利希望通过所罗门兄弟投资银行设法将其出售，但是一直找不到买家。这个问题一直困扰着凯利，因为斯威夫特公司的不佳业绩已经影响了艾斯马克公司的股价，并使其面临被收购的危险。

艾斯马克公司与所罗门兄弟投资银行对所属的每个子公司进行了估值分析，这种分析是考虑出售方案时的第一个标准步骤。公司分别计算每个部门各自作为独立实体时的价值（见表 13—2），并与当前的市场价值进行比较。公司采用部门利润计算出持续经营假设下各部门的价值，并与它们的清算价值进行了比较。最终的汇总数据表明，艾斯马克公司的总价值在 12.2 亿～15.8 亿美元之间，即每股股价在55～71 美元之间。

表 13—2　艾斯马克公司各部门的价值分析

单位：百万美元

部门	价值
埃坦奇公司	350～400
詹森国际	125～150
普莱特科国际	500～600
维克斯石油公司	610～700
STP 公司	50～75
斯威夫特公司	300

资料来源：Patrick A. Gaughan. *Mergers, Acquisitions, and Corporate Restructurings*, Third Edition. Copyright 2002 by John Wiley & Sons, Inc.

此次分析的焦点是业绩不佳的斯威夫特公司。在工会的强大压力下，斯威夫特公司最弱的鲜肉部门承受了过高的工资负担，并因此而变得毫无竞争力。艾斯马克基于工会作出工资让步的假设对鲜肉部门重新进行了评估。公司曾希望能将此部门出售给工会但未能成功，最终决定以股权出售的方式将此部门公开出售，并以每股 15 美元的价格向公众投资者发售了 275 万股。这样，艾斯马克公司通过此次出售交易共获得了4 125万美元，超出了所罗门兄弟投资银行的预计。

出售斯威夫特公司在经济上被证实是可行的。规模变小后的斯威夫特公司获得了工会的工资让步，这一点艾斯马克公司一直无法实现。一些工厂进行了改革，另一些则被出售。此外，由于市场认为重组后的艾斯马克公司比重组前更有价值，艾斯马克公司的股价也上涨了。

13.2　财务预警

财务危机是公司财务管理活动中的一个重要问题。每次经济衰退都会有大量的企业陷入财务危机，有的不得不申请破产。下面主要介绍企业财务危机的含义、特征、成因以及财务危机预警等内容。

13.2.1 财务危机的含义

关于财务危机的定义，虽然学术界的认识存在一定差异，但对于企业财务危机的表现还是存在一些共识，如经营亏损、股利减少、股价下跌、解雇员工、违约、破产等。企业发生财务危机与**经营失败**（business failure）密切相关，理解财务危机的含义可以从企业经营失败入手。企业经营失败主要可以分为两种：经济失败和财务失败。**经济失败**（economic failure）是指企业发生经营亏损或者盈利低于预期水平的情况，如投资报酬率低于资本成本率。**财务失败**（financial failure）是指企业无法偿还到期债务的情况。当企业发生财务失败时，企业的现金流量状况恶化，没有足够的流动性，不能履行偿还到期债务的义务。即使企业没有发生亏损，也可能出现财务失败。

财务危机指的不是企业的经济失败，而是指企业的财务失败。在国外的文献中，与财务危机相关的概念有企业失败、财务失败、企业破产、财务困境等，对这些概念并不作严格区分，在同一文献中经常交替使用。例如，Beaver（1966）将财务危机定义为破产、拖欠优先股股息、银行透支和债券违约。Altman（1968）认为财务危机是“企业失败，包括在法律上的破产、被接管和重整等”。Carmichael（1972）认为，财务危机是企业履行义务时受阻，具体表现为流动性不足、权益不足、债务拖欠及资金不足等情况。Ross（2000）从四个方面定义财务危机：第一，企业失败，即企业清算后仍无力支付债权人的债务；第二，法定破产，即由于债务人无法履行到期债务合约，并呈持续状态，企业或债权人向法院申请企业破产；第三，技术破产，即企业无法按期履行债务合约付息还本；第四，会计破产，即企业的账面净资产出现负数，资不抵债。

在我国，“financial distress”通常被译为“财务危机”、“财务困境”或者“财务恶化”，而“financial crisis”一般被译为“金融危机”。从中文的语境上看，财务危机似乎要比财务困境更加严重，实际上，二者难以截然区分。国内学者主要是以企业是否具有持续经营能力作为界定财务危机的基础，认为财务危机是指企业经营管理不善、不能适应外部环境的变化而导致企业生产经营活动陷入一种危及企业生存和发展的严重困境，反映在财务报表上则是已呈现长时间的亏损状态且无扭转趋势，出现资不抵债甚至面临破产倒闭的危险。

总而言之，财务危机也可称为财务困境或财务失败，是指企业由于现金流量不足，无力偿还到期债务，而被迫采取非常措施的一种状态。企业发生财务危机的主要标志就是现金流量短缺并呈持续状态，无力履行偿还到期债务的义务，不得不采取在现金流量正常的情况下不可能采取的非常措施，如出售重要的经营性资产、高息借贷、停发现金股利、债务重组、申请破产等。发生财务危机的企业大多也同时会发生经济失败，但是，经济失败是从企业的盈利能力来描述企业的经营状态，而财务危机是从企业的偿债能力来描述企业的经营状态。企业的财务危机实际上是一种渐进式的积累过程，表现为不同的轻重程度，企业的违约、无偿付能力、亏损等都可视为财务危机的一种前期表现，破产倒闭只是财务危机的终极结果。

13.2.2　财务危机产生的原因

1. 邓白氏的调查

财务危机对企业具有重大的危害性，每次经济衰退都会造成大量的企业破产倒闭。2008 年的金融风暴引发了世界经济下滑，更使大批企业深陷财务危机，甚至申请破产。对于企业而言，产生财务危机的原因究竟是什么呢？国外学者曾对此问题做过调查和研究。表 13—3 和表 13—4 是邓白氏于 1980 年和 1992—1993 年对破产倒闭企业的两次调查结果。

表 13—3　　企业倒闭原因调查

1980 年		1992—1993 年	
原因	占倒闭企业的百分比（%）	原因	占倒闭企业的百分比（%）
缺乏管理经验或管理经验有误	50	经济因素： 行业疲软 利润不足 销售额不足 无竞争力 合计	 21 11 2 1 35
管理无能	44	经验原因	1
疏忽	1	财务原因： 债务负担过重 营业成本高 资本不足 合计	 4 40 3 47
欺诈 其他	1 4	疏忽 灾难 战略 欺诈 其他	4 6 1 4 2
共计	100	共计	100

资料来源：*Business Failure Record* (New York：Dun & Bradstreet，1980 and 1992/1993)；道格拉斯·R·爱默瑞：《公司财务管理》。

表 13—4　　倒闭企业的生存期　　（%）

生存期（年）	全部倒闭企业的组成比例					
	1980 年		1992 年		1993 年	
	百分比	累计百分比	百分比	累计百分比	百分比	累计百分比
1 或小于 1	0.9	0.9	9.0	9.0	7.1	7.1
2	9.6	10.5	11.2	20.2	8.5	15.6
3	15.3	25.8	11.2	31.4	8.8	24.4
4	15.4	41.2	10.0	41.4	7.9	32.3
5	12.4	53.6	8.4	49.8	7.4	39.7
6	8.9	62.5	7.2	57.0	6.5	46.2

续前表

生存期（年）	全部倒闭企业的组成比例					
	1980 年		1992 年		1993 年	
	百分比	累计百分比	百分比	累计百分比	百分比	累计百分比
7	6.3	68.8	5.3	62.3	5.9	52.1
8	5.2	74.0	4.5	66.8	5.5	57.6
9	4.3	78.3	3.8	70.6	5.0	62.6
10	3.4	81.7	3.5	74.1	4.3	66.9
大于 10	18.3	100.0	25.9	100.0	33.1	100.0
倒闭企业数量	11 742		60 747		86 133	

资料来源：同表 13—3。

在 1980 年的调查中，缺乏管理经验和管理无能的原因造成企业倒闭的百分比达到 94%。在 1992—2003 年的调查中使用了与 1980 年不同的分类方法。但是，被归咎于经济因素和财务原因的百分比合计仍为 82%，管理无能可能应负主要责任。从倒闭企业的生存期来看，生存期短的企业比生存期长的企业倒闭的比例高，这可能是由于生存期短的企业规模较小，抗风险能力较弱，而且生存期短的企业更缺乏管理经验。

由此可见，企业发生财务危机的原因固然多种多样，但缺乏管理经验和管理无能应是主要原因。虽然外部环境可能是企业倒闭的原因之一，例如，2008 年的全球经济下滑的背景下，我国外贸企业盈利状况大幅恶化，许多企业陷入财务危机之中，但是，管理水平高、具有创新能力、对市场反应迅速、财务状况稳健的企业依然可以生存下来，甚至可以提高市场占有率。

2. 财务危机的成因

将企业发生财务危机的原因主要归咎于管理无能可能显得过于笼统，在实践中，我们需要研究更为详尽的引发财务危机的原因，这样可以为企业改善经营管理，预防财务危机提供更有价值的意见。约翰·阿根提（John Argenti）在有关学者研究的基础上，通过案例分析和理论研究，总结出了导致企业财务危机的主要原因，有以下八项。

（1）企业管理结构存在缺陷。企业高级管理层存在结构缺陷，会导致企业重大决策失误，由此可能给企业带来重大损失。阿根提认为企业管理结构缺陷主要表现在：首席执行官独裁，一人拥有很大的权力，其他董事不作为；高管团队知识结构不平衡；财务职能弱化，缺乏管理深度等。

（2）会计信息系统存在缺陷。可靠的会计信息可以帮助管理层及时发现问题，为正确决策提供依据。但是，失败的企业会计信息系统常常是不健全的，主要表现在：缺乏预算控制系统，或者预算控制系统不健全；缺乏现金流量的预测；没有成本核算系统；对资产价值的估值不当。不健全的会计信息掩盖了问题，使财务风险不断累积，直到危机爆发。

（3）面对经营环境的变化，企业不能及时采取恰当的应对措施。经营环境的变化可分为五大类：第一，市场竞争环境变化，如出现了新的竞争对手、竞争对手开发出新的产品等；第二，经济环境的变化，如国家经济政策的调整、经济周期的变化、利息率的变化、通货膨胀、汇率变化等；第三，政治环境的变化，国家政治环境的重大变化必然会影响到经济资源的配置，从而对企业经营活动产生影响；第四，社会环境的变化，如生活方式的变化、消费习惯的变化、社会人口年龄结构的变化、社会对污染或消费者保护态度的变化等；第五，技术变化，如技术的更新变革。当市场竞争环境、经济环境、政治环境、社会环境和技术条件等因素发生重大变化时，失败的企业往往反应迟钝，不能采取恰当的应对措施，从而在市场竞争中败下阵来。

（4）制约企业对环境变化作出反应的因素。来自政府或社会的一些限制因素，可能会制约企业对环境变化的反应，降低企业的自由度，导致企业付出较高的成本。如政府要求企业承担过多的社会责任，可能占用企业大量的资源，使企业经营效率低下。

（5）过度经营。企业过度经营有许多表现形式，例如，过度筹资降低了资金利用效率；以牺牲利润率的方式追求销售额的增长等。

（6）盲目开发大项目。管理层过于乐观，盲目开发大项目，高估项目的收入或低估项目的成本，导致企业现金流量紧张。企业经常开发的大项目主要包括并购、多元化经营、开发新产品、项目扩张等。如果管理层对大项目的判断错误，就可能导致项目失败，给企业造成重大损失。

（7）高财务杠杆。在经济环境不景气，企业经营业绩下降的情况下，较高的资产负债率会加大财务风险，导致企业发生亏损和现金流量紧张。

（8）常见的经营风险。任何企业都会面对一些常见的经营风险，这些经营风险一般不会导致企业经营失败，但是对于实力弱小、管理水平较低的企业来说，常见的经营风险也可能使企业陷入财务危机之中。

3. 财务危机的形成过程

财务危机是一个渐进和积累的过程。一般来说，可以将企业的财务危机发展过程分为以下四个阶段。

（1）财务危机潜伏期。在这个阶段，企业往往盲目乐观，急于扩张，在资源配置上存在重大失误，市场营销缺乏效率，忽视风险控制，在面对环境变化时，缺乏有效的应对措施。

（2）财务危机发作期。这个阶段的主要表现是，企业的资产负债率过高，利息负担过重，由于第一阶段的扩张导致企业现金流量短缺，企业偿债压力较大，开始出现债务拖延偿付现象。

（3）财务危机恶化期。这个阶段的主要表现是，企业资金周转出现困难，经营活动也出现困难，无力偿还到期债务。

（4）财务危机实现期。在这个阶段，企业已经丧失偿债能力，甚至出现净资产为负的情况，最终可能申请破产。

以上四个阶段是企业财务危机大致的发展过程，四个阶段的界限并不是截然清晰的，财务危机是一个长期的发展过程。企业应当在财务危机的第一阶段尽早采取预防措施。

13.2.3　财务危机的征兆

1. 财务指标的征兆

企业在日常经营过程中，通过观察现金流量、存货、销售量、利润、应收账款、偿债能力等指标的变化，可以察觉到财务危机的苗头。

（1）现金流量。企业出现财务危机首先表现为缺乏偿付到期债务的现金流量。如果企业经营活动现金流量不断减少，现金流入小于现金流出，并且这种趋势在短时间内并无好转的迹象，就需要引起管理层的注意，及时采取措施，避免现金流量状况继续恶化。

（2）存货异常变动。保持一定数量的存货对于均衡生产、促进销售有着重要的意义。除季节性生产企业外，对于正常经营的企业来说，存货量应当比较稳定。如果在某一时期企业出现存货大幅增加或减少的异常变动，就应当引起注意，这可能是企业财务出现问题的早期信号。

（3）销售量的非预期下降。销售量的下降会引起企业管理层的高度关注，但是大多数人往往将销售量的下降仅看作营销问题，会采取调整价格、产品品种或加强促销等手段来解决，而不考虑财务问题。事实上，销售量的非预期下降会带来严重的财务问题。比如，当一个销售量正在下降的企业仍在扩大向其客户提供赊销时，管理人员就应该预见到其现金流量将面临困境。

（4）利润严重下滑。利润指标是一个综合性的指标，是企业一切经营活动的最终成果。如果企业销售额上不去，成本却不断攀升，就会导致盈利空间逐步缩小，甚至出现亏损。几乎所有发生财务危机的企业都要历经3～5年的亏损，随着亏损额的增加，历年的积累被蚕食，而长期亏损的企业又很难从外部获得资金支持，这就出现了财务危机的明显征兆，长期下去企业必然陷入财务困境。

（5）平均收账期延长。收账期是反映企业应收账款周转速度的一个重要指标。平均收账期延长，会增加企业在应收账款方面的投资，占用大量的资金。当企业的现金余额由于客户延迟付款而逐渐减少时，较长的平均收账期就会成为企业严重的财务问题。因此，管理层应重视企业的收账期，以免问题变得更加严重。

（6）偿债能力指标恶化。反映企业偿债能力的财务指标主要有资产负债率、利息保障倍数、流动比率、速动比率等，如果这些财务指标连续多个会计期间不断恶化，就是财务危机的明显征兆。

2. 会计报表的征兆

一般来说，会计报表能综合反映企业在特定时点的财务状况和一定时期内的经营成果和现金流量状况。因此，观察会计报表的相关数据和平衡关系，可以判断企业是否存在危机隐患。

（1）观察企业的利润表。根据企业经营收益、经常收益和当期收益的亏损和盈利情况，可以将企业财务状况分为A～F六种类型。不同类型对应的安全状态如表13—5所示。

表13—5　　不同类型财务状况的安全状态

项目＼类型	A	B	C	D	E	F
经营收益 经常收益 当期收益	亏损 亏损 亏损	亏损 亏损 盈利	盈利 亏损 亏损	盈利 亏损 盈利	盈利 盈利 亏损	盈利 盈利 盈利
状态说明	接近破产状态		若此状态继续，将会导致破产		根据亏损情况而定	正常状态

说明：经营收益＝主营业务利润＋其他业务利润－销售费用－管理费用＋投资收益；经常收益＝经营收益－财务费用；当期收益＝经常收益＋补贴收入＋营业外收入－营业外支出。

（2）观察企业的资产负债表。根据资产负债表平衡关系和分类排列顺序，可以将企业的财务状况分为 X 型、Y 型和 Z 型三种。X 型表示正常的财务状况，Y 型表示企业已经亏蚀了一部分资本，处于轻度的财务危机状态，Z 型表示企业亏蚀了全部资本和部分负债，企业净资产为负数，处于严重的财务危机状态，濒临破产。三种类型的财务状况分别如图 13—1 所示。

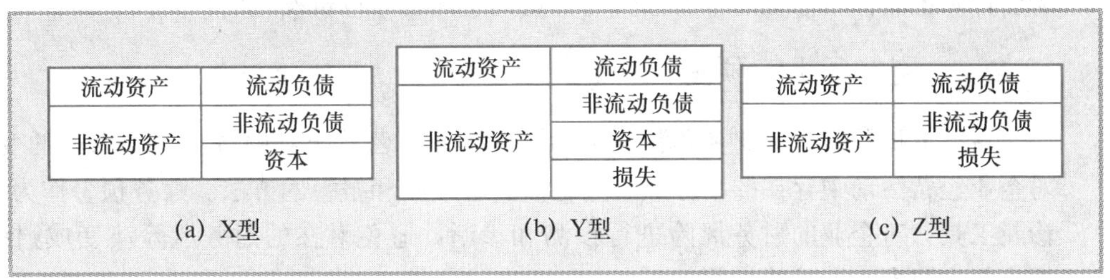

图 13—1

3. 经营状况的征兆

（1）盲目扩大企业规模。企业规模的扩大通常有两种形式：一是内部扩充；二是外部扩张。内部扩充会增加固定资产投资，要耗用企业大量现金，如果某一时期公司的固定资产大幅增加，但其生产能力和营销能力未能形成很好的配合，则易导致资金大量沉淀，流动资金紧张。盲目的固定资产扩充往往给财务危机的形成留下隐患。公司并购是外部扩张的一条捷径，作为一种高风险高收益的行为，不少企业只看到其好处，而忽视了可能的风险。如果企业同时在许多地方大举收购其他企业，同时涉足许多不同的经营领域，则可能使企业负担过重，出现资金紧张问题。因此，对于企业大量的收购行为要多加注意，避免留下财务危机的隐患。

（2）企业信誉不断降低。信誉是企业在长期经营中创立和积累起来的，是企业一种重要的无形资产。信誉好的企业能顺利地从银行取得贷款，也能从客户那里享受到更多的信用。一旦信誉受损，企业的筹资就会变得十分困难，关联企业间的经济往来、信誉结算将无法开展。企业信用状况将变得更糟，表现为经常拖欠银行贷款，推迟支付货款，经常迟发员工薪水等。企业信誉度降低是财务危机的重要征兆。

（3）关联企业趋于倒闭。由于赊销业务的大量存在，企业之间形成了紧密的债权债务关系。一个企业出现财务危机可能影响到关联企业的财务状况，一旦发现关联企业经营情况和财务状况发生异常变化，有出现财务危机的征兆，就要及时采取应对措施，以防止本企业陷入财务困境。

（4）产品市场竞争力不断减弱。产品市场竞争力的高低，主要体现在企业产品所占的市场份额和盈利能力上。如果企业产品市场占有率很高，且盈利能力空间很大，说明企业市场竞争力很强；反之，如果企业的产品出现积压，市场占有率明显下降，或产品市场份额未变，但盈利空间明显缩小，就说明企业市场竞争力在减弱，从而埋下发生财务危机的伏笔。

（5）无法按时报送会计报表。无法按规定的时间编制会计报表，会计报表不能及时报送，会计信息延迟公布等，一般都是财务状况不佳的征兆。

4. **其他方面的征兆**

企业人员大幅变动往往也是危机的征兆之一。例如在一段时间内，管理层重要成员、董事会成员、财务会计人员及其他高级管理人员突然离职或连续变更，尤其是引起轩然大波的高级管理人员集体辞职，通常是公司存在危机隐患的明显标志。

企业信用等级降低、资本注销、企业主要领导人的反常行为、组织士气低落、注册会计师出具保留意见的审计报告等，也是企业财务危机发生的征兆。

13.2.4 财务危机的预警

财务危机预警也称财务预警，是指根据企业经营状况和财务指标等因素的变化，对企业经营活动中存在的财务风险进行监测、诊断和报警的方法。财务预警作为一种诊断工具，对企业的财务风险进行预测和诊断，避免潜在的财务风险演变成财务危机，起到防患于未然的作用。

为了监测和预报财务危机，国内外学者运用不同的预测变量，采用各种数学工具和方法，建立了大量的财务预警模型。下面介绍几种主要的财务预警方法和模型。

1. **定性分析法**

定性分析法是通过对企业的经济环境、经营状况和财务状况的判断与分析，预测企业发生财务危机的可能性。定性分析法主要从经济环境、经营状况和财务状况三个方面进行财务预警分析，具体内容如表 13—6 所示。

表 13—6 财务预警的定性分析法

经济环境	经营状况	财务状况
(1) 经济增长率下降或经济衰退	(1) 盲目扩张，过度经营	(1) 财务杠杆过大，负债金额过大
(2) 失业率上升	(2) 市场营销失败，销售下滑	(2) 经营亏损
(3) 通货膨胀	(3) 预算控制系统缺乏	(3) 现金流量恶化
(4) 金融市场动荡	(4) 管理水平低下	(4) 应收账款收账期延长
(5) 产业政策的不利变化	(5) 人才流失	(5) 存货周转率下降
(6) 市场竞争加剧	(6) 对环境变化反应迟钝	(6) 债务违约
(7) 技术变化	(7) 销售合同违约	(7) 成本核算系统不健全
(8) 政府管制	(8) 研发费用被缩减	(8) 财务报表被粉饰
(9) 税法变化、税率提高		

表 13—6 列示了企业在经营过程中可能会引发财务危机的各种因素的变化。这种分析只是一种定性的判断，在实践中还需要根据企业的具体情况进行更详尽的考察和诊断，才能有效地作出财务危机预警。

2. **单变量预警模型**

单变量预警模型是指运用单一变量、个别财务比率来进行财务预警。单变量预警模型属于定量分析法，最早建立单变量预警模型进行财务危机预测研究的是菲茨·帕特里克（Fitz Patrick）。1932 年，菲茨·帕特里克以 19 家公司为样本，运用单个财务比率将样本分为破产组和非破产组，结果表明判别能力最强的是净利润/股东权益与股东权益/负债两个比率。1966 年，威廉·比弗（William Beaver）沿用这样的思路，提出了单变量预警模型，他在使用 5 个财务比率对 79 个失败企业和相同数量、同等资产规模的成功企业进行比较研究后发现，预测财务危机准确率最高的是债务保障率（现金流量/负债总额），其次是资产净利率（净利润/资产总额）和资产负债率（债务总额/资产总额），并且离失败日越近，预见性越强，在财务危机发生前 5 年的预测准确率可达 70%，在财务危机发生前 1 年的预测准确率可达 87%。

在比弗采用单变量模型进行财务危机预测研究之后，很少有人再沿用单变量方法进行分析预测，原因在于单变量模型有以下缺点。

（1）从单变量模型的财务意义来看，企业的财务状况不可能通过单一财务比率就可以完全掌握，可能某一财务比率单独考虑时预测效果不显著，但与其他财务比率一同考虑时却可以增强解释力。此外，不同的财务比率可能对同一企业有相互矛盾的预测，以至于难以判断。

（2）从单变量模型的统计方法来看，它只考虑到变量的集中趋势（即平均值），而没有考虑到变量的离散程度（如方差等）。这种对变量变异程度考察的缺乏，使得单变量的研究未能对所产生的结果做进一步解释，而且单变量模型没有考察所有变量之间的相关程度。

（3）和其他利用财务比率的财务预警方法一样，单变量模型也受到行业区别、通货膨胀、地区区别、虚假会计信息的影响。单变量分析只是笼统地说明了公司正处于困境或未来可能处于困境，但不能具体证明公司可能破产或何时破产。

3. 多变量预警模型

为了克服单变量预警模型存在的缺陷，获得对财务危机更好的预测模型，许多学者从 20 世纪 60 年代起，发展了多变量财务危机预警模型，预测的精度和效率得到极大提高。多变量预警模型也属于定量分析法，其中最早、使用最广泛的是多元线性函数模型，下面介绍的 Z 计分模型就属于多变量预警模型。

Z 计分模型是美国学者爱德华·奥特曼（Edwards Altman）在 20 世纪 60 年代提出的。其模型用计算公式可表示为：

$$Z=0.012X_1+0.014X_2+0.033X_3+0.006X_4+0.999X_5 \tag{13—2}$$

式中，X_1 表示营运资本/资产总额；X_2 表示留用利润/资产总额；X_3 表示息税前利润/资产总额；X_4 表示权益的市场价值/负债账面价值；X_5 表示销售收入/资产总额。

根据这一模型，Z 分值越低，企业就越有可能破产。奥特曼提出了判断破产企业和非破产企业的临界值，当 Z 分值大于 2.99 时，说明企业在短期内不会破产；当 Z 分值小于 1.81 时，企业破产的可能性非常大；Z 分值介于 1.81～2.99 之间时，属于“未知区域”或“灰色区域”，说明企业的财务状况不稳定，较难估计企业破产的可能性，但作为一个简单的判断标准，2.675 是破产企业与非破产企业的分界点。

在实践中，人们应用 Z 计分模型时发现，由于时间间隔越长，企业发生变化的可能性越大，因此，其预测的准确性因时间长短而异。企业发生财务危机的前两年，预测准确率最高，随着时间往前推移，预测准确率下降。Z 计分模型的预测准确率如表 13—7 所示。

表 13—7 Z 计分模型预测企业破产的准确率

距公司破产的年数	实际破产的公司数量	正确预测的公司数量	未正确预测的公司数量	预测准确率(%)
1	33	31	2	95
2	32	23	9	72
3	29	14	15	48
4	28	8	20	29
5	25	9	16	36

例 13—3

亚星客车的财务预警分析

1998 年 9 月，经江苏省人民政府批准，以中国最大的客车生产企业江苏亚星客车集团有限公司为主发起人，发起设立了扬州亚星客车股份有限公司。1999 年 8 月公司在上海证券交易所发行了 6 000 万股 A 股股票，成功进入中国资本市场，成为当时客车行业少数几家上市公司之一。亚星客车上市以后，从 1999 年就开始出现业绩下滑，2003 年和 2004 年两个年度发生亏损，2005 年 4 月 27 日，公司被上海证券交易所宣布为特别处理公司，股票名称由“亚星客车”变更为“＊ST 亚星”。2005 年度公司亏损额为 111 761 699.19 元，至此公司已经连续三年亏损，2006 年 5 月 18 日，公司 A 股股票暂停上市。亚星客车 2002—2005 年基本财务数据如表 13—8 所示。

表 13—8 亚星客车的基本财务数据 单位：元

指标	2002 年	2003 年	2004 年	2005 年
资产总额	1 161 830 022.20	1 245 957 842.77	1 219 438 056.14	1 110 226 136.43
其中：流动资产	630 155 979.72	707 054 865.01	698 117 712.90	650 279 604.95
负债总额	523 280 469.82	758 090 026.82	802 770 804.23	804 159 886.37
其中：流动负债	510 775 465.95	758 090 026.82	802 770 804.23	804 159 886.37
股东权益	638 549 552.27	480 302 247.18	411 041 072.92	301 168 983.91
其中：留用利润	39 673 764.34	−120 634 142.88	−189 895 317.14	−301 657 016.33
息税前利润	30 405 671.43	−143 339 783.05	−59 370 211.30	−96 427 260.83
股票市价	7.90	5.72	3.91	2.45
期末股东权益的市价	910 902 325.24	671 827 853.33	515 838 628.84	353 062 988.99
销售收入	876 543 604.73	798 720 285.01	795 288 770.95	787 529 753.86
净利润	21 298 565.13	−147 557 580.62	−69 261 174.26	−111 761 699.19
折旧	21 261 495.97	19 258 273.10	20 809 092.95	20 327 967.15
利息	−3 325 504.86	−5 720 335.50	−9 879 382.34	−14 641 507.47
经营活动净现金流量	−111 409 463.81	−137 249 226.43	−47 764 596.31	−112 428 655.05

说明：期末股东权益的市场价值等于非流通股份的账面价值加上流通股份的市场价值。亚星客车非流通股份为 13 000 万股，流通股份为 6 000 万股。

利用奥特曼的 Z 计分模型，我们分别计算亚星公司 2002—2005 年 4 个年度的 Z 分值，如表 13—9 所示。

表 13—9　　亚星客车 2002—2005 年 Z 分值计算表

项目	2002 年	2003 年	2004 年	2005 年
X_1	0.102 8	−0.041	−0.085 8	−0.138 6
X_2	0.034 1	−0.096 8	−0.155 7	−0.271 7
X_3	0.026 1	−0.115	−0.048 7	−0.086 9
X_4	1.740 8	−0.886 2	−0.642 6	−0.439
X_5	0.754 5	−0.641	−0.652 2	−0.709 3
Z 分值	2.056 2	−0.608 5	−0.556 1	−0.139 2

从表 13—9 计算得出的 Z 分值，结合 Z 计分模型的具体判断标准，我们可以看出，2002 年的 Z 分值处于 1.81～2.99 之间，属于灰色地带，财务状况很不稳定，有可能发生财务危机。而到了 2003 年，Z 分值下降幅度很大，其值为−0.608 5，远远小于 1.81，处于破产可能性很高的区间。之后，Z 分值继续下降，说明亚星客车公司破产的可能性越来越大，这与后来的股票暂停上市情况相符。

13.3 破产重组

13.3.1 企业破产的基本概念

1. 企业破产

企业破产是市场经济条件下的一种客观经济现象，是指企业在市场竞争中，由于各种原因不能清偿到期债务，通过重整、和解或者清算等法律程序，使债权债务关系依据重整计划或者和解协议得以调整，或者通过变卖债务人财产，使债权人公平受偿。企业破产是一个法律程序，具有以下法律特征。

(1) 破产是以法定事实的存在为前提。如债务人存在不能清偿到期债务的法定事实，不管债务人的全部财产是否足以清偿其债务，只要无法按时履行偿还债务的义务，就面临着破产的可能，这是企业破产的基本前提。

(2) 破产是清偿债务的法律手段。企业破产必须由债权人或者债务人提出破产申请，法院依据法律程序将债务人的破产财产公平分配给债权人，以了结债权债务关系。

(3) 破产必须由法院受理，并由法院指定管理人，负责债务人财产的管理和处分，决定债务人的内部管理事务，代表债务人参加诉讼或者其他法律程序。这样可以有效保护双方当事人的合法权益，保证实现公平受偿。

2. 破产界限

破产界限是指法院据以宣告债务人破产的法律标准，在国际上称为法律破产原因。法律破产原因是适用破产程序所依据的特定法律事实，它是破产程序开始的前提，也是法院进行破产案件受理的实质要件和破产宣告的重要依据。破产界限应具备两个基本特征：第一，它必须是实际存在的事实状态；第二，它必须是符合法律规定的事实状态。

关于企业法人的破产界限，《中华人民共和国破产法》（以下简称《破产法》）第

2 条作出了如下规定：

（1）企业法人不能清偿到期债务，并且资产不足以清偿全部债务或者明显缺乏清偿能力的。

（2）企业法人有上述规定情形，或者有明显丧失清偿能力可能的。

由此可见，“不能清偿到期债务”是我国破产法对企业破产规定的破产界限，它是指债务人对请求偿还的到期债务，因丧失清偿能力而无法偿还的客观经济状况。一般认为，如果债务人停止支付到期债务并呈连续状况，如无相反证据，可推定为不能清偿到期债务。

也有的国家破产法将资不抵债作为企业破产界限的一个标准。资不抵债也称债务超过，是指债务人的债务数额超过其实有的资产数额。在我国，资不抵债不能确定为企业破产。因为资不抵债还不能断定企业就已丧失清偿能力，而不能清偿到期债务。只要企业的经营情况尚好，便不致出现不能清偿到期债务的现象。在实践中，当债务人不能清偿到期债务时，往往早已资不抵债。

13.3.2 破产程序

现代破产制度主要包括三个基本程序，即重整程序、和解程序与破产清算程序。重整程序与和解程序可以统称为破产重组。

重整程序是指对陷入财务危机但仍有转机和重建价值的企业根据一定程序进行重新整顿，使企业得以维持和复兴，并按约定的方式清偿债务的法律程序。启动重整程序后，不对无偿付能力的债务人进行财产清算，而是在法院的主持下由债务人与债权人达成协议，制定重整计划，规定在一定的期限内，债务人按一定的方式全部或部分清偿债务，同时债务人可以继续经营其业务。重整程序是一种再建型的债务清偿制度，其立法目的在于促进债务人复兴，这是破产法律制度的国际惯例，它使破产法不仅仅是一个市场退出法和死亡法，还是一个企业恢复生机法和拯救法。在提出破产申请后，陷入困境的企业依然有可能通过有效的重整避免破产清算。在重整期间，债务人可以在管理人的监督下自行管理财产并继续进行经营活动。

和解程序是指在债务人无法清偿到期债务的情况下，由债务人提出债务和解协议并向法院提出和解申请，经债权人会议通过和法院认可后，按照和解协议规定的条件清偿债务的法律程序。根据《破产法》的规定，债务人可以直接向法院申请和解，也可以在法院受理破产申请后、宣告债务人破产前，向法院申请和解。债务人申请和解，应当提出和解协议草案。债权人会议通过和解协议的决议，应由出席会议的有表决权的债权人过半数同意，并且其所代表的债权额占无财产担保债权总额的 2/3 以上。债权人会议通过和解协议后，由法院裁定认可，终止和解程序，并予以公告。管理人应当向债务人移交财产和营业事务，并向法院提交执行职务的报告。债务人应当按照和解协议规定的条件清偿债务。债务人不能执行或者不执行和解协议的，法院经债权人请求，应当裁定终止和解协议的执行，并宣告债务人破产。如果和解协议草案经债权人会议表决未获得通过，或者已经债权人会议通过的和解协议未获得法院认可的，法院应当裁定终止和解程序，并宣告债务人破产。

破产清算程序是指在债务人无法清偿到期债务的情况下，由债务人或债权人向法院申请对债务人进行财产清算，并公平偿还债权人的法律程序。法院裁定受理破产申请后，应当指定管理人。管理人制度是国外破产法中普遍规定的一项重要制度。管理人在破产程序中承担重要的职责，它负责债务人财产的管理和处分，决定债务人的内部管理事务，代表债务人参加诉讼或者其他法律程序。除重整程序中债务人自行管理财产和营业事务的情形外，管理人实际上成了破产企业的意志机关，决定债务人的一切事务。管理人应当按照债权人会议通过的或者法院裁定的破产财产变价方案，适时变价出售破产财产，并按法律规定的顺序清偿债务。管理人在最后分配完结后，应当及时向法院提交破产财产分配报告，并提请法院裁定终结破产程序。

企业破产的基本程序如图 13—2 所示。

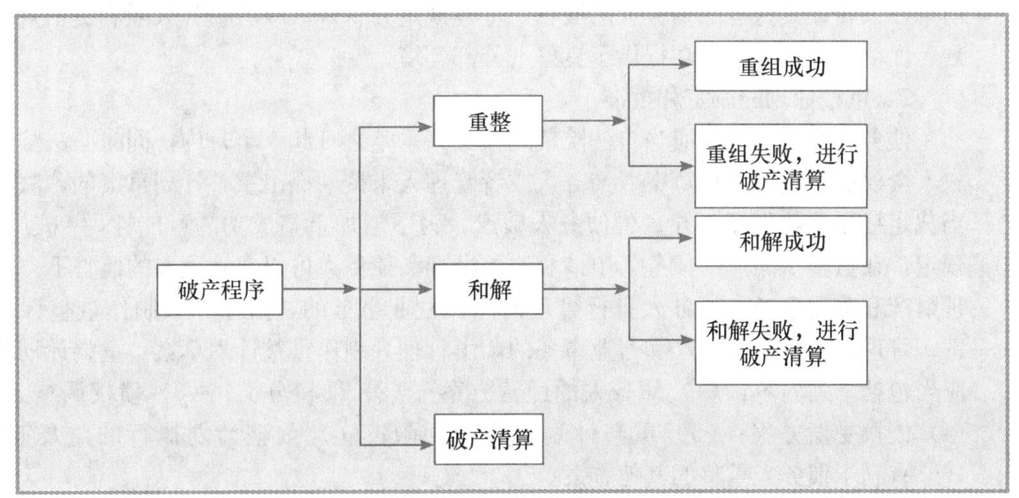

图 13—2 破产程序图

从图 13—2 中可以看出，当企业陷入财务危机，达到破产界限时，可以有三种解决方式，即重整、和解或者破产清算。前两种方式属于破产重组。破产重组是对已经达到破产界限的企业的挽救措施。通过破产重组，当债务人不能清偿到期债务时，不必立即进行破产清算，而是在法院的主持下，由债务人和债权人达成协议，制定债务人重整计划或债务和解计划，债务人可以继续营业，并在一定期限内按计划全部或部分清偿债务。因此，破产重组既可以解决债务人的债务问题，又可以使债务人获得自我拯救、重新开始的机会，继续从事经营活动。后面的内容主要介绍企业破产重组的两种方式。

13.3.3 企业重整

重整是一个完整的法律程序。根据《破产法》的规定，企业重整应当按如下程序进行。

1. 重整申请

依据《破产法》的规定，债务人不能清偿到期债务，并且资产不足以清偿全部债务或者明显缺乏清偿能力的，或者有明显丧失清偿能力可能的，债务人或者债权人可以直接向法院申请对债务人进行重整；债权人申请对债务人进行破产清算的，在法院受理破产申请后、宣告债务人破产前，债务人或者出资额占债务人注册资本1/10以上的出资人，也可以向法院申请重整。法院经审查认为重整申请符合法律规定的，应当裁定债务人重整，并予以公告。

自法院裁定债务人重整之日起至重整程序终止为重整期间。重整期间又称重整保护期，企业破产法设立这段期间的目的在于使管理人或者债务人能够在这段法定的保护期内提出重整计划草案，供债权人分组表决通过、法院认可，重整期间为债务人提供了充分的保护。依据《破产法》第8章的规定，在重整期间，不仅债权人不能向债务人主张个别清偿，即使是对债务人的特定财产享有的担保权也暂停行使；债务人合法占有的他人财产，该财产的权利人要求取回的，应当符合约定的条件；债务人的出资人不得请求投资收益分配；债务人的董事、监事、高级管理人员未经法院同意不得向第三人转让其持有的债务人的股权。上述规定为管理人或者债务人顺利提出重整计划，促使债务人重整成功提供了良好的外部环境。

2. 重整计划的制定和批准

债务人或者管理人应当自法院裁定债务人重整之日起6个月内，同时向法院和债权人会议提交重整计划草案。债务人或者管理人未按期提出重整计划草案的，法院应当裁定终止重整程序，并宣告债务人破产。为了增加重整成功的可能性，《破产法》规定，在重整期间，经债务人申请和法院批准，债务人可以在管理人的监督下自行管理财产和营业事务。债务人自行管理财产和营业事务的，由债务人制作重整计划草案；管理人负责管理财产和营业事务的，由管理人制作重整计划草案。重整计划草案应当包括下列内容：（1）债务人的经营方案；（2）债权分类；（3）债权调整方案；（4）债权受偿方案；（5）重整计划的执行期限；（6）重整计划执行的监督期限；（7）有利于债务人重整的其他方案。

3. 重整计划的执行

法院裁定批准的重整计划对债务人和全体债权人均有约束力，并由债务人负责执行。已接管财产和营业事务的管理人应当向债务人移交财产和营业事务。但是，在重整计划规定的监督期内，管理人应监督重整计划的执行，债务人应当向管理人报告重整计划执行情况和债务人财务状况。监督期届满时，管理人应当向法院提交监督报告。

4. 重整程序的终止

重整程序的终止分为正常终止和失败终止两种情况。正常终止是指重整计划经过债权人会议通过，并经法院批准后，债务人成功执行了重整计划，债务问题得以解决，重整程序正常终止。失败终止是指在重整期间，发生下列情形之一的，经管理人或者利害关系人请求，法院裁定终止重整程序，并宣告债务人破产：（1）债务人的经营状况和财产状况继续恶化，缺乏挽救的可能性；（2）债务人有欺诈、恶意减少债务人财产或者其他显著不利于债权人的行为；（3）由于债务人的行为致使管理人无法执行职务；（4）债务人或者管理人未按期提出重整计划草案；（5）重整计划草案未获得债权人会议通过，或者已获得债权人会议通过的重整计划未获得法院的批准；（6）债务人不能执行或者不执行重整计划。

13.3.4 债务和解

债务和解也称债务重组，是指在债务人发生财务危机的情况下，债权人按照其与债务人达成的协议或法院的裁定作出让步，使债务人减轻债务负担，渡过难关，从而解决债务人债务问题的行为。通过债务重组，债务人可以推迟债务的偿还期限，减轻债务负担，调节资本结构，从而帮助企业走出困境。

1. **债务和解的方式**

（1）以资产清偿债务。这种债务和解方式是指债权人和债务人达成协议或者经法院的裁定，由债务人用现金或非现金资产来清偿全部或部分债务。但是，债权人通常都要作出一定程度的让步，如减免部分债务本金或利息等，这样可以缓解债务人的财务压力，有助于债务人摆脱困境，并且债务人可以由此得到债务重组收益。

（2）债权转为股权。这种债务和解方式是指经债权人和债务人的协商，债权人将全部或部分债权转作对债务人的股权，对于债务人而言，则是将其负债转为股东权益，不再需要偿还。这样，实际上改变了负债企业的资本结构，也减轻了债务人的债务负担。

（3）修改债务条件。这种债务和解方式是指经债权人和债务人的协商对债务合同的某些条款进行修改，如延长偿还期限、降低利率、减免应付未付利息、减少本金等。这种债务重组方式主要是为了减轻债务人的债务负担，使其尽快摆脱困境。

以上三种债务和解方式可以组合应用，如部分债务以资产来清偿，部分债权转为股权，或者部分债务修改债务条款等。

2. **债务和解的条件**

债务和解是解决企业债务问题的一种重要方式，但是并非所有的债务问题都可以通过债务和解方式来解决，进行企业的债务和解是有条件的。一般而言，债务和解必须具备以下条件：

（1）债务人长期不能偿付债务。债务人因经营失败，而导致企业缺乏偿债能力，长期不能偿付债务，并已明确表示不能偿付债务，其债务总额已经大于资产的公允价值。在这种情况下，只能通过破产或债务重组方式来解决债务问题。

（2）债权人和债务人都同意通过债务和解方式解决债务问题。债务和解必须是在债权人和债务人双方一致同意的情况下，经过双方共同协商来解决问题，其宗旨是使债务人尽快摆脱财务困境，恢复债务人的财务状况。只要有一方不同意进行债务和解，债务人就只能进入破产清算程序进行债务清偿。

（3）债务人必须有恢复正常经营的能力，并具有良好的道德信誉。债务人的债务问题必须是由经营失败导致的，不存在故意损害债权人合法利益的资产处置情况。同时，经过债务重组，债务人有能力恢复正常的生产经营活动，能够尽快地改善企业的财务状况，并恢复偿债能力。

（4）社会经济环境有利于债务人经整顿后走出困境。进行债务和解的企业，必须是所处行业符合国家的产业政策，并有良好的发展前景，这样经过债务重组之后，企业可以尽快走出困境，摆脱财务危机。

3. **债务和解的程序**

（1）提出申请。企业进行债务和解应由债务人向法院提出申请。债权人已经向法院申请债务人破产的，债务人也可以向法院提出债务和解申请。债务人自己申请破产的，如果债权人有债务和解的明确表示，债务人也可以在法院宣告破产前，向法院申请债务和解。债务人在申请债务和解时，应当提出债务和解协议，明确申明进行债务重组的理由，包括企业的经营状况、债务总额、不能偿付债务的理由，以及进行债务重组的必要性和可行性。

（2）签订债务和解协议。债务人提出的债务和解协议草案须经债权人会议表决通过。债权人会议通过和解协议的决议，应由出席会议的有表决权的债权人过半数同意，并且其所代表的债权额占无财产担保债权总额的 2/3 以上。债权人会议通过和解协议后，应由法院裁定认可，并终止和解程序。经人民法院裁定认可的和解协议，对债务人和全体和解债权人均有约束力。债务人应当按照和解协议规定的条件清偿债务。债务和解协议是企业债务重组的核心内容，它要体现公平合理和可行的原则。公平合理是指各项债权要按其原先享有的求偿顺序对待，原来享有优先受偿权的，在协议中也要享有优先权，同等顺序的债权按比例安排偿还。可行是指要有利于债务企业恢复经营能力，实现预期的和解目标。

（3）债务和解程序的终止。债务人按照和解协议履行了债务清偿义务，按照和解协议减免的债务，自和解协议执行完毕时起，债务人不再承担清偿责任，债务和解程序顺利终止。债务和解也可能在以下两种情况下终止：一是和解协议草案经债权人会议表决未获得通过，或者已经债权人会议通过的和解协议未获得法院认可的，法院应当裁定终止和解程序，并宣告债务人破产；二是债务人不能执行或者不执行和解协议的，法院经和解债权人请求，应当裁定终止和解协议的执行，并宣告债务人破产。

13.4 企业清算

13.4.1 企业清算的概念

企业清算是企业在终止过程中，为终结现存的各种经济关系，对企业的财产进行清查、估值和变现，清理债权和债务，分配剩余财产的行为。任何企业不论出于何种原因终止，都应当进行清算工作。清算是企业终止阶段的主要工作，企业的经济法律关系只有通过清算才能予以了结。

企业出现以下情形之一的，应当进行清算：（1）营业期限届满或企业章程规定的解散事由出现；（2）股东大会决议解散；（3）因企业合并或分立需要解散；（4）依法被吊销营业执照、责令关闭或者被撤销；（5）依法宣告破产。

13.4.2 破产清算的程序

根据《破产法》的规定，企业破产清算的基本程序如下。

1. 提出破产申请

《破产法》规定，破产申请可由债务人向法院提出，即自愿破产，也可由债权人向法院提出，即非自愿破产。债务人或债权人向法院提出破产申请，应当提交破产申请书和有关证据，破产申请书应当载明下列事项：（1）申请人、被申请人的基本情况；（2）申请目的；（3）申请的事实和理由；（4）法院认为应当载明的其他事项。

2. 法院受理破产申请

法院接到破产申请后应进行受理与否的审查。一般来说，法院应当自收到破产申请之日起 15 日内裁定是否受理。债权人提出破产申请的，法院应当自收到申请之日起 5 日内通知债务人。债务人对申请有异议的，应当自收到法院的通知之日起 7 日内向法院提出。法院应当自异议期满之日起 10 日内裁定是否受理。

3. 指定破产管理人

法院裁定受理破产申请后，应当指定管理人。管理人可以由有关部门、机构的人员组成的清算组或者依法设立的律师事务所、会计师事务所、破产清算事务所等社会中介机构担任。管理人应当勤勉尽责，忠实执行职务。管理人的报酬一般由法院确定。

4. 债权人申报债权

法院受理破产申请后，应当确定债权人申报债权的期限。债权申报期限自法院发布受理破产申请公告之日起计算，最短不得少于 30 日，最长不得超过 3 个月。债权人应当在法院确定的债权申报期限内向管理人申报债权。管理人收到债权申报材料后，应当登记造册，对申报的债权进行审查，并编制债权表。

5. 召开债权人会议，选举债权人委员会

债权人会议是由依法申报债权的所有债权人组成的，决定债务人在破产期间的重大事项。第一次债权人会议由法院召集，自债权申报期限届满之日起 15 日内召开。

债权人会议的决议，由出席会议的有表决权的债权人过半数通过，并且其所代表的债权额占无财产担保债权总额的 1/2 以上。

债权人会议可以决定设立债权人委员会。债权人委员会由债权人会议选任的债权人代表和一名债务人的职工代表或者工会代表组成。债权人委员会行使下列职权：(1) 监督债务人财产的管理和处分；(2) 监督破产财产分配；(3) 提议召开债权人会议；(4) 债权人会议委托的其他职权。

6. 法院宣告债务人破产

法院对债务人的破产申请进行审理，对符合破产条件的企业下发破产宣告裁定书，正式宣告债务人破产。法院宣告债务人破产后，应当自裁定作出之日起 5 日内送达债务人和管理人，自裁定作出之日起 10 日内通知已知债权人，并予以公告。债务人被宣告破产后，债务人称为破产人，债务人财产称为破产财产，法院受理破产申请时对债务人享有的债权称为破产债权。

7. 处置破产财产

管理人负责处置破产企业的财产。管理人在法院宣告债务人破产后，应当接管破产企业，开展清产核资、资产评估等工作，对破产财产和破产债权进行认定，清理、回收、管理、处分破产企业财产，代表破产企业参加诉讼和仲裁活动。在必要的情况下，管理人可以组织破产企业继续进行生产经营活动。管理人应当及时拟定破产财产变价方案，提交债权人会议表决。破产财产变价方案经债权人会议表决通过或者法院裁定后，管理人应当适时变价出售破产财产。

8. 分配破产财产

破产财产变价处置后，管理人应当及时拟定破产财产分配方案，并提交债权人会议表决。债权人会议通过破产财产分配方案后，由管理人将该方案提请法院裁定认可后，由管理人执行。

9. 终结破产程序

管理人完成最后的破产财产分配后，应当及时向法院提交破产财产分配报告，并提请法院裁定终结破产程序。法院应当自收到管理人终结破产程序的请求之日起15日内作出是否终结破产程序的裁定。裁定终结的，应当予以公告。管理人应当自破产程序终结之日起10日内，持法院终结破产程序的裁定，向破产人的原登记机关办理注销登记。

13.4.3 破产财产的界定

破产财产，是指依法在破产宣告后，可依破产程序进行清算和分配的破产企业的全部财产。破产财产的构成条件是：第一，必须是破产企业法人可以独立支配的财产；第二，必须是在破产程序终结前属于破产企业的财产；第三，必须是依照破产程序可以强制清偿的债务人的财产。根据《破产法》的规定，破产财产由下列财产构成：(1) 宣告破产时企业经营管理的全部财产；(2) 破产企业在宣告破产后至破产程序终结前所取得的财产；(3) 应当由破产企业行使的其他财产权利，如专利权、著作权等；(4) 担保物的价款，超过其所担保的债务数额的，超过部分属于破产财产；(5) 在法院受理破产案件前6个月至破产宣告之日的期间内，破产企业隐匿、私分、无偿转让、非法出售的财产，经追回后属于破产财产；(6) 破产企业与其他单位联营时所投入的财产和应得收益，属于破产财产。

破产财产确定以后，一般都要变卖为货币资金，以便清偿债务。财产变现可分为单项资产变现和“一揽子”变现。破产财产应采用公开拍卖的方式出售，对破产财产中的整套设备或生产线，应尽量整体出售，确定无法整体出售的，方可分散出售。

13.4.4 破产债权的界定与确认

破产债权可分为优先破产债权和普通破产债权。对破产人的特定财产享有担保权的权利人，对该特定财产享有优先受偿的权利，该部分债权为优先破产债权。

普通破产债权是在破产宣告前成立的，对破产人发生的，依法在规定的申报期内申报确认，并且只能通过破产程序由破产财产中得到公平清偿的债权。在界定和确认普通破产债权时，应遵循以下标准：(1) 破产宣告前成立的无财产担保的债权，以及放弃优先受偿权的有财产担保的债权为普通破产债权。(2) 破产宣告前未到期的债权视为已到期债权，但应当减去未到期利息。(3) 破产宣告前成立的有财产担保的债权，债权人有就该担保品优先受偿的权利，这部分不能构成普通破产债权。但是，有财产担保的债权，其数额超过担保品价款的，未受偿部分应作为普通破产债权。(4) 债权人对破产企业负有债务的，其债权可在破产清算之前抵消，抵消部分不能作为破产债权。(5) 破产企业未履行合同的对方当事人，因管理人解除合同受到损害的，以损害赔偿额作为普通破产债权。(6) 为破产企业债务提供保证者，因代替破产企业清偿债务所形成的担保债权为普通破产债权。(7) 债务人是委托合同的委托人，受托人不知债务人被法院裁定破产的事实，继续处理委托事务的，受托人由此产生的债权为普通破产债权。(8) 债务人是票据的出票人，在债务人被法院裁定破产后，该票据的付款人继续付款或者承兑的，付款人由此产生的债权为普通破产债权。

此外，根据法律规定，破产企业所欠职工的工资和医疗、伤残补助、抚恤费用，所欠的应当划入职工个人账户的基本养老保险、基本医疗保险费用，以及法律、行政法规规定应当支付给职工的补偿金，欠缴国家的税款等债权，一般不列入普通破产债权内，可以优先于普通破产债权得到清偿。在破产宣告以后的利息、债权人为其利益参加破产程序的费用，如债权人申报债权的费用、参加债权人会议的差旅费等均不能构成破产债权，不能从破产债权中清偿。

在法院确定的债权申报期限内，债权人未申报债权的，可以在破产财产最后分配前补充申报；但是，此前已进行的分配，不再对其补充分配。为审查和确认补充申报债权的费用，由补充申报人承担。

13.4.5　破产费用和共益债务

破产费用是指在破产案件中，为破产债权人的共同利益而支出的费用。法院受理破产申请后发生的下列费用为破产费用：(1) 破产案件的诉讼费用；(2) 管理、变价和分配债务人财产的费用；(3) 管理人执行职务的费用、报酬和聘用工作人员的费用。

共益债务，是指在破产程序中为全体债权人共同利益所负担的各种债务的总称。法院受理破产申请后发生的下列债务为共益债务：(1) 因管理人或者债务人请求对方当事人履行双方均未履行完毕的合同所产生的债务；(2) 债务人财产受无因管理所产生的债务；(3) 因债务人不当得利所产生的债务；(4) 为债务人继续营业而应支付的劳动报酬和社会保险费用以及由此产生的其他债务；(5) 管理人或者相关人员执行职务致人损害所产生的债务；(6) 债务人财产致人损害所产生的债务。

破产费用和共益债务由债务人财产随时清偿。债务人财产不足以清偿所有破产费用和共益债务的，先行清偿破产费用。债务人财产不足以清偿所有破产费用或者共益债务的，按照比例清偿。债务人财产不足以清偿破产费用的，管理人应当提请法院终结破产程序。法院应当自收到请求之日起 15 日内裁定终结破产程序，并予以公告。

13.4.6　破产财产的分配

当破产财产全部确认和拍卖，破产债权全部被界定和确认，破产费用和共益债务总额计算出来后，破产管理人便可提出分配方案。这一方案要由债权人会议通过，经法院裁定后执行。根据《破产法》的规定，破产财产在优先清偿破产费用和共益债务后，依照下列顺序清偿：(1) 破产人所欠职工的工资和医疗、伤残补助、抚恤费用，所欠的应当划入职工个人账户的基本养老保险、基本医疗保险费用，以及法律、行政法规规定应当支付给职工的补偿金。(2) 破产人欠缴的除前项规定以外的社会保险费用和破产人所欠税款。(3) 普通破产债权。

在破产财产清偿时，前一顺序的债权得到全额偿还之前，后一顺序的债权不予清偿。破产财产不足以清偿同一顺序求偿权的，应当按照比例进行分配。

思考题

1. 公司为什么要进行资产剥离或股权出售？
2. 公司分立的主要动机有哪些？分立可以带来什么效应？

3. 如何理解负协同效应？存在负协同效应的子公司一定要出售或分立吗？
4. 联系我国企业的实际情况，分析企业产生财务危机的原因。
5. 企业发生财务危机之前可能会存在哪些征兆？
6.《破产法》中规定重整的意义何在？
7. 企业重整与债务和解有何区别？
8. 在企业破产清算的过程中，存在哪些财务问题须解决？

案例题

巨人集团财务危机案例

1989年初，史玉柱从深圳大学软件科学管理系硕士毕业后，回到家乡安徽省，在省统计局工作。但是，仅仅工作了半年时间，史玉柱便辞去了当时令人羡慕的工作，只身南下来到深圳下海经商。此时，他身上只有4 000元钱和耗费9个月心血研制的M6401桌面排版印刷系统。他承包了天津大学科工贸公司电脑部，并利用《计算机世界》先打广告后收钱的条件，用全部的4 000元做了一个8 400元的广告——“M6401，历史性的突破”。2个月后，4 000元的广告投入换来了10万元的销售额。他又将这笔收入全部投入广告，4个月后，M6401实现了100万元的销售额，从而奠定了巨人集团创业的基石。

1991年4月，史玉柱成立珠海巨人新技术公司。1991年8月，巨人公司投资80万元，组织10多个专家开发出M-6401汉卡。到11月，M-6401汉卡销售量跃居全国同类产品之首，纯利达1 000万元。1992年7月，巨人公司将管理机构和开发基地由深圳迁往珠海，并更名为珠海巨人高科技集团公司，注册资金1.19亿元，史玉柱任公司总裁。1992年巨人集团主推的M-6401汉卡年销售量2.8万套，销售额达1.6亿元，实现纯利3 500万元，年发展速度达500%。

1993年1月，巨人集团在北京、深圳、上海、成都、西安、武汉、沈阳、香港成立了8家全资子公司，员工增至190人。1993年12月，巨人集团已拥有员工290人，在全国各地成立了38家全资子公司。1993年，巨人集团实现销售额3.6亿元，利税4 600万元，成为中国极具实力的计算机企业。

1993年，国际著名的电脑公司大举进入中国，电脑行业竞争加剧。史玉柱意识到公司仅靠电脑单一行业发展具有很大的局限性，而此时全国正兴起房地产和生物保健品热，为寻找新的产业支柱，巨人集团开始迈向多元化经营之路，决定进军生物工程和房地产行业。

在生物工程行业，巨人集团1993年注册成立了康元公司，开发了“脑黄金”保健品。1994年8月，“脑黄金”产品投入市场，一炮打响，效益显著。这坚定了史玉柱发展生物工程行业的信心。1995年2月，巨人集团隆重召开表彰大会，对在巨人“脑黄金”战役第一阶段作出重大贡献的一批销售功臣予以重奖。5月18日，巨人集团在全国发动促销电脑、保健品、药品的“三大战役”。霎时间，巨人集团以集中轰炸的方式，一次性推出电脑、保健品、药品三大系列30个产品，巨人产品广告同时以整版篇幅跃然于全国各大报纸。不到半年，巨人集团的子公司就从38个发展到

228个，人员也从200人发展到2 000人。

在1993年开始的生物工程刚刚打开局面但尚未巩固的情况下，巨人集团毅然向房地产这一完全陌生的领域进军，史玉柱决定建巨人大厦。巨人大厦的设计方案多次改变，最初本打算建18层，后来确定的设计方案决定建38层，工程预算大约2亿元，工期2年。当时，巨人集团的资产规模为1亿元，流动资金有几百万元，但是，由于巨人M-6401汉卡产品销售很好，销售额比上年增长300%，如果一年实现四五千万元的利润，两年大约能实现利润1亿元，再加上以卖楼花等方式筹集资金，2亿元的预算方案巨人集团是能够承受的。但后来设计方案一改再改，从38层改为64层，最后决定建70层，建成珠海市的一座标志性大厦。70层的大厦，预算需要12亿元，工期大约6年。巨人集团计划1/3的资金自筹，1/3的资金靠卖楼花筹集，余下的1/3资金从银行贷款。但令人惊奇的是，从1994年2月巨人大厦破土动工到1996年7月，巨人集团未申请过一分钱的银行贷款，全凭自有资金和卖楼花的资金支撑。

实际上，发展生物工程和房地产是巨人集团的一次战略转型。在1994年8月的全体员工大会上，史玉柱提出了“巨人集团第二次创业的总体构想”。其总目标是：跳出电脑产业，走产业多元化的扩张之路，以发展寻求解决矛盾的出路。史玉柱的第二次创业计划是：在房地产方面，投资12亿元兴建巨人大厦，投资4.8亿元在黄山兴建绿谷旅游工程，投资5 400万元购买和装修巨人总部大楼，在上海浦东买下3万平方米土地，准备兴建上海巨人集团总部；在保健品方面，准备投资5亿元，在一年内推出上百个产品。产值总目标：1995年达到10亿元，1996年达到50亿元，1997年达到100亿元。

多元化的快速发展使巨人集团自身管理方面的弊端顿时暴露无遗。1995年7月11日，在史玉柱提出第二次创业一年后，他不得不宣布进行公司整顿，在集团内部进行了一次干部大整顿。1995年8月，集团向各大销售区派驻财务总监和监察审计总监，财务总监和监察审计总监直接对总部负责，同时，两者又各自独立，相互监控。但是，整顿并没有从根本上扭转局面。1995年9月，巨人集团的发展形势急转直下，步入低潮。1995年底，巨人集团面临前所未有的严峻形势，财务状况进一步恶化。1996年初，史玉柱为挽回局面，将公司经营重点转向减肥食品“巨不肥”。1996年3月，“巨不肥”营销计划顺利展开，销售量大幅上升，公司情况有所好转。可是，一种产品销售得不错并不代表公司整体状况好转，公司旧制度的弊端、管理缺陷并没有得到根本解决，而“巨不肥”带来的利润还被一些人私分。集团公司内部各种违规违纪、挪用贪污事件层出不穷。其下属的全资子公司康元公司，由于财务管理混乱，集团公司也未派出财务总监对其进行监督，导致公司资源浪费严重，债台高筑，至1996年底，康元公司累计债务已达1亿元，且大量债务存在水分，相当一部分是由公司内部人员侵吞造成的，公司的资产流失严重。而此时更让史玉柱焦急的是巨人大厦建设资金告急，他决定将生物工程的流动资金抽出来投入大厦的建设，而不是停工。1996年7月，全国保健品市场普遍下滑，巨人保健品的销售量也急剧下滑，维持生物工程正常运作的基本费用和广告费用不足，生物工程的发展受到了极大的影响。

与此同时，按照合同约定，巨人大厦施工3年应建完一期工程，达到20层高，

1996 年底一期工程期满，由于施工不顺利而没有完工。大厦动工时为了筹措资金，巨人集团在香港卖楼花筹到了 6 000 万港元，国内卖楼花筹到了 4 000 万元人民币，其中国内签订的楼花买卖协议规定，3 年大楼一期工程（盖 20 层）完工后履约，如未能如期完工，应退还定金并给予买主经济补偿。因此，当 1996 年底大楼一期工程未能完成时，建大厦时卖给国内的 4 000 万元楼花就成了巨人集团爆发财务危机的导火索。1997 年初，巨人集团终因财务状况不良，银行拒绝贷款，财务危机彻底爆发。

思考题：

(1) 分析巨人集团的多元化经营战略是否存在问题。

(2) 造成巨人集团陷入财务危机的原因有哪些?

附录

表 A—1～表 A—5 是常见的计算用表。

表 A—1　　**复利终值系数表(FVIF 表)**

$n\backslash i(\%)$	1	2	3	4	5	6	7	8	9	10	11	12	13	14	15	16	17	18	19	20	25
1……	1.010	1.020	1.030	1.040	1.050	1.060	1.070	1.080	1.090	1.100	1.110	1.120	1.130	1.140	1.150	1.160	1.170	1.180	1.190	1.200	1.250
2……	1.020	1.040	1.061	1.082	1.103	1.124	1.145	1.166	1.188	1.210	1.232	1.254	1.277	1.300	1.323	1.346	1.369	1.392	1.416	1.440	1.563
3……	1.030	1.061	1.093	1.125	1.158	1.191	1.225	1.260	1.295	1.331	1.368	1.405	1.443	1.482	1.521	1.561	1.602	1.643	1.685	1.728	1.953
4……	1.041	1.082	1.126	1.170	1.216	1.262	1.311	1.360	1.412	1.464	1.518	1.574	1.630	1.689	1.749	1.811	1.874	1.939	2.005	2.074	2.441
5……	1.051	1.104	1.159	1.217	1.276	1.338	1.403	1.469	1.539	1.611	1.685	1.762	1.842	1.925	2.011	2.100	2.192	2.288	2.386	2.488	3.052
6……	1.062	1.126	1.194	1.265	1.340	1.419	1.501	1.587	1.677	1.772	1.870	1.974	2.082	2.195	2.313	2.436	2.565	2.700	2.840	2.986	3.815
7……	1.072	1.149	1.230	1.316	1.407	1.504	1.606	1.714	1.828	1.949	2.076	2.211	2.353	2.502	2.660	2.826	3.001	3.185	3.379	3.583	4.768
8……	1.083	1.172	1.267	1.369	1.477	1.594	1.718	1.851	1.993	2.144	2.305	2.476	2.658	2.853	3.059	3.278	3.511	3.759	4.021	4.300	5.960
9……	1.094	1.195	1.305	1.423	1.551	1.689	1.838	1.999	2.172	2.358	2.558	2.773	3.004	3.252	3.518	3.803	4.108	4.435	4.785	5.160	7.451
10……	1.105	1.219	1.344	1.480	1.629	1.791	1.967	2.159	2.367	2.594	2.839	3.106	3.395	3.707	4.046	4.411	4.807	5.234	5.696	6.192	9.313
11……	1.116	1.243	1.384	1.539	1.710	1.898	2.105	2.332	2.580	2.853	3.152	3.479	3.836	4.226	4.652	5.117	5.624	6.176	6.777	7.430	11.642
12……	1.127	1.268	1.426	1.601	1.796	2.012	2.252	2.518	2.813	3.138	3.498	3.896	4.335	4.818	5.350	5.936	6.580	7.288	8.064	8.916	14.552
13……	1.138	1.294	1.469	1.665	1.886	2.133	2.410	2.720	3.066	3.452	3.883	4.363	4.898	5.492	6.153	6.886	7.699	8.599	9.596	10.699	18.190
14……	1.149	1.319	1.513	1.732	1.980	2.261	2.579	2.937	3.342	3.797	4.310	4.887	5.535	6.261	7.076	7.988	9.007	10.147	11.420	12.839	22.737
15……	1.161	1.346	1.558	1.801	2.079	2.397	2.759	3.172	3.642	4.177	4.785	5.474	6.254	7.138	8.137	9.266	10.539	11.974	13.590	15.407	28.422
16……	1.173	1.373	1.605	1.873	2.183	2.540	2.952	3.426	3.970	4.595	5.311	6.130	7.067	8.137	9.358	10.748	12.330	14.129	16.172	18.488	35.527
17……	1.184	1.400	1.653	1.948	2.292	2.693	3.159	3.700	4.328	5.054	5.895	6.866	7.986	9.276	10.761	12.468	14.426	16.672	19.244	22.186	44.409
18……	1.196	1.428	1.702	2.206	2.407	2.854	3.380	3.996	4.717	5.560	6.544	7.690	9.024	10.575	12.375	14.463	16.879	19.673	22.091	26.623	55.511
19……	1.208	1.457	1.754	2.107	2.527	3.026	3.617	4.316	5.142	6.116	7.263	8.613	10.197	12.056	14.232	16.777	19.748	23.214	27.252	31.948	69.389
20……	1.220	1.486	1.806	2.191	2.653	3.207	3.870	4.661	5.604	6.727	8.062	9.646	11.523	13.743	16.367	19.461	23.106	27.393	32.429	38.338	86.736
25……	1.282	1.641	2.094	2.666	3.386	4.292	5.427	6.848	8.623	10.835	13.585	17.000	21.231	26.462	32.919	40.874	50.658	62.669	77.388	95.396	264.70
30……	1.348	1.811	2.427	3.243	4.322	5.743	7.612	10.063	13.268	17.449	22.892	29.960	39.116	50.950	66.212	85.850	111.07	143.37	184.68	237.38	807.79

表 A—2 **复利现值系数表(PVIF 表)**

$n\backslash i(\%)$	1	2	3	4	5	6	7	8	9	10	11	12	13	14	15	16	17	18	19	20	25	30	35	40	50
1……	0.990	0.980	0.971	0.962	0.952	0.943	0.935	0.926	0.917	0.909	0.901	0.893	0.885	0.877	0.870	0.862	0.855	0.847	0.840	0.833	0.800	0.769	0.741	0.714	0.667
2……	0.980	0.961	0.943	0.925	0.907	0.890	0.873	0.857	0.842	0.826	0.812	0.797	0.783	0.769	0.756	0.743	0.731	0.718	0.706	0.694	0.640	0.592	0.549	0.510	0.444
3……	0.971	0.942	0.915	0.889	0.864	0.840	0.816	0.794	0.772	0.751	0.731	0.712	0.693	0.675	0.658	0.641	0.624	0.609	0.593	0.579	0.512	0.455	0.406	0.364	0.296
4……	0.961	0.924	0.888	0.855	0.823	0.792	0.763	0.735	0.708	0.683	0.659	0.636	0.613	0.592	0.572	0.552	0.534	0.516	0.499	0.482	0.410	0.350	0.301	0.260	0.198
5……	0.951	0.906	0.863	0.822	0.784	0.747	0.713	0.681	0.650	0.621	0.593	0.567	0.543	0.519	0.497	0.476	0.456	0.437	0.419	0.402	0.320	0.269	0.223	0.186	0.132
6……	0.942	0.888	0.837	0.790	0.746	0.705	0.666	0.630	0.596	0.564	0.535	0.507	0.480	0.456	0.432	0.410	0.390	0.370	0.352	0.335	0.262	0.207	0.165	0.133	0.088
7……	0.933	0.871	0.813	0.760	0.711	0.665	0.623	0.583	0.547	0.513	0.482	0.452	0.425	0.400	0.376	0.354	0.333	0.314	0.296	0.279	0.210	0.159	0.122	0.095	0.059
8……	0.923	0.853	0.789	0.731	0.677	0.627	0.582	0.540	0.502	0.467	0.434	0.404	0.376	0.351	0.327	0.305	0.285	0.266	0.249	0.233	0.168	0.123	0.091	0.068	0.039
9……	0.914	0.837	0.766	0.703	0.645	0.592	0.544	0.500	0.460	0.424	0.391	0.361	0.333	0.300	0.284	0.263	0.243	0.225	0.209	0.194	0.134	0.094	0.067	0.048	0.026
10……	0.905	0.820	0.744	0.676	0.614	0.558	0.508	0.463	0.422	0.386	0.352	0.322	0.295	0.270	0.247	0.227	0.208	0.191	0.176	0.162	0.107	0.073	0.050	0.035	0.017
11……	0.896	0.804	0.722	0.650	0.585	0.527	0.475	0.429	0.388	0.350	0.317	0.287	0.261	0.237	0.215	0.195	0.178	0.162	0.148	0.135	0.086	0.056	0.037	0.025	0.012
12……	0.887	0.788	0.701	0.625	0.557	0.497	0.444	0.397	0.356	0.319	0.286	0.257	0.231	0.208	0.187	0.168	0.152	0.137	0.124	0.112	0.069	0.043	0.027	0.018	0.008
13……	0.879	0.773	0.681	0.601	0.530	0.469	0.415	0.368	0.326	0.290	0.258	0.229	0.204	0.182	0.163	0.145	0.130	0.116	0.104	0.093	0.055	0.033	0.020	0.013	0.005
14……	0.870	0.758	0.661	0.577	0.505	0.442	0.388	0.340	0.299	0.263	0.232	0.205	0.181	0.160	0.141	0.125	0.111	0.099	0.088	0.078	0.044	0.025	0.015	0.009	0.003
15……	0.861	0.743	0.642	0.555	0.481	0.417	0.362	0.315	0.275	0.239	0.209	0.183	0.160	0.140	0.123	0.108	0.095	0.084	0.074	0.065	0.035	0.020	0.011	0.006	0.002
16……	0.853	0.728	0.623	0.534	0.458	0.394	0.339	0.292	0.252	0.218	0.188	0.163	0.141	0.123	0.107	0.093	0.081	0.071	0.062	0.054	0.028	0.015	0.008	0.005	0.002
17……	0.844	0.714	0.605	0.513	0.436	0.371	0.317	0.270	0.231	0.198	0.170	0.146	0.125	0.108	0.093	0.080	0.069	0.060	0.052	0.045	0.023	0.012	0.006	0.003	0.001
18……	0.836	0.700	0.587	0.494	0.416	0.350	0.296	0.250	0.212	0.180	0.153	0.130	0.111	0.095	0.081	0.069	0.059	0.051	0.044	0.038	0.018	0.009	0.005	0.002	0.001
19……	0.828	0.686	0.570	0.475	0.396	0.331	0.277	0.232	0.194	0.164	0.138	0.116	0.098	0.083	0.070	0.060	0.051	0.043	0.037	0.031	0.014	0.007	0.003	0.002	0
20……	0.820	0.673	0.554	0.456	0.377	0.312	0.258	0.215	0.178	0.149	0.124	0.104	0.087	0.073	0.061	0.051	0.043	0.037	0.031	0.026	0.012	0.005	0.002	0.001	0
25……	0.780	0.610	0.478	0.375	0.295	0.233	0.184	0.146	0.116	0.092	0.074	0.059	0.047	0.038	0.030	0.024	0.020	0.016	0.013	0.010	0.004	0.001	0.001	0	0
30……	0.742	0.552	0.412	0.308	0.231	0.174	0.131	0.099	0.075	0.057	0.044	0.033	0.026	0.020	0.015	0.012	0.009	0.007	0.005	0.004	0.001	0	0	0	0
40……	0.672	0.453	0.307	0.208	0.142	0.097	0.067	0.046	0.032	0.022	0.015	0.011	0.008	0.005	0.004	0.003	0.002	0.001	0.001	0.001	0	0	0	0	0
50……	0.608	0.372	0.228	0.141	0.087	0.054	0.034	0.021	0.013	0.009	0.005	0.003	0.002	0.001	0.001	0.001	0	0	0	0	0	0	0	0	0

表 A—3

年金终值系数表(FVIFA 表)

n\i(%)	1	2	3	4	5	6	7	8	9	10	11	12	13	14	15	16	17	18	19	20	25	30
1……	1.000	1.000	1.000	1.000	1.000	1.000	1.000	1.000	1.000	1.000	1.000	1.000	1.000	1.000	1.000	1.000	1.000	1.000	1.000	1.000	1.000	1.000
2……	2.010	2.020	2.030	2.040	2.050	2.060	2.070	2.080	2.090	2.100	2.110	2.120	2.130	2.140	2.150	2.160	2.170	2.180	2.190	2.200	2.250	2.300
3……	3.030	3.060	3.091	3.122	3.153	3.184	3.215	3.246	3.278	3.310	3.342	2.374	3.407	3.440	3.473	3.506	3.539	3.572	3.606	3.640	3.813	3.990
4……	4.060	4.122	4.184	4.246	4.310	4.375	4.440	4.506	4.573	4.641	4.710	4.779	4.850	4.921	4.993	5.066	5.141	5.215	5.291	5.368	5.766	6.187
5……	5.101	5.204	5.309	5.416	5.526	5.637	5.751	5.867	5.985	6.105	6.228	6.353	6.480	6.610	6.742	6.877	7.014	7.154	7.297	7.442	8.207	9.043
6……	6.152	6.308	6.468	6.633	6.802	6.975	7.153	7.336	7.523	7.716	7.913	8.115	8.323	8.536	8.754	8.977	9.207	9.442	9.683	9.930	11.259	12.756
7……	7.214	7.434	7.662	7.898	8.142	8.394	8.654	8.923	9.200	9.487	9.783	10.089	10.405	10.730	11.067	11.414	11.772	12.142	12.523	12.916	15.073	17.583
8……	8.286	8.583	8.892	9.214	9.549	9.897	10.260	10.637	11.028	11.436	11.859	12.300	12.757	13.233	13.727	14.240	14.773	15.327	15.902	16.499	19.842	23.858
9……	9.369	9.755	10.159	10.583	11.027	11.491	11.978	12.488	13.021	13.579	14.164	14.776	15.416	16.085	16.786	17.519	18.285	19.086	19.923	20.799	25.802	32.015
10……	10.462	10.950	11.464	12.006	12.578	13.181	13.816	14.437	15.193	15.937	16.722	17.549	18.420	19.337	20.304	21.321	22.393	23.521	24.701	25.959	33.253	42.619
11……	11.567	12.169	12.808	13.486	14.207	14.972	15.784	16.645	17.560	18.531	19.561	20.655	21.814	23.045	24.349	25.733	27.200	28.755	30.404	32.150	42.566	56.405
12……	12.683	13.412	14.192	15.026	15.917	16.870	17.888	18.977	20.141	21.384	22.713	24.133	25.650	27.271	29.002	30.850	32.824	34.931	37.180	39.581	54.208	74.327
13……	13.809	14.680	15.618	16.627	17.713	18.882	20.141	21.495	22.953	24.523	26.212	28.029	29.985	32.089	34.352	36.786	39.404	42.219	45.244	48.497	68.760	97.625
14……	14.947	15.974	17.086	18.292	19.599	21.015	22.550	24.215	26.019	27.975	30.095	32.393	34.883	37.581	40.505	43.672	47.103	50.818	54.841	59.196	86.949	127.91
15……	16.097	17.293	18.599	20.024	21.579	23.276	25.129	27.152	29.361	31.772	34.405	37.280	40.417	43.842	47.580	51.660	56.110	60.965	66.261	72.035	109.69	167.29
16……	17.258	18.639	20.157	21.825	23.657	25.673	27.888	30.324	33.003	35.950	39.190	42.753	46.672	50.980	55.717	60.925	66.649	72.939	79.850	87.442	138.11	218.47
17……	18.430	20.012	21.762	23.698	25.840	28.213	30.840	33.750	36.974	40.545	44.501	48.884	53.739	59.118	65.075	71.673	78.979	87.068	96.022	105.93	173.64	285.01
18……	19.615	21.412	23.414	25.645	28.132	30.906	33.999	37.450	41.301	45.599	50.396	55.750	61.725	68.394	75.836	84.141	93.406	103.74	115.27	128.12	218.05	371.52
19……	20.811	22.841	25.117	27.671	30.539	33.760	37.379	41.446	46.018	51.159	56.939	63.440	70.749	78.969	88.212	98.603	110.29	123.41	138.17	154.74	273.56	483.97
20……	22.019	24.297	26.870	29.778	33.066	36.786	40.995	45.762	51.160	57.275	64.203	72.052	80.947	91.025	102.44	115.38	130.03	146.63	165.42	186.69	342.95	630.17
25……	28.243	32.030	36.459	41.646	47.727	54.865	63.249	73.106	84.701	98.347	114.41	133.33	155.62	181.87	212.79	249.21	292.11	342.60	402.04	471.98	1 054.8	2 348.8
30……	34.785	40.583	47.575	56.085	66.439	79.058	94.461	113.28	136.31	164.49	199.02	241.33	293.20	356.79	434.75	530.31	647.44	790.95	966.7	1 181.9	3 227.2	8 730.0

表 A—4 年金现值系数表(PVIFA 表)

n\i(%)	1	2	3	4	5	6	7	8	9	10	11	12	13	14	15	16	17	18	19	20	25	30	35	40	50
1……	0.990	0.980	0.971	0.962	0.952	0.943	0.935	0.926	0.917	0.909	0.901	0.893	0.885	0.877	0.870	0.862	0.855	0.847	0.840	0.833	0.800	0.769	0.741	0.714	0.667
2……	1.970	1.942	1.913	1.886	1.859	1.833	1.808	1.783	1.759	1.736	1.713	1.690	1.668	1.647	1.626	1.605	1.585	1.566	1.547	1.528	1.440	1.361	1.289	1.224	1.111
3……	2.941	2.884	2.829	2.775	2.723	2.673	2.624	2.577	2.531	2.487	2.444	2.402	2.361	2.322	2.283	2.246	2.210	2.174	2.140	2.106	1.952	1.816	1.696	1.589	1.407
4……	3.902	3.808	3.717	3.630	3.546	3.465	3.387	3.312	3.240	3.170	3.102	3.037	2.974	2.914	2.855	2.798	2.743	2.690	2.639	2.589	2.362	2.166	1.997	1.849	1.605
5……	4.853	4.713	4.580	4.452	4.329	4.212	4.100	3.993	3.890	3.791	3.696	3.605	3.517	3.433	3.352	3.274	3.199	3.127	3.058	2.991	2.689	2.436	2.220	2.035	1.737
6……	5.795	5.601	5.417	5.242	5.076	4.917	4.767	4.623	4.486	4.355	4.231	4.111	3.998	3.889	3.784	3.685	3.589	3.498	3.410	3.326	2.951	2.643	2.385	2.168	1.824
7……	6.728	6.472	6.230	6.002	5.786	5.582	5.389	5.206	5.033	4.868	4.712	4.564	4.423	4.288	4.160	4.039	3.922	3.812	3.706	3.605	3.161	2.802	2.508	2.263	1.883
8……	7.652	7.325	7.020	6.733	6.463	6.210	5.971	5.747	5.535	5.335	5.146	4.968	4.799	4.639	4.487	4.344	4.207	4.078	3.954	3.837	3.329	2.925	2.598	2.331	1.922
9……	8.566	8.162	7.786	7.435	7.108	6.802	6.515	6.247	5.995	5.759	5.537	5.328	5.132	4.946	4.472	4.607	4.451	4.303	4.163	4.031	3.463	3.019	2.665	2.379	1.948
10……	9.471	8.983	8.530	8.111	7.722	7.360	7.024	6.710	6.418	6.145	5.889	5.650	5.426	5.216	5.019	4.833	4.659	4.494	4.339	4.192	3.571	3.092	2.715	2.414	1.965
11……	10.368	9.787	9.253	8.760	8.306	7.887	7.499	7.139	6.805	6.495	6.207	5.938	5.687	5.453	5.234	5.029	4.836	4.656	4.486	4.327	3.656	3.147	2.752	2.438	1.977
12……	11.255	10.575	9.954	9.385	8.863	8.384	7.943	7.536	7.161	6.814	6.492	6.194	5.918	5.660	5.421	5.197	4.988	4.793	4.611	4.439	3.725	3.190	2.779	2.456	1.985
13……	12.134	11.348	10.635	9.986	9.394	8.853	8.358	7.904	7.487	7.103	6.750	6.424	6.122	5.842	5.583	5.342	5.118	4.910	4.715	4.533	3.780	3.223	2.799	2.469	1.990
14……	13.004	12.106	11.296	10.563	9.899	9.295	8.745	8.244	7.786	7.367	6.982	6.628	6.302	6.002	5.724	5.468	5.229	5.008	4.802	4.611	3.824	3.249	2.814	2.478	1.993
15……	13.865	12.849	11.938	11.118	10.380	9.712	9.108	8.559	8.061	7.606	7.191	6.811	6.462	6.142	5.847	5.575	5.324	5.092	4.876	4.675	3.859	3.268	2.825	2.484	1.995
16……	14.718	13.578	12.561	11.652	10.838	10.106	9.447	8.851	8.313	7.824	7.379	6.974	6.604	6.265	5.954	5.668	5.405	5.162	4.938	4.730	3.887	3.283	2.834	2.489	1.997
17……	15.562	14.292	13.166	12.166	11.274	10.477	9.763	9.122	8.544	8.022	7.549	7.102	6.729	6.373	6.047	5.749	5.475	5.222	4.988	4.775	3.910	3.295	2.840	2.492	1.998
18……	16.398	14.992	13.754	12.659	11.690	10.828	10.059	9.372	8.756	8.201	7.702	7.250	6.840	6.467	6.128	5.818	5.534	5.273	5.033	4.812	3.928	3.304	2.844	2.494	1.999
19……	17.226	15.678	14.324	13.134	12.085	11.158	10.336	9.604	8.950	8.365	7.839	7.366	6.938	6.550	6.198	5.877	5.584	5.316	5.070	4.843	3.942	3.311	2.848	2.496	1.999
20……	18.046	16.351	14.877	13.590	12.462	11.470	10.594	9.818	9.129	8.514	7.963	7.469	7.025	6.623	6.259	5.929	5.628	5.353	5.101	4.870	3.954	3.316	2.850	2.497	1.999
25……	22.023	19.523	17.413	15.622	14.094	12.783	11.654	10.675	9.823	9.077	8.422	7.843	7.330	6.873	6.464	6.097	5.766	5.467	5.195	4.948	3.985	3.329	2.856	2.499	2.000
30……	25.808	22.396	19.600	17.292	15.372	13.765	12.409	11.258	10.274	9.427	8.694	8.055	7.496	7.003	6.566	6.177	5.829	5.517	5.235	4.979	3.995	3.332	2.857	2.500	2.000
40……	32.835	27.355	23.115	19.793	17.159	15.046	13.332	11.925	10.757	9.779	8.951	8.244	7.634	7.105	6.642	6.233	5.871	5.548	5.258	4.997	3.999	3.333	2.857	2.500	2.000
50……	39.196	31.424	25.730	21.482	18.256	15.762	13.801	12.233	10.962	9.915	9.042	8.304	7.675	7.133	6.661	6.246	5.880	5.554	5.262	4.999	4.000	3.333	2.857	2.500	2.000

标准正态随机变量的累积分布函数

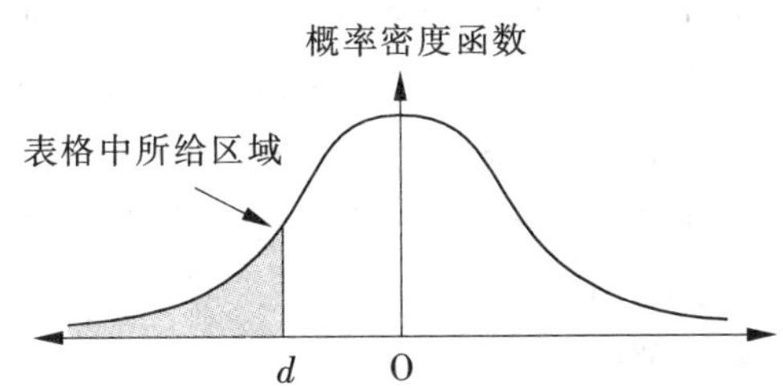

例如，N［−1.15］=0.125 1 和 N［1.57］=0.941 8

表 A—5

d	0.00	0.01	0.02	0.03	0.04	0.05	0.06	0.07	0.08	0.09
−3.0	0.001 3	0.001 3	0.001 3	0.001 2	0.001 2	0.001 1	0.001 1	0.001 1	0.001 0	0.001 0
−2.9	0.001 9	0.001 8	0.001 8	0.001 7	0.001 6	0.001 6	0.001 5	0.001 5	0.001 4	0.001 4
−2.8	0.002 6	0.002 5	0.002 4	0.002 3	0.002 3	0.002 2	0.002 1	0.002 1	0.002 0	0.001 9
−2.7	0.003 5	0.003 4	0.003 3	0.003 2	0.003 1	0.003 0	0.002 9	0.002 8	0.002 7	0.002 6
−2.6	0.004 7	0.004 5	0.004 4	0.004 3	0.004 1	0.004 0	0.003 9	0.003 8	0.003 7	0.003 6
−2.5	0.006 2	0.006 0	0.005 9	0.005 7	0.005 5	0.005 4	0.005 2	0.005 1	0.004 9	0.004 8
−2.4	0.008 2	0.008 0	0.007 8	0.007 5	0.007 3	0.007 1	0.006 9	0.006 8	0.006 6	0.006 4
−2.3	0.010 7	0.010 4	0.010 2	0.009 9	0.009 6	0.009 4	0.009 1	0.008 9	0.008 7	0.008 4
−2.2	0.013 9	0.013 6	0.013 2	0.012 9	0.012 5	0.012 2	0.011 9	0.011 6	0.011 3	0.011 0
−2.1	0.017 9	0.017 4	0.017 0	0.016 6	0.016 2	0.015 8	0.015 4	0.015 0	0.014 6	0.014 3
−2.0	0.022 7	0.022 2	0.021 7	0.021 2	0.020 7	0.020 2	0.019 7	0.019 2	0.018 8	0.018 3
−1.9	0.028 7	0.028 1	0.027 4	0.026 8	0.026 2	0.025 6	0.025 0	0.024 4	0.023 9	0.023 3
−1.8	0.035 9	0.035 1	0.034 4	0.033 6	0.032 9	0.032 2	0.031 4	0.030 7	0.030 1	0.029 4
−1.7	0.044 6	0.043 6	0.042 7	0.041 8	0.040 9	0.040 1	0.039 2	0.038 4	0.037 5	0.036 7
−1.6	0.054 8	0.053 7	0.052 6	0.051 6	0.050 5	0.049 5	0.048 5	0.047 5	0.046 5	0.045 5
−1.5	0.066 8	0.065 5	0.064 3	0.063 0	0.061 8	0.060 6	0.059 4	0.058 2	0.057 1	0.055 9
−1.4	0.080 8	0.079 3	0.077 8	0.076 4	0.074 9	0.073 5	0.072 1	0.070 8	0.069 4	0.068 1
−1.3	0.096 8	0.095 1	0.093 4	0.091 8	0.090 1	0.088 5	0.086 9	0.085 3	0.083 8	0.082 3
−1.2	0.115 1	0.113 1	0.111 2	0.109 3	0.107 5	0.105 6	0.103 8	0.102 0	0.100 3	0.098 5
−1.1	0.135 7	0.133 5	0.131 4	0.129 2	0.127 1	0.125 1	0.123 0	0.121 0	0.119 0	0.117 0
−1.0	0.158 7	0.156 3	0.153 9	0.151 5	0.149 2	0.146 9	0.144 6	0.142 3	0.140 1	0.137 9
−0.9	0.184 1	0.181 4	0.178 8	0.176 2	0.173 6	0.171 1	0.168 5	0.166 0	0.163 5	0.161 1
−0.8	0.211 9	0.209 0	0.206 1	0.203 3	0.200 5	0.197 7	0.194 9	0.192 2	0.189 4	0.186 7
−0.7	0.242 0	0.238 9	0.235 8	0.232 7	0.229 6	0.226 6	0.223 6	0.220 6	0.217 7	0.214 8
−0.6	0.274 3	0.270 9	0.267 6	0.264 3	0.261 1	0.257 8	0.254 6	0.251 4	0.248 3	0.245 1
−0.5	0.308 5	0.305 0	0.301 5	0.298 1	0.294 6	0.291 2	0.287 7	0.284 3	0.281 0	0.277 6
−0.4	0.344 6	0.340 9	0.337 2	0.333 6	0.330 0	0.326 4	0.322 8	0.319 2	0.315 6	0.312 1
−0.3	0.382 1	0.378 3	0.374 5	0.370 7	0.366 9	0.363 2	0.359 4	0.355 7	0.352 0	0.348 3

续前表

d	0.00	0.01	0.02	0.03	0.04	0.05	0.06	0.07	0.08	0.09
−0.2	0.420 7	0.416 8	0.412 9	0.409 0	0.405 2	0.401 3	0.397 4	0.393 6	0.389 7	0.385 9
−0.1	0.460 2	0.456 2	0.452 2	0.448 3	0.444 3	0.440 4	0.436 4	0.432 5	0.428 6	0.424 7
−0.0	0.500 0	0.496 0	0.492 0	0.488 0	0.484 0	0.480 1	0.476 1	0.472 1	0.468 1	0.464 1
0.0	0.500 0	0.504 0	0.508 0	0.512 0	0.516 0	0.519 9	0.523 9	0.527 9	0.531 9	0.535 9
0.1	0.539 8	0.543 8	0.547 8	0.551 7	0.555 7	0.559 6	0.563 6	0.567 5	0.571 4	0.575 3
0.2	0.579 3	0.583 2	0.587 1	0.591 0	0.594 8	0.598 7	0.602 6	0.606 4	0.610 3	0.614 1
0.3	0.617 9	0.621 7	0.625 5	0.629 3	0.633 1	0.636 8	0.640 6	0.644 3	0.648 0	0.651 7
0.4	0.655 4	0.659 1	0.662 8	0.666 4	0.670 0	0.673 6	0.677 2	0.680 8	0.684 4	0.687 9
0.5	0.691 5	0.695 0	0.698 5	0.701 9	0.705 4	0.708 8	0.712 3	0.715 7	0.719 0	0.722 4
0.6	0.725 7	0.729 1	0.732 4	0.735 7	0.738 9	0.742 2	0.745 4	0.748 6	0.751 7	0.754 9
0.7	0.758 0	0.761 1	0.764 2	0.767 3	0.770 4	0.773 4	0.776 4	0.779 4	0.782 3	0.785 2
0.8	0.788 1	0.791 0	0.793 9	0.796 7	0.799 5	0.802 3	0.805 1	0.807 8	0.810 6	0.813 3
0.9	0.815 9	0.818 6	0.821 2	0.823 8	0.826 4	0.828 9	0.831 5	0.834 0	0.836 5	0.838 9
1.0	0.841 3	0.843 9	0.846 1	0.848 5	0.850 8	0.853 1	0.855 4	0.857 7	0.859 9	0.862 1
1.1	0.864 3	0.866 5	0.868 6	0.870 8	0.872 9	0.874 9	0.877 0	0.879 0	0.881 0	0.883 0
1.2	0.884 9	0.886 9	0.888 8	0.890 7	0.892 5	0.894 4	0.896 2	0.898 0	0.899 7	0.901 5
1.3	0.903 2	0.904 9	0.906 6	0.908 2	0.909 9	0.911 5	0.913 1	0.914 7	0.916 2	0.917 7
1.4	0.919 2	0.920 7	0.922 2	0.923 6	0.925 1	0.926 5	0.927 9	0.929 2	0.930 6	0.931 9
1.5	0.933 2	0.934 5	0.935 7	0.937 0	0.938 2	0.939 4	0.940 6	0.941 8	0.942 9	0.944 1
1.6	0.945 2	0.946 3	0.947 4	0.948 4	0.949 5	0.950 5	0.951 5	0.952 5	0.953 5	0.954 5
1.7	0.955 4	0.956 4	0.957 3	0.958 2	0.959 1	0.959 9	0.960 8	0.961 6	0.962 5	0.963 3
1.8	0.964 1	0.964 9	0.965 6	0.966 4	0.967 1	0.967 8	0.968 6	0.969 3	0.969 9	0.970 6
1.9	0.971 3	0.971 9	0.972 6	0.973 2	0.973 8	0.974 4	0.975 0	0.975 6	0.976 1	0.976 7
2.0	0.977 3	0.977 8	0.978 3	0.978 8	0.979 3	0.979 8	0.980 3	0.980 8	0.981 2	0.981 7
2.1	0.982 1	0.982 6	0.983 0	0.983 4	0.983 8	0.984 2	0.984 6	0.985 0	0.985 4	0.985 7
2.2	0.986 1	0.986 4	0.986 8	0.987 1	0.987 5	0.987 8	0.988 1	0.988 4	0.988 7	0.989 0
2.3	0.989 3	0.989 6	0.989 8	0.990 1	0.990 4	0.990 6	0.990 9	0.991 1	0.991 3	0.991 6
2.4	0.991 8	0.992 0	0.992 2	0.992 5	0.992 7	0.992 9	0.993 1	0.993 2	0.993 4	0.993 6
2.5	0.993 8	0.994 0	0.994 1	0.994 3	0.994 5	0.994 6	0.994 8	0.994 9	0.995 1	0.995 2
2.6	0.995 3	0.995 5	0.995 6	0.995 7	0.995 9	0.996 0	0.996 1	0.996 2	0.996 3	0.996 4
2.7	0.996 5	0.996 6	0.996 7	0.996 8	0.996 9	0.997 0	0.997 1	0.997 2	0.997 3	0.997 4
2.8	0.997 4	0.997 5	0.997 6	0.997 7	0.997 7	0.997 8	0.997 9	0.997 9	0.998 0	0.998 1
2.9	0.998 1	0.998 2	0.998 2	0.998 3	0.998 4	0.998 4	0.998 5	0.998 5	0.998 6	0.998 6
3.0	0.998 7	0.998 7	0.998 7	0.998 8	0.998 8	0.998 9	0.998 9	0.998 9	0.999 0	0.999 0

参考文献

1. 爱默瑞，芬尼特，斯托. 公司财务管理. 北京：中国人民大学出版社，2008.
2. 米什金，埃金斯. 金融市场与金融机构. 北京：机械工业出版社，2008.
3. 王化成主编. 财务管理研究. 北京：中国金融出版社，2006.
4. 范霍恩. 财务管理与政策. 大连：东北财经大学出版社，2006.
5. 吉布森. 财务报告与分析. 大连：东北财经大学出版社，2005.
6. 罗斯，威斯特菲尔德，杰富. 公司理财. 北京：机械工业出版社，2004.
7. 布瑞翰，休斯顿. 财务管理基础. 大连：东北财经大学出版社，2004.
8. 布雷利，迈尔斯. 公司财务原理. 北京：机械工业出版社，2004.
9. 芬格勒. 财务管理——公共、医疗卫生和非营利组织. 上海：上海财经大学出版社，2004.
10. 萧宏编著. 超越巅峰财务管理讲义：理财篇. 台北：伟硕文化事业股份有限公司，2004.
11. 萧宏编著. 超越巅峰财务管理讲义：投资篇. 台北：伟硕文化事业股份有限公司，2004.
12. 汪平. 财务理论. 北京：经济管理出版社，2003.
13. 科普兰，威斯顿. 财务理论与公司政策. 大连：东北财经大学出版社，2003.
14. 麦金森. 公司财务理论. 大连：东北财经大学出版社，2002.
15. 汉克尔，李凡特. 现金流量与证券分析. 北京：华夏出版社，2001.
16. 王化成主编. 财务管理教学案例. 北京：中国人民大学出版社，2001.
17. 荆新，刘兴云主编. 财务分析学. 北京：经济科学出版社，2001.
18. Emery，Finnerty，Stowe，*Corporate Financial Management*，2nd ed，2005 by Printice-Hall，Inc.
19. Ross，Westerfield，Jaffe，*Corporate Finance*，6th ed，2002 by the McGraw-Hill Education.
20. Brealy，Stewart，Myers，*Principles of Corporate Finance*，6th ed，2000 by the McGraw-Hill Companies，Inc.
21. 《中华人民共和国公司法》
22. 《中华人民共和国证券法》
23. 《中华人民共和国商业银行法》
24. 《中华人民共和国合同法》
25. 《上市公司证券发行管理办法》
26. 《企业财务通则》

会计与财务主要图书

第一部分　引进版

序号	书名	作者	出版时间	定价	书号
一、工商管理经典教材·会计与财务系列（英文版）（教育部双语教学推荐教材）					
1.	会计学（英文版·第23版）：财务会计分册	詹姆斯·M·里夫等	2010.8	52	978-7-300-11799-7
2.	会计学（英文版·第23版）：管理会计分册	詹姆斯·M·里夫等	2011.12	38	978-7-300-14626-3
3.	会计学原理（第19版）	约翰·J·怀尔德	2009.7	39	978-7-300-11037-0
4.	财务管理基础（英文版·第6版）	理查德·A·布雷利	2011.10	65	978-7-300-14408-5
5.	公司理财（英文版·第三版）	斯蒂芬·A·罗斯			
6.	公司理财（英文版）	乔纳森·伯克 等	2009.8	52	978-7-300-11041-7
7.	管理会计（英文版·第12版）	查尔斯·T·亨格瑞	2011.10	62	978-7-300-14275-3
8.	成本与管理会计（英文版·第13版）	查尔斯·T·亨格瑞	2011.3	79	978-7-300-13398-0
9.	财务报表分析（英文版·第10版）	K. R. 苏布拉马尼亚姆等	2010.1	48	978-7-300-11402-6
10.	中级会计学（英文版·第12版）	唐纳德· E·基索 等	2007.4	49	978-7-300-07949-3
11.	高级会计学（英文版·第10版）	弗洛伊德·A·比姆斯等	2012.2	86	978-7-300-15053-6
12.	审计学：一种整合方法（英文版·第12版）	阿尔文· A·阿伦斯等	2009.3	52	978-7-300-10386-0
13.	政府与非营利组织会计（英文版·第15版）	厄尔·R·威尔逊	2011.12	52	978-7-300-14785-7
14.	商业伦理与会计职业道德（英文版·第5版）	伦纳德·J·布鲁克斯	2010.5	49	978-7-300-11914-4
15.	国际会计学（英文版·第6版）	D. S. 乔伊	2008	45	978-7-300-09485-4
16.	会计信息系统（英文版·第10版）	马歇尔·B·罗姆尼	2008	49	978-7-300-08907-2
二、工商管理经典译丛·会计与财务系列（翻译版）					
1.	会计学（第23版）：财务会计分册	詹姆斯·M·里夫	2011.6	65	978-7-300-13783-4
2.	会计学（第23版）：管理会计分册	詹姆斯·M·里夫	2011.8	36	978-7-300-13552-6
3.	会计学原理（第19版）	约翰·J·怀尔德	2012.1	65	978-7-300-14820-5
4.	会计学原理（第9版）	唐纳德· E·基索 等	2012.6		978-7-300-15333-9
5.	会计学（第8版）	查尔斯·T·亨格瑞	2010.9	79	978-7-300-12543-5
6.	公司理财	乔纳森·伯克等	2009.10	89	978-7-300-11220-6
7.	中级会计学（第12版，上下册）	唐纳德· E·基索 等	2008.7	168	978-7-300-09457-1
8.	成本与管理会计（第13版）	查尔斯·T·亨格瑞	2010.9	79	978-7-300-12594-7
9.	财务报表分析（第10版）	K.R. 苏布拉马尼亚姆	2009.8	59	978-7-300-10826-1
10.	高级会计学（第10版）	弗洛伊德·A·比姆斯	2011.12	69.8	978-7-300-14636-2
11.	审计学：一种整合方法（第12版）	阿尔文· A·阿伦斯等	2009.2	69	978-7-300-10159-0
12.	中级财务管理（第8版）	尤金·F·布理格姆	2009	69	978-7-300-10427-0
13.	跨国公司财务管理基础（第6版）	艾伦·C·夏皮罗等	2010.3	59	978-7-300-11779-9
14.	财务会计理论（第六版）	威廉姆·R·斯科特等	2012.8		

第二部分　本版教材

序号	书名	作者	出版时间	定价	书号
一、教育部经济管理类核心/主干课程教材					
1.	会计学（非专业用）	胡玉明	2010.1	36	978-7-300-11082-0
2.	《会计学（非专业用）》学习指导书	胡玉明	2012.6	36	978-7-300-15899-0
3.	会计学	夏冬林			
4.	基础会计（第二版）	张　捷	2012.3	39.8	978-7-300-15290-5
5.	《基础会计（第二版）》学习指导书	张　捷			
6.	中级财务会计	陈立军			
7.	高级财务会计	傅　荣			
8.	财务报表分析（第二版）	张新民等	2011.1	39	978-7-300-12973-0
9.	《财务报表分析（第二版）》案例分析与学习指导	钱爱民等	2011.8	19	978-7-300-14126-8
10.	审计学（第七版）	秦荣生等	2011.4	38	978-7-300-13559-5
11.	《审计学（第七版）》学习指导书	秦荣生等	2011.4	26	978-7-300-13554-0
12.	政府与非营利组织会计	赵建勇	2010.9	38	978-7-300-12635-7
13.	《政府与非营利组织会计》学习指导书	赵建勇	2010.9	32	978-7-300-12634-0
14.	税务会计学（第四版）	盖　地	2012.6		
15.	《税务会计学（第四版）》学习指导书	盖　地			
16.	税务筹划学（第二版）	盖　地	2011.10	32	978-7-300-14284-5
二、21世纪会计系列教材					
1.	会计学（第三版）	林　钢	2012.3	28	978-7-300-15242-4
2.	会计学（第四版）	阎达五　于玉林	2011.1	32	978-7-300-13196-2
3.	会计学原理（第二版）	王艳菇	2011.6	29	978-7-300-13842-8
4.	管理会计学（第三版）	余绪缨 汪一凡	2010.9	29	978-7-300-12670-8
5.	会计电算化原理与实务——基于用友T3	毛华扬　傅　樵	2012.1	34	978-7-300-15084-0
6.	会计电算化原理与实务——基于金蝶KIS	毛华扬	2012.3	39.8	978-7-300-15243-1
7.	税务会计与税务筹划（第六版）	盖　地	2012.6		
8.	《税务会计与税务筹划（第六版）》学习指导书	张孝光			
9.	纳税会计	林　钢	2012.4	39	978-7-300-15330-8
10.	企业纳税筹划	徐　泓	2009.8	29	978-7-300-11083-7
11.	现代企业会计制度设计（第二版）	伍中信	2009.7	32	978-7-300-10982-4
12.	政府与事业单位会计（第三版）	王庆成	2009.7	29	978-7-300-10981-7
13.	税法	王红云	2011.9	38	978-7-300-13553-3
14.	金融企业会计	孟艳琼			
15.	会计基础实验	于玉林			
16.	会计综合实验教程（第二版）	汤　健	2012.5	42	978-7-300-15287-5
17.	审计模拟实训教程	马春静	2011.6	39.8	978-7-300-13709-4

序号	书名	作者	出版时间	定价	书号
	三、会计系列教材				
1.	会计学原理（第二版）	石本仁	2010.4	28	978-7-300-11868-0
2.	《会计学原理（第二版）》学习指导书	石本仁	2010.9	18	978-7-300-12404-9
3.	中级财务会计（第二版）	王 华 石本仁	2010.3	48	978-7-300-11800-0
4.	《中级财务会计（第二版）》学习指导书	石本仁	2010.7	19	978-7-300-12302-8
5.	高级财务会计（第二版）	石本仁	2011.2	42	978-7-300-13283-9
6.	《高级财务会计（第二版）》学习指导书	石本仁	2011.2	24	978-7-300-13282-2
7.	会计教学案例	石本仁	2010.4	29	978-7-300-11916-8
	四、21 世纪财务管理系列教材				
1.	国际财务管理学（第三版）	王建英 支晓强 袁 淳	2011.12	34	978-7-300-14525-9
2.	证券投资学	林 茂	2010.6	39	978-7-300-11960-1
3.	计算机财务管理——财务建模方法与技术（第三版）	张瑞君	2011.4	38	978-7-300-13341-6
4.	财务分析学（第二版）	宋 常	2012.8	.	
5.	高级财务管理学（第三版）	王化成	2011.8	39.8	978-7-300-14151-0
	五、全国会计学术领军后备人才组编教材				
1.	会计学	周 华	2011.6	35	978-7-300-13843-5
2.	管理会计学	刘运国	2011.8	42	978-7-300-13897-8
3.	审计学：实务与案例（第二版）	李晓慧	2011.3	46	978-7-300-13291-4
4.	《审计学：实务与案例（第二版）》学习指导书	李晓慧	2011.10	28	978-7-300-14261-6
5	审计案例与实训	李晓慧	2012.8		
	六、研究生用书				
1.	公司财务实证研究：重点文献导读	陆正飞 岳 衡 祝继高	2011.5	38	978-7-300-13555-7
2.	财务会计与资本市场实证研究：重点文献导读	陆正飞 姜国华 张 然	2009	35	978-7-300-10171-2
3.	会计信息与证券投资实证研究：重点文献导读	陆正飞 姜国华 张 然	2008	25	978-7-300-08875-4
	七、MBA/MPAcc 精品系列				
1.	会计学：经理人视角	胡玉明	2011.12	56	978-7-300-14635-5
2.	企业会计学：管理者视角（第三版）	刘东明	2010.1	56	978-7-300-12815-3
3.	财务管理——实务与案例（第二版）	陈玉菁	2011.04	39	978-7-300-13604-2
4.	解读财务报告（第二版）	徐 泓	2012.02	39	978-7-300-14627-0
5.	内部控制与风险管理	宋建波	2012.05	36	978-7-300-15626-2

第三部分　学术著作

1.	当代会计研究：综述与评论	科塔里等	2009	98	978-7-300-10455-3
2.	管理会计研究（一、二卷）	普查曼等	2009.12	188	978-7-300-11332-6
3.	美国会计史	普雷维茨等	2009	65	978-7-300-07799-4

图书在版编目（CIP）数据

财务管理学/荆新等主编. —6版. —北京：中国人民大学出版社，2012.6
中国人民大学会计系列教材
ISBN 978-7-300-15802-0

Ⅰ.①财… Ⅱ.①荆… Ⅲ.①财务管理-高等学校-教材 Ⅳ.①F275

中国版本图书馆CIP数据核字（2012）第102935号

国家级优秀教学成果奖
“十二五”普通高等教育本科国家级规划教材
教育部普通高等教育精品教材
教育部推荐教材
中国人民大学会计系列教材·第六版
财务管理学
主　编　荆　新　王化成　刘俊彦
Caiwu Guanlixue

出版发行	中国人民大学出版社		
社　　址	北京中关村大街31号	邮政编码	100080
电　　话	010－62511242（总编室）		010－62511398（质管部）
	010－82501766（邮购部）		010－62514148（门市部）
	010－62515195（发行公司）		010－62515275（盗版举报）
网　　址	http://www.crup.com.cn		
	http://www.ttrnet.com(人大教研网)		
经　　销	新华书店		
印　　刷	涿州市星河印刷有限公司	版　　次	1993年9月第1版
规　　格	185 mm×260 mm　16开本		2012年6月第6版
印　　张	28.25插页1	印　　次	2012年12月第3次印刷
字　　数	658 000	定　　价	38.50元

教师教学服务说明

中国人民大学出版社工商管理分社以出版经典、高品质的工商管理、财务会计、统计、市场营销、人力资源管理、运营管理、物流管理、旅游管理等领域的各层次教材为宗旨。为了更好地服务于一线教师教学，近年来工商管理分社着力建设了一批数字化、立体化的网络教学资源。教师可以通过以下方式获得免费下载教学资源的权限：

（1）在“人大经管图书在线”（www.rdjg.com.cn）注册并下载“教师服务登记表”，或直接填写下面的“教师服务登记表”，加盖院系公章，然后邮寄或传真给我们。我们收到表格后将在一个工作日内为您开通相关资源的下载权限。

（2）如果您有“人大出版社教研服务网络”（http://www.ttrnet.com）会员卡，可以将卡号发到我们的电子邮箱，无须重复注册，我们将直接为您开通相关专业领域教学资源的下载权限。

如您需要帮助，请随时与我们联络：

中国人民大学出版社工商管理分社

联系人：刘玉仙（010－62515735）　　李文重（010－82501704）

传真：010－62515732，62514775　　电子邮箱：rdcbsjg@crup.com.cn

通讯地址：北京市海淀区中关村大街甲59号文化大厦1501室（100872）

教师服务登记表

姓 名		□先生　□女士	职　称		
座机/手机			电子邮箱		
通讯地址			邮　编		
任教学校			所在院系		
所授课程	课程名称	现用教材名称	出版社	对象（本科生/研究生/MBA/其他）	学生人数
需要哪本教材的配套资源					
人大经管图书在线用户名					
院/系领导（签字）： 院/系办公室盖章					